2판

음식점 성공창업을 위한

외식사업창업론

RESTAURANT START-UP GUIDE

2판

음식점 성공창업을 위한
외식사업창업론

김영갑 지음

교문사

4차 산업혁명 시대, 뉴노멀 시대, 인공지능의 시대, 초연결의 시대 등 최근의 변화를 설명하는 많은 키워드가 나타나고 있다. 우리가 예상했던 것보다 더 빠르고 더 혁신적으로 세상이 변하고 있다는 증거이다. 세상이 변함에 따라 외식산업계의 변화도 급격하게 이루어지고 있다.

무엇보다 소비자들의 변화에 집중해야 한다. 외식업의 패러다임이 바뀌고 있음을 소비자의 외식소비행동에서 확인할 수 있다. 아날로그와 오프라인 중심으로 이루어지던 외식 소비가 디지털과 온라인으로 이동하고 있다.

소비자가 변함에 따라 외식사업자의 변화가 요구된다. 특히 창업을 준비하는 예비창업자들이 과거의 지식과 관행을 그대로 배워서 시장에 진입하면 큰 어려움을 겪을 수 있다. 새롭게 정의되는 외식사업을 공부하고 뉴노멀 시대에 적응할 수 있는 역량을 키워 창업을 해야 한다.

국내에는 많은 외식사업 창업교육이 다양한 기관에서 이루어지고 있다. 또한 국내 산업구조의 변화에 따라 청년층의 취업이 힘들어지고 중장년층의 정년 시점이 당겨지면서 외식사업 창업은 더욱 활성화 되고 있다. 그러나 아쉽게도 음식점들의 성공률과 유지율은 과거의 낮은 수준을 벗어나지 못하고 있다.

앞으로도 국내 외식사업 창업의 여건과 높은 실패율은 크게 변하지 않을 것으로 예상된다. 치열한 경쟁은 갈수록 더 심해질 것이기 때문이다. 결국 창업자 스스로의 노력과 실력으로 외식사업 창업시장의 문제를 극복하고 살아남아야 한다.

이 책은 갈수록 치열해지는 외식사업 시장과 격변하는 비즈니스 환경에서 창업자가 살아남고 지속적인 발전을 할 수 있는 전문적인 음식점 창업 지식을 담고자 하였다. 창업과 관련된 개념을 명확히 하고 그 개념이 현실세계에서 어떻게 구현되어야 실질적인 성과로 이어질지에 대한 내용에 집중하였다.

세부적인 창업지식과 절차를 현장에서 바로 활용 가능한 수준으로 담았고, 대학교와 대학원의 외식경영학과 또는 유사한 전공의 학과에서 학문적으로뿐만 아니라 전문가가 예비창업자를 멘토링할 때 참고할 수 있는 양식과 내용까지 포함하였다.

주먹구구식으로 창업한 음식점이 2년 이내에 폐업을 한다는 통계는 외식창업을 체계적으로 학습하고 전문성을 체득한 후 창업에 임해야 한다는 주장에 힘을 실어준다. 그런데 그 체계성과 전문성은 어떤 과정으로 구성되어야 할까?

본 교재의 목차는 이런 고민을 바탕으로 만들어졌다. 외식산업을 이해하는 것부터 시작한다. 창업의 유형을 이해하고 자신에게 가장 적합한 유형을 찾아서 콘셉트와 브랜드를 만들고 사업계획서를 작성하도록 했다. 아무리 작은 사업체도 대기업과 경쟁하는 시대이기에 메뉴의 생산관리부터 마케팅, 인적자원, 재무관리 능력까지 전문적인 경영관리 능력을 모두 이해할 수 있도록 정리했다. 직접 디자인을 하고 시공을 하지는 않더라도 자신이 원하는 성공적인 사업체를 만들기 위한 기획능력을 갖추기 위한 내용도 포함시켰다.

본 책은 외식창업 지식과 현장에서 활용할 수 있는 실용적인 능력을 갖출 수 있도록 '학습목표, 도입사례, 내용, 요약, 퀴즈, 주관식 연습문제'의 순으로 구성하였다. 그리고 전체적인 흐름은 '1부 외식창업의 이해, 2부 외식창업을 위한 사업계획, 3부 외식창업 실무, 4부 외식창업을 위한 법률'의 순서로 전개하였다. 대학이나 관련 교육기관에서 강의 시간과 기간에 따라서 축소가 필요한 경우 4부의 내용과 각론이 별도로 개설된 과목의 내용을 제외하고 강의하더라도 학습에 문제가 없도록 만들었다.

이 책을 집필하는 데 원고 정리와 교정을 위해 많은 수고를 해 준 KYG푸드서비스그룹(주) 김혁 연구원에게 진심으로 고마움을 전한다. 또한 바쁜 일정 속에서도 많은 관심과 노력을 기울여 주신 교문사 류제동 대표님을 비롯한 임직원 여러분께도 진심으로 감사드린다.

2021년 1월
김영갑 교수

차례

1부

외식창업의 이해

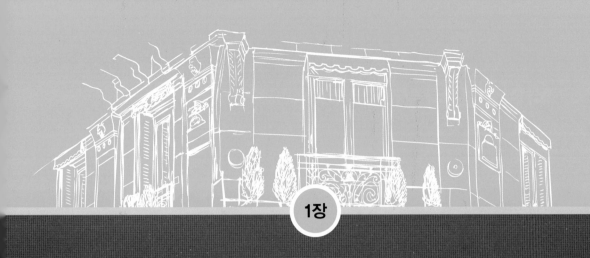

1장

외식창업의 개요

|

사업을 성공으로 이끄는 경영자는 사업가의 자질(목표를 세우고
계획을 설정하는 것)과 관리자의 자질(사업을 유지, 발전시키려
고 노력하는 것), 그리고 기술자의 자질(매일 매일 자신의 업무에
최선을 다하는 것)이 적절한 조화를 이루고 있다.

마이클 E. 거버(2008), [내 회사 차리는 법] 중에서

외식창업의 개요

1. 외식창업의 이해
2. 창업자의 자질
3. 외식창업의 현실 이해

학습목표

- 음식점의 어원, 외식창업의 정의 및 외식창업의 3요소를 이해한다.
- 외식창업의 핵심적 성공요인에 해당되는 창업자의 자질을 이해한다.
- 외식창업의 실태, 어려움, 목적 등 외식창업의 현실을 이해한다.

생각열기

BEST CASE   나성공은 그동안 다니던 금융기관을 그만두려고 생각 중이다. 나름대로 열심히 노력도 했고 회사에서도 주어진 업무에 최선을 다했지만, 그가 꿈꾸던 임원은커 녕 현재 대리라는 직급에서 벗어나기도 어려운 상황이다. 입사시험에서 1등, 신입사원 연수에서도 1등에 이어 그동안 회사의 모든 평가에서 1등을 달려온 그였기에 최근의 과장진급에서 낙방한 것은 정말 큰 충격이었다.

하지만 그도 그럴 것이 그의 동기 중에 과장이 된 사람이 아직 한 명도 없다. 그의 일 년 선배 중에서도 과장진급을 한 사람이 한 명도 없는 것을 보면, 그의 능력문제는 아님을 알 수 있다. 다만 문제는 인사적체…. 나성공은 아무리 생각해도 자신의 노력만으로 이 회사에서 임원이 되는 것은 쉽지 않다고 생각하면서 새로운 길을 찾아야겠다는 생각에 골몰하고 있다.

나성공은 많은 고민 끝에 자신이 직접 사장이 되는 길을 택하기로 했다. 남이 만들어주기를 기다리기보다는 직접 사장이 되는 길을 선택해야겠다고 생각한 것이다. 문제는 자신이 정말 사장이 될 준비가 되어 있느냐는 것이었다. 그래서 그는 자신이 사장이 될 자격을 갖추는 방법을 찾아서 직접 행동으로 옮길 준비를 착실히 하기로 했다. 회사의 녹을 먹는 사람으로서 최선을 다해 회사 일에 열중하면서도 시간을 쪼개어 직접 사장이 되는 길을 찾기 시작했다.

일단 소규모창업부터 알아보기로 했다. 주말에 시간을 내어 무료로 열리는 창업 강좌를 찾아 다녔다. 실제로 무료 창업 강좌는 창업에 성공하는 방법을 알려주기보다는 프랜차이즈 업체들의 사업설명회장이나 다름없었다. 그래도 배울 것은 많았다. 일단 창업시장의 상황을 익히는 데 도움이 되었고, 나와 비슷한 상황의 예비창업자들과 친분을 쌓는 기회가 되었으며, 창업동아리 활동도 할 수 있게 되었기 때문이다. 창업시장의 환경을 이해하면서부터 알게 된 사실은 우리나라의 자영업자 수가 다른 나라에 비하여 너무 많다는 점이었다. 아마도 취업시장의 퇴직자가 늘어나고 신규취업이 어려워지면서 그런 현상이 생겨나는 게 확실했다. 자영업시장에서도 외식업의 경쟁이 치열하다는 것을 발견한 것은 큰 소득이었다. 우리나라의 음식점이 60만 개나 된다니…. 하여간 그래도 사람들이 가장 선호하는 업종이라는 사실도 알았다. 많은 고민 끝에 나성공은 외식업에 진출하는 것이 유리하다는 생각을 했다. 그 이유는 여러 가지가 있다. 첫 번째는 창업자 자질 테스트 결과이다. 서비스업 중에서도 외식업이 적성에 맞는 것 같았다. 두 번째는 음식에 대한 자신의 관심이다. 맛있거나 유명하다는 맛집은 놓치지 않고 찾아다니면서 나름대로 외식업에 대한 지식이 상당히 쌓였다는 자신감이 있었다. 다만 그에게 부족한 것이 있었다. 한 번도 직접 음식을 해보지 않았다는 점, 그리고 음식점에서 아르바이트 한 번 해 본적이 없어서 직접 고객을 대면했을 때 자신감 있는 서비스를 제공할 수 있을지 확신이 서지 않았다. 그럼에도 불구하고 회사에서 기획업무와 회계업무를 한 경험이 있어서 성공할 수 있는 음식점을 기획하고 경영하는 능력은 결코 남에게 뒤지지 않을 것이라는 자신감이 있었다.

　나성공은 많은 세미나와 창업설명회, 그리고 창업교육을 찾아다니며 나름대로의 외식창업을 위한 계획을 수립하기 시작했다. 가장 먼저 자신이 부족하다고 판단되는 점을 직접 확인하는 것이 중요했다. 그래서 토요일에는 요리학원을 다니고 일요일에는 음식점 아르바이트를 하면서 자신이 관심이 있는 한식요리를 직접 체험해 보았다. 요리학원을 다니면서 음식을 만드는 과정이 단순히 조리를 하는 차원을 넘어 예술가로서, 그리고 장인정신이 가미되어야 하는 활동임을 느끼게 되었다. 한식점 아르바이트를 하면서는 서비스가 단순히 친절만으로 해결되는 것이 아니고, 인간의 심리를 알고 또 고객을 평생고객이 되도록 만드는 치밀한 전략이 필요하다는 사실도 알게 되었다. 이제 나성공은 외식업 창업에 자신감을 가지게 되었다. 그리고 자신의 지식과 경험을 토대로 세밀한 사업계획을 수립하고 차근차근 실행할 수 있는 역량도 쌓아가고 있다.

WORST CASE　　대학시절에도 별로 열심히 공부하지는 않았지만 운 좋게 경쟁률이 낮은 제조기업을 선택하여 취업에 성공한 박실패. 그럭저럭 회사 일에 익숙해지면서 나름대로 최선을 다했다고 자부했지만 최근 발표한 대리진급에서 낙방하는 고배를 마셨다. 그런데 그가 낙방한 대리진급에서 그보다 늦게 입사한 후배인 이후배가 당당히 통과하였다는 것이 박실패는 큰 부담이 되었다. 어제까지만 해도 큰소리치며 부리던 이후배가 하루아침에 상관이 되었으니 참으로 난감하지 않을 수 없었다.

"박실패 선배님, 아쉽지만 어쩌겠어요. 선배님의 실력을 윗분들이 잘 모르서서 그랬을 겁니다. 너무 걱정하지 마세요. 다음 기회에는 꼭 진급하실 겁니다." 이후배는 그래도 후배라고 박실패의 진급누락을 위로하며 술 한잔 하자고 하지만, 때리는 시어머니보다

말리는 시누이가 더 밉다고 했듯이 박실패로서는 이후배가 더 밉기만 했다. 하지만 어쩌겠는가. 고군분투해서 내년을 기약할 수밖에….

하지만 일 년 후에도 그는 대리진급에서 낙방하는 고배를 마셨다. 이제 박실패는 더 이상 버틸 힘이 없었다. 고민의 시간도 가지지 않은 채 그날로 인사부에 사표를 던지고 길거리를 방황하기 시작한 박실패. 그래도 회사에서는 그동안 함께했던 시간을 생각해 박실패를 잡아보겠다고 이후배를 시켜서 설득하기도 했다. "선배님, 이렇게 그만두시면 어쩌시려고요. 정말 그만두시더라도 뭔가 후일을 도모하신 후에 그만두세요. 적어도 갈 곳이라도 정해진 후나 아니면 회사에서 하시던 업무와 관련된 창업을 생각해 보시는 것도 좋잖아요." 회사의 만류에도 불구하고 자존심만을 내세우며 박실패는 회사를 그만두었다.

그리고 몇 달 후, 그는 집에서 빈둥빈둥 놀면서 여기저기 이력서를 제출했다. 하지만 그를 받아줄 회사는 없었다. 대리진급도 못하고 4년간 다닌 회사를 준비도 없이 뛰쳐나온 박실패를 받아 줄 곳이 세상천지에 있을 리 만무했다. 그렇게 6개월이 지나고 더 이상 취업은 불가능하다는 사실을 느낀 그는 우연히 발견한 무가지 신문의 광고를 보고 창업 설명회에 참석하였다. 그곳에서 수익성이 매우 높은 아이템을 찾게 된다. 최근에 유행하고 있는 커피전문점 창업이었다. 창업자본도 5천만 원 정도의 소액이고 아르바이트생 1명 정도만 쓰면 운영에도 전혀 지장이 없다는 매우 달콤한 사업설명에 빠져서 그는 퇴직금으로 받은 돈을 몽땅 투자하기로 결심한다. 자신은 거의 일을 하지 않아도 되고 커피에 대한 지식이나 기술, 그리고 서비스에 대해 걱정할 필요도 전혀 없다는 설명만 믿고 아무런 대책도 없이 창업에 나서려는 박실패의 미래가 정말 걱정된다.

이렇게 아무런 준비도 없이 창업을 결심한 박실패는 과연 성공할 수 있을까?

1 외식창업의 이해

1) 음식점의 탄생과 어원

음식점(식당, Restaurant)은 인간이 이동하게 되면서 자연발생적으로 나타났다. 최초의 음식점은 이동하는 사람들을 위한 숙소와 식사 장소의 필요성 때문에 탄생하였고, 인구가 증가함에 따라 도시의 출현과 더불어 음식점은 더욱 번창하게 되었다. 16세기 중엽 영국의 터번(Tavern: 일종의 주막)에서는 매일 한 끼의 대중식(Ordinary: 정해진 가격으로 간단한 점심 또는 저녁식사)을 제공하였다. 프랑스 《대백과사전》에서 Restaurant은 인간에게 음식을 제공하는 공중의 시설, 정가 판매점, 일품요리점(Establishment Public ou l'onpeut manger: Restaurant a prix fixe: Restaurant a la carte)으로 정리하고 있다. 원래 Restaurant이라는 단어는 '기력을 회복하다'라는 의미로 수복·재흥, 즉 피로한 심신을 원상회복시킨다는 것을 뜻한다. 미국 《Webster사전》에서는 Restaurant을 '대중에게 공개적으로 식사와 음료를 제공하는 시설 또는 대중적인 식사 장소(An establishment where refreshments or meals may be procured the public: a public eating house)'로 표현하고 있다. 영국 《Oxford사전》에서는 비슷한 뜻으로 'An establishment where refreshments or meals may be obtained'라고 쓰여 있다.

이러한 뜻을 고려할 때, 음식점은 '일반인에게 음식을 판매하여 심신을 회복시켜주는 기력회복의 장소로 해석할 수 있다. '음식점'이란 단어는 서기 1965년 프랑스에서 처음 사용되었다. 이때 프랑스의 몽블랑거(monboulanger)라는 사람이 경영하는 식당에서 체력을 회복시킨다는 뜻의 '레스토레(restaurer)'라는 이름의 수프(soup)를 개발하여 판매한 것이 시초로 알려져 있다.

몽블랑거는 식당문 앞의 간판에 '블랑거는 신비의 스태미나(stamina)가 넘치는 수프를 팔고 있다(Boulanger sells magical restoratives)'라는 글을 써서 손님을 불러들였다고 한다. 루이15세도 이 'Restoratives'라는 신비의 정력제 수프를 즐겨 먹으면서 칭찬이 대단했다고 하니 그 당시의 인기를 가늠할 수 있다. 그 후 이 'Restoratives'라는 스태미나 요리의 이름이 간소화되어 어느 사이에 식당의 통칭으로 변한 것으로 추정되는데, 1794년 미국에서 Restaurant이란 말이 생겨난 것이 바로 이러한 유래를 잘 보여준다.

2) 외식창업의 정의

창업이란 '이익을 목적으로 새로운 조직이나 기업을 설립한다'는 뜻이다. 이는 업의 기초를 세우는 것으로 기업가의 능력을 갖춘 개인이나 단체가 사업 아이디어를 이용하여 사업목표를 세우고, 적절한 시기에 자본·인원·설비·원자재 등의 경영자원을 확보한 후, 이를 결합하여 제품과 서비스를 제공하는 조직 또는 기업을 만드는 것을 의미한다. 또한 창업은 재화(제품) 또는 용역(서비스)을 생산하여 판매하는 하나의 시스템을 구축하는 과정이기도 하다. 따라서 외식창업이란 '인간의 보다 나은 경제생활을 목적으로 음식과 서비스를 생산, 판매하는 조직과 시스템을 만드는 일'이라고 정의할 수 있다. 다만 창업은 어떤 업을 대상으로 하든 신념과 경영철학을 바탕으로 이루어져야 하며, 단지 개인의 이익만을 추구하는 것은 적절치 못하다. 따라서 생계유지를 위한 소규모 외식창업이라 할지라도 분명한 사업이념·기업가정신·사업윤리 등을 바탕으로 사회적 복지를 고려하는 자세를 견지하는 것이 현대적 의미의 창업이라 할 수 있다.

최근에 창업의 개념은 단순히 기업에 종속되어 있던 직업인이 더 큰 발전과 성공을 위해 새로운 사업체를 만든다는 범위를 넘어서서, 직업을 자신이 직접 창출한다는 개념으로 확대되고 있다. 따라서 많은 자본과 다양한 경험을 통한 창업보다는 젊은 나이에 모험창업을 시도하는 사례가 늘고 있으며, 주로 소상공인 규모로 창업이 이루어지고 있다. 특히 서비스업의 활성화를 통해 고용창출을 꾀하려고 국가와 지방자치단체에서도 많은 관심과 지원을 하고 있으므로 중소기업청(www.smba.go.kr), 소상공인시장진흥공단(www.semas.or.kr)과 같은 기관을 적극적으로 활용하여 국가나 지방자치단체 등에서 지원을 받을 수 있는 외식창업을 고려하는 것이 효과적이다.

> **소상공인의 정의**
> '소기업 및 소상공인 지원을 위한 특별조치법' 시행령 제2조에 따르면, 음식업의 경우 상시근로자가 5인 미만인 사업자를 의미함

3) 외식창업의 3요소

창업은 단순히 직장을 잃었기 때문에, 또는 자본이 충분히 모였기에 시작할 수 있는 것은 아니다. 평생직업이라는 개념의 성공적인 창업을 위해서는 사전에 반드시 갖추어야 할 요소를 확인하고 이를 충분히 준비한 후에 실행하는 것이 중요하다. 사전에 충분한 준비가 필요한 창업의 기본요소에는 인적요소(창업자와 인적자원), 제품요소(창업 아이템), 물적요소(점포와 재무자원) 등이 있으며, 이를 외식창업의 3요소라고 한다.

작은 건물을 하나 지으려고 해도 설계도면이 있어야 한다. 설계도면에 따라 기초작업을 하고 다양한 건축자재를 결합하여 건물을 신축할 수 있다. 그러나 건물을 세우는 데는 훌륭한 설계도면만 필요한 것이 아니다. 다양한 자재를 결합할 수 있는 전문적인 인력이 필요하고, 안전과 스타일이 검증된 건축자재도 필요하다. 훌륭한 건축물을 만들기 위해서 훌륭한 설계도면과 건축자재 그리고 전문인력이 필요한 것처럼, 외식기업이나 소규모 음식점 창업도 많은 요소가 투입되어야 한다. 우수한 투입요소들의 합리적인 결합으로 훌륭한 외식업체가 탄생할 수 있다. 이를 좀 더 구체적으로 살펴보면 다음과 같다.

첫째, 인적자원은 외식창업을 하는 데 필요한 기본적 투입요소 중 가장 핵심이 되는 요소이다. 인적요소는 창업의 주체인 창업자와 조직을 운영할 수 있는 인적자원을 의

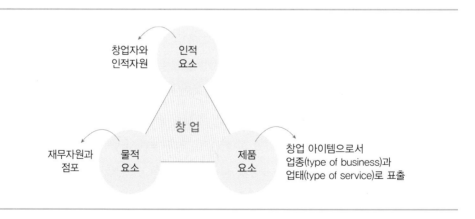

그림 1-1 **창업의 3요소**

미한다. 즉, 외식창업을 하는 데는 이를 주도적으로 추진하며 모든 재정을 책임지는 창업자와 창업자를 도와 음식을 요리하고 서비스를 제공하는 등의 외식업체의 일상 업무를 담당할 직원이 필요하다. 따라서 창업자는 창업 아이디어 확보와 사업타당성 분석, 사업계획의 수립과 실행 등을 주도하는 책임자로서 외식기업 설립에 필요한 유형, 무형의 자원을 동원함과 동시에 이를 적절히 결합하여 기업이라는 시스템을 만들 수 있어야 한다. 그리고 기업이 창업자가 의도하는 대로 목표한 기능을 발휘하도록 행동하는 직원과 그에 대한 관리가 가능해야 한다.

창업자의 능력 및 가치관은 기업의 성패는 물론이고 경영효율에도 커다란 영향을 미친다. 따라서 인적자원은 창업에 있어서 가장 중요한 요소라고 할 수 있다. 창업자는 배의 선장과 같이 직원들을 이끌고 기업의 사명과 목표를 향해 항진할 수 있어야 한다. "100명의 하사관보다 1명의 지휘관이 전략적으로 더 가치가 있다."는 나폴레옹의 경험이 입증해 주듯이, 창업의 가장 기본요소 중 핵심은 창업자의 자질이라고 할 수 있다. 유능한 창업자가 되려는 노력은 창업성공을 위해 반드시 필요하며, 그러한 창업자를 양성하기 위한 사회적·국가적 노력이 필요함을 알 수 있다. 창업자의 자질과 관련된 내용은 '기업가 정신'에서 추가로 상세히 다루기로 한다.

둘째, 창업 아이템에 해당하는 제품요소는 외식업체에서 무엇을 생산할 것인가에 대한 계획을 의미한다. 생산품은 구체적인 형태를 가진 음식을 의미하기도 하고, 형태가 없는 무형의 서비스일 수도 있다. 창업 아이디어는 어떻게 결정되든 간에 충분한 시장 수요를 창출할 수 있어야 한다. 창업 아이디어에 의한 시장 수요는 상품의 효용가치로 만들어진다. 즉, 소비자들이 상품의 효용가치가 상품의 가격보다 크다고 인식할 때 자연적으로 생겨난다.

외식업체의 경우 창업 아이템은 업종(type of business)과 업태(type of service)로 표현한다. 어떠한 업종을 선택할 것인가? 우리가 판매하고자 하는 음식은 무엇이고, 이 메뉴는 어떠한 형태로 판매가 이루어지며, 어떠한 서비스를 고객들에게 제공할 것인가의 선택이라고 할 수 있다. 제품요소는 메뉴 개발 및 관리와 서비스 관리 등에서 추가로 다루기로 한다.

셋째, 물적요소에 해당하는 경영자원은 외식창업에 있어서 인적요소 및 제품요소와 마찬가지로 중요한 비중을 차지한다. 경영자원이란 외식업체를 설립하는 데 필요한 금전적인 자원뿐만 아니라 자본을 이용하여 동원할 수 있는 점포, 설비, 식재료 등을 포함하는 포괄적인 의미의 경영자원을 의미한다. 외식업 창업 시 소비자의 기호나 필요한 공간을 찾아 훌륭한 외식기업의 콘셉트(concept)를 정립하였다고 해도, 이를 상품으로 만들 수 있는 적절한 경영자원(자본 등)이 없다면 아무런 의미가 없다. 경영자원 중 창업자금은 창업자 자신이 출자하는 경우와 창업팀에 속한 사람들이 제공하는 경우, 그리고 창업과정과 경영에 직접 참여하지 않는 제3자로부터 조달하는 경우가 있다. 외식업체의 창업과정 중 가장 큰 장애요인은 창업자금 확보이다. 그 외에 물적요소 중 점포에 대한 중요성도 간과할 수 없다. 외식사업은 입지사업이라고 할 만큼 점포의 입지가 창업의 성패를 좌우한다. 이상의 물적요소에 대한 추가적인 내용은 상권과 입지, 자금조달, 세무 및 재무관리 등에서 추가로 상세히 다루도록 한다.

2 창업자의 자질

창업자는 '기업가 정신에 입각하여 위험을 감수하면서 외식업체를 창업하고 경영활동을 하면서 모험심을 기반으로 지속적인 혁신을 추구하는 주체'이다. 창업자는 기업가정신과 인적요소, 물적요소, 제품요소를 갖추고 창업에 임하게 된다. 창업자에게 필수적인 기업가정신은 지식과 함께 기술을 포함하는 개념이다. 이는 선천적으로 타고나는 것과 후천적으로 길러지는 것 등 다양한 시각이 작용하므로 충분한 준비와 노력이 필요하다. 일반적으로 쉽게 창업에 임했다가 실패하는 사람의 대부분이 아이디어나 경영자원의 문제보다는 기업가정신의 문제였다는 사실은 많은 연구를 통해 입증되었다.

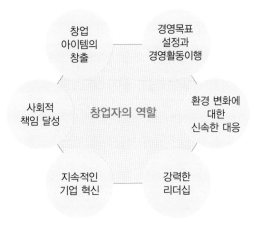

특히 창업자는 성공적인 기업경영을 위하여 창업 아이템의 창출, 경영목표 설정과 경영활동 이행, 환경변화에 대한 신속한 대응, 강력한 리더십, 지속적인 혁신, 사회적 책임 달성 등과 같은 역할을 수행할 수 있어야 한다.

1) 기업가 정신의 정의

외식업체는 다양한 자원의 새로운 결합이 이루어지는 공간이다. 외식업체를 창업하고 경영하려는 기업가는 이를 수행하는 전문가이다. 외식업체를 경영하는 기업가는 항상 새롭고 차별화된 음식과 서비스를 창조하려는 노력을 해야 한다. 외식업체도 과거와 달리 변혁을 일으키고 새로운 가치를 창출하지 못하면 치열한 경쟁에서 생존하기 어렵다. 따라서 외식업체의 경영자가 갖추어야 할 기업가 정신은 '창업자가 현재 가지고 있는 경영자원에 구애받지 않고 새로운 기회를 사업화 하려는 행위 또는 과정'으로 정리할 수 있다.

외식업체를 만들기 위한 창업활동은 기업가의 꿈과 아이디어로부터 출발하여 불확실한 환경에서 새로운 사업기회를 포착하고, 이를 실현하려는 조직적인 가치창출 과정이라 할 수 있다. 다른 사람들이 발견하지 못한 기회를 찾아내고, 사회의 상식이나 시스템에 구애받지 않고 새로운 사업을 만들고 추진할 수 있어야 기업가 정신을 가진 경영자라고 할 수 있다. 기업가 정신은 다소 무모하게 보일 수도 있는 위험을 감수하되, 위험을 철저하게 계산하고 불리한 상황에 합리적으로 대처할 수 있는 자세를 필요로 한다.

일반적으로 보수적인 사람들은 현재 보유하고 있는 자원이 무엇인지를 파악하여 그 자원의 범위 내에서만 기회를 찾고 효율적인 자원 활용을 추구한다. 그러나 기업가 정신을 가진 경영자는 충분히 기회를 확인한 후, 이러한 기회를 실현하는 데 필요한 자원을 외부에서라도 찾아서 활용한다. 최근 기업가 정신을 소유한 창업자들이 늘어나면서 전 세계적으로 창업이 증가하고 있다. 아울러 독립적으로 자기 자신의 꿈을 실현하는 데 주력하는 젊은이가 늘어나면서 차별화된 외식업체의 창업으로 이어지는 현상도 확인할 수 있다.

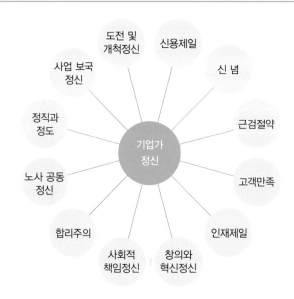

그림 1-3 **기업가 정신**

자료 : 김성수(2007). 성공한 창업자의 기업가 정신

2) 성공창업자의 특성과 능력

외식창업자는 '외식사업을 통해 일정한 수익을 얻을 목적으로 위험을 무릅쓰고 사업을 일으켜 경영을 하는 사람'으로 볼 수 있다. 창업자의 노력과 창의성은 새로운 음식과 새로운 형태의 서비스 출현을 가능하게 한다. 외식업체의 성공 여부는 창업자의 자질과 경험, 사업기회의 매력도와 지속성, 경영자원의 조달 가능성에 의해서 결정된다. 특히 창업자의 지식과 자질, 그리고 경험은 사업의 성공 여부에 큰 영향을 미친다. 창업자에게 요구되는 특성과 자질의 경우, 외식업체의 규모나 성격에 따라 다양한 차이가 있겠지만 본서에서는 외식업을 중심으로 '개인 자질과 관리자로서의 자질'로 구분하여 다룬다.

(1) 개인 자질

외식사업의 성공을 위해 필요한 개인 자질은 '개인의 건강상태와 개인 특성'으로 구분할 수 있다. 외식창업자의 건강상태는 사업을 추진하는 데 가장 중요한 요소가 된다. 외식사업의 경우, 대체적으로 늦은 심야 시간대까지 영업을 하는 경우가 많다. 심지어 24시간 영업하는 곳도 있다. 또한 1개월을 기준으로 영업일수가 25일이 넘는 경우도 많다. 국내 음식점의 경우, 대부분이 1년 365일 중 단 2일(설, 추석)만 휴무를 한다. 이러한 환경 속에서 창업주가 경영을 하기 위해서는 건전한 정신과 건강한 육체가 반드시 필요하다. 건전한 정신은 건강한 육체에서 나온다는 말이 있다. 육체적으로 건강해야만 정신적으로도 건강할 수 있다. 크고 중요한 자신의 사업문제에 있어서 바른 판단을 하고 적절한 의사결정을 해야 할 창업자의 경우에 정신적, 육체적 건강은 특히 중요하다.

개인 특성은 창조성, 지식수준, 모험심, 책임감, 성실성, 자신감, 결단력, 승부욕, 지구력, 인간적 배려 등의 항목으로 분류할 수 있다. 창조성은 사업성공의 중요 원천 중 하나이다. 이는 창조적인 음식과 서비스 활동만으로도 고객을 만족시킬 수 있기 때문이다. 일반적으로 훌륭한 상품은 고객의 변화를 읽을 수 있는 눈과 상상력의 결합에 의해 만들어진다. 창업은 그 자체가 모험이고, 불확실한 미래에 대한 사업기회에 자본과 노동을 투자하는 위험한 행위이기 때문에 창업자의 모험심은 사업의 성공 여부에 큰

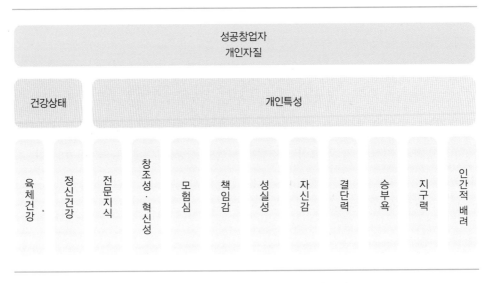

그림 1-4 **성공창업자에게 요구되는 개인 자질**

영향을 미친다. 지식수준이란 외식산업에 대한 전문지식을 가지고 있어야 한다는 것으로, 반드시 높은 학력에 의한 지식수준을 뜻하는 것은 아니다. 외식산업과 관련된 보편적인 지식을 포함하여 자신이 창업한 업종과 업태에 대한 전문적인 지식을 의미한다.

외식창업자는 혼자서 많은 일을 처리해야 한다. 따라서 책임감과 리더로서 모든 일에 솔선수범하는 성실성이 필요하다. 모든 일에 있어서 자신이 해낼 수 있다는 자신감과 어려운 의사결정을 행할 수 있는 결단력, 경쟁에서 이길 수 있는 승부욕과 지구력, 그리고 가능하다면 조직의 리더로서 사람들의 관심을 끄는 인간적인 매력까지도 갖춘다면 금상첨화이다.

(2) 관리자로서의 자질

관리자로서의 자질은 '경영이념과 관리능력'으로 구분하여 설명할 수 있다. 우선 경영이념은 사회적 책임감과 경영 윤리관으로 나누어 볼 수 있다. 창업자에게 사회적 책임감이 필요한 이유는 그에게 사업을 성장 및 발전시키는 데 대한 일차적인 책임이 있기 때문이다. 이를 위해 외식창업자는 효율적인 경영활동을 전개하고 음식과 서비스를 제공

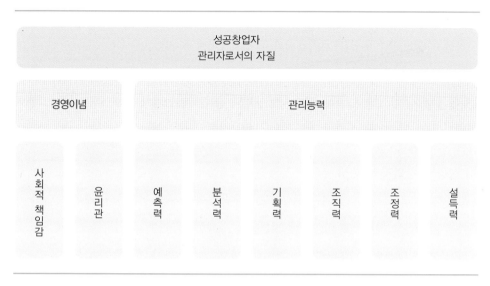

성공창업자
관리자로서의 자질

경영이념

관리능력

사회적 책임감

윤리관

예측력

분석력

기획력

조직력

조정력

설득력

그림 1-5 **성공창업자에게 요구되는 관리자로서의 자질**

함에 있어서 안정된 고용의 기회를 제공해야 한다. 또한 법규를 준수하면서 사회적 책임을 다해야 한다. 경영윤리관은 인간의 행위에 대한 판단기준인 윤리와 도덕에서 벗어나지 않는 기준 하에 창업이 이루어져야 함을 의미한다. 특히 사람이 섭취하는 음식을 다루는 외식사업의 사회적 책임과 윤리관은 타 사업에 비하여 더욱 절실한 자질임에 틀림없다.

창업을 하려는 사업가에게 절실히 요구되는 관리자로서의 자질은 자료를 분석할 수 있는 분석능력과 새로운 사업을 계획하고 업무를 개선하기 위한 예측능력이다. 또한 창업자의 기획력과 조직력 등은 외식업체를 이끌기 위한 리더로서의 필수조건이 된다. 이러한 능력과 더불어 강력한 업무추진력과 조직 간에 서로의 갈등을 풀어가면서 조정하는 조정력과 설득력이 필요하다. 예를 들면, 외식업체에서 가장 많이 발생하는 갈등으로 조리부문과 서비스부문 간의 신경전을 들 수 있다. 소비자와 직접 대면하면서 서비스를 제공하는 고객접점의 서버들은 음식의 문제점을 가장 잘 알 수 있는 위치에 있지만, 조리부문과의 의사소통에 제약이 있다면 문제를 해결하려는 노력을 포기하게 된다. 이를 위해서는 상호이해와 협력이 증진될 수 있도록 사업자의 조정이 필요하다.

(3) 창업자의 특성

지금까지 창업자의 특성을 개인자질과 관리자로서의 자질로 나누어 살펴보았다. 이러한 접근법만으로는 외식창업을 위해 사업자로서 갖추어야 할 자질을 명확하게 이해하는 데 한계가 있으므로, 이번에는 성공창업자와 실패창업자에 대한 특성을 참고하여 창업자가 갖추어야 할 이상적인 특성을 살펴본다.

① 성공한 창업자의 특성

- 모든 일에 단기, 중기, 장기목표를 가지고 계획을 수립하고 실천한다. 계획한 일의 성과를 측정하고 목표치와 비교하여 개선안을 도출한다.
- 트렌드에 민감하여 산업환경을 수시로 체크하고 그에 적합한 전략을 수립한다.
- 창업교육, 관련 세미나 등에 적극적으로 참여한다. 참여 전에 사전준비도 철저히 한다.
- 상권과 입지조사를 직접하여 업종 및 업태에 적합한 상권과 입지를 최소의 비용으로 선정한다.
- POS 등을 활용하여 점포를 과학적으로 경영한다.
- 친절한 서비스를 최고의 가치로 생각하고 언제나 최선을 다한다.
- 새로운 지식과 아이디어를 지속적으로 개발하고 현장에 접목한다.
- 현실적 창업을 고려하여 노력한 대가만큼의 결과만 기대한다.
- 사업이 부진한 원인을 외부환경보다는 내부환경에서 찾는다.
- 항상 자신을 고객과 종업원보다 낮은 위치에 두고, 점포의 모든 일에 솔선수범한다.

② 실패한 창업자의 특성

- 외식사업은 음식만 맛있으면 성공한다고 생각한다.
- 트렌드에 둔감하고 유행업종의 유혹에 쉽게 빠진다.
- 창업을 위해 충분한 조사분석을 하지 않고 일단 계약부터 한다.
- 프랜차이즈 본부나 부동산업자의 말을 쉽게 믿고 입지를 결정하거나 값비싼 중심상권만 고집한다.
- 장부 쓰기 등을 귀찮아하고 점포운영을 주먹구구식으로 한다.

- 서비스 수준과 품질, 그리고 서비스 프로세스에 전혀 관심이 없다.
- 현재에 만족하고 미래를 위한 새로운 시도를 하지 않는다.
- 사업부진의 탓을 경기불황, 입지, 직원, 본사, 경쟁점의 탓으로 돌린다.
- 고객과 종업원보다 자신이 높은 위치에 있다고 생각한다.
- 생활이 불규칙적이고 자기관리를 전혀 하지 않는다.

3) 창업자의 필수교육

무분별한 창업이 난무하고 있다. 그 결과는 많은 신문이나 연구자료에서 지적하듯이 단기 폐업으로 이어진다. 준비없는 창업이 성공할 확률은 매우 낮다. 국내 자영업자수는 세계에서 인구대비 최고수준이다. 그만큼 경쟁이 치열하다는 의미이다. 물론 자본주의 사회에서 경쟁이 없는 분야는 없다. 어디나 치열한 경쟁이 존재하므로 준비된 자만이 성공할 수 있다. 과연 창업에 있어서 준비란 무엇을 의미하는가? 창업 및 경영에 대한 지식을 충분히 쌓고 경쟁력을 갖추어 성공할 수 있는 지혜를 얻는 것이 바로 준비이다. 예비창업자는 창업교육을 받거나 자기 스스로 창업 및 경영에 필요한 학습을 할 필요가 있다. 이론적인 학습을 현실적인 경험과 잘 결합시키는 노력도 필요하다.

오종근·김준호(2010)의 '예비창업자의 개인적 특성에 따른 창업교육 필요성에 관한 연구'에서는 '원가계산 및 관리, 직원교육 및 관리, 시장환경 및 경향분석, 입지 및 상권분석, 경영마인드, 홍보 및 마케팅, 자금조달 및 관리, 회계 및 세무, 유망아이템 선정방법, 사업타당성분석, 고객관리와 응대법' 등을 창업을 위해 교육받거나 학습해야 하는 공통과목으로 제시하고 있다.

강재희·강진희(2013)의 '외식관련 대학의 창업지원 교육과정이 학교만족과 창업의도에 미치는 영향 연구'에서는 창업지원교육 과정으로 '창업가정신 함양 교육요인, 조리기술 취득 및 매장 실무 운영 기법 교육, 상권 및 입지분서과 시설·설비 교육, 재무관리 교육, 법률과 규제관련 교육'을 외식 창업을 위한 프로그램으로 적시하고 있다.

이상의 창업교육을 위한 교과목을 토대로 할 때, 외식창업에 위해서는 '외식경영학원

표 1-1 **창업교육의 교과목 분류**

교과목	세부내용
외식창업론	외식산업의 이해, 창업자와 기업가 정신, 외식창업 절차, 외식창업관련 법규
외식마케팅	마케팅의 이해, 환경분석, STP전략, 마케팅 믹스, 인터넷 마케팅, 고객관계관리
외식 콘셉트와 디자인	선택속성과 성공요인, 외식사업 콘셉트 설정, 외식사업 디자인
외식서비스경영	과학적 서비스, 서비스 청사진과 접점관리, 고객경험관리
메뉴개발과 관리론	메뉴계획, 메뉴평가, 메뉴개발, 메뉴분석
상권분석론	상권분석시스템, 빅데이터 활용법, 상권정보와 마케팅
사업타당성분석 및 사업계획서 작성	투자액 추정, 매출 및 비용 추정, 사업타당성분석 기법, 사업계획서 구성요소와 작성법, 자금조달 방법
회계 및 세무	회계원리, 원가회계, 세무회계, 재무분석

론, 외식창업론, 외식마케팅, 외식서비스경영, 메뉴개발과 관리론, 상권분석론, 사업타당성분석 및 사업계획서 작성, 회계 및 세무' 등에 대한 사전교육이 반드시 필요함을 알 수 있다. 이를 구체적으로 정리하면 〈표 1-1〉과 같다.

모든 예비창업자가 교육을 통한 충분한 준비와 현장경험을 마친 후 창업할 수는 없다. 다만 노력하고 준비하는 자가 성공할 수 있다는 믿음이 있다면 외식창업으로 성공을 꿈꾸는 예비창업자들은 조리교육과 실무에만 너무 치우치지 말고 서비스에 대한 이해와 경영능력을 갖추는데도 많은 노력을 기울여야 한다.

3 외식창업의 현실 이해

1) 외식산업의 현황

통계청 자료에 따르면 우리나라의 외식시장 규모는 1990년 18조 원에서 2015년 약 70조

원, 2018년 138조 원으로 성장하였다. 이와 같은 성장은 연평균으로 환산하면 약 9% 이상의 고성장이다. 이에 따라 외식업체 수도 크게 늘어, 일반음식점 등 식품위생접객업소는 2018년 약 71만 개로 1960년을 기준으로 할 때 30배 이상 늘었다.

특히 우리나라는 과다한 외식업 창업으로 인구규모 대비 음식점 수가 포화상태이다. 구체적으로 살펴보면, 2018년을 기준으로 할 때 1개의 외식업체당 인구 수가 우리나라는 약 73명인 데 비하여 미국은 899명, 일본은 356명이다. 인구 수를 기준으로 할 때, 우리나라 음식점의 수는 미국에 비하여 8배, 일본과 비교해도 5배 이상임을 알 수 있다.

경제발전이 이루어짐에 따라 국내 외식시장은 급속한 발전을 이어 왔다. 향후 국민소득의 증가에 따라 외식시장 규모는 지속적인 성장이 예상된다. 외식산업은 이러한 양적 성장과 함께 외식소비의 다양화, 고급화, 건강지향성 확대와 같은 질적 성장도 이어지고 있다. 다만, 이와 같은 외식산업의 성장은 오히려 외식업체의 난립을 초래함으로써 개별 외식업체들의 매출은 계속 하락하고 있다. 또한 외식업체를 운영하는 데 들어가는 식재료비, 인건비 및 기타 제 경비 등 원가요소가 급격하게 상승하고 있다. 결과적으로 외식업체의 경영상태가 심각한 상황에 이르고 있다. 예를 들어, 2018년 국세청 자료에 따른

표 1–2 **외식산업의 실태**

구분	한국	미국	일본
1인당 GDP(달러) 2011년 기준	31,838	65,280	40,246
인구 수(명) 2011년 기준	51,800,000	331,000,000	126,000,000
외식시장규모(원)	138조	899조	260조
외식업체 수	71만	100만	73만
외식업체당 인구 수(명)	73	331	173
외식업체당 연간 매출액(백만 원)	194	899	356
외식업체당 월 매출액(백만 원)	16	75	30

주 1) 한국–통계청(국가통계포탈 kosis.kr/nsportal)
　　미국–NRA(www.restaurant.org)
　　일본–(재)외식산업총합조사연구센터(www.anan-zaidan.or.jp), 外食.biz(www.gaisyoku.biz)
　　2) 2018~2020년을 기준으로 추계한 것이며, 정확성보다는 국가 간 비교를 목적으로 구성한 자료임

외식사업자 현황을 보면, 국내 총 736,264개의 음식점 중에서 2018년에 신규로 개업한 음식점이 178,582개이고 폐업한 음식점이 161,899개로 나타났다. 이러한 수치는 매년 전체 음식점 중 약 31%가 신규로 오픈하고, 약 28%가 폐업한다는 것을 보여준다.

1990년대부터 대기업들은 '먹는 게 남는 장사'란 생각을 가지고 현금유동성을 확보할 수 있는 외식사업에 적극 진출하고 있다. 무엇보다도 고객편의, 이미지제고, 시너지효과 등을 노리고 대기업이 속속 외식사업에 관심을 가지면서 음식점의 대형화가 이루어지고 있다. 결국 경쟁력이 취약한 소규모 음식점의 위기감은 갈수록 커지고 있다. 소매유통업에서 대기업의 편의점과 할인점 확대에 따라 개인사업자가 급격하게 줄어드는 현상이 외식산업에서도 그대로 재현되고 있다.

외식산업에서 소규모 음식점들의 수익성은 매우 열악하다. 그럼에도 불구하고 국내 경기의 하락에 따른 실업률 증가, 퇴직연령 하락으로 인하여 임금근로자들이 비자발적으로 자영업 시장으로 계속 진입하고 있다. 무엇보다도 베이비붐 세대의 퇴직이 늘어나면서 그 증가 속도는 더욱 빨라지고 있다. 특히 자영업 중에서도 외식업 창업비중이 가장 두드러짐에 따라 경쟁격화에 따른 수익성 악화는 피할 수 없다. 그동안 음식점은 현금 수입 업종이고 수익률이 타 산업이나 업종에 비하여 월등히 높다고 인식되어 왔다. 특별한 지식이나 노하우 없이도 성공이 가능하다는 오해가 생기면서 누구나 철저한 준비 없이도 쉽게 할 수 있는 사업으로 인식하고 있다. 하지만 이제 외식업은 누구나 쉽게 원하는 이익을 얻을 수 있는 사업이 아님을 예비창업자들은 인지해야 한다. 특히 외식산업의 현실과 문제점을 확인하고, 전문적 지식과 경영능력을 갖추고 창업하는 자세가 요구된다.

2) 외식창업의 어려움

외식업체의 공급과잉에 따른 치열한 경쟁 이외에도 음식점은 타 사업에 비하여 많은 난점을 가지고 있는데, 이를 세부적으로 살펴보면 다음과 같다.

첫째, 사업의 특성상 장시간의 근무가 요구된다. 그렇기 때문에 신체적 피로가 쌓이고 경우에 따라서는 발병의 원인이 되기도 한다.

둘째, 많은 음식점들이 가족 사이의 불화 때문에 실패에 이르곤 한다. 소규모 음식점 경영자들의 경우 일반적으로 일주일에 70시간 이상을 일한다. 이는 가족들과 함께 할 수 있는 시간이 거의 없음을 의미한다. 특히 주말에도 영업을 해야 한다. 자녀가 어리거나 저학년의 학생이라면 더욱 큰 문제가 된다. 이러한 요소들은 때때로 배우자에 대한 불만의 원인이 되기도 한다. 부부가 모두 음식점에 흥미를 가지고 함께 운영한다면 사업의 성공 가능성이 훨씬 높겠지만, 그렇지 못한 경우는 가정불화의 원인이 되기도 한다.

셋째, 외식사업에서 가장 큰 문제는 지속적인 적자로 인한 폐업이다. 종종 음식점의 실패는 한 가족의 재정적 위험을 가중시킨다. 왜냐하면 대부분의 창업자가 집과 기타의 부동산을 담보로 자금을 조달하거나 주변의 친인척에게 차입을 하기 때문이다.

넷째, 음식점을 창업하려는 예비창업자는 그들 자신이 외식사업에 적합한 능력, 개성, 자질을 가지고 있는지 심사숙고하지 않는다. 완벽한 음식점 경영자는 고객들에게 친절해야 하고, 어떤 일이 발생하더라도 침착하게 대응할 수 있어야 한다. 또한 사업을 성공으로 이끌기 위해서는 인내심도 있어야 한다. 즉, 음식점 경영자들은 고객들에게 낮은 자세로 서비스하는 것을 즐길 수 있어야 하고, 좌절할 만한 상황이 오더라도 이를 극복할 수 있어야 한다. 또한 지칠 줄 모르는 정신력도 필요하다. 이러한 특성 중 한 가지라도 부족하면 음식점 경영자는 하루 중 특정 시간에만 영업을 하거나 일주일에 5일 정도만 영업해야 한다. 그러나 대부분 제한된 시간이나 요일에만 운영하는 음식점은 성공하기 힘들다. 음식점 운영에는 임차료, 인건비 등 고정비용이 발생하는데, 이러한 비용을 충당하기 위해 음식점 경영자는 보다 많은 시간을 투자하여 회전율을 극대화 시켜야 하기 때문이다. 많은 시간을 음식점 경영에 투자하기 어려운 경우에는 직접 창업을 하기보다는 단순 투자자로 남거나 음식점을 대신 운영할 수 있는 전문가를 찾아 위탁경영을 의뢰하는 것이 효과적일 수 있다.

다섯째, 음식점을 경영하는 것은 많은 에너지와 체력이 요구된다. 성공적인 음식점 경영자들은 대부분 항상 에너지가 넘치고, 끈기 있고, 여러 가지 고충이 발생하는 상황에서도 잘 견딘다. 보통 외식 프랜차이즈 기업의 인사담당자들은 야망이 있고, 힘든 일에도 굴하지 않고 열심히 일할 수 있는 가맹점주를 원한다. 외식사업에서 일하는 사람들은 하루 10시간 이상 일하고, 일주일에 5~6일 이상 일한다. 주말, 휴일, 그리고 저녁은 일반적으로 바쁜 시간이다. 즉, 주말과 휴일, 그리고 저녁에는 더 많은 매출액이 발생한다. 외식사업은 주말에 쉬기를 원하는 사람에게는 적절하지 않다.

여섯째, 음식에 대한 전문적인 지식이 필요하다. 특히 고급 음식점의 경우에는 그 중요성이 더욱 부각된다. 물론 패스트푸드점의 경우는 특별한 지식 없이 가능할 수 있다. 또한 원가관리와 마케팅 같은 경영 능력은 외식사업에서도 필수적이다.

일곱째, 외식사업은 실패할 확률이 매우 높다. 물론 모든 사업은 위험이 높아야 수익성도 높다. 음식점이 자리 잡기 위해서는 1~2년 또는 그 이상의 시간이 필요하다. 우리나라의 경우 '국세통계연보'의 통계에 따르면, 음식점 가운데 10년 이상 장사를 계속하는 곳은 약 7%에 불과하다. 이 통계에 따르면, 전국 음식점 약 60만 개 가운데 5년 이상 장사를 계속하는 음식점이 다섯 군데 중 하나뿐이었다. 나머지 80%는 5년 안에 문을 닫는다. 문을 열기가 무섭게 장사를 그만두는 곳도 많다. 전체 음식점 가운데 문을 연 지 6개월 안에 장사를 그만두는 곳이 12.1%나 된다. 1년 만에 폐업하는 음식점

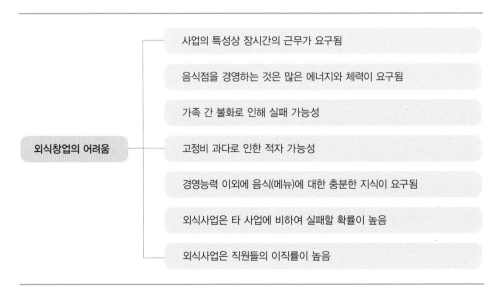

외식창업의 어려움
- 사업의 특성상 장시간의 근무가 요구됨
- 음식점을 경영하는 것은 많은 에너지와 체력이 요구됨
- 가족 간 불화로 인해 실패 가능성
- 고정비 과다로 인한 적자 가능성
- 경영능력 이외에 음식(메뉴)에 대한 충분한 지식이 요구됨
- 외식사업은 타 사업에 비하여 실패할 확률이 높음
- 외식사업은 직원들의 이직률이 높음

그림 1-6 **타 사업에 비하여 외식사업이 어려운 점**

도 전체의 25.6%에 달한다. 음식점 네 곳 가운데 하나는 1년 안에 장사를 포기한다. 이와 같은 결과는 영세 음식점들이 많아서 경쟁력이 떨어지기 때문에 나타나는 현상이다. 우리나라뿐만 아니라 외식산업이 발전한 미국의 경우에도 크게 다르지 않다. Parsa 박사의 연구에 따르면, 미국 오하이오 주 콜럼버스에 있는 음식점이 3년 안에 실패하는 확률이 약 60%였다고 한다. 첫 해에 26%, 둘째 해에 19%, 3년차에 14%가 폐업을 한 것으로 나타났다. 그리고 해당 연구에서 음식점이 실패하는 가장 큰 이유는 재정적 이유뿐만 아니라 경영자의 성향과도 깊은 관계가 있다고 언급하고 있다.

마지막으로 외식사업은 직원들의 이직률이 높다. 노동의 강도에 비하여 급여수준이 낮다는 것이 가장 큰 이유일 수도 있고, 한편으로는 자신의 감정과는 관계없이 고객에게 최상의 서비스를 제공해야 하는 정신적 스트레스 등도 장기근속을 방해하는 요소로 보인다. 또한 음식점 간의 잦은 이동이 다양한 경력과 급여 인상에 유리하다는 편견도 높은 이직률의 원인이다.

3) 외식창업의 목적

현재 우리의 삶에서 음식점이 라이프스타일에 미치는 영향은 매우 크다. 인간이 멋진 음식점을 찾아 이용하는 시간은 매우 즐거운 사회 활동의 일부가 되었다. 사람들은 누구나 식사를 필수적으로 해야 하지만, 생리적 욕구를 채우기 위한 목적을 넘어서서 회사의 동료나 친구들과 함께 좋은 음식과 와인 같은 음료를 즐기는 것이 삶의 즐거움 중의 하나이기도 하다. 또한 외식은 가족의 행복감을 증대시키는 수단이 되기도 한다. 오늘날 사람들은 과거에 비해 더 많은 외식을 즐기고 있으며, 그 비중과 횟수는 날이 갈수록 증가하고 있다.

모든 산업 분야에서 제품과 서비스가 개선되고 있으며, 최근에는 과거에 비해 더 다양하고 커다란 변화가 일어나고 있다. 〈워싱턴포스트〉의 음식평론가인 필리스 랜치맨(Phyllis Ranchman)은 "음식은 우리의 몸을 채우는 중요한 방법으로서 사회생활의 대부분을 차지하며 많은 돈을 쓰게 만들고, 또한 세상에 대해 배우게 해줌과 동시에 사업에도 커다란 영향을 미치는 존재이다."라고 하였다.

음식점으로 성공한 사람의 입장에서 외식사업은 매우 흥미로운 사업임에 틀림없다. 많은 사람들이 자신의 점포를 방문하므로 항상 새로운 인물을 만날 수 있어서 좋다. 한편으로는 다른 외식사업자가 출현해서 자신의 고객을 빼앗아 가기 때문에 항상 긴장을 늦추지 못하고 동시에 끊임없는 혁신적 도전을 해야 한다. 좋은 입지조건과 메뉴, 분위기 그리고 철저한 경영관리 능력이 있는 외식업체라면 지속적으로 그 시장을 지배할 수 있다. 외식사업은 능력만 있다면 매우 높은 투자수익률을 보장한다. 경우에 따라서는 체인이나 프랜차이즈 사업을 통해 사업을 확장하는 계기도 만들어진다.

하지만 그렇지 못한 사업자도 다수 존재한다. 예비창업자들은 사람과 친해지는 것이 좋고 요리하는 것이 좋아서 창업을 계획한다. 그리고 가족과 친구에게 또는 집을 담보로 자금을 빌리고, 또 한편으로는 소상공인시장진흥공단 등에서 창업자금을 지원 받는다. 그런데 이렇게 창업한 사람들은 과연 얼마나 오랫동안 사업을 유지할 수 있을까? 외식시장에서 사업자로서 승자가 되기 위해서는 많은 실전적 경험과 기획능력, 재정적인 지원 그리고 육체적 에너지가 필요하다. 추가로 운도 어느 정도는 필요할 수도 있다.

많은 예비창업자들이 외식사업을 통해 인생의 성공을 꿈꾼다. 그들은 과연 어떤 종류의 음식점을 원하는가? 패스트푸드 음식점, 카페테리아, 커피숍, 패밀리레스토랑, 에스닉푸드 음식점 또는 고급음식점 등 대부분의 예비 창업자는 고객관리, 요리법, 직원관리, 메뉴관리, 이익률 등에 대해 많은 관심을 가지고 있다. 그들이 생각하는 음식점 콘셉트는 음식점의 크기, 필요한 재능 등을 결정한다. 재능과 기질은 음식점의 스타일과도 관련이 깊다. 패스트푸드점을 운영하는 것은 고급 음식점을 운영하는 것과 많은 차이가 있다. 거대 기업의 프랜차이즈를 훌륭하게 경영할 능력을 가진 사람일지라도, 소규모 개인창업에서는 실패할 수 있다. 음식점의 유형(업종, 업태)은 매우 다양하다. 예비창업자들이 어떤 콘셉트의 음식점을 선택하느냐에 따라서 경영자에게 필요한 것과 보상이 다름을 인식해야 한다.

이제 외식창업을 함에 있어 과거와 같이 단순히 생계를 유지하거나 기업성장을 통한 부의 창출이 목적인 시대는 지났다. 다양한 사람들이 다양한 목적을 가지고 창업하는 외식사업의 면면을 구체적으로 살펴보면 다음과 같다.

첫째, 예비창업자들은 생계유지를 위한 수익창출을 목적으로 외식사업을 시작한다. 그것도 적은 투자로 큰 이익을 얻을 수 있다는 확신을 한다. 음식점은 특별한 능력이나 기술이 없이도 쉽게 돈을 벌 수 있다고 생각한다. 실제로 성공한 음식점들은 높은 수익률을 올리고 있다. 즉, 성공한 사람들은 타 사업에 비하여 높은 투자수익률을 올린다. 다만 현실적으로 성공하는 사업자보다는 실패하는 사업자가 더 많다. 그럼에도 불구하고 여전히 음식점을 창업하려고 하는 사람들은 외식업이 재정적인 보상이 크다고 생각한다. 타 사업에 비하여 비교적 소자본으로 창업이 가능한 것이 장점이라고 생각한다. 국내에서는 이야기가 있는 외식공간의 오진권, 더본코리아의 백종원 등이 입지전적인 인물이며, 미국에서는 맥도널드의 레이 크락, KFC의 샌더스, 웬디스의 데이브 토마스 등이 음식점 사업으로 큰 성공을 거두었다.

둘째, 음식점이 성공하면 체인이나 프랜차이즈 기업으로 키우기 쉽고 경제적으로도 일확천금을 벌 수 있다는 인식이다. 음식점 체인을 양도함으로써 수십 억에서 수백 억을 벌기도 하며, 때때로 그 사업의 대표로 남아 지속적인 경영권을 유지할 수도 있다. 예를 들면, 놀부의 창업자라 할 수 있는 김순진 대표는 모건스탠리PE에 놀부NBG 지분 100%를 약 1,200억 원에 양도하고 회장직을 유지한 사례가 있다.

셋째, 전문직을 가진 사람이나 은퇴 후 시간과 자금의 여유가 있는 사람들은 음식점을 지인들과 친밀도를 높일 수 있는 좋은 장소로 활용할 수 있어서 좋아한다. 경우에 따라서는 사업적으로 활용하여 기존 사업의 효율성을 높이면서 추가 수익을 얻기도 한다. 한때 압구정동이나 청담동 등에서 전문직 종사자들이 운영하는 와인바 창업이 유행이었던 것도 이러한 이유 때문이다. 패션기업이나 인테리어전문기업들이 외식업에 진출하는 사례도 이와 무관치 않다.

넷째, 어떤 사람들은 음식점에서의 요리가 즐겁고 지속적으로 변화하는 업무 환경을 즐기기 위한 목적으로 음식점을 창업한다. 도전적이고 진취적인 사람들은 음식점에서 어떤 날은 매니저가 되기도 하고, 어떤 날에는 고객들에게 서빙을 하는 서버가 되기도 한다. 그 외에 바텐더가 되기도 하는 등 다양한 업무를 즐긴다. 물론 국내에서 이런 목

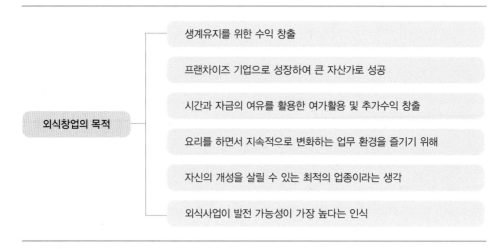

그림 1-7 **외식창업의 목적**

적으로 창업하는 사례가 많지는 않다. 하지만 국민소득이 증가하고 노년층이 늘어나면서 이런 목적의 창업을 충분히 상상해 볼 수 있다.

다섯째, 식문화 자체를 좋아하는 사람들에게 있어서 외식사업은 그 자체로도 의미가 있다. 또한 외식사업이 자신을 잘 표현할 수 있는 하나의 길이 될 수 있다고 생각하는 경우도 있다. 음식점의 인테리어에서부터 메뉴 디자인, 매장의 분위기 등을 자신의 느낌이나 개성을 살려서 표현할 수 있다는 데 매력을 느끼는 사람들도 점차 늘어나고 있다.

마지막으로 경제가 발전할수록 외식사업은 성장할 것이므로 향후 가장 전망이 밝다는 인식이다. 음식점 사업은 매우 경쟁이 치열하고 특별한 열정이 필요하며, 오랜 시간을 일해야 할 뿐만 아니라 낮은 급여를 감수해야 한다. 그럼에도 불구하고 미국의 레스토랑 협회인 NRA에 따르면, 미국 외식산업은 2016년까지 190만 개의 직업을 창출할 것이며, 총 고용 인구는 1천 4백만 명에 달할 것으로 예상하고 있다. 우리나라의 경우도 2011년 외식산업진흥법이 제정되면서 농림수산식품부가 설정한 비전에 따르면, 외식산업 매출액은 2017년 100조 원으로, 외식산업 종사자는 2017년 190만 명으로, 해외진출 외식업체는 2017년에는 2,000개로 목표를 수립한 바 있다.

지금까지 살펴본 외식창업의 목적은 예비창업자의 개인적 목적에 국한하고 있다. 하지만 외식창업은 개인적인 목적을 넘어서서 사회적 차원에서의 목적도 반드시 고려되어야 한다. 외식창업은 사회적 부의 창출, 일자리의 창출, 식재료 등의 자원 활용, 생활 공간의 창조, 국가경쟁력 강화, 식문화 및 기술의 발달 등에 매우 중요한 역할을 수행한다. 이와 같은 외식창업의 중요성에 비추어 국가적 차원에서도 한식과 전통주의 세계화를 추진하고, 중소기업청과 소상공인시장진흥공단 등을 통해 다양한 지원정책을 개발, 보급하는 것으로 이해할 수 있다. 또한 '소상공인 창업 및 경영개선자금' 지원만 가능해 5,000만 원 한도 내에서만 지원이 되었던 외식업을 최대 20억 원까지 지원이 가능한 '중소·벤처 창업자금' 지원 대상에 포함시켜 대형 외식업체 창업을 유도하는 것도 이러한 정책의 일환으로 해석할 수 있다.

요약

① 음식점은 인간이 이동하기 시작하면서부터 자연발생적으로 생겨났다. 음식점을 의미하는 영어의 'restaurant'은 1765년 프랑스의 몽블랑거가 만든 스태미나 수프인 'Restoratives'에서 유래한 것으로 추측되고 있다. 이 어원에 따르면 음식점은 '지친 심신을 회복시켜주는 기력회복의 장소'로 해석할 수 있다.

② 외식사업의 창업을 위해서는 인적요소(창업자의 자질), 제품요소(창업 아이템), 물적요소(재무자원과 점포) 등 기본적인 3요소가 필요하다. 특히 인적요소 중 창업자의 자질은 소규모 사업에서 외부조달이 불가능한 요인으로 매우 중요시된다. 외식사업에 참여하려는 예비창업자에게는 서비스 마인드가 필수적이다. 이외에도 성공을 위한 창업자로서의 특징과 자질을 갖추기 위한 사전준비에 많은 노력을 기울인 후 창업에 임하는 것이 실패를 줄일 수 있는 유일한 방법이다.

③ 음식점은 타 사업에 비하여 많은 난점을 가지고 있는데, 이를 간략히 살펴보면 다음과 같다. 첫째, 사업의 특성상 장시간의 근무가 요구된다. 둘째, 많은 음식점들이 가족 간의 문제로 인하여 실패를 하기도 한다. 셋째, 외식사업에 있어서 또 다른 문제는 지속적인 적자로 인하여 투자자금을 모두 잃게 될 가능성이다. 넷째, 음식점을 창업하려는 예비창업자는 그들 자신이 외식사업에 적합한 능력, 개성, 자질을 가지고 있는지 심사숙고해야 한다. 다섯째, 음식점을 경영하는 것은 많은 에너지와 체력이 요구된다. 여섯째, 음식에 대한 충분한 지식이 있는 것이 바람직하다. 일곱째, 외식사업은 실패할 확률이 매우 높다. 마지막으로 외식사업은 직원들의 이직률이 높다.

④ 음식점 창업은 높은 위험에도 불구하고 적은 자본으로 자신의 노력을 통하여 사업적인 성공이 가능하다는 인식으로 인하여 많은 사람들로부터 선호되는 분야이다. 음식점을 창업하려는 예비창업자들은 단순한 직업창출이나 생계를 위한 경제적 이익의 확보 이외에도 체인이나 프랜차이즈 사업을 통한 고수익창출(일확천금), 지인들과 친밀도를 높일 수 있는 좋은 장소 확보, 지속적으로 변화하는 업무 환경에 도전을 즐기고, 특별한 기술과 삶의 방식을 배울 목적으로 외식창업에 도전한다. 그 외에도 식문화 자체를 좋아하는 사람들에게 있어서 외식사업은 그 자체로도 의미가 있을 수도 있으며, 은퇴 후 또는 경제적·시간적 여유가 있는 사람들은 외식사업이 시간적 유연성과 사회적인 상호작용을 제공하기 때문에 음식점 창업을 고려한다. 그리고 국가경제가 발전할수록 외식사업은 성장할 것이므로, 향후 가장 전망이 밝다는 인식 등이 외식창업을 유도하는 큰 역할을 하기도 한다.

1 **다음 중 외식창업의 정의와 관련이 적은 것은?**

① 이익을 목적으로 새로운 조직이나 기업을 설립하는 것

② 직업을 자신이 직접 창출하는 것과는 구별되는 개념

③ 음식과 서비스를 생산, 판매하는 시스템을 만드는 일

④ 퇴직 후 안전창업보다 젊은 층의 모험창업이 증가하는 추세

⑤ 개인의 이익 이외에도 사회적 복지를 고려하는 자세 필요

해설 외식창업은 자신의 직업을 직접 창출한다는 개념을 포함하고 있음

2 **외식창업의 3요소를 설명할 때, 관계성이 가장 낮은 것은?**

① 창업자와 같은 인적요소

② 창업아이템과 같은 제품요소

③ 자금과 점포 등의 물적요소

④ 업종과 업태

⑤ 세금

해설 외식창업의 3요소는 물적요소(자금, 점포), 인적요소(창업자), 제품요소(창업 아이템)로 구성되며, 업종과 업태란 창업아이템과 연관된 내용임

3 **기업가 정신에 대한 설명으로 잘못된 것은?**

① 기회의 추구

② 통제가능한 자원만을 활용

③ 인재제일 및 고객만족

④ 불확실성의 극복과 혁신

⑤ 사업보국의 정신

해설 기업가는 현재 보유한 자원에 제약을 받지 않고 기회를 파악하여 추구하는 정신이 필요하다. 즉, 부족한 자원을 외부에서 조달할 수 있는 능력이 요구된다.

4 **외식창업의 현실에 대한 설명으로 적합하지 않은 것은?**

① 국내 외식비지출액은 식료품비 지출액의 약 50% 수준으로 성장하였다.

② 국내의 외식시장 규모는 약 60조~70조 원 수준으로 예상된다.

③ 일본이나 미국과 같은 선진국에 비하여 인구 대비 최소 2배에서 6배 수준의 음식점이 존재한다.

④ 국내 음식점과 같은 자영업자의 수가 많은 것은 자영업의 성공가능성이 매우 높기 때문이다.

해설 자영업자의 수가 많은 것은 높은 수익성 때문이 아니라, 취업시장의 위축으로 미취업자 및 퇴직자가 새로운 직업의 수단으로 창업을 시도하기 때문이다.

5 다음 중 창업자가 갖추어야 할 개인적 자질과 관계가 먼 것은?

① 경영윤리관

② 정신적, 육체적 건강상태

③ 서비스 마인드

④ 창조성과 성실성

6 성공한 창업자의 특성으로 보기 어려운 것은?

① 트렌드에 민감하고 그에 적합한 전략을 수립한다.

② 유행업종에 따른다.

③ 창업교육과 세미나 등에 적극 참여한다.

④ 현실적 창업을 고려하여 노력한 대가만큼의 결과만 기대한다.

7 다음 중 외식창업의 어려움으로 볼 수 없는 것은?

① 많은 시간을 점포에서 보내야 한다.

② 가족과의 불화가 생기기 쉽다.

③ 대학에 관련 학과가 많이 생기면서 인력수급이 쉬워졌다.

④ 타 사업에 비하여 실패할 확률이 높다.

| 정답 | 1 ② 2 ⑤ 3 ② 4 ④ 5 ①
6 ② 7 ③

1   사람들이 음식점을 창업하고 경영하기를 원하는 이유(외식창업의 목적)를 생각해 보고, 만약 귀하가 창업을 한다면 어떤 목적으로 창업을 할 것인지 생각해 봅시다.

2   음식점 사업은 리스크가 매우 높은 사업입니다. 다른 사업에 비하여 리스크가 높은 이유는 무엇인지 설명하고, 그 근거를 제시하여 봅시다.

3   어떤 사업이라도 성공을 위해서는 노력, 인내력, 자기수양, 능력 등이 필요합니다. 특별히 음식점 사업에서 필요한 개인적 특성은 어떤 것이 있을까요? 그 외에도 외식창업에서 성공하기 위해 필요한 특성을 정리하여 봅시다.

4   국내의 외식산업 환경은 선진국인 일본이나 미국에 비하여 경쟁력이 매우 약한 것이 현실입니다. 예를 들면, 미국은 과학적 관리법을 기반으로 한 프랜차이즈 시스템을 중심으로 글로벌 외식기업을 키워냈으며, 일본은 장인정신과 상업성의 조화를 기반으로 일본음식의 세계화를 이루었습니다. 향후 국내 외식산업의 경쟁력도 외식사업을 준비하는 예비창업자들의 전문성이 높아짐에 따라 강해질 것으로 예상됩니다. 국내의 예비창업자들이 경쟁력을 갖춘 외식기업가로 성장하기 위해 반드시 갖추어야 할 자질을 수업내용과 추가적인 조사를 통하여 정리하여 봅시다.

5   네이버 블로그에서 '신운철세무회계사무소' 블로그를 찾고, '국세통계로 본 외식업 시장규모'라는 제목의 글을 읽은 후, 최근의 외식시장 규모를 추정해 봅시다. 외식산업규모가 공식적인 통계와 얼마나 차이가 나는지 확인할 수 있습니다.

2장

외식창업의 유형

음식점을 경영하는데 있어서 적성의 기본조건은 일 자체가 재미 있고, 고객의 기쁨이 자신의 보람이 될 수 있어야 한다. 그래야만 음식과 서비스의 품질이 자연스럽게 향상되어 경쟁력을 갖추게 된다.

우이 요시유키(창업컨설턴트)

외식창업의 유형

1. 외식창업의 분류
2. 독립창업 및 프랜차이즈창업
3. 창업유형의 선택

학습목표
- 업종·업태, 투자유형, 창업동기, 구성원 등 다양한 분류기준에 따른 창업유형을 이해한다.
- 대표적인 창업유형인 독립창업과 프랜차이즈창업의 장단점을 이해한다.
- 다양한 창업유형 중 예비창업자의 특성과 투자금액에 따른 적절한 창업유형을 이해한다.

생각열기

BEST CASE   외식창업을 위하여 사업계획을 준비하던 나성공은 외식창업의 유형이 매우 다양하다는 사실을 알게 되었다. 일단 나성공은 창업을 계획가기 전에 음식점의 유형이 다양함을 이해하고, 각 유형간의 장점과 단점을 파악하는 것이 필요하다는 사실을 외식컨설턴트로 일하고 있는 그의 친구 이도움을 통해 자세히 알게 되었다.

이도움은 대학시절부터 단짝처럼 지낸 나성공에게 창업의 유형을 다음과 같이 설명해 주었다.

"음식점은 업종에 따라 한식, 양식, 중식, 일식 등으로 구분이 되고, 업태에 따라 패스트푸드, 패밀리레스토랑, 캐주얼 다이닝, 파인 다이닝 등으로 구분되네. 또한 투자형태에 따라서는 독립창업, 프랜차이즈창업 등이 있고, 창업의 동기에 따라서 생계형, 투자형으로 창업유형을 분류할 수도 있지. 그 외에도 구성원에 따라 부부창업, 동업창업 등이 있고, 창업 시기에 따라서 20대, 30대, 40대, 50대 창업으로 분류하기도 하는데, 다양한 유형의 창업행태가 존재하고 이러한 유형은 자신의 창업에 있어서도 구체적으로 고민해야 할 사항임을 인식해야 하네."

이도움의 설명을 들으면서 나성공은 현재 고민하고 있는 창업유형의 대표적인 형태인 독립창업과 프랜차이즈창업에 대해 다음과 같이 질문하였다.

"자네 설명을 들으니, 독립창업은 자신의 책임 하에 이루어지는 창업으로 충분한 경험과 지식이 있어야 하겠군. 반면 투자비는 절감이 될 수 있어서 좋고. 다만 초보창업자의 경우 도움을 주는 사람이 없다면 매우 높은 위험성을 감수해야겠지? 그에 반하여 프랜차이즈창업은 검증된 기업의 브랜드, 영업노하우 등을 지원받아 창업하므로 안전성은 높지만 가맹비, 로열티 등의 부담이 크고 상권의 특성에 따라 탄력적인 영업을 할 수 없는 단점도 있겠군. 그럼 과연 나에게 적합한 창업유형은 어떤 것일까?"

초보창업자인 나성공은 프랜차이즈 본부의 '브랜드 경쟁력, 정보공개서상의 매출과 비용 등의 신빙성, 직영점의 운영여부와 업력, 지나친 가맹점 광고 여부, 현실적인 매뉴얼, 지속적 관리 체계, 임원진의 프랜차이즈 폐해 사례, 물류유통구조의 구축' 등을 구체적으로 점검하기만 한다면 안전한 창업이 가능하지 않을까 고민 중이다.

다만 창업유형을 결정할 때 나성공은 자신의 성격 중 장점과 단점이 큰 변수가 될 수 있다는 조언을 들었다. 이도움의 조언에 따르면, 대다수의 사람이 창업 시 가장 큰 비중을 두고 고려하는 부분은 '어떤 음식점이 수익을 많이 창출할까?'라는 점인데, 자신의 성격에 대한 철저한 분석 없이 시작한 창업은 실패할 가능성이 매우 높다는 것이다. 예를 들면, 소극적인 사람이 풀 서비스 음식점을 창업한다거나, 음식에 대한 전문성이 없는 사람이 독립창업을 한다든지 하는 식이다. 이렇듯 자신의 적성에 대한 고려 없이 무작정 사업성이 좋은 아이템으로 창업하려고 하는 사람이 많이 있기 때문에 자신의 적성을 잘 파악하는 것이 실패를 방지하는 방법이 된다.

다양한 창업유형 중 자신의 성격과 자본금, 생활환경 및 가족상황 등을 고려하여 어떤 유형의 음식점이 가장 적합할지를 미리 조사해야 한다. 나성공은 이도움의 조언을 되새기면서, 자신에게 가장 적합한 창업유형을 고민하면서 추가적인 도움을 받을 곳을 찾아보기로 했다.

WORST CASE 외식창업에 매력을 느낀 박실패는 역시 창업을 하는 것만이 자신의 실력을 충분히 발휘할 수 있는 기회라고 생각해서인지 벌써부터 들떠서 조급한 마음에 창업을 위한 급행열차라도 타고 싶은 심정이다.

하지만 아무리 바빠도 바늘허리에 실을 꿰어 바느질을 할 수는 없는 법 아닌가. 박실패는 대학 동창인 (주)홍보의 점포개설 팀장인 이멘토를 찾아갔다.

"여보게 이멘토. 내가 외식창업을 해야 할 것 같은데, 자네가 좀 도와주면 안 되겠나?" 갑자기 나타나서 뜬금없이 창업을 도와달라는 박실패를 향해 이멘토는 황당한 듯 쳐다보며 이렇게 대답한다.

"아니 이 사람아. 창업이 무슨 애들 장난인가? 자초지종도 없이 창업을 도와달라니…"

박실패는 자신이 생각해도 좀 황당했다. 오랜만에 만난 친구와 그간의 안부도 묻기 전에 창업부터 도와달라는 자신이 우습기도 했다.

"하하, 미안하네. 내가 좀 급했군. 요즘 내가 내 정신이 아니야. 이래저래 마음만 급하다 보니 자네에게 실수를 했군."

박실패는 그간의 자신의 회사생활이며 창업을 해야겠다고 결심하게 된 계기 등을 소상히 이멘토에게 설명하면서, 앞으로 어떻게 창업을 하는 것이 좋을지 또 창업을 한다면 어떤 유형을 선택하는 것이 좋은지 자문을 구했다.

"여보게 박실패. 자네는 예나 지금이나 번갯불에 콩 구워 먹는 버릇은 여전하군. 창업이 아무리 급해도 그렇지 무슨 물건 하나 사듯이 쉽게 판단하고 결정할 문제는 아니라네. 좀 더 많은 고민과 경험 그리고 학습이 필요하지 않을까?"

"외식창업의 유형에는 일단 음식점의 업종과 업태를 결정하고 프랜차이즈 창업을 할지 아니면 독립창업이 유리할지를 고민해야 한다네. 거기다 창업비용이 부족하면 동업의 형태로 창업을 하기도 하지. 또 가능하면 가족 중심이 되어 창업을 하는 경우가 성공할 가능성이 높으니 부부창업이나 가족창업을 고려하는 게 좋을 거야. 다만 가족 간의 불화나 친구와의 동업이 문제를 야기하지 않도록 철저한 준비가 필요하겠지."

이멘토는 차근차근 창업의 유형에 대하여 설명하지만, 이미 급한 마음에 조급증이 발동한 박실패의 귀에는 그런 설명이 '마이동풍'격이다.

"알았네. 친구…. 그러지 말고 그냥 자네가 보기에 나에게 가장 적합한 유형을 추천해 주면 안 되겠나. 머리 아프게 이것저것 따져봐야 시간만 갈 거고, 자네는 전문가니까 이게 좋겠다…. 뭐, 이렇게 추천해주면 되잖아."

기가 찬 듯 박실패를 멍하니 바라보던 이멘토는

"여보게. 만약 그렇게 창업해서 실패하면 누굴 원망할 건가. 이건 내 사업이 아니라 자네 사업이야. 그리고 사업이 무슨 밥 한끼 먹듯 할 수 있는 건가. 만약 실패하면 자네 인생 전체가 힘들게 될지도 모르는 매우 신중한 결정이 필요한 일생일대의 사업 아닌가."

박실패는 자신이 생각해도 이멘토의 말이 틀리지 않음을 알고 있다. 무조건 남의 이야기에만 귀 기울이기보다는 좀 더 자신의 환경을 이해하고 신중한 결정이 필요하다는 점은 이해가 가지만….

"그래도 난 바쁜데…."

1 외식창업의 분류

외식창업의 유형은 다양한 기준으로 분류할 수 있다. 음식점의 업종과 업태에 따른 분류, 투자형태에 따른 분류 등이 가능하며, 수익을 추구하는 목적과 구성원 그리고 창업을 하는 시기에 따른 분류 등 매우 다양한 방법의 분류가 가능하다. 다만 이러한 창업분류는 단순히 음식점 창업의 유형을 나누자는 측면보다는 창업자가 자신에게 가장 적합한 창업방법을 찾는 데 참고자료로서의 의미가 더 크다고 하겠다. 또한 창업의 유형을 살펴보는 것은 창업을 하려는 음식점의 콘셉트를 설정하는 데도 많은 도움이 된다. 다음과 같은 창업의 구체적 유형들을 살펴보면서, 예비창업자가 자신의 상황에 가장 적합한 창업유형을 선택하는 데 참고가 될 것이다.

1) 업종 및 업태에 따른 음식점의 분류

업종(type of business)이란 사업의 형태를 의미하는 용어이다. 외식사업에서는 주로 음식의 국적에 따른 분류로 활용하고 있으며, 판매하는 상품에 따른 분류라고 할 수도 있다. 따라서 국내에서 외식사업을 업종에 따라 분류하는 경우 주로 한식, 양식, 중식, 일식, 에스닉 푸드 등으로 구분한다. 업종에 따른 분류는 가장 전통적인 음식점의 분류방식이다.

업태(type of service)란 음식점을 영업 전략에 따라 분류하는 방법이다. 구체적으로는 마케팅믹스 요소를 기준으로 외식업체를 분류하는 방법이다. 다만 외형상으로는 고객에게 제공하는 서비스수준을 기준으로 외식업체를 분류하는 것처럼 보인다. 주로 미국 등의 외식산업이 발전한 국가에서 활용하는 분류방법이다. 외식산업계에서는 패스트푸드, 패스트캐주얼, 패밀리레스토랑, 캐주얼다이닝, 파인다이닝 등으로 구분한다. 향후 서비스 수준 및 외식업체의 마케팅믹스 요소가 지속적으로 변함에 따라 업태에 따른 외식업체의 분류는 지속적으로 변할지도 모른다.

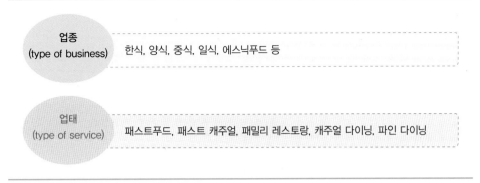

<table>
<tr><td>업종
(type of business)</td><td>한식, 양식, 중식, 일식, 에스닉푸드 등</td></tr>
<tr><td>업태
(type of service)</td><td>패스트푸드, 패스트 캐주얼, 패밀리 레스토랑, 캐주얼 다이닝, 파인 다이닝</td></tr>
</table>

그림 2-1 **업종 및 업태에 따른 음식점의 분류**

업종과 업태의 관점과 분류기준 등을 좀 더 구체적으로 비교하면, 업종은 외식업체를 기준으로 분류하는 기준인 반면, 업태는 소비자를 기준으로 분류하는 기준이다. 업종의 분류기준이 음식 중심이라면, 업태는 마케팅 중심적이다. 따라서 산업의 발전측면에서는 업종에 따른 분류보다는 업태에 따른 분류를 강화할 필요가 있다.

업종과 업태를 기준으로 외식업체를 좀 더 심도 있게 분류하면 〈표 2-1〉과 같다.

업종과 업태를 이용하여 외식업체를 구분하는 이유는 무엇일까? 창업자는 자신이 진입하려는 시장을 분석할 수 있어야 하고, 분석을 위해서는 많은 외식업체를 일정한 기준과 카테고리로 분류할 수 있어야 한다. 이때 분류 기준으로 업종과 업태가 가장 많이 이용된다. 그런데 업종과 업태에 대한 기준이 모호한 경우가 많아서 실제로 현장에서 외식업체를 적절하게 구분하지 못하는 경우가 많다. 결국 제대로 된 조사와 분석이 어려워지고, 창업자는 자신이 진입하려는 세분화된 시장과 소비자를 충분히 이해할 수 없게 된다. 〈그림 2-2〉는 업종과 업태에 대한 이해를 돕기 위하여 정리한 내용

표 2-1 **업종과 업태의 관점 및 기준**

구분	관점	분류기준	점포크기	분류사례	장점
업종	외식업체	음식	소형	김밥전문점	외식업체 관리가 편함
업태	소비자	마케팅 믹스	대형	패스트푸드	소비자 효익의 증대

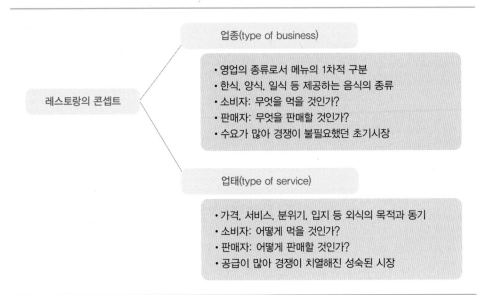

업종(type of business)
- 영업의 종류로서 메뉴의 1차적 구분
- 한식, 양식, 일식 등 제공하는 음식의 종류
- 소비자: 무엇을 먹을 것인가?
- 판매자: 무엇을 판매할 것인가?
- 수요가 많아 경쟁이 불필요했던 초기시장

레스토랑의 콘셉트

업태(type of service)
- 가격, 서비스, 분위기, 입지 등 외식의 목적과 동기
- 소비자: 어떻게 먹을 것인가?
- 판매자: 어떻게 판매할 것인가?
- 공급이 많아 경쟁이 치열해진 성숙된 시장

그림 2-2 **업종과 업태의 의미**

이다. 창업자는 이러한 내용을 바탕으로 외식업체를 분류할 수 있는 기준으로 활용해야 한다.

앞으로는 업종에 의한 외식업체의 분류보다는 업태에 의한 분류를 더 많이 활용하게 될 것으로 예상된다. 따라서 업태를 구성하는 요소에 대한 이해가 필요하다. 업태를 구성하는 요소는 매우 다양하다. 예를 들면 메뉴, 이용 동기, 주 고객층, 영업시간, 입지, 서비스 수준, 가격 등이 대표적인 업태의 구성요소이다. 외식업체는 목표시장에 적합한 업태의 수준을 결정하고 차별화시켜 경쟁력을 갖추어야 하므로, 창업자라면 누구나 외식업체의 업태를 정리할 수 있어야 한다.

업태를 좀 더 구체적으로 이해하기 위해서는 업태의 발전단계를 살펴보아야 한다. 외식산업의 성장과정을 살펴보면, 초기의 도입기에는 외식업체가 업종을 중심으로 창업하고 성장한다. 도입기를 지나 성장기를 거치고 성숙기에 접어들면 그 업종 내의 경쟁이 치열해진다. 외식업체들은 치열한 경쟁에서 블루오션과 같은 차별화된 시장을 찾기 위하여 새로운 업태를 지속적으로 찾아서 시장을 세분화시키려고 노력한다. 결과적으

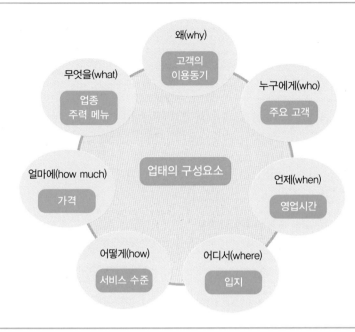

그림 2-3 **업태의 구성요소**

로 외식산업은 업종으로는 구분하기 힘든 업태중심의 시장으로 변해간다. 국내에서도 최근에 다양한 메뉴를 융합한 외식업체들이 만들어지고 있다. 이들 업체는 업종으로는 구분이 불가능하다. 예를 들면, 피자와 주꾸미를 결합한 외식업체는 한식이라고 할 수도 없고 양식이라고 할 수도 없다.

〈표 2-2〉는 외식산업이 가장 발달했다고 볼 수 있는 미국의 업종과 업태의 변화를 잘 보여주고 있다. 우리나라도 외식업체를 업태에 구분하기 위한 충분한 준비가 필요한 시기이다.

미국의 외식업체를 분류하는 기준을 참고하면, 국내에서도 외식업체를 업태로 분류할 경우에 참고가 될 것이다. 〈표 2-3〉은 미국 레스토랑 협회(National Restaurant Association)의 음식점 분류 기준이다.

표 2-2 **미국 외식산업의 업태 변화**

1940년대 이전	1940년대 이후	1980년대	2000년대
5대 업종	3대 업태	5대 업태	6대 업태
• 아메리칸 • 콘티넨탈 • 오리엔탈 • 에스닉 • 차, 디저트	• 패스트푸드 레스토랑 • 패밀리 레스토랑 • 파인 다이닝	• 패스트푸드 레스토랑 • 패밀리 레스토랑 • 카페테리아 • 캐주얼 다이닝 • 파인 다이닝	• 패스트푸드 레스토랑 • 패스트 캐주얼 레스토랑 • 패밀리 레스토랑 • 카페테리아 • 캐주얼 다이닝 • 파인 다이닝

자료 : 박기용(2009). 외식산업경영학. 대왕사

표 2-3 **미국 레스토랑 협회(NRA)의 음식점 분류**

분류 기준	분류	특징
• 음식의 특성 • 서비스 • 메뉴품목 수 • 객단가 • 알코올 판매 여부 • 복장 • 결제방법	퀵서비스 레스토랑 (quick service restaurant)	• 패스트푸드(Fast Food), 한정된 서비스 • 특정화된 메뉴품목, 알코올 판매하지 않음 • 낮은 객단가($5) • 크레디트 카드 결제가 거의 안 됨
	중간급/패밀리 레스토랑 (midscale/family restaurant)	• 완전히 패스트푸드가 아닌 음식 • 테이블 또는 카운터 서비스 • 퀵서비스보다 넓은 메뉴 품목 • 한정된 알코올 혹은 제공하지 않음 • 중간 정도의 저녁식사 객단가($3~7) • 크레디트 카드 결제가 거의 안 됨
	캐주얼/중상급 레스토랑 (casual dinner/moderate upscale)	• 풀 서비스, 테이블 서비스 • 편안한 분위기와 복장 • 다양한 메뉴, 폭넓은 알코올 서비스 • 중상 정도의 저녁식사 객단가($16 이하) • 통상적으로 크레디트 카드 결제 가능
	고급 레스토랑 (fine dining/higher check upscale)	• 일품요리 및 정찬(Full Course) • 극진한 서비스, 정장이 요구되기도 함 • 정성스런 식사 준비, 스페셜 메뉴 • 맥주, 와인 서비스 • 높은 저녁식사 객단가($16 이상) • 크레디트 카드 결제 가능

2) 투자형태에 따른 외식창업의 분류

투자형태에 따라 외식사업을 분류한다면, 크게 전문가 지원형과 자립형 그리고 위탁 및 수탁형으로 구분할 수 있다. 먼저 전문가 지원형은 자신이 직접 창업하기에 곤란한 초보자가 타인의 도움을 얻어서 창업을 하는 형태이다. 주로 프랜차이즈창업, 컨설턴트의 도움을 받는 컨설팅창업 등이 있으며, 최근에는 전문조리기술만을 전수받아 창업하는 전수창업도 유행하고 있다.

자립형은 기존의 음식점을 인수하여 그대로 경영하거나 콘셉트를 변경하여 창업하는 매입창업과 직접 새로운 브랜드의 음식점을 창업하는 독립창업이 있다.

위·수탁형은 위탁창업과 수탁창업으로 구분할 수 있는데, 위탁창업은 자신은 투자만 하고 경영을 위탁하는 형태로, 주로 프랜차이즈나 외식경영전문가에게 창업 및 경영을 위탁하는 형식의 창업이다. 그리고 수탁창업은 타인의 외식업체를 수탁 경영하는 형식의 창업으로, 충분한 조리 및 경영능력을 가진 예비창업자가 자본금이 없는 경우 선택해 볼 수 있는 유망한 창업유형이다. 이와 같은 투자형태에 따른 창업유형을 정리해 보면 다음과 같다.

그림 2-4 **투자형태에 따른 외식창업의 분류**

3) 창업동기에 따른 분류

창업유형은 창업동기에 따라서 〈그림 2-5〉와 같이 분류하기도 한다. 예비창업자들이 왜 외식창업을 선택하게 되는지는 여러 가지 측면에서 시사하는 바가 크기 때문이다. 먼저 생계형창업을 살펴보자. 이는 가족의 생계 및 생활영위를 목적으로 하는 창업이다. 과거 기업에서 종사하던 직장인들이 평생직업이라고 믿었던 직장을 그만두게 되면서 선택하게 되는 창업의 유형이다. 투자형창업은 부업형창업이라고 하는데, 재산의 증식 및 여유생활을 즐기기 위한 창업으로 볼 수 있다.

그 외에도 미취업, 실업을 탈피할 목적의 창업인 탈출형창업, 상속이나 세입자의 미입주로 인한 창업으로서 기회형창업 등이 있으며, 업종전환을 위한 전환형창업도 창업동기에 따른 분류에 포함된다.

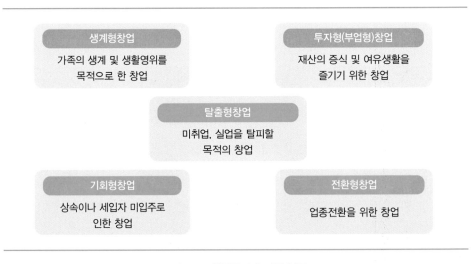

그림 2-5 **창업동기에 따른 분류**

4) 구성원에 따른 분류

외식창업은 창업활동에 참여하는 구성원에 따라서 〈그림 2-6〉과 같이 '1인 창업, 인력조달창업, 가족창업, 여성창업, 부부창업, 동업창업' 등으로 구분한다.

1인 창업	**인력조달창업**
one table restaurant, counter service restaurant 등	주방 및 홀서빙 직원을 채용하여 운영하는 음식점 창업
가족창업	**여성창업**
비가족기업에 비해 더 많은 투자를 하며, 자본구조가 양호하고, 효율적인 경영구조를 가진 것으로 조사됨	현재 우리나라 사업체 중 여성이 대표인 사업체 수가 약 백만 개로 전체 사업체의 35%에 달함
부부창업	**동업창업**
인건비 절감 등을 목적으로 부부가 함께 사업을 창업하고 경영함	규모의 경제 달성을 목적으로 동업이 활성화되고 있으나 분쟁도 증가함

그림 2-6 **구성원에 따른 분류**

동업은 어떻게 시작해야 하나요?

참여지분·직책·임금·경영권 등 구체적인 역할분담 상세히 기록

　친밀감보단 부족함 채울 사람 좋아… 내가 더 양보한다는 마음 가져야

Q) 동업은 어떻게 시작해야 하나요?

서울 송파구 방이동에서 직장 동료와 동업하려고 하는 김종철(45)입니다. 1년 전 퇴직 후 창업을 준비하고 있습니다. 창업박람회 견학, 창업 강좌 등을 수강하면서 창업 정보를 모으고 있습니다. 서울 강서구나 송파구에서 퓨전 요리주점을 희망하고 있습니다. 동료와 투자비용은 50 대 50으로 결정했습니다.

　보통 동업은 매우 어렵다고 얘기합니다. 효과적으로 동업하려면 필요한 사항이 무엇인지 궁금합니다. 명의(사업자등록)는 어떻게 해야 하는지, 지분은 서류(계약서)상으로 어떻게 나눠야 하는지, 사업 시작 후 수익 배분은 어떻게 해야 하는지 등이 궁금합니다.

　장사를 잘할 수 있을지도 걱정입니다. 전문가의 조언을 구합니다.

"상호 신뢰와 합리적인 협의 필요, 동업 계약서에 모든 항목 기록해야…"

A) 창업을 준비하다 보면 자금이 부족해 동업하게 되는 사례가 많습니다. 아무리 사이좋은 친구, 친척이나 선·후배라도 돈을 벌기 위한 창업을 시도하다

보면 마음이 갈릴 수밖에 없는 경우가 생깁니다. 동업을 할 때는 동업계약서를 작성하고 허가증·사업자등록증 및 점포 임대차 계약까지도 누구 명의로 할지를 사전에 결정해야 합니다.

공동 사업자 가운데 1인을 선정해 대표자로 할지, 공동대표 명의로 할지도 정해야 합니다. 동업 내역은 정확히 문서화해야 합니다. 동업계약서에는 참여 지분, 직책, 임금, 경영권, 수익금 배분방식, 재투자 비율, 계약 파기 조건, 결제 방식 등의 항목을 반드시 기록해야 합니다.

창업 초기단계부터 구체적인 역할 분담을 상세하게 기록해 서면 계약을 하고, 가능하면 공증 절차까지 해두면 좋습니다. 구두로 했던 내용은 시간이 지나면 서로 해석을 달리하게 돼 복잡한 문제가 생길 수도 있습니다. 체면이나 의리를 앞세워 대충 넘겼다가 손해보는 일이 없도록 해야 합니다.

동업 때 공동명의 절차부터 문제가 생기기도 합니다. 동업자 중 한쪽의 사정으로 탈퇴가 불가피할 경우 다른 동업자의 처분만 기다릴 수밖에 없습니다. 또 영업 부진으로 사업체를 매도할 때도 많은 문제점이 생깁니다. 영업이 잘되면 다행이지만 영업 부진으로 인한 동업자 간 갈등도 고려해야 합니다. 이익 분배, 성격, 업무 추진 스타일, 성실성, 경제성 등이 달라 겪게 되는 어려움이 갈등 요인이 되기도 합니다.

동업계약서에는 △수익분배 및 지분 분배, △재투자 시 투자에 대한 이익 배분율 변경, △지출에 대한 결정권, △직원 선발 등 의사 결정 절차에 대한 권리, △위기상황 발생에 대한 책임 소재, △상대방의 일방적인 동업 포기 시 권리 양도에 대한 부분 등을 반드시 명시해야 합니다.

동업은 소규모 자본을 합쳐 규모 있는 창업에 도전할 수 있는 힘이 됩니다. 자본과 인력을 결합해 시너지 효과를 창출할 수 있다는 장점도 있습니다. 실패에 대한 심리적 불안감을 줄일 수 있고, 아이디어 창출이나 경영에 관한 의사결정이 주관적으로 치우치지 않는 효과도 있습니다. 동업자들이 주인 의식을 갖고 일하게 돼 업무 효율 측면에서 높은 평가를 받기도 합니다.

공동 창업자들은 이러한 동업에 관한 효율성이나 시너지 효과 등 긍정적인 측면만 생각하고, 부정적인 점들은 고려하지 않고 창업을 시도했다가 낭패를 보는 경우가 많습니다.

동업에 성공하려면 공동 창업자는 동반자를 선택할 때 인간적인 친밀함보다 서로 부족한 면을 보완할 수 있는 사람인가를 꼼꼼히 살펴야 합니다. 사업상 책임을 상대방에게 전가하려는 태도를 버리고, 내가 조금 더 양보한다는 열린 마음으로 상대방의 능력이나 관심 분야를 고려해 객관적이고 합리적으로 업무를 분담해야 합니다.

자신의 장점은 부각하고 단점은 상호 보완한다는 지혜를 발휘해야 성공적인 동업이 가능하고, 결과적으로 성공 창업에 이를 수 있습니다.

자료: 한국경제(2010.2.8), 한경자영업희망콜센터.

현재는 물론이고 향후 소규모 외식창업에서 가장 큰 애로사항은 '인력조달'이다. 즉, 일할 사람을 구하기가 갈수록 힘들어진다는 의미이다. 설사 사람을 구하더라도 높은 인건비를 감안할 때 사업자가 원하는 수익을 달성하기가 힘들어진다. 따라서 소규모 외식창업은 '가족창업'이나 '부부창업'이 가장 경쟁력을 갖춘 창업유형이 될 가능성이 높다. 일단 인건비에 따른 압박에서 자유로울 수 있고, 주인의식을 가지고 음식과 서비스를 제공한다는 측면에서 경쟁점포에 비해 강력한 경쟁력을 확보할 수 있다.

5) 창업시기에 따른 분류

외식창업을 창업자의 나이에 따라 구분하는 것도 상당한 실익이 있다. 나이는 곧 창업자의 경제적 환경과 미래에 대한 안정성을 대변하는 변수로서 높은 대표성을 가지기 때문이다. 이와 같은 관점에서 20대에 시행하는 창업을 '모험창업'이라고 분류한다. 소자본으로 큰 수익을 추구하는 형태가 가장 많은 것이 특징이다. 30대의 경우는 적정 수준의 자본금을 확보해서 창업하는 '준비된 기반창업'으로 구분할 수 있다. 40대 창업은 '전문창업'으로서 한 분야의 최고 전문지식과 경험을 바탕으로 창업하는 것이 가장 특징적이다. 50대의 경우는 상당한 자본력이 있지만, 만약 창업에서 실패하는 경우 위험성이 매우 높으므로 '안전창업'을 주로 추구한다. 100% 성공이 보장되는 일만 골라서 창업해야 하는 것이 50대 창업이 추구해야 할 최상의 목표가 될 것이다. 또한 최근 노령화가 급격히 진행되면서 시니어 창업에 대한 지원도 국가적 차원에서 고민하고 있다는 것을 알 수 있다. 시니어 창업을 지원하는 국가와 지방자치단체의 지원제도(신사업창업사관학교, 시니어기술창업센터, 세대융합형창업캠퍼스, 재도전성공패키지 등)를 참고하면 많은 정보를 얻을 수 있다.

그림 2-7 **창업시기에 따른 분류**

6) 혁신성에 따른 분류

외식창업은 창업 아이템의 혁신성을 기준으로 〈그림 2-8〉과 같이 혁신적 창업과 모방적 창업으로 구분한다. 과거와 같이 경쟁이 거의 없던 산업환경에서는 모방적 창업을 통해서도 성공을 거두는 사례가 종종 있었지만, 최근 경쟁이 치열해지는 상황에서는 차별성이 고도화된 혁신적 창업만이 성공을 담보할 수 있음을 기억해야 할 것이다.

그림 2-8 **혁신성에 따른 분류**

7) 점포소유 여부에 따른 분류

과거 외식창업은 반드시 점포가 있어야만 가능한 사업에 해당되었다. 물론 포장마차와 같이 이동성이 있는 경우는 다소 예외라 할 수 있겠지만, 포장마차 역시 유형의 점포임에는 틀림없었다. 하지만 정보화 사회가 되면서 외식산업에서도 무점포 사업이 가능하게 되었으며, 이를 구체적으로 분류하고 그 사례를 살펴보면 〈그림 2-9〉와 같다.

8) 심리적 상태에 따른 분류

음식점을 창업하려는 창업자의 심리적 상태에 따라 외식창업을 〈표 2-4〉와 같이 분류해 보면 어떨까? 물론 이러한 분류는 이론적으로 체계화시킨 연구가 없다는 점에서 논리적인 한계가 있다. 그럼에도 불구하고 창업자가 어떤 자세를 견지하고 창업에 임해야 할지를 점검하는 차원에서 눈여겨볼 필요가 있다.

점포중심형 창업	무점포 창업
점포의 격식을 갖춘 공간이 있는 음식점 창업	온라인을 이용한 외식사업 창업
• From full service to self service • Take out • Delivery service, Shop in Shop 등	• 홈밀(www.homemeal.net) • 스피드 가정식(www.ispeedfood.co.kr) • 오쿡(www.ohcook.co.kr) • 트럭음식점 • 이동식 레스토랑(캐나다 레스토랑 '뮈브박스')

그림 2-9 **점포소유 여부에 따른 분류**

표 2-4 **창업자 심리상태에 따른 창업유형**

구분	내용
자기중심형	사업의 모든 조직원과 시스템 구성을 자기중심으로 설정하는 창업
무계획형	아무런 계획도 없이 막연한 희망만으로 주먹구구식으로 하는 창업
정보무시형	정량적인 조사와 분석을 전혀 하지 않고 실행하는 창업
과잉투자형	수익성은 전혀 고려하지 않은 채 과다하게 투자하는 창업
복사형	성공한 타인의 점포를 쉽게 벤치마킹하여 단기간에 승부를 보려는 창업
무개념형	사업 자체의 목표보다는 관계없는 부문에 관심을 갖는 창업
게으름형	솔선수범하지 않고 모든 일을 직원과 타인에게 의존하여 성공하려는 창업
마케팅무시형	만들기만 하면 무조건 팔릴 것이라는 사고로 하는 창업
품위유지형	사업의 건실한 관리보다는 품위 유지에만 관심을 갖는 창업
고객무시형	고객에 대한 서비스보다는 자신의 이익에만 관심을 갖는 창업

2 독립창업 및 프랜차이즈창업

1) 유형별 특징

다양한 유형의 외식창업 형태를 지금까지 살펴보았다. 그럼에도 불구하고 실제로 소규모로 이루어지는 외식창업을 크게 분류해 보면 독립창업과 프랜차이즈창업으로 나누어진다. 그런 차원에서 본 장에서는 독립창업과 프랜차이즈창업의 장단점을 간략하게 살펴보고, 상황에 적합한 창업유형을 선택하는 데 필요한 정보를 제공하고자 한다.

(1) 독립창업

프랜차이즈에 가맹하지 않고 창업자가 직접 모든 창업과정을 실행하는 창업유형을 독립창업이라 한다. 독립창업의 장점과 단점을 살펴보면 〈표 2-5〉와 같다.

표 2-5 **독립창업의 장단점**

장점	단점
• 입지선택, 인테리어, 설비 등 모든 일을 독자적으로 수행한다. • 가격에 대한 결정권을 갖고 있다. • 독자적 경영으로 시장변화에 민첩하게 대처할 수 있다 • 사업이 성공적이면 프랜차이즈화할 수 있다.	• 창업과 경영지원을 받을 곳이 없기 때문에 모든 것을 예비창업자 스스로 판단하여 처리해야 한다. 따라서 초보자인 경우 점포 창업과 경영이 매우 어렵다.

(2) 프랜차이즈 창업

① 프랜차이즈의 개요

프랜차이지(franchisee, 가맹점 사업자)가 프랜차이저(franchiser, 가맹본부)의 영업표지(상표, 상호)와 영업시스템을 사용하여 일정한 품질기준에 따른 상품 또는 서비스를 판매하도록 약정하고, 이에 따른 대가로 가맹금(franchise fee)을 지급하기로 하는 독립된 사업자 간의 계약을 프랜차이즈(franchise)라고 하는데, 그 어원을 살펴보면 Freedom From Servitude(노예상태로부터 해방)에서 비롯된 것이라고 한다.

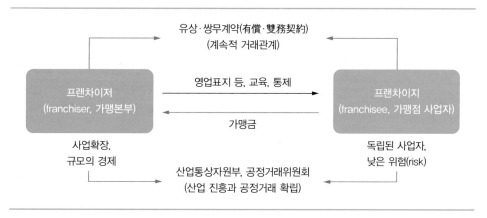

그림 2-10 **프랜차이즈 시스템의 개요 및 특징**
자료 : 가맹사업거래의 공정화에 관한 법률 제2조

원래 프랜차이즈의 기원은 1850년 미국 남북전쟁 당시 Singer Sewing Machine 사가 충성스런 판매 시스템을 조직한 데서 유래하였다. 이후 1950년 밀크셰이크 판매원이던 레이 크락이 맥도널드 형제의 드라이브인 레스토랑의 프랜차이즈 권리를 받아 영업하면서 보편화된 것으로 알려져 있다.

② 프랜차이즈 시스템의 특성
프랜차이즈 계약은 프랜차이저가 미리 정한 계약내용을 동의하는 자(프랜차이지)와의 계약으로 성립하는 부합계약(附合契約)에 해당된다. 이는 프랜차이저와 프랜차이지 모두가 자율성을 가지고 자본을 달리하는 독립된 사업자로 상호 협력하여 동일자본 기업과 유사한 경영효과를 달성하는 장점을 가지게 되는 형태의 시스템으로, 프랜차이저 입장에서는 직접 투자를 하지 않고 사업확장을 할 수 있다는 장점이 있고, 프랜차이지 역시 검증된 사업시스템을 활용하여 리스크를 줄일 수 있어서 매우 선호되는 창업형태이다. 특히 프랜차이즈 시스템은 단순화, 표준화, 규격화를 핵심으로 하는데, 주로 단일의 제품과 서비스를 표준화하여 다수의 입지에서 규모의 경제를 통해 경쟁력을 확보할 수 있도록 설계되어야 한다.

③ 프랜차이즈의 장단점

프랜차이즈 시스템은 프랜차이저와 프랜차이지에 따라서 〈표 2–6〉과 같은 장단점이 있다. 하지만 여러 가지 단점에도 불구하고, 상호간의 이익에 시너지 효과가 나서 개별적인 사업을 하는 경우보다 더 큰 이익을 얻을 수 있는 시스템으로 정착하고 있다.

④ 프랜차이즈 유형

프랜차이즈 유형은 크게 체인과 프랜차이즈로 구분한다. 일반적으로 체인이란 가맹사업보다는 직영점을 위주로 다점포 사업을 하는 경우를 의미하며, 프랜차이즈는 직영점보다는 가맹점으로 사업확장을 시도하는 비즈니스 모델이다. 세부적인 분류는 〈표 2–7〉과 같다.

표 2–6 프랜차이즈의 장단점

구분	프랜차이저(가맹본부)	프랜차이지(가맹점 사업자)
장점	• 사업확장을 위한 자본조달 용이 • 대량규모를 통한 규모의 경제 • 공동광고를 통한 비용절감 • 시스템 개발에만 주력 • 인력관리의 부담 경감	• 검증된 시스템에 의한 리스크 감소 • 소액자본으로 표준화된 사업 전개 • 본사지원에 따른 경영상 애로 감소 • 공동광고 및 판촉으로 인지도 상승 • 판매에만 전념할 수 있음
단점	• 지속적인 지원에 따른 비용 증가 • 가맹점 통제의 어려움 • Free Riding(무임승차) 현상 • 직접투자에 비해 낮은 수익률	• 지속적인 로열티 지불 • 본사와의 갈등 증가 • 개인화된 차별성 추구 불가 • 낮은 수익성과 지속적 투자

표 2–7 프랜차이즈의 유형

구분	세분류		내용
체인	Regular Chain		• 직영으로 운영되는 다점포 경영방식 예) 스타벅스
	Voluntary Chain		• 경영의 독립성은 유지하면서 구매, 물류 등을 공동으로 추진하는 수평적 관계의 경영방식 예) 코사마트
프랜차이즈	제공내용	제품 프랜차이즈	• 상호와 상품만 공급하는 형태, 경영노하우는 제공치 않음 예) 자동차 딜러, 전자제품, 주유소 등
		시스템 프랜차이즈	• 비즈니스 포맷 프랜차이즈 예) 롯데리아, 피자헛, 맥도널드 등

(계속)

구분	세분류		내용
프랜차이즈	제공내용	제조 프랜차이즈	• 제조를 위한 특허권, 노하우 제공 예) 코카콜라, 펩시콜라 등
	지역권한	단일점포 프랜차이즈	• 하나의 점포에만 부여
		다수점포 프랜차이즈	• 프랜차이즈 개발 계약 : 일정지역 사업개발 계약, 일정규모 점포 개설 의무, 의무 불이행 시 계약취소 • 마스터 프랜차이즈계약 : 일정지역에서 제3자에게 프랜차 이즈 계약권 부여(마스터 프랜차이지 → 서브 프랜차이즈)

2) 프랜차이즈 창업 시 주의사항

이미 살펴본 바와 같이, 프랜차이즈 창업은 초보자도 자본만 있다면 쉽게 전문적인 외식창업을 할 수 있다는 장점을 가지고 있다. 그래서 국내에서도 상당한 인기를 끌고 있는 창업의 유형이며, 특히 산업이 선진화 될수록 프랜차이즈 창업은 더욱 활성화될 것이 확실하다. 다만 이러한 장점에도 불구하고, 국내외에서 불량 프랜차이즈 브랜드가 난립하여 예비창업자들의 주의가 요망된다. 만약 프랜차이즈 창업을 고려하는 경우라면, 다음과 같은 사항에 주의를 기울여야 한다.

- 본사의 브랜드는 경쟁력을 가지고 있는가?
- 정보공개서를 공개하고 내용은 신빙성이 있는가?
- 직영점이 운영되고 있는가?
- 가맹점 광고를 지나치게 많이 하지는 않는가?
- 매뉴얼이 완벽하지 않고 허술하지는 않은가?
- 개점 후 지속적 관리가 체계적으로 되어 있는가?
- 본사의 수익구조가 개설수익에만 의존하지는 않는가?
- 관리부와 조리실보다 영업사원의 비율이 높지는 않은가?
- 임원진의 프랜차이즈 폐해 사례는 없는가?
- 물류유통구조가 구축되어 있는가?
- 현재 관련법규가 없어 향후에 불법요소에 따른 규제가 예상되는 업종이 아닌가?

3 창업유형의 선택

1) 기본원칙

창업유형을 결정할 때 예비창업자의 성격에 따른 장단점이 큰 변수가 된다. 대다수의 사람이 창업 시 가장 큰 비중을 두고 고려하는 부분은 '어떤 음식점이 높은 수익을 제공해 줄까?'라는 점이다. 하지만 자신의 성격에 대한 철저한 분석 없이 시작한 창업은 실패할 가능성이 매우 높다. 예를 들면, 소극적인 사람이 풀 서비스 음식점을 창업한다거나, 음식에 대한 전문성이 없는 사람이 독립창업을 한다든지 하는 식이다.

이렇듯 자신의 적성에 대한 고려 없이 무작정 사업성이 좋은 아이템으로 창업하려고 하는 사람이 많기 때문에 자신의 적성을 잘 파악하는 것이 실패를 방지하는 방법이다. 따라서 다양한 창업유형 중 자신의 성격과 창업자본 등을 고려하여 어떤 유형의 음식점이 가장 적합할지를 미리 조사하여 둘 필요가 있다. 다음과 같은 내용도 고려하면 좋다.

- 자신의 창업환경(자본금, 경력, 나이, 가족관계 등)을 고려하여 자신과 사업과의 적합성을 검증해야 한다.
- 행복하게 사업을 할 수 있어야 하므로 좋아하는 일을 찾아야 한다.
- 그동안 쌓은 경력을 적절히 활용할 수 있어야 성공가능성이 높다.
- 창업비용을 낮출 수 있는 숍인숍, 테이크아웃, 부실점포인수, 푸드트럭 등을 고려해야 한다.
- 웰빙트렌드를 감안한 목표고객과 음식을 염두에 두어야 한다.
- 저투자 고수익이 가능한 무점포 사업과 인터넷을 활용한 방안을 연구해야 한다.
- 부가가치가 높은 고품질의 서비스 업태를 개발해야 한다.

2) 성격 유형에 따른 아이템 유형

(1) 외향·사교형

대부분 전직 경험이 교직자, 유통 관련 근무자, 홍보 영업 종사자, 보험 회사 근무자 등이 이 범주에 속한다. 적극적이고 저돌적인 성격을 가지고 있는 경우가 많으며, 주로 서비스로 승부하고 단체고객을 위주로 하는 창업유형을 선택하는 것이 좋다

(2) 내향·침착형

전직이 사무직 종사자이거나, 전업 주부, 교직자, 예술가 등이 이에 해당된다. 큰 홍보활동 없이도 고객이 꾸준히 찾아오는 패스트푸드 음식점이나 카페 등이 적합하다.

(3) 아이디어형

진취적이고 도전 정신이 강하다는 것이 큰 장점인 성격의 소유자이다. 주로 지식 기반의 혁신형 사업에 적합하다. 이에 속하는 직업군은 학생, 프로듀서, 과학 분야 종사자 등이다. 이러한 성격의 소유자는 차별성이 있는 독립창업 음식점의 창업을 준비하는 것이 유리하다.

(4) 우직·원칙주의형

생산직, 공직 근무자, 기술직에 종사했던 근무자들이 대개 이러한 성격을 소유하고 있다. 이러한 성격에 적합한 아이템은 전문점으로서 테이크아웃이나 배달 서비스를 주로 하는 음식점이 적합하다.

(5) 저돌·추진력형

건설업 종사자나 일반직에서 고위직의 근무자 등이 이러한 성격을 가지고 있기 쉽다. 레저·오락 이벤트 콘셉트의 주점이나 뷔페 형식의 음식점이 적합하다.

3) 연령대에 맞는 창업

창업유형의 선정 시는 창업자의 연령도 고려 대상이 된다. 사업이란 반드시 성공만을 추구하는 것이 아니라, 안정적으로 실패 확률을 줄이려는 노력도 필요하므로 창업자 연령에 맞는 사업 아이템을 선정하는 것이 요구된다.

4) 가족구성에 따른 창업

앞으로 음식점사업의 사활은 인건비가 결정하게 될 가능성이 높다. 음식점 사업의 수익성에 가장 큰 영향을 미치는 항목은 식재료비, 인건비, 임차료 등인데, 이 중 사업자가 관리 가능한 유일한 비용이 바로 인건비이기 때문이다. 특히 대기업이 음식점사업에 진출하면서 소규모 음식점이 경쟁력을 확보하는 거의 유일한 방법은 인건비를 절감함으로써 차별성을 확보하는 것이다. 예를 들면, 1인 창업을 통해 인건비를 지출하지 않는다면 낮은 가격으로 높은 품질의 음식을 소비자에게 제공할 수 있다.

　가족창업도 큰 가치를 제공하여 고객만족도를 높일 수 있는 창업유형이다. 음식점은 서비스수준이 매우 중요하다. 하지만 저임금의 직원으로 높은 수준의 서비스를 기대할 수 없기 때문에 이러한 문제점을 극복하면서 경쟁력을 키울 수 있는 방법이 가족창업

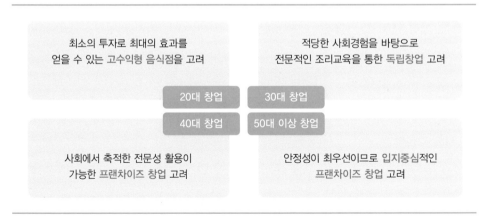

그림 2-11 **연령대에 맞는 창업**

이다. 가족은 모두가 주인의식으로 고객을 대할 수 있다. 가족이 많아서 음식점 창업을 도와 줄 수 있다면, 경쟁업체에 비하여 높은 수준의 서비스를 제공하는 업태의 음식점을 창업하여 경쟁력을 높이고, 절감되는 인건비를 음식의 품질을 높이는 데 투자한다면 반드시 성공하는 창업이 가능하다.

5) 창업유형에 따른 장단점

지금까지 살펴보았던 다양한 형태의 창업유형을 중심으로, 현재 실제적으로 많이 활용되는 창업유형을 중심으로 창업에 따른 요소들의 장단점을 살펴보면 〈표 2-8〉과 같다. 예비창업자는 창업유형에 따른 위험과 기타 장단점을 충분히 고려하여 자신의 환경에 가장 적합한 창업형태를 선택하는 지혜를 발휘해야 할 것이다.

표 2-8 **창업유형에 따른 장단점**

구분	투자비용	경험	스트레스	실패에 대한 심리적 부담	재무위험	잠재적 수익성
매입	중간	높음	높음	높음	높음	높음
독립 창업	증상	매우 높음	높음	매우 높음	매우 높음	매우 높음
프랜차이즈 (소형)	높음	낮음	중간	중간	중간	중상
프랜차이즈 (대형)	매우 높음	중간	높음	높음	높음	높음
수탁경영	없음	높음	매우 높음	중간	없음	중간

자료 : Walker, John R.(2007)을 기초로 저자 수정

요약

① 창업유형은 업종(한식, 양식, 중식, 일식 등)과 업태(패스트푸드, 패밀리 레스토랑, 캐주얼 다이닝, 파인 다이닝 등), 투자형태(독립창업, 프랜차이즈창업 등), 창업동기(생계형, 투자형 등), 구성원(부부창업, 동업창업 등), 창업시기(20대, 30대, 40대, 50대), 혁신성(혁신창업, 모방창업), 점포소유 여부(점포창업, 무점포창업), 심리적 상태(머슴지향형, 마케팅무시형 등) 등 다양한 기준에 의하여 분류할 수 있다.

② 창업유형의 대표적인 형태는 독립창업과 프랜차이즈창업으로 구분할 수 있다. 독립창업은 자신의 책임 하에 이루어지는 창업으로, 충분한 경험과 지식이 있어야 하는 반면, 투자비는 절감이 될 수 있다. 다만 초보창업자의 경우 조력자가 없다면 매우 높은 위험성을 감수해야 한다. 프랜차이즈 창업은 검증된 기업의 브랜드, 영업노하우 등을 지원받아 창업하므로 안전성은 높지만 가맹비, 로열티 등의 부담이 가중되고 상권의 특성에 따라 탄력적인 영업을 할 수 없는 단점을 갖는다.

③ 프랜차이즈 창업의 경우 '본사의 브랜드 경쟁력, 정보공개서상의 매출과 비용 등의 신빙성, 직영점의 운영여부와 업력, 지나친 가맹점 광고 여부, 현실적인 매뉴얼, 지속적 관리 체계, 임원진의 프랜차이즈 폐해 사례, 물류유통구조의 구축' 등을 구체적으로 점검하고 계약을 체결해야 한다.

④ 창업유형을 결정할 때 예비창업자 성격의 장단점이 큰 변수가 된다. 대다수의 사람이 창업 시 가장 큰 비중을 두고 고려하는 부분은 '어떤 음식점이 수익을 많이 창출할까?'라는 점이다. 하지만 자신의 성격에 대한 철저한 분석이 없이 시작한 창업은 실패할 가능성이 매우 높다. 예를 들면, 소극적인 사람이 풀 서비스 음식점을 창업한다거나, 음식에 대한 전문성이 없는 사람이 독립창업을 할 경우 실패창업자가 될 가능성이 크다. 이렇듯 자신의 적성에 대한 고려 없이 무작정 사업성이 좋은 아이템으로 창업하려고 하는 사람이 많이 있기 때문에 자신의 적성을 잘 파악하는 것이 실패를 방지하는 방법이 된다. 따라서 다양한 창업유형 중 자신의 성격과 자본금, 생활환경 및 가족상황 등을 고려하여 어떤 유형의 음식점이 가장 적합할지를 미리 조사하여야 한다.

1 업종과 업태에 대한 설명 중 적절치 않은 것은?

① 업종(type of business)은 주로 메뉴(음식)의 유형에 의한 분류이다.

② 업태(type of service)는 음식점에서 제공하는 서비스수준에 의한 분류이다.

③ 업태(type of service)는 음식점의 가격수준과는 연관성이 없다.

④ 업종(type of business)은 국내에서 한식, 양식, 일식, 중식 등으로 분류된다.

해설 음식점의 영업방식, 서비스의 형태, 메뉴의 가격, 분위기, 판매방법에 따른 분류로 패스트푸드, 패밀리 레스토랑, 캐주얼 디너(casual dinner), 파인 다이닝(fine dining) 등으로 분류되며 가격과 밀접한 관련을 갖는다.

2 다음 중 음식점의 창업유형으로 적합하지 않은 것은?

① 프랜차이즈창업

② 컨설팅창업

③ 전수창업

④ 대출창업

해설 외식창업은 전문가의 지원을 받아 창업하는 유형으로 프랜차이저로부터 지원을 받는 프랜차이즈창업, 컨설턴트로부터 지원을 받는 컨설팅창업, 전문요리사 등으로부터 지원을 받는 전수창업 등으로 구분된다.

3 프랜차이즈 창업 시 장점이 아닌 것은?

① 높은 브랜드 인지도

② 로열티의 지급으로 수익성 증대

③ 본사의 지속적인 홍보 및 마케팅

④ 지속적인 신메뉴 개발

해설 프랜차이지가 프랜차이저에게 지급하는 로열티는 수익성을 낮추는 요인이 될 수 있다.

4 예비창업자의 나이에 따른 창업유형으로 적합하지 않은 것은?

① 20대: 모험창업

② 30대: 기반창업

③ 40대: 전문창업

④ 50대: 퇴직창업

해설 50대의 경우 창업실패 시 재기가 힘든 시기이므로 100% 성공이 보장되는 안전창업을 추구하는 것이 좋다. 즉 'Low Risk, Low Return' 형의 창업을 추구해야 한다.

5 다음 창업의 유형 중 투자금이 가장 적게 들어가는 것은?
① 프랜차이즈창업
② 독립창업
③ 수탁경영
④ 동업(공동)창업

해설 수탁경영은 자신이 직접 창업을 하는 것이 아니라 타인의 매장의 경영권을 위임받아 운영하는 형태의 창업으로, 투자금은 거의 들어가지 않지만 경우에 따라서 보증금의 형태로 위탁자에게 제공하거나 일부 자본금의 투자가 이루어지는 경우가 있다.

6 전수창업의 특징이 아닌 것은?
① 프랜차이즈 창업에 비하여 투자비의 절감효과가 있다
② 창업의 유형 중 가장 안정성이 높다.
③ 전수창업은 주로 서비스와 관리시스템의 전수로 이루어진다.
④ 프랜차이즈처럼 가맹사업관련 법률의 보호를 받을 수 없다.

해설 전수창업은 주로 음식의 전수 형태로 이루어진다.

7 실적이 부진한 점포의 경영자가 위탁경영을 하는 경우 적절치 않은 것은?
① 점포주와 위탁경영 회사가 공동사업자로 진행한다.
② 최소이익금을 보장 받은 후 초과이익은 공동 분배한다.
③ 영업활성화를 인한 권리금 상승분은 기존사업자에게 귀속된다.
④ 위탁경영의 계약기간은 통상 1년 이상으로 한다.

해설 영업의 활성화로 인한 권리금 상승분 역시 공동 분배하는 것이 일반적 관행이다.

8 다음 중 프랜차이즈의 성공원칙으로 볼 수 없는 것은?
① 가장 낮은 수준의 업무 능력을 지닌 사람에 의해서도 운영될 수 있어야 함
② 완벽한 시스템에 의해 운영되어야 함
③ 사업 모델에서 행해지는 모든 업무는 매뉴얼에 기록되어 있어야 함
④ 고객이 기대하는 상품과 서비스를 상권특성에 따라 달리 제공해야 함

해설 프랜차이즈는 기본적으로 지역에 관계없이 표준화된 제품과 서비스를 제공하는 것을 원칙으로 한다. 다만 지역특성을 고려한 현지화가 이루어지기도 한다.

| 정답 | 1 ③　　2 ④　　3 ②　　4 ④　　5 ③　　6 ③
　　　　7 ③　　8 ④

1　본 학습에서 제공된 '창업유형'을 면밀히 검토하여 자신이 실제로 10년 내에 적립할 수 있는 자본금과 개인적 특성 및 적성에 가장 적합하다고 판단되는 창업유형을 결정해 보시기 바랍니다. 특히 다양한 창업유형을 반드시 고려하여 조합을 만들어 보시고, 단순한 경제적 이익을 추구하기보다 가치 있는 삶을 누리기 위한 수단으로서의 평생직업이란 개념을 함께 고려하여 정리해 보시기 바랍니다.

2　프랜차이즈 창업을 위해서는 프랜차이즈 본사에 대한 확인뿐만 아니라 기존의 가맹점을 방문하여 본사지원 사항 및 가맹점주의 만족도에 대한 조사가 반드시 필요할 것입니다. 다양한 문헌과 인터넷 자료조사를 통하여 음식점 프랜차이즈 가맹시 참고할 체크리스트를 직접 만들어 보시기 바랍니다.

3　1인 창업으로 성공한 사례를 조사하고 장단점을 정리한 후 자신이 창업을 한다면 어떻게 개선할 수 있을지 조사하여 봅시다.

4　가족창업의 장점과 단점을 정리하고 주위에서 가족창업으로 성공한 음식점을 조사한 후, 가족창업으로 성공 가능한 음식점의 모델을 구상해 보시기 바랍니다.

5　국내외를 막론하고 외식창업에 있어서도 소자본 창업을 위한 무점포창업이 인기를 얻고 있습니다. 국내, 일본, 미국 등 각 나라별 외식사업의 무점포창업사례를 조사하여 이미지 등을 포함하여 상세하게 정리하여 보시기 바랍니다.

6　자신의 현재 상황(나이, 자본금, 가족상황, 경력 등)을 고려하여 가장 적합한 외식창업 유형을 정해 보시기 바랍니다. 기존에 성공한 음식점 중에서 자신이 정한 내용과 가장 유사한 곳을 찾고 이 음식점의 성공요인을 제시하여 봅시다.

2부

외식창업을 위한 사업계획

3장

콘셉트의 개발

음식점의 콘셉트란 "소비자가 인식하는 음식점의 의미"이다. 즉, 음식
점의 콘셉트를 설정하는 과정은 소비자로부터 의미 있는 음식점으
로 인식되게 만드는 활동이며 총체적 작업이다. 음식점 창업을 계획
하고 있다면 예비창업자가 가장 많은 시간을 투자하여 고민해야 하
는 핵심활동이 바로 콘셉트를 설정하는 콘셉션(conception)이다.

김영갑 교수의 이데일리 창업칼럼(2015.3.16.)

콘셉트의 개발

1. 음식점 콘셉트의 개요
2. 음식점 콘셉트의 구성요소
3. 음식점 콘셉트의 개발방법

학습목표

- 음식점 창업을 위한 콘셉트의 정의, 콘셉트가 갖추어야 할 속성, 성공적인 사례 등을 이해한다.
- 다차원적인 음식점 콘셉트를 구성하는 세부요소와 요소들 간의 유기적인 관계를 이해한다.
- 음식점의 콘셉트를 개발하기 위한 프로세스와 유의사항을 이해한다.

생각열기

BEST CASE   30대 중반에 접어든 나성공은 창업유형을 검토한 결과, 아직은 젊은 나이임을 고려하여 모험적이면서도 전문성을 갖춘 창업을 선택하기로 하였다. 자신의 환경을 고려할 때, 안정적인 프랜차이즈 창업보다는 독립창업이 더 적절하다는 판단을 한 것이다. 다만 독립창업을 위해서는 모든 창업과정을 자신이 직접 수행함과 동시에 음식점의 콘셉트도 새롭게 개발해야 하는 어려움이 따를 것이다. 그리고 무엇보다 외식산업을 이해하고 실제로 아르바이트나 음식점 직원으로의 취업을 통해 실전능력을 갖추는 것이 시급하다. 물론 성공한 외식사업가의 성공담을 자서전 등을 통해 익히는 것도 중요한 간접 경험이 되고, 또 필요한 전문지식을 익히기 위한 학습과 연구도 게을리해서는 안 된다.

이와 같은 다양한 경험을 축적하면서 창업을 위해 가장 먼저 고민해야 할 내용은 바로 어떤 콘셉트의 음식점을 창업할지 결정하는 것이다. 회사생활을 하면서 마케팅 콘셉트 설정 등의 작업은 꽤 했다고 자부하는 나성공이지만, 음식점의 콘셉트를 설정해야 한다는 이도움의 설명을 듣고서는 막막하기만 하다.

"이도움, 도대체 음식점의 콘셉트라는 게 뭐야?"

"하하. 자네도 별 수 없군. 말끝마다 콘셉트 노래를 부르더니 음식점 콘셉트는 잘 모르겠다 이거군…. 나성공, 내 이야기 잘 들어보게." 이도움은 열심히 나성공에게 음식점의 콘셉트를 설명한다.

"음식점의 콘셉트는 차별화된 소비자의 욕구를 충족시키기 위한 음식점의 본질이라고 간단히 말할 수 있네."

"음식점의 본질?"

"또 다른 표현을 쓰자면, 음식점의 수익성을 달성함과 동시에 고객을 만족시키기 위한 아이디어의 집합이라고도 할 수 있지."

"음식점의 특징적 장점이라고 할 수도 있겠고…"

"이도움! 뭐야? 이말 저말 하지 말고 한 가지로 정리해 주면 안 되나?"

"그럼, 이렇게 설명하면 되겠군. 음식점의 본질이면서 특징적 장점으로 경영자와 소비자를 모두 만족시킬 수 있는 아이디어의 집합. 어떤가? 나성공 이해가 되나?"

"이도움, 그렇게 설명하니까 더 모르겠다. 차근차근 하나씩 조리 있게 설명해 주면 안 될까?"

사실 이도움이 아무리 자세히 설명해도 나성공이 쉽게 이해할 수 없는 게 당연하다. 막연한 개념인 건 확실하니까. 그렇다면 좀 더 구체적으로 접근해 보기 위해 이도움은 콘셉트의 구성요소를 나열하는 방법으로 콘셉트를 알려주기로 했다.

"콘셉트를 구성하는 요소들은 테마(Theme), 메뉴(Menu)와 메뉴의 수(The number of

menu), 고객의 이용목적(Purpose of purchasing), 목표시장(Target market), 상권과 입지 (Trading area and location), 분위기(Atmosphere), 서비스 형태(Service style), 가격(Price), 브랜드(Brand), 판매방법(Sales method), 규모(Size)와 좌석 수, 영업일수 및 시간, 음식점의 특징적 내용, 식사시간과 회전율 등인데…. 어때 좀 이해가 되나?"

"이와 같은 구성요소들을 유기적으로 결합해서 통합된 콘셉트를 형성함으로써 성공적인 외식창업이 가능해지는 거야."

"그리고 자네 맥도널드 하면 뭐가 생각나는가? 자네가 생각하는 그게 바로 맥도널드의 콘셉트야."

WORST CASE 박실패는 창업유형이고 뭐고 복잡하니, 대학 동창인 (주)홍보의 점포개발 팀장인 이멘토에게 프랜차이즈 가맹을 하겠다며 알아서 다 해달라고 부탁을 하고 있다.

"여보게 이멘토. 나는 자네 회사의 아이템도 마음에 들고 또 사실 장사도 잘 된다면서…."

"그냥 자네 회사 홍보의 가맹점을 저렴하게 내 주면 안 되겠나?"

박실패는 이멘토의 충분한 준비가 된 이후에나 부탁하라는 따끔한 충고는 아랑곳하지 않고, 무조건 창업하게 해 달라고 떼를 쓰고 있다.

"하하, 미안하네. 프랜차이즈 창업이라고 무조건 본사만 믿고 개업했다가 낭패를 보는 분들을 내가 하루에도 서너 명씩 보거든. 난 내 친구가 그런 꼴이 되어서 패가망신하는 걸 그대로 내버려 둘 수는 없네. 그러니까 꼭 창업을 하고 싶으면 먼저 공부 좀 하고 와서 나하고 대화가 통하면 그때 전적으로 도와주겠네. 어때 그렇게 하겠나?"

박실패는 그저 조급할 뿐이다. 언제 다시 외식창업에 대하여 공부하고 거기다가 현장경험까지 쌓는단 말인가. 남들은 그냥 쉽게 시작해도 돈만 잘 벌고 사업도 잘해가는 것 같은데, 왜 이멘토는 박실패의 부탁을 들어주지 않는 것일까?

"박실패. 자네는 우리 (주)홍보의 부대찌개가 괜찮은 아이템이라고 생각하나?"

"그럼. 대중적이면서 웬만한 소비자들은 다 아는 인지도까지 갖춘 그런 메뉴와 브랜드가 어디 쉬운가. 홍보 부대찌개 하면 삼척동자도 다 알잖아."

"물론 그건 자네의 말이 맞네. 하지만 홍보 부대찌개도 모든 점포가 다 잘되는 건 아닐세. 경우에 따라서는 폐점을 하는 곳도 있고, 계속 영업을 하고 있지만 수익성이 낮아서 곤란을 겪는 점포도 꽤 있어."

이멘토는 자신이 근무하는 회사의 점포들에 대하여 박실패를 대상으로 자세히 설명해 주면서, 상권에 따라서는 많은 문제점을 가지는 사례가 있음을 설명하여 주었다. 그리고 박실패가 창업하고자 하는 상권에 적합한 음식점의 콘셉트를 같이 설정해 보자고 제안하였다.

"알았네. 친구…. 자네 말처럼 앞으로의 발전가능성이나 최근 트렌드 등을 감안해서 소비자도 만족시키면서 수익성이 높을 것 같은 음식점의 콘셉트를 고민해 보겠네."

"그래…. 잘 생각했네, 일단 내가 방금 설명해 주었던 콘셉트를 구성하는 요소들을 일관성 있게 구조화해 보는 연습을 해 보게. 머릿속에서 음식점을 만들었다가 부수었다가를 수백 번은 반복해야 하네. 어차피 돈 드는 거 아니니까. 그동안 자네가 방문했던 음식점들을 생각하면서 가장 인상적이었던 곳을 떠올려 보는 것도 좋은 방법이 될 거야."

이멘토의 끈질긴 설득에 음식점의 콘셉트를 고민해 보기로 한 박실패는 그래도 왠지 조급한 마음에 아이디어가 잘 떠오르지 않는다. 내일은 어제 TV 프로그램에서 소개되었던 대박집을 방문해 보아야겠다고 다짐하며 집으로 향한다.

성급하게 아무런 준비도 없이 주먹구구식 창업을 하려던 박실패는 앞으로 어떤 과정을 거쳐 창업에 이르게 될지 자못 궁금하다.

어느 날 가족과 외식을 하려고 집을 나섰다. 그런데 가족과 가고 싶은 음식점이 머리에 떠오르지 않는다. 가족 구성원에게 물어봐도 돌아오는 답변은 모두 동일하다. 아무데나 가자는 의견이 대다수이다. 가족과의 회식만이 아니다. 직장에서 동료와 점심시간에도 우리는 고민하고, 식사할 곳이나 주점을 찾을 때도 이런 현상은 항상 반복된다.

우리 주변에는 음식점과 주점이 차고 넘치는 수준으로 많은데, 왜 우리 머릿속에서는 자리 잡지 못하는 것일까? 수많은 광고와 홍보, 판매촉진, 세일즈 등이 난무한 데도 불구하고 우리는 음식점을 찾기 위해 방황해야 한다. 혹시 음식점의 포지셔닝 전략에 문제가 있는 것은 아닐까? 그리고 그러한 포지셔닝의 한계는 바로 음식점의 콘셉트가 차별화되지 않아서 발생하는 문제가 아닐까?

창업자는 항상 콘셉트를 가장 중요하다고 이야기한다. 하지만 결과적으로 그들이 창업한 음식점은 모두 비슷비슷한 메뉴와 서비스, 그리고 물리적 환경을 가지고 있어서 몇 번 방문하다 보면 서로간의 차이점을 찾기 힘들다. 결과적으로 소비자는 항상 외식을 하려는 순간 고민에 빠질 수밖에 없다.

그런데 많은 사람들이 이야기하는 콘셉트는 무엇일까? 신문이고 방송이고 다양한 실용서에서까지 콘셉트란 용어는 쉬지 않고 소개되고 예비창업자, 마케터, 광고기획자, 경영자는 말끝마다 콘셉트의 중요성을 강조한다. 자신들이 창업한 음식점은 모두 최상의 콘셉트를 실현하였다고 자부한다. 문제는 그것을 받아들여야 하는 소비자들은 모두 비슷한 가치와 경험을 느끼면서 차별성을 인식하지 못한다.

콘셉트는 원래 광고에서 유래된 용어이다. 최근에는 제조업자 중심의 제품지향성이 소비자 중심의 마케팅지향성으로 급격히 변화하면서 콘셉트가 모든 분야에서 쓰이고 있다. 결국 성공을 추구하는 조직 및 개인이 차별화된 소비자의 욕구를 충족시키기 위해 반드시 필요한 요건으로 받아들이고 있다. "차별화된 소비자의 욕구를 충족시키기 위한 그 무엇"은 "음식점(제품)의 본질"이라고 표현할 수도 있고, 그 외에도 다양한 해석이 가능하다. 실제로 실무자와 연구자 사이에서 다양한 정의가 존재하기 때문에 일반인이 많이 사용하면서도 명확하게 이해하지 못하는 용어로 남용되기도 한다. 지금부터 음식점 창업을 위해 콘셉트를 이해하고, 그것을 어떻게 활용해야 하는지 살펴보도록 한다.

1 음식점 콘셉트의 개요

1) 정의

음식점은 과연 무엇을 판매하는 장소일까? 사람들은 음식점이 판매하는 것이 음식이라고 생각한다. 과연 그럴까? 과거에는 음식의 맛과 양이 음식점에서 가장 중요한 요소로 받아들여졌다. 이후 음식점이 판매하는 것이 음식뿐만 아니라 서비스도 포함된다는 주장이 대두되었다. 음식점이 성공하기 위해서는 유형적인 음식에 무형적인 서비스가 중요하다는 인식이 확산된 것이다. 치열한 경쟁 속에서 이제 음식점은 음식과 서비스만으로 승자가 되기 힘든 시기를 맞이하고 있다. 음식이나 서비스보다 더 중요한 요인이 각광받기 시작하였다. 바로 브랜드이다. 복잡한 선택을 요구받게 된 소비자는 다양한 선택속성을 모두 고려하기 힘들게 되면서 단지 브랜드만을 믿음의 증거로 받아들이게 된 것이다. 그럼 브랜드의 출발점은 무엇일까? 좋은 브랜드가 되기 위해서는 반드시 갖추어야 할 개념에 대한 의문을 가져야 한다.

좋은 브랜드, 소비자가 선호하는 브랜드는 바로 콘셉트로부터 출발한다는 것이 브랜드를 연구하는 학자들의 주장이다. 즉, 콘셉트는 브랜드를 구성하는 재료이다. 하지만 콘셉트를 구성하는 하나의 요인으로 브랜드가 언급되는 경우도 있다. 그래서 일반적으로는 브랜드와 콘셉트를 동일어로 보기도 한다. 그래서 '브랜드 콘셉트'라고 용어를 사용하는 경우도 많다.

'브랜드의 영혼'이라고 불리는 콘셉트는 구체적으로 어떤 의미일까? 우리는 일상생활에서 참으로 많은 이야기를 듣게 된다. 웬만한 단어는 모두 접두어가 되고, 접미어로 콘셉트가 붙는 개념들을 최근 더욱 많이 만나게 된다. 브랜드 콘셉트, 메뉴 콘셉트, 인테리어 콘셉트 등이 그렇다.

콘셉트(concept)를 우리말로 번역하면 개념, 구상, 발상 등으로 정의할 수 있다. 경영학의 테두리인 마케팅 관점에서 본다면, '브랜드의 핵심을 소비자에게 전달하는 단순하고 통일된 표현'으로 정의한다. 이와 같은 개념의 콘셉트는 그것을 전달하려는 소비자를 파악하는 것에서부터 시작되어야 한다. 예를 들면, 맥주 소비자가 맥주의 어떤 속성을 좋아하는지를 고민하던 업체가 있었고, 그 업체는 '천연암반수를 이용한 깨끗한 맥주'라는 힌트를 찾아내어 성공한 사례가 있다. 이러한 사례는 소비자의 내면을 읽을 수 있어야 콘셉트를 만들어 낼 수 있다는 점을 잘 보여준다.

그런데 이와 같은 콘셉트는 과연 어떻게 구성될 때 가장 큰 효과를 발휘하게 될까? 콘셉트를 구성하는 핵심은 브랜드의 본질적인 특징과 차별점을 드러내는 것이어야 한다. 그리고 그 핵심을 강조하는 부가적 속성으로서 '소비자가 믿을 수 있는 근거(rationale)', '소비자 인사이트(consumer Insight)', '슬로건(slogan)', '이미지(image)' 같은 것들이 이에 포함되어 완성되어야 한다.

이상의 내용을 참고로 할 때, 콘셉트는 단일차원이기보다는 다차원적임을 알 수 있다. 다만 그 다차원성을 단일차원으로 정리하여 전달하는 것이 매우 중요함을 알게 되었다. 그러기 위해서는 경영학 전반을 대상으로 정의된 콘셉트를 외식사업에 특화시키는 노력이 필요하다. 소비자가 음식점을 선택하는 데 고려하는 다양한 요소를 기초로

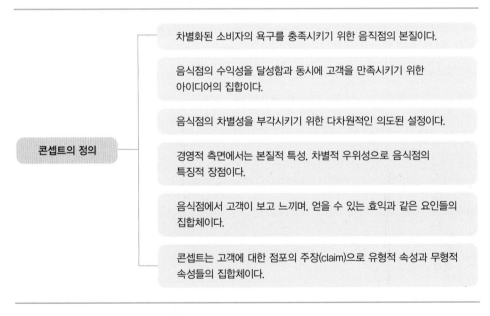

차별화된 소비자의 욕구를 충족시키기 위한 음직점의 본질이다.

음식점의 수익성을 달성함과 동시에 고객을 만족시키기 위한 아이디어의 집합이다.

음식점의 차별성을 부각시키기 위한 다차원적인 의도된 설정이다.

콘셉트의 정의

경영적 측면에서는 본질적 특성, 차별적 우위성으로 음식점의 특징적 장점이다.

음식점에서 고객이 보고 느끼며, 얻을 수 있는 효익과 같은 요인들의 집합체이다.

콘셉트는 고객에 대한 점포의 주장(claim)으로 유형적 속성과 무형적 속성들의 집합체이다.

그림 3-1 **콘셉트의 정의**

음식점 창업을 위한 콘셉트의 정의를 새롭게 내려 보기로 한다.

2) 선택속성, 성공요인, 콘셉트, 마케팅믹스의 관계

선택속성, 성공요인, 콘셉트, 마케팅믹스는 일반인에게는 모두 어려운 용어이다. 예비창업자나 이미 창업을 해 수년간 음식점을 경영하고 있는 사업자도 생소한 용어가 많다. 외식사업에서 전문가가 되기 위해서는 네 가지 용어의 의미를 정확히 이해해야 한다.

'선택속성'은 음식점을 소비자입장에서 바라보는 시각이다. 소비자들이 음식점을 선택하기 위해 고려하는 사항들의 집합을 의미한다. 예를 들면, 음식의 맛, 음식점의 분위기, 서비스, 위생 및 청결, 접근성, 외식의 상황이나 동행인 등 다양한 요소들이 음식점의 선택에 영향을 미친다. 그리고 이와 같은 선택속성은 음식점의 업종과 업태에 따라서 다르게 작용하며, 소비자의 성별, 나이, 소득수준 등 인구 통계적 특성에 따라 각양각색이다. 물론 라이프스타일에 따라서도 음식점을 선택하는 기준은 달라진다.

'성공요인'은 음식점을 경영자 입장에서 바라보는 시각이다. 어떻게 음식점을 경영해야 치열한 경쟁 속에서 살아남을 것이며, 평균적인 이익률보다 높은 수익성을 확보할 것인지를 결정하는 요소들의 집합을 의미한다. 예를 들면, 소비자의 경험과 느낌에 영향을 줘 음식점의 성패를 좌우하는 요인들이다. 상품력, 입지력, 서비스력, 점포력, 관리력 등으로 구분할 수 있다. 대부분은 앞서 언급했던 선택속성과 크게 다르지 않지만 관리력이 포함된 것이 가장 큰 차이점이라 할 수 있다. 또한 경영자가 서비스업에 적합한 성향을 가졌는지도 매우 중요하다.

'콘셉트'는 기획자의 입장에서 음식점을 바라보는 시각이다. 기획자는 경영자 자신이 될 수도 있으나 컨설턴트, 프랜차이즈 사업자 또는 인테리어 사업자 등이 될 수도 있다. 최대의 만족을 원하는 소비자와 최소의 비용으로 최대의 수익을 얻고자 하는 경영자를 어떻게 만족시킬 수 있을지를 고민하는 시각이다. 매우 포괄적이지만, 실제로는 추상적인 선택속성과 성공요인을 구체화시켜서 실현 가능하게 구성한다는 측면에서 가장 현실적인 시각이라고 할 수 있다. 음식점의 콘셉트는 음식점의 본질로서 테마, 메뉴와 메뉴의 수, 고객의 이용목적, 목표시장, 상권과 입지, 분위기, 서비스 형태, 가격, 브랜드, 판매방법, 규모와 좌석, 영업일수 및 시간, 특징적 내용, 식사시간과 회전율 등으로 구성된다.

'마케팅믹스'는 사업을 활성화시켜서 목표수익률을 달성해야 하는 마케터의 입장에서 음식점을 바라보는 시각이다. 주로 7P로 구성되는 마케팅믹스는 '제품, 가격, 촉진, 상권과 입지, 프로세스, 물리적 증거, 사람'을 의미한다. 이러한 모든 요소는 최적의 조합으로 구성될 때 사업체의 매출이 극대화되고 비용은 최소화된다.

지금까지 살펴본 네 가지 개념은 음식점을 구성하는 삼각뿔의 4면으로 이해하면 좋다. 삼각뿔은 최상단의 꼭짓점에서 만나게 된다. 지금까지 이야기한 네 가지 요소는 같은 개념을 서로 다른 이해관계자의 시각으로 바라보는 상황에서 탄생한 용어이지만, 궁극적으로는 모두 적절히 조화롭게 만족시켜야 하는 시각이기도 하다. 그리고 이러한 시각은 특정고객의 시각이기도 하다. 특정고객이란 목표고객을 말한다. 사업자가 공략해 만족시키고자 하는 대상고객이 선택속성, 성공요인, 콘셉트, 마케팅믹스의 공통분모로서 자리 잡아야 한다. 음식점은 누가 어떤 음식으로 어떻게 서비스를 제공하는가보다 누구를 위해 존재하느냐가 가장 먼저 풀어야 할 과제이다. 고객을 어떻게 만족시킬 것인지, 내가 음식점으로 어떻게 성공할 것인지, 음식점의 모습을 어떻게 만들어야 좋은지를 고민하기에 앞서서 우리는 누구를 위해 음식점을 할 것인지를 생각해야 한다.

예를 들어, 주택가에서 음식점을 개업하려는 사업자는 주부와 가족을 목표고객으로 하는 것이 적절하다. 전문음식점보다는 편안하게 동년배 친구들과 식사할 수 있는 공간을 주부들은 원한다. 그들이 가격, 맛, 분위기 중 어떤 것을 더 중요하게 생각하는지 고민해야 하며, 그런 요소들을 내가 경쟁자보다 더 적절하게 제공할 수 있을지 생각해야 한다. 또한 경영자가 솔선수범하고 직접 서비스를 제공할 수 있을지 자문해야 한다. 사업자가 성공요인을 모두 갖췄는지 냉정하게 판단하는 것이 필요하다.

마지막으로 창업자가 가진 자본으로 그러한 요소들을 충분히 구현할 수 있을지를 판단해야 한다. 최소의 비용으로 최대의 효과를 낼 수 있는 효율적이면서 차별화된 비즈니스 모델이 만들어져야 한다. 외식창업을 원하거나 또는 이미 창업해 성공을 원한다면, 이 네 가지 개념을 이해하고 그 관계를 파악하는 노력이 요구된다.

3) 콘셉트가 갖추어야 할 속성

기획자의 입장에서 성공적인 음식점의 콘셉트를 설정하려면 명확성, 고객지향성, 조화
와 핵심, 지속적 변화 가능성, 창의성, 테마와의 구별, 브랜드의 표현성, 다중콘셉트 등
의 속성을 충분히 고려해야 한다.

(1) 명확성

음식점 창업자 중 일부는 명확한 콘셉트 없이 창업하는 경우가 있다. 음식점은 로고,
사인, 유니폼, 메뉴 그리고 분위기와 장식을 고객에게 전달하려는 하나의 통합된 이미
지로서 잘 어울리도록 설계해야 한다. 콘셉트는 음식점을 계획하는 과정에서 목적과
특성을 명확하게 설정하는 활동이기 때문이다.

    의도적으로 애매한 콘셉트를 설정하는 경우가 아니라면 테마, 캐릭터, 목적 등을 명

그림 3-2 **콘셉트의 속성**

확하게 계획하고 그것을 실현하는 음식점이 고객의 마음을 움직일 수 있다. 콘셉트는 정체성이 명확해야 한다. 쉽게 기억할 수 있어야 하며, 호의적인 관계를 가질 수 있게 조화를 이룰 때 고객과의 관계를 강화하는 데 기여한다. 미국의 햄버거 전문점인 웬디스는 잠재적 정체성과 쉬운 발음을 이용해 소비자로부터 많은 선택을 받았다. 그 회사 대표인 데이비드 토마스(David Thomas)는 딸의 별명을 이용한 콘셉트를 활용하여 성공에 이르렀다. 타코벨의 타코는 멕시코 음식을 뜻하기 때문에 고객으로부터 즉각적인 반응을 얻었다. 음식점의 브랜드는 이미지의 일부분이다. 국내에서는 본죽이 브랜드의 간결성과 명확한 콘셉트 전달을 통해 성공한 사례이다. The Spaghetti Factory는 빠른 서비스, 낮은 가격, 재미난 공간이라는 콘셉트를 통해 이탈리아 음식을 판매한다. TGI Friday's는 재미있는 이미지를 연상하게 만들려고 하였지만, TGI Friday's를 직접 방문해 보지 않은 잠재고객의 입장에서 도대체 어떤 메뉴를 판매하는 음식점인지 전혀 알 수가 없는 단점을 가지고 있다. Coco's 역시 브랜드를 통한 음식점의 묘사에 실패함으로써 고객들로 하여금 무엇을 기대해야 하는지 알기 어렵다는 비판을 받았다. 국내에서 코코스가 사라지고 TGI Friday's가 어려움을 겪게 되는 이유는 콘셉트의 모호성에서 찾을 수 있다.

음식점의 브랜드는 고객이 무엇을 기대해야 하는지 전달할 수 있어야 한다. 예를 들면 미스터 피자, 피자헛과 같은 브랜드는 고객이 기대할 대상을 명확히 알려준다. 원할머니보쌈에서 정말 할머니를 만나는 것을 기대하는 사람은 아무도 없다. 하지만 그 '브랜드명'은 메뉴에 삼겹살이나 불고기가 아닌 옛날에 할머니가 직접 해 주시던 보쌈 요리를 연상하게 만들 것이다. 놀부는 옛날 양반집 음식을 연상시킨다. 대장금은 궁중요리를 생각하게 만들고, 매드포갈릭은 마늘요리에 흠뻑 빠지고 싶은 욕망을 불러일으킨다. 왠지 건강에 좋은 웰빙요리를 만날 것 같은 공간을 연상케 만든다.

(2) 고객지향성

명확성이란 개념은 고객지향성을 기반으로 해야 한다. 고객지향성이란 사업자의 입장이 아닌 음식점을 이용하게 될 고객의 관점에서 바라보는 사업의 정체성을 의미한다.

예를 들면, 프랜차이즈기업 맥도널드의 창업자인 레이 클락은 "맥도널드는 햄버거를 파는 회사가 아니라 가족들을 즐겁게 하는 쇼 비즈니스를 파는 회사"로 정의한 바 있다. 맥도널드라는 패스트푸드기업의 핵심가치는 '가족고객을 즐겁게 하는 쇼'라는 의미이다. 어떤 음식점이든 명확한 고객지향성을 위하여 '업의 본질'을 정하고, 그것이 고객에게 잘 전달될 수 있게 음식점의 모든 요소를 결합해야 한다.

(3) 조화와 핵심

콘셉트가 있는 음식점은 한 번의 방문으로도 오랫동안 기억에 남는다. 단순히 자신의 기억에만 남기는 것이 아니라 주변의 지인에게 열심히 설명해 준다. 그것도 모자라 자신의 돈으로 직접 데리고 와서 사 먹인다. 누군가에게 알려주지 않고서는 도저히 참을 수 없는 곳이 바로 콘셉트가 있는 음식점이다.

음식점을 창업할 때, 반드시 이루어야 하는 과업 중 하나가 조화와 핵심이다. 조화란 음식점을 구성하는 모든 유형, 무형의 항목들이 하나처럼 결합되는 것을 의미한다. 그리고 핵심은 그러한 조화를 고객이 쉽게 인지하고 감동할 수 있도록 단순화시키는 작업이다. 이런 과정을 전문가들은 '콘셉트화' 한다고 표현한다. 창업자에게는 음식점의 정체성(identity)을 고객에게 잘 전달할 수 있는 묘안을 찾는 과정이 필요하다. 종종 핵심과 단순화는 브랜드로 만들어지기도 한다. 흥미로운 단어로 핵심을 엮는 것이 필요하다.

결국 음식점의 콘셉트란 음식점의 핵심이미지가 소비자에게 잘 전달될 수 있도록 만드는 작업이다. 자신의 음식점이 고객에게 어필할 수 있는 핵심기능을 명확히 해야 한다. 비록 유사한 음식점이 많더라도 정확하게 소비자의 수요와 욕구를 만족시킬 수 있는 핵심기능이 있다면 아무리 경쟁이 치열하여도 성공은 보장된다.

음식점 콘셉트의 조화성은 음식의 포트폴리오에도 적용할 수 있다. 즉, 판매할 메뉴를 어떻게 구성하느냐에 따라서 조화가 잘 이루어지기도 하고, 조화가 이루어지지 않기도 한다. 예를 들면, 맥도널드가 오랜 시간 소비자들로부터 사랑 받을 수 있었던 이유는 최적의 메뉴 포트폴리오 때문이다. 맥도널드는 목표고객에게 매력적인 유인메뉴를 제공하

표 3-1 **수익성에 따른 메뉴의 조화성**

구분		수익성	
		높음	낮음
대표성	높음	판매용(프렌치프라이)	홍보용(햄버거, 아이스크림)
	낮음	수익용(음료수)	구색용(샐러드)

자료 : 홍성태(2012). 모든 비즈니스는 브랜딩이다. p.90

면서도 충분한 수익성을 달성할 수 있는 제품을 가지고 있다. 심지어 정크푸드라는 부정적인 인식을 개선하기 위한 구색용 제품까지 갖춤으로써 완벽한 포트폴리오를 구성하였고, 결과적으로 지속적인 발전을 이루고 있다.

특히 최근에는 아침용 맥모닝, 커피를 판매하는 맥카페, 배달을 위한 맥딜리버리, 자동차에서 즉시 구매가 가능한 맥드라이브 등 다양한 상권과 소비자의 특성에 맞추기 위한 전략적인 메뉴를 지속적으로 개발하고 있다.

(4) 벤치마킹과 지속적 변화

벤치마킹을 통한 일정 부분의 모방과 콘셉트의 개선활동은 결코 흠이 아니다. 완벽하게 새로운 콘셉트를 만드는 것은 현실적으로는 거의 불가능하다. 이 세상에 완전히 새로운 것은 존재하지 않는다. 주변에서 성공한 음식점을 찾아다니며 그들의 장점과 단점을 정확히 파악하는 것은 매우 중요하다. 벤치마킹을 통해 디자인 설계, 메뉴, 서비스 등에 새로운 조합을 만들고 적절히 혼합한다. 이 때 단점은 배제하고 장점은 취하는 것이 콘셉트를 수립하는 방법이다. 수많은 전임자들이 이룩한 것을 검토하여 모방하고 개선하는 것은 음식점의 새로운 콘셉트를 정립할 때 많은 도움이 된다.

그러나 단순한 모방에만 그친다면 지속적 성장을 담보하기 어렵다. 음식점을 창업하기 전 실제로 성공한 음식점에서 경영방식이나 기타 세부사항을 직접 몸으로 익히는 것도 필요하다. 관찰만으로는 점포의 콘셉트를 완벽하게 파악하기 힘들기 때문이다.

음식점의 콘셉트는 점포의 라이프사이클에 따라 변화를 주어야 한다. 만약 콘셉트가 시장에서 활기를 잃게 된다면 그 즉시 음식점은 새로운 콘셉트를 발굴해야 한다. 이

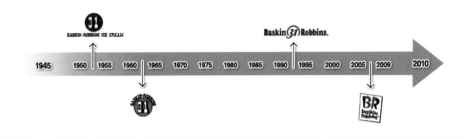

그림 3-3 **시대적 흐름에 따라 변화 한 베스킨라빈스 BI**

자료 : 베스킨라빈스 홈페이지

론적으로는 완벽하리라 예상했던 콘셉트도 실제 시장에서는 어느 정도의 적응기간을 거쳐야 하고, 콘셉트를 계속 변화시켜야 한다. 좌석 배열, 인테리어, 음식점의 장식물, 메뉴, 유니폼 등은 시대 트렌드에 따라 변화시켜야 한다.

다만 한 번 정한 콘셉트가 소비자에게 완벽하게 전달되어 확고하게 인식될 때까지 끈기를 가지고 유지해야 하는 경우도 있다. 사람도 전문가로서 인정받고 성공하기 위해서는 최소한 1만 시간을 투자해야 한다는 것이 정설이다. 단기간에 소비자들로부터 환영받지 못한다고 쉽게 콘셉트를 포기하거나 변화를 시도해서는 곤란하다. 다만 콘셉트는 기본철학은 유지하면서 소비자 취향의 변화에 따라 장식을 변화시키는 노력이 필요하다. 소비자들이 지루함을 느끼지 않아야 하기 때문이다. 예를 들면, 베스킨라빈스는 '다양한 맛을 추구'한다는 콘셉트를 유지하면서도 시대적 흐름에 따라 BI(Brand Identity)와 분위기를 변화시키고 있다.

다만 새롭고 차별화된 콘셉트가 시장에서 충분한 수익성을 가져다 줄 것인지는 실제로 운영하는 과정을 통해서만 파악할 수 있다. 문제는 이러한 과정에서 검증되지 않은 새로운 콘셉트는 매우 높은 위험을 감수해야 한다. 따라서 많은 콘셉트들이 완벽하게 새로운 콘셉트보다는 기존에 검증된 콘셉트를 활용한 수정된 콘셉트를 선호하며, 기존 콘셉트와의 포트폴리오를 구성함으로써 안전성을 확보한다.

한편, 외식업체의 콘셉트는 사람의 유전자 정보, 즉 DNA와 같은 것이라고 할 수 있다. 사람이나 사람이 섭취하는 식품의 유전자변형은 크게 환영 받지 못하는 것이 현실이다. 하지만 외식업체의 유전자는 계속 진화하는 것이 요구된다. 외식산업에서는 차별화만이 생존의 유일한 방식이다. 외식산업에서는 유전자변형에 성공한 업체만이 살아남을 수 있다.

(5) 창의성

음식점에서 창의성은 대부분 무형적인 형태로 존재하는 경우가 많다. 따라서 음식점은 창의적인 음식과 서비스도 필요하지만, 이를 창의적인 표현으로 전달하는 활동도 매우 중요하다. 일반적으로 창의성은 지속적인 학습과 몰입을 통해 얻어진다고 한다. 단순한 기법이나 응용이 아닌 과학을 기반으로 얻어지는 결과물로서의 창의성이 성공적인 결과를 낳는다는 의견이 일반적이다. 결과적으로 매우 높은 전문성을 기반으로 창의성이 태어난다. 예를 들면, 미국의 '찰리 브라운의 스테이크'라는 레스토랑은 1965년 처음 문을 열면서 다음과 같은 7가지의 창의적인 콘셉트를 내세웠다.

① 요리장면을 고객들에게 보여준다.
② 멋진 가스등을 설치한다.
③ 짧은 스커트와 푸쉬업 브라의 유니폼을 입는다.
④ 물이 보이는 전경을 활용한다.
⑤ 미국산 프라임급 스테이크만을 취급한다.
⑥ 특별한 주류 서비스와 유리 식기류를 제공한다.
⑦ 샌프란시스코에서 매일 공수되는 발효된 빵을 제공한다.

창의적인 콘셉트라고 하지만 경쟁업체들이 이를 따라하는 것이 전혀 불가능한 것은 절대 아니다. 다만 그렇게 하는 데는 몇 년의 시간이 소요되었으며, 그동안 그 음식점은 충분한 수익성을 확보하였다.

그림 3-4 **찰리 브라운 홈페이지 메인화면**
자료 : 찰리 브라운 홈페이지(www.charliebrowns.com)

(6) 테마와의 구별

콘셉트는 테마와는 구별되어야 하는 개념이다. 하지만 실제로는 많이 혼용하고 있다. 콘셉트와 테마는 주로 건축디자인에서 사용하는 용어이다. 콘셉트가 '의도된 설정'이라면, 테마는 '분류에 의한 주제'라고 구분한다. 테마는 콘셉트에 포함되는 개념으로 보는 것이 타당하다. 좀 더 구체적인 비교를 위해 예를 들면, 우리는 테마 음식점이라는 표현은 많이 사용하지만 콘셉트 음식점이란 표현은 사용하지 않는다. 그냥 음식점의 콘셉트라고 표현한다. 구체적으로 교도소나 병원 등을 주제로 만들어진 음식점은 분위기가 교도소나 병원이 연상되게 인테리어를 하고, 직원의 복장도 그것이 연상되게 적용한다. 여기서 '교도소'와 '병원'은 테마가 된다. 이와 같이 테마는 구체적인 표현으로 분류가 가능한 주제이다. 반면에 스타벅스의 콘셉트는 '하루종일 편안한 공간'이다. 여기서 하루종일 편안한 공간은 의도된 설정에 해당한다. 따라서 분류할 수 있는 주제의 대상은 아니다. 도미노 피자의 콘셉트는 '30분 내의 배달'이다. 그것은 분류의 주제가 아니고, 도미노 피자의 설립자가 기존의 피자 음식점과 차별화하기 위해 설정한 차별화된 의도이다. 또한 눈에 보이는 구체성도 없다. 좀 더 포괄적인 개념이 콘셉트이다. 또한 테마가 단일차원이라면 콘셉트는 다차원적이다. 즉, 테마가 한마디로 한 가지를 표현하는 데 반하여 콘셉트는 다양한 요인들을 포괄적으로 표현한다.

최근 음식점이 다양한 테마를 도입하고 있다. 정글을 테마로 하거나 심지어 화장실을 테마로 한 음식점도 등장했다. 러시아에서는 관을 테마로 한 음식점도 등장했다. 관이나 대변기를 바로 옆에 두고 식사를 하는 광경을 상상해 보자. 귀신을 테마로 한 음식점에서의 식사는 여름밤에 꽤 서늘한 경험을 제공할 것이다.

다만 콘셉트와 테마를 구분하기 힘든 경우도 많다. 후터스라는 음식점을 어떤 이들은 섹시콘셉트라고 하고, 다른 이들은 섹시테마라고 한다. 어떤 것이 옳은 표현일까. 후터스의 섹시는 콘셉트라고 보는 것이 옳다. 기존의 음식점과 차별화하기 위한 방법으로 음식점 창시자는 섹시라는 콘셉트를 도입하였다. 다만 이 섹시를 표현하기 위한 구체적인 주제로서 민소매 반바지의 후터스걸을 도입하였다. 따라서 후터스 맥주 음식점의 테마는 민소매 반바지를 착용한 후터스걸이 될 것이다.

음식점의 창업자들은 자신이 의도하는 콘셉트를 실현하기 위한 직접적인 수단으로서 테마를 활용한다. 콘셉트는 무형적이고 다차원적인 모호한 개념이므로, 테마라는 유형적이고 단일화된 시각화를 이용하여 소비자의 이해를 확고히 할 수 있기 때문이다.

(7) 브랜드의 표현성

앞서 언급한 바와 같이, 브랜드는 콘셉트를 구성하는 요소 중 하나이다. 브랜드 자체만으로도 음식점의 콘셉트를 명확히 전달할 수 있다. 그리고 브랜드는 그것 자체가 가치를 가지기도 한다. 즉, 정체성이 확립되고 가치가 누적되면 브랜드 자체가 자산의 가치를 갖는다. 따라서 음식점 창업자는 브랜드에 대한 독점권을 확보해야 한다. 고유명사나 이미 상호, 상표가 등록된 브랜드는 독점적 권리를 보장받을 수 없다. 창업하고자 하는 음식점의 콘셉트를 가장 잘 표현할 수 있는 브랜드를 찾기 위해서는 네이밍(상호)에 대한 사전 연구가 필요하다. 좋은 네이밍도 중요하지만 등록 가능한 네이밍이 더 중요하다. 예를 들면, 주변에서 많이 볼 수 있는 '김밥천국'이란 브랜드는 등록이 불가능하여 독점적 권리를 획득할 수 없는 고유명사형 브랜드이다. 따라서 누구나 사용이 가능하다. 결국 이런 브랜드를 만들고 사용한 창업자는 김밥천국이 우리나라 음식인 김밥을 대표하는 브랜드로 자리 잡았다 하더라도, 자산으로서의 가치를 획득하지 못한다.

음식점 사업이 브랜드 사업이 될 수도 있다는 점을 명심하고 창업하려는 콘셉트의 음식점을 가장 적절하게 표현하는 상표 및 상호 등록이 가능한 브랜드를 찾아내는 노력이 콘셉트를 설정하는 단계에서 가장 중요한 부문임을 명심해야 한다.

(8) 다중 콘셉트

프랜차이즈 기업은 기업 확장의 일환으로 다브랜드 전략을 추구한다. 예를 들면, 한식 전문 외식기업이 에스닉 푸드 음식점 사업에 진출한다거나 중식, 양식 업종으로 사업을 확장하려는 시도 등이 이에 해당한다. 음식점 기업은 단일 콘셉트에 집중하는 것이 경쟁력과 효율성을 추구하는 데 유리하지만, 단일 시장의 시장규모가 제한적이어서 추가적인 성장이 어려운 경우 다중 콘셉트를 추구할 수밖에 없다. 다중 콘셉트는 단일 상권 내에서의 다점포 개설이 가능하도록 하여 기존 콘셉트의 점포를 운영하는 경영자가 새로운 콘셉트의 점포를 개설할 수 있는 기회를 제공한다. 국내에서 다수 콘셉트의 음식점을 단일 상권에서 개설하여 성공한 사례로 '더 본 코리아'가 대표적이다. '더 본 코리아'의 백종원 대표는 논현동 일대에 수십 개 브랜드의 음식점을 점진적으로 개발·창업함으로써 지속적인 신규 콘셉트의 음식점을 선보이고 있다. 또한 이러한 콘셉트의 검증과정을 통해 프랜차이즈로 만드는 것은 창업 위험을 줄이려는 예비창업자들에게 높은 호응을 얻고 있다.

4) 성공적인 음식점 콘셉트 사례

(1) 맥도널드의 콘셉트와 이미지

콘셉트를 설명하는 데 있어서 항상 크게 성공한 음식점의 사례로 맥도날드가 가장 많이 활용된다. 맥도널드의 콘셉트는 청결, 건강에 좋은, 비싸지 않고 재미난 가족형 음식점이다. 레이크락은 맥도널드를 시스템화하면서 쥬크박스, 담배, 전화 등을 음식점 내부에서 이용하는 것을 허용하지 않았다. 왜냐하면 그것들이 고객을 매장에서 오래 머물게 만들기 때문이었다. 광고를 통해 맥도널드의 음식은 건강하고 몸에 좋다고 강조한다. 즐거운 광대 로날드 맥도날드는 가상의 캐릭터 중에서 산타클로스와 미키마우스를 제외하고 어린이들 마음에 가장 크게 자리 잡고 있다. 맥도날드는 tv광고를 이용해서 미국인의 정신에 맥도날드에서의 식사는 매우 즐겁다는 인식을 심으려고 노력했다. 또한 간단하고 빠르고 효과적인 서비스를 표현한다. 단순하고 정리된 메뉴는 맥도날드의 광고 효과를 높이는 하나의 포인트이다. 이러한 모든 것이 바로 맥도널드의 콘셉트이고 이미지이다.

(2) 하드락 카페의 콘셉트

하드락 카페는 성공한 음식점 중의 하나이다. 영국에서 대학을 졸업한 미국인 피터 모톤(Peter Morton)은 영국에는 진정한 미국식 햄버거가 없다는 것을 발견하였다. 그는 가족과 친구로부터 $60,000를 빌렸다. 그리고 1970년에 Great American Disaster를 오픈하였다. 이것은 순식간에 성공하였다. 모톤은 런던에 미국식의 서비스 그리고 과거와 현재의 음악의 힘과 자극을 구체화할 음식점이 필요하다는 것을 깨달았다. 1971년 그는 하드락 카페를 런던에 열었다. 그 음식점은 영양가 있는 미국식 음식을 합리적인 가격에 열정과 재미, 그리고 락앤롤의 자극적인 분위기에서 제공하였다. 하드락 카페는 순식간에 성공하였다. 하드락 카페는 영화 Absolute Beginners에 나오는 David bowie의 검은색과 흰색의 투톤 컬러 기타, Jimi Hendrix의 구슬과 술 장식이 있는 가죽 재킷, Elvis Presley의 금장식이 된 흰색 무대 망토, John Lennon의 기타, Madonna의 뷔스티어, 그리고 Elton John의 용품 등과 같이 락앤롤 스타의 기념품으로 장식을 하였다. 1982년 영화감독 스티븐 스필버그와 영화배우 톰 크루즈와 또 다른 후원자들에 의해서 하드락 카페는 미국 LA에 오픈하였다. 현재 하드락 카페는 San Francisco, Chicago, Houston, Honolulu, New Orleans, San Diego, Sydney, Maui, Las Vegas, Aspen에도 운영되고 있다.

모톤은 사람들이 식사를 하면서 현재와 과거의 락앤롤을 즐길 수 있는 공간을 원했고, 그래서 하드락 카페를 만들었다고 한다. 모든 하드락 카페는 유명한 락앤롤의 전당과 같은 테마로 꾸며진다. 하드락 카페는 한 해 고객 60만 명을 통해 높은 매출을 기록하는 음식점이다.

(3) Union Square Hospitality Group의 콘셉트

자신만의 콘셉트를 지향하여 성공한 외식사업가로서 미국의 Danny Meyer를 들 수 있다. Danny Meyer는 Union Square Hospitality Group의 사장이다. 그는 진정한 온정과 자신의 일에 대한 열정을 가지고 있으며, 그의 가치와 우수성은 자신이 관리하는 5개 음식점과 재즈 클럽인 뉴욕의 음식점을 통해 알 수 있다. 그는 Missouri의 St. Louis에서 태어났다. 그는 요리를 매우 좋아했다. 새로운 음식점을 체험하는 것을 원하며 성장하였고, 그의 아버지가 거래하던 회사의 프랑스 사람들을 접대한 이후부터 그는 와인과 함께 살게 되었다. 대학에서 국제 정치학을 전공한 그는, 강의실에서 보낸 시간만큼 요리에도 많은 시간을 보내며 부전공으로 이탈리아의 작은 음식점들을 연구하였다. 요리에 대한 열정으로 성공적인 세일즈맨으로서의 직업을 포기한 그는 Pesca에서 부지배인으로 일하며 첫 번째 음식점 경험을 쌓았다. 그곳에서 연구를 거듭하던 그는 마침내 $75,000의 자금으로 유니온 스퀘어 카페를 오픈하였고, 그곳은 지금 1년에 $700만의 총수익을 올리는 곳으로 변모했다. 그는 연이어 많은 음식점을 개업하고 안락한 환경, 최고의 접객, 멋진 와인을 콘셉트로 한 음식점으로 성공시켰다. 지금의 그는 유니온 스퀘어 호스피탈리티 그룹의 5개의 음식점과 1개의 재즈 클럽을 운영하고 있다. 그는 사회적 활동에도 헌신적이었고 책을 집필하는 등 활발한 활동을 하고 있다.

콘셉트가 있는 음식점 만들어야

예비창업자들이 음식점 창업을 고려할 때 가정 먼저 고민해야 할 요소라면 어떤 유형의 음식점을 어디에 창업할지 결정하는 것이다. 음식점 내부의 디자인, 개발해야 할 메뉴의 종류들 그리고 종업원이 제공해야 할 서비스 수준 등은 음식점의 유형 즉, 콘셉트(concept)를 구성하는 요소에 해당된다.

음식점의 콘셉트는 다음과 같은 요인을 갖추었을 때 경쟁력을 갖는다. 첫째, '매일 가서 식사를 해도 싫증이 나지 않는 음식점'이 돼야 한다. 따라서 예비창업자가 선택해야 하는 음식점의 콘셉트는 자신이 가장 좋아하는 유형이 돼야 하고, 또한 고객이 돈과 시간 그리고 노력을 소모하는 것이 결코 아깝지 않아야 한다. 둘째, '상권 내에 어떤 유형의 음식점이 필요한가?'에 대한 적절한 해답이 돼야 한다. 음식점은 어떤 상권이든 치열한 경쟁상황에 놓여 있기 때문이다.

만약 우리가 살고 있는 지역에 다양한 업종, 업태의 음식점이 있다고 가정해 보자. 소비자 입장에서 음식점이 생긴다면 어떤 유형의 음식점을 원하겠는가? 바로 그런 유형의 음식점을 창업하는 것이 최선의 방법이다.

전문성이 높고 차별화된 콘셉트만이 성공한다

오징어회를 좋아하는 임꺽정 씨는 소위 횟집이라는 곳에서 마치 사이드 메뉴 취급을 받는 오징어를 먹으며 항상 오징어가 주메뉴인 주점을 꿈꿔왔다. 그는 꼬치요리전문점에 착안해 새로운 콘셉트의 오징어 전문점을 창업했다. 그는 오징어회, 오징어 통찜, 오징어 물회, 초회, 볶음 등 수십 가지의 오징어 요리로 다양한 고객의 취향을 만족시키는 데 성공하였다.

제빵사로 근무하는 홍길동 씨는 사람들이 자신의 집에서처럼 간단하면서도 분위기 있게 즐길 수 있는 주점을 원한다는 사실에 착안해 새로운 콘셉트의 디저트 카페를 오픈했다. 그곳에서는 칵테일을 주문한 고객을 위해 메뉴를 준비하는 동안 고객이 보는 앞에서 디저트를 직접 만들어 제공한다.

미국에서 성공한 새로운 콘셉트의 음식점도 관심을 가져볼 만하다. 'Meal Assembly(쉽게 요리를 할 수 있게 준비된 식재료 판매)'라는 새로운 유형의 음식점은 요리를 싫어하는 사람이나 시간이 없어서 직접 요리를 할 수 없는 사람들이 자신의 가족에게 맛있는 음식을 직접 조리해 먹이고 싶은 욕망을 채우도록 도와주는 외식업체이다. 이외에도 Do-It-Yourself를 모토로 식단을 준비해 주는 업체도 호황을 누리고 있다. 이 사업부문에서 2개 회사가 유망 프랜차이즈 50위 중 3위와 4위를 기록했으며, 이 프랜차이즈 사업을 미국에서는 MAC(Meal Assembly Center) 또는 DIY Home Meal Preparation으로 부르고 있다.

국내에서도 인터넷 쇼핑몰의 형태로 유사한 사업을 하는 사업체를 발견할 수 있다. 음식점의 경우는 단순히 준비된 식재료를 제공하는 차원을 넘어서서 요리를 직접하고, 서빙을 통해 가족이나 지인들에게 공간을 제공하는 형태로 사업을 할 수도 있을 것이다.

간단한 콘셉트가 오히려 성공 가능성 높아

음식점에서는 콘셉트가 복잡해질수록 메뉴도 많아지고 직원의 수도 늘어나게 된다. 결과적으로 식재료비용과 인건비가 상승하고 수익성이 악화된다. 만약 소자본으로 음식점 창업을 고려한다면, 콘셉트를 단순하고 작게 만드는 것이 자본을 절약하면서 높은 수익성을 달성하는 최선의 방법이 될 것이다.

음식점을 창업하려면 먼저 어떤 분위기를 어떻게 구현할지 정하는 것이 필요하다. 멋진 풍경을 즐기며 식사를 할 수 있는 분위기가 필요한지, 연인들이 식사하기에 적합한 로맨틱한 분위기의 장소가 필요한지, 아니면 인근 사무직 고객에게 적합한 분위기면 되는 것인지에 대한 결정이 필요하다. 창업을 고려하는 음식점의 적합한 분위기가 어떤 조건을 갖춰야 하는지 결정하는 것은 금전적으로나 시간적으로 매우 유리하다.

분위기를 결정했다면 서비스 수준, 판매할 주류, 정식 메뉴와 단품 메뉴 및 사이드 메뉴, 테이크아웃 및 배달 가능 여부, 케이터링 가능 여부를 결정해야 한다. 최근 성공가도를 달리고 있는 국수전문점, 분식점 등의 간단하면서도 차별화된 콘셉트는 단순히 흥미의 차원을 넘어 글로벌 프랜차이즈 기업의 시스템과 콘셉트를 닮아 가고 있음은 매우 의미 있는 현상이라 할 수 있다.

2 콘셉트의 구성요소

음식점의 콘셉트는 '음식점을 구성하는 유형적 요인과 무형적 요인의 결합으로 나타나는 다차원적 우위성'을 의미한다. 따라서 음식점을 구성하는 모든 것이 콘셉트의 구성요소가 될 수 있으며, 그 중에서도 고객만족도에 영향을 미치는 요인이나 음식점의 선택속성 등이 중요한 근거가 된다.

이와 같은 요인들을 중심으로 본 장에서는 테마, 메뉴의 유형과 수, 음식점 이용목적, 목표시장, 상권과 입지, 분위기, 서비스 형태, 가격, 브랜드, 판매방법, 규모 등을 중심으로 콘셉트의 구성에 대하여 살펴본다.

(1) 테마

테마(Theme)란 무엇일까? 국어사전에 따르면 테마는 주로 문학에서 사용되는 용어로

1	테마	8	가격
2	메뉴와 메뉴의 수	9	브랜드
3	이용목적	10	판매방법
4	목표시장	11	규모와 좌석
5	상권과 입지	12	영업일수와 시간
6	분위기	13	특징적 내용
7	서비스 형태	14	식사시간과 회전율

그림 3-5 **음식점 콘셉트의 구성요소**

서, '창작이나 논의의 중심 과제나 주된 내용', '문학작품의 근본적인 의도나 전체적 의의'를 의미한다. 이는 '주제'와 비슷한 용어이기도 하다.

이와 같은 테마는 음식점을 창업하는 데 있어서 고려해야 하는 '필수불가결'한 요소에 포함된다. 보통 테마는 음식점의 콘셉트를 설정하기 위한 요소의 하나로서 음식점의 이미지나 디자인 스타일을 의미한다. 음식점을 소비자들에게 어떻게 설명하고 묘사할까를 고민한다면 바로 테마를 고민하는 것과 같다. 예를 들어, 스포츠를 테마로 하는 바(bar)를 만들고 싶다면 '스포츠, 스포츠선수, 프로팀' 등의 테마를 가질 수 있다. 스포츠 테마를 살리기 위해서 사진, 페넌트, 스포츠 장비, 스포츠 유니폼 등이 생동감을 줄 수 있게 배치한다.

음식점의 창업자들은 자신이 의도하는 콘셉트를 실현하기 위한 직접적인 수단으로서 테마를 활용하게 된다. 다차원적이면서 모호한 콘셉트를 유형화하기 위해 테마를 사용한다. 테마는 단일화된 시각화가 가능하여 소비자가 해당 음식점을 쉽고 명확하게 이해할 수 있게 만든다. 이와 같은 테마는 다음의 사례처럼 경쟁에서 살아남기 위하여

그림 3-6 **교도소를 테마로 한 음식점**

반드시 도입해야 하는 필수요소가 된다.

예 자동차 테마 음식점, 병원 테마 음식점, 교도소 테마 음식점, 화장실 테마 음식점

참 경쟁이 심한 시대다. 약육강식인 글로벌 시장에선 고객에게 '소중한 쇼핑 경험'을 제공하는 것만으로는 부족하다. 하얀 벽에 예쁜 쇼윈도라는 전통적인 스타일은 먹히지 않는다. 지금은 바야흐로 '테마(주제) 시대'다. 머리끝에서부터 발끝까지 테마로 꾸미지 않는다면 소비자에게 다가서기 어렵다.

스페인 바르셀로나에서 현재 가장 뜨겁게 인기몰이를 하는 장난감 가게는 필라스 장난감가게(Pilar's Toyshop)다. 가게 전체를 판타지 랜드라는 테마에 맞춰 디자인했다. 장난감 가게가 아니라 놀이공원이라도 되는 듯 소비자들은 줄을 서서 입장을 기다린다. 러시아 모스크바에 있는 '무드 스윙스 아파트(Mood Swing's Apartment)'는 이상한 나라의 앨리스 테마에 맞춰 꾸민 쇼핑센터로 유명세를 탔다.

체코 프라하의 '갤러리 하르파(Galerie Harfa)' 쇼핑몰은 공룡테마 공원을 만들어 다른 백화점들과 차별화를 꾀했다. 대한항공 보잉 747은 음식점으로 변신했다. '테마' 없이 고객을 끌어 들이기란 정말 힘든 시절인 것 같다.

자료: 매일경제(2012. 3. 9). 황미리 연구원

(2) 메뉴(Menu)와 메뉴의 수(The number of menu)

음식점의 상품구성 중 대표적인 유형적인 상품인 메뉴는 음식점의 대표적인 성공요인이다. 또한 경영에 있어서도 핵심적이라 할 수 있다. 음식의 종류가 결정되어야 그에 따라 주방설계와 주방기기, 조리인력, 식자재 구입 등의 후속 작업이 가능하기 때문이다. 음식점은 업종(한식, 양식, 중식, 일식 등)으로 구분되기도 하고, 경우에 따라서는 더욱 세분화한 전문점들도 있다. 고객은 취급하는 음식류에 따라 외식업소의 이미지를 갖게 되기 때문에 메뉴는 음식점 콘셉트의 가장 중요한 요소 중 하나이다.

메뉴는 고정메뉴, 순환메뉴, 결합메뉴 등의 구분도 필요하다. 그리고 주력(대표)메뉴, 중점(효율)메뉴, 임시(순환)메뉴, 보조(보완)메뉴, 유인(미끼)메뉴와 같이 음식점의 소비자를 만족시키면서도 수익성을 확보할 수 있는 다양한 전략이 필요하다.

메뉴의 수는 음식점의 다양한 상황에 따라서 달라질 수 있다. 메뉴의 수가 많아지면 고객의 입장에서는 선택의 폭이 넓어지는 데 반해, 음식점 입장에서는 조리의 복잡성, 식자재 구매 및 관리의 복잡성 등이 커진다. 따라서 메뉴 수를 한정하여 취급하는 음식점은 다양한 고객에게 어필하기 힘들지만 전문성을 강화할 수 있고 조리의 간편함, 식자재 구매 및 관리의 용이성 측면에서 이점을 얻을 수 있다.

또한 가능하면 전문성을 높이면서 다양성도 함께 추가할 수 있는 콘셉트의 설정이 필요하다. 예를 들면, 스파게티와 피자 전문점은 전문성을 가지면서도 토핑이나 기타 소스의 변화를 통해 다양성을 함께 추가하는 대표적 음식점이다. 메뉴에 대한 좀 더 세부적인 내용은 '메뉴개발과 관리'에서 다루므로 해당 내용을 참고한다.

(3) 고객의 이용목적(Purpose of purchasing)

음식점을 이용하는 고객은 다양한 목적을 가지게 된다. 단순히 배고픔을 잊기 위해 한 끼의 식사를 때우는 목적으로 방문하거나 또는 사업목적으로 경우에 따라서는 가족이나 친지, 친구들과의 친목 등의 이유로도 찾을 때가 있다. 생리적인 측면에서 식사를 하는 경우는 일상적이기 때문에 고객은 실리가 주목적이 되어 가격에 매우 민감하다. 이러한 외식시장을 우리는 eating market이라고 한다. 음식은 사회적 매개체로서 중요한 역할을 수행하기도 한다. 중요하지만 공식적으로 이야기하기 어려운 경우, 우리는 식사를 하며 대화를 나누는 경우도 있다. 또한 동창회, 계모임, 결혼, 고희, 돌 등의 집안 행사도 식사를 하며 이루어진다. 주말에는 가족끼리의 외식도 단순한 한 끼 해결이 아니라 '행복한 모임'의 성격으로 외식을 한다. 이러한 시장을 dining market이라고 하며, 분위기와 서비스 등을 중요한 결정요인으로 본다.

(4) 목표시장(Target market)

목표시장이란 일반적으로 고객의 특성이 유사한 고객층을 말한다. 성별, 나이, 소득과 같은 인구통계적 변수를 기준으로 구분하기도 하며, 사회계층이나 생활양식 등과 같은 심리도식적 변수로도 구분 가능하다. 상표충성도, 추구편익, 사용량 등과 같은 행동적 변수를 기준으로 목표시장을 구분하기도 한다.

(5) 상권과 입지(Trading area and location)

상권은 거래의 범위, 입지는 건물이나 상가가 들어서는 물리적 공간을 의미한다. 다른 소매 업소와 마찬가지로 음식점에 있어서도 상권과 입지는 매우 중요한 선택속성이다. 아무리 맛있고 유명한 음식점이 있어도 접근하는 데 많은 불편과 시간이 걸린다면 가기 어려울 것이기 때문이다. 음식점은 메뉴와 목표시장 등에 따라 중심가, 학교주변, 주택가, 역세권 등의 상권과 입지를 선택하게 된다.

(6) 분위기(Atmosphere)

상권·입지와 함께 점포의 외형적인 강점으로 더 많은 고객을 유치할 수 있게 하는 요소가 바로 분위기다. 분위기란 점포의 내·외 장식, 객장 및 주방의 설비수준, 청결도 등이 결합되어 표출된다. 국민소득이 향상되고 외식의 필요와 기회가 급증함에 따라 식사의 개념이 '배고픔을 채우는 차원'에서 '먹는 것을 즐기는 행위'로 바뀌면서, 음식점의 역할에도 변화가 요구되고 있다. 다시 말해, 음식점은 음식을 즐길 수 있는 공간일 뿐 아니라 휴식공간으로서의 역할도 필요하다. 도노반(Donovan)은 점포 분위기는 점포의 선택행동보다는 오히려 점포 내 행동에 영향을 미친다고 하였다. 코틀러(Kotler)는 분위기를 소매업소가 고객에게 어떠한 무드나 느낌을 전달하기 위해 의식적으로 기획한 것이라고 했다. 외부 장식이 고객에게 첫인상을 심어주어 고객의 흡인에 큰 영향을 주기도 한다. 외부 장식은 건물의 형태와 전면 모습, 간판, 출입구 등으로 이루어진다. 내부 장식은 고객의 정서적 반응을 일으키며 고객이 머무는 시간(점유시간), 구매의욕에 영향을 준다. 내부 장식의 구성 요소로는 레이아웃, 집기, 색채, 조명, 음향 등이며, 좀 더 구체적으로는 바닥, 면의 재질과 장식, 소품, 커튼 등이 포함된다.

예를 들면, A음식점은 빠른 템포의 생동감 있는 서비스를 제공하는 뷔페 음식점으로 유명하다. 원목 처리된 바닥과 빨간색 줄무늬 테이블 크로스 등이 분위기를 고조시키고, 로고가 새겨진 흰색 계통의 롱에이프론을 착용한 직원은 푸짐하고 신선한 바다요리를 서브한다. 이는 자신의 콘셉트를 잘 표현하는 분위기로 성공한 대표적 사례이다.

(7) 서비스 형태(Service style)와 판매방법

이제 외식사업에 있어서도 서비스가 갖는 역할에 대한 인식을 새롭게 하지 않으면 서비스 산업으로서 외식산업의 본질을 이해했다고 말할 수 없다. 지금까지는 외식업소 경영자들조차도 외식사업이라고 하면 주로 식사나 음료가 상품의 전부인 것처럼 생각해 왔고, 일반 소비자도 외식산업을 식품제조업과 동일시하는 경향이 많았던 것이 사실이다. 그러나 서비스는 외식산업을 타 소매업 및 식품 제조업과 구분시킬 수 있는 가장 확실한 방법으로서 인식되어야 한다. 진정한 의미의 외식산업이 되기 위해서는 고객의 욕구에 부응하는 서비스로서 서비스의 무형적, 소멸성을 어떻게 효율적으로 유형화하여 소비자의 욕구를 충족시킬 것인지 생각해야 한다. 식사나 음료와 같은 유형의 상품과 부수적으로 제공되는 인적 서비스, 분위기 등의 무형의 상품도 점포 나름의 특징을 살릴 수 있도록 구성하고, 업소의 서비스 이념, 방침 등을 점포 특성에 맞도록 매뉴얼로 작성해 지속적인 교육을 실행함으로써 직원의 서비스 능력을 증진시킨다면 변화하는 고객의 요구에 부응하는 서비스를 제공할 수 있을 것이다.

외식사업에 있어서 서비스는 상품의 가격을 결정짓는 중요한 요소이기 때문에 고객이 즐겁고 편안하게 식사를 할 수 있도록 업소의 콘셉트에 적합한 서비스를 제공하는 것도 성공의 지름길이라는 점을 항상 기억하고 실천해야 한다. 고객에 대한 서비스 방법은 크게 셀프서비스와 테이블 서비스, 카운터 서비스 등으로 나눌 수 있는데, 이를 더 다양하게 세분화하여 시행할 수 있다. 또한 세부적인 서비스 내용을 살펴보면 식음료의 제공방식, 고객에 대한 서비스 형태를 구체화한다. 즉, 도착하는 고객은 어떻게 맞이하는가? 식음료는 어떻게 서비스 되는가? 샐러드나 디저트 바가 따로 존재하는가? 웨이터의 역할은? 테이블 버싱(Bussing)은 누가 어떻게 하는가? 음식은 트레이(Tray)에 의해 제공되는가? 특히 라운지나 연회시설이 있는 경우 등의 다양한 서비스 스타일이 언급될 필요가 있다.

(8) 가격(Price)

가격은 고객이 상품이나 서비스를 획득 또는 사용함으로써 얻게 되는 가치에 대해 지불하는 대가로, 기업측면에서 보면 수익을 일으키는 수단이며 고객의 입장에서는 음식서비스의 경험에 대한 대가로서의 희생에 해당된다. 가격은 상기에 언급한 요소들과 유기적 관계를 갖고 있으며 원가, 경쟁자, 목표고객층 등을 감안하여 결정된다.

(9) 브랜드(Brand)

브랜드는 경쟁자의 제품과 구별하기 위하여 사용되는 특정 기업의 이름, 단어, 로고 등 디자인의 총합이라고 할 수 있다. 상호는 제품명은 아니고 기업명이라 할 수 있다. 기업명이 제품명과 동일한 경우도 많다. 예를 들면 코카콜라, 맥도날드가 그렇다. 외식업소의 상호는 상호를 통해서 외식업소의 콘셉트를 어느 정도 연상시킬 수 있는 것이 보통이다. 서양의 경우는 자신의 이름을 따서 외식업소명을 결정짓는 경우도 많다.

　브랜드의 본질적인 특징과 차별점은 곧 콘셉트의 핵심에 해당된다. 여기에 '소비자가 믿을 수 있는 근거(Rationale), 소비자 인사이트(Consumer Insight), 슬로건(Slogan), 이미지(Image)' 같은 것들이 포함되면 더욱 강력한 브랜드가 된다.

(10) 판매방법

과거에는 주로 고객이 직접 음식점을 방문하여 식사하는 것이 일반적이었다. 하지만 최근에는 고객의 편의성 또는 외식업소의 새로운 전략으로 테이크아웃 또는 배달이 인터넷 주문을 통해서 성행하고 있다. 대부분의 음식점은 판매방법에 있어 위의 3가지를 병행하고 있으나, 근래에는 테이크아웃이나 배달만을 전문으로 하는 음식점도 생기고 있다.

(11) 규모(Size)와 좌석

음식점의 규모는 분위기와 관련성이 깊다. 내·외장을 할 때는 규모를 감안하여 결정하기 때문이다. dining market의 성격이 강한 음식점은 규모가 큰 것이 일반적이다. eating market의 성격이 강한 음식점은 규모가 작고, 테이크아웃이나 배달을 병행하기도 한다.

좌석과 테이블은 음식점 사업에서 매우 중요한 자산이다. 착석 인원과 배치, 테이블 수와 테이블 믹스는 총 매출을 결정하며 투자계획에도 영향을 준다. 콘셉트를 설정하는 경우에는 테이블의 크기, 테이블 변형 가능성, 자리의 형태(부스, 룸 등), 착석 혼합형태(총 인원 수), 어린이 좌석이나 대형행사를 위한 수용능력 등과 같은 내용을 고려해야 한다.

각 음식점의 유형에 따라 요구되는 면적은 차이가 있다. 사실상 음식점의 손님은 식사공간을 대여하는 것이다. 〈표 3-2〉는 음식점 업태별 좌석당 필요면적을 보여준다. 메뉴의 가격 책정에는 서비스 제공과 식사시간, 서비스 비용, 고객에게 제공되는 공간의 크기와 같은 음식점의 고정비와 상관관계가 매우 높다는 점을 잊어서는 안 된다.

예 총 120석 규모의 바&음식점이다. 20명 내외를 수용할 수 있는 연회용 룸 1개를 보유하고 있으며, 홀에는 2인석 테이블 10개, 4인석 테이블 9개, 6인석 테이블 과 8인석 테이블이 각각 1개씩 마련되어 있다. 출입구의 우측에는 10명이 앉을 수 있는 바가 있다. 의자는 등받이가 있는 편안한 구조이기 때문에 편안하게 식사를 즐길 수 있다. 홀의 모든 테이블은 이동이 가능하여 인원 수에 따라 변형이 가능하다.

표 3-2 **음식점 업태별 필요면적 사례**

음식점 유형(객단가)	좌석당 필요면적(m²)	2인석 필요면적(m²)	4인석 필요면적(m²)
저가 음식점(5,000~10,000원)	0.9~1.1	1.8~2.2	3.6~4.4
중가 음식점(10,000~20,000원)	1.0~1.4	2.0~2.8	4.0~5.4
고가 음식점(30,000원 이상)	1.2~1.7	2.4~3.4	4.8~6.8

(12) 영업일수 및 시간

영업일수와 시간은 목표 매출액 및 운영비 등을 산출하는 데 기초가 된다. 즉, 매출 및 인건비 등의 중요한 재무성과 지표에 직접적 영향을 주게 된다. 따라서 영업일수 및 시간결정에 있어서 시장의 수요 및 계획되는 음식점의 운영스타일 등을 사전에 고려해야 하는데, 특히 '주요 고객의 식습관은?, 하루를 쉰다면 무슨 요일이 적당한가?, 주말 점심에는 고객이 있을 것인가?, 점심을 위한 적절한 영업개시 시간은?, 3시에서 5시 30분까지 영업을 중지하는 것이 효과적인가?' 등의 의문사항에 대한 구체적인 대응을 하여야 한다.

> **예** 평일은 정상 영업을 통해 점심과 저녁, 토요일은 저녁 영업만을 하게 된다. 우리의 시장은 평일 직장인 그리고 토요일 도심 쇼핑객 등으로 설정하기 때문에 일요일은 영업하지 않는다. 점심은 11시에 시작하여 오후 3시 30분까지이며, 5시 30분까지는 Bar에서 제한된 메뉴만을 제공한다. 퇴근시간에 맞추어 직장인 유도를 위해 6시부터 7시까지 스페셜 드링크와 음식을 제공한다. 저녁은 10시 30분까지(단, 토요일은 11시까지) 모든 메뉴가 가능하다. Bar는 매일 새벽 2시까지 영업한다.

(13) 특징적 내용

일반적으로 음식점에서 제공하는 음식 외에 부가적 이익을 가져다 줄 수 있는 특징적 내용이 있으면 콘셉트에 추가시킨다. 오락적 요인과 주요 연회 및 파티시설 그리고 별도 판매되는 캐릭터 상품 등과 같은 것이 이에 속한다.

> **예** 금요일과 토요일 저녁 9시에서 자정까지 3시간 동안 라이브 공연을 하게 된다. 라이브의 내용은 모던재즈 연주가 될 것이다. 또한 주중에는 1명의 DJ가 고객들에게 신청곡을 받을 수 있도록 하여 고객들의 흥미를 유발할 것이다. 이러한 오락적 요소로서 늦은 밤까지 고객들을 머물게 하여 마진율 높은 음료 판매를 활성화할 수 있다.

(14) 식사시간과 회전율

음식점의 업종과 업태에 따라 좌석회전율도 차이가 생기게 된다. 단지 배고픔을 채우기 위한 목적의 식사는 고급 음식점보다 식사시간이 두 배는 빠른 것으로 나타나고 있다. 고급 음식점을 이용하는 고객은 하룻밤의 즐거운 시간과 식사의 기쁨, 그리고 그것을 기억하는 즐거움을 위해 일인당 5만 원에서 10만 원 이상을 지불하기도 한다. 누군가에게 고급 음식에 대해서 자랑하는 것은 식사의 가격만큼 가치가 있으며, 식사의 의미를 더하는 대화가 되기도 한다. 좌석 회전율과 식사시간의 빠르기는 음식점의 수준과도 관련이 있으나, 물론 정비례한다고 단언할 수는 없다. 또한 좌석회전율은 작업의 능률과도 관계가 있다.

표 3-3 **음식점 유형별 회전율**

음식점 유형(객단가)	시간당 회전율
저가 음식점(5,000~10,000원)	1.5~3.0
중가 음식점(10,000~20,000원)	1.0~2.0
고가 음식점(30,000원 이상)	0.3~0.5

(15) 콘셉트 구성요소 간의 유기성

음식점의 콘셉트란 음식점을 구성하는 요소들을 결합한 유기적 집합체로 볼 수 있다. 그 구성요소들은 상호 독립적인 관계에 있는 경우 낮은 가치를 가지게 되지만, 하나의 목표를 달성하기 위하여 상호 유기적인 관계로 결합되어 톱니바퀴처럼 돌아간다면 매우 높은 가치를 구현하게 된다. 예를 들어, 젊은 여성층을 목표로 하는 음식점을 창업한다면, 그들의 취향에 맞는 음식과 분위기를 연출함과 동시에 가격 및 입지 등도 여성들의 경제성과 접근성을 고려하여 통일성을 갖도록 설정해야 한다.

음식점의 콘셉트란 창업자의 의사결정을 포함한 유·무형의 상징성과 이미지로서 차별적이고 독창적인 개념을 포함하여야 한다. 창업 시에 필요한 전체적인 내용을 결정한 후에 각 부문별 콘셉트를 전체콘셉트와 상호 연계된 이미지로 창출해야 한다. 이러한 콘셉트는 주로 창업 시에 고려되는 출점입지나 서비스의 형태, 업종과 업태 등의 전략적인 측면을 의미한다. 외식 창업 시에 창업콘셉트는 환경요인을 고려한 창의적인 아이디어가 가미된 전문성을 지향하기 때문에 외식 소비 환경 등의 분석을 통한 차별적인 콘셉트계획이 필요하다.

창업을 위한 첫 번째 목표는 사업목적을 명확하게 인지하고 경영이념과 목표 그리고 방침을 세우는 것이다. 사업목적이라 함은 유·무형적이면서 질적인 요소가 내재되어 있는 경영주의 이념, 철학, 인생관, 강령 등을 결합하여 장기적인 안목에서 설정하는 것이다. 이는 수익성 창출을 전제로 하면서 중요한 요인을 추진하려는 업태 콘셉트 등과 연계하여 설정하는 것이 바람직하다. 콘셉트 및 아이덴티티 확립이란 창업주 혹은 경영자의 의사결정을 바탕으로 한 기업 또는 업소의 총체적인 목표의 설정이나 그 상징성이라 할 수 있다. 외식업소의 콘셉트는 업장에 맞는 주 콘셉트와 그에 부합한 부 콘셉트를 세워 주콘셉트와 부콘셉트의 상호 연계성 효과를 갖도록 하여야 한다. 브랜드 명의 결정 측면을 보자면, 최근 외식기업들도 CI(Corporate Identity)제작 개발에 힘쓰고 있으며 외식기업의 브랜드 개발은 이미지를 형성하는 주요 요인으로 받아들여지고 있다. 특히 브랜드 개발에서 가장 많이 활용되고 있는 것으로 FGI(Focus Group Interview)기법이 있다. 또한 상호명의 결정과 선정 시에는 발음의 용이성, 기억의 용이성, 친밀감, 장래성, 시각적 효과, 기쁨과 즐거움 등을 고려해야 한다.

3 콘셉트 개발방법

음식점의 창업은 어디서부터 어떻게 시작하는 것일까? 음식점 창업의 첫 번째 단계는 음식점의 콘셉트를 설정하는 것부터 시작되어야 한다. 콘셉트를 설정한다는 것은 음식점의 서비스 방식, 메뉴, 분위기, 브랜드 등을 확정하는 과정을 의미한다. 외식창업 시

기존의 건물을 임차하여 시작하든 아니면 새로운 건물을 신축하든 관계없이 음식점 콘셉트는 네 가지를 포함하게 된다. 콘셉트의 구조는 단골 고객이 식사를 하면서 가지게 되는 일반적인 인식을 고려하여 설계되어야 한다. 또한 콘셉트의 선택은 입지, 설비 구입, 직원의 수, 마케팅 전략과 같은 미래 의사결정과 투자에 디딤돌 역할을 하게 된다. 음식점을 창업한다는 것은 콘셉트를 설정하기 위해 다음과 같은 요인들을 점검하고 창업의 기초를 다지는 것이다.

음식점의 콘셉트는 그림의 프로세스에서 보는 바와 같이 다양한 요인이 결합하여 구성되는 것이므로 단일차원이라기보다는 이미 앞에서 살펴본 콘셉트의 구성요인과 같이 다차원적인 성격을 갖는다. 따라서 콘셉트를 설정하기 위해서는 일반적으로 위와 같은 프로세스를 통해 설정하게 되지만 반드시 항목이 정해진 것은 아니며, 음식점의 특성과 입지, 목표고객 등에 따라서 다양한 요인이 추가되거나 제외될 수 있다.

다만 콘셉트의 설정이 모든 음식점의 창업에서 필요한 것은 아니다. 경우에 따라서는 음식점 창업 시 콘셉트를 고민할 필요가 없는 경우도 존재한다. 예를 들어, 성공적인 프랜차이즈 기업에 가맹한다면 이미 검증된 콘셉트를 구매하는 것이므로 예비창업

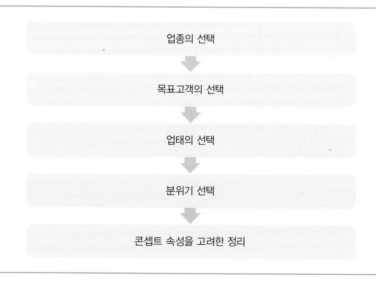

그림 3-7 **콘셉트 개발 프로세스**

자가 군이 콘셉트를 고민할 필요는 없다. 또는 번화가의 건물 모퉁이에 매우 작은 규모의 테이크아웃 피자전문점이나 커피전문점을 오픈하는 경우 역시 콘셉트를 고민할 필요가 없을 수도 있다. 심사숙고를 통해 특별한 콘셉트를 구상하는 경우는 좀 더 강력한 정체성과 특징을 필요로 하는 독립 음식점을 오픈하려는 상황에서 요구된다. 이런 경우, 더 많은 고객을 유인하기 위해 독창적이고 차별화된 콘셉트는 성공을 위한 최상의 방안이 될 것이기 때문이다.

이하에서는 구체적으로 콘셉트의 설정을 위해 고민해야 하는 항목에 대하여 자세히 살펴보기로 한다. 다만 구체적인 콘셉트 설정 단계에 들어가기에 앞서 외식사업을 가장 가치 있게 정의하는, 짧으면서 강력한 문장을 통해 고객과 종업원의 '관심'을 확보하는 단계가 필요하다. 토머스 데이븐 포트와 존 벡은 《관심의 경제학》에서 "사업에서 가장 중요한 요소는 '관심'이다"라고 하였다. 마인드 점유가 시장 점유에 앞선다는 점을 고려하여 기억에 남을 수 있는 방법으로 소비자와 내부고객을 유인하고, 기업의 특징을 확인할 수 있는 간략하고 강력하며 관심을 끌만한 문장을 다음 사례를 참고하여 설정해 보는 것은 콘셉트를 설정하기 위한 전 단계로서 매우 의미 있는 것이다.

- 맥도널드 : 'QSC&V'
- 스타벅스 : '하루종일 편안한 공간'
- 월마트 : 'Everyday Low Price'
- 사우스웨스트항공 : '저렴함, 안전함, 재밌음'
- 나이키 : 'Just Do It'
- 페덱스 : '확실하게, 단연코, 하룻밤에!'
- 도미노 : '30분 안에 당신의 피자를!'

이와 같은 내부 및 외부고객의 관심을 집중시킬 수 있는 핵심문장이나 슬로건을 기초로 음식점의 콘셉트를 다음과 같은 순서에 따라 설정해 보기 바란다.

1) 업종(type of business)을 선택하라

기본적으로 소비자들은 음식점을 인식할 때, 음식점에서 제공하는 음식이 어떤 유형인가에 따라서 달라진다. 고객들은 메뉴가 어떤 식재료를 이용하여 어떻게 만들어지고 제공되는지에 대한 결과를 알고 싶어 하기 때문이다. 예를 들면, 에스닉푸드, 패스트푸드, 전통 방식의 음식 등과 같은 제공할 메뉴의 유형을 정해야 한다.

음식점 경영자는 종종 독특한 콘셉트를 창조하기 위한 방법의 일환으로 대중적인 콘셉트에 약간의 변화를 줌으로써 완전히 다른 콘셉트처럼 만들기도 한다. 예를 들어, 미국의 피 에프 창스 차이나 비스토로(P. F. Chang's China Bistro, www.pfchangs.com)는 차이나 음식점의 기존 개념을 새롭게 창조하였다. 국내에서는 차이나 팩토리와 같은 중식 패밀리 음식점이 기존의 중식음식점과 다른 공장 같은 조리방식과 소량의 메뉴 형식을 이용함으로써 기존의 중식음식점이나 패밀리음식점과 차별화된 콘셉트를 적용한 사례라고 할 수 있다. 현재 피 에프 창스는 아시안 퓨전 메뉴와 트렌디한 음료 및 칵테일도 제공한다. 또한 이곳의 메뉴는 다른 중식 음식점과는 많은 차이가 있다. 그들은 전통적인 중식 음식점과 많은 차이가 있으며, 메인 메뉴의 경우에도 새롭고 특이한 것이 많다. 이곳의 메뉴와 분위기는 고객들이 높은 가치를 느끼도록 만들며, 전형적인 중식 음식점과는 차별화시키는 데 일조를 한다.

음식점을 창업하고자 하는 예비창업자는 콘셉트에 관하여 생각할 때, 반드시 고객에게 제공하는 메뉴가 사업에 얼마나 크게 기여할 수 있을지를 고려할 필요가 있다.

2) 목표고객을 설정하라

콘셉트의 설정을 위한 첫 단계로서 음식의 종류, 즉 업종(type of business)을 정했다면 다음에는 목표고객(target customer)을 정하는 두 번째 단계로 넘어간다. 음식점을 위한 기본적인 아이디어는 목표고객이 결정되는 것에 따라 변하게 된다. 메뉴의 적정한 가격을 정하는 것뿐만 아니라, 콘셉트에 따른 잠재시장이 모두 목표고객에 의하여 영향을 받게 된다. 예를 들어, 예비창업자가 고급스런 분위기와 에피타이저 그리고 라운지 같은 환경의 음식점을 창업하기 원하는 경우, 높은 수입을 얻는 젊은 전문가 집단을 목표고객으로 설정할 것이다. 패스트푸드와 같이 저렴하고 빠르게 식사를 하는 메뉴를 취급하는 음식점의 경우는 대학생이나 직장인 등을 목표고객으로 설정할 수 있을 것이다. 웰빙과 슬로우푸드를 취급하는 음식점의 경우는 노년층이나 가정주부가 목표고객이 될 것이다.

3) 업태(type of service)를 결정하라

(1) 업태를 구성하는 요인

《성공적인 음식점 창업 및 경영하기》의 저자인 우이요시유키는 성공적인 외식창업은 콘셉트에 의해 결정된다고 하였다. 성공하는 음식점과 실패하는 음식점의 차이는 '고객에게 점포의 명확한 이미지를 심어주는 것'에 의해 결정되기 때문이다. 콘셉트를 구성하는 요인 중에는 업종과 업태가 있다. 업종(type of business)은 '판매하는 음식의 종류'를 말하는 것이고 업태(type of service)는 '파는 방법'을 의미하는 것으로, 어떤 메뉴를 얼마의 가격으로 누구에게 팔 것인가에 대한 그 방침과 계획을 업태라고 할 수 있다.

외식창업을 준비하는 예비 창업자는 성공의 가장 큰 요인을 '업종'에서 찾는 경우가 많다. 예를 들면, 어떤 유형의 메뉴를 취급할 것인가에 중점을 두거나 최신 유행의 메뉴에 호감을 갖는 경우가 많다. 하지만 성공한 창업자는 대부분 '업태'의 중요성을 강조한다. 그러면 업태는 어떻게 설정해야 좋을까? 일본 음식점 창업의 대부라고 일컬어지는 우이요시유키는 "먼저 매출의 구성요소를 아는 것이 선결 과제지만, 구체적으로 열거하자면 다음과 같은 요소로 나눌 수 있다."고 주장하였다.

- What(무엇을) = 업종 및 주력 상품
- Why(무엇을 위해서) = 고객의 이용동기
- Who(누구에게) = 주요 고객
- When(언제) = 영업시간, 고객의 주요 이용시간

- Where(어디서) = 파는 장소의 결정
- How(어떻게) = 점포의 형태
- How much(얼마로) = 가격 정책

(2) 서비스 형태 및 판매방법

안목이 있는 예비창업자라면 창업을 실행에 옮기기 전에 음식점에 대한 아이디어를 먼저 고민하게 될 것이다. 보통 새로운 음식점을 위한 계획은 서비스 형태를 정하는 것이 우선이다. 아마 음식점의 서비스 형태는 다음과 같은 기본적인 서비스 카테고리에 모두 포함될 것이다.

① 파인 다이닝(Fine dining)

고급 음식점은 고객들에게 최상의 가치를 제공한다. 아름다운 장식과 즐거움을 만끽할 수 있는 분위기, 최고의 요리사, 최상의 서비스와 특별한 맛의 요리가 제공되는 곳이 바로 파인 다이닝, 즉 최고급 음식점이다.

예 코스요리 전문점

② 캐주얼 다이닝(Casual dining)

캐주얼 다이닝 음식점은 패스트 캐주얼 음식점(fast-casual restaurants)보다 높은 수준의 테이블 풀 서비스를 제공하면서, 가격면에서는 파인 다이닝에 비하여 다소 낮은 편이라 부담이 적다. 캐주얼 다이닝이 고객층이 두텁다는 장점이 있으며, 가족적인 친근한 분위기를 즐길 수 있다.

예 이탈리안 음식점

③ 패스트 캐주얼(Fast-casual)

보통 퀵 캐주얼 음식점이라고도 하며, 제한된 서비스를 제공한다. 전통적으로 퀵 서비스 음식점에 비하여 음식의 질과 서비스 수준이 높은 것으로 인식된다. 메뉴의 범위는 넓은 편이 아니지만 가격은 캐주얼 다이닝에 비하면 저렴한 편이다.

예 수제 햄버거 혹은 브런치 카페

④ 퀵 서비스(Quick-service)

퀵 서비스 음식점은 간편함과 스피드에 목적을 두고 있다. 이런 음식점은 일반적으로 장식이 간단하고 저렴한 메뉴 그리고 빠른 카운터 서비스를 제공한다. 대부분의 패스트푸드 음식점이 여기에 속한다.

예 햄버거 전문점

서비스 형태의 결정은 곧 음식점의 구성 및 배치에 영향을 미치고, 고용해야 할 종업원의 수를 결정하기도 한다. 또한 제공하는 메뉴 등에도 영향을 미친다. 주류 판매 여부와 테이크아웃 여부, 배달 서비스 여부, 케이터링 서비스 여부 등도 콘셉트에 영향을 미치는 중요한 서비스 형태에 포함된다.

이상의 정형화된 서비스 형태 이외에도 서비스 형태는 셀프 서비스, 반 셀프 서비스 등 다양한 새로운 형태의 서비스를 고려해 볼 필요가 있다. 창의적인 서비스 형태를 개발하는 것이 곧 경쟁력을 확보하는 관건이 될 수 있다. 최근 외국에서는 음식점의 자동화를 시현하려는 노력이 증가하고 있다. 인적 서비스를 기계적 서비스로 대체하려는 노력의 일환이다. 이러한 노력은 인건비의 급격한 상승으로 음식점의 수익성이 악화되는 것을 방지하기 위한 해결책이라 할 수 있다.

도입을 고려해야 하는 서비스 유형

• 테이크아웃과 배달 서비스 : 테이크아웃과 배달 서비스의 실시 제공 여부를 결정하는 것이 필요하다. 피자 배달 음식점의 경우는 콘셉트의 중요한 특징이 될 수 있다. 또 한편으로 이러한 서비스의 존재는 고객들에게 메인 서비스에 부가적으로 편리함을 제공하는 특징이 되기도 한다.

• 케이터링 : 상권 거주자의 인구통계적 특성을 고려하여 음식점 콘셉트에 전반적으로 장점이 될 수 있도록 케이터링 서비스 제공여부를 결정하는 것이 필요하다. 이것은 음식점의 전반적인 목적에 부합되지 않을 경우에도 점심이나 저녁 서비스에 추가적인 수익을 가져다주기도 한다.

4) 분위기 창출하기

분위기는 음식점 콘셉트를 완성하기 위해 필요한 매우 중요한 요인 중 하나이다. 음식점 창업자는 무엇보다도 목표고객이 음식점에 들어와서 경험하기를 원하는 분위기가 어떤 것인지 고민해야 한다. 사람의 다음과 같은 감각(촉각을 제외한 오감)을 고려해 보자.

(1) 미각(맛)

맛은 모든 고객이 가장 중요하게 생각하는 음식점 선택 요인임에 틀림없다. 맛이 없는 음식점에서 식사를 하려는 고객은 아마도 없을 것이다. 유능한 조리사가 고객의 재방문을 유인한다는 사실은 명백한 사실이다. 또한 메뉴는 지속적으로 균일한 맛을 유지해야 한다. 이것이야말로 단골고객을 확보하고 브랜드 가치를 올리는 최상의 방법이다.

(2) 시각(Sight)

고객은 음식점에서 무엇을 보게 될까? 콘셉트의 시각적 효과는 단지 벽에 걸려 있는 소품 이상의 것을 포함하게 된다.

- 조명(Lighting) : 음식점의 콘셉트에 영향을 미치기 위해 조명을 이용할 수도 있다. 예를 들면 어떤 음식점은 밝은 조명을 이용하여 음식점 분위기를 활기차게 유지하려고 노력한다.
- 색상(Colors) : 음식점의 색상은 인간의 감정을 영향을 미칠 뿐만 아니라 고객의 식욕에도 영향을 미친다. 또한 전반적인 분위기에도 영향을 미친다.
- 조리과정(Cooking process) : 시각적인 면에 있어서 주방은 또 다른 중요한 요소로 작용한다. 오픈 주방에서의 조리 광경은 독특한 분위기를 창출하는 데 기여하기도 한다. 음식점의 조명도 매우 중요한 역할을 한다.

(3) 청각(소리, Sound)

음식점의 소음은 분위기에 영향을 미친다. 그래서 고객이 청각적으로 느끼는 부분에 관심을 기울일 필요가 있다.

- 음악(Music) : 음악은 음식점에서 매우 중요한 역할을 한다. 부드러운 클래식은 편안한 분위기를 연출하는 반면, 빠른 템포의 음악은 식욕을 돋우고 빠른 회전이 가능하게 만들어 준다.
- 주방의 소리(Kitchen sounds) : 많은 음식점에서 주방에서의 요리소리와 음식을 준비하는 소리가 홀까지 퍼져 나온다. 식기류가 부딪치는 소리와 음식이 지글지글 익는 소리, 심지어 식기류의 부딪치는 소리는 식사경험에 긍정적으로 작용하기도 하며, 때로는 부정적으로 작용하기도 한다. 음식점 경영자는 이러한 소리까지도 고객의 경험에 긍정적으로 작용하도록 만들 수 있어야 한다.
- 다이닝룸의 소리(Dining room sounds) : 일부 음식점은 다이닝룸의 방음에 많은 신경을 쓰고 있다. 번잡한 시내에 위치한 음식점의 경우, 고객들 간의 대화소리나 기타 잡음으로 인해 매우 시끄러운 환경이 될 수 있음에 유의해야 한다. 고객이 음식점을 정신없는 장소로 인식하게 되지 않도록 관심을 기울여야 한다.

(4) 후각(냄새, Smell)

일부 음식점은 향기를 이용해서 분위기를 창출할 목적으로 매우 구체적인 노력을 기울이기도 한다.

- 향기로운 냄새(Aromatic scents) : 향기로운 냄새는 음식점에 들어서는 고객에게 좋은 인상을 줄 수 있다. 방금 추출한 오렌지, 달콤한 꽃, 갓 구운 머핀과 같은 향기는 분위기를 조성하는 데 매우 효과적이다.
- 음식의 냄새(Specific food smells) : 많은 음식점은 고의로 음식점에서 판매하는 특정 음식의 냄새가 외부로 흘러 나가도록 하기도 한다. 베이커리 카페의 경우, 빵굽는 냄새를 이용하여 고객을 유인하거나 강력한 인상을 남기기도 한다. 주방에서의 음식냄새가 홀에 있는 고객에게 긍정적인 영향을 미치기도 한다. 물론 불쾌한 냄새로 인한 부정적 효과도 고려할 필요가 있다.

음식점의 콘셉트를 정의할 때는 고객이 음식점을 방문했을 경우 독특하고 인상에 강하게 남는 분위기를 창출할 수 있도록 해야 한다. 고객이 음식점의 분위기를 접하는 순간 만족하게 만들 수 있는 세부적인 내용을 고려해야만 한다.

5) 콘셉트 구성요소를 고려한 정리

충분한 시간을 가지고 위에서 논의하였던 요인들의 품질을 고려한 내용을 콘셉트화 하는 문서 작업을 수행할 필요가 있다. 독특하면서도 최상의 사업모델을 위해서는 충분한 시간을 가지고 음식점에 관한 모든 사항을 고민하는 것이 중요하다.

음식점의 유형, 분위기 그리고 메뉴가 예비창업자가 원하는 콘셉트를 반영하고 있는지 살펴봐야 한다. 콘셉트 아이디어를 기술 또는 정리하는 것은 사업 계획뿐만 아니라 투자자에게 효과적으로 투자설명을 하기 위해서도 반드시 필요하다. 지금까지 음식점의 콘셉트를 만드는 표준화된 구조는 없는 것 같다. 다만 자신의 전문분야에 따라서 메뉴를 중심으로 설정하는 경우(메뉴 콘셉트), 인테리어를 중심으로 설정하는 경우(인테리어 콘셉트), 서비스를 중심으로 설정하는 경우(서비스 콘셉트), 브랜드를 중심으로 설정하는 경우 등 매우 다양한 접근 방법이 실전에서 활용되고 있다. 가장 이상적인 방법은 다양한 콘셉트의 구성요소를 설정하고, 이를 기초로 일관되고 통일된 전체 콘셉트를 정의하는 것이다. 콘셉트를 확정하기 전에 반드시 고려해야 할 구성요소는 이미 앞에서 언급한 바 있다. 성공적인 음식점의 콘셉트를 설정하려면 명확성, 고객지향성, 조화와 핵심, 지속적 변화 가능성, 창의성, 테마와의 구별, 브랜드의 표현성, 다중콘셉트 등의 속성을 충분히 고려해야 한다. 새로운 음식점 콘셉트를 위한 기본적인 기획서의 사례는 다음과 같다. 이외에도 다양한 콘셉트 자료를 참고하여 나만의 체계화된 방법론을 개발하는 것이 좋을 것이다.

6) 콘셉트 정리 사례

(1) 콘셉트 구성요소의 속성 정리

콘셉트를 설정하기 위해서는 〈표 3-4〉와 같이 각각의 항목에 대하여 대표적인 속성을 정리하는 절차가 필요하다. 예를 들면, 동남아음식전문점에 대한 콘셉트를 설정하기 위하여 대표적 상품을 무엇으로 할지 결정하기 위해서는 3가지 정도의 대표메뉴를 먼저 선정해 보는 것이다. 모든 구성요소를 대상으로 주요한 3~4가지의 속성을 조사하여 정리한다.

표 3-4 **콘셉트의 구성요소(사례)**

구분		내용	속성 1	속성 2	속성 3
① 업종	메뉴	대표적 상품	월남쌈	쌀국수	에피타이저
	메뉴 수	각 상품별 종류	월남쌈 5	쌀국수 5	전식 2
② 목표 고객	이용목적	이용동기	주부모임	데이트	가족모임
	목표시장	주부, 연인, 가족	주부	연인	가족
③ 업태	서비스 형태	제공 서비스 수준	파인 다이닝	캐주얼 다이닝	패스트 다이닝
④ 인테리어	테마	음식점의 주제(스포츠 바, 병원, 감옥 등)	동굴	감옥	전쟁
	분위기	분위기 유형(미각, 시각, 후각, 청각)	모던스타일	동양스타일	호주스타일
상권		주택가+오피스+중심상권	중심상권	주택가, 오피스	역세권
입지		2급지, 3급지	1급지	2급지	3급지
가격		예상 객단가	15,000원/인	10,000원/인	5,000원/인
판매방법		내·외부 판매 방법	Eat In	Take Out	Delivery

(계속)

구분	내용	속성 1	속성 2	속성 3
규모(평수)	홀과 주방의 규모	50평(15평)	40평(10평)	30평(8평)
좌석 수	테이블 유형	8인석	4인석	2인석
영업일수	휴무일 지정	30일	28일	26일
영업시간	아침, 점심, 저녁, Break Time 여부	점심	Break Time(×)	저녁
특징적 내용	부가적 이익 요소 케이터링, 연회 등	머그컵	티셔츠	케이터링
식사시간	평균 식사시간	30분 (점심, 쌀국수)	1시간 (점심, 월남쌈)	1시간 30분 (저녁)
회전율	시간대별 회전률	점심(2회전)	저녁(2회전)	
브랜드	차별적 가치	포앤비(×)	포카라(×)	페이포

주 1) 메인 콘셉트 : thin food
   2) 콘셉트를 구성하는 정체성 : thin price, thin body, natural flavor, high-class service, slim down

〈표 3-4〉에서 정리된 구성요소를 해당 속성 중에서 하나만 선택하거나 적절히 조합하는 등의 작업을 해야만 최종적인 콘셉트를 정할 수 있다.

(2) 콘셉트의 개발 사례

앞서 개발된 속성을 기초로 각각의 구성요소를 최종적으로 정리한다. 모든 구성요소는 서로 유기적으로 연결되어서 소비자의 만족을 이끌어냄과 동시에 사업자의 수익성도 달성할 수 있어야 한다. 무엇보다 음식점의 수명주기를 고려하여 단명한 사업체가 되지 않도록 유의해야 한다.

표 3-5 **콘셉트 정리(사례) 1 – 라이스페이포**

구분		내용
업종		• 퓨전 월남쌈전문점(호주식월남쌈, 베트남쌀국수) • 브랜드 : 퓨전월남쌈전문점
목표고객		• 호주식월남쌈 : 주부(평일점심), 가족(평일저녁, 주말) • 베트남쌀국수 : 직장인(평일점심), 20~30대 연인(평일저녁, 주말)
편익		• 고객이 반드시 이 음식점만을 선택해야 하는 이유가 있나요? • 웰빙음식, 그린푸드, 씬푸드(thin food), 편안한 대화의 공간
정체성과 슬로건		• 건강한 음식을 편안한 분위기에서 마음껏 즐기자 • thin price, thin body, natural flavor, high-class service, slim down
후보브랜드		• 라세나(La cena) – 카페형 스타일을 추구할 경우 • 라이스페이퍼, 라이스페이포 – 정체성 표현을 추구하는 경우
업태	What (주메뉴·보조메뉴)	• 호주식월남쌈/베트남쌀국수 • 고정메뉴, 결합메뉴(정식, 일품) • 주력(대표)메뉴 : 호주식월남쌈(3~5종) • 중점(효율)메뉴 : 베트남쌀국수(3~5종) • 임시(순환)메뉴 : 볶음국수와 볶음밥류(3~5종) • 보조(보완)메뉴 : 어린이메뉴(1~2종) • 유인(미끼)메뉴 : 쿠폰메뉴(매월 변경), 세트메뉴(2~3종), 런치메뉴(2~3종) • 전문성을 강조하면서 다양성의 조화를 추구
	Why(이용동기)	• 초중등 주부 : 아이들을 학교에 보낸 후 친목모임 • 가족 : 다양한 계층이 공유할 수 있는 외식상품 • 직장인 : 속풀이 및 에스닉 푸드 즐기기 • 연인 : 새로운 경험(새로운 쌈과 국수의 체험)
	Who(주요고객) When(주요이용시간)	• 호주식월남쌈 : 주부(평일점심), 가족(평일저녁, 주말) • 베트남쌀국수 : 직장인(평일점심), 20~30대 연인(평일저녁, 주말) • 영업시간 : 오전 11시30분~오후 10시
	Where(상권과 입지)	주택가(아파트)와 오피스(역세권)가 결합된 상권의 2~3급지(2층 가능)
	How(점포의 형태)	40평 내외(70석~80석), 좌석당 1.2m²
	How much(가격)	• 점심 : 8,000원(쌀국수, 볶음밥)~12,000원(쌈류) • 저녁 : 10,000원(쌀국수, 볶음밥)~16,000원(쌈류)
	서비스 수준과 판매방법	• 패스트 캐주얼(제한된 서비스)~캐주얼 다이닝(테이블 풀 서비스) • 테이크아웃(짜조, 쌈, 국수류) • 시간당 회전율 : 쌈 1~2회, 국수 2~3회

(계속)

구분	내용
분위기	• 주부층: 카페형 동남아 음식점(중국 나비장 스타일을 활용한 탁자) • 직장인: 동남아음식 Bistro • 청년층: 모던한 분위기 • 충분한 냉난방과 겨울철 습기 제거를 위한 환기 고려 • 목표고객에 따른 조화로운 분위기 연출
최종 점검사항 (상, 중, 하 평가)	• 명확성: • 고객지향성: • 조화와 핵심: • 지속적 변화 가능성: • 창의성: • 테마와의 구별: • 브랜드의 표현성: • 다중콘셉트:

표 3-6 **콘셉트 정리(사례) 2 – 더 프라이팬**

구분	내용	
업종	• 프라이드치킨 & Beer • 상호: The Frypan	
목표고객	• 20~30대 여성, 연인 및 대학생, 직장인 등 세련된 문화를 소비하는 것을 추구하는 젊은 층을 겨냥	
편익	• 차별화된 메뉴 구성과 감각적이며 모던한 분위기를 제공, 기존의 치킨집들과는 다른 분위기로 젊은 층이 선호 • 단순한 치킨의 "요리화"를 통해 메인메뉴 외 사이드메뉴(샐러드, 감자칩)에 차별성을 둠 • 전 매장 내 금연을 지향하므로 주 고객층인 여성들을 배려	
정체성과 슬로건	• 트렌드와 시대적 요구에 부합하는 세련된 치킨집 • "더 프라이팬"이라는 상호를 통해, 브랜드 이미지에 트렌드만을 쫓는 것이 아닌 치킨의 본질 또한 지키고자 하는 의미를 부여함 • 여성들이 더 많은 치킨집	
후보브랜드	•	
업태	What(주메뉴·보조메뉴)	• 주메뉴: 안심후라이드, 다리살후라이드 • 보완메뉴: 곱빼기후라이드(안심+다리) • 보조메뉴: 샐러드, 감자칩 • 유인메뉴: 치킨 + 샐러드 세트메뉴 • 부위별로 세분화함과 동시에, 메뉴의 단순화를 통해 식재료 관리의 효율성과 전문성 추구

(계속)

구분		내용
업태	Why(이용동기)	• 감각적이고 세련된 카페 같은 분위기 • 담배연기로부터의 해방 • 단순한 안주나 야식거리가 아닌 하나의 요리와 같은 치킨(차별화된 맛과 데커레이션) • 이곳에서만 맛볼 수 있는 생감자칩과 각종 드레싱
	Who(주요고객) When(주요이용시간)	• 20~30대 젊은층 • 저녁 7시 이전 : 20대 대학생 • 저녁 7시 이후 : 직장인 위주 • 영업시간 : 오후 3~4시, 새벽 1~2시(상권마다 탄력적으로 운영)
	Where(상권과 입지)	역세권, 대학가, 유흥상권
	How(점포의 형태)	20평 내외로 아담한 매장이 주를 이룸
	How much(가격)	• 메인메뉴 17,000~26,000원 • 세트메뉴 23,000~32,000원 • 사이드 7,500원
	서비스 수준과 판매방법	• 패스트 캐주얼(제한된 서비스), 캐주얼 다이닝(테이블 풀 서비스) • 배달 불가(맛의 품질 고려)
분위기		• 편안하고 심플하면서 감각적이고 맛있는 공간 • 깔끔하고 쾌적한 공간 • 서구적이고 트렌디한 분위기
최종 점검사항 (상, 중, 하 평가)		• 명확성 : • 고객지향성 : • 조화와 핵심 : • 지속적 변화 가능성 : • 창의성 : • 테마와의 구별 : • 브랜드의 표현성 : • 다중콘셉트 :

표 3-7 **콘셉트 정리(사례) 3 – 뽕의 전설**

구분	내용		
업종	• 중식 • 짬뽕요리전문점		
목표고객	• 20~30대 젊은 직장인 학생층 • 소규모 가족단위		
편익	• 추가요금 없이 리필 및 곱빼기주문 가능 • 다양한 짬뽕요리 • 기본 중식메뉴와 사이드메뉴 구성 • 단골등록(뽕의 전설 미니어처 제공)하면 방문 시마다 군만두 무료제공		
정체성과 슬로건	• 푸짐한 양과 맛의 질을 추구 • 특화된 메뉴로 어필		
후보브랜드	• •		

업태	What(주메뉴·
	보조메뉴)
		• 주메뉴: 손님은 왕 짬뽕/물개짬뽕/해물짬뽕
		  감탄 모듬조개짬뽕 등
		• 보조메뉴: 모둠탕수육/크림, 레몬새우/짜장
		  짜장밥/해물짬뽕찜/홍합탕/
		  고추잡채/크림, 레몬새우등
		• 계절메뉴: 주꾸미, 굴 등 계절재료로 구성
		• 짬뽕을 먹고 난 뒤 짬뽕볶음밥 구성	

	Why(이용동기)	• 직장인/주변상권: 점심식사와 술안주 • 학생층: 맛집 탐방 • 소규모 가족: 맛집에서 간단한 외식	
	Who(주요고객) When(주요이용시간)	• 직장인/주변상권 • 점심 11:30~2:00, 저녁 7:00~ 9:00 • 영업시간: 오전 11:00~오후 10:00	
	Where(상권과 입지)	구로디지탈단지 주변 상가/오피스텔이 많고 유동인구가 많음	
	How(점포의 형태)	40평~50평의 점포	
	How much(가격)	• 1인: 짬뽕 5,500~9,000원 • 2인: 짬뽕 17,000~38,000원 • 보조메뉴: 5,000~30,000원(짜장~전골)	
	서비스 수준과 판매방법	• 배달불가/포장가능 • 리필 및 곱빼기 추가요금 없이 주문	
분위기	• 저렴한 가격에 맛집으로 소문난 곳. 맛에 대한 자부심이 느껴진다. • 고객이 굉장히 많아 기다리거나 번잡한 것을 싫어하는 고객에게는 재방문이 이루어질지 의문이고, 전체적으로 소문난 맛집의 전형적인 모습이다.		

(계속)

구분	내용
최종 점검사항 (상, 중, 하 평가)	• 명확성: • 고객지향성: • 조화와 핵심: • 지속적 변화 가능성: • 창의성: • 테마와의 구별: • 브랜드의 표현성: • 다중콘셉트:

외식창업에 있어 브랜드와 콘셉트는 매우 밀접한 관계를 가진 개념이라 그 선후 관계를 판단하는 것은 쉽지 않다. 브랜드의 재료가 콘셉트인지 아니면 콘셉트 구성요인의 하나가 브랜드인지는 상황에 따라서 어떤 개념을 더 상위에 놓느냐의 문제라고 받아들이는 것이 좋을 것 같다. 다만 본서에서는 콘셉트를 음식점의 본질로 보고, 콘셉트를 브랜드의 상위 개념으로 보았다.

외식창업을 위한 콘셉트의 설정은 가장 기초적이면서도 중요한 단계이다. 콘셉트 없는 음식점이 성공하기를 바라는 것은 '앙꼬 없는 찐빵이 팔리기'나 '엔진 없는 자동차가 달리기'를 바라는 것과 크게 다르지 않다. 하지만 앞서 언급한 것과 같이 성공요인, 선택속성을 모두 고려하여 하나의 핵심가치를 뽑아내는 것은 쉽지 않은 작업이다. 특히 초보창업자가 그와 같은 구체적인 콘셉트를 만들어 낸다는 것이 한계를 가질 수밖에 없다. 또한 콘셉트를 설정하는 데 있어서 더 큰 문제는 아직까지 모든 학문과 산업분야에서 그 개념이 통일되지 않았다는 것이다. 그러므로 이를 명확하게 이해하고 실전에 접목시키는 데는 어려움이 따른다.

그럼에도 불구하고, 외식사업 예비창업자는 지금까지 다룬 콘셉트의 구성요소를 모두 이해하고 콘셉트를 만들기 위한 프로세스를 참고로 할 필요가 있다. 물론 지금까지 살펴본 음식점의 콘셉트에 대한 내용은 매우 단편적일 수 있다. 그리고 타 산업에서 다루는 콘셉트와는 개념과 설정과정에서 많은 차이를 가질 수도 있다.

(3) 컨조인트 분석을 이용한 음식점 콘셉트 개발 사례

음식점 콘셉트의 개발은 일반적으로 창업자나 외식업 컨설턴트의 정성적 판단에 의해 이루어지는 경우가 대부분이다. 세부적인 시장조사와 풍부한 경험을 토대로 개인적 자질에 의존하는 콘셉트 개발은 매우 효율적일 수 있지만, 너무 개인적인 취향에 의존하게 되는 경우 소비자의 욕구를 적절히 반영하지 못하게 됨으로써 시장중심적인 콘셉트를 개발하는 데 실패할 수도 있다.

이와 같은 비과학적인 콘셉트 개발을 보완하기 위한 수단으로 과학적이고 통계적인 콘셉트 개발을 위한 다양한 연구가 이루어지고 있는데, 가장 많이 활용되는 콘셉트 개발 방법은 컨조인트 분석을 이용하는 것이다. 다만 컨조인트 분석을 이용한 콘셉트 개발은 고려해야 하는 콘셉트 구성 요인이 제한적이고 통계처리 방법을 익혀야 하기 때문에 전문적인 지식이 요구된다는 단점이 있다.

그럼에도 불구하고, 통계적이고 과학적인 콘셉트 개발을 위한 노력을 통해 개인적 자질을 바탕으로 한 정성적인 방법을 보완하고 소비자의 니즈를 반영할 수 있다는 측면에서 매우 바람직한 방법이라 할 수 있다. 다음은 김광지 등(2007)이 컨조인트 분석 (conjoint analysis)을 이용하여 아침시장 중심의 한식 콘셉트를 개발한 과정을 중심으로 외식업체의 콘셉트 개발 사례를 소개하고자 한다.

해당 연구에서는 아침식사 중심의 한식업소가 가장 높은 경쟁력을 가질 수 있는 콘

컨조인트 분석이란?

어떤 제품 또는 서비스가 갖고 있는 속성 하나하나에 고객이 부여하는 가치(효용)를 추정함으로써, 그 고객이 어떤 제품을 선택할지를 예측하는 기법. 구체적인 소비자 행동의 요인을 측정하기 위한 방법의 하나이다. 소비자 행동이 특정한 목표를 갖고 유발될 경우, 여기에는 소비자의 여러 가지 심리적 요인이 관계한다. 또한 구매 결정의 메커니즘이 보다 복잡하게 되기 때문에 사전에 조사를 행하고, 고객 선호도와 그 결과를 분석하여 신상품의 콘셉트를 결정한다.

자료: 패션전문자료사전 한국사전연구사
패션전문자료편찬위원회 편(2010)

표 3-8 **한식업소 선택속성과 선택수준의 분류**

선택속성	선택수준
메뉴	죽, 국밥류, 간편정식
가격	3,000원, 4,000원, 5,000원
서비스	셀프서비스, 테이블 서비스
입지	주택가, 오피스가, 상업지역
매장규모	10~20평, 21~30평, 31~40평

자료: 김광지 등(2007). 컨조인트 분석을 통한 한식업소 콘셉트 개발에 관한 연구

셉트를 개발하기 위하여 선행연구를 검토하고, 전문가 집단의 의견을 수렴하였다. 그리고 주 목표고객인 직장인을 대상으로 심층적인 면접을 실시하였다. 면접의 내용은 아침식사를 위해 한식업소를 선택할 때 가장 중요하게 고려하는 선택속성이었다. 선행연구, 예비조사, 심층면접을 통해 추출된 한식업소의 선택속성과 선택수준은 다음과 같다.

해당 연구에서는 위와 같이 추출된 선택속성과 선택수준을 이용하여 컨조인트 분석을 실시하였다. 이를 통해 한식업소의 선택속성에 대한 중요도, 각 속성 수준별 부분효용가치 값을 산출하였다. 또한 초이스 시뮬레이션을 통해 시장점유율도 예측하였다.

선택속성의 중요도는 메뉴 24.09%, 가격 22.02%, 입지 21.85%, 매장규모 20.4%, 서비스 11.64%로 나타났다. 그리고 부분효용가치는 국밥류가 0.799로 가장 높았고, 가격은 3,000원이 0.3026으로 저렴한 가격을 선호하는 것으로 나타났으며, 서비스는 테이블 서비스를, 입지는 주택가를 가장 선호하였다. 결과적으로 연구대상자들의 아침식사를 위한 한식업소 선택은 주택가 인근이면서 가격은 저렴하고, 테이블 서비스를 받으며 21~30평대의 매장에서 국밥류로 식사하는 곳을 선호하는 것으로 입증되었다. 그 외에도 선택속성의 프로필을 다양하게 변경시켜가며, 그에 따른 시장점유율 변동을 추정함으로써 가장 효과적인 조합의 한식업소 콘셉트를 구상할 수 있다고 제언하고 있다.

이상의 연구내용을 토대로 우리는 소비자의 선택속성이라는 개념을 바탕으로 컨조인트 분석기법을 이용하여 음식점의 콘셉트를 통계적, 과학적 방법으로 도출 가능함을 확인할 수 있다. 다만 컨조인트 분석의 특성상 소비자가 순위를 매길 수 있는 프로필의

기능·가격·원가, 최적의 조합 찾아
소비자 만족시켜라

"A, B, C 모든 기능이 다 있을 필요는 없잖아. 내가 원하는 기능은 A뿐인데!" 경기 불황으로 소비자들의 구매력이 급격하게 쪼그라들고 있다. 자주 사용하지 않는 기능들을 이것저것 붙여 가격만 올려놓은 제품 대신 꼭 필요한 기능만 갖추고 가격 거품을 뺀 제품을 찾는 손길이 늘어나는 이유다. 이제 기업들이 해야 할 일은 기능·가격·원가라는 3가지 변수의 최적 조합을 찾아 소비자들의 요구에 부응하면서도 기업 수익도 높일 수 있는 상품 개발에 나서는 것이다.

맥킨지는 기능·가격·원가 사이의 최적 조합을 찾는 상품 개발 과정을 '가치를 창출하는 디자인 (DTV·Design to Value)'으로 부른다.

그리고 이 같은 조합을 찾기 위해 컨조인트 (Conjoint) 분석기법을 활용한다. 컨조인트 분석은 소비자들이 특정 제품 브랜드·기능·가격 중 어떤 부문에 가장 관심을 갖는지 알아내는 분석 기법이다.

소비자들의 정보를 취합, 이들이 원하는 최적의 조합을 찾아내 이를 제품화할 수 있다면 불황 속에서도 매출을 늘릴 수 있는 기회를 잡을 수 있다.

고객이 원하는 조합을 찾아내라

상품 개발의 첫걸음은 바로 고객들이 원하는 조합을 알아내는 것이다.

비디오리코더를 예로 들어 보자. 비디오리코더를 구매하려는 소비자 입장(혹은 관점)에서 관심을 두는 부분은 바로 비디오리코더의 가격, 화질, 녹화시간 등이다.

생산자는 비디오리코더 가격을 200, 250, 300, 350달러 수준으로 책정할 수 있다고 하자. 화질은 고급, TV수준, TV보다 못한 수준 사이에서 조정할 수 있다. 녹화 시간은 2시간, 4시간, 6시간 중 선택할 수 있다. 3가지 조건만으로도 36가지 상품조합이 나온다.

잠재 소비자들을 대상으로 설문조사를 실시해 36개 조합 중 이들이 어떤 조합에 가장 큰 매력을 느끼는지 찾아 이를 상품화하면 된다.

비용을 낮추는 디자인을 고안하라

소비자가 요구하는 기능과 가격의 조합을 파악한 뒤에는 이 같은 조합의 상품을 가장 비용 효율적으로 생산할 수 있는 방법을 찾아야 한다.

맥킨지는 '테어다운(Teardown)분석'을 제안한다. 테어다운은 제품 가치를 훼손시키지 않으면서 생산 비용을 낮추는 방법을 찾기 위해 제품을 해체해 보는 것이다. 현재 국내시장에는 3.5kg급 세탁기 5개 브랜드가 팔리고 있다. 개발·구매·생산·마케팅·품질 등 다양한 부서 직원들을 모은 뒤 자사 제품을 경쟁사 제품과 함께 해체한다. 모터는 어떻게 다른지, 외장에는 어떤 차이가 있는지, 조작버튼이 불필요하게 많거나 복잡한지를 따져본다. 이를 통해 제품 기능은 떨어뜨리지 않으면서 설계를 단순화해 비용을 줄일 수 있는 방법을 찾아야 한다. 이때 부서 간 협력은 필수적이다.

엔지니어, 구매, 생산, 마케팅 부서 간 지식·경험을 공유할 수 있는 지식경영시스템을 갖춰야 한다.

백지상태에서 상품 개발 다시 시작하라

상품 개발 과정에서 비용을 낮출 수 있는 또 다른

기법은 클린시트(Clean Sheet) 분석이다. 이 분석은 제품을 생산하는 과정을 백지 상태에서 다시 그려보는 것이다. 이미 시판하고 있는 제품이라도 백지 상태에서 다시 출발한다.

우선 소비자들이 원하는 기능을 갖춘 상품 이미지를 구상한다. 이후 재료 조달, 조립 생산, 판매에 이르는 전 과정에 걸쳐 가장 효율적인 방법을 활용할 경우 발생하는 비용 구조를 추정한다.

이렇게 해서 얻은 모범사례(베스트 프랙티스)를 실제 비용구조와 비교하면, 어느 부문에서 비용을 절감할 수 있을지 쉽게 파악할 수 있다.

또 상품 개발에서 중요한 원칙은 생산자 입장(or 관점)에서 비용을 낮추더라도 소비자가 만족할 만큼 제품 가치는 극대화해야 한다는 것이다.

예를 들어, 자동차 구매 고객은 에어컨 옵션에 대해 1,000달러를 추가로 지불할 수 있음을 가정해 보자. 에어컨을 장착하는 데 들어가는 비용은 1,200달러. 이 경우 제조사는 소비자들이 차량 구매 결정을 내릴 때 에어컨을 얼마나 중요시하는지 컨조인트 분석에 나서는 한편, 에어컨 장착 비용을 어떻게 하면 최소화할 수 있을지 클린시트 분석에 들어가야 한다.

A가전회사는 컨조인트·클린시트 분석을 통해 소비자들이 원하는 TV를 만들려면 대형 스크린과 고성능 센서칩을 달아야 한다는 것을 알아냈다.

2가지 사양을 추가할 경우 더 비싼 값에 TV를 팔 수 있지만 추가 비용도 만만치 않았다. 결국 A사는 소비자들이 크게 중요시하지 않는 소프트웨어 설계를 간단하게 바꿔 비용을 떨어뜨렸다. 그 결과 2가지 사양을 다는 데 들어가는 추가비용은 30달러로 묶은 반면, 판매가격은 대당 75달러씩 올려 마진이 30% 증가했다.

도움말 = 송승헌(맥킨지&컴퍼니 부파트너)
자료 : 매일경제(2009.3.16)

수가 한정되므로, 콘셉트를 구성하는 모든 요소를 고려할 수 없으므로 예비조사 등을 통해 가장 중요한 요인만을 도출하는 과정이 필요하다. 그리고 도출된 요인을 이용하여 소비자 조사를 할 경우, 반드시 목표고객층을 대표할 수 있는 표본을 대상으로 조사하는 것이 무엇보다 중요하다.

(4) 음식점 콘셉트 개발을 위한 11가지 팁

음식점 콘셉트는 상상력과 자본에 의해 제약을 받는다. 창업자가 최선을 다해서 콘셉트를 개발한다고 하더라도, 그것이 정말 성공할 수 있는 최적의 콘셉트인지를 검증 받기는 쉽지 않다. 이러한 애로사항을 해결하기 위하여 About.com에서 Lorri Mealey(2010)가 제시한 음식점 콘셉트 개발을 위한 10가지 팁과 함께 별도로 체크해야 할 항목들에 대하여 제시하면 다음과 같다.

① 콘셉트가 충분히 차별적인지 확인하라

예를 들어, 전통적인 이탈리안 음식점이 인근에 있다면 비슷한 유형의 음식점을 가까이에 오픈하는 것은 적절하지 않은 선택이다. 혹시 창업자가 이탈리안 음식에 자신이 있다고 해도 그 결과는 마찬가지라고 생각해야 한다.

콘셉트는 일반적인 소비자들이 느낄 때 충분한 차별성이 있어야 한다. 많은 음식점 중에서 돋보이는 콘셉트를 가지고 있어야 사업에서 성공할 수 있음을 명심해야 한다.

② 너무 많이 앞서가지 마라

고객들이 이해하기 힘들 정도로 기존의 음식점 콘셉트와 너무 많은 차이가 있거나 이상한 콘셉트를 시도하는 경우, 고객을 이해시키고 교육시키는 데 많은 시간이 필요할 수 있다.

예를 들면, 베트남 쌀국수 음식점이 국내에 처음 들어 왔을 때, 국내의 소비자들은 향신료에 쉽게 적응하지 못했기 때문에 대부분 실패하고 말았다. 그러나 수년이 흘러 동남아 여행을 하면서 베트남 쌀국수의 향에 적응된 소비자가 늘어나면서 성공을 거두는 콘셉트로 자리 잡았다.

콘셉트는 소비자가 쉽게 이해할 수 있어야 한다. 따라서 최상의 콘셉트는 다른 음식점의 테마와 확연하게 구분되기보다는 오히려 약간은 유사할 때 더욱 가치를 발휘함을 기억해야 한다.

③ 고객이 받아들일 수 있는 가격을 넘지 마라

메뉴의 가격은 음식점을 이용할 것으로 예상되는 목표고객이 지불할 용의가 있는 가격범위에서 설정되어야 한다. 훌륭한 식재료를 이용하여 최상의 메뉴를 제공한다 해도 가난한 학생과 하루하루 벌어서 연명하는 사람이 거주하는 지역이라면, 메뉴 가격은 그들이 지불할 수 있는 가격의 범위를 벗어나게 되므로 아무도 구매할 수 없게 되는 상황이 벌어진다.

콘셉트는 상권 내에 거주하는 목표고객이 받아들일 수 있는 범위를 벗어나지 않도록 설정되어야 함을 잊지 말아야 한다.

④ 식재료 원가가 너무 높지 않도록 메뉴를 디자인하라

아무리 훌륭한 식재료를 사용한다 해도 최고급 음식점이 아니라면 고객은 높은 가격을 지불하려 하지 않는다. 영리한 메뉴 디자인은 동일한 식재료를 다양하게 사용함으로써 규모의 경제를 달성하는 것이다. 예를 들면, 닭고기를 마리 단위로 구매하여 부위별로 나누어 스탁, 샐러드, 메인 요리 등에 활용함으로써 다양한 메뉴를 만드는 경우 부위별로 별도로 구매하는 경우보다 낮은 원가를 시현할 수 있게 된다.

⑤ 콘셉트가 충분히 수익성이 있는지 확인하라

어떤 콘셉트는 외형은 그럴듯하지만 실제 수익성은 매우 떨어지는 경우가 있다. 음식점의 콘셉트는 고객을 만족시켜서 방문을 유도하고 평생고객으로 만드는 데 초점이 맞추어지는 것이 최우선 과제이지만, 더욱 중요한 것은 창업자를 만족시키는 것이 우선과제임을 명심해야 한다. 고객은 만족하지만 지속적으로 수익이 적자를 나타낸다면 무슨 의미가 있겠는가. 콘셉트를 설정할 때는 사업타당성이 반드시 고려되어야 한다.

⑥ 좋은 콘셉트는 지속성 있는 트렌드를 따라가는 것이다

가장 훌륭한 콘셉트는 현재 유행하는 트렌드를 반영해야 한다. 너무 앞서거나 이미 유행이 지난 콘셉트는 피하는 것이 좋다. 최근 유행하는 건강을 추구하는 패스트푸드, 커피의 대중화, 동남아 및 남미의 음식문화는 지속적으로 소비자를 유혹할 것이 확실하다.

특히 주의해야 할 것은 지속적인 트렌드가 유지되지 못하고 한순간의 유행으로 끝나버릴 콘셉트를 구별할 수 있어야 한다. 예를 들면, 한때 유행하다 없어진 찜닭이나 불닭과 같은 콘셉트가 대표적인 유행성 콘셉트이었다.

⑦ 콘셉트는 쉽게 구분할 수 있어야 한다

만약 고객이 음식점의 브랜드를 발음하고 쓰는 데 어려움을 겪는다면 그것은 좋은 콘셉트라고 할 수 없다. 혹시 최신 유행이라고 착각하는 실수를 범하기 쉽다. 브랜드가 외국어라서 고객들이 읽거나 발음하기 어렵고 로고 역시 식별성이 떨어진다면 그것은

피해야 할 콘셉트에 해당된다. 독특하면서도 발음이 쉽고 읽기 편하여 많은 사람의 기억 속에 자리 잡을 수 있는 브랜드와 로고를 만드는 것도 좋은 콘셉트를 위한 필수요소이다.

⑧ 다른 부문에서 영감을 얻어라

음식점의 콘셉트는 여행 중 들렀던 음식점이나 박물관에서 힌트를 얻는 것도 매우 좋은 방법이다. 전국 방방곡곡에는 다양한 메뉴의 신기한 분위기를 갖춘 유명 음식점이 즐비하다. 간혹 TV나 신문 등을 통해 보도되는 대박 음식점은 새로운 콘셉트를 제공하기에 안성맞춤이다. 예를 들면, 대형 불판을 이용해서 삼겹살을 굽는 음식점을 보고 해물찜이나 닭갈비에 응용하여 새로운 콘셉트의 음식점을 만든 경우가 있다. 또한 박물관에서 발견한 신기한 식기류나 분위기를 음식점에 적용하여 차별화된 콘셉트를 만들어내기도 한다.

음식점 콘셉트는 동일한 음식점에서 영감을 얻기도 하지만, 완전히 다른 분류의 점포나 건물 등에서 힌트를 얻는 경우도 많다.

⑨ 콘셉트가 상권과 입지에 적합한지 확인하라

롯데리아 햄버거를 창업하기 위해 해변가의 점포를 얻었다고 가정해 본다. 연인들은 낭만적인 분위기에서 해산물 메뉴를 먹기를 바라는데, 당신은 햄버거와 프렌치프라이를 제공한다고 생각해 본다면, 아마도 즉시 콘셉트를 다시 생각해야겠다는 결론에 도달하게 될 것이다.

⑩ 창업자가 스스로 좋아하는 콘셉트인지 확인하라

음식점 경영자는 자신이 식사를 하고 싶은 음식점 유형을 콘셉트로 정했기 때문에 성공했다는 이야기를 하는 경우가 있다. 경영자가 가장 사랑하는 공간으로서의 음식점이라면 모든 열정과 자본을 그곳에 투자하게 될 것이 틀림없다. 자신이 생각하는 콘셉트가 진정 스스로에게 잘 맞는 것인지 그리고 메뉴에 관한 열정적인 사랑도 있는 것인지를 확인해 보는 것이 좋다.

⑪ 콘셉트의 적절성을 체크하라

- Consumer Insight에 근거하고 있는가?

- 일관성 있고 통합된 콘셉트인가?

- 소비자 입장에서 소비자가 주로 사용하는 언어로 표현되었는가?

- 경쟁우위를 잘 반영하고 있는가?

- 소비자 입장에서 믿을 수 있는 근거가 제시되어 있는가?

- 소비자가 진정으로 원하는 콘셉트인가?

- 소비자가 원하는 혜택을 주는 콘셉트인가?

- 소비자가 짧은 시간 내(20초)에 콘셉트를 읽을 수 있는가?

- 중복된 표현이 없는가?

- 슬로건이나 주장하는 이미지가 있는가?

- 브랜드를 강력하게 부각시키는가?

- 콘셉트를 접한 소비자가 제품을 곧 구매하게 만드는가?

요약

① 콘셉트는 목표고객의 욕구와 입지, 메뉴, 서비스 및 분위기 등이 반영되어야 한다. 독립 음식점과 체인 음식점 모두 성공적인 콘셉트는 존재한다. 어떤 콘셉트는 성공적이었음에도 불구하고 지금은 사용되지 않는다. 콘셉트는 나타났다가 사라지는 것을 반복한다. 음식점의 라이프사이클은 수주에서 수년으로 매우 다양하다. 콘셉트는 목표시장에 집중하면 할수록 성공할 가능성이 더욱더 커진다. 콘셉트는 경제상황과 시장의 변화에 따라서 지속적으로 변화해야만 한다. 음식점의 발전단계는 콘셉트와 운영 간의 많은 단계를 가지고 있는데, 사명선언서의 공통의 목표 달성을 위한 일련의 활동은 음식점의 유지 발전을 도와준다.

② 음식점의 콘셉트는 차별화된 소비자의 욕구를 충족시키기 위한 음식점의 본질이며, 음식점의 수익성을 달성함과 동시에 고객을 만족시키기 위한 아이디어의 집합이다. 콘셉트는 음식점의 차별성을 부각시키기 위한 다차원적인 의도된 설정이다. 경영적 측면에서는 본질적 특성, 차별적 우위성으로 음식점의 특징적 장점이다. 음식점에서 고객이 보고 느끼며, 얻을 수 있는 효익과 같은 요인들의 집합체인 콘셉트는 고객에 대한 점포의 주장(claim)으로 유형적 속성과 무형적 속성들의 집합체이다.

③ 콘셉트의 구성요소는 테마(Theme), 메뉴(Menu)와 메뉴의 수(The number of menu), 고객의 이용목적(Purpose of purchasing), 목표시장(Target market), 상권과 입지(Trading area and location), 분위기(Atmosphere), 서비스 형태(Service style), 가격(Price), 브랜드(Brand), 판매방법, 규모(Size)와 좌석, 영업일수 및 시간, 특징적 내용, 식사시간과 회전율 등으로 구성된다. 이와 같은 구성요소들은 유기적으로 통합된 콘셉트를 형성함으로써 성공적인 외식창업을 가능케 한다.

④ 콘셉트 개발 프로세스는 업종(type of business) 선택, 목표고객 설정, 제공할 서비스 형태(업태, type of service)의 결정, 분위기 창출, 콘셉트 정리의 순서로 이루어지는 것이 일반적이다. 다만 앞서 살펴본 콘셉트를 구성하는 요소들을 가능한 모두 반영하여 문서화하는 작업이 이루어졌을 때, 콘셉트의 개발이 완성될 수 있다.

1 음식점의 콘셉트에 대한 설명 중 적절하지 않은 것은?

① 음식점의 본질이다.

② 고객만족을 달성하기 위한 아이디어의 집합이다.

③ 음식, 서비스, 경험 등으로 구성된다.

④ 음식점에서 고객이 지불하는 비용의 집합이다.

> **해설** 콘셉트는 음식점에서 고객이 보고 느끼면 얻을 수 있는 효익의 집합이다.

2 다음 중 음식점의 콘셉트를 구성하는 요인과 관계가 가장 적은 것은?

① 테마

② 메뉴

③ 종업원

④ 영업일수와 시간

> **해설** 콘셉트를 구성하는 요인은 테마, 메뉴와 메뉴의 수, 이용목적, 목표시장, 상권과 입지, 분위기, 서비스 형태, 가격, 브랜드, 판매방법, 규모와 좌석, 영업일수 및 시간, 특정적 내용, 식사시간과 회전률 등이다.

3 다음 중 유명 서비스 기업의 콘셉트로 보기 어려운 것은?

① 도미노피자: 1시간 안에 당신의 피자를!

② 스타벅스: 하루종일 편안한 공간

③ 월마트: Everyday Low Price

④ 맥도널드: QSC&V

> **해설** 도미노피자의 콘셉트는 '30분 안에 당신의 피자를!'이다.

4 콘셉트를 설정하기 위한 프로세스가 적합하게 나열된 것은?

① 업종선택→목표고객선택→업태선택→분위기창출→콘셉트의 정리

② 목표고객선택→업종선택→업태선택→분위기창출→콘셉트의 정리

③ 업종선택→업태선택→목표고객선택→분위기창출→콘셉트의 정리

④ 업종선택→목표고객선택→분위기창출→업태선택→콘셉트의 정리

> **해설** 음식점의 콘셉트 설정은 일반적으로 '업종선택 → 목표고객선택 →업태선택→분위기창출→콘셉트의 정리' 순으로 이루어지는 것이 적절하다.

5 음식점 콘셉트를 개발하기 위한 과정 중 분위기 창출하기와 관계가 없는 것은?

① 시각

② 청각

③ 촉각

④ 후각

해설 촉각은 콘셉트 개발 과정의 '분위기 창출하기'와 직접적 관련이 없다.

6 콘셉트와 테마에 대한 설명 중 잘못된 것은?

① 콘셉트와 테마는 구분되는 개념이다.

② 콘셉트는 의도된 설정이다.

③ 테마는 분류에 의한 주제이다.

④ 테마가 콘셉트보다 큰 개념이다.

해설 테마는 콘셉트에 포함되는 개념이다.

7 초창기 맥도널드의 콘셉트와 관계가 없는 것은?

① QSC&V

② 퀵 서비스 음식점

③ 가족형 음식점

④ 오래 머무는 음식점

해설 맥도널드는 패스트푸드 음식점으로서 높은 회전율을 요하므로, 고객들의 장기체류를 막기 위하여 노력한다. 하지만 최근에는 패스트푸드 음식점도 카페형을 추구하면서 오래 머물러도 좋은 장소로 만들기 위해 노력하고 있다.

8 콘셉트의 벤치마킹과 지속적 변화가 의미하는 내용과 관계가 없는 것은?

① 콘셉트는 모방을 통한 개선이 불가피하다.

② 단순한 모방은 음식점의 발전을 저해한다.

③ 콘셉트는 한번 설정하면 지속적으로 유지해야 한다.

④ 음식점의 콘셉트는 인간의 유전자인 DNA와 유사한 개념이다.

해설 콘셉트는 한번 설정하면 지속적으로 유지하려는 노력이 필요하다. 다만 외식에 대한 트렌드가 변화함에 따라 기존의 콘셉트가 한계점을 도달하는 경우가 있으므로, 시대적 변화에 따라 적절한 변화를 추구하는 것이 장기적인 생존을 위해 필요하다.

| 정답 | 1 ④ 2 ③ 3 ① 4 ① 5 ③ 6 ④
7 ④ 8 ③

1 국내 외식기업 중 차별화된 콘셉트로 성공한 사례를 조사하여 보시기 바랍니다. 어떤 기업이 어떤 콘셉트를 통해 어떻게 성공하였는지를 제시하여 봅시다.

2 한식점 창업을 고려하고 있다. 차별화된 콘셉트의 한식전문점의 창업을 통해 향후 프랜차이즈 사업까지 확대하려고 한다. 좋은 콘셉트를 개발하기 위한 아이디어를 제시하여 봅시다.

3 기존의 음식점 경영자들을 대상으로 애로사항에 대한 설문조사 결과를 보면 직원채용과 관리의 문제가 가장 큰 문제인 것 같습니다. 과연 어떤 콘셉트의 음식점을 창업하는 것이 이러한 문제를 극복할 수 있는 방법이 될지 제시하여 봅시다.

4 한식의 세계화와 전통주의 세계화를 위해서는 한식점의 발전이 담보되어야 할 것입니다. 기존의 한식점은 타 업종의 음식점에 비하여 콘셉트를 구성하는 모든 부분에 있어서 낙후된 것이 사실입니다. 특히 소규모 한식점의 경우 청결, 서비스, 가격 등 많은 문제점을 안고 있고 이러한 콘셉트의 음식점이 외국에서도 그대로 이어짐으로써 한식의 대외 이미지가 매우 나쁜 경우도 발견하게 됩니다. 한식점의 글로벌화를 위하여 맥도널드와 같은 패스트 푸드 형태의 한식점을 콘셉트를 구상해 봅시다.

5 사례에서 보여준 견본을 참조하여 음식점 "뽕의 전설", "더 프라이팬"의 콘셉트를 정리하고, 해당 음식점의 차별성을 논의하여 봅시다. 음식점이 성공하기 위해 갖추어야 할 콘셉트는 무엇인지 정리하여 봅시다.

6 사례와 연습문제 5번 등을 참조하여 자신이 창업을 고려하고 있는 음식점의 콘셉트를 설정하기 위한 콘셉트 설정 양식을 직접 만들어 봅시다. 이 양식에 창업 예정인 음식점의 콘셉트를 기록하여 봅시다.

4장

브랜드개발과 등록

|

인터넷에서 'ㅇㅇ 맛집'은 소비자가 가장 많이 검색하는 키워드이다. 많은 음식점이 이런 키워드로 열심히 광고와 홍보를 한다. 하지만 이런 노력은 큰 효과를 거두기 어렵다. 단기적으로는 고객이 유입되는 효과를 거두지만 결국은 다른 맛집으로 인하여 글이 대체된다. 인터넷에서 마케팅을 한다면 점포의 '브랜드'가 중심이 되어야 한다.

브랜드개발과 등록

학습내용

1. 브랜드의 개념과 본질
2. 브랜드의 역할과 기능
3. 브랜드 구성요소
4. 브랜드관리
5. 브랜드자산
6. 브랜드등록

학습목표

- 외식업체를 창업하고 경영하기 위하여 브랜드가 갖는 중요성을 이해한다.
- 브랜드의 역사를 통해 브랜드의 개념을 이해한다.
- 외식업체 브랜드의 역할과 기능을 이해한다.
- 브랜드자산, 그 형성에 영향을 미치는 요인과 함께 브랜드자산 관리를 이해한다.
- 브랜드를 등록하는 절차와 방법을 이해한다.

생각열기

BEST CASE 　음식점을 창업하기 위해 동분서주하는 나성공은 최근 수강한 강좌에서 브랜드의 중요성을 인식하게 되었다. 강의 내용을 정리하면 다음과 같다.

　소비자 구매행동에 영향을 미치는 요소에서 '음식의 맛'과 '브랜드' 중 하나를 선택하라면 여러분은 어떤 선택을 하겠는가? 이 질문에 대한 답을 선택하기 전에 다시 추가 질문을 먼저 고려해 보기 바란다.

　첫째, 빵을 구매하려는 귀하가 주로 이용하는 빵집은 어디인가? 그 점포를 선택하는 특별한 이유는 무엇일까?

　둘째, 과자류나 음료수 또는 문구류를 주로 구매하는 곳은 어디인가? 무의식적으로 편의점을 이용하고 있다면 그 이유는 무엇일까?

　브랜드가 곧 마케팅이라고 할 정도로 브랜드의 위상은 계속 커지고 있다. 모든 기업들이 강력한 브랜드 인지도를 만들기 위해 열을 올리고 있다. 고객만족을 위해서 최고의 맛을 추구하고, 서비스 수준을 높이기 위해 최선을 다하는 귀하의 노력은 결국 소비자의 눈높이만 높이고 있는지 모른다. 어쩌면 영원히 만족시킬 수 없는 고객이라면 차라리 습관화시키는 방법을 선택해야 한다. 고객을 습관화시키는 방법은 결국 브랜드이다.

음식점의 현실은 어떠한가?

음식이 맛있고, 서비스가 최고라면 모든 것이 해결될 것이라 믿었던 동네의 음식점이 하나둘 사라져가고 있다. 이제 브랜드 없이는 생존하기 힘든 시대가 되었다. 주변을 돌아보기 바란다. 동네에 그 많던 구멍가게가 다 어디로 갔을까? 세상에서 가장 친절하다고 할 수 있는 아저씨와 아주머니가 지키던 구멍가게는 하나둘씩 사라져 가고 있는 반면, 손님이 와도 크게 반기지 않는 아르바이트생이 지키는 점포의 수는 기하급수적으로 증가하였다.

　아주머니의 손맛을 자랑하던 동네 음식점도 별반 다르지 않는 현실이다. 개인적인 입맛도 맞추어 주시고 양이 적은 듯하면 덤도 주시던 아주머니가 운영하던 분식집은 없어진지 오래이다. 그 자리에는 손님이 오면 쳐다보지도 않고 큰소리로 인사만 하는 이런 저런 업종의 프랜차이즈 점포가 자리를 대신하고 있다.

　콘셉트에 대한 공부를 하면서 브랜드가 얼마나 중요한지를 알게 되었지만, 아직도 자신의 점포에 대한 브랜드를 찾고 등록하는 데 큰 관심을 갖지 않았던 나성공. 지금부터라도 자신의 점포를 고객에게 가장 잘 전달하면서도 상표등록을 거쳐서 보호받을 수 있는 브랜드를 찾겠다고 굳게 다짐한다.

WORST CASE

창업은 신속하게 업종을 결정하고, 빠르게 진행하는 것이 최고라는 생각에 아직도 변함이 없는 박실패. 소규모 음식점은 브랜드(상호)의 상표권 등록이 크게 중요하지 않다는 인식에도 변함이 없다. 물론 상호를 선정하기 위해 많은 고민을 하고 소비자들의 관심을 끌기 위해 다양한 아이디어는 필요하다고 생각한다. 다만 굳이 돈과 시간을 들여서 상호의 독점적 권리를 확보할 필요는 없다는 게 그의 생각이다. 그런데 하루는 상표등록의 중요성을 일깨워 주는 신문기사를 발견하고는 고민에 빠졌다.

서울경제신문(2012. 8. 21)의 "맛으로 소문난 시장골목 통닭집이… 울상. 골목 먹거리 브랜드 '짝퉁앓이'라는 기사"에 따르면, 1970년대 문을 연 뒤 40여 년간 차별화된 맛으로 승부하며 내로라하는 대형 프랜차이즈 업체들 사이에서 건재를 과시해 왔던 광주의 전통시장인 양동시장 입구에 자리한 '양동통닭'이 수년전부터 광주지역 곳곳의 유사상호 점포, '양동통닭'이 계속 생겨나면서 위기에 봉착해 있다고 한다. 유사상호는 '양동매일통닭', '옛날 양동통닭', '양동 두마리시장통닭' 등과 같이 양동이란 지역명칭을 이용하여 100여 곳이 난립한 상황이다.

또 다른 사례로 신문에서는 개점 50년이 넘은 광주 동구 충장로에 위치한 '청원모밀'도 소개하고 있다. 유사 상호를 단 가게가 하나둘 생기더니 아예 똑같은 이름을 내건 가게들마저 곳곳에 생겨나고 있다고 한다.

두 점포는 모두 유사 업체들에 대한 법적인 해결책을 모색하기도 했으나 역부족이었다. 그 이유는 '양동'과 '청원'이라는 명칭은 특정 지역을 나타내는 것이어서 지역이름이 들어간 가게가 들어서는 것을 막을 수 있는 방도가 없기 때문이다. 즉, 고유명사나 지역명칭과 같이 상표등록으로 독점적 권리를 보장받을 수 없는 단어가 문제의 핵심이다.

소규모 음식점의 창업자라도 미래를 위하여 반드시 독점적 권리를 확보할 수 있도록 상표법을 근거로 특허청에 상표를 등록하는 것이 좋다. 종종 상표의 옆에 작게 R 기호나 reg나 TM의 약호를 붙이는 경우를 발견하게 되는데, 이는 상표가 등록되었다는 것을 나타내기 위한 표현이다. 상표등록의 출원은 상표법 제8조에 의거한 선원등록주의(先願登錄主義)이므로 원칙적으로 먼저 출원한 쪽에 등록이 허가된다. 그리고 상표권의 존속기간은 등록일로부터 10년이고, 특별한 위법사항이 없다면 몇 번이고 10년마다 갱신할 수 있다. 상표법 제41조에 따르면, 상표는 다른 모든 상품과 식별할 수 있는 특별한 현저성이 있어야만 하며, 상표권은 등록을 함으로써 발생한다.

여기서 특별한 현저성이 상표의 등록에 많은 제약이 된다. 실제로 특허청이나 기타 상표등록을 대행해 주는 변리사 등을 통해 상표의 등록 가능성을 타진해 보면, 상표등록이 쉽지 않음을 알 수 있게 된다. 이 이유는 사람들이 상상할 수 있는 기발한 상표가 이미 기 등록된 경우가 많고, 고유명사나 보통명사 또는 지명 등이 포함된 상표는 등록이 여의치 않기 때문이다. 그럼에도 불구하고 창업자들의 자신만의 고유한 등록상표를 갖기 위한 노력을 게을리해서는 안 된다.

브랜드의 중요성에 대한 기사를 읽고 고민에 빠진 박실패. 앞으로 어떤 결정을 내리게 될까?

제품이나 상품마케팅 분야에서 주로 언급되며 중요하게 다루어지고 있는 브랜드. 서비스 부문에서도 그 중요성이 날로 증가하고 있다. 소비자들은 상품을 구매하는 경우보다 서비스를 구매할 때 기존의 브랜드를 그대로 유지할 가능성이 높다고 알려져 있다. 그렇다면 외식업체와 같이 유형의 메뉴상품과 무형의 서비스가 혼재되어 있는 경우는 어떨까?

브랜드의 본질적인 목적은 기업의 상품을 다른 기업의 것과 구별하는 데 있다. 브랜드는 상품의 이름, 심벌, 슬로건 등의 요소로 구성되며, 소비자들은 이것을 특정한 기업이나 상품을 구별하는 용도로 활용한다. 제조업체나 유통업체에서는 상품의 브랜드가 가장 중요하지만 서비스가 포함된 외식업체에서는 기업 브랜드가 더 중요하다. 그리고 서비스는 개별 상품처럼 포장하여 전시할 수 없으므로, 브랜드가 구매에 미치는 영향도 큰 차이가 있다. 다만 최근에는 외식업체에서도 기업 브랜드에 더하여 메뉴의 브랜드에 많은 관심을 기울이고 있다.

이제 외식업체의 경우도 작고 크고를 떠나 이미 음식을 구매하는 것뿐만 아니라 브랜드를 구매하는 시대로 접어들었다. 따라서 작은 음식점이라 하더라도 창업초기부터 브랜드의 중요성을 인식하고 체계적으로 접근하는 노력이 필요하다.

1 브랜드의 개념과 본질

1) 브랜드의 개념

과거와 달리 외식업체와 소비자 사이의 거래를 활발하게 만드는 데 작용하는 핵심요소는 강력한 브랜드이다. 강력한 브랜드는 아주 효율적으로 신규고객을 확보하고, 확보된 고객을 장기적으로 유지할 수 있게 만든다. 외식업체가 강력한 브랜드로 인식되면, 고객충성도, 수익성, 가격 프리미엄, 긍정적인 구전, 인재 확보 등 많은 혜택을 얻는다. 특히 강력한 브랜드가 외식업체에게 주는 혜택은 상품 브랜드보다 아웃백, 맥도널드, 롯데리아, 스타벅스 등과 같은 기업브랜드일 경우에 영향력이 더욱 크다. 따라서 외식업체의 브랜드를 어떻게 만들어 등록하고 관리하느냐에 따라 고객확보와 유지가 좌우된다.

브랜드의 정의
상품 및 서비스를 구분하는 데 사용되는 명칭, 기호, 디자인의 총칭

브랜드는 외식업체의 상품과 서비스를 구별하는 데 사용되는 모든 것을 총칭하는 개념이다. 즉, 소리 내어 읽을 수 있는 브랜드네임(Brand Name), 기호 등의 상징이나 디자인으로 표현한 브랜드마크(Brand Mark)가 여기에 포함된다. 브랜드는 '소유'의 개념에서 출발했다. 앵글로 섹슨족이 가축에 소유권을 표기하기 위해 인두로 낙인을 찍은 것이 시초로 알려져 있다. 이후 브랜드는 '소유'보다는 '신용'을 나타내는 개념으로 발전하였으며, 최근에는 무형의 가치를 지닌 '재산'의 개념으로 발전하였다.

점진적으로 개념이 확장되고 있는 브랜드는 소비자에게 어필하는 요소도 청각적 요소와 시각적 요소로 다양하다. 예를 들어, 브랜드 네임은 청각적 요소가 되며, 브랜드 마크(맥도널드)와 워드 마크(던킨 도넛), 브랜드 캐릭터(KFC) 등은 시각적 요소가 된다.

2) 브랜드의 본질

브랜드는 소비자의 고정관념을 이용하여 의사결정을 자동화를 시키려는 목적에서 만들어졌다.

소비자는 구매의사결정을 위하여 다양한 정보를 활용하는데, 소비자가 처리할 수 있는 정보의 양은 매우 제한적이어서 가장 간편하고 효율적으로 정보를 처리하려고 노력한다. 물론 기존의 관념인 고정관념을 이용하여 의사결정을 하는 경우 잘못된 결정을 내릴 수 있는 단점이 있지만, 고정관념을 이용하는 경우 인지적 자원이 절약되고, 또 한편으로는 쉽고 빠른 판단을 할 수 있어서 소비자들이 선호한다.

예를 들어, 아이들은 햄버거라는 말에 맥도널드나 롯데리아를 연상한다. 아이들은 햄버거는 곧 맥도널드, 롯데리아라는 고정관념을 가지게 된 것이다. 고정관념을 이용하면 햄버거에 대하여 세부적으로 살펴보지 않더라도 간단명료하고 이해가 쉬우며, 선택도

편하다는 장점이 있다. 이와 같은 간편성을 인지적 효율성이라 한다. 소비자들은 어떠한 형태로든 상품이나 서비스를 카테고리로 만들고 기억에 저장한 후 필요할 때마다 꺼낸다.

다만 이와 같은 고정관념은 옳을 수도 있고 잘못된 것일 수도 있지만, 이것을 좋고 나쁨의 문제로 따지기보다는 단지 상품이나 서비스의 선택을 좀 더 쉽게 이해하고 실행하기 위한 일종의 인지적 방법으로 이해하면 좋다. 결국 소비자들은 고정관념을 이용하여 최소한의 단초와 정보를 이용하여 짧은 시간에 최소의 노력으로 많은 것을 유추하고 선택한다.

2 브랜드의 역할과 기능

1) 브랜드의 역할

좋은 브랜드는 소비자가 쉽게 기억하고 높은 호감을 느낀다. 외식업체는 이미지가 좋은 브랜드를 만들어서 경쟁력을 높이려고 노력한다. 강력한 브랜드가 만들어지면 브랜드 확장을 통한 성장에도 유리하다. 또한 마케팅비용이 절감되고, 가격 프리미엄을 얻을 수 있어 기업의 이익도 증가한다.

2) 브랜드의 기능

브랜드의 기능은 본원적 기능과 파생적 기능으로 나누어지는데, 구체적인 내용은 다음과 같다.

(1) 본원적 기능

브랜드가 수행하는 본연의 기능은 출처 기능, 구별 기능, 신용 기능, 자산 기능이 있다.

표 4-1 **브랜드의 본원적 기능**

구분	내용
출처 기능	브랜드 소유자의 신분 또는 지역 등을 밝힘으로써 자신의 브랜드임을 표시하는 기능이다. 브랜드의 고유기능이다.
구별 기능	경쟁 브랜드와 구별하는 기능이다. 브랜드의 기능 중 가장 오랜 역사를 가진 기능으로 생산자의 상품구별과 소비자의 구별로 나누어진다.
신용 기능	사용경험을 통해 소비자는 상품과 서비스에 대한 믿음이 생긴다. 브랜드에 대한 신용이 발생한다는 것은 브랜드 충성도가 높아지는 과정이다.
자산 기능	브랜드의 자산 기능은 브랜드를 경제적 척도로 평가하는 재무적 가치로서의 기능을 의미한다. 브랜드 본래의 자산 가치는 평상시 별로 실익이 없어 보인다. 그러나 브랜드만의 양도나 회사의 인수합병 시 브랜드의 자산 가치는 엄청난 효력을 발휘한다.

(2) 파생적 기능

브랜드가 수행하는 파생 기능으로는 인지도 강화 기능, 충성도 강화 기능, 차별화 전략 기능, 표현 전략 기능, 소비자 위상 기능이 있다.

표 4-2 **브랜드의 파생적 기능**

구분	내용
인지도 강화 기능	브랜드의 인지도 강화 기능은 브랜드가 존재함으로써 브랜드의 재인과 회상을 강화시키는 기능이다. 브랜드 인지도는 브랜드 충성도와 깊은 관련이 있지만, 브랜드 인지도는 1차적 인지과정이고 브랜드 충성도는 인지도가 생성된 이후 만들어진다.
충성도 강화 기능	첫 구매 때 만족을 느낀 소비자가 재구매 욕구를 가지게 되는 것을 브랜드 충성도라고 한다. 브랜드는 소비자가 재구매 의사를 갖도록 만드는 기능을 하는데, 브랜드 충성도는 브랜드 인지도를 확장시키는 방향으로 작용하여 시장의 우월적 지위를 가지게 만든다.
차별화 전략 기능	브랜드의 구별 기능, 출처 기능과 유사하지만, 기존에 독점적 위치를 점하고 있는 업체가 있는 경우 후발업체가 단순한 구별 기능만으로 기존의 시장 점유율을 빼앗기는 어렵다. 따라서 단순한 경쟁 기업과의 구별기능을 넘어선 전략적 차원에서의 차별화된 기능을 필요로 한다.

(계속)

구분	내용
표현 전략 기능	표현 전략 기능이란 소비자에게 브랜드가 얼마나 어떻게 노출이 되어 상품에 대한 선명한 기억을 심어주느냐 하는 수단으로서의 기능이다. 광고적 기능이라고도 하며, 소비자 인지도 강화 측면의 기능으로 브랜드 표현의 효율성은 곧 브랜드 충성도와 제품 구매로 연결된다.
소비자 위상 기능	소비자가 유명 브랜드를 선택한다는 이유는 무형의 요소를 표현하는 일종의 사회적 지위 때문이다. 소비자들은 사회적 지위나 명성을 브랜드와 일치시키려고 한다. 최근 경기는 불황인데도 명품판매가 증가하는 현실이 이러한 효과를 보여준다. 과거에는 일부 프리미엄 상품에 한하여 이 기능을 이용하였지만, 최근에는 다양한 상품들이 이러한 전략적 기능을 채택하고 있다.

3 브랜드 구성요소

브랜드는 무형적 요소인 언어적 부분과 유형적 요소인 시각적 부분의 결합으로 구성된다. 그러나 일반적으로 브랜드라고 하면 언어적인 부분인 '브랜드 네임'만을 떠올리게 된다. 물론 브랜드 네임이 브랜드의 중요한 부분을 차지하지만 브랜드는 이름 이외의 다른 요소들도 포함하고 있다. 브랜드를 구성하는 요소로는 브랜드 네임, 슬로건, 로고와 심벌, 캐릭터, 패키지, 청각적 요소, 색깔 등 다양하다. 그 중에서도 브랜드 네임과 심벌은 브랜드 구성요소의 핵심이다. 예를 들면, 맥도날드의 커다랗고 노란 M자 심벌만 보아도 굳이 그 아래 Mcdonald's라고 표기된 브랜드 네임을 읽지 않고 맥도날드임을 알 수 있다. 소비자들은 해당 언어를 잘 모르더라도 로고, 그 중에서도 특히 하나의 형태를 띤 심상(Imagery), 즉 심벌만을 보고도 그 상품과 서비스를 구별할 수 있다.

1) 브랜드 네임

일반적으로 브랜드 네임은 7가지 정도의 범주로 구분할 수 있다. 그것은 구체적으로 인명(personal name), 지명(place name), 창의성(invented scientific name), 신분이나 지위(Status), 좋은 연상(good association), 조어(artificial name), 서술어(descriptive name) 등이다. 또한 이와 같은 브랜드 네임의 범주는 브랜드 네이밍을 위한 기초가 된다.

브랜드 네임은 브랜드의 이름으로 사람이 발음하거나 들을 수 있는 언어, 단어, 문자, 숫자 등이 결합되어 만들어진다. 이러한 브랜드 네임은 브랜드 자산을 형성하기 위한 비중 있는 중요한 요소로서의 위치를 차지하고 있는데, 일반적으로 브랜드 네임은 경쟁사가 쉽게 모방할 수 없는 것으로 상품이나 외식업체를 차별화 할 수 있는 특징을 가지게 된다. 또한 브랜드 네임은 외식업체를 효과적으로 포지셔닝하는 역할을 한다.

그럼 좋은 브랜드가 되기 위해서는 어떤 조건을 갖추어야 할까? 그 조건을 살펴보면 다음과 같다.

첫째, 발음하기 좋고 듣기 좋아야 한다. 보기에 좋아서 시각적으로도 만족도가 높아야 하고 청각적으로도 만족할 수 있어야 한다. 둘째, 기억되기 쉬워야 한다. 셋째, 외식업체의 특성을 잘 전달할 수 있어야 한다. 넷째, 목표고객의 기호와 일치하면서 친근한 느낌을 주어야 한다. 다섯째, 확장성이 좋아야 한다. 예를 들어, 놀부와 같은 브랜드는 한식으로의 확장성이 높기 때문에 다양하게 활용되고 있다. 여섯째, 참신하고 독창적이어야 한다. 일곱째, 유머와 위트가 포함되면 더욱 좋다.

마지막으로 가장 좋은 브랜드가 갖추어야 할 중요한 요소는 법적 보호를 받을 수 있어야 한다는 것이다. 예를 들어, '김밥천국'과 같은 브랜드는 상표등록이 불가능하여 독점적인 권리를 확보할 수 없는 경우에 속한다. 특히 독점적 상표권의 확보가 기업경영의 최우선과제로 대두되면서, 대부분의 한글 및 영문 단어는 상표등록이 이루어져서 브랜드 네이밍은 갈수록 어렵게 될 것이므로 브랜드의 상표등록에 대한 충분한 검토와 노력이 요구된다.

2) 슬로건

브랜드는 고유명사로 자체의 언어적 의미가 없는 경우가 많다. 따라서 외식업체의 경영자는 브랜드가 말하고자 하는 철학, 사상, 정보, 의미 등을 슬로건을 이용하여 전달한다. 즉 슬로건은 브랜드를 설명하고, 구체화하며 빛나게 해주는 역할을 한다. 이와 같이 브랜드를 구조적으로 보완하는 역할을 하는 슬로건이 갖추어야 하는 요건은 다음과 같다.

첫째, 외식업체가 추구하는 목표가 담겨야 한다. 예를 들어, 치킨마루는 '엄마와 아빠의 마음으로 1% 더 맛있고, 2% 더 깨끗하게'란 슬로건을 사용하고 있는데, 외식업체가 추구하는 목표가 담겨진 사례로 볼 수 있다. 둘째, 슬로건을 통해 기업을 연상시킬 수 있어야 한다. 놀부는 '사랑한다면 놀부'라는 슬로건을 통하여 기업을 연상시키려는 노력을 하고 있다. 셋째, 좋은 암시를 주어야 한다. 넷째, 리듬감이 있어서 말하기도, 듣기도 좋아야 한다. 다섯째, 기업이 줄 수 있는 혜택을 알려주어야 한다. 여섯째, 기업의 의지가 담겨 있어야 한다. 위에서 살펴본 치킨마루의 슬로건은 기업의 의지를 표현하는 대표적인 슬로건이 되기도 한다. 일곱째, 공감을 불러와야 한다. 여덟째, 외식업체의 특성을 표현해야 한다. 예를 들어, 원할머니보쌈으로 유명한 원앤원 주식회사는 '가족을 만나러 가는 길'이라는 슬로건을 통하여 가족고객에게 적합한 메뉴상품임을 전달하고 있다. 아홉째, 참신하고 독창적이어야 한다. 그리고 마지막으로 브랜드의 철학, 메시지를 담고 있어야 한다.

3) 브랜드마크

로고타입(logo type)의 약자는 로고(logo)로 쓰이기도 하는데, 구조상 워드마크와 심벌마크로 구분되며 각각 또는 조합하여 쓰인다. 이를 특허청에 출원등록하면 상표(商標)라고 한다. 브랜드마크의 구조를 세분하여 나타내면 〈표 4-3〉과 같다.

비즈하우스에서 제공하는 브랜드 디자인의 다양한 형태별로 개발하는 사례는 〈표 4-4〉와 같다. 다만 브랜드마크를 개발할 때는 상표등록이 가능한지 여부에 대한 사전 검토가 필요하다.

표 4-3 **브랜드마크의 구조**

분류	구분	내용
형태	워드마크	로고타입 심벌마크
	심벌마크	시각적 이미지로 함축하여 표현된 마크
상업 상표	상표(트레이드마크)	상품을 상징화한 것, 기업의 상징
	서비스표	서비스업 상징화
기업	코퍼레이트 마크	기업의 정식 명칭을 시각화
	코퍼레이트브랜드마크	회사 명칭과 다른 별도의 상품브랜드 이름
청각	징거	짧고 차별적인 청각적 상징

표 4-4 **브랜드마크의 형태별 사례**

워드마크	심벌마크	브랜드마크

자료 : 비즈하우스(http://www.bizhows.com)

4 브랜드관리

브랜드는 기업의 소중한 자산이다. 미국의 유명한 담배회사인 필립 모리스는 크래프트라는 식품회사를 인수하면서 장부가의 4배가 넘는 129억 불을 지불한 바 있다. 이들은 기업이 아닌 브랜드를 구매한 것이다. 이처럼 강력한 브랜드는 기업의 모든 것을 대변한다. 강력한 브랜드는 소비자의 구매 결정에 상당한 영향력을 미치게 되고, 이에 따라 기업의 입장에서는 단순한 시장 점유율 향상뿐만 아니라 고객의 평생생애가치(life time value)의 점유율까지도 상승하게 된다. 궁극적으로 기업은 강력한 브랜드로 인해 고객의 유지율이 높아지고, 고객을 획득하기 위한 비용이 줄어든다.

　최근 브랜드 관리의 핵심은 확장과 집중으로 양분되고 있다. 단기적인 수익확대를 노리는 기업은 브랜드 확장을 선호하게 되고, 장기적으로 브랜드 자체의 힘을 축적하려는 기업은 브랜드 집중을 선택한다. 여기서 전자에 언급된 브랜드 확장은 두 가지 의미로 해석할 수 있다. 하나는 동일브랜드의 적용범위를 확장하는 것이고, 다른 하나는 신규 브랜드를 추가해 나가는 브랜드 확장이다. 예를 들면, 놀부가 '놀부 부대찌개', '놀부 항아리 갈비' 등으로 확장하는 것은 전자에 해당되며, 원앤원이 '원할머니 보쌈', '박가네 부대찌개'로 확장하는 것은 후자에 해당된다.

　발전해 나가는 외식업체는 장기적으로 동일 브랜드나 신규 브랜드를 통한 브랜드 확장을 통해 이익을 증가시켜야 하는 상황에 다다르게 된다. 특정 외식업종의 카테고리를 석권하였거나 시장이 포화상태가 되어 수익이 정체상태에 이르면 결국 다른 부문으로 진출해야 하기 때문이다. 또한 소비자의 브랜드 충성도를 활용한 신속한 시장 진입이 필요할 때도 브랜드 확장은 매우 효과적인 전략이 된다. 기존 브랜드에 대한 인지도와 충성도를 활용해 저렴한 비용으로 신속하게 시장에 진입하는 것이 가능하기 때문이다. 그렇다면 이와 같은 브랜드 확장은 어떻게 이루어지는 것이 합리적인지 살펴본다.

　첫째, 브랜드 확장은 브랜드 성숙기에 이루어지는 것이 좋다. 브랜드 생성기나 쇠퇴기 또는 브랜드가 너무 강력해서 외식업종 전체를 대표하는 카테고리가 브랜드화된 경우는 브랜드 확장이 곤란해진다. 예를 들어, 국내의 대표적인 피자업체로 성장하여 피자의 카테고리 브랜드화가 이루어졌다고 판단되는 브랜드가 파스타를 중심으로 브랜드 확장을 시도하는 경우 오히려 긍정적인 요소보다는 부정적인 요소가 커질 수 있다.

　둘째, 브랜드 확장 전에 브랜드 인지도와 충성도를 체크하는 게 좋다. 브랜드 인지도와 충성도가 높지 않거나 부정적인 브랜드를 확장하는 것은 실패를 자초하기 때문이다. 셋째, 브랜드 확장 분야가 브랜드와 연관성이 있는지 확인해야 한다. 예를 들어, 놀부가 '아시향'과 같은 '커리&쌀국수 전문점'으로 브랜드를 확장하는 것은 기존 브랜드와의 유사성, 적합성, 핵심역량에 반할 수 있어서 매우 신중해야 하는 브랜드 전략이다.

기존 브랜드의 속성 및 콘셉트와 전혀 다른 분야로 브랜드 확장을 시도하는 경우, 성공은 고사하고 자칫 기존 브랜드에까지 나쁜 영향을 미칠 수 있다.

마지막으로 브랜드 네임의 확장성을 고려해야 한다. 확장성을 고려하는 단계는 네이밍 단계부터 고려해야 한다. 해당 브랜드를 장기적으로 확장시킬 것인지 아니면 고정적으로 집중할 것인지를 충분히 고려한 네이밍이 필요하다는 의미이다. 예를 들어, '제일제당'은 브랜드 자체에 설탕이라는 의미가 강해서 다른 사업영역으로 확대하는 데 어려움이 있을 것으로 판단되어, 2002년 기업 브랜드를 CJ로 변경함으로써 현재는 종합식품업, 제약업, 금융업, 홈쇼핑, 엔터테인먼트, 미디어 분야까지 성공적으로 확대하였다.

브랜드 확장은 성공하면 확장 브랜드는 물론이고 기존 브랜드까지 강화되지만, 실패하는 경우 기존 브랜드에도 나쁜 영향을 줄 수 있다. 따라서 브랜드 확장은 매우 신중해야 한다. 예를 들어, 주식회사 놀부의 경우 확장 브랜드의 성공과 실패의 반복에도 불구하고 기존 브랜드에는 큰 타격이 없는 것을 살펴볼 수 있다. 이것은 국내 외식메뉴의 라이프사이클이 트렌드에 따라 쉽게 변화하기 때문인 것으로 보인다. 즉, 확장 브랜드가 단기간에 성공에서 실패로 끝나더라도 신규 확장 브랜드가 새롭게 등장하여 성공함으로써 기존의 브랜드에는 나쁜 영향을 미치지 않는 것이다. '놀부 솥뚜껑 삼겹살'이 단기간의 호황을 접고 쇠퇴기를 맞이했지만, '놀부 항아리 갈비'가 이를 대체함으로써 기존 브랜드는 타격을 받지 않았다.

5 브랜드자산

1) 브랜드자산의 개념

브랜드자산(Brand Equity)의 개념은 1980년대에 등장하여 학술적 연구뿐만 아니라 실무에서도 큰 관심을 받고 있으며, 1990년대의 마케팅 관리 활동에서 가장 중요한 분야

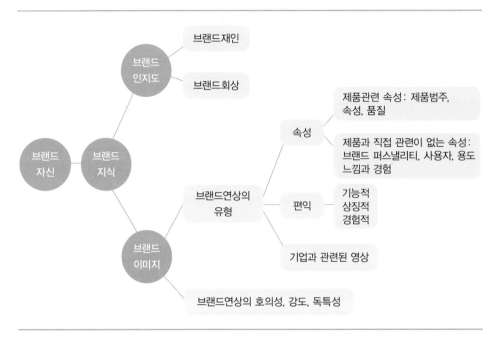

그림 4-1 **소비자 관점에서 본 브랜드자산의 구성요소**
자료 : 김동훈·안광호·유창조(2003). 촉진관리

중의 하나로 대두되었다. 이와 같이 브랜드자산은 다양하게 정의될 수 있지만, '특정 브랜드를 소유함으로써 얻게 되는 바람직한 마케팅 효과'라고 표현할 수 있다. 여기에서 마케팅 효과란 높은 시장점유율이나 고객충성도 등을 말한다. 이와 같은 브랜드자산은 소비자, 투자자, 생산자 등에서 다양한 형태로 발생할 수 있지만, 궁극적으로 이 모든 브랜드자산의 가치는 소비자에게 브랜드자산이 어떤 가치를 갖는다고 인식될 때 발생하는 것으로, 소비자가 브랜드를 어떻게 지각하고 브랜드의 지각된 가치가 소비자의 구매행동에 어떻게 영향을 주는 것인지에 대하여 이해하는 것이 차별적 경쟁우위를 갖는 브랜드자산 구축에 가장 필요하다고 할 수 있다.

소비자 입장에서 바라본 브랜드자산이란, 소비자가 기억 속에 형성한 브랜드 지식을 토대로 그 브랜드의 마케팅활동에 대해 경쟁브랜드와 차별적으로 반응하게 되는 경우를 말한다. 예를 들어, 햄버거를 구매하려는 소비자가 길거리에서 판매되는 브랜드가 없는 햄버거에 비하여 맥도널드나 롯데리아 햄버거에 더 호의적으로 반응하는 것은 긍정적인 브랜드자산으로 인한 결과로 볼 수 있다. 이와 같은 소비자의 차별적인 반응은 기억 속에 가지고 있는 지식으로부터 영향을 받는 것이므로, 결과적으로 브랜드자산은 소비자의 인식 속에 형성되어 있는 브랜드지식에 의해 결정된다. 따라서 레스토랑의 마케터는 소비자의 인식 또는 기억 속에 브랜드지식이 어떤 형태로 저장되어 있는지를 파악할 필요가 있다.

브랜드자산은 소비자의 기억 속에 호의적인 브랜드지식으로 저장되어 있을 때 발생한다. 브랜드지식은 브랜드인지도와 브랜드이미지로 구성된다. 그러므로 소비자가 브랜드에 친숙하여 인지도가 높고, 브랜드이미지 역시 호의적 또는 긍정적인 인식을 가지게 되면 해당 브랜드는 높은 자산적 가치를 얻게 된다. 긍정적인 브랜드 이미지는 소비자의 기억 속에 호의적이고 강력하면서 차별화된 브랜드연상을 가지고 있을 때 형성된다. 결과적으로 브랜드자산은 높은 브랜드인지도와 호의적이고 강력하면서 독특한 연상으로 만들어진다.

2) 브랜드자산 구성 요소

앞서 살펴본 바와 같이 소비자관점에서 본 브랜드자산은 브랜드지식에 의해 구축되고, 브랜드지식은 브랜드인지도와 브랜드이미지에 의해 형성된다. 다음으로 브랜드지식의 2차원인 브랜드인지도와 브랜드이미지에 대한 개념을 설명하기로 한다.

(1) 브랜드인지도(brand awareness)

일반적으로 소비자들이 처음 접한 브랜드를 구매하는 경우는 매우 드문 일이다. 따라서 외식기업은 브랜드자산을 형성하기 위해 우선적으로 소비자들에게 자사브랜드를 충분히 인지시키려고 노력한다. 그 이유는 소비자들이 브랜드를 선택할 때, 친숙한 브랜드를 우선적으로 고려할 가능성이 높기 때문이다. 특히 생리적 욕구의 해결을 위한 식사와 같이 관여도가 낮은 선택의 경우에는 단지 특정의 브랜드에 친숙하기 때문에 그 브랜드를 선택하는 경향이 있어서 브랜드인지도만으로도 호의적인 소비자반응을 발생시킬 수 있다. 예를 들면, 간단한 점심식사나 햄버거, 커피, 베이커리 선택 시 이런 현상을 쉽게 발견할 수 있다.

브랜드인지도란 '소비자가 제품범주에 속한 특정 브랜드를 알아보거나 그 브랜드명을 쉽게 떠올릴 수 있는 능력'을 말한다. 오늘 저녁에 가족들과 외식을 할 예정이라고 가정해 보자. 메뉴를 보쌈으로 결정했다면 아마도 원할머니보쌈이나 놀부보쌈이 떠오를 것이다. 왜냐하면 보쌈에서는 두 개의 브랜드가 선도브랜드이기 때문이다. 그러나 장충보쌈이나 개성할머니보쌈은 떠오르지 않을 수 있는데, 이러한 브랜드는 덜 알려져 있거나 구매한 경험이 없기 때문일 것이다. 따라서 이러한 브랜드는 원할머니보쌈이나 놀부보쌈에 비하여 적은 브랜드자산이 가지고 있다고 말할 수 있다.

브랜드인지도는 브랜드재인(brand recognition)과 브랜드회상(brand recall)으로 구성된다. 브랜드재인은 소비자에게 어떤 브랜드를 단서로 제시했을 때 과거에 그 브랜드에 노출된 적이 있는지를 확인할 수 있는 능력을 말한다. 즉, 브랜드재인은 특정 브랜드를 접한 소비자가 과거에 그 브랜드를 보거나 들은 적이 있다고 정확히 판별할 수 있을 때 발생한다. 예를 들어, 강남역 주변을 서성이다 특정 브랜드의 레스토랑 간판을 보고 신문이나 TV, 라디오 광고에서 보거나 들은 적이 있다고 인지하는 경우를 의미한다.

브랜드회상은 브랜드재인에 비하여 더 깊은 수준에서 일어나는 브랜드인지도 요소이다. 이는 소비자에게 한 제품범주 혹은 특정의 구매상황을 단서로 제시했을 때, 특정 브랜드를 기억 속에서 끄집어 낼 수 있는 능력을 말한다. 예를 들어, 햄버거를 먹고 싶다면 롯데리아나 맥도널드가, 부대찌개를 먹고 싶다면 놀부를 회상하는 것은 그 브랜드를 기억으로부터 끄집어 낼 수 있는 능력에 달려 있다. 효과적이고 일관성 있는 마케팅커뮤니케이션 노력을 기울여 온 유명브랜드들은 소비자들이 쉽게 그 브랜드를 회상할 수 있다.

일반적으로 특정의 브랜드를 알아보는, 즉 재인하는 것이 기억으로부터 그 브랜드를 회상하는 경우에 비해 더 쉽다. 브랜드재인과 브랜드회상의 상대적 중요도는 소비자가 브랜드를 보면서 제품구매결정을 내리는지 아니면 브랜드는 볼 수 없는 상황에서 제품구매결정을 내리는지에 따라서 달라진다. 예를 들어, 레스토랑이 밀집한 상권에서 어떤 음식을 먹을지 결정하는 상황에서는 브랜드재인이 보다 더 중요할 것이다. 하지만 외식이나 회식을 위해 어떤 레스토랑으로 갈지를 상의하는 상황에서는 브랜드회상이 더 중요하다.

브랜드인지도의 창출은 반복노출을 통해 브랜드의 친숙성을 높임으로써 결과적으로 브랜드재인을 높이거나 해당 제품범주나 적절한 구매상황과 자사 브랜드 간의 강력한 연상관계를 형성함으로써, 즉 브랜드회상을 높임으로써 이루어진다. 일반적으로 소비자는 특정 브랜드를 자주 보거나, 듣거나, 그 브랜드에 대해 생각하는 등의 관련된 경험이 축적될수록 브랜드를 기억 속에 저장시킬 가능성이 높아진다. 따라서 기업은 광고, 홍보, 이벤트, 다양한 판촉 등을 통하여 브랜드명, 심벌, 로고, 패키징, 슬로건 등과 같은 브랜드 구성요소들을 반복적으로 노출시킴으로써 브랜드재인과 브랜드회상을 높여야 한다. 특히 제품범주와 자사브랜드 간의 연관성을 높이는 노력은 브랜드회상을 증가시키는 데 필수적이다. 예를 들어, 아웃백은 패밀리 레스토랑임을 강조하기보다는 스테이크하우스를 강조함으로써 스테이크라는 제품범주와 강하게 연계시킴으로써 소비자의 마음속에 스테이크 하면 아웃백을 먼저 떠올리게 하는 데 성공하였다.

(2) 브랜드이미지(brand image)

브랜드자산의 구축에 있어서 브랜드인지도를 높이는 과정은 가장 우선되어야 하는 단계임에 틀림없다. 하지만 보다 더 강력한 브랜드자산의 구축을 위해서는 긍정적인 브랜드이미지의 형성도 함께 이루어져야 한다. 브랜드이미지는 '브랜드에 대한 전반적인 인상'으로 정의되는데, 이는 소비자의 기억 속에 저장되어 있는 다양한 연상들의 결합으로 만들어진다. 호의적이고 강력하며 독특한 브랜드연상은 브랜드자산의 구축에 중요한 역할을 하는데, 특히 특별한 목적을 위한 고가격의 레스토랑을 선택하는 상황과 같이 고관여제품의 구매의사결정 시에 더욱 영향력이 커지게 된다.

브랜드연상은 브랜드와 관련하여 소비자가 갖는 다양한 생각을 의미한다. 예를 들면, 소비자들이 아웃백을 생각할 때, 호주와 캥거루, 부메랑, 스테이크 등을 떠올리게 되는데 이와 같은 브랜드연상은 연상의 유형, 연상의 호의성, 연상의 강도, 연상의 독특성이라는 4가지 측면에서 살펴볼 수 있다. 그리고 소비자의 기억 속에 저장되는 브랜드연상은 제품의 속성, 제품이 주는 편익, 레스토랑과 관련된 연상으로 구분된다.

　제품속성에 의한 브랜드연상은 제품과 관련된 속성과 제품과 직접적인 관련이 없는 속성으로 나눌 수 있고, 다시 제품과 관련된 속성은 제품범주, 제품속성 그리고 품질을 포함한다. 제품과 직접 관련이 없는 속성은 브랜드성향, 사용자, 제품의 용도, 느낌과 경험이 포함된다. 이러한 내용을 좀 더 구체적으로 살펴보면 다음과 같다.

　첫째, 제품과 관련된 속성 중 기업이 가장 먼저 고려할 수 있는 유형은 바로 제품범주에 대한 연상이다. 자사의 브랜드가 제품범주와 밀접하게 연관될 수 있다면, 이는 바람직한 브랜드 정체성(Identity) 형성에 긍정적인 영향을 미칠 것이다. 예를 들어, 소비자들은 도넛 하면 던킨도너츠가, 아이스크림 하면 베스킨라빈스31이 가장 먼저 떠오를 수 있는데, 이는 브랜드가 제품범주에 밀접하게 연관되어 있다는 증거이며, 이는 브랜드 자산 구축에 강력한 기반이 된다. 특정브랜드와 제품범주 간의 연관관계가 강하다는 것은 소비자에게 제품의 범주가 주어질 때 해당 브랜드가 가장 먼저 회상됨을 의미한다. 다만 특정 브랜드와 제품범주 간의 강한 연상관계는 해당 제품 시장 내에서 지속적인 경쟁우위의 기반이 되지만, 너무 광범위하게 확장시킬 때는 오히려 강했던 연상관계를 약화시키는 원인이 되기도 한다.

　둘째, 기업이 브랜드자산형성을 위해 가장 흔히 사용하는 브랜드연상의 유형은 자사 브랜드를 제품속성과 연계시키는 것이다. 제품의 속성이란 소비자가 바라는 제품기능을 수행하는 데 필요한 제품의 구성요소들이다. 예를 들어, 최근 식재료에 대한 원산지 표시제가 확대되면서 고기구이전문점들이 소고기의 원산지가 '국내산 한우'임을 강조하는 마케팅커뮤니케이션 전략을 강화하고 있다. 다만 레스토랑의 경우, 제품이 유형적인 메뉴상품과 무형적인 서비스가 혼합되어 있는 특수한 형태를 취하고 있어서 제품의 속성을 브랜드연상에 활용하는 데 한계가 있는 것이 현실이다.

　셋째, 소비자들은 횡성한우를 일반 한우보다 고품질이라고 연상하며, 가격도 경쟁브랜드보다 상대적으로 비싸다. 실제 조사에 따르면 횡성한우는 산지에서 일반 한우보다 마리당 65만 원 정도 비싸게 판매되며, 레스토랑에서는 다른 지역의 쇠고기보다 kg당

2만 원 가량 비싸게 팔린다. 이와 같이 소비자들이 특정 브랜드에 대하여 지각하는 품질과 가격은 브랜드연상에 있어서 매우 중요한 차원의 하나이다. 여기서 지각된 품질이란 '소비자들이 특정 브랜드의 전반적인 성능에 대하여 갖게 되는 생각'을 의미한다. 소비자들은 국내산 한우가 호주산이나 미국산 소고기에 비하여 품질이 더 우수하다고 생각한다. 삼겹살과 닭고기를 비롯한 농·수축산물은 대부분 이와 같은 품질인식하에서 높은 선호도와 높은 가격을 유지하게 만드는 역할을 한다. 레스토랑은 품질과 관련된 브랜드연상을 개발할 때 최고급, 고급, 경제적인 레스토랑 중 어느 것을 자사브랜드의 포지션으로 할 지를 결정함과 동시에 선택된 품질수준에 적당한 메뉴가격도 고려해야 한다.

넷째, 기업은 브랜드자산의 구축에 있어서 제품과 직접적인 관련이 없는 속성에 대한 연상을 목표고객의 마음속에 심어주려고 노력한다. 그 중 대표적인 것이 브랜드 성향(personality)에 대한 연상이다. 브랜드 성향은 특정 브랜드를 인간으로 표현했을 때 그 브랜드와 관련된 인간적인 특성들로 정의될 수 있다. 예를 들어, 피자헛에 이어 피자업계의 2위 브랜드였던 미스터피자는 문근영을 모델로 내세워 여성들을 위한 피자로 포지셔닝함으로써 업계 1위로 등극하는 괄목할 만한 성과를 이루었다.

다섯째, 또 다른 브랜드연상전략의 하나는 브랜드를 제품사용자와 연계시키는 것이다. 예를 들어 저지방 우유하면 피겨요정 김연아가, 맥심커피하면 배우 안성기가 떠오른다. 기업은 어떤 제품사용자를 자사브랜드의 모델로 이용해야 소비자들이 신뢰할지 고민하게 된다. 일반적으로 소비자들은 특정 브랜드의 모델로 이용된 제품사용자가 일반인이든 유명인이든 상관없이 전문지식을 가지고 있을 때 호감을 주며, 자신들과 유사하여 친숙함을 느낄 때, 신뢰성이 높은 것으로 인식한다.

이외에도 앞서 설명한 제품용도, 느낌과 경험에 대한 연상, 편익과 관련된 연상, 기업과 관련된 연상 등도 브랜드이미지를 통하여 브랜드자산 구축에 영향을 미칠 수 있다.

> **Aaker의 브랜드자산 구성 요소**
>
> 브랜드자산의 개념이 이론적으로 정립된 것은 Aaker가 'Managing Brand Equity(1991)'에서 브랜드의 자산적 개념을 언급한 이후라고 할 수 있다. Aaker는 브랜드 자산이란 브랜드의 이름과 상징에 관련된 자산과 부채의 총체이며, 브랜드 자산은 상품이나 서비스가 기업과 그 기업의 고객에게 제공하는 가치를 증가 또는 감소시키는 역할을 한다고 정의하였다. 그는 소비자 중심적인 동시에 마케팅 관리적인 시각에서 브랜드 자산의 근간을 이루는 브랜드의 자산과 부채는 (1) 브랜드 충성도, (2) 브랜드 인지도, (3) 지각된 품질, (4) 브랜드 연상 이미지, (5) 기타 독점적인 브랜드자산으로 구성된다고 보았다.

6 브랜드등록

1) 상표출원 개요

브랜드를 법적으로 보호받기 위해서는 상표출원을 통하여 가능하다. 상표란 자타상품을 식별하기 위해 사용하는 일체의 감각적인 표현수단을 의미하지만, 이런 서표를 모두 보호하는 것은 법적으로 어렵기 때문에 상표법에서는 보호가 가능한 상표의 구성요소를 제한하고 있다. 다만 2007년 7월 1일부터 상표권의 보호대상을 확대하여 색채 또는 색채의 조합만으로 된 상표, 홀로그램 상표, 동작 상표 및 그 밖에 시각적으로 인식할 수 있는 모든 유형의 상표를 상표법으로 보호할 수 있게 되었다.

그럼에도 불구하고, 상표법상 상표란 여전히 시각을 통하여 인식될 수 있는 것으로 국한되며 시각을 통하여 인식할 수 없는 소리, 냄새, 맛 등과 같이 청각, 후각, 미각으로 지각할 수 있는 서표는 현실적으로 상품 등의 식별표지로서 사용하고 있더라도 상표법 상의 상표로는 보호받을 수 없다.

2) 상표출원 및 등록 절차

상표출원과 상표등록은 구분되어야 한다. 상표출원을 하여 특허청에 등록여부를 심사 요청하면 1년 정도의 특허심사기간을 거쳐 상표등록 여부를 결정하게 된다. 상표출원은 변리사를 통한 위탁출원과 본인이 직접 서류절차를 처리하는 직접출원이 있다. 상

그림 4-2 **상표출원 및 등록 절차**

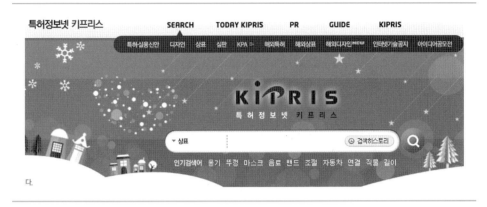

그림 4-3 특허청 상표검색 홈페이지
자료: 특허청 홈페이지

표를 출원하여 등록하기까지의 단계는 '상표검색, 상표출원, 심사, 상표등록'의 순으로 이루어진다.

(1) 상표검색

상표검색은 인터넷으로 검색할 수 있다. 먼저 특허청 홈페이지(www.kipris.or.kr)에 접속한 후, 특허정보검색서비스에서 원하는 상표를 검색한다.

상표검색을 통하여 상표의 등록 유무 등을 확인할 수 있다. 세부적인 상표검색 서비스 이용방법은 〈그림 4-4〉와 같이 특허청에서 제공하는 동영상을 통해 익힐 수 있다.

상표검색을 본인이 직접 하면 상표를 선정하는 데 도움이 되지만, 향후 출원절차를 변리사에게 의뢰할 예정이라면 상표검색도 직접 변리사에게 의뢰하고 상담을 통해 확인하는 것이 훨씬 효율적이다. 향후 상표를 출원하기 위해서는 등록 가능성이 높은 상표를 찾아야 하고, 이러한 작업은 매우 전문적인 지식이 필요하기 때문이다.

(2) 상표출원

상표검색이 완료되어 본인이 관심을 가지고 있는 상표의 등록 가능성이 높다고 판단되면 출원절차를 밟게 된다. 상표출원이란 특허청에 관련서류를 작성하여 제출하는 행위

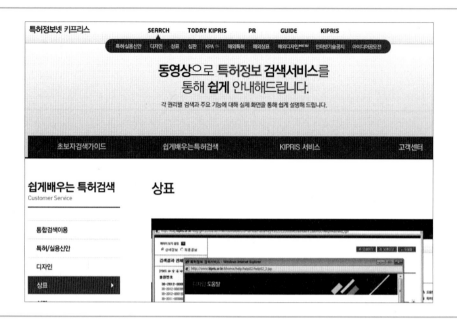

그림 4-4 **특허청 상표검색 안내 동영상 페이지**

자료: 특허청 홈페이지

를 의미한다. 상표출원은 본인이 직접 하는 경우도 있지만 등록가능성을 높이기 위해서는 변리사에게 출원을 의뢰하는 게 좋다. 상표출원을 대행해 줄 변리사는 주변의 추천을 받거나, 〈그림 4-5〉와 같이 포털사이트에서 검색을 통해 가격과 서비스 수준을 고려해서 선정한다. 다만 금액만 싸다고 좋은 것이 아니라 실질적으로 등록이 가능한 상표를 선정하고 향후 상표등록이 거절되었을 때 대처하는 서비스 수준에 대한 점검이 매우 중요하다.

(3) 심사

출원된 상표와 관련하여 작성 서식, 등록 가능여부에 대하여 특허청에서 심사를 하게 된다. 심사는 일반심사와 우선심사로 나누어지는데, 일반심사의 경우 심사 결과를 알 수 있는 기간이 약 8~11개월 정도이다. 다만 중간에 의견제출통지서가 발송되는 경우 기간이 더 소요될 수 있다. 우선심사는 카탈로그, 홈페이지, 제품 샘플 등이 구축되어 있

그림 4-5 **네이버에서 상표출원 키워드로 검색한 결과**

자료 : 네이버

는 경우 청구가 가능하고, 심사기간은 약 3~4개월 정도면 등록여부를 확인할 수 있다.

상표심사는 특허법에 적용 받으며 심사의 기준이 모호한 부분이 있는 경우에는 심사관에 따라서 심사견해가 다를 수 있다. 하지만 특허법 중 명백한 적용기준을 알아두면 상표등록 가능성을 높일 수 있다.

(4) 상표등록

상표심사가 완료되어 상표등록이 가능하면 특허청에서 출원공고가 이루어진다. 공고후 약 2~3개월 후에 등록결정이 되면 등록료를 납부하면 된다. 등록된 상표는 지적 재산권의 배타적 권리를 10년간 행사할 수 있다.

요약

① 브랜드는 상품 및 서비스를 구분하는 데 사용되는 명칭, 기호, 디자인의 총칭이다. 따라서 브랜드는 소비자가 구매의사결정을 편하게 하도록 돕는다. 소비자들은 정보처리의 어려움을 보완할 목적으로 브랜드라는 고정관념을 이용한다.

② 좋은 브랜드는 소비자가 쉽게 기억하고 높은 호감을 느낀다. 브랜드의 기능은 본원적 기능과 파생적 기능으로 나누어지는데, 본원적 기능은 출처 기능, 구별 기능, 신용 기능, 자산 기능이 있다. 파생 기능으로는 인지도 강화 기능, 충성도 강화 기능, 차별화 전략 기능, 표현 전략 기능, 소비자 위상 기능이 있다.

③ 브랜드는 무형적인 요소인 언어적인 부분과 유형적인 요소인 시각적인 부분의 결합으로 구성된다. 그러나 일반적으로 브랜드라고 하면 언어적인 부분인 '브랜드네임'만을 떠올리게 된다. 물론 브랜드네임이 브랜드의 중요한 부분을 차지하지만 브랜드는 이름 이외의 다른 요소들도 포함하고 있다. 브랜드를 구성하는 요소로는 브랜드네임, 슬로건, 로고와 심벌, 캐릭터, 패키지, 청각적 요소, 색깔 등 다양하다.

④ 브랜드는 기업의 소중한 자산이다. 강력한 브랜드는 기업의 모든 것을 대변한다. 강력한 브랜드는 소비자의 구매 결정에 상당한 영향력을 미치게 되고 이에 따라, 기업의 입장에서는 단순한 시장 점유율 향상뿐만 아니라 고객의 평생생애가치(life time value)의 점유율까지도 상승하게 된다. 궁극적으로 기업은 강력한 브랜드로 인해 고객의 유지율이 높아지고, 고객을 획득하기 위한 비용이 줄어든다. 최근 브랜드 관리의 핵심은 확장과 집중으로 양분되고 있다. 단기적인 수익확대를 노리는 기업은 브랜드 확장을 선호하게 되고, 장기적으로 브랜드 자체의 힘을 축적하려는 기업은 브랜드 집중을 선택한다.

⑤ 브랜드자산은 소비자의 기억 속에 호의적인 브랜드지식으로 저장되어 있을 때 발생한다. 브랜드지식은 브랜드인지도와 브랜드이미지로 구성된다. 그러므로 소비자가 브랜드에 친숙하여 인지도가 높고, 브랜드이미지 역시 호의적 또는 긍정적인 인식을 가지게 되면 해당 브랜드는 높은 자산적 가치를 얻게 된다. 긍정적인 브랜드 이미지는 소비자의 기억 속에 호의적이고 강력하면서 차별화된 브랜드연상을 가지고 있을 때 형성된다. 결과적으로 브랜드자산은 높은 브랜드인지도와 호의적이고 강력하면서 독특한 연상으로 만들어진다.

⑥ 상표출원과 상표등록은 구분되어야 한다. 상표출원을 하여 특허청에 등록여부를 심사요청하면 1년 정도의 특허심사기간을 거쳐 상표등록 여부를 결정하게 된다. 상표출원은 변리사를 통한 위탁출원과 본인이 직접 서류절차를 처리하는 직접출원이 있다. 상표를 출원하여 등록하기까지의 단계는 '상품검색, 상품출원, 심사, 상표등록'의 순으로 이루어진다.

1 **다음 중 브랜드의 개념에 대한 설명 중 적절하지 않은 것은?**

① 외식업체와 소비자 사이의 거래를 활발하게 만드는 데 작용하는 핵심 요소는 강력한 브랜드이다.

② 강력한 브랜드는 아주 효율적으로 신규고객을 확보하고, 확보된 고객을 장기적으로 유지할 수 있게 만든다.

③ 브랜드는 외식업체의 상품과 서비스를 구별하는 데 사용되는 모든 것을 총칭하는 개념이다.

④ 브랜드네임은 시각적 요소가 되며, 브랜드마크(맥도널드)와 워드마크(던킨도너츠), 브랜드 캐릭터(KFC) 등은 청각적 요소가 된다.

해설 브랜드네임은 청각적 요소가 되며, 브랜드마크(맥도널드)와 워드마크(던킨도너츠), 브랜드 캐릭터(KFC) 등은 시각적 요소가 된다.

2 **브랜드네임에 대한 설명으로 적절하지 않은 것은?**

① 일반적으로 브랜드네임은 7가지 정도의 범주로 구분할 수 있다. 그것은 구체적으로 인명(personal name), 지명(place name), 창의성(invented scientific name), 신분이나 지위(status), 좋은 연상(good association), 조어(artificial name), 서술어(descriptive name) 등이다

② 브랜드네임은 브랜드의 형상으로 사람이 보기 편한 단어, 문자, 숫자 등이 결합되어 만들어진다.

③ 이러한 브랜드네임은 브랜드자산을 형성하기 위한 비중 있는 중요한 요소로서의 위치를 차지하고 있는데, 일반적으로 브랜드네임은 경쟁사가 쉽게 모방할 수 없는 것으로 상품이나 외식업체를 차별화 할 수 있는 특징을 가지게 된다.

④ 브랜드네임의 조건은 발음하기 좋고 듣기 좋아야 하며, 기억하기 쉬워야 한다.

해설 브랜드네임은 브랜드의 이름으로 사람이 발음하거나 들을 수 있는 언어, 단어, 문자, 숫자 등이 결합되어 만들어진다.

3 브랜드자산에 대한 설명으로 적절하지 않은 것은?

① 브랜드자산의 개념은 1980년대에 등장하여 학술적 연구뿐만 아니라 실무에서도 큰 관심을 받고 있으며, 1990년대의 마케팅 관리 활동에서 가장 중요한 분야 중의 하나로 대두되었다.

② 브랜드자산이란 '특정의 브랜드를 판매함으로써 얻게 되는 현금의 가치'라고 표현할 수 있다.

③ 브랜드자산은 소비자, 투자자, 생산자 등에서 다양한 형태로 발생할 수 있지만, 궁극적으로 이 모든 브랜드자산의 가치는 소비자에게 브랜드자산이 어떤 가치를 갖는다고 인식될 때 발생한다.

④ 브랜드자산은 소비자의 기억 속에 호의적인 브랜드지식으로 저장되어 있을 때 발생한다. 브랜드지식은 브랜드인지도와 브랜드이미지로 구성된다.

해설 브랜드자산이란 '특정의 브랜드를 소유함으로써 얻게 되는 바람직한 마케팅 효과'라고 표현할 수 있다.

4 다음 중 브랜드를 등록하는 절차로 적절한 것은?

① 상표검색, 상표출원, 심사, 상표등록

② 상표검색, 상표출원, 상표등록, 심사

③ 상표출원, 상표검색, 심사, 상표등록

④ 상표검색, 심사, 상품출원, 상표등록

해설 상품검색, 상품출원, 심사, 상표등록

| 정답 | 1 ④   2 ②   3 ②   4 ①

1 외식사업에서 브랜드가 왜 중요한지 이유를 설명하여 봅시다.

2 브랜드를 구성하는 요소를 기준으로 국내 외식업체 중 가장 이상적인 사례를 제시하여 봅시다.

3 브랜드스톡(www.brandstock.co.kr)에서 'BSTI 랭킹' 메뉴를 통하여 외식프랜차이즈 업체들의 업종별 브랜드 순위를 파악할 수 있다. 패스트푸드, 피자, 패밀리 레스토랑 등 다양한 외식 브랜드 순위를 파악하고 각 부문별로 브랜드 순위의 결과에 대하여 토론하여 봅시다.

4 상표등록을 위하여 특허청에 지불해야 하는 비용과 이러한 과정을 변리사에게 의뢰하는 경우 소요되는 비용을 구분하여 정리하여 봅시다.

5 상표를 등록하기 위하여 검색할 때 가장 유의해서 살펴야 하는 내용은 무엇일까요?

6 외식업체를 위한 상표등록을 할 때 주로 어떤 상표분류로 등록하는지 주요 외식업체와 프랜차이즈 기업의 사례를 찾아서 제시하여 봅시다.

사업계획서

|

계획이란 "어떤 일을 하기에 앞서서, 방법·순서·규모 등을 미리 생각하여 세우는 내용"을 의미한다. 계획은 어떤 일을 시작하든 가장 먼저 해야 하는 항목이다. 창업을 할 때도 계획은 필수단계에 속한다. 그리고 계획을 실현하기 위해서는 반드시 문서로 정리해야 한다. 사업계획서는 "사업을 하기에 앞서서, 사업을 진행하는 방법·순서·규모 등을 문서화"하는 작업으로 선택사항이 아니라 필수사항이다.

사업계획서

1. 사업계획서의 정의
2. 사업계획서의 용도 및 종류
3. 사업계획서 작성방법

학습목표
- 사업계획서의 정의 및 활용방법에 대하여 이해한다.
- 사업계획서의 작성절차와 유의할 점을 이해한다.
- 외식창업을 위한 사업계획서의 작성방법을 사례를 통해 이해한다.

생각열기

BEST CASE 콘셉트를 고민하던 나성공은 최근 국내에서 한식의 세계화 바람이 부는 것에 착안하여 글로벌 한식을 콘셉트의 키워드로 결정하였다. 이도움과 상의한 결과도 역시 매우 긍정적이었다. 우리나라의 경제수준이 높아지고 세계적 위상도 높아지는 동시에 한류바람까지 부는 것은 매우 고무적인 현상이라는 데 두 사람은 의견일치를 본 것이다. 하지만 한식은 아직까지 세계적인 음식의 반열에 들지 못하였다는 점이 가장 큰 문제였다. 물론 한편으로는 시장확장의 가능성이 크다는 긍정적인 면도 있기는 했다. 업종을 한식으로 결정한 나성공은 현재 우리나라의 한식에 대한 조사를 시작하였다.

일단 KT 등에서 발행하는 전화번호부의 분류를 조사하고 기타 다양한 문헌을 통해 한식의 분류를 확인하였다. 가장 마지막으로 한식조리사 시험 교재에서 한식의 분류를 참고하였다. 이제 실제 한식을 판매하는 음식점을 조사할 단계이다. 국내에서 활성화된 한식점의 가장 큰 비중은 역시 고깃집이었다. 그 뒤를 이어 한정식, 설렁탕, 순댓국, 각종 찌개류 등 다양한 음식점이 존재하지만 프랜차이즈 시스템으로 안정화된 유형은 보쌈, 부대찌개 등 매우 한정적이었다.

더욱이 한식의 분류가 표준화되어 있지 않다는 사실도 이번 기회를 통해서 확인하게 되었다. 한식이 국내에서조차 명확한 구분이 없고, 현황을 파악하기도 곤란한 상황인데 과연 어떻게 세계화를 한다는 것인지 의문이 들 정도였다. 외국인을 대상으로 선호하는 한식을 조사해 보면 불고기, 갈비, 비빔밥 정도라는데, 문제는 이런 한식이 오히려 국내에서는 크게 환영받는 부류에 속하지 못하고 있다는 사실이다.

일단 나성공은 나름대로 상품성과 수익성이 있다고 판단되는 한식만을 찾아보기로 했다. 고기류는 대중성은 뛰어나지만 차별적인 상품화가 불가능하다고 판단되어 제외하기로 했다. 보쌈이나 기타 찌개류는 인기도는 높지만 상품화했을 때, 외식상품으로서의 가치를 높게 인정받기 힘들다고 판단되었다. 기존의 한식을 좀 더 차별화된 상품으로 만들 수 있는 방법이 필요했다. 거기에 어떤 형태의 서비스를 추가할지도 중요한 콘셉트의 기준이 되어야 한다는 생각이다. 음식과 함께 제공될 서비스 수준에 대한 기준도 고민해야 했다. 즉, 한식에서는 업태를 어떻게 정할 것인가에 대한 기준이 모호했다. 풀 서비스를 제공하는 한정식 스타일의 음식점부터 셀프서비스 형태의 김밥전문점까지 다양한 업태가 한식에도 존재하지만, 아직까지 국내의 음식점은 업종 위주로만 인식되는 것이 현실이었다.

콘셉트가 상당 부분 정리되어 가면서 나성공은 사업계획서를 작성해 보자는 이도움의 조언에 따라 외식창업을 위한 사업계획서 양식을 수집하기로 했다. 인터넷에서 검색해 보고 주변의 지인 등을 통해서 사업계획서의 일반적인 작성 방법도 익혔다. 사업계획서란 사업을 시작하기 전에 창업자가 추진할 계획 사업과 관련된 제반사항, 즉 사업 내용, 목표고객, 시장특성, 예상매출과 수익성, 마케팅전략, 조직 및 인력관리, 소요자금 조달 및 운용, 세부 일정 계획 등의 제반사항을 체계적으로 계획하는 것이므로 보통 사업 추진의 안내서인 매뉴얼로 활용되기도 한다. 대외적으로는 자금의 차입이나 투자유치를 위한 자료로 활용되기도 한다는 사실도 알게 되었다.

외식창업을 위한 사업계획서 또는 창업계획서의 내용은 일반적으로 매우 자유롭다. 창업자 자신의 창업 목적에 따라 성공적인 창업이 실현될 수 있도록 작성하면 되므로 사업계획서의 내용은 사업계획서 개요, 회사 소개, 인적자원에 대한 소개, 마케팅 믹스 (7P−Product, Price, Place, Promotion, Process, Physical evidence, People)에 따른 고객 만족 전략, 자금 투자 계획, 재무적인 수익성 평가 등으로 구성하는 것이 좋을 것 같았다. 나성공은 이코치의 도움을 받아 현재까지 조사한 다양한 자료와 자신이 고민했던 콘셉트 등을 활용하여 사업계획서 작성을 시작했다.

 박실패는 오늘도 투덜거리며 동창인 이멘토를 만나러 가고 있다.

"아니 콘셉트가 뭐가 그리 중요하다는 거야. 우리 동네에서 제일 잘 나가시는 대박집 할머니가 무슨 콘셉트인지 뭔지를 알고 음식점을 시작하셨겠어?"

"꿩 잡는 게 매라고 돈만 많이 벌 수 있으면 되는 게 음식점이지…."

"하여간 요즘 배운 것들이 더 문제라니까. 음식점 창업하는데 이렇게 복잡해서야 누가 음식점 창업을 하겠냐고…. 그런데 왜 사람들은 이렇게 힘들고 복잡한 음식점 창업에 열광하는 거지? 도대체 알 수 없는 게 세상이라니까."

혼잣말로 자문자답하는 박실패는 옆에 이멘토가 와 있는 것도 모르고 계속 중얼중얼 거린다.

"박실패야! 뭐라고 궁시렁이냐. 넌 학교 다닐 때도 항상 궁시렁 궁시렁하더니 사회 나와서도 왜 변한 게 하나도 없냐?"

"응. 다 들었냐? 멘토야. 원래 내가 그 맛에 세상사는 사람 아니냐. 그래도 내가 지금까지 버틴 건 너 같은 친구가 나를 이해하며 곁에 있어 준 덕분이잖아. 도와주라 친구야."

이멘토는 오늘은 박실패의 정신상태를 완전히 개조해야겠다고 작심하고 나왔지만 친구의 얼굴을 보는 순간 그렇게 다짐했던 강심장은 어디로 갔는지 온데간데없어지고 만다.

"응…. 그래 내가 여건이 되는 한도 내에서는 도와야지. 친구 좋다는 게 뭐겠어. 그런데 말이야. 아무리 그래도 내가 창업을 하는 것도 아니잖아. 결국 모든 책임은 너의 것이 될 텐데 나만 믿고 따라 한다는 건 좀 문제가 되지 않을까?"

박실패는 이멘토의 "책임은 네가 지는 거야"라는 말을 듣는 순간 멈칫하지 않을 수 없었다. 창업이 실패하게 될 경우에 대해 별로 생각해 본 적이 없었기 때문이다.

"멘토야, 난 너를 믿는다. 멘토가 누구냐. 학교에서도 줄곧 수석에 사회에 나와서도 승승장구하는 자네를 못 믿으면 누굴 믿겠어. 난 무조건 믿고 자네 말을 따라 할 거니까. 걱정 말고 도와주기만 하라고…."

그렇게 말하면서도 박실패는 약간의 두려움이 드는 것을 피할 수 없었다. 갑자기 오한이 몰려오는 듯했다.

"실패야, 일단 콘셉트는 차별화된 퓨전 한식을 생각해 봤어. 좀 더 자세한 내용은 여기 기획서를 찬찬히 읽어 보고 마음에 들면 사업계획서를 작성해야 할 것 같은데, 너 준비는 된 거지?"

"멘토야…. 사업계획서? 무슨 사업계획서?"

"실패야!!! 창업을 하려면 사업계획서를 작성한 후, 계획에 따라 창업을 준비하고 경영을 해야 하지 않을까?"

"응. 그건 그런데. 난 지금까지 살면서 무슨 계획 같은 건 한 번도 해 본적이 없어서 말이야. 그냥 그것도 네가 해주면 안 되겠냐? 아니면 요즘 서식 사이트에 보니까 사업계획서 무지하게 많더라. 그중에서 그럴듯한 사업계획서를 카피해서 대충 만들면 되겠다. 내가 대학 때 리포트 카피는 거의 천재수준이었잖아. 어때 내 생각이…."

이멘토는 참 답답했다. 이런 친구가 창업을 과연 잘 할 수 있을지, 어떻게 해서 창업을 한다 해도 과연 잘 경영해 나갈지 걱정이 아닐 수 없었다.

사업계획서는 왜 작성해야 할까?

"자금을 지원 받기 위해서 형식적으로 필요하니까. 대충 양식에 맞추어 내용만 채우면 되겠지"라고 창업자들은 생각한다. 또는 "사업계획서는 이론적으로 필요하다는 것이지 실제 현장에서 전혀 도움이 안 되잖아"라고 불필요한 작업으로 치부하는 경우도 있다.

이유와 목적이 어떻든 꼭 필요해서 작성해야 한다면, 사업계획서는 누가 작성해야 할까?

"사업계획서를 작성해 주는 전문가가 있으니까 그분들에게 맡기지 뭐."라고 하는 소리를 종종 듣는다. 아니면 "인터넷에 찾아보면 샘플 많아요. 그것 보고 형식만 갖추어 작성하면 됩니다."라고 말하는 사람들도 있다.

사업계획서는 결코 형식적으로 필요해서 작성하는 것이 아니다. 그리고 사업계획서는 전문가가 대신 작성해 주는 문서가 아니다. 창업자 자신이 직접 작성해야 하는 창업을 위한 필수서식이다. 창업자 자신보다 창업하려는 사업의 제품과 서비스, 그리고 목표시장에 대해 잘 파악하고 있는 사람은 없다. 또한 창업자 자신만큼 열정을 가지고 사업에 헌신할 사람도 없다. 자신은 전문성이 떨어진다는 생각에 대리인에게 작성을 의뢰하는 경우가 종종 있지만, 그렇게 작성된 사업계획서는 형식만 갖추었을 뿐 감동을 주는 호소력이 없다.

영국의 스타벅스라고 할 수 있는 '커피 리퍼블릭'을 창업하여 성공한 사하와 보비 남매는《나의 첫 사업계획서》라는 저술에서 "사업계획서는 쓰는 동안에 더 좋은 아이디어가 생길 수도 있으며, 작성과정을 통하여 비전에 초점을 두고 아이디어를 현실로 옮기는 과정을 단계적으로 밟아 나갈 수 있다. 사업계획서를 작성하는 데 필요한 모든 것은 당신의 머릿속에 이미 있으며 특별한 어떠한 기술도 필요하지 않다. 사업계획서는 당신의 열정과 에너지를 전달해야 한다."고 사업계획서의 중요성과 필요성을 강조하였다.

사업계획서는 창업자가 성공적인 창업을 추진하는 데 반드시 필요하다. 따라서 사업에 대하여 가장 잘 알면서 열정을 가진 창업자 스스로 작성해야 하는 필수서식이다. 사업계획서는 자신의 창업을 위한 매뉴얼로서, 안정적인 창업을 유도하는 역할을 한다는 점을 꼭 기억해야 한다.

1 사업계획서의 정의

외식창업을 위한 '사업계획서(창업계획서)'는 창업자가 외식업체를 설립, 자신의 사업을 지속적으로 성장시키기 위한 구체화된 의지를 체계적으로 정리한 설계서로서 창업과 관련된 모든 외적요소(법규, 경쟁, 사회적 변화, 소비자 욕구의 변화, 새로운 기술 등)와 내적인 요소(음식의 조리, 마케팅, 인적자원 등)를 문서화한 내용을 의미한다. 이를 좀 더 구체적으로 설명하면, 사업을 시작하기 전에 창업자가 추진할 사업과 관련된 제반 사항, 즉 사업내용, 목표고객, 시장특성, 예상매출과 수익성, 마케팅전략, 조직 및 인력관리, 소요자금 조달 및 운용, 세부 일정 계획 등의 제반사항을 체계적으로 정리한 문서이다.

어떤 일을 하든지 사전에 계획을 하는 과정은 매우 중요하다. 사업계획서의 작성은 사업에 대한 전반적인 사항을 객관적으로 서술하여 창업자에게 창업 가능성, 사업의 타당성, 수익성을 분석하여 성공적인 창업을 준비하는 과정이다. 이는 창업자가 사업 단계별로 추진할 업무와 달성해야 할 목표를 명확히 제시하고, 불확실한 위험 요소를 제거하여 사업 성공의 가능성을 높이는 역할을 한다.

예비창업자는 일반적으로 사업을 계획하는 것에 앞서 사업타당성분석이 필요하다. 상황에 따라서는 사업타당성분석과 사업계획서 작성이 동일한 개념으로 다루어지기도 한다. 그러나 실제 사업계획을 세우기 위해서는 사업타당성분석에서 사용되어진 자료와 정보 등을 활용하기 때문에 두 개념은 명확히 구별되는 것이고, 프로세스의 선후도 지켜지는 것이 바람직하다.

다만 본 교재에서는 사업타당성분석보다 사업계획서작성을 먼저 설명한다. 그것은 현실적으로 사업계획서에 사업타당성분석이 포함되는 경우가 많고, 학습적 관점에서도 사업전반에 대한 계획서를 먼저 이해하는 것이 실전에서 사업타당성분석을 하는 데 도움이 될 것이기 때문이다.

예비창업자가 외식사업을 시작하려고 한다면, 과거와 같은 주먹구구식 사업진행보다

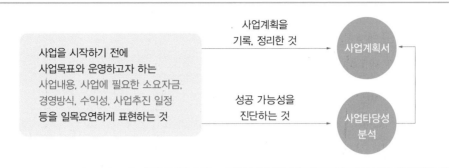

그림 5-1　**사업계획과 사업타당성분석, 사업계획서와의 관계**

는 사업계획서를 먼저 작성한 후 사업을 추진하길 권한다. 사업계획은 대내적으로는 달성목표와 수행해야 할 업무를 사전에 파악할 수 있도록 도와준다. 그리고 주변의 지인들로부터 사업에 대한 동의와 협조를 얻기 위해서도 반드시 필요하다. 대외적으로는 자금조달의 방법, 수요자나 공급자로부터 신용확보를 위하여 반드시 필요한 수단이기도 하다. 모든 창업자는 아이디어를 사업으로 전환하는 시점, 즉 창업의 시점에서 즉흥적인 행동보다는 체계적이고 실질적인 창업의 설계도인 사업계획서를 작성하고 따라야 한다. 그리고 사업계획서에는 창업자의 철학이 담겨야 한다. 사업계획서는 체계적이고 실질적인 역할을 위해 다음과 같은 목적을 염두에 두고 작성해야 한다.

첫째, 사업계획서는 자신의 생각을 정리하고 내용을 구체화하기 위하여 작성한다. 정리를 통하여 사업을 체계적으로 준비하는 데 유리하며, 같은 내용이라도 머릿속에만 가지고 있는 것보다 글로 표현하는 것이 좀 더 구체적으로 정리하는 데 도움이 된다.

둘째, 사업계획서는 사업을 도와줄 사람들을 설득하기 위하여 작성한다. 이들에게 신뢰와 지지를 얻기 위하여 사업계획서는 반드시 필요하다.

셋째, 사업계획서는 자본조달수단으로 은행이나 각종 기관으로부터 금융 지원을 받고자 할 때 필요하다. 사업계획서는 사업의 내용을 구체적으로 알리고, 그들에게 설득력 있게 표현하여 사업자가 얻고자 하는 지원을 얻어 내는 데 이용된다.

넷째, 사업계획서는 점포경영지침서의 역할도 함께 수행한다. 사업계획서와 같은 기록이 없다면 처음 시작할 때 의도하였던 목적과 목표, 예측을 잊어버리고 매 순간의 다른 평가 기준에 의하여 성과를 평가하는 실수가 생길 수 있으므로 경영지침서와 매뉴얼로 정리를 해두어야 한다.

다섯째, 사업계획을 통하여 무슨 일을 언제 준비해야 하는지를 알 수 있으므로 효율적인 사업추진이 가능하다. 이를 통해 시간과 비용을 절약할 수 있으며, 꼭 필요한 사항이 누락되는 것을 방지할 수 있다. 사업계획서를 작성하다 보면 누락된 사항들을 다시 확인하는 계기가 될 것이며, 이를 통해 시간과 비용의 낭비를 피할 수 있다.

2 사업계획서의 용도 및 종류

1) 사업계획서의 용도

이미 사업계획서의 작성 목적을 설명하였지만, 이를 좀 더 구체적으로 이해하기 위하여 추가적인 설명이 필요하다. 사업계획서는 새롭게 시작하는 사업에 대한 설계도이므로 경영자의 주관적 판단에 의해 작성된다. 하지만 객관적인 사실과 정보를 이용하여 시작하는 사업에 대한 사업내용, 경영방침, 기술적 문제, 시장성 및 판매전망, 매출액과 수익성 예측, 소요자금 조달과 운영계획, 인력충원 등을 포함하고 있어야 한다. 사업계획서는 보통 사업추진의 안내도로 활용되기도 하지만, 대외적으로 투자유치 등의 자료로 사용되기도 한다.

(1) 대내적인 용도

성공적인 창업을 위하여 작성되는 사업계획서는 일차적으로 창업자의 관점에서 사업의 추진을 통하여 얻고자 하는 목표와 수행해야 할 업무를 파악할 목적으로 작성된다. 즉, 창업자가 창업에 앞서 불확실한 위험요소를 파악하고 대응 방안을 모색함으로써

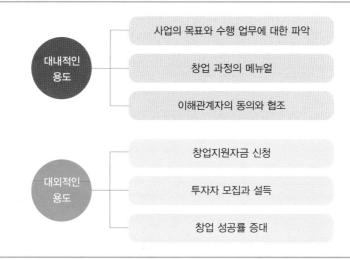

그림 5-2 **사업계획서의 용도**

창업을 해야 할지, 아니면 포기해야 할지를 판단을 하는 데 필요하다. 또한 외식사업의 창업 초창기 운영지침서로 활용될 수도 있다. 마지막으로 사업계획서는 주변 사람들에게 창업에 대한 상세한 정보를 제시함으로써 사업에 동의를 구하기 위한 보조적인 수단으로 사용된다. 생계형 창업이라면 가족의 동의를 구하여야 할 것이며, 기업의 형태로 창업을 한다면 투자자나 동업자 기타 의사 결정권자의 동의를 구하는 데 사용된다.

(2) 대외적 용도

사업계획서는 대외적으로도 매우 유용하게 활용된다. 무엇보다도 외식창업 시 부족한 자금조달을 위하여 금융권이나 투자기관에 제출한다든가, 정부와 지방자치단체 등의 공공기관 정책자금 지원을 신청하는 데도 사용된다. 이 때 사업계획의 성공여부는 자금지원의 중요한 결정요인으로 작용한다. 그 외에도 사업계획서는 다양한 이해관계자와의 커뮤니케이션에도 매우 중요하다. 사업계획서의 또 다른 대외적인 용도는 창업한 기업의 능력을 평가하는 자료로 활용된다는 것이다. 이는 투자자가 자금을 지원할지 판단하는 근거로도 작용하지만, 협력회사들에게 사전에 신용을 얻기 위한 방법으로 활용

표 5-1 소상공인 정책자금 융자 신청서의 사업계획서(사례)

사업장 현황	소 유	자가		만원	사업장면적	m²
		임차	전세	만원	권리금	만원
			월세	만원 (보증금: 만원)	월관리비	만원
	입 지	□ 주거형 □ 도심형 □ 오피스형 □ 유흥가형 □ 학교·학원형 □ 전문상가형 □ 유원지형 □ 기타( )				

수지 계획	구분	신청일 현재 월평균	1년 후 예상 월평균
	매출액	만 원	만 원
	지출액	만 원	만 원
	순이익	만 원	만 원

기투자 내역	만 원	= 임차보증금	+ 시설비	+ 운전자금	+ 상품구입비	+ 기타
		만 원	만 원	만 원	만 원	만 원

향후 투자 예정액	만 원	= 자기자금 +		정책자금 +		기타(차입금 등)
		만 원		만 원		만 원
		= 임차자금	+ 시설비	+ 운전자금	+ 상품구입비	+ 기타
		만 원	만 원	만 원	만 원	만 원

사업 추진 계획	○ 판매 및 마케팅계획: ○ 고객확보 및 관리계획: ○ 기타 추진전략:

자료 : 2015년 소상공인 정책자금 신청서식(소상공인시장진흥공단)

되기도 한다. 특히 정책자금 지원 요청을 위한 사업계획서를 작성하는 경우에는 다음과 같은 내용에 중점을 두어야 한다.

대외적 용도의 사업계획서는 기술평가나 인허가 등을 위해 필요한 경우도 있지만, 외식사업의 경우 아직까지 기술평가의 대상이나 특별한 인허가를 받을 대상이 아니므로 큰의미는 없다. 다만 외식사업체들도 벤처기업으로의 성장이 가능한 산업환경이 조성 된 점을 고려할 때, 앞으로는 이러한 용도의 사업계획서도 필요한 시점이 올 것으로 예상된다.

2) 사업계획서의 종류

사업계획서는 용도에 따라서 대내용과 대외용이 있다. 특히 대외용은 인허가용, 자금조달용, 투자유치용 등 다양한 목적에 따른 구분이 가능하다. 그 외에도 사업계획서는 업종이나 사업형태에 따른 분류, 형식에 따른 분류 등 다양한 분류가 가능하다. 본 교재에서는 음식점 창업을 중심으로 사업계획서의 종류를 '한 페이지 사업계획서, 서술형 사업계획서, 프레젠테이션용 사업계획서'로 구분하여 살펴본다.

(1) 한 페이지 사업계획서

'한 페이지 사업계획서'는 사업계획의 핵심내용만을 선별하여 A4 한 장 분량으로 압축하여 제시한 사업계획서를 의미한다. 이는 간략하게 정리한다는 측면에서 '요약사업계획서'라고도 한다. 분량이 많은 사업계획서에 비하여 한 페이지 사업계획서는 사업내용의 차별성, 그리고 사업의 수익성을 독자가 쉽게 이해할 수 있도록 정리하는 기술이 필요하다. 이것은 별도의 사업계획서로 활용되는 경우도 있지만, 사업계획서에 첫 번째로 위치하는 요약 페이지로 활용되기도 한다. 외식창업을 위한 한 페이지 사업계획서의 양식은 다음과 같다. 사업계획서의 항목과 내용은 자신의 상황에 맞게 얼마든지 수정할 수 있다.

표 5-2 **음식점 창업을 위한 요약 사업계획서 양식**

구분		내용
음식점의 콘셉트 (본질, 주장)	음식점의 유형 (업종, 업태-차별성)	
	테마 및 감성스토리	
시장조사와 분석 (환경분석)	외식산업에 대한 PEST분석	
	SWOT분석(경영자)	
	SWOT분석(음식점)	
STP	시장 세분화	
	목표고객	
	포지셔닝	

(계속)

구분		내용
마케팅 믹스	메뉴유형 및 주요 식재료	
	입지 및 상권	
	규모(좌석수, 면적, 투자예산)	
	가격대(Price)	
	주요 판촉전략 (사용가능한 마케팅 채널)	
	인적자원	
	물리적 증거	
	서비스 프로세스	
사업성	자금계획	
	사업타당성 (매출, 비용, 이익)	
	경영관리 방안	
기타		

(2) 기술형 사업계획서

'기술형(記述形) 사업계획서'는 사업내용을 상세하게 설명하는 형식으로 작성하는 사업계획서이다. 가장 일반적인 형식의 사업계획서로서 공공기관용 사업계획서 및 기관투자가용으로 선호되고 있다. 기술형 사업계획서는 별도의 설명을 하지 않더라도 세부 내용에 대하여 구체적이고 이해가 쉬운 용어를 사용하여 작성하는 것이 좋다. 다만 전문성과 차별성을 강조하기 위하여 전문용어가 필요한 경우 독자가 이해하기 쉽도록 표와 그림, 주석 등을 이용하여 표시한다.

(3) 설명회용 사업계획서

'설명회용 사업계획서'는 파워포인트 같은 발표용 소프트웨어를 이용하여 작성하는 사업계획서를 의미한다. 일반적으로 기술형 사업계획서를 바탕으로 발표 목적에 맞도록 핵심내용만을 재구성하는 형식으로 작성한다. 발표시간은 보통 20분 내외가 되도록 양을 조절하여야 하며, 지루하지 않도록 멀티미디어 자료를 적절히 활용하는 경우가 있다. 짧은 시간에 상대방을 설득하기 위한 목적의 사업계획서이므로, 독자의 관심을 집중시킬 수 있어야 한다.

3 사업계획서 작성방법

1) 사업계획서 작성에 따른 장점

과거와 같은 주먹구구식 창업으로는 치열한 경쟁에서 생존하기 힘들다는 인식이 확산되고 있다. 이러한 인식을 기반으로 사업계획서 작성을 창업을 위한 필수단계로 여기는 예비창업자들이 늘고 있다. 다만 사업계획서가 창업과정에서 어떤 이점을 제공하는지 명확하게 알고 있는 경우는 드물다. 따라서 사업계획서로 인하여 창업자가 얻게 될 이익을 명확히 이해함으로써 사업계획서 작성에 심혈을 기울이고, 좀 더 알찬 계획을 세우는 데 도움이 될 수 있도록 그 장점을 제시하면 다음과 같다.

첫째, 사업계획서는 창업과 경영의 체계화를 가능하게 만든다. 창업자가 사업계획서를 작성하다 보면 사업의 구성요소들이 유기적으로 결합되도록 만들게 된다. 사업계획서는 그동안 창업자의 머릿속에서 헝클어져 있던 매듭을 풀도록 도와주면서 논리적인 접근을 가능하게 만들어 준다.

둘째, 사업계획서는 다양한 분석을 통하여 사업의 타당성을 검증하는 기회를 제공한다. 사업계획서를 작성하면서 매출의 한계, 과다한 비용항목을 찾아내고 이를 개선할 수 있는 방법을 찾게 되거나 해결이 불가능한 경우 사업의 방향을 바꿀 수도 있다.

셋째, 사업계획서는 명확한 사업방향을 찾게 도와준다. 목표 고객을 찾고 이러한 고객을 만족시키기 위한 콘셉트를 설정하는 데 큰 도움을 준다.

넷째, 사업계획서는 이해관계자에게 신뢰를 줄 수 있는 계기가 된다. 체계적이고 논리적이면서 실천적인 사업계획서는 투자자와 직원들에게 신뢰를 높여서 더욱 적극적인 참여를 촉진시킨다.

다섯째, 사업계획서는 미래를 정확하게 예측할 수 있는 근거를 제공한다. 막연한 추측이 아닌 통계 및 리서치 등을 통해 미래의 산업발전 추세나 기타 변화를 예측할 수 있는 정보를 얻게 된다.

이와 같은 사업계획서의 장점을 고려할 때, 창업의 유경험자와 초보창업자를 불문하고 무리한 사업진행을 하지 않도록 도움을 준다. 동시에 성공적인 창업을 가능하게 만들어 주는 역할을 하므로 창업을 고려하는 사업자라면 누구나 사업계획서를 작성한 후, 창업을 하겠다는 의지를 가져야 한다.

2) 사업계획서 작성절차

성공적인 창업을 위해서는 창업의 목적과 목표가 신뢰성이 있어야 한다. 또한 목표 달성을 위한 실행 방안이 타당해야 한다. 타당성이 검증되지 않는 사업 아이템을 가지고 사업계획서를 작성한다는 것은 불필요한 일을 하는 것과 같다. 즉, 사업을 계획하는 단계에서 현실적으로 실현 가능한 사업아이템인지에 대한 분석과 대안을 탐색하여 타당성 있고 성공가능성이 있는 사업에 대해서만 사업계획서를 작성해야 한다. 몇 가지의 사업 대안 중에서 창업의 목적 및 목표에 부합되는 사업을 발견하였고, 그 사업의 타당성이 충분히 입증되었다면 다음과 같은 사업계획서 작성 절차를 따라 작성한다.

그림 5-3 **사업계획서 작성절차**

사업계획서를 작성할 경우 사업계획서가 어떠한 용도로 사용될 것인가에 따라 사업계획서 작성은 각각 다른 형식을 이용하게 된다. 즉, 내부적인 용도로서 사업의 아이디어를 실행할 목적으로 타당성과 실행 일정에 대한 확인이 필요한 경우와 금융기관에서 자금을 대출 받기 위한 용도일 경우와는 작성의 목적이 확연히 다르다. 따라서 창업자는 작성하려는 사업계획서가 어떠한 목적으로 사용될 것인지에 대한 확인을 먼저 한다. 사업계획서 작성의 목적이 확인되었다면 다음 단계로 사업계획서 양식을 확인해야 한다. 사업계획서는 사용목적에 따라 다른 양식이 적용될 수 있다. 자기 자신을 위한 사업계획서라면 자유로운 양식으로 작성하여도 무관하지만 금융기관이나 정부기관에 제출하기 위한 것이라면 기관의 고유양식을 이용해야 한다. 금융기관 등은 소정의 양식을 통하여 서로 다른 업체를 비교 평가하는 경우가 있기 때문에 사업계획서의 목적과 관련기관의 제출양식에 대한 사전확인이 필요하다. 소정의 양식이 없는 경우에는 자신의 사업 아이디어를 가장 객관적이고 정확하게 표현할 수 있도록 순서와 체계를 설정해야 한다. 구상하는 사업의 규모에 따라서는 사업계획서 작성을 위한 별도의 계획을 수립해야 하는 경우도 있다. 사업계획서 작성을 위한 계획이란 작성 일정 및 기한, 작성에 참여하는 인력의 업무분담 및 조정을 통하여 효율적인 업무계획을 수립하는 것 등을 말한다.

사업계획서 작성의 실질적인 시작단계는 사업을 구상하고 수집한 자료를 정리하며, 부족한 자료가 있는 경우 이를 수집하는 것이다. 보다 구체적인 자료를 수집하고 분석함으로써 창업의 목적을 실효성 있게 달성할 수 있을지를 검증한다. 자료가 수집되었다면 다음 단계로 사업계획서를 작성하고 분업화된 업무 간의 조정을 통하여 사업계획서를 완성한다. 이 단계에서는 사전에 확인하고 작성한 사업계획서 양식에 따라 사업계획서를 기술한다. 사업계획서를 작성할 때는 사업계획서의 내용이 사업계획서 작성의 목적 및 창업목적에 따라 일관성 있게 서술되어 신뢰성과 타당성을 확보할 수 있도록 한다.

마지막으로 사업계획서는 디자인, 편집기술 등을 활용하여 사업계획서의 내용 및 목적이 잘 드러날 수 있도록 만들어야 한다. 이후 완성된 사업계획서를 담당자에게 제출하는 것으로 사업계획서 작성 및 제출을 마무리한다.

3) 사업계획서 작성 시 체크포인트 및 작성요령

사업계획서는 실현 가능한 계획을 바탕으로 어떤 독자든 사업의 성공을 신뢰하고 성공의 가능성을 높게 판단할 수 있도록 만들어야 한다. 창업자는 자신의 창업 아이디어에 자신감을 가지고 설득하여야 하며, 핵심적인 내용을 강조하여 사업계획서 작성목적을 달성할 수 있어야 한다. 너무 의욕을 앞세워 무리한 주장을 하거나 현실성이 떨어지는 계획을 세워서는 곤란하다. 사업계획서를 작성할 때에는 근거가 불충분하거나 비논리적인 추정에 의한 내용을 피해야 한다. 특히 사업에 근본적인 문제가 내포되어 있는 경우에는 이를 감추기보다는 해결방안을 제시하여 창업자의 대응능력을 보여주어야 한다. 또한 표현되는 모든 수치는 객관성을 유지해야 한다. 즉, '성장할 것이다. 높아질 것이다'와 같은 막연한 표현보다는 구체적인 통계수치나 참고문헌을 인용하고 필요한 경우 설문조사를 실시한다.

사업계획서에서 다루는 사업내용은 차별적이고 독창성이 있어야 한다. 전문성을 강조하기 위해 전문용어를 많이 사용하는 경우가 있다. 전문적인 내용이더라도 누구나 이해 가능한 쉬운 용어를 사용하면서 참여인력의 전문성을 강조한다면 설득력이 더 커진다. 경영자의 성실성, 경력, 정직성을 부각시키는 것이 차별성, 독창성, 전문성을 부각시키는 데 더 효과적이다. 필요하다면 현장 체험을 기초로 상황을 기술하여 신뢰성을 높이는 것도 의미가 있다.

사업계획서에서 빠져서는 안 되는 핵심항목은 경쟁사에 대한 조사와 분석이다. 경쟁사를 조사할 때는 경쟁자에 대한 과소 또는 과대평가를 하지 않도록 유의한다. 특히 경쟁사 조사가 형식적으로 이루어지지 않아야 한다. 경쟁사 조사는 결국 자신이 선택한 업종과 업태의 라이프 사이클을 점검하고, 시장의 성장성을 판단하는 기초자료가 되므

그림 5-4 **남다른감자탕의 사회공헌 활동 사례**
자료 : 남다른감자탕 홈페이지(https://www.namzatang.com)

로 중요하다.

이외에도 사업계획서는 구체적이면서 일목요연하고 현실적이어야 한다. 너무 현실성을 강조하다 비전이 무시되는 우를 범하지 않아야 한다. 특히 독창성을 이용한 차별화 요소가 핵심경쟁력임을 강조해야 하는데, 동시에 공공성을 위해 노력하는 점도 강조해야 한다. 즉, 사회적 공헌 활동도 적극적으로 할 것임을 표현한다.

4) 사업계획서 구성 및 사례

사업계획서를 작성하는 데 있어서 어디에나 사용가능한 표준화된 절차와 양식이 존재하지는 않는다. 금융기관의 대출이나 정부의 정책자금을 지원받기 위하여 제출하는 사업계획서는 정해진 양식에 의거 작성하는 경우도 있다. 특별한 경우를 제외하고, 외식 창업을 위한 대부분의 사업계획서(창업계획서)는 다음과 같은 절차로 작성된다. 창업자는 이러한 구성을 기초로 자신의 사용목적에 적합한 사업계획서를 구상해야 한다. 본 교재에서 제시하는 절차와 형식은 학습을 목적으로 표준화하였다. 창업자들이 지식을 넓히고 많은 조사를 거치면서 자신만의 합리적인 단계와 기준을 설정한다면 가장 논리적인 사업계획서를 스스로 만들 수 있다. 사업계획서를 만드는 것 자체가 중요한 것이 아니라, 사업계획서를 직접 작성하면서 성공적인 창업이 가능함을 입증하고 창업자 스스로가 자신감을 가지게 되는 과정이 더 중요하다는 사실을 기억해야 한다.

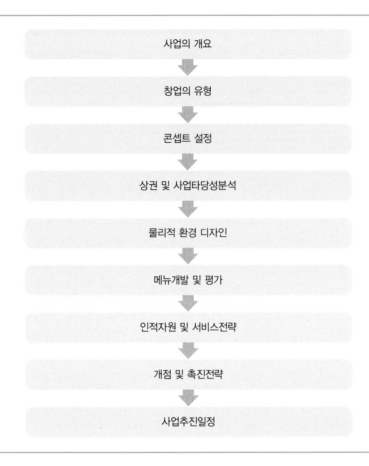

사업의 개요

창업의 유형

콘셉트 설정

상권 및 사업타당성분석

물리적 환경 디자인

메뉴개발 및 평가

인적자원 및 서비스전략

개점 및 촉진전략

사업추진일정

그림 5-5 **사업계획서의 구성**

위와 같은 구성과 절차로 사업계획서를 작성하기 위한 세부적인 내용은 본 교재의 각 장에서 연습문제나 사례 등을 통하여 학습하도록 제시되어 있다. 예를 들면, '사업의 개요'는 제1장에서 학습한 내용을 토대로 작성할 수 있다. '창업의 유형'은 제2장에서 학습한 다양한 창업유형을 기초로 누구나 작성 가능하다. 그리고 '콘셉트의 설정'은 제3장에서 기존의 외식업체들의 콘셉트를 정리하면서 자신만의 콘셉트를 개발하는 방법을 학습하였다. 이와 같이 본 교재의 모든 내용을 학습하면 자연스럽게 사업계획서를 세부적으로 작성할 수 있다.

다음의 사례들은 사업계획서의 기본구성과 내용을 확인할 수 있도록 간단한 양식을 제시한 것이므로, 각 항목의 개념과 작성할 내용을 이해하는 데 참고하고, 세부적인 내용은 본 교재의 각 장을 참고한다.

① 사업의 개요

사업계획서 또는 창업계획서를 작성할 때 가장 먼저 제시하는 부분은 '사업의 개요'이다. 이미 본 교재의 1장에서 학습한 내용이므로 이를 바탕으로 실전적인 계획수립이 가능하도록 많은 연습을 해야 한다. 여기에는 창업할 사업의 '창업 개요, 창업의 목적과 목표, 창업자의 준비도, 정성적인 사업타당성 분석, 환경분석(PEST분석, 외식창업의 SWOT분석 등)'을 일목요연하게 정리한다. 세부적인 내용은 다음 사례를 참조한다.

표 5-3 **사업의 개요(사례)**

작성자		홍길동	나이	**
경력		금융기관 직장 8년, IT 사업 5년, 음식점 창업과 경영 10년(스파게티전문점, 고기전문점, 베트남쌀국수전문점)		
작성기간		20**년 *월 **일 ~ 20**년 *월 **일		
용도		사업추진을 위한 목표설정, 체크리스트, 매뉴얼		
희망업종	대분류	음식		
	중분류	퓨전요리 / 별식		
	소분류	동남아음식점		
창업형태		독립 / 프랜차이즈	경영참여	경영 / 투자
창업자금		2~3억 원	희망점포 규모	40~50평 / 1층 또는 2층
적정 권리금		5천만 원 이하	보증금, 임차료	미정
목표순이익 / 월		1,000만 원 / 월	예상창업시기	6개월 이내
선택 업종 개요		• 베트남쌀국수는 국내에 도입된 역사가 긴 음식임에도 불구하고 제품과 서비스면에서 다각화와 발전가능성이 충분히 있음 • 현재 제품의 성장기이지만 음식의 맛을 일정하게 유지하는 것이 어려워 진입장벽이 높음. 따라서 경쟁이 치열하지 않음. 기존 점포와의 차별성을 강화한다면 장기적으로 안정적 매출 실현 가능 • 베트남쌀국수의 주 소비자는 20대 남녀, 30~40대의 주부, 회사원 등이며, 가족고객을 대상으로 한 상품화도 가능함 • 아파트가격대가 높은 주거지상권과 오피스상권, 역세권 등이 적합한 상권임 • 3개의 후보상권을 분석하여 경쟁점 매출, 인구동태, 상권발전가능성을 조사 분석하여 경쟁우위 상권을 선택할 예정임		

표 5-4 **창업 목적과 목표(사례)**

구분		해당여부
창업목적	생계를 위한 수입확보 수단으로	○
	직업을 얻기 위하여	○
	여유자금의 투자를 위하여	
	프랜차이즈 사업으로의 확장을 위하여	○
	친교를 위한 커뮤니티 공간이 필요해서	
	무엇이든 즐기는 다양한 활동의 장소(요리, 서빙)	
	새로운 분야에 대한 도전을 위하여	
	특별한 기술과 삶의 방식을 배우기 위하여	
	식문화(음식, 분위기 등)를 즐기기 위하여	
	정년퇴직 후 즐길 수 있는 일이 필요해서	
창업목표	• 1년 내 손익분기점 달성 • 2년 6개월 내 투자금 회수 • 5년 내 3억 원의 순이익 달성하여 인근 상권에 두 번째 점포를 개설함 • 10년 내 동일 상권에 콘셉트가 다른 3개의 점포를 개설하여 포트폴리오 구성하여 안정적인 다점포화를 추구함	

표 5-5 **창업 준비정도(사례)**

과목명	준비도			종합의견
	상	중	하	
외식경영학원론	○			• 외식창업을 위해 필수적으로 학습해야 할 과목들을 이수하였음 • 특히 외식창업론과 상권분석론에 많은 시간을 할애하였음 • 메뉴개발 및 관리에 대한 교육을 이수하고 스스로 메뉴의 개발과 개선을 할 수 있는 능력을 갖추었음 • 벤치마킹 대상 업체에 직원, 아르바이트 등을 실전 경험을 하였고, 차별성과 경쟁력을 높일 수 있는 노하우를 습득하였음
외식창업론	○			
상권분석론	○			
외식마케팅	○			
세무와 회계	○			
사업계획서 작성법	○			
사업타당성 분석법	○			
서비스경영론	○			
메뉴개발 및 관리론	○			
벤치마킹 대상 업체1	○			
벤치마킹 대상 업체2	○			
벤치마킹 대상 업체3	○			

표 5-6 **정성적 부문의 사업 타당성 분석(사례)**

주요항목	평가요소	세부검토사항	평가			종합
			상	중	하	
창업자의 사업능력	창업적합도	사업경험 및 지식정도(조리사자격보유 등)				
		사업수행능력(친절도, 영업력 등) 여부				
		업종, 적성, 경력, 경영능력 등의 적합성				
	경영마인드	경영 및 서비스 마인드				
		반드시 성공하겠다는 굳은 의지				
		고객유치 및 판매전략 여부				
상품성	상품의 적합성	조리방법의 충분한 습득				
		주력메뉴(상품)의 대중성				
		주력메뉴(상품) 가격의 적절성				
		식재료 구입의 편의성				
		주력메뉴 수명주기의 적절성(도입기, 성장기)				
	상품의 독점성	주력메뉴 및 식자재의 독점성				
		독자적 기술과 노하우의 보유를 통한 차별성				
시장성	시장의 규모	예상되는 고객의 수				
		시장규모 평가				
	경쟁성	경쟁업체의 세력 및 분포도				
		경쟁제품과 품질과 가격의 비교우위				
		차별화 가능여부				
	시장의 장래성	잠재고객 수의 증가 가능성				
		대기업의 침투가능성				
		소비자의 성향 및 필요성				
수익성	제품생산 및 판매 효율성	식재료 비용의 가격대비 비율				
		조리의 효율성				
		배달 및 테이크아웃 판매 가능성				
	적정이윤 보장성	식재료 조달방법 및 금액				
		임차료 및 인건비의 적정성				
		원가, 인건비, 관리비를 제한 적정이윤의 보장				
안정성	위험수준	불황 적응력				
		경쟁업체 출현 시 대처능력				
	자금투입 적정성	초기투자액에 대한 자금조달 범위				
		손익분기점의 수준 및 기간				
		예비비의 보유 여력				
	재고관리	식재료 재고관리의 용이성				
		수요의 계절성				
합 계						

표 5-7 **환경분석〈PEST분석〉(사례)**

구분	내용
정치적 환경(P)	• 외식산업진흥법이 제정되는 등 국가적인 차원에서 외식산업에 대한 중요성 인식이 증대되고 있음 • 산업적인 측면에서 프랜차이즈 산업에 대한 지원이 강화되고 있지만 공정거래 측면에서 프랜차이즈 기업에 대한 제재도 증가하고 있음 • 한식을 세계화시키려는 다양한 노력
경제적 환경(E)	• 국민소득 2만 달러 수준을 넘어 서면서 외식시장이 지속적으로 성장하고 있음 • 음식점 간의 양극화가 증대되면서 소상공인의 생계형 창업 실패가능성은 커지고 있음
사회적 환경(S)	• 다양화, 퓨전화를 동반한 고급 음식점에 대한 수요 증가 • 변화하는 소비자의 취향과 트렌드를 추종할 수 있는 소비자조사 능력 필요 • 동남아 음식에 대한 호기심 증가
기술적 환경(T)	• 단순한 일상음식보다는 전문화된 메뉴 개발능력이 필요 • 웰빙과 합리성 중심의 소비자 욕구를 충족시킬 수 있는 과학적인 접근자세가 필요 • 세계에서 개발되는 다양한 조리기구에 대한 이해
종합의견	• 외식사업의 중요성에 대한 인식이 높아지고 한식 세계화 등이 이슈가 되고 있으며, 국민소득 수준이 상승함 • 고객의 다양화, 퓨전음식의 선택속성이 증가하여 전문적이고 차별화된 콘셉트의 상품으로 동남아 음식의 수요가 증가할 것으로 추정함

표 5-8 **환경분석〈SWOT분석〉(사례)**

구분		내부환경		외부환경
긍정적 환경	강점	• 베트남쌀국수와 호주식월남쌈에 대한 차별화된 조리능력 보유 • 유사 업종에 대한 충분한 벤치마킹으로 전략적 메뉴 개발	기회	• 동남아 음식에 대한 사회적 인식의 개선 및 관심 증대 • 동남아 여행 경험이 증가하여 현지 음식에 대한 거부감 감소 • 음식의 퓨전화
부정적 환경	약점	• 동남아음식점 창업 및 경영 이력 없음 • 브랜드 인지도를 높이기 위한 비용 및 시간 투자의 효용성	위협	• 동남아 음식이 저렴하다는 인식 • 강한 향신료에 대한 거부감 • 유럽 음식에 대한 소비자의 동경 • 가치 대비 높은 가격

② 창업의 유형

본 교재 제2장에서 학습한 바와 같이, 창업자는 자신에게 가장 적합한 창업 유형을 선택해야 한다. 타인의 사업이 번창한다고 해서 그대로 모방하거나 시류에 따라 일시적으로 유행하는 업종으로 창업하는 것은 매우 위험하다. 따라서 예비창업자는 업종(Type of Business), 업태(Type of Service), 투자형태(전문가지원형, 자립형, 위·수탁형), 창업동기(투자형창업, 부업형창업, 탈출형창업, 기회형창업, 전환형창업), 연령(20대의 모험창업, 30대의 기반창업, 40대의 전문창업, 50대의 안전창업), 창업에 참여할 수 있는 구성원(1인창업, 가족창업, 여성창업, 부부창업, 동업창업), 자신의 성격, 경력 및 능력 등을 고려하여 창업 유형을 선택해야 한다.

　사업계획서에서 창업 유형을 다루는 이유는 각 항목 간의 유기적인 결합을 검토하기 위해서다. 예를 들면, 20대의 예비창업자가 소자본으로 창업을 준비하고 있으면서 많은 자본이 소요되는 프랜차이즈 창업이나 많은 인력이 필요한 업종과 업태를 선택해서는 곤란하다. 50대가 안정성을 추구하면서 자신은 직접 일하기 곤란한 상황이라면, 음식의 높은 품질과 개인화된 서비스로 경쟁하는 고급음식점을 창업해서는 안 된다. 창업의 유형에서 다루는 모든 항목이 논리적으로 결합되어 최적의 효율을 달성할 수 있는 사업모델을 찾는 것이 성공의 관건이기 때문이다.

표 5-9 업종과 업태 선정(사례)

구분		종합의견
업종 (Type of Business)	한식(고기전문점, 한정식전문점, 찌개전문점)	• 동남아음식점은 다소 진입장벽이 높은 편임 • 다만, 지속적인 창업자의 등장으로 차별성 있는 메뉴 개발이 필요
	양식(스파게티전문점, 스테이크전문점)	
	일식(회전초밥, 스시전문점, 사시미전문점, 우동전문점)	
	중식(짬뽕전문점, 짜장전문점)	
	커피전문점	
	피자전문점	
	동남아음식전문점	
업태 (Type of Service)	패스트푸드	• 패스트캐주얼 수준의 서비스를 제공하는 중저가의 동남아 음식점
	패스트캐주얼	
	패밀리 레스토랑	
	캐주얼 다이닝	
	파인 다이닝	
	테이크아웃전문점	
	카운터 서비스	

표 5-10 **투자 형태(사례)**

구분		해당여부	종합의견
전문가 지원형	프랜차이즈창업		지인으로부터 베트남쌀국수의 육수제조법과 기타 운영방법을 전수 받음(전수비용 약 2,000만 원)
	컨설팅창업		
	전수창업	○	
	취급점창업		
자립형	매입창업		음식 조리법을 제외한 모든 시스템 구축은 독자적으로 설계하여 시공함(인테리어 및 주방 설계는 전문업체에 의뢰)
	독립창업	○	
	공공지원		
위·수탁형	위탁창업		
	수탁창업		

표 5-11 **창업동기와 연령(사례)**

구분		해당여부	종합의견
창업동기	생계형창업		• 은행예금과 주식투자로 운영하던 여유자금 (2억 원)의 수익성 개선(월 투자수익률 4% 달성 목표) • 외식업에 대한 지식과 경험을 축적하여 향후 외식기업으로 성장시켜 사회에 공헌
	직업형창업		
	투자형창업	○	
	부업형창업		
	탈출형창업		
	기회형창업		
	전환형창업		
연령	20대창업(모험)		• 40대는 다양한 경험을 바탕으로 한 분야의 전문가로서의 역량이 쌓이는 시기임 • 전문지식과 역량을 바탕으로 차별화된 전문점으로 경쟁력을 확보한 후 다점포화를 추구함
	30대창업(기반)		
	40대창업(전문)	○	
	50대창업(안전)		

표 5-12 **구성원(사례)**

구분		해당여부	종합의견
구성원	1인창업		• 주방관리의 안정성을 위해 가족이 전수를 받음 • 성실하게 근무한 직원에 대한 인센티브차원에서 지분의 25%를 제공함 • 동업형식의 창업으로 강력한 리더십이 필요하지만 가족 및 직원과의 상호 이해증진을 위한 많은 노력이 필요함
	가족창업	○	
	여성창업		
	부부창업		
	동업창업	○	

표 5-13 **성격 유형(사례)**

구분		해당여부	종합의견
성격유형	외향형		• 외향, 사교형의 점장을 채용함으로써 고객관리를 강화함 • 내향, 침착형으로서 점포관리력과 손익관리력이 뛰어남 • 벤치마킹과 아이디어 창출에 주력하여 지속적인 신상품개발로 사업의 라이프사이클을 연장하고 마케팅활동에 주력함
	내성형	○	
	아이디어형	○	
	원칙형		
	추진형		
	논리형		
	방만형		

표 5-14 **경력 및 능력(사례)**

구분		직무	종합의견
경력	금융기관 8년	회계, 기획	
	IT 사업 5년	웹디자인, 웹프로그램 개발, 인터넷마케팅 대행	
	외식사업 10년	스파게티전문점 고기전문점 쌀국수전문점	
능력	외식창업론		
	외식마케팅		
	미스터리쇼핑		
	상권분석론		

표 5-15 **창업 유형의 선택(사례)**

구분	내용
업종 및 업태	제한된 풀서비스를 제공하는 동남아 음식점
투자형태	전문가 전수형의 독립창업
창업동기 및 연령	40대로서 미래를 대비하는 안정적인 투자형 창업
구성원	외식사업을 통해 구축한 인력을 바탕으로 한 가족창업으로 경쟁력 확보
성격유형	침착하고 치밀하지만 외향성은 부족하므로 서비스력이 뛰어난 점장을 확보하여 차별화된 메뉴개발을 통한 경쟁력 확보
경력 및 능력	충분한 외식창업 및 경영능력을 확보한 상태로서 안정적인 창업, 경영 가능
종합의견	• 2~3억 원을 투자하여 월 3~4%의 투자이익률을 달성하기 위한 투자형창업인 점을 고려할 때, 서비스 수준보다는 표준화된 시스템으로 승부하는 업종과 업태가 적합함. • 음식과 분위기의 차별화가 필수이며 인력조달에 어려움이 없어야 함. 특히 조리인력의 안정성을 확보하기 위해 조리사와 동업창업을 고려할 필요가 있음

③ 콘셉트의 설정

콘셉트는 소비자가 인지하는 음식점의 본질을 결정하는 단계이다. 가장 먼저 사명(mission) 및 비전(vision) 그리고 외식사업을 위한 로드맵을 기술한다. 가능하면 도표화하여 가독성과 이해도를 높인다. 다음으로 콘셉트의 구성요소를 토대로 음식점의 콘셉트를 개발한다. 콘셉트가 개발되면 이를 가장 적절하게 표현할 수 있는 브랜드를 선정해야 한다. 브랜드를 개발함에 있어서는 상표등록이 가능한 상호를 찾는 것이 중요하다. 상표등록을 마치고 나면 도메인을 등록하고 블로그와 카페의 개설도 검토해야 한다. 최소의 비용으로 최대의 효과를 낼 수 있는 인터넷 마케팅의 필수요소이기 때문이다.

표 5-16 **사명 및 비전(사례)**

구분	내용
사명선언서	웰빙을 추구하는 식문화의 선도자가 된다. 이를 위해 외부고객, 내부고객, 지역사회가 모두 행복을 느낄 수 있는 맛과 공간을 창조하고 유지하는 데 최선을 다한다.
비전	사명(Mission)을 달성하기 위해 다음의 원칙들을 매일 실천하고 습관이 되도록 노력한다. • 건강한 음식: 건강에 도움이 되는 청결한 음식을 만들고 제공한다. • 행복한 고객: 고객이 지불한 금액을 초과하는 가치를 제공함으로써 최고의 만족을 느끼도록 노력한다. • 즐거운 일터: 내부고객인 직원이 추구하는 인생목표를 달성할 수 있으면서도 항상 즐길 수 있는 분위기의 일터로 만든다. • 지역사회에 공헌: 외부고객, 내부고객이 만족하는 공간을 넘어서서 지역사회의 일원들이 모두 행복한 공간으로 인식할 수 있는 공헌활동에 관심을 기울인다.
세부전략	• 건강한 음식: 웰빙음식을 대표하는 한식과 동남아 음식의 퓨전화 • 행복한 고객: 전문적이면서도 다양한 음식을 적정한 가격과 높은 가치로 제공 • 즐거운 일터: 인생의 목표와 로드맵을 공유하고 지속적으로 지원 • 지역사회에 공헌: 정기적인 사회공헌 프로그램 개발과 실현

표 5-17 **외식사업 로드맵(사례)**

구분	1년 후	2년 후	5년 후	10년 후
점포의 수명주기	도입기, 성장기	성장기	성숙기	쇠퇴기
수익성	손익분기점 투자수익률(2% 내외)	투자수익률 (4% 내외)	투자수익률 (3% 내외)	투자수익률 (3% 내외)
점포 확장	임차점포 기존 점포에 집중	신규 점포 모색 자가 점포 계획	신규 점포 확장 자가 점포 확보	상권내, 외 다점포 실현 자가 점포 확장
자기계발	외식산업의 이해 성공점 벤치마킹	상권분석, 메뉴관리 성공학, 투자론	프랜차이즈	전문경영인
사회공헌	나와 내부고객에 관심	내부고객만족	지역사회 및 사회공헌 활동	
	단일점포의 안정화	단일점포의 성공	다점포를 통한 기업화	
목표	내가 추구하는 음식점의 콘셉트는 아래 목표의 달성이 가능하도록 설정함 • 2년 내에 투자수익률 100% 달성이 가능한 사업 아이템과 모델을 탐색해야 함 • 5년 내에 임차점포의 다점포화가 가능해야 함 • 5년 이후에는 누적수익으로 자가점포를 확보할 수 있어야 함 • 10년 내에 체인 또는 프랜차이즈사업을 통한 전국화가 가능해야 함 • 지속적인 자기계발을 통해 외식경영전문가로서의 위치를 확고히 함 • 외식창업을 고려하는 예비창업자를 위한 공헌활동을 할 수 있어야 함			

표 5-18 **콘셉트의 구성요소(사례)**

구분		내용	속성 1	속성 2	속성 3
업종	메뉴	대표적 상품	월남쌈	쌀국수	애피타이저
	메뉴 수	각 상품별 종류	월남쌈 5	쌀국수 5	전식 2
목표 고객	이용목적	이용동기	주부모임	데이트	가족모임
	목표시장	주부, 연인, 가족	주부	연인	가족
업태	서비스 형태	제공 서비스 수준	파인 다이닝	캐주얼 다이닝	패스트 다이닝
인테 리어	테마	음식점의 주제(스포츠 바, 병원, 감옥 등)	동굴	감옥	전쟁
	분위기	분위기 유형(미각, 시각, 후각, 청각)	모던스타일	동양스타일	호주스타일
상권		주택가 + 오피스 + 중심상권	중심상권	주택가, 오피스	역세권
입지		2급지, 3급지	1급지	2급지	3급지
가격		예상 객단가	15,000원/인	10,000원/인	5,000원/인
판매방법		내·외부 판매 방법	Eat In	Take Out	Delivery
규모(평수)		홀과 주방의 규모	50평(15평)	40평(10평)	30평(8평)
좌석 수		테이블 유형	8인석	4인석	2인석
영업일수		휴무일 지정	30일	28일	26일
영업시간		아침, 점심, 저녁, Break Time 여부	점심	Break Time(×)	저녁
특징적 내용		부가적 이익 요소, 케이터링, 연회 등	머그컵	티셔츠	케이터링
식사시간		평균 식사시간	30분 (점심)	1시간 (점심)	1시간 30분 (저녁)
회전률		시간대별 회전률	점심(2회전)	저녁(2회전)	
브랜드		차별적 가치	포앤비(×)	포카라(×)	라이스페이포(O)

주) 위 표에서 정리된 구성요소를 해당 항목에서 하나만 선택하거나 적절히 조합하는 등의 작업을 통해 최종적인 콘셉트가 정해져야 한다.

표 5-19 **콘셉트의 정리(사례)**

구분		내용
업종		• 퓨전 월남쌈전문점(호주식월남쌈, 베트남쌀국수)
목표고객		• 호주식월남쌈 : 주부(평일점심), 가족(평일저녁, 주말) • 베트남쌀국수 : 직장인(평일점심), 20~30대 연인(평일저녁, 주말)
편익		• 고객이 반드시 이 음식점만을 선택해야 하는 이유가 있나요? • 웰빙음식, 그린푸드, 씬푸드(thin food), 편안한 대화의 공간
정체성		• 건강한 음식을 편안한 분위기에서 마음껏 즐긴다. • thin price, thin body, natural flavor, high-class service, slim down
후보브랜드		• 라이스페이포 – 메뉴의 정체성 표현을 추구하는 경우
업태	What(주메뉴· 보조메뉴)	• 호주식월남쌈 / 베트남쌀국수 • 고정메뉴, 결합메뉴(정식, 일품) • 주력(대표)메뉴 : 호주식월남쌈(3~5종) • 중점(효율)메뉴 : 베트남쌀국수(3~5종) • 임시(순환)메뉴 : 볶음국수와 볶음밥류(3~5종) • 보조(보완)메뉴 : 어린이메뉴(1~2종) • 유인(미끼)메뉴 : 쿠폰메뉴(매월 변경), 세트메뉴(2~3종), 런치메뉴(2~3종) • 전문성을 강조하면서 다양성의 조화를 추구
	Why(이용동기)	• 초중등 주부 : 아이들을 학교에 보낸 후 친목모임 • 가족 : 다양한 계층이 공유할 수 있는 외식상품 • 직장인 : 속풀이 및 에스닉 푸드 즐기기 • 연인 : 새로운 경험(새로운 쌈과 국수의 체험)
	Who(주요고객) When(주요이용시간)	• 호주식월남쌈 : 주부(평일점심), 가족(평일저녁, 주말) • 베트남쌀국수 : 직장인(평일점심), 20~30대 연인(평일저녁, 주말) • 영업시간 : 오전 11시 30분~오후 10시
	Where(상권과 입지)	• 주택가(아파트)와 오피스(역세권)가 결합된 상권의 2~3급지(2층 가능)
	How(점포의 형태)	• 40평 내외(70석~80석), 좌석당 1.2평방미터
	How much(가격)	• 점심 : 8,000원(쌀국수, 볶음밥)~12,000원(쌈류) • 저녁 : 10,000원(쌀국수, 볶음밥)~16,000원(쌈류)
	서비스 수준	• 패스트 캐주얼(제한된 서비스)~캐주얼 다이닝(테이블 풀 서비스) • 테이크아웃(짜조, 쌈, 국수류) • 시간당 회전율 : 쌈 1~2회, 국수 2~3회
분위기		• 주부층 : 카페형 동남아 음식점(중국 나비장 스타일을 활용한 탁자) • 직장인 : 동남아음식 Bistro • 청년층 : 모던한 분위기 • 충분한 냉난방과 겨울철 습기 제거를 위한 환기 고려 • 목표고객에 따른 조화로운 분위기 연출

④ 상권조사와 사업타당성 분석

상권조사는 구체적으로 상권조사분석, 입지조사분석, 점포조사분석으로 나눌 수 있다. 일반적으로 점포는 한 번 선택하면 쉽게 바꿀 수 없다는 점에서 매우 중요한 창업자의 의사결정 요인에 해당된다. 특히 자신의 자본금에 적합한 상권과 입지를 선택한 경우, 어느 정도의 단점을 내포하고 있을 가능성이 높다. 이러한 문제점을 발견하고 스스로 극복할 자신이 있을 경우에만 창업을 하는 것이 현명한 방법이다. 아래 제시된 상권·입지·점포조사분석 사례는 매우 간결하게 작성된 내용이다. 실전에서는 본 교재에서 별도로 다루는 상권 및 입지분석 내용을 참조하거나 좀 더 전문적인 상권분석론 문헌을 활용해야 한다.

표 5-20 **상권 및 입지 조사·분석(사례)**

구분	판정기준		
	A급	B급	C급
1차 상권(반경 500m) 인구 수	15,000명 이상	10,000명 이상	5,000명 이상
2차 상권(반경 1km) 인구 수	50,000명 이상	30,000명 이상	20,000명 이상
상권 인구증가율	5% 이상	3% 이상	1% 이상
상권 1세대당 인구 수	2.5인 이상	2.0인 이상	2.0인 미만
상권 사업체 수	증가	미세한 증가	변화없음
점포에서 역까지의 시간(도보)	1분 이내	5분 이내	8분 이내
점포에서 역까지의 거리	30m 이내	50m 이내	100m 이내
지하철역의 승하차 인원 수(1일)	10만 명 이상	7만 명 이상	5만 명 이상
전면도로의 차량통행량(12시간)	3만 대 이상	2만 대 이상	1만 대 이상
전면도로의 유동인구 수(12시간)	10,000명 이상	7,000명 이상	4,000명 이상
점포의 가시성	매우 양호	양호	보통
주차가능대수	20대 이상	10대 이상	5대 이상
점포의 전면	7m 이상	4m 이상	2m 이상
점포의 위치	1층	1층 + 2층	2층 이상, 지하
간판 설치 위치	전면 + 측면	전면	측면

주) 판정기준을 이용하여 후보상권과 입지를 평가 후 선정함

표 5-21 **점포 조사·분석(사례)**

구분	내용	기타
1. 몇 층 건물인가?	20층	20층 중 2층에 위치
2. 점포 앞의 전면도로는 직선인가?	예	8차선 도로
3. 전면도로는 횡단 가능한가?	예	횡단보도 있음
4. 전면 보도의 보행자 수와 속도는 적절한가?	중간	여름에는 많으나 겨울에는 없음
5. 어떤 방향에서 점포가 보이는가?	3면	좌, 우, 전면
6. 점포의 어디가 보이는가?	전면, 측면	두 면이 보임
7. 어느 정도 거리에서 보이는가?	30m	
8. 간판의 설치 위치는 보기 쉬운 것인가?	예	1층 상단
9. 간판의 설치 폭은 충분한가?	예	10m
10. 점포 앞에 간판을 놓을 수 있는가?	아니요	입간판 불가능
11. 거는 간판은 설치 가능한가?	아니요	불가능
12. 점포 입구의 폭은 얼마나 되는가?	7m	
13. 점포 앞의 인도에는 여유가 있는가?	예	인도 넓음
14. 주변의 장애물은 없는가?	아니요	가로수로 인한 가시성 방해
15. 주변 및 같은 건물 안의 회사는 적절한가?	예	오피스텔, 주변 오피스텔
16. 입구는 점포의 어느 쪽이 되는가?	측면	
17. 입구는 전용계단인가 공용계단인가?	공용	
18. 입구에는 계단높이가 얼마나 되는가?	적절	오르내리기 적절함
19. 입구의 공간여유가 있는가?	예	적절함
20. 입구가 도로에서 너무 안으로 들어가 있지는 않는가?	아니요	
21. 점포면적은 적절한가?	예	140m²
22. 점포형태는 사용하기 쉬운가?	예	정방형
23. 건물이 지나치게 오래되지는 않았는가?	아니요	신축건물
24. 설비용량은 적절한가?(전기, 가스, 수도)	예	
25. 점포공사는 하기 쉬운가?	아니요	복합건물임
26. 건물의 건축설명, 도면 등은 입수가능한가?	예	관리사무소에서 입수 가능
27. 응달이 너무 지나치지는 않은가? 석양이 너무 비추어지지 않는가?	아니요	
28. 임차비용 이외에 많은 비용이 드는가?	예	관리비가 평당 1만 원
29. 뒷문이 있는가?	예	
30. 주차장이 있는가?	예	2시간 무료 주차 가능

주) 최종 선정된 점포에 대하여 위 체크리스트를 이용하여 계약체결 여부를 판단함

표 5-22 **타당성 분석을 위한 수익성 분석(사례)**

구분		금액(천 원)	기타
투자비	권리금	없음	
	보증금	50,000	
	시설비	130,000	
	예비비	80,000	
	합계 ①	260,000	
수익성	예상매출액	45,000	중간수준의 예상 매출액
	식재료비	16,000	시장조사 결과 약 35%로 추정
	인건비	9,000	시장조사 결과 약 20%로 추정
	임차료	4,500	시장조사 결과 약 10%로 추정
	관리비, 부가세 예수금 등	6,700	시장조사 결과 약 15%로 추정
	영업이익 ②	8,800	
투자수익률(%)		3.38	영업이익/투자비×100

표 5-23 **타당성 분석을 위한 손익분기점 분석(사례)**

항목	내용		
단위당가격(객단가)	12,000원		
손익분기 매출수량	고정비	임차료, 인건비, 관리비 등 1,200만 원	
	공헌이익	단위당가격 (1)	12,000원
		단위당변동비 (2)	7,000원
		공헌이익(1)-(2)	5,000원
	고정비/단위당 공헌이익	1,200만 원/5,000원 = 2,400명	
손익분기매출액	단위당가격×손익분기매출수량 = 12,000원×2,400명 = 약 2,880만 원		

⑤ 물리적 환경 디자인 계획

음식점의 물리적 환경은 외부환경, 내부환경, 기타유형적 요소로 구분된다. 이러한 음식점의 환경적 요소를 위한 디자인 콘셉트는 점포 외에도 음식의 종류까지 고려하는 것이 필요하다. 음식과 점포의 물리적 환경이 적절한 조화를 이루어야 하기 때문이다.

외부환경에서는 파사드(간판 포함)와 주차장을 내부환경에서는 점포내부 현황, 점포 구성도, 분위기, 조리공간, 화장실 등을 고려한다. 그리고 기타유형적 요소에서는 쿠폰, 유니폼, 광고지 디자인까지 고려하는 세심함이 필요하다. 최종적으로 서비스의 유형화 요소를 찾아서 고객들로부터 점포의 콘셉트를 적절하게 전달하려는 노력을 한다.

표 5-24 **점포 디자인을 위한 콘셉트(사례)**

● 국내 최고의 벤치마킹 대상 점포를 선정한 후 이미지 수집, 정리함

점포 디자인 콘셉트 이미지

점포 디자인 콘셉트 내용

- 점포는 기능적으로 홀과 주방 및 기타 공간으로 나뉘며 물리적 환경의 시설공사와 집기 제작 및 구매를 해야 함
- 여성고객을 대상으로 한 베트남쌀국수 및 호주식월남쌈 전문점이므로 전체 백색 컬러에 바닥은 카펫을 깔아 아늑한 분위기를 연출하고 벽체와 테이블의 장식과 이미지의 느낌을 베트남 풍을 가미할 예정
- 홀 중앙에 유리소재를 이용하여 와인 랙을 제작함으로써 눈으로 행복하고 입으로 만족하는 인테리어 전략을 고려함

주) 이미지 자료는 벤치마킹 업체를 촬영한 것이며 점포에서의 실현 가능성을 파악함

표 5-25 **외부환경 중 파사드(사례)**

● 국내 최고의 벤치마킹 대상 점포를 선정한 후 파사드 이미지를 수집, 정리함

파사드 디자인 이미지

점포 파사드 디자인 내용
• 최근에 유행하는 파사드 디자인을 조사하고 전통적으로 소비자들이 선호하는 디자인과 비교하여 자신의 업종에 가장 적합한 디자인을 선택함 • 투자비용을 고려해야 하며, 유행에 민감한 디자인을 피하고 점포의 정체성을 잘 드러낼 수 있도록 함

표 5-26 **외부환경 중 주차장(사례)**

구분	내용
이용 가능한 주차 대수	50대 동시 주차가 가능하므로 매장 이용고객의 주차편의 제공에 전혀 문제없음
주차 조건	도장 날인으로 2시간 무료 가능, 월 50대에 한하여 6시간 무료주차권 발행 가능, 유료 주차의 경우 30분에 1,000원의 주차료 지불
주차장이 없는 경우 대안	대체 유료주차장 있음. 발레파킹 대행사 있음.

주) 점포 내 기둥이나 기타 문제점 파악에 필수적임

그림 5-6 **점포내부 현황(사례)**

출입구

주) 홀, 주방, 기타 공간 배치 후 매출액 추정을 위한 탁자의 개수 파악에 필수적이지만 상황에 따라서 매장의 실 평수만으로 추정하기도 함

그림 5-7 **점포 구성도(사례)**

표 5-27 **점포 분위기(사례)**

● 벤치마킹 대상 점포를 선정한 후, 이미지 수집하여 정리함

점포 분위기

점포 분위기 설명
• 점포는 기능적으로 홀과 주방 및 기타공간으로 나뉘며, 물리적 환경의 시설공사와 집기 제작 및 구매를 해야 함 • 여성고객을 대상으로 한 베트남쌀국수 및 호주식월남쌈 전문점이므로, 전체 백색컬러에 바닥은 카펫을 깔아 아늑한 분위기를 연출하고 벽체와 테이블의 장식과 이미지의 느낌을 베트남풍을 가미할 예정 • 홀 중앙에 유리소재를 이용하여 와인랙을 제작함으로써 눈으로 행복하고 입으로 만족하는 인테리어 전략을 고려

주) 분위기 자료는 벤치마킹 업체를 촬영한 것이며 점포에서의 실현 가능성을 파악함

표 5-28 **조리공간(사례)**

구분	내용
매장에서의 비중	매장 전체 공간이 약 40평이므로 약 30%인 12평의 조리공간이 필요한 상황임
충분성	다만 조리공간 이외에 배식공간이 추가로 필요하므로 조리전용 공간은 8평, 배식 및 퇴식공간 4평으로 활용해야 할 것임
오픈주방 가능성 기타	• 지속적으로 육수를 끓여야 하는 상황임을 고려할 때 오픈 주방은 부적절할 것으로 사료됨 • 물의 사용이 많고 전용주방 공간이 협소하므로 배수시설과 방수에 특히 주의를 기울임과 동시에 홀과의 경계벽 방수에도 유의할 필요가 있음

표 5-29 **화장실(사례)**

구분	내용
화장실의 위치	점포 외부에 위치하여 타 점포와 공용으로 사용 중
관리 가능성	중국요리전문점과 인접하고 있으며, 배달 직원들의 흡연 장소 등으로 이용되어 매우 불결한 상태이며, 청결을 유지하기 매우 힘들 것으로 판단됨
대안	반대편에도 공용 화장실이 있으며, 청결하게 유지되고 있으므로 고객들에게 반대편 화장실을 사용하도록 권하는 노력이 필요함

표 5-30 **인테리어 체크리스트(사례)**

구분	내용
동일 상권 내 경쟁점과의 비교	최소의 비용으로 최고의 분위기를 창출할 수 있는가?
리뉴얼 고려	최소한 2년 주기로 최신 트렌드를 반영한 리뉴얼을 최소의 비용으로 가능하도록 디자인되었는가?
전기, 상하수도, 냉난방, 소방	• 전기용량은 충분한가? 필요에 따라서 인덕션 레인지, 전기로스터 등의 사용이 가능할 만큼의 용량인가? • 상수도의 수압과 하수도의 처리 용량에는 문제가 없는가? 하수관의 지름과 기울기가 문제인 경우 하수도가 막히는 사례가 발생할 수 있음에 유의해야 함 • 냉난방기 용량은 충분한가? • 지하나 2층 이상 점포인 경우 소방법을 충분히 준수하고 인테리어를 할 수 있는 상황인가?

⑥ 메뉴개발과 평가

가장 먼저 메뉴계획을 수립한다. 이어서 창업자만의 메뉴개발 전략을 수립하고, 계획과 전략을 가장 적절하게 반영하고 있다고 판단되는 음식점을 벤치마킹한다. 물론 경쟁점포의 메뉴를 그대로 모방해서는 안 된다. 장점을 참고하되 나만의 차별화된 메뉴를 개발해야 한다.

메뉴의 차별성을 부각시키기 위해서는 새로운 개발도 중요하지만 무엇보다도 세련된 구성이 요구된다. 메뉴의 체계, 메뉴품목과 가격 등을 어떻게 구성하느냐에 따라서 메뉴가 새롭게 탄생되기도 한다. 최종적으로 메뉴개발이 완료되면 창업자는 목표고객을 대상으로 메뉴평가를 거쳐서 메뉴를 확정한다.

표 5-31 **메뉴개발 전략(사례)**

구분	원가우위전략	차별화전략	집중화전략
선택		O	
종합의견	호주식월남쌈을 주메뉴로 설정하고 건강과 다이어트를 핵심 콘셉트로 설정함으로써 기존의 베트남쌀국수전문점과 차별화할 경우 진입장벽을 높일 수 있음		

주) 마이클포터의 본원적 전략을 기초로 메뉴개발 전략을 수립함. 단, 전략은 단순히 메뉴개발에만 적용되기보다는 음식점 콘셉트의 모든 구성요소에 반영되어 시스템화 되어야 함

표 5-32 **메뉴 검토(사례)**

구분	1안	2안	3안
메뉴명	호주식월남쌈	베트남쌀국수	수제짜조
종합의견	인정원, 라우라우 등의 호주식월남쌈전문점을 벤치마킹하되, 해당 업체들의 베트남 쌀국수의 전문성이 떨어지는 점을 보완할 수 있는 방법을 강구함 특히 베트남쌀국수전문점만의 차별화된 애피타이저로 짜조를 특화함		

표 5-33 **메뉴 벤치마킹(사례)**

구분	A점포	B점포	C점포
지역	강남	청담	분당
상호명	리틀 사이공	라우라우	분타
대표(주력)메뉴	쌀국수	월남쌈	팟타이
가격대	1만 원/인	3만 원/인	1만 원/인
주소비자층	20~30대(남/여)	20~40(여)	20~30대(남/여)
핵심경쟁력	육수	호주식월남쌈	팟타이
종합의견	생략		

표 5-34 **메뉴 체계(사례)**

구분	메뉴명	예정 가격대(원)	핵심경쟁력	목표고객
대표(주력)메뉴	호주식월남쌈(3~5종)	11,000~15,000	웰빙	주부, 가족
중점(수익성)메뉴	베트남쌀국수(3~5종)	7,500~11,000	깔끔한 맛	직장인, 젊은층
임시(순환)메뉴	볶음국수와 볶음밥류(3~5종)	8,500~12,000	다양성	직장인, 젊은층
유인메뉴	쿠폰메뉴(매월 변경) 세트메뉴(2~3종) 런치메뉴(2~3종)	무료~11,000	저렴함	주부, 직장인, 젊은층
보조(가족)메뉴	어린이메뉴(1~2종) 짜조(1~3종)	4,500~12,000	구색	어린이, 연인
종합의견	• 호주식월남쌈/베트남쌀국수 전문점 • 전문성을 강조하면서 다양성의 조화를 추구 • 고정메뉴, 결합메뉴(정식, 일품)			

표 5-35 **메뉴 품목과 가격(사례)**

메뉴군	메뉴명	가격	판매포인트
호주식월남쌈	소고기샤브샤브월남쌈	15,000원/인	추천 메뉴
	불고기월남쌈	15,000원/인	한식 경향
	치킨월남쌈	15,000원/인	다이어트 고객
	삼겹살월남쌈	15,000원/인	일식경향 고객
	우삼겹월남쌈	15,000원/인	일식경향 고객
베트남쌀국수	안심쌀국수	10,000원/인	추천 메뉴
	등심쌀국수	10,000원/인	추천 메뉴
	해물쌀국수	11,000원/인	메뉴 다양성
볶음밥	파인애플볶음밥	10,000원/인	퓨전 메뉴
볶음쌀국수	매운볶음쌀국수	11,000원/인	매운맛 선호고객

표 5-36 **메뉴 평가(사례)**

구분	호주식월남쌈	쌀국수	볶음밥	볶음쌀국수
맛	3	2	2	3
양	3	3	2	2
색상	3	2	2	2
향	2	2	2	2
식기	3	3	3	3
지불의향가격(원)	10,000~20,000	8,000~10,000	7,000~10,000	7,500~11,000
선호도	3	3	2	2
전반적 만족도	3	3	2	2
종합의견	• 호주식월남쌈/베트남쌀국수 전문점 • 전문성을 강조하면서 다양성의 조화를 추구 • 고정메뉴, 결합메뉴(정식, 일품)의 적정한 구성 • 전반적인 만족도가 높고 지불의향가격도 적정한 수준임			

주) 평가방법 : 1(나쁨), 2(보통), 3(좋음)

⑦ 인적자원과 서비스전략

인적자원은 외식사업에서 경영자에게 가장 큰 고충으로 인식되는 요인이다. 많은 근무시간에 비하여 충분한 급여를 받지 못한다고 생각하는 직원들이 잦은 이직을 하기 때문에 외식업체들의 인력난은 해결의 기미를 보이지 않고 있다. 따라서 창업자는 인적자원의 문제를 해결하기 위한 나름대로의 해결책을 사전에 준비해야 한다. 조직도와 필요인력을 예측하고, 이들이 만족할만한 급여수준을 지급하고도 충분한 수익성이 있어야창업이 가능하다. 또한 채용한 인력을 가장 효율적으로 활용하기 위한 서비스 전략도사업계획서에 포함시키는 것이 좋다. 창업의 유형에서 언급한 바와 같이 부부창업이나가족창업 등을 통해 인적요소에 의한 경쟁력을 확보하는 전략도 필요하다.

표 5-37 **급여 수준(사례)**

구분	상	중	하	소유인력/월 인건비
주방 정규직(월, 원)	2,000,000	1,700,000	1,500,000	3/5,200,000
주방 임시직(시급, 원)	–	6,000(일 5시간 필요)	–	1/600,000
점장(월급, 원)	2,000,000	–	–	1/2,000,000
홀 정규직(월급, 원)	2,000,000	1,700,000	1,500,000	3/5,200,000
홀 임시직(시급, 원)	–	5,000(일 5시간, 2교대)	–	2/1,000,000
종합의견 예상 인건비	• 베트남 인력의 활용 가능성 점검 • 안정적으로 주방장 수급이 가능한지를 파악하고, 대표가 조리능력을 갖추도록 노력함 • 총 예상 인건비: 14,000,000원			

표 5-38 **서비스 전략(사례)**

구분	내용	비고
업태	낮은 수준의 풀 서비스	제한적 친절성과 신속성 추구
고객만족	고객의 핵심가치를 파악	고객들이 기대 대비 높은 만족을 얻을 수 있도록 관리
경쟁전략	집중화전략	차별성과 규모의 경제 동시 추구
품질관리	미스터리 쇼핑	주기적인 서비스수준 평가
서비스정신	고객의 평생가치 개념	고객가치방정식
프로세스	서비스청사진에 의한 접점관리	최고의 핵심접점을 마지막 계산시점
수요공급관리	초과수요를 유도	지속적인 대기라인의 형성에 주력
서비스마케팅	CRM	장기적인 거래관계 유지를 위한 반기쿠폰 활용
유형화 포인트	인테리어와 소품, 와인렉	중간수준의 가격대이면서도 고급스러움을 느끼는 공간
종합의견	생략	

⑧ 개점 및 촉진전략

음식점의 개점 방법은 크게 소프트오프닝과 그랜드오프닝이 있다. 자신의 점포에 가장 적합한 방법을 사전에 선택할 필요가 있다. 대부분의 음식점들이 개점 시에 홍보효과를 높이기 위하여 그랜드오프닝을 선택한다. 자신의 상황을 고려하지 않고 남들이 하는 것을 무조건 따라하는 것은 매우 위험하다. 종업원들의 숙련도가 낮고, 개인화된 서비스가 필요한 경우 소프트오프닝으로 충분한 준비를 하는 것이 더 효과적인 개점방법이 될 수 있다.

음식점의 촉진방법으로 광고, 판매촉진, 인적판매, 홍보 등이 이용된다. 상권과 소비

표 5-39 **개점 방법(사례)**

구분	내용
소프트오프닝 (시험적 개점)	• 목표고객의 음식점에 대한 반응을 체크하기 위하여 정식오픈 2주일 전에 소프트오프닝을 실시함 • 고객들의 반응을 참조하여 개선사항을 도출하고 시스템을 확립함 • 지인들을 통한 메뉴 및 점포평가의 실시
그랜드오프닝 (정식 개점)	• 2주일 동안의 소프트오프닝 기간이 경과한 후 정식개점 • 가용 서비스 능력이 충분히 갖추어진 경우 고객 수를 극대화시켜서 기대수준을 충족시킴

표 5-40 **촉진 방법(사례)**

구분	광고	판매촉진	인적판매	홍보
매체 이용가능성	지역신문, 생활정보지, 전단지, 소셜커머스	쿠폰, 이벤트	지인을 통한 방문 유도	지역신문, 생활정보지
	3	3	1	2
비용 효과성	지역신문 (1회 전면 2백만 원)	쿠폰제작비용 (3,000부 10만 원)	–	광고 시 무상제공
	3	3	1	1
종합의견	• 지역신문에 의한 초기광고가 매우 효과적임 • 다만, 지속성을 위해 초기에 쿠폰을 활용하여 충성도를 높이는 전략 필요 • 소셜커머스는 단기적인 효과가 강력하나 고객의 준거가격을 떨어뜨리는 효과가 있어서 매우 유의할 필요가 있음			

주) 평가방법: 1(나쁨), 2(보통), 3(좋음)

자의 특성을 고려하여 각각의 수단을 최소의 비용으로 최대의 효과를 낼 수 있도록 활용해야 한다. 가능하다면 개점 이후 마케팅전략까지도 함께 강구한다.

⑨ 사업추진일정

사업계획의 마지막 단계는 그동안 준비한 사업계획을 실현하기 위한 구체적인 사업추진일정을 설정하는 것이다. 사업계획을 구성하는 각각의 세부항목별로 추진일정을 작성하면 사업계획을 체계적으로 실행하는 데 큰 도움이 된다.

표 5-41 **창업 추진 일정표 사례**

구분		1월	2월	3월	4월	5월	6월	7월	8월	9월	10월	11월	12월
개업 계획	창업자질 갖추기												
	콘셉트 구상												
	사업계획												
	자금계획												
	대출상담												
	대출실행												
점포 공사	점포정보수집												
	점포계약												
	설계상담												
	기본계획검토												
	기본설계												
	실시설계												
	시공 및 감리												
	시공점포 인수												
메뉴 계획 및 개발	기본 콘셉트												
	메뉴 검토												

(계속)

구분		1월	2월	3월	4월	5월	6월	7월	8월	9월	10월	11월	12월
메뉴 계획 및 개발	메뉴개발 및 시식						■	■					
	메뉴구성안							■					
	메뉴결정								■				
	식재료 리스트작성								■	■			
	납품업자선정									■			
	발주 및 납품											■	■
식기, 비품	목록표 작성								■				
	구입처 선정									■			
	계약, 납품										■		
인적자원	인원계획							■					
	구인공고									■			
	채용결정										■		
	연수										■		
	매뉴얼 작성									■			
	개업 트레이닝											■	
마케팅	계획수립							■					
	매체결정								■				
	제작물결정									■			
	매체발주									■			
	제작물발주									■			
	매체 게재											■	
	납품												■

표 5-42 **개업준비 일정표(사례)**

20**년 11월 (****점)

日	月	火	水	木	金	土
				1	2	3
4	5	6	7	8	9	10
11	12	13	14	15 일정확정	16 공사계약(인테리어) 홀교육 Start (범계, 평촌) 인테리어 공사	17 홀교육(범계, 평촌) 도면확정
18 샤브(2종, 소스 추가) 샤브용기: 금성주방 서초청국장(양재) 탐방	19 구인광고 현수막 설치(황금종) 상품 구성(안) 주방교육 Start	20 메뉴확정, 위생교육 메뉴북, 인쇄물 발주, 유니폼, 앞치마 발주, 소모품 발주	21 식기 및 주방기구, 홀기물 발주	22 신용카드 업체 확인 (POS 설치 여부)	23 위생교육	24
25	26 주방설비 발주 가스배관공사	27	28 상단 간판 하단 샤브샤브 이미지	29 주방설비 입고 인쇄물 입고 유니폼, 앞치마 입고	30 가스설비 완료 주방설비 완료	
유의사항						
카레삼겹 도입 검토 정화조 기준 확인	음식점중앙회 위생교육 이수 보건소 보건증 발급	위생교육은 화, 금 영업허가 사업자등록증				

(계속)

20**년 12월

日	月	火	水	木	金	土
						1 점포인도 오픈식재 준비 주방시운전
2 임시오픈 (지인 초대) 서비스교육	3 정식오픈	4	5	6	7	8
9	10	11	12	13	14	15
16	17	18	19	20	21	22
유의사항						
급배기 확인	로스터와 불판은 범계점과 반드시 상의 후 결정	식기류 및 홀기물 본점과 상의 후 결정	냉난방기 용량 충분히 할 것	슬라이스 기계 확인		고기 및 재료 이벤트용 협찬 야채류 공급업체 확인

요약

① 사업계획서란 사업을 시작하기 전에 창업자가 추진할 계획 사업과 관련된 제반 사항, 즉 사업내용, 목표고객, 시장특성, 예상매출액 및 수익성, 마케팅전략, 조직 및 인력관리, 소요자금 조달 및 운용, 세부일정 계획 등의 제반사항을 체계적으로 계획하는 것이다.

② 사업계획서는 보통 사업 추진의 안내서인 매뉴얼로 활용되기도 하지만, 대외적으로 자금의 차입이나 투자유치를 위한 자료로 활용되기도 한다.

③ 외식창업 사업계획서의 내용은 일반적으로 매우 자유로우며 창업자 자신의 창업 목적에 따라 성공적인 창업이 실현될 수 있도록 작성되어야 한다. 사업계획서의 내용은 사업계획서 개요, 회사 소개, 인적자원에 대한 소개, 마케팅 믹스(7P—Product, Price, Place, Promotion, Process, Physical evidence, People)에 따른 고객 만족 전략, 자금 투자 계획, 재무적인 수익성 평가 등으로 구성하는 것이 일반적이다.

④ 사업계획서는 작성 시 창업자는 자신의 창업 아이디어에 자신감을 가지고 설득하여야 하며 핵심적인 내용을 강조하여 사업계획서 작성의 목적을 달성할 수 있어야 한다. 사업계획서를 작성할 때에는 근거가 불충분하거나 비논리적인 추정에 의한 내용을 피하고 잠재된 문제에 대해서는 감추기보다는 해결방안을 제시하여 창업자의 대처능력을 표현하여야 한다. 또한 표현되는 모든 수치는 객관성을 유지하고 있어야 한다.

⑤ 음식점의 사업계획서에 포함되어야 하는 내용은 ① 사업의 개요, ② 창업의 유형, ③ 콘셉트의 설정, ④ 상권조사와 사업타당성 분석, ⑤ 물리적 환경 디자인 계획, ⑥ 메뉴개발과 평가, ⑦ 인적자원과 서비스전략, ⑧ 개점 및 촉진전략, ⑨ 사업추진일정 등이다. 모든 항목이 반드시 포함되어야 하는 것은 아니며 사용목적에 따라 적정한 항목을 선택하여 작성한다. 다만 자금조달, 총투자비용 내역, 추정손익계산서와 같은 사업타당성분석 자료는 어떠한 경우라도 반드시 포함시켜야 한다.

1 다음 중 사업계획과 사업타당성, 사업계획서와의 관계에 대한 설명 중 적절하지 않은 것은?

① 사업계획은 사업을 시작하기 전에 사업목표와 사업내용을 체계적으로 정리하는 작업

② 사업계획의 성공가능성을 진단하는 작업을 사업타당성 분석이라고 함

③ 사업계획을 문서화한 것을 사업계획서라고 함

④ 일반적으로 사업계획서를 작성하고 사업타당성 분석을 함

> **해설** 일반적으로 사업계획서를 작성하기 전에 사업타당성 분석을 실시한다. 물론 상황에 따라서 그 선후가 바뀌거나 동시에 이루어진다고 할 수도 있다.

2 사업계획서의 종류와 용도에 대한 설명으로 잘못된 것은?

① 사업계획서는 대내적 용도와 대외적 용도로 나누어진다.

② 대외적 용도란 주로 투자자 설득과 금융기관 대출을 위한 목적의 사업계획서이다.

③ 사업계획서의 종류는 용도에 따른 분류(대내용, 대외용), 형식에 따른 분류(요약형, 서술형, 설명형) 등으로 나뉜다.

④ 요약사업계획서는 10장 내외의 분량으로 작성하는 유형의 사업계획서이다.

> **해설** 요약사업계획서는 A4 용지 기준으로 한 페이지 또는 두 페이지 이내로 작성하는 사업계획서이다.

3 사업계획서 작성 시 유의사항이 적절치 않은 것은?

① 전문성을 나타내기 위하여 가능하면 전문용어를 사용한다.

② 경쟁자에 대한 과소평가나 과대평가를 금한다.

③ 설득력 있고 간단명료하면서 자신감 있게 작성한다.

④ 리스크가 존재할 경우 숨기기보다 해결방안 및 대안을 제시한다.

> **해설** 사업계획서는 전문용어보다는 이해 가능한 평이한 용어를 사용하여 작성하는 것이 좋다.

4 손익계산서에 대한 설명 중 잘못된 것은?

① 매출액에서 매출원가를 차감하면 매출총이익이 된다.

② 음식점의 매출원가는 식재료비가 주를 이룬다.

③ 대출금에 대한 지급이자는 판매비와 일반관리비에 속한다.

④ 서비스 직원의 인건비는 판매비와 일반관리비에 속한다.

> **해설** 대출금에 대한 지급이자는 영업외 비용에 속한다.

5 사업계획서의 장점이라고 보기 힘든 것은?

① 계획에 의한 사업의 체계화

② 이해관계자에게 신뢰성 제고

③ 재무제표 작성을 위한 기초자료

④ 사업의 타당성 검증

해설 사업계획서 자체가 추정 재무 제표를 포함하고 있는 문서이다.

6 사업계획서 본문에 반드시 포함되어야 할 내용이 아닌 것은?

① 재무계획

② 상권분석 및 경쟁업체 분석

③ 마케팅전략

④ 서비스 매뉴얼

해설 서비스 콘셉트나 기본적인 전 략을 포함시키면 되며, 구체적인 매뉴 얼까지 사업계획서에 포함시킬 필요 는 없다. 다만 이미 준비된 매뉴얼이 있다면 첨부자료에 포함시키면 좋을 것이다.

7 사업계획서 작성 후 행동으로 올바르지 않은 것은?

① 사업계획서를 검증한다.

② 사업계획서는 필요에 따라 수정하고 보완한다.

③ 한번 작성한 사업계획서를 수정하는 것은 신뢰의 원칙에 어긋난다.

④ 사업계획서 내용에 따라 사업을 추진한다.

해설 사업계획서는 환경변화와 필 요에 따라 수정, 보완하는 것이 필요 하다.

8 추정 손익계산서에 대한 설명으로 적절치 않은 것은?

① 손익계산서는 기업의 일정기간의 경영성과를 나타내는 표이다.

② 기업회계기준에 의거 작성되어야 한다.

③ 매출총이익에서 판매비와 일반관리비를 차감하면 영업이익이 산출된다.

④ 판매대금을 신용카드로 수취하면서 지급하게 되는 신용카드수수료는 영업외 비용이다.

해설 신용카드 수수료는 지급수수료 계정으로 처리하며, 판매비와 일반관 리비에 속한다.

| 정답 |　　1 ④　　2 ④　　3 ①　　4 ③　　5 ③　　6 ④

　　　　　7 ③　　8 ④

1 외식 트렌드에 대한 토론을 통하여 창업 아이디어를 개발하여 봅시다. 특히 한식의 세계화에 적합한 창업아이템은 어떤 것이 있을지 함께 토론하여 봅시다.

2 자신이 구상하고 있는 음식점의 사업계획서를 '나의 첫 사업계획서'를 기초로 작성하여 봅시다.

3 손익계산서 항목 중 '판매비와 일반관리비'에 해당되는 모든 계정과목을 조사하고 계정과목에 속하는 세부적인 비용항목을 나열하여 봅시다.

4 주변의 외식사업 경영자를 대상으로 실제 창업 시 예상한 투자비용이 실제 발생한 투자비용과 어떤 차이가 있었는지 조사하여 봅시다. 또 추정 손익계산서 작성 시 고려한 운영비용과 실제 경영하면서 발생하는 운영비용 사이에는 어떤 차이가 있는지를 조사하여 봅시다.

5 예비창업자가 매출액을 추정하기 위하여 사용가능한 모든 방법을 제시하여 보고, 현실적으로 활용 가능하고 정확도가 높을 것으로 판단되는 방법과 그 이유를 설명하여 봅시다.

6 《도쿄, 그 카페가 좋더라(바운드 지음, 김정한 옮김)》를 읽고 문헌의 내용을 바탕으로 카페를 창업하기 위한 사업계획서를 작성하여 봅시다. 사업계획서 양식은 본 학습에서 제시한 사례를 참고하여 나름대로의 양식을 만들어 활용하여 봅시다.

6장

사업타당성분석 및 자금조달

|

사업타당성분석이란 목표하는 투자수익률을 달성할 수 있을지를
판단하는 활동이다. 예를 들어 총 1억 원을 투자하여 1년에 3천
만 원의 순이익을 얻는 것이 목표라면 연 30%의 투자수익률을
달성할 수 있을지 창업 전에 예측해 보아야 한다. 따라서 사업타
당성분석을 위해서는 투자액, 예상매출액, 예상비용을 모두 추정
할 수 있어야 한다.

사업타당성분석 및 자금조달

학습내용
1. 외식창업을 위한 사업타당성분석
2. 자금계획과 조달방법
3. 창업자금지원제도

학습목표
● 외식창업을 위한 사업타당성 분석요소를 파악하고 분석절차를 이해한다.
● 외식창업을 위한 자금계획수립 항목과 자금의 조달 방법을 이해한다.
● 외식창업을 위한 창업자금지원제도와 활용법을 이해한다.

생각열기

BEST CASE　　음식점창업을 위한 콘셉트에 대한 고민을 끝내고 사업계획서 작성에 들어간 나성공은 오늘도 이곳저곳을 방문하면서 벤치마킹에 여념이 없다. 특히 자신이 생각한 콘셉트와 유사한 점포를 찾는 것이 그의 주된 관심사였고, 상권과 입지에 대한 조사도 병행하고 있다.

이제 사업계획서가 어느 정도 완성되어 가는 즈음에 나성공은 큰 어려움에 봉착하게 된다. 바로 사업타당성분석이다. 사업타당성분석은 음식점 창업에 앞서 사업의 성공여부를 판단 또는 분석하기 위하여 사업추진능력, 기술성, 시장성, 상품성, 수익성, 안정성, 위험정도 등을 분석하고 평가하는 총체적 활동이다. 이러한 타당성 분석은 크게 정성적 분석방법과 정량적 분석방법으로 나누어진다.

일반적으로 정성적 분석은 창업자의 지식을 바탕으로 주관적인 평가를 주로 하는 것이고, 정량적 분석은 재무회계 이론을 바탕으로 매출 및 비용을 추정하고 이익을 계산함으로써 사업의 수익성을 추정하는 것을 기본으로 한다. 여기서 나성공이 어려움을 느끼는 부분이 바로 정량적 분석이다. 나름대로 대학 때 회계 원리나 재무회계 등을 열심히 수강한 데다 직장생활을 하면서도 회사의 회계업무를 경험한 나성공으로서는 그렇게 낯선 분야는 아니었지만, 막상 사업타당성 측면에서 매출과 비용 그리고 이익을 예측해 본 건 처음이라서 당황하는 것도 무리는 아니다.

"도대체 내가 어떻게 매출을 알 수가 있단 말이야. 내가 무슨 신도 아니고. 거기다가 비용은 어떻게 추정을 하나?"

'내 사업이 과연 성공할 수 있을까?'라는 문제에 대한 해답은 사업타당성 분석을 통해 답할 수 있어야 한다. 하지만 경험도 없는 비전문가가 이에 대한 답을 찾기란 쉽지 않다. 그럼에도 불구하고, 나성공은 친구인 이도움의 도움을 받아 경쟁업체들의 매출액을 조사하고 음식점의 비용구조를 파악함으로써 차근차근 핵심을 이해하는 노력을 이어가고 있다.

타당성 분석에 이어 창업을 위한 자금계획이란 또 하나의 산이 나성공을 기다리고 있다. 나성공은 자금계획을 초기투자비에 대한 계획과 운영비에 대한 계획으로 나누어 검토하기로 했다. 먼저 초기투자비는 권리금, 임차보증금, 인테리어 비용, 설비 장치, 탁자와 의자, 예비비 등으로 이루어진다. 운영비는 수익이 거의 발생하지 않을 경우를 대비하여 3~6개월 정도 수익이 없이도 음식점을 운영할 수 있을 정도의 충분한 자금이 요구된다. 이와 같은 자금을 나성공은 자기자본과 타인자본의 형식으로 조달할 예정이다. 자기자본은 자신이 직접 조달하는 자금이고, 타인자본은 타인의 투자와 금융기관 등의 대출을 통해 조달하는 자금으로 소규모 음식점 창업의 경우는 창업의 촉진을 위해 정부나 지방자치단체에서 지원하는 낮은 이자의 자금을 적극 활용할 계획이다.

창업을 촉진하거나 지원하기 위해 국가나 지방자치단체 등에서 지원하는 창업자금의 지원처는 '소상공인지원센터, 근로복지공단, 국가보훈처창업지원기금, 한국장애인고용촉진공단, 여성경제인협회, 미소금융재단' 등이 있다. 이러한 단체는 낮은 이자의 자금을 장기에 걸쳐 지원할 뿐만 아니라, 창업 및 경영컨설팅 등을 함께 제공함으로써 소규모 창업의 성공 가능성을 높이기 위해 노력한다는 점도 나성공에게는 하나의 매력으로 작용하였다.

WORST CASE 박실패는 동창인 이멘토를 졸라서 결국 창업을 위한 콘셉트와 사업계획까지 그럭저럭 구상하는 데 성공하였다. 물론 이런 작업은 지금까지의 경험을 통해 이멘토가 전적으로 준비한 것이다. 박실패는 그저 구경꾼처럼 지켜보기만 했을 뿐이다.

어쨌든 그럭저럭 외식창업을 위한 준비는 어느 정도 이루어지고 있지만 가장 중요한 과정인 사업타당성 분석과 자금계획이 기다리고 있음을 이멘토는 박실패에게 차근차근 설명하고 있다.

"박실패… 도대체 누가 창업을 하는 건지 모르겠다. 네가 창업을 하는 거냐? 내가 창업을 하는 거냐?"

"이코치 자네가 곧 나고 내가 곧 자네 아닌가. 너무 딱딱하게 굴지 말고 기왕 도와주기로 한 거 끝까지 잘 해줘봐."

"참… 자기 아쉬울 때만 니꺼 내꺼 없지."

이멘토는 대학 시절 의리의 사나이로 통하던 박실패로부터 많은 도움을 받은 기억을 하면서 그래도 박실패가 인간성은 좋은 친구임을 되새기고 있다.

"그래 박실패. 내가 대학 때 너한테 받은 은혜에 비하면 뭐 이 정도는 대수가 아니지. 그때 자네가 내 등록금을 마련해 준다고 아르바이트도 하고 용돈도 절약해서 도와준 걸 생각하면 내가 뭘 못해주겠나."

"그때를 생각하면 무엇이든 내가 다 해주고 싶고 또 그러려고 하는데, 문제는 평생 자네 생업을 옆에서 봐 줄 수는 없다는 게 문제 아닌가. 다음으로 우리가 할 일은 사업 타당성을 분석하고 자금계획을 세우는 일인데, 아무래도 이 일만큼은 자네가 직접 고민하고 결정해야 할 문제니까. 알아서 해 보게."

이멘토는 박실패에게 사업타당성 분석을 위한 매출액 추정 방법과 음식점의 비용구조 등을 자세히 설명하여 주었다. 그리고 사업자금 계획을 위해 초기투자비와 운영자금을 각각 나누어서 계획을 세워야 한다는 점도 열심히 설명하였다.

특히 최근에는 국가나 지방자치단체를 통해서 사업자금 대출을 받을 수 있는 다양한 지원책이 있으니, 가까운 소상공인시장진흥공단을 방문하여 자금을 지원 받을 수 있는 방안과 함께 해당 기관에서 컨설팅을 받는 방법도 검토해 볼 것을 안내하였다.

역시 외식업체에 근무하는 이멘토의 사업타당성 분석과 자금계획에 대한 조언은 거의 완벽에 가까웠다. 문제는 박실패가 이런 조언을 실제로 행동에 옮기느냐는 것이었다.

"여보게 이멘토. 걱정하지 말게나, 내가 누군가. 한다면 하는 박실패 아닌가."

"물론 자네의 뚝심과 실행력은 내가 익히 잘 알지, 하지만 이건 실제로 수치화하는 작업이기 때문에 얼렁뚱땅해서는 절대로 안 되네. 특히 정상적으로 대출이 잘 되겠다는 식의 결론을 내서는 더더욱 안 되고."

"하하…. 걱정도 팔자군. 걱정 말고 나한테 일주일의 시간만 주게. 내가 일주일 동안 사업타당성 분석, 투자자금, 운영비 예산 등을 완벽하게 숫자로 계산해서 자네한테 대령하겠네. 그럼 되지 않겠나."

큰 소리만 뻥뻥치는 박실패가 왠지 좀 의심스럽기는 했지만 그래도 자신만만한 그의 모습을 보면서 이멘토는 어느 정도 안도의 숨을 쉴 수 있었다.

"그래. 자네의 실행력과 의지라면 못할 일도 아니지. 자네를 믿으니까. 정말 자네가 하고 싶은 음식점이 성공할 수 있을지를 검토해서 나를 설득해보길 바라네. 그래야 자네 부탁대로 나도 투자를 해 주던지 할 것 아닌가."

외식창업을 위한 '사업타당성분석'이란 창업하려는 음식점의 성공가능성을 미리 예측해 보는 과정을 의미한다. 즉, 창업자가 목표하는 이익을 거두고 투자한 자금을 원하는 시점까지 회수할 수 있느냐를 사업을 시작하기 전에 판단하여 사업의 진행 여부를 스스로 결정하는 단계이다. 사업타당성분석은 창업의 필수단계로서, 창업자의 적성 등과 같이 정성적으로 판단해야 하는 부분과 수익성과 같이 정량적으로 산출해야 하는 부분으로 구성된다.

창업을 고려하고 있는 예비창업자들은 사업타당성분석의 중요성을 충분히 이해하고 있다. 다만 스스로 분석하는 데 어려움을 느끼다 보니 자포자기하고 직감에 의존하거나 컨설턴트 또는 가맹본사의 주장만 믿고 창업에 임하는 경우가 많다.

사업타당성분석을 거치지 않고 창업에 임하는 것은 위험한 바다에 동력장치도 없는 작은 배를 타고 나가는 것과 같다고 비유할 수 있다. 높은 파도가 몰려오면 배는 큰 위험에 처하게 되듯이, 창업자의 사업 또한 실패할 가능성이 매우 높아진다. 외식창업을 준비하는 사업자라면 최소한 자신이 투자한 자금으로 목표수익률은 달성 가능한지, 언제쯤 투자금의 회수가 가능한지, 원하는 이익을 얻기 위해서는 얼마의 매출액을 달성해야 할지, 그리고 목표 매출액을 달성하기 위해 지출해야 하는 비용은 얼마인지 등은 알고 시작해야 한다. 투자비용, 달성 가능한 매출액, 매출액 달성을 위해 지출해야 할 비용의 적절한 조합을 찾아낼 수 있다면 예비창업자들의 성공은 확보될 수 있다.

1 외식창업을 위한 사업타당성분석

1) 사업타당성분석의 정의

외식창업을 위한 사업타당성분석이란 음식점 창업에 앞서 사업의 성공여부를 판단 또는 분석하는 행위를 의미한다. 좀 더 구체적으로는 성공적인 사업을 위해 필요한 자질,

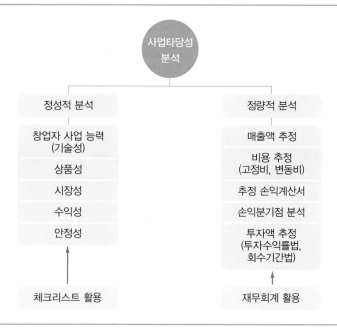

그림 6-1 **사업타당성분석**

기술성, 시장성, 상품성, 수익성, 안정성 등을 분석하고 평가하는 총체적 활동으로 정의
할 수 있다. 다만 이러한 모든 요소를 다루는 사업타당성을 〈그림 6-1〉과 같이 정성적
분석과 정량적 분석으로 나누어 구체화시킬 수 있지만, 소규모 외식창업의 경우 단순
화된 절차를 통해 사업타당성 분석을 하는 것이 현실적인 대안이기도 하다.

일반적으로 소규모 외식창업의 경우 창업자의 사업능력을 체크리스트 등을 통하여
판단하는 정성적 분석과 투자금액, 매출액, 비용의 추정을 통해 투자수익률, 회수기간
등을 산출하는 정량적 분석이 주를 이룬다. 따라서 외식창업을 고려하는 사업자라면
최소한의 사업타당성 분석을 거쳐서 창업여부를 결정해야 한다.

사업타당성분석과 사업계획서
사업계획서는 고려하고 있는 사업을 하기 위해 앞으로 실행할 일련의 활동계획을 기록해 놓은 문서이지만 사업계
획서와 사업타당성 분석은 종종 같은 의미로 사용되기도 한다. 논리적 순서로 보면 사업타당성 분석을 통하여 그
결과가 긍정적이면 실행계획, 즉 사업계획을 수립하고 이를 문서화하는 사업계획서 작성이 이루어져야 한다.

2) 사업타당성분석의 필요성 및 중요성

사업타당성분석은 창업을 하는 데 있어서 '필수불가결'한 요소이다. 대규모 투자를 수반하는 사업이 아니고 소자본만으로 사업을 시작하는 경우라도 이를 간과해서는 곤란하다. 사업타당성분석의 필요성을 살펴보면 그 이유를 더욱 명확하게 이해할 수 있다. 사업타당성분석은 객관적, 체계적 분석을 통해 창업 성공률을 높이는 데 반드시 필요하다. 또한 창업요소의 정확한 파악을 통해 창업기간을 단축할 수 있도록 도와준다. 그 외에도 철저한 준비를 통한 효율적 창업에 도움이 된다는 점이 있으며, 경영지식 습득과 능력향상의 기회를 제공해 준다. 이와 같은 필요성 때문에 실시되는 사업타당성분석의 중요성을 정리하면 다음과 같다.

- 치열한 경쟁, 급격한 변화에 대응하기 위한 철저한 준비
- 성공가능성이 낮은 사업의 포기
- 미래 위험상황에 대처하기 위한 사전정보의 수집
- 사업을 추진할 것인지 아니면 포기할 것인지의 결정

3) 사업타당성분석 요소 및 프로세스

지금까지 사업타당성분석의 필요성과 중요성을 살펴보았으므로, 예비창업자들은 주먹구구식 창업이 얼마나 위험한지 이해하게 되었을 것이다. 그럼에도 불구하고 창업을 준비하는 예비사업자들이 이를 쉽게 간과하는 이유는 사업타당성분석을 하기 위하여 고려해야 할 요소가 너무 많고 어렵기 때문이다. 특히 회계 및 재무분야의 전문적인 지식이 필요하다는 점이 사업타당성분석을 포기하게 만드는 가장 큰 원인이기도 하다.

사업타당성분석을 위하여 확인해야 할 요소들은 '시장성, 기술성, 경제성, 공익성' 등이다. 이를 좀 더 구체적으로 살펴보면, 시장성은 음식점 매출이 언제, 얼마나 높아질 것인가?, 기술성은 메뉴는 목표한 원가로 조리 가능하고 차별적인 기술우위 요소가 있는가?, 경제성은 필요한 자금은 얼마이며 어떻게 조달할 것인가?, 계획사업의 수익성은

확보하고 있는가?, 공익성은 사회공익에 어느 정도 기여하는가? 등이며, 이를 좀 더 세부적 항목으로 나누어보면 다음과 같다.

- 창업아이템과 창업자의 적합도 : 업종, 적성, 경력, 경영능력 등의 적합성 검토
- 예비창업자의 마인드 : 경영 및 서비스 마인드, 반드시 성공하겠다는 굳은 의지
- 시장환경과 시의성 : 업종의 라이프사이클상 도입기 또는 성장기
- 사전지식과 기술성 : 노하우의 적정성, 기술 확보
- 경영능력과 전략 : 인적관리능력, 마케팅 능력, 전략수립 및 실행 능력
- 상권과 입지의 타당성 : 업종과의 적합성, 상권의 성장 가능성
- 수익성 : 경쟁업체의 수익성을 바탕으로 검토
- 장기비전 : 유행 업종 여부, 장기 성장 가능성 분석
- 자금계획 : 창업 및 운영자금의 적정성
- 연구개발능력 : 메뉴의 연구개발 능력의 확보
- 공익성 : 공익에 반하지 않으며 기여

이와 같은 분석대상은 현장에서 수치화하여 정량적으로 평가하기는 곤란한 항목들도 많다. 따라서 일반적으로 체크리스트를 활용하여 외식창업을 위한 사업타당성분석을 정성적으로 시도해 볼 수 있는데, 이 때 활용할 수 있는 체크리스트는 〈표 6-1〉과 같다.

사업타당성분석을 위하여 다루어야 할 요소로서 시장성, 기술성, 경제성, 공익성을 살펴보았고, 정성적 분석을 위한 체크리스트에서 창업자의 사업능력, 상품성, 시장성, 안정성을 사례로 다루어보았으나 현장에서 이루어지는 사업타당성분석은 체계적인 절차를 통해 타당성과 신뢰성을 확보할 수 있어야 한다. 따라서 이러한 요소들을 좀 더 구체적으로 어떤 과정을 거쳐 어떤 내용을 검토해야 할지 살펴본다.

사업타당성분석을 위한 구체적인 절차는 다음과 같다. 가장 먼저 창업아이템의 탐색을 통해 아이템을 결정한다. 이후 시장성을 분석하고 기술성, 수익성 분석을 거친다. 마지막으로 창업비용을 산정하여 수익률과 투자수익률을 계산한다.

표 6-1 음식점 사업타당성분석 체크리스트(정성적 분석)

주요항목	평가요소	세부검토사항	평가			종합
			상	중	하	
창업자의 사업능력	창업적합도	사업경험 및 지식정도(조리사자격 보유 등)				
		사업수행능력(친절도, 영업력 등) 여부				
		업종, 적성, 경력, 경영능력 등의 적합성				
	경영마인드	경영 및 서비스 마인드				
		반드시 성공하겠다는 굳은 의지				
		고객유치 및 판매전략 여부				
상품성	상품의 적합성	창업자가 잘 아는 메뉴나 조리방법인가?				
		대중성				
		가격의 적절성				
		식재료의 구입 편의성				
		고객의 폭이 넓은가?				
	상품의 독점성	식자재의 독점성				
		정부의 인허가로 인한 창업의 제한성				
시장성	시장의 규모	예상되는 고객의 수				
		시장규모 평가				
	경쟁성	경쟁업체의 세력 및 분포도				
		경쟁업체의 품질과 가격의 비교우위				
		차별화 가능여부				
	시장의 장래성	잠재고객 수의 증가 가능성				
		대기업의 진입 가능성				
		소비자의 성향 및 필요성				
수익성	제품생산비용 효율성	원재료의 비용				
		조리의 효율성				
	적정이윤 보장성	원재료 조달방법 및 금액				
		임대료 및 인건비의 적정성				
		원가, 인건비, 관리비를 제외한 적정이윤의 보장				
안정성	위험수준	불황 적응력				
		기술 발전수준과 경쟁업체 출현 시 대처능력				
	자금투입 적정성	초기투자액에 대한 자금조달 범위				
		손익분기점의 수준 및 기간				
		예비비의 보유 여력				
	재고수준	재고관리의 용이성				
		수요의 계절성				
합계						

그림 6-2 **사업타당성분석 프로세스**

(1) 창업 업종·업태 및 아이템 탐색

외식창업을 위해서는 선택 가능한 다수의 업종과 업태 중 예비창업자의 적성에 맞으면서 소유한 자원과 환경에 적합한 아이템을 선정해야 한다. 이 때 고려해야 할 요소를 살펴보면 다음과 같다.

- 창업자 연령, 적성과 경력
- 유망 아이템 여부
- 시장상황
- 수익성과 비용
- 사업리스크

(2) 창업아이템 분석

창업하고 싶은 업종·업태 및 아이템의 탐색이 끝나면, 창업자의 상황에 가장 적합한 후보 아이템을 중심으로 시장성과 기술성 분석을 시행한다. 이 단계는 주로 정성적 분석으로 이루어지며, 주로 체크하게 되는 항목은 다음과 같다.

표 6-2 **시장성 및 기술성 분석 항목**

시장성 분석 항목	기술성 분석 항목
시장규모의 적정성	독자적 조리기술이나 차별화된 노하우
경쟁업체의 수와 경쟁강도 및 경쟁력	시설 및 생산능력의 적정성
시장의 장기비전	식재료의 수급 안정성

(3) 수익성 분석

수익성 분석이란 매출액과 비용을 추정하여 이익을 계산해 보는 정량적 분석을 의미한다. 매출액과 비용을 추정한 후, 최종적으로 이익을 계산하는 활동은 회계학 지식을 필요로 한다. 미래의 사업가가 되고 싶다면 사전에 충분한 학습과 조사를 통해 계정과목을 익히고 손익계산서 작성방법을 연습하는 것이 필요하다. 이러한 지식을 갖추고 수익성 분석에 임할 때는 다음과 같은 내용을 고려한다.

- 현실적이면서도 보수적으로 추정할 것
- 추정손익 및 손익분기점(break even point)을 파악할 것
- 투자수익률법, 회수기간법 등을 이용하여 투자대비 경제성을 파악할 것
- 라이프사이클을 고려하여 사업의 장기비전을 예측해 볼 것

① 매출액 추정하기

수익성 분석을 위해 가장 먼저 해야 할 일은 매출액을 추정하는 일이다. 매출액을 추정하는 상세한 방법은 제8장(상권과 입지조사분석)에서 다룰 예정이다. 매출액을 추정하는 방법은 매우 다양하다. 업종과 업태 그리고 상황에 따라 다양한 방법을 적절히 혼용하여 추정하는 것이 좋다. 최근에는 '나이스비즈맵'과 같은 상권분석시스템을 이용하여 특정 상권 내 특정 업종에 대한 매출액을 파악할 수 있으므로, 매우 정교한 추정이 가능하다.

매출액 추정법

1. 벤치마킹에 의한 추정법
- 월 매출액 = 1일 방문고객 수 × 객단가 × 월 영업일 수

2. 통행인구의 방문율에 의한 추정법
- 월 매출액 = 통행인구 수 × 내점율 × 객단가 × 월 영업일 수

3. 일반적인 음식점 매출액 추정법
- 월 매출액 = 좌석 수 × 좌석점유율 × 회전율 × 객단가 × 월 영업일 수

음식점의 조건

- 4인 테이블이 10개인 음식점의 총 좌석 수는 40석(= 4 × 10)이다.
- 4인 테이블에 동석하는 고객의 평균 수가 점심 3인, 저녁 2인이라면, 점심 좌석점유율은 3/4 = 0.75(75%), 저녁 좌석점유율은 2/4 = 0.5(50%)이다.
- 점심시간에 10개 테이블이 2회전, 저녁시간에 10개 테이블이 1.5 회전한다.
- 객단가는 점심시간에는 10,000원, 저녁시간에는 25,000원이다.
- 월 영업일수는 주 1회 휴무한다고 가정하면 월 평균 25일 영업한다.

위 조건을 기초로 한 월 추정매출액

- 월 점심 매출액 = 40 × 0.75 × 2 × 10,000 × 25 = 15,000,000원
- 월 저녁 매출액 = 40 × 0.5 × 1.5 × 25,000 × 25 = 18,750,000원
- 월 매출액 합계 = 15,000,000 + 18,750,000 = 33,750,000원

② 손익계산서 추정하기

다양한 상권정보와 현장조사 등을 통하여 매출액 추정이 이루어지고 나면 다음으로 비용을 추정하는 단계에 들어간다. 비용을 추정하기 위해서는 음식점 운영에 소요되는 비용항목을 기업회계기준의 손익계산서 항목기준으로 이해하는 것이 필요하다. 이를 좀 더 구체적으로 살펴보면 다음과 같다.

- 비용항목은 구체적으로 매출원가(식재료비, 조리인력 인건비), 판매비와 관리비(서버 인건비, 지급임차료, 수도광열비, 신용카드수수료 등), 영업외 비용(지급이자) 등으로 구분한다. 좀 더 세부항목은 〈표 6-3〉의 손익계산서를 참조한다.
- 일반적으로 음식점의 주요 비용항목인 식재료비, 인건비, 임차료, 기타경비 등으로 구분하기도 하며 세부항목을 고정비와 변동비로 구분할 수 있어야 한다. 그 이유는 손익분기점 분석을 하기 위함이다.
- 모든 음식점이 부가가치세(VAT)를 가격에 포함하여 수납하므로, 이를 매출액에서 차감하여 '부가가치세 예수금'으로 처리한다.

매출액과 비용의 추정은 기업회계기준에서 지정한 계정과목을 중심으로 다음의 손익계산서 형식을 활용한다.

표 6-3 외식사업타당성분석을 위한 추정 손익계산서

항목	내용
매출액 ①	• 월 매출액은 영업가능 일수를 감안하여 산출하되, "총매출 = 음식 매출 + 주류 및 음료 매출" 또는 "총매출 = 현금 매출 + 카드매출" 등으로 구분 • 경쟁업체 등을 대상으로 현장조사를 통해 추정 가능
매출원가 (식재료비율) ②	• 메뉴 제조에 소요되는 식재료(양념류 포함), 주류, 음료 원가 • 원칙적으로 조리인력에 대한 인건비는 매출원가이나 편의상 판매비와 관리비의 인건비로 분류함 • 통상 음식점의 매출원가율(식재료비율)은 30% 내외가 적절함
매출총이익 ③	매출액에서 매출원가를 차감한 금액(① - ②)
판매비와 관리비 ④	• 영업이나 관리에 소요된 모든 비용은 판매비와 관리비 • 임차료, 급여(인건비), 감가상각비, 연구개발비, 광고선전비, 수도광열비(수도, 가스, 전기료), 통신비(전화, 유선, 인터넷, 팩스), 소모품비, 수선비, 각종 수수료, 세금과 공과, 접대비, 보험료 등 • 최근 신용카드매출이 증가하면서 카드수수료(카드 매출의 약2.5%)를 반드시 비용으로 고려 • 부가가치세(비전문가의 타당성 분석을 위한 편의상 부가가치세 납부액을 판매비와 관리비로 가정하여 처리함-매출액의 약 5%로 가정)
영업이익 ⑤	매출이익 - 판매비와 일반관리비(③ - ④)
영업외 수익 ⑥	• 영업활동이외의 수익으로 이자수익 등이 해당됨 • 음식점에서 발생할 항목은 거의 없음
영업외 비용 ⑦	• 차입금액에 대한 이자비용
세전이익(경상이익) ⑧	영업이익 + 영업외 수익 - 영업외 비용(⑤ + ⑥ - ⑦)
소득세 ⑨	• 법인은 법인세, 개인은 종합소득세
월 당기순이익	세전이익(경상이익) - 소득세(법인세 등)(⑧ - ⑨)
사업타당성 판단	• 투자대비 창업자의 목표수익률을 초과하면 양호(음식점의 경우 월 경상이익이 투자대비 3~4% 수준이면 양호한 것으로 판단) • 음식점의 업종과 업태에 따른 이익률의 차이가 매우 크므로, 통계청 자료나 기타 현장조사 등을 통해 이익률을 확인함 • 신용카드 수수료와 부가가치세 납부세액을 고려하여 이익을 과대평가하지 않도록 유의함 • 음식점의 업종, 업태에 따른 수익성을 충분히 조사하고 손익분기점을 낮출 수 있는 방안을 찾아야 함 • 손익분기점 분석을 위해 모든 비용을 고정비(임차료, 정규직원 인건비, 감가상각비 등)와 변동비(식재료비, 파트타이머 인건비, 각종 수수료, 광고선전비, 수도광열비 등)로 구분해야 함

표 6-4 **월 추정 손익계산서 사례**

구분		금액	비율	비고
매출액	합계	48,130,000	100.00%	
	현금	9,409,500	19.60%	
	카드	38,720,500	80.40%	
매출원가	식재료비	16,218,390	33.70%	
매출총이익		31,911,610	66.30%	
판매비와 관리비	합계	27,114,282	56.34%	
	인건비	11,104,150	23.10%	경영자 인건비 포함
	임차료	4,840,000	10.10%	
	감가상각비	2,500,000	5.20%	투자비 15천만 원 가정
	수도광열비	2,603,210	5.40%	관리비포함
	소모품비	123,800	0.00%	커피, 쓰레기봉지 등
	수선비	500,000	1.00%	
	통신비	114,160	0.00%	전화, 인터넷
	복리후생비	1,177,950	2.40%	회식비, 고용보험 등
	광고선전비	500,000	1.00%	
	신용카드수수료	968,012	2.00%	카드 매출액의 2.5%
	부가가치세 예수금	2,000,000	4.20%	
	보험료	200,000	0.40%	화재보험료
	지급수수료	183,000	0.40%	렌탈료, 세무사, 매트
	잡비	300,000	0.60%	
영업이익		4,797,328	9.96%	
영업외 이익	수입이자	0		
영업외 비용	지급이자	0		
경상이익		4,797,328		
소득세	종합소득세	–		
월 당기순이익 (감가상각비 제외 시)		4,797,328 (7,297,328)		투자수익률: 3.20% (투자수익률: 4.86%)

주 1) 감가상각비는 임차보증금을 제외한 투자비(1억5천만 원)를 5년(60월)으로 상각하는 금액

2) 신용카드수수료는 지급수수료에 포함해야 하지만 별도 표기함

3) 매출원가에는 음식의 제조에 투입된 인건비와 경비도 포함되어야 하지만 식재료비만 계상함

4) 임차보증금을 제외한 1억 5천만 원을 투자하였다고 가정하면 감가상각비 제외 시 월 투자수익률은 약 5%임

③ 손익분기점 분석하기

매출액과 비용을 추정함으로써 이익을 산정하는 수익성 분석이 끝나면 창업자는 이미 산출된 비용항목을 고정비와 변동비로 구분하여 손익분기점 분석을 할 수 있다. 손익 분기점이란 이익이 제로가 되는 매출액이나 매출수량을 의미하는 것으로, 창업 후 적 자를 면할 수 있는 최소의 매출액을 확인하기 위한 방법이다. 즉, 외식사업을 지속적으 로 유지하기 위해서는 이익은 없더라도 적자는 면해야 되므로 적자를 면할 수 있는 매 출액 수준을 파악해야 한다. 이를 좀 더 구체적으로 살펴보면 다음과 같다.

- 음식점의 매출액과 총비용이 같아지는 지점을 의미한다. 즉, '매출액 − 총비용 = 순이익'에서 순이익이 제로(0)가 되는 매출액이나 매출수량이다.
- 손익분기 매출액은 '고정비/(1−변동비율)' 공식으로 산출할 수 있다.
- 손익분기점을 낮추는 것이 음식점 성공의 핵심이다. 예를 들어, 고정비를 줄이면 손익분기점이 낮아지므로 이익이 발생할 가능성이 높아진다.

표 6-5 손익분기점 분석을 위한 변동비와 고정비

구분	내용
변동비	매출의 증감에 따라 증감하는 비용 예) 식재료비, 아르바이트 인건비, 수도광열비, 소모품비, 수선비, 통신비, 광고선전비, 신용카드수수료 등
고정비	매출 발생과 관계없이 발생하는 비용 예) 정규직 인건비, 정규직 복리후생비, 임차료, 감가상각비, 이자, 보험료, 수도광열비 기본요금, 통신비 기본요금 등

음식점의 손익분기점분석(사례)

손익분기점이란 매출액이 그 이하가 되면 손실이 나고, 그 이상이 되면 이익이 나는 기점을 의미 한다. 따라서 손익분기점이란 이익이 제로(0)가 되는 매출액이나 매출수량을 의미한다. 이를 다시 표현하면 매출액과 레스토랑의 총비용이 같아지는 지점을 말한다.

일반적으로 손익분기점 매출액이나 매출수량을 구하기 위한 공식이 제공되지만, 여기서는 기본적인 손익계산 공식을 이용하여 손익분기점 매출수량을 먼저 구해 보기로 한다.

- 순이익 = 매출액 − 총비용

손익분기점이란 '순이익 = 0'이 되는 기점이므로 매출액과 총비용이 같아지는 지점으로

- 매출액 = 총비용

매출액은 매출수량과 단위당 가격을 곱하여 계산되고, 총비용은 변동비와 고정비를 합하여 구할 수 있다. 따라서 위 공식을 다음과 같이 구할 수 있다.

- 매출수량 × 단위당 가격 = 변동비 + 고정비

다시 변동비는 단위당 변동비에 매출수량을 곱하여 구할 수 있으므로

- 매출수량 × 단위당 가격 = (단위당 변동비 × 매출수량) + 고정비

위 식을 매출수량을 기준으로 다시 정리하면 다음과 같다.

- 매출수량 × (단위당 가격 − 단위당 변동비) = 고정비
- 매출수량 = 고정비 / (단위당 가격 − 단위당 변동비)

여기서 (단위당 가격 − 단위당 변동비)를 단위당 공헌이익이라고 한다. 따라서

- 손익분기 매출수량 = 고정비 / 단위당 공헌이익

으로 표현이 가능하다. 아래와 같은 정보를 주어진다면, 이를 기초로 손익분기 매출수량을 구해 보자.
메뉴 판매가격(단위당) = 10,000원
메뉴당 변동원가(단위당) = 3,000원(식재료비, 판매비와 관리비 등)
음식점의 고정원가(1개월) = 7,000,000원(임차료, 인건비, 지급이자, 보험료, 감가상각비 등)
공헌이익은 10,000 − 3,000 = 7,000(원)이 된다. 따라서 손익분기 매출수량은

7,000,000 / 7,000 = 1,000

음식점은 한 달에 1,000개의 메뉴를 판매하면 손익분기점에 도달하게 된다. 또한 여기에 단위당 가격을 곱하면 손익분기 매출액을 구할 수 있다.

1,000개 × 10,000원 = 10,000,000원

즉, 한 달에 10,000,000원의 매출을 올려야만 최소한 손실은 면할 수 있다는 의미이다.

여기서 일정한 목표이익을 달성할 수 있는 매출수량과 매출액을 구할 수도 있다. 예를 들어, 이 음식점이 한 달에 순이익 7,000,000원을 달성하려는 목표를 세울 경우, 이런 목표를 달성하기 위한 매출수량과 매출액은 다음과 같이 산출 가능하다.

- 매출액 − 총비용 = 7,000,000원
- 매출액 = 7,000,000원 + 총비용
- (매출 수량 × 단위당 가격) = 7,000,000원 + (매출수량 × 단위당 변동비) + 고정비
- 매출 수량(단위당 가격 − 단위당 변동비) = 7,000,000원 + 고정비
- 매출 수량 = (7,000,000 + 고정비) / 공헌이익

앞의 사례를 그대로 적용하여 목표이익 달성을 위한 매출수량을 계산하여 보면 다음과 같다.

목표 이익 달성을 위한 매출 수량 = 14,000,000 / 7,000 = 2,000

한 달에 2,000개의 메뉴를 판매하면 목표이익 7,000,000원을 달성할 수 있다는 결과를 얻을 수 있다.

(4) 창업비용 산정

높은 매출액을 달성하고 비용을 낮추어 많은 이익을 낸다고 하더라도 투자금액이 과다하여 투자수익률이 낮다면 그런 사업은 수익성이 높다고 할 수 없다. 따라서 예비창업자는 치밀하고 철저한 자금계획을 통해 손익분기점을 낮추고, 투자금 회수기간을 단축시켜야 한다. 외식창업을 위해 소요되는 투자금인 창업비용을 사전에 충분히 숙지하고 투자비용을 최소화시킨다면 성공적인 창업이 가능하다.

이상 살펴본 매출액 추정, 비용 추정, 이익 산출, 투자금액 산출 결과를 이용하면 예비창업자는 투자안의 선택을 위한 사업타당성분석을 할 수 있다. 일반적으로 기업들이 주로 사용하는 사업타당성분석 방법은 복잡해서 개인이 계산하기에 어렵다. 하지만 다음과 같은 계산법을 익혀서 사업타당성분석을 할 수 있어야 한다.

- 투자안을 선택하기 위한 타당성 분석 기법은 회수기간법(payback period method), 평균회계이익률법(average return on book value method), 순현가법(NPV method),

표 6-6 **투자비(창업비용) 항목**

구분	항목
점포 임차관련 비용	임차보증금, 권리금, 부동산 중개비용
점포 인테리어 비용	설계비, 간판설치비, 주방설비 공사비, 내외장 인테리어, 전기용량 증설비, 상하수도 공사비, 도시가스 공사비, 공조시설 공사비
집기, 비품 구입비	냉난방기, 장식품, 식기류, 유니폼, 소모품, 사무용품, 금전출납기 또는 POS 시스템, 의자와 테이블, 조리용구, 기계류, 메뉴북 등 디자인 출판비
원재료 구입비	초도 원재료 구입비
마케팅비	개업 촉진을 위한 비용(광고비, 판촉물비용, 개점 이벤트비용, 기타 인쇄비)
기타 비용	프랜차이즈 가맹비, 전화 및 인터넷 설치비, 시장조사비, 교통비, 상담비, 접대비, 보험료, 지급수수료 등
예비비	6개월 정도의 점포 운영비(인건비, 재료비, 경비 등)

수익성지수법(profitability index method), 내부수익률법(IRR method) 등 다양하다.

• 소규모 음식점의 경우 감가상각비를 고려하지 않고 월 투자수익률법이나 회수기간법을 활용하는 경우도 있다.

• 전문성이 요구되는 화폐의 시간적 가치계산을 하지 않은 채

'월 투자수익률(%) = (월 매출액 − 월 지출액)/총투자금액 × 100'을 계산할 수 있다.

다양한 타당성분석 기법 중 소규모 외식사업을 고려하는 예비창업자는 월 투자수익률법이나 투자비 회수기간법 등을 이용해서 간단하지만 명료한 사업타당성분석을 할 수 있다.

투자수익률은 순이익(매출 − 비용)을 투자금액으로 나누어 산출되는 결과치로 1억 원을 투자하여 월 순이익 4백만 원을 달성하면 월 투자수익률은 4%가 된다. 월 투자수익률이 4% 이상이면 사업타당성은 매우 양호한 수준이다. 물론 음식점과 같은 소규모 개인창업일 경우에 해당되는 기준이다. '매우 양호'는 투자비를 2년 이내에 회수하는 것을 가정하고 있다. 어떤 근거로 이런 기준이 만들어진 것일까? 월 투자수익률이 4%일

경우 연으로 환산하면 48%가 되므로 2년이면 96%의 투자수익률을 달성한다. 이런 상황이라면 모든 투자비를 회수한다고 가정할 수 있다. 예를 들면, 약 2억 원을 투자하여 음식점을 창업한 경우 임차보증금 5천만 원을 제외한 1억 5천만 원이 소모성 투자라고 가정하자. 월 4%의 투자수익률을 달성하려면 월 순이익이 6백만 원이 되어야 하고, 창업자는 이 금액을 한 푼도 쓰지 않고 모으면 2년 이내에 투자원금을 회수하게 된다. 사실 이런 수준의 투자수익률은 일반적인 기업의 창업에서는 상상도 할 수 없는 투자수익률임에 틀림없다. 그런데 소규모 외식업에서는 이런 수준의 투자수익률을 가정할 수밖에 없다. 이는 일반적인 점포임대차계약이 2년으로 이루어지기 때문이다. 또한 대부분의 음식점 수명주기가 2년임을 감안한 것이기도 하다. 우리나라에서 음식점들이 2년이면 수명을 다한다는 슬픈 현실을 받아들여야 하고, 건물주가 2년 이후에 연장계약을 해 주지 않을지도 모른다는 최악의 상황을 고려한 투자수익률이다. 만약 점포를 임차하는 조건이 아니고, 매입하여 창업을 하는 경우라면 월 투자수익률을 자신의 상황에 적합하도록 조정하면 된다. 5년 이내에 투자금의 회수가 이루어지는 상황이 우수하다고 판단하면, 자신의 인건비를 비용으로 간주하고 월 2%의 투자수익률만 얻을 수 있어도 창업자는 만족한다.

(5) 사업타당성분석 사례

호주식월남쌈과 베트남쌀국수 전문점을 창업하기 위한 '라이스페이포'의 사업타당성분석 사례를 제시하면 다음과 같다.

● 시설비용 추정

구분	내용		소계
외부공사 (파사드 간판 등)	베이스	평방미터당 금액(상부, 기둥)	2,000만 원
	사인	채널(잔넬), 스카시	
	외부조명	개수	
	야장	평방미터	
	외부 문	평방미터	
	어닝	M당 × 전면길이	
인테리어	평수 대비 변동		6,000만 원
	천장/벽체	목공/조적/미장/금속/유리	
	칸막이		
	주방	설비배관방수	
	바닥	타일/데코타일/장판	
	전기조명		
	공조	닥트/급배기/냉난방	
	예상 전기 승압		
	수장 공사	도배 등	
	디스플레이	조경, 커튼, 소품, 가구	
	탁자	20개	1,000만 원
	의자	80개	
홀비품 홀기물 주방기물	집기	4구 냉동 냉장고/테이블 냉장고	1,000만 원
		반찬냉장고	
		가스레인지/생선그릴/튀김기	
		오븐기	
		싱크대	
		작업 선반	
		기타관련기기	
		제빙기	
	그릇류	조리기구	1,000만 원
		음식그릇	
옵션	철거		2,000만 원
	화장실		
	인허가	소방, 복구공사	
	용도변경	정화조	
		창고	
	민원공사	소음	
	건물하자	누수, 방풍	
	냉난방기		
	순간온수기		

(계속)

구분	내용		소계
옵션	닥트입상		2,000만 원
	팅커벨		
	포스, 카드단말기	포인트 카드	
	영상	프로젝트, 케이블TV	
	음향	오디오, 스피커	
	방범	CCTV	
	전기 승압, 수도 승수		
	가스	도시가스(LNG)	
		LPG	
합계			1억5천만 원

※ 비품 및 기물류 참조용

① 홀 비품류

NO	품명	수량	규격	금액	비고
1	휴대용 가스레인지	5			로스터고장 시 이용
2	고기불판	10			
3	불판 집게	2			
4	스텐 쟁반	2	48		
5	불판 보관함	1			
6	진공청소기	1			
7	와인 냉장고	1			
8	유아 식탁의자	4			
9	전자레인지	1			
10	우산꽂이	1			
11	우산포장기	1			
12	무선호출기	20			20테이블 기준
13	무선수신기	3			
14	3단 카트	1	460 × 700		
15	이젤 세트	1			
16	이젤용 마카	1			
17	메뉴북	10			
18	빌지판	20			
19	빨래 건조대	1			
20	전기 온수통	1	30호		
21	냉온정수기	1			
22	제빙기	1			
23	주류 냉장고	2		지원	주류 공급처
24	전기주전자	1			

② 홀 기물류

NO	품명	수량	규격	금액	비고
1	사기 숟가락	200			
2	플라스틱 젓가락	200	2개1조		
3	수저받침	200			
4	유리찻잔	150			
5	찻주전자	60			
6	투명소스통	40			스리라차, 해선장
7	투명케첩병	10	특대		
8	피시소스통	1			오일보틀
9	투명케첩병	5	소		
10	냅킨통	20	나무		
11	백원형접시	150			개인용쌈접시
12	소스종지	150	1단		고추
13	2단소스종지	150			땅콩, 피시
14	사각반찬접시	150	130 × 130		
15	페이퍼통	50			18인치페이퍼용
16	집게	25	중		고기용
17	집게	3	소		고추 등
18	면국자	25			후식면용
19	가위	10			
20	어린이 숟가락	20			
21	어린이 포크	20			
22	어린이 물컵	20			플라스틱
23	어린이 그릇	30			플라스틱
24	일반 숟가락	20			볶음밥용
25	스텐물 주전자	2			물, 육수보충용
26	기물행주	20			적색, 녹색
27	테이블행주	20			흰색
28	막수건	10			걸레, 유리창, 로스터용
29	음료수컵	10			사이다, 콜라
30	도자기물잔	10			
31	와인잔	20		지원	와인 공급처
32	소주잔	30		지원	주류 공급처
33	맥주잔	30		지원	주류 공급처
34	복분자잔	10		지원	주류 공급처
35	아이스티컵	10			
36	단무지통	4			

(계속)

NO	품명	수량	규격	금액	비고
37	소스스푼	10			소형 차스푼
38	피시소스 주전자	1			
39	원형트레이	5	35.5		논슬립
40	원형트레이	5	40.5		논슬립
41	사각트레이	5	65 × 45		논슬립
42	차 끓이는 주전자	2			자스민차용, 육수용
43	스탠드 쓰레받기	1조			
44	직원 수저통	1			
45	직원용 수저세트	10조			
46	알뜰주걱	1			
47	테이블 트레이	20	310 × 160		나무
48	스텐 원형기 물통	3	150 × 180		
49	스텐 원형기 물통	5	200 × 230		
50	사각 휴지통	2	대		
51	거품기	1			
52	깔때기	1			
53	와인 오프너	1		지원	와인 공급처
54	통조림 오프너	1		지원	통조림 공급처
55	사각기물보관함	4			플라스틱
56	플라스틱통	2			음식물쓰레기, 물보관용
57	계량컵	1	2000		
58	계량컵	1	500		
59	재스민차용 자루	5			

③ 주방 기물류

NO	품명	수량	규격	금액	비고
1	국수그릇(중)	80			쌈물그릇 겸용
2	국수그릇(대)	10			
3	원형접시	5			4인용야채접시
4	원형접시	60			야채, 고기겸용
5	원형접시	30			고기, 3인 국수사리용
6	직사각접시	20	25.5 × 10.5		1인고기, 짜조
7	볶음면접시	20			파스타접시
8	후식국수그릇	20			구이후식
9	보조공기	100			샤브후식, 육수용

(계속)

NO	품명	수량	규격	금액	비고
10	샤브냄비(중)	30			2~3인용
11	샤브냄비(대)	10			4인용
12	프라이팬28	4			
13	튀김팬30	2			
14	중화팬40	1			
15	전자저울	1			
16	불고기냄비	5			
17	백밀폐용기1호	5			
18	백밀폐용기2호	2			
19	백밀폐용기4호	4			
20	백밀폐용기5호	4			
21	백밀폐용기7호	4			
22	백밀폐용기9호	6			
23	튀김집게	1			
24	연마봉(야스리)	1			
25	깔때기	1			
26	고급건지기고운망	1	13		
27	고급건지기고운망	1	27.5		
28	고급건지기거친망	1	35		
29	거품기	1			
30	밥주걱	1			
31	회전채칼	1			당근
32	무채칼	2			
33	양배추채칼	1			
34	오이채칼	1			
35	튀김젓가락	3	33		
36	계량컵	1	2000		
37	계량컵	1	500		
38	하트팬	10			볶음밥세트용
39	나무볶음주걱	3			
40	스텐믹싱볼 33	1			
41	스텐믹싱볼 36	1			
42	스텐믹싱볼 40	1			
43	스텐믹싱볼 46	1			
44	12OZ국자	1			
45	8OZ국자	1			

(계속)

NO	품명	수량	규격	금액	비고
46	2OZ국자	1			
47	자루냄비 특대	2	31 × 28.5 × 14.5		
48	자루냄비 대	2	29 × 26 × 13		
49	자루냄비 소	2			
50	우동조리	2			
51	칼꽂이	1			
52	정육칼	2			
53	채소칼	2			
54	과도	3			
55	위생도마	1	450 × 350		
56	위생도마	2	600 × 400		
57	전기밥솥 22인용	1			
58	믹서기	1			다지기기능
59	행주 삶는 바스켓	2			
60	감자칼	1			
61	육수용 자루	10			
62	숫돌	2			
63	분무기 소형	3			
64	자루바가지	2	165 × 90		
65	타이머	1			
66	투명케첩통 대	10			
67	소스통	3			
68	밀폐용기	다수			크기별
69	육절기	1			냉동육가능용
70	튀김기	1			
71	육수냉장고	2			숙주용, 육수용
72	육수국자 대	1	1000		
73	육수국자 특대	1	1500		
74	4각바트(스텐)	10	17.6 × 16.2 × 15.5		
75	4각바트(플라스틱)	10	17.6 × 16.2 × 15.5		
76	4각바트(플라스틱)	20	17.6 × 16.2 × 10		
77	4인치풀바트(플라스틱)	1	53 × 32.5 × 10		
78	플라스틱 소쿠리	10	호수별 다양		
79	플라스틱 대야	5	호수별 다양		
80	알루미늄습통	2	55 × 49		육수용
81	알루미늄습통	1	40 × 39		샤브육수용

총 투자비 추정

구분	항목		내용	
예상투자자금	점포비 %	보증금	5,000만 원	5천4백만 원
		권리금	무	
		임차료	300만 원	
		관리비	100만 원	
	시설비 %	설계비		1억5천만 원
		인테리어		
		외부간판		
		옵션		
		공조		
		주방기물		
		홀 기물	탁자, 의자	
			메뉴판, 유니폼	
			빌지, 인쇄물	
	초기 운영비 %	초도비	식재료비	2천만 원
			초도물품비	
			초도홍보비	
		운영비	인건비	
			제 경비	
			금융비용	
			기타비용	
	예비비 %	6개월	임차료, 고정인건비, 관리비, 고정식재료비, 광고비 등(월 1천만 원) 6천만 원	6천만 원
합계			2억8천4백만 원	

자금조달계획

구분	항목	항목금액	소계
자본금	본인	1억6천4백만 원	2억8천4백만 원
	가족	1억 원	
	친구	–	
	그 밖의 사람	–	
부채(대출금)		–	무
부채(리스, 렌탈)		–	무
그 밖의 사업자로부터 제공받는 물건	냉장고 등	–	무
합계			2억8천4백만 원

● 매출액 추정

① 최종 입지의 추정 매출액

항목	내용		
테이블 수	4인석 20개		
객단가	점심: 10,000원, 저녁: 15,000원		
예상회전 수	점심: 최저-1회전, 최고-2회전 저녁: 최저-0.5회전, 최고-1.5회전	이용 동기	점심: 주부모임, 직장인 점심 목적 저녁: 연인, 친구 친교 목적
일매출액	최저	점심: 20테이블 × 2.5인 × 객단가 10,000원 × 1회전 = 50만 원 저녁: 20테이블 × 2.5인 × 객단가 15,000원 × 0.5회전 = 37.5만 원 합계: 50만 원 + 37.5만 원 = 87.5만 원	
	최고	점심: 20테이블 × 2.5인 × 객단가 10,000원 × 2회전 = 100만 원 저녁: 20테이블 × 2.5인 × 객단가 15,000원 × 1.5회전 = 112.5만 원 합계: 50만 원 + 52.5만 원 = 212.5만 원	
월매출액	최저	87.5만 원 × 30일 = 2,625만 원	
	최고	212.5만 원 × 30일 = 6,375만 원	

주) 최종입지의 매출액은 다양한 방법을 통하여 최소 매출액과 최대 매출액을 추정하며, 평일과 휴일의 매출액이 차이가 나는 경우 별도로 추정하여 월 매출액을 추정함

② 나이스비즈맵 추정치

구분		금액
상권 내 유사업종 평균 월매출	최저	3,645만 원
	최고	5,919만 원
해당 업종의 추정 매출	최저	2,019만 원
	최고	5,919만 원

③ 경쟁업체 매출 추정치

최저	2,700만 원
최고	6,000만 원

④ 총평균법에 의한 매출액 추정치

최저	(2,625만 원 + 3,645만 원 + 2,019만 원 + 2,700만 원)/4 = 2,747만 원
최고	(6,375만 원 + 5,919만 원 + 5,919만 원 + 6,000만 원)/4 = 6,053만 원
평균	(2,747만 원 + 6,053만 원)/2 = 4,400만 원

수익성 분석

① 손익 추정

항목	내용		
	최저	평균	최고
월매출액 ①	2,747만 원	4,400만 원(100%)	6,053만 원(100%)
매출원가 ② (식재료비 35%)	1,000만 원	1,560만 원(35%)	2,118만 원(35%)
매출이익 ③ (① − ②)	1,747만 원	2,840만 원	3,935만 원
판매비와 관리비 ④	1,859만 원	2,005만 원(45%)	2,723만 원(45%)
영업이익(③ − ④)	−112만 원	835만 원(20%)	1,212만 원(20%)
영업외 비용	−	−	−
순이익	−112만 원	835만 원	1,212만 원
비고	개점 초기 매출 예상액	개점 후 1년 내외 매출 예상액	개점 후 2년 내외 매출 예상액
벤치마킹 업체의 수익성 조사 결과	벤치마킹 대상업체들의 순이익률을 조사하여 자신이 추정하는 수익률과 어떤 차이가 있는지를 확인함		

주) 판매비와 관리비 항목: 소규모 업체의 계산 편의를 감안하여 인건비(20%), 임차료(10%), 관리비, 광고선전비, 기타 제비용(10%), 카드수수료, 부가가치세 예수금(5%) 포함하고 감가상각비는 제외함

② 손익분기점 추정

항목	내용	
단위당가격(객단가)	12,000원	
손익분기매출수량	고정비	임차료, 인건비, 관리비 등 1,200만 원
	공헌이익	단위당가격(1) 12,000원
		단위당변동비(2) 7,000원
		공헌이익(1) − (2) 5,000원
	고정비 / 단위당 공헌이익	1,200만 원 / 5,000원 = 2,400명
손익분기매출액	단위당가격 × 손익분기매출수량 = 12,000원 × 2,400명 = 약 2,880만 원	

③ 투자대비 수익률 추정

구분	내용	
	개점 후 1년 내외	개점 후 2년 내외
월 경상이익	835만 원	1,212만 원
총투자금액	2억8천만 원	2억8천만 원
월 투자수익률	2.98%	4.33%
결론	개점 1년 내외가 되면 2.98%, 개점 2년 내외가 되면 4.33%의 월 투자수익률이 예상되므로 본 점포의 사업성은 매우 우수한 것으로 판단됨	

2 자금계획과 조달방법

외식창업을 위한 자금계획은 언제부터 어떻게 수립하는 것이 좋을까? 종종 갑작스런 창업계획으로 사전준비도 없이 창업에 임하는 경우를 발견한다. 예비창업자가 충분한 준비를 하지도 않은 채 주변의 지인들로부터 차입을 하거나 가족들로부터 도움을 요청 한다. 이후에도 부족한 자금이 생기면 은행이나 창업지원기관의 지원자금을 대출 받아 서 힘겹게 창업을 한다. 창업을 위한 자금계획이 급조된 상황이라면 어떤 결과를 낳게 될까? 지금부터 자금계획 시 고려해야 할 사항을 검토해 본다.

1) 자금계획 시 고려사항

창업을 위해 필요한 자금을 계획할 때는 반드시 다음과 같은 사항을 고려해야 한다. 첫 째, 투자금의 대부분을 자기자금으로 준비한다. 100% 자기 자금으로 창업하는 것은 어 렵지만 대출금이 20% 이상 되는 것은 피해야 한다. 둘째, 예비비는 창업 후 6개월간의 운영경비 수준으로 설정한다. 개업을 하여 손익분기점에 도달하는 시기는 천차만별이다. 최소 3개월에서 최장 1년 또는 2년의 세월이 걸릴 수도 있다. 평균적으로 6개월은 걸린다고 추정한다. 운영자금이 부족해서 성공가능성이 있는 사업을 유지하지 못한 채 조기에 폐업을 해야 하는 상황은 없어야 한다. 셋째, 창업 이후 마케팅 비용을 고려한다. 창업을 준비하는 과정에서 창업자들은 준비한 투자금을 모두 소진하고 창업 후 광고, 홍보, 할인행사와 같은 마케팅을 위한 자금이 부족하여 애로를 겪는 경우가 많다. 넷째, 높은 이자의 차입금은 절대로 이용하지 않아야 한다. 급전이 필요하다고 높은 이자의 사채를 썼다가는 더 큰 피해를 당하게 된다.

2) 자금계획 사례

〈표 6-7〉은 외식사업을 위한 자금계획 사례이다. 초기투자비를 확정하고 이를 어떻게 조달할지가 명확하게 제시하고 있다. 자기자본은 자신이 내부에서 조달한 자금을 의미하며, 타인자본은 외부 투자자인 은행 등에서 차입금 등을 통해 조달된 자금을 의미한다. 〈표 6-7〉과 같이 내 스스로 조달된 자기자금이 3억 원인 것이고, 타인자본 3억 원은 은행 등에서 차입한 자금이다. 예비창업자는 투자비에 대한 자금계획뿐만 아니라 외식업체를 운영함에 따라 발생하게 될 운영비에 대한 계획도 수립해야 한다. 추정 매출액을 기준으로 식재료비, 인건비, 판매비와 관리비가 어느 정도 소요될지를 감안하여 추정손익계산서도 작성해 본다.

표 6-7 **자금계획 사례**

구분	금액	자금구조	비고
창업투자비	4억 원	자기자본 3억 원(자본금) 타인자본 1억 원(부채)	
월 운영비	식재료비: 1,500만 원 인 건 비: 1,000만 원 제 경 비: 750만 원 금융비용: 250만 원 합 계: 3,500만 원	매출액 5천만 원	추정손익계산서 참조

〈표 6-8〉은 총 투자비 4억 원에 대한 세부적인 내역이다. 점포를 임차하기 위하여 기존 임차인에게 지불한 권리금과 건물주에게 지불하게 될 임차보증금, 그리고 인테리어 투자는 외식창업에 있어서 가장 큰 비중을 차지하는 투자항목이다. 따라서 권리금과 임차보증금, 인테리어 비용의 적정성을 판단하는 노력은 아무리 강조해도 지나치지 않다. 이외에도 설비 등의 비품과 식기류 등의 구입비용도 음식점의 업태에 따라서는 매우 많은 투자를 요하므로, 사전에 충분한 시장조사와 검토를 통해 낭비적 요소가 없어야 한다. 특히 설비류, 식기류 등은 중고를 구입하여 투자비를 절감하는 것도 고려해 볼만하다.

표 6-8 창업투자비 사례   (단위: 천 원)

구분	금액	주요내용	비고
권리금	50,000	전 사업자에 지급	
임차보증금	50,000	점포 임대인에 지급	
인테리어	150,000	철저공사, 목공사, 전기, 조명, 페인트, 금속 및 돌공사, 바닥, 유리, 후드, 네온, 주방, 화장실, 가스공사, 주방작업대, 블라인드 설치비, 와이드 컬러(조명광고) 제작 등	인테리어 설계도면 참조
설비, 장치	50,000	주방 및 후드 설비 홀 설비 및 장치	설비 및 장치도면 참조
집기, 비품	20,000	집기, 비품, 소모품	집기 및 비품 계획(안) 참조
메뉴북, 유니폼	10,000	홀과 주방 유니폼 메뉴북 및 메뉴모형 제작 인쇄물과 기타 양식	메뉴북과 유니폼 계획(안) 참조
탁자, 의자	5,000	탁자, 의자, 장식품 등	가구계획(안) 참조
간판	5,000	메인간판, 돌출간판, 기타 사인물	사인물계획(안) 참조
예비비	60,000	월 운영비(1천만 원)×6개월	
합계	400,000		

3) 자금조달

창업에 소요될 창업투자비를 추정하였다면 자금을 조달해야 한다. 자금을 조달하는 방법은 크게 자기자본으로 조달하는 방법과 타인자본으로 조달하는 방법으로서, 자기자본으로 조달하는 경우는 창업자가 직접 자금을 조달하는 방법과 투자자를 모집하는 방법이 있다. 자기자본의 경우, 이익이 발생하는 경우 수익금에 대해 내부 배당압력을 받을 가능성이 높지만 차입금 등의 이자비용에 따른 추가비용이 발생하지 않는 장점이 있다. 하지만 타인자본의 경우, 수익금에 따른 배당압력은 없지만 이자비용이 발생하는 단점이 있다.

　자금을 조달하는 경우 사업자는 가능한 자기자금의 비율을 높이는 것이(최소한 80% 이상 권장) 안전하다. 최근 소자본의 창업자들이 공동투자를 통해 대형화된 사업을 추진하는 경우가 많다. 특히 프랜차이즈 가맹본부가 동업을 중개하는 사례도 많아지고 있다. 하지만 동업을 통한 자금조달은 동업계약서에 의한 상호이해를 전제로 한다. 친한 사이일수록 동업을 해서는 안 된다는 조언을 하는 사람들이 많다. 그만큼 동업의 위험성이 높다는 것이다. 어떤 상황에서도 자신이 모든 것을 양보할 각오를 해야 동업이 성공할 수 있다.

　지금까지 살펴본 자금조달 방법을 간략하게 정리하면 〈그림 6-3〉과 같다.

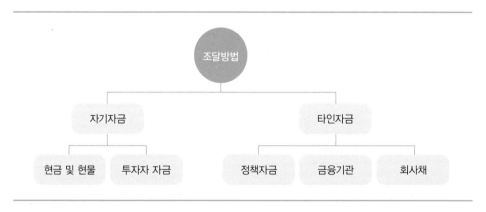

그림 6-3 **자금조달 방법**

소규모 창업에 있어서 타인으로부터 차입하지 않고 투자를 받기는 쉽지 않다. 그렇다고 위험성이 높은 동업은 더욱 꺼려진다. 가장 안전한 방법은 자신의 자금을 장기간의 계획으로 직접 저축을 하여 조달하는 것이다. 예를 들어, 1억 원의 투자비가 예상되는 창업을 목표로 한다면 몇 년의 시간이 걸릴지 계산하여 로드맵을 만들어 본다. 자본을 축적하는 기간 동안 열심히 자금을 모으면서 창업을 위한 지식과 능력을 키워 나간다면 성공 가능성은 매우 높아질 것이다.

외식창업을 위한 자금 조달 시에는 다음과 같은 요소를 고려해야 한다. 먼저 자본비용이다. 이는 은행융자와 같은 부채의 경우 이자에 해당되는 금액이다. 가능한 이자비용이 저렴한 부채를 선택해야 한다. 또한 가능하다면 상환기간이 장기인 부채를 통해 자금을 조달하는 것이 안전하다. 단기간에 상환해야 하는 차입금의 경우 자금압박을 초래하기 때문이다.

- 자본비용
- 자금조달 기간과 용도
- 기업의 수익성과 재무위험

3 창업자금지원제도

국내에는 다양한 창업자금지원제도가 존재한다. 다만 이러한 지원제도는 대상자가 제한적이거나 지원금액이 소액이라 창업에 큰 도움이 되지 않는 경우가 많다. 특히 외식사업을 위한 지원자금은 매우 제한적이다. 따라서 외식사업을 지원자금만으로 가능할 것이라는 생각은 처음부터 가지지 않는 것이 좋다. 다만 5천만 원 정도로 가능한 소규모 창업을 고려한다면 지원자금만으로도 창업이 가능할 수 있다. 국내의 창업자금지원 제도를 정리하면 〈표 6-9〉와 같다.

표 6-9 **창업자금지원제도**

지원기관	내용	문의처
소상공인시장진흥공단	생활혁신형 창업지원 신사업창업사관학교	https://www.semas.or.kr
근로복지공단	실직자창업지원사업	https://www.kcomwel.or.kr
국가보훈처	국가 유공자 및 제대군인 창업지원사업	https://www.mpva.go.kr
한국장애인고용촉진공단	장애인자영업전대지원 및 창업자금 융자	https://www.kead.or.kr
금융감독원	미소금융 창업자금	http://www.fss.or.kr
여성가족부	여성가장창업자금	http://www.mogef.go.kr

요약

① 사업타당성 분석은 음식점 창업에 앞서 사업의 성공여부를 판단 또는 분석하기 위하여 사업추진능력, 기술성, 시장성, 상품성, 수익성, 안정성, 위험정도 등을 분석하고 평가하는 총체적 활동이다. 이러한 타당성 분석은 크게 정성적 분석방법과 정량적 분석방법으로 나누어지는데, 정성적 분석은 창업자의 지식을 바탕으로 주관적인 평가를 주로 하는 것이다. 그리고 정량적 분석은 재무회계 이론을 바탕으로 매출 및 비용을 추정하고, 이익을 계산함으로써 사업의 수익성을 추정하는 것을 기본으로 한다.

② 창업을 위한 자금계획은 초기투자비에 대한 계획과 운영비에 대한 계획으로 나누어진다. 초기투자비는 권리금, 임차보증금, 인테리어 비용, 설비 장치, 탁자와 의자, 예비비 등으로 이루어진다. 운영비는 수익이 거의 발생하지 않을 경우를 대비하여 3~6개월 정도 수익이 없이도 음식점을 운영할 수 있을 정도의 충분한 자금이 요구된다. 이와 같은 자금을 예비창업자는 자기자본과 타인자본의 형식으로 조달하게 된다. 자기자본은 자신이 직접 조달하는 자금이고, 타인자본은 금융기관 등의 대출을 통해 조달하는 자금을 의미한다. 특히 소규모 음식점 창업의 경우는 창업의 촉진을 위해 정부나 지방자치단체에서 지원하는 낮은 이자의 자금을 활용하는 것을 적극 검토할 필요가 있다.

③ 창업을 촉진하거나 지원하기 위해 국가나 지방자치단체 등에서 지원하는 창업자금의 지원처는 '소상공인시장진흥공단, 근로복지공단, 국가보훈처창업지원기금, 한국장애인고용촉진공단, 여성경제인협회, 미소금융재단' 등이 있다. 이러한 단체는 낮은 이자의 자금을 장기에 걸쳐 지원할 뿐만 아니라, 창업 및 경영컨설팅 등을 함께 제공함으로써 소규모 창업의 성공 가능성을 높이기 위해 노력하고 있다.

1 사업타당성 분석에 대한 설명으로 적합한 것은?

① 음식점을 창업한 직후 실시하는 것이다.

② 경영자의 능력을 주로 평가하는 것이 가장 정확한 사업타당성 분석이다.

③ 음식점 창업 전에 성공가능성을 평가하는 것이다.

④ 소규모 음식점의 타당성 분석은 주로 정성적 평가로 이루어진다.

> **해설** 음식점 창업에 앞서 사업의 성공여부를 판단 또는 분석하기 위하여 사업추진능력, 기술성, 시장성, 상품성, 수익성, 안정성, 위험정도 등을 분석하고 평가하는 총체적 활동으로 정성적 평가와 정량적 평가로 이루어진다.

2 사업타당성 분석의 필요성에 대한 설명으로 적합하지 않은 것은?

① 객관적, 체계적 분석을 통해 창업 성공률을 높일 수 있음

② 창업요소의 정확한 파악을 통해 창업기간의 단축

③ 철저한 준비를 통한 효율적 창업 가능

④ 경영지식 습득에는 도움이 되지 않음

> **해설** 사업타당성 분석은 예비창업자에게 경영지식 습득과 경영능력 향상의 기회를 제공한다.

3 타당성 분석을 위한 요인에 대한 설명 중 잘못된 것은?

① 시장성 : 음식점 매출이 언제, 얼마나 높아질 것인가 조사한다.

② 사익성 : 사회공익은 고려치 않으며 개인의 이익에 부합되는 것을 우선한다.

③ 경제성 : 필요한 자금은 얼마이며 어떻게 조달할 것인가?, 계획사업의 수익성은 확보하고 있는가를 조사한다.

④ 기술성 : 메뉴는 목표한 원가로 조리 가능하고 차별적인 기술우위 요소가 있는지 조사한다.

> **해설** 사업타당성 분석은 공익성도 함께 고려해야 한다.

4 사업계획서와 사업타당성 분석과의 관계에 대한 설명으로 적합하지 않은 것은?

① 사업계획서와 사업타당성 분석은 같은 의미로 사용되기도 한다.

② 타당성 분석이란 사업의 성공여부를 파악하기 위한 일련의 활동이다.

③ 논리적 순서로 보면 사업계획서 작성 후 타당성 분석을 해야 한다.

④ 사업계획서는 고려하고 있는 사업을 하기 위해 앞으로 실행할 일련의 활동계획이다.

> **해설** 논리적 순서로 보면 사업타당성 분석을 통하여 그 결과가 긍정적이면 실행계획, 즉 사업계획을 수립하지만 실제로는 타당성 분석이 사업계획서의 일부로 받아들여지기도 하여 사업계획서를 작성하면서 후반부에 작성하는 일체의 행위로 보기도 한다.

5 추정 손익계산서의 비용항목 중 잘못된 것은?

① 매출원가: 식재료비

② 판매비와 관리비: 임차보증금

③ 영업외 비용: 지급이자

④ 판매비와 관리비: 지급임차료

해설 임차보증금은 초기 투자비용으로 자산(asset)으로 계상되며, 손익계산서 항목의 비용(cost)에 포함되지는 않는다.

6 음식점의 신용카드 수수료에 대한 설명으로 적합한 것은?

① 신용카드 수수료는 신용카드 소지자가 지불하는 수수료이다.

② 신용카드 수수료는 신용카드 회사가 부담하는 수수료이다.

③ 신용카드 수수료는 매출액을 기준으로 계산되며 2013년 12월 현재 약 2.5%이다.

④ 신용카드 수수료를 부담하지 않으려면 신용카드 수취를 거부할 수 있다.

해설 신용카드 수수료는 음식점이 부담하며 2013년 12월 현재 신용카드 매출액의 약 2.5%를 부담하고 있다. 따라서 음식점의 매출 대부분이 신용카드로 결제되는 현 상황을 고려할 때, 매우 큰 비용항목임을 인지하여 사업타당성 분석에 포함해야 한다.

7 부가가치세에 대한 설명 중 적절치 않은 것은?

① 부가가치세는 간접세로 소비자가 부담하는 세금이다.

② 소규모 음식점의 경우 가격에 부가가치세가 포함되어 있는 경우가 대부분이다.

③ 간이과세자의 경우 부가가치세 부담이 줄어들 수 있지만, 공급대가 4,800만 원에 미달하는 소규모 사업자만 가능하므로 점포에서 운영하는 음식점의 경우 거의 해당될 가능성이 없다.

④ 부가가치세는 손실이 발생하는 경우 납부하지 않아도 되는 세금이다.

해설 부가가치세는 간접세로 소비자가 부담하고 사업자가 납세하는 형태의 세금이다. 따라서 손익의 발생과 관계없이 매출 시 발생한 부가가치세(매출세액)가 매입 시 발생한 부가가치세(매입세액)보다 많으면 무조건 납부하여야 한다. 현실적으로 매입세액이 매출세액보다 클 가능성은 없으므로, 사업자는 매출이 있다면 손실이 발생해도 부가가치세는 납부해야 한다.

8 음식점 사업의 타당성 분석에서 회수기간법 사용 시 2년 이내 회수기간인 경우를 가장 우수한 것으로 판단하는 이유로 적합한 것은?

① 투자금의 회수는 빠르면 빠를수록 좋기 때문에

② 점포를 임차하여 운영되는 음식점의 계약기간이 보통 2년이기 때문에

③ 사업자가 대출을 받아 창업한 경우 2년이 넘으면 대출이자가 높아지기 때문에

④ 음식점 창업 2년까지는 세제혜택이 있지만 2년 후부터는 없어지기 때문에

해설 2년 이내 투자금 회수를 가장 양호한 것으로 평가하는 과학적 근거는 물론 없다. 다만 일반적인 상가임차 조건이 2년으로 이루어지므로, 2년 이후 재계약에 대한 확실성은 담보하기 어렵다. 따라서 외식창업 시 회수기간법에 의한 타당성 분석은 2년 이내가 가장 우수한 투자로 볼 수 있다.

| 정답 | 1 ③   2 ④   3 ②   4 ③   5 ②   6 ③
         7 ④   8 ②

1 프랜차이즈 창업의 경우, 프랜차이즈 본사는 매출과 비용 등을 추정하는 사업타당성 분석을 통해 가맹점의 성공 가능성을 사전에 충분히 검토해야 할 의무를 갖습니다. 만약 매출의 추정과 같은 사업타당성 분석의 실패로 인하여 가맹점이 위험에 처한 경우, 가맹점이 프랜차이즈 본사에 어떤 요구를 할 수 있을까요?
문제의 해결을 위해 참고할 사이트 : 공정거래위원회 가맹사업거래 홈페이지-피해사례소개

2 외식창업을 위한 투자금이 1억 원으로 예상된다. 자신의 현재 상황을 고려하여 1억 원을 언제까지 어떤 방식으로 모을 것인지 로드맵을 제시하여 봅시다. 시간을 더 단축하기 위한 방법을 동료들과 토론하여 봅시다.

3 국내 유명 삼겹살 프랜차이즈의 음식점(132평방미터)의 수익성 자료입니다. 이 자료를 기초로 삼겹살 전문점을 창업한다는 가정 하에 실현 가능한 추정손익계산서를 작성해 봅시다. 제시된 손익계산서와의 차이점을 찾아보고 의견을 제시해 봅시다. 매출 대비 각 비용항목의 비율에 유의해 봅시다.

구 분	세부사항	세부내용	금 액	구성비(%)
매출액	월 매출액	현 금	15,600,000	30
		카 드	36,400,000	70
		소 계	52,000,000	100
유통비	식자재 및 주류 기타 비품	고 기	10,400,000	20.00
		채 소	3,120,000	6.00
		공산품	2,860,000	5.50
		주류 외	3,192,800	6.14
		기 타	910,000	1.75
		소 계	20,482,800	39.39
고정비	인건비 임대료 공과금	임대료	4,000,000	7.69
		인건비	8,200,000	15.77
		공과금(전기, 수도, 가스)	1,500,000	2.86
		소 계	13,190,000	26.34
순이익	매출 - 유통비 - 고정비 = 17,817,200(34.27%)			

4 자주 방문하는 음식점의 한 달 매출액을 추정하여 봅시다. 평일 점심과 저녁, 주말 점심과 저녁처럼 요일별, 시간대별 방문을 통해 일평균 매출액을 정확하게 산출함으로써 월 매출액 추정치의 신뢰성을 높이기 바라며, 메뉴 특성 등을 고려하여 계절적 요인이 있다면 이를 고려한 1년 매출액도 추정해 보시기 바랍니다.

5 자주 방문하는 음식점을 업종 및 업태별로 구분하고 실제 창업비용이 얼마나 소요되었는지를 조사하여 보시기 바랍니다. 창업비용의 투자규모와 외식사업의 성공과 관련성이 있을지를 생각하여 봅시다.

6 월 1억 임차료의 커피전문점의 손익분기점은 얼마입니까?

'파이낸셜 뉴스'의 2011년 5월 30일자 "월세 1억 내는 커피숍 하루 2,000잔 팔아야 남는다."는 기사는 커피전문점의 사업타당성을 묻고 있습니다. 해당 기사에 따르면, "커피전문점의 적정 비용구조는 판매가격에서 원재료비가 18~21%, 인건비가 33%, 임차료가 20% 수준"인 것으로 나타났습니다. 다만, 커피전문점의 매출액 규모가 커지면 기사에서 제시한 비율은 줄어들 수 있습니다. 기사 내용과 실제 커피전문점의 수익구조를 조사한 후, 월 1억 원의 임차료를 지불하는 커피전문점의 손익분기매출액을 계산하여 봅시다.

7 사업타당성분석을 위한 간단한 방법을 정리해 보면 다음과 같다.

첫째, 창업하려는 업종, 업태의 비용구조를 명확히 파악한다. 어떤 항목이 어떤 비율로 발생하고 순이익은 어느 정도인지? 둘째, 자신이 창업하려는 입지에 위 비용구조를 대응해 보면 매출액 추정과 비용항목의 추정이 가능하다. 셋째, 자신의 총 투자금액을 고려한 감가상각비 등을 고려한 투자수익률을 계산해 본다. 넷째, 투자수익률이 자신이 원하는 수준이고 원하는 기간 동안 지속적으로 발생할지를 판단한다.

– 이상의 내용에 동의하십니까? 만약 동의하지 않는다면, 그 이유를 설명하고 대안을 제시하여 봅시다.

8 라이스페이포의 사업타당성분석 사례를 참조하여 자신이 창업을 계획하고 있는 음식점의 사업타당성을 분석하여 봅시다.

3부

외식창업 실무

상권과 입지조사분석

상권과 입지조사분석을 하는 최종 목적은 성공적인 사업을 할 수 있는 점포를 선택하는 데 있다. 사업의 성공은 결국 수익성과 연결된다. 단순히 상권과 입지의 좋고 나쁨이라는 정성적인 판단보다는 창업을 했을 때 얼마나 이익을 남길 수 있는지, 그리고 얼마나 오랫동안 유지할 수 있는지에 대한 정량적인 판단이 더 중요하다.

상권과 입지조사분석

1. 상권과 입지의 이해
2. 상권·입지조사분석
3. 상권·입지조사분석 보고서

학습목표
- 외식업에서 상권과 입지의 중요성에 대하여 이해한다.
- 점포분석 시 고려해야 할 점에 대하여 이해한다.
- 입지조사 및 분석 시 지리적 특성과 기능적 특성에 대해 이해한다.
- 인터넷을 이용한 통계자료 습득 방법과 통계자료를 이용한 상권분석 방법을 이해한다.
- 현장조사를 통한 상권분석법을 이해한다.

생각열기

BEST CASE 창업절차와 인허가사항에 대하여 섭렵하게 되면서 나성공은 외식창업에 더 큰 자신감을 가지게 되었다.

"이젠 좀 자신이 붙는데, 이도움 자네의 도움이 역시 내겐 너무 큰 힘이 되는군. 이젠 전체적인 그림이 그려지는 것 같아. 그동안 장님 문고리 잡는 식으로 창업을 생각했던 내 자신이 너무 창피하기도 하고…."

"나성공. 자네가 이제야 어두운 골목에서 빛을 만난 느낌을 알겠군. 하하하."

"그렇다고 너무 우쭐하지 말게 이도움. 이제 시작인데 뭘. 아직도 자네가 비추어 주어야 할 길은 멀고도 험한 거 아닌가."

"그건 그렇지. 아직은 탁상공론만 한 것이나 마찬가지니까. 실제로 현장에서 뛰는 일이 앞으로 우리가 할 일이니 각오 단단히 하게나."

나성공과 이도움은 나름대로 외식창업에 대한 지식을 갖추고 사업계획에 따라 실제로 현장에서 조사하고 분석하는 단계에 접어들게 되었다. 오늘은 나성공이 거주하는 지역에서 가장 활성화되어 있는 상권을 조사하기로 한 날이다. 이미 사업계획서를 작성하면서 충분한 조사를 하였지만, 주로 문서와 인터넷을 활용한 내용이 대부분이므로 실제 현장에서 상권과 입지를 조사하고 분석하는 작업을 추가로 하기로 하였다.

이도움와 나성공은 조사하기로 한 상권을 향해 걸어가며 상권과 입지에 대한 개념을 다시 되새겨 본다.

"여보게 나성공. 자네도 알다시피 외식업은 특성상 소비자가 생산지까지 직접 방문하여 소비가 이루어지는 사업이네. 그래서 입지는 고객이 외식 점포를 선택하는 데 결정적인 역할을 하는 요소이지. 다시 말하면, 외식업에서 아무리 좋은 음식을 제공할 수 있다고 하더라도 입지에 따라 그 성패가 좌우될 수 있다는 거야."

"특히 입지는 장기고정투자로서 한 번 결정하면 변경이 불가능하고, 서비스 기업의 매출에 커다란 영향을 미치는 매우 중요한 요소이기 때문에 외식산업을 입지산업이라고 부르기도 한다는 사실, 자네도 잘 알지?"

"그리고 상권은 해당 점포를 이용하는 고객이 거주하는 범위를 의미하는데, 규모에 따라 대형 상권, 중형 상권, 소형 상권으로 분류한다네. 고객의 분포에 따라서 1차 상권, 2차 상권, 3차 상권으로 나눌 수 있다는 사실도 잘 알고 있지? 그리고 주변 환경에 따라서 오피스 상권, 주택가 상권, 중심 상권, 대학가 상권, 역세권, 교외형 상권 등으로 구분한다네. 이러한 구분은 단순히 상권을 분류하기 위한 목적이 아니라 상권과 입지의 전략적 접근을 위해서 필요하지. 어떤 상권에 진입하느냐에 따라 음식점의 경쟁전략이 달라지므로 이에 대한 철저한 대비가 필요함을 잊지 말게나."

"오늘 우리는 상권을 조사 분석한 후에 입지의 외형적 특성을 상세히 살펴볼 예정이네. 그리고 지난번 자네가 마음에 두었다던 점포를 직접 방문해서 세부적인 내용을 살펴보자고. 참, 그 점포에 대한 공부서류는 준비한 거지?"

"응. 등기부등본하고 건축물대장은 인터넷을 통해 발급 받았네."

나성공은 이도움과 함께 상권과 입지를 두루 살피고, 무엇보다도 경쟁업체에 대한 조사에 심혈을 기울였다.

WORST CASE 이멘토로부터 받은 창업절차와 인허가사항을 살펴본 박실패는 마음이 급하다. 어제는 집에서 부모님에게 요즘 무엇을 하느라 빈둥빈둥 돌아다니느냐는 핀잔까지 들었으니 그의 마음이 편안할리 만무하다.

"오늘은 이멘토를 만나서 결단을 내야겠어. 뭐 이것저것 살펴보라고만 하고 실질적인 진척이 하나도 없으니 참 답답하군."

어제 이멘토로부터 오늘 만나서 상권, 입지, 점포에 대한 조사를 하자는 제안을 받고 약속 장소로 향하는 박실패는 오늘은 꼭 점포계약을 마치고 당장 창업에 박차를 가하겠다고 다짐해 본다.

"박실패… 오늘은 얼굴이 왜 이렇게 의미심장한 표정인가?"

"이 사람. 의미심장하긴 내가 뭘…."

"얼굴에 뭔가 비장한 각오라도 한 사람 같아서 그러는 거지."

"사실은 오늘도 집에서 부모님께 핀잔을 들었거든. 빈둥빈둥 뭐하고 다니느냐고…. 그래서 하는 말인데, 우리 좀 빨리 빨리 진행을 해야 하지 않을까? 이 정도 준비했으면 충분한 것 같은데, 오늘은 그냥 점포임대차 계약을 하고 당장 내일부터 공사에 들어가자고. 자네 말처럼 완벽하게 조사 분석하고 준비하는 것도 중요하지만 모든 일이 시기라는 것도 있잖아. 만약 우리 부모님이 마음이라도 변하셔서 그나마 빌려주신다던 돈도 안 주시면 내가 어떻게 창업을 하겠나. 내 자본금만으로는 많이 부족하다는 사실은 자네가 더 잘 알잖아."

"그래. 그럼 자네 혼자 알아서 창업을 하게. 난 그렇게는 못하니까."

박실패의 재촉에도 이멘토는 아랑곳하지 않는다. 묵묵히 상권조사를 하기 위해 목적지로 향하고 있다. 이멘토는 어제 밤늦게까지 소상공인시장진흥공단에서 검색한 상권조사자료를 보면서 설정한 상권을 구석구석 살펴보고, 가능하면 구청에 가서 관련 통계자료도 확인해 볼 생각이다.

"이멘토…. 자네는 내 말을 듣긴 하는 건가?"

"암…. 잘 듣고 있지. 내가 눈은 안 좋아도 청력은 좋거든."

"그럼 오늘도 하루종일 여기저기 서성대면서 사람 수나 세고 남의 건물이나 기웃대면서 끝낸다는 건가?"

"그건 아니고, 이제 거의 상권조사가 끝나가니까 잠시 후에 자네가 이야기했던 점포를 보러 가자고. 내가 잘 아는 부동산중개인이 점포조사를 하여 설명해 주신다고 했으니까. 자네는 그냥 따라와서 잘 듣기라도 하게나."

잠시 후, 두 사람은 도우미부동산 중개업소를 찾아서 들어갔다. 도우미 부동산을 운영하는 도우미 씨는 두 사람을 반갑게 맞이하며 박실패가 마음에 두고 있는 점포뿐만 아니라 상권 내 매물로 나온 점포들의 특징과 조건 등에 대하여 자세히 설명을 해주었다.

"감사합니다. 도우미 중개사님. 사실 저희가 점포에 투자할 자금은 5천만 원입니다. 보증금과 권리금을 모두 포함해서 그렇습니다. 추가로 월 임차료는 부가세를 포함해서 200만 원을 넘지 않았으면 좋겠습니다. 아무래도 업종과 업태를 고려할 때 1층이면 좋겠고요. 실 평수는 최소한 15평은 되어야 할 것 같습니다. 그런 조건의 점포를 다시 한 번 조사해 주시면 감사하겠습니다."

맥도날드 형제로부터 프랜차이즈 사업권을 매입하여 현재의 맥도널드 프랜차이즈 시스템을 만든 레이 크락은 1972년 텍사스 오스틴대학에서 맥도널드가 무엇을 파는 회사인지를 묻는 MBA학생의 질문에 '햄버거'가 아닌 '입지'라고 하였다는 유명한 일화가 있다. 맥도널드의 성장 비결이 입지였음을 확인할 수 있는 내용이다. 일본에서 외식사업 컨설턴트로 유명한 오쿠보 카즈히코 역시 '내가 치료할 수 없는 음식점은 입지 선정에 실패하였거나 경제사정이 극히 어려운 때뿐이다'라고 말할 정도로 입지 선정에 대한 중요성을 강조하였다. 이는 외식산업의 특성상 소비자가 생산지까지 직접 방문하여 소비가 이루어지는, 즉 생산과 소비가 동시에 일어나는 특성에 기인한다. 고객이 점포를 선택하는 데 결정적인 역할을 하는 요소로서 '입지'의 중요성을 강조하기 위한 사례들이다. 음식점은 아무리 좋은 메뉴를 가지고 있어도 입지에 따라 성패가 좌우되는 사업이다. 입지가 곧 판매하는 상품이기도 하며, 고객을 유인하는 수단이 되기도 한다. 음식점 창업의 시작은 음식의 유형과 입지의 선택으로부터 시작한다. 이 장에서는 외식업을 위한 상권과 입지분석에 대하여 살펴본다.

1 상권과 입지의 이해

1) 상권(trading area)과 입지(location)의 정의

외식산업에서 입지란 사업장이라는 물리적 시설이 자리 잡게 될 지점이며, 점포가 위치하고 있는 조건을 의미한다. 입지는 외식업체(음식점)가 음식의 판매를 위해 선택하는 장소임과 동시에 외식업체의 상품과 고객이 만나는 장소이며, 생산과 소비가 이루어지는 위치적 조건이다. 외식업체의 입지는 매출의 하한선과 상한선을 결정하는 매출결정요인으로 작용하며, 다른 경쟁사에 의해서 복제될 수 없는 독점성을 가진다. 이상의 입지에 대한 정의를 감안할 때, 외식산업에서 입지가 얼마나 중요한지 쉽게 수긍할 수 있다. 예를 들면, 한번 결정한 입지는 메뉴나 인테리어와 같은 요소와 달리 변경이 불가능하다는 특징이 있다. 점포를 이동하거나 변경할 수 없다는 것이다. 또한 입지가 매출을 결정하는 주요 변수이기 때문에 아무리 많은 마케팅 노력을 기울이고 비용을 투자해도 절대로 극복할 수 없는 한계가 있다는 점이다.

　외식창업을 위해서는 입지에 대한 이해와 더불어 상권의 개념을 명확하게 이해할 필요가 있다. 통상적으로 상권이란 용어는 두 가지 의미로 사용되고 있다. 그 첫 번째는 주로 실무적으로 사용되는 의미이다. 점포들이 서로 연계성을 가지고 모여 있는 지리적 범위를 상권이라고 한다. 예를 들면, "강남역 상권"에서 상권의 의미는 강남역 인근에 모여 있는 점포들의 집합체와 지역을 지칭하는 용어이다. 즉, 상가들이 모여 있는 지역인 '상가권'을 상권이라고 한다.

　두 번째는 특정 점포가 세력을 미치는 범위를 상권이라 한다. 점포가 고객을 흡인할 수 있는 지리적 영역이자 마케팅의 단위 또는 공간적 범위를 의미한다. 따라서 상세권

표 7-1 **상권과 입지의 차이점**

구분	입지	상권
개념	점포가 소재한 위치 조건(location)	① 다양한 점포가 모여 있는 지역범위: 지리적 명칭으로 지칭됨(예: 강남역 상권)→ 상가권 ② 점포가 고객을 흡수할 수 있는 공간 범위(trading area): 특정 점포를 이용하는 고객들이 거주하는 지역→ 상세권
물리적 특성	평지, 도로변, 상업시설 등 물리적 시설	주택가, 역세권, 중심상권 등 상거래 활동 공간
키워드	Point	Area, Boundary
구분	1급지, 2급지, 3급지	1차 상권, 2차 상권, 3차 상권 주택가, 대학가, 역세권 등
평가조건 또는 분석방법	부지형태, 접근성, 가시성, 평탄성, 점포형태, 시설구조, 주차시설	유동인구, 배후지 인구, 경쟁점포, 교통유발시설, 장애요인, 상권발전전망
분석 목적	점포의 성패 예측	상권의 성패 예측
궁극의 목적	창업 후 외식기업의 매출액 추정을 통한 사업타당성 분석	

주) 이론적으로 상권의 정의는 ②의 내용임. 실무적으로 ①처럼 사용되기도 함

은 입지(점포)가 먼저 정해져야 설정이 가능하다. 해당 점포를 이용하게 될 소비자들이 사는 거주 지역을 상권이라고 하기 때문이다. 이런 의미의 상권은 '상세권'이라고 표현하기도 한다. 이론적으로 상권의 의미는 상세권을 말하는 것으로 이해하면 되지만, 상권이란 용어가 혼용되어 사용되는 경우가 많으므로 상황에 따라 독자가 적절히 이해하는 능력이 필요하다.

이상의 입지와 상권에 대한 이론적 정의를 쉽게 이해하기 위하여 비교 정리하면, 〈표 7-1〉과 같다.

2) 상권과 입지조사분석의 목적

예비창업자나 기존에 이미 사업을 영위하고 있는 사업자들이 왜 상권과 입지를 조사하고 분석하는 것일까? 우리는 주변에서 상권과 입지를 조사하고 분석하는 사례를 자주 목격하면서도 구체적으로 그 이유를 물어보면 확실하게 답변하지 못하는 경우를 많이 목격한다. 자신이 왜 그런 행위를 하고 있는지 정확하게 이해하지 못하면서, 무조건 중요하므로 뭔가 해야 한다는 의무감에 열심히 유동인구를 조사하고 주변 환경을 파악하고 거주인구와 거주형태를 파악한다. 그리고 최종적으로는 막연히 좋은 상권이다, 좋은 입지이다, 아니면 사업을 하기에 적절하다는 애매모호한 결론을 내린다. 만약 예비창업자라면 새롭게 시작하는 사업이 성공할 수 있을지를 알고 싶을 것이고, 기존의 사업자라면 어려움에 처한 사업을 구조조정을 통해 새롭게 도약시켜 성공에 이르고자 하는 꿈을 가지고 있을 것이며, 이 꿈을 이루기 위하여 상권과 입지조사분석을 한다. 상권과 입지의 조사분석 목적을 좀 더 구체적으로 살펴보면 다음과 같다.

첫째, 투자금액은 상권과 입지의 함수이다. 이를 공식화하면 "투자금액 = f(상권, 입지)", "수익성 = f(상권과 입지의 이해, 단점극복전략)"로 표시할 수 있다. 즉, 상권과 입지에 의해 투자금액이 결정되므로 어느 정도의 투자금액이 소요될지를 상권과 입지를 조사하여 산출이 가능하다.

둘째, 상권은 정해진 범위가 존재하지 않는다. 음식점의 업태(type of service)와 객단가에 의해 커지기도 하고 작아지기도 한다. 물론 사업자의 마케팅 능력에 따라서도 상권의 범위는 변한다.

셋째, 상권과 입지를 조사하는 최종목표는 매출액의 추정이다. 특정 입지에서 특정 사업을 할 경우 얼마만큼의 매출을 달성할 수 있을지를 알고 싶은 것이 상권과 입지를 조사하는 중요한 목적이다.

넷째, 업종 및 업태선정의 기초가 된다. 예비창업자는 창업의 방법으로 메뉴를 먼저 선택하고 적합한 입지를 찾는 입지론적 접근법과 우수한 입지라고 판단되는 곳을 먼저 정한 후 해당 입지에 적합한 아이템을 찾는 적지론적 접근법을 쓰게 된다. 만약 적지론적 접근법을 사용하는 경우라면, 해당 입지와 상권에 적합한 아이템을 찾기 위하여 예비창업자는 상권과 입지를 조사하게 된다.

다섯째, 권리금과 임차보증금, 임차료 등의 적정성을 판단하기 위해서이다. 상권과 입지조사를 통해 적정한 비용구조를 파악하게 되고, 이를 통해 타당성을 분석하게 되는 것이다.

여섯째, 창업 이후 성공적 경영을 위해서 마케팅전략의 수립이 필요하다. 마케팅전략을 위한 기초자료 수집이 상권과 입지조사의 목적이 될 수 있다.

일곱째, 상권과 입지조사는 직원 채용의 편의성을 판단하는 데도 매우 중요하다. 외식사업자들이 겪는 가장 큰 애로사항이 인적자원의 조달이다. 상권과 입지의 특성상 인력을 조달하는 것이 매우 어려운 지역이 있는가 하면, 의외로 인력조달이 쉬운 지역이 있다. 예를 들면, 소득수준이 높은 지역에서 홀 직원이나 주방보조사원을 채용하는 것은 매우 힘들다. 지방에서 외국음식의 전문적인 조리능력을 가진 주방장을 채용하는 것도 쉽지 않다. 상권과 입지조사를 할 때는 인력조달의 편의성도 꼭 파악하는 것이 좋다. 마지막으로 목표고객(target)을 찾는 것을 빼놓을 수 없다. 상권 활성도가 높고 유동인구가 많은 입지라 해도 자사의 제품을 구매할 고객이 아니라면 아무 소용이 없기 때문이다. 대부분의 창업자들은 유동인구가 많으면 무조건 좋은 상권이라고 맹신을 하지만, 상권과 입지조사의 목적은 정확한 목표고객을 찾기 위함임을 잊어서는 안 된다.

업태(type of service)에 따른 입지 결정 목표

- 외식업체와 고객 사이의 상호작용 형태에 따라서 입지 결정요인이 달라짐
- 상호작용 형태 : 직접 접촉, 간접 접촉

1) 고객이 외식업체를 직접 방문하는 경우
- 입지가 매출에 큰 영향을 미침
- 접근이 편리한 입지는 높은 매출을 시현
- 입지결정의 목표 : 매출의 극대화
   예 일반 음식점

2) 외식업체가 고객을 찾아 가는 경우
- 기업은 저렴한 비용으로 고객에게 접근이 용이해야 함
- 입지결정의 목표 : 유통비용의 최소화, 표준화된 서비스 수준
   예 홈서비스, 배달음식점

3) 정보기술을 통한 간접적인 접촉
- 직접적인 상호작용은 필요하지만 정보기술이 직접 접촉을 대신함
- 입지결정의 목표 : 운영비용의 최소화
   예 반조리 음식의 인터넷을 통한 주문 배달(홈밀 : www.homemeal.net)
      완전조리 음식 배달전문점(배달의 민족, 요기요)

3) 상권과 입지의 분류

상권과 입지의 특성을 파악하기 위해서 상권과 입지의 분류 방법을 이해할 필요가 있다. 각각의 분류형식에 따라서 조사자가 파악하려는 특징을 쉽게 파악할 수 있기 때문이다.

(1) 상권의 분류

상권은 실질구매능력이 있는 유효수요가 분포되어 있는 공간으로 정의한다. 따라서

표 7–2 **고객분포에 따른 상권 분류**

구분	1차 상권	2차 상권	3차 상권
패스트푸드	500m	1,000m	1,500m
패밀리 레스토랑	1,000m	1,500m	3,500m
캐주얼 레스토랑	1,500m	2,500m	5,000m

그림 7–1 **고객분포에 따른 상권 분류**

점포 매출액의 비율을 이용하여 상권의 분류가 가능하다. 예를 들면, 전체 매출액의 약 70%를 구매하는 소비자가 거주하는 지역을 1차 상권으로 정의할 수 있다. 매출액의 약 20%를 구매하는 소비자가 거주하는 지역을 2차 상권, 그 나머지를 3차 상권이라 부른다. 점포로부터 먼 곳에 거주하는 소비자일수록 점포 매출액에서 차지하는 비율이 낮기 때문에, 외식업의 경우 점포를 중심으로 반경 500m까지를 1차 상권, 반경 500m~1km까지를 2차 상권, 반경 1km 이상의 공간을 3차 상권으로 구분한다.

단, 8차선 도로, 고가, 하천 등의 단절 요인이 없다는 가정에 따른 분류이다.

상권을 분류하는 기준은 이외에도 여러 가지가 있다. 구체적인 내용은 〈표 7–3〉을 참고한다.

표 7-3 **상권의 분류**

기준	상권분류	상권의 특성
규모에 의한 분류	대형 상권	서울의 명동 상권, 강남역 상권, 신촌 상권, 종로 상권과 같은 그 범위가 넓고 통행량이 최소 10만 명 이상인 상권
	중형 상권	미아리 상권, 불광동 상권, 노원역 상권과 같이 범위가 중간 정도로 넓고 하루 통행량이 최소 2만 명 이상인 상권
	소형 상권	전국 곳곳에 산재되어 있는 근린 생활형 상권으로 범위가 인근 거주지로 한정되는 상권
고객분포(밀집도)에 의한 분류	1차 상권	점포 매출액의 70% 가량 구매를 하는 소비자가 거주하는 지역
	2차 상권	점포 매출액의 20% 가량 구매를 하는 소비자가 거주하는 지역
	3차 상권	점포 매출액의 10% 가량 구매를 하는 소비자가 거주하는 지역
주변 환경에 따른 분류	사무실가 상권	고객의 주류층이 관공서나 회사원이 되는 지역으로 점심시간과 저녁 퇴근시간에 많은 고객으로 붐비지만 주말에는 현저히 감소
	주택가 상권	주로 거주 지역에 위치한 상권으로 주부와 주말 가족 중심의 영업이 이루어지는 지역
	번화가 상권	주변 집객시설(극장, 쇼핑몰, 유흥업소) 등을 이용하는 고객이 많은 지역으로 소비성향이 강하고, 소비 연령대가 다양한 지역
	역세권 상권	기차역이나 지하철역 주변에 형성된 상권. 유동인구가 많고 시간적인 제약이 많아 빠른 서비스 제공을 원함
	대학교 주변상권	대학교 주변에 형성된 상권으로 고정 고객이 많고 가격에 민감한 상권으로 주말, 주중의 차이가 많고 방학기간의 매출감소가 현저함
	교외 상권	주5일 근무로 인하여 성장하는 시장으로 자동차 보유한 중장년층이 주 고객, 가격에 둔감하지만 날씨 등의 영향이 큰 상권
타깃 마케팅 가능성에 의한 분류	관리가능 상권	신도시와 같이 상권을 이용하는 주 고객의 거주지가 근거리에 위치한 주택가로 낮은 비용으로 촉진활동이 가능한 상권
	관리불능 상권	강남, 신촌과 같이 상권을 이용하는 주고객의 거주지가 원거리에 위치하여 낮은 비용으로 목표고객을 대상으로 촉진활동을 하기 어려운 상권

이상의 다양한 상권분류는 상권을 조사하고 분석하는 데 반드시 필요한 기초지식이다. 따라서 상권과 입지를 조사 분석하기 위해서는 이러한 상권의 구분과 그 특성을 구체적으로 이해하고 상황에 따라서 응용할 수 있어야 한다.

(2) 입지의 분류

상권의 분류가 매우 다양하게 이루어지는 데 반하여 입지를 분류하는 기준은 매우 제한적이다. 다만 입지의 좋고 나쁨을 판단하기 위하여 실무적으로 상가권 내에서 가장 좋은 입지를 1급지(A급지), 가장 나쁜 입지를 3급지(C급지)로 구분하고 있으며 이를 '상권 범위에 따른 입지의 분류'로 구분하기도 한다. 세부적인 내용은 〈표 7-4〉를 참고한다.

표 7-4 **입지의 분류**

구분	특성		상권범위	내용
1(A)급지	가시성 홍보성 접근성	모두 양호	넓다	유동인구의 흡수가 쉬운 시내중심가, 대규모단지, 대규모 상가의 입구, 대로변 버스정류장 근처, 사거리 주변 등으로 패스트푸드나 커피전문점, 표준화된 음식점이 적합
2(B)급지	가시성 홍보성 접근성	한 가지만 양호	중간	유동인구의 일부만 흡수하며 배후지 거주민이 주로 이용하는 입지. 품질로 승부하는 음식점이 적합
3(C)급지	가시성 홍보성 접근성	모두 불량	좁다	1급지와 2급지를 제외한 수익성이 떨어지는 입지. 틈새시장을 노려 경쟁을 피할 수 있음. 시설비가 적게 소요되는 장점도 있으며, 개인화된 서비스로 승부하는 음식점이 적합

요즘 맥도날드는 입지에 따라서 영업시간을 달리하고 24시간 드라이브 스루(Drive Thru)를 운영하고 있으며, 이는 맥도날드의 사례뿐만 아니라, 입지는 운영시간에 따라서도 업종과 메뉴 등을 달리하는 특성을 보여주고 있다. 다음 〈표 7-5〉를 참고한다.

표 7-5 **운영시간에 따른 입지분류**

구분	특성		상권범위	내용 및 업종
24시간형	가시성 홍보성 접근성	모두 양호	넓다	1급지와 유사한 입지특성을 보이며 해당 업종으로는 패스트푸드, 커피전문점, 해장국, 설렁탕 등 표준화된 음식이 주를 이루고 있음
일반형 10:00~ 22:00	가시성 홍보성 접근성	한 가지만 양호	중간	2급지와 유사한 입지특성을 보이며 해당 업종으로는 한식, 중식, 양식, 일식 등 가장 다양한 업종이 분포하며, 배후 세대 및 유동인구에 따라 업종이 결정되는 특성을 가지고 있음

(계속)

구분	특성		상권범위	내용 및 업종
새벽형 16:00~ 03:00	가시성 홍보성 접근성	한 가지 혹은 없거나	중간	2급지와 유사한 입지특성을 보이며 대표 업종으로는 나이트 주변의 술집, 대학가 술집, 번화가 술집 등을 볼 수 있으며, 3급지와 유사한 형태를 보이기도 하는 포장마차와 야식배달 등이 함께 존재하는데 해당 업종은 가시성, 홍보성, 접근성이 떨어지고 상권범위는 넓은 특징을 갖고 있음

이상의 상권범위에 따른 입지의 분류 이외에도 '이용목적에 따른 분류, 공간균배에 따른 분류, 소비자 구매습관에 따른 분류' 등이 가능하지만 세부적인 내용은 《상권분석론》(교문사)을 참고한다.

2 상권·입지조사분석

1) 상권·입지조사분석 절차

상권과 입지를 조사하고 분석하는 절차는 획일적으로 규정하기 곤란한 실무적 프로세스이다. 어떤 업종과 업태의 사업을 위해 어떤 목적으로 조사와 분석을 수행하느냐에 따라서, 또 실제 조사분석자의 취향과 전문성에 따라 다양한 절차가 정의될 수 있다. 다만 본 교재에서는 외식창업을 위한 예비창업자를 위한 학습목적을 고려하여 가능한 세부적인 항목으로 절차를 분류하고, 사업타당성 분석이 가능한 수준의 내용으로 구분하고자 하며, 구체적인 내용은 〈그림 7-2〉와 같다.

2) 조사분석의 목적 수립

외식창업을 위한 상권 및 입지분석의 최종적이면서도 절대적인 목적은 해당 상권의 특

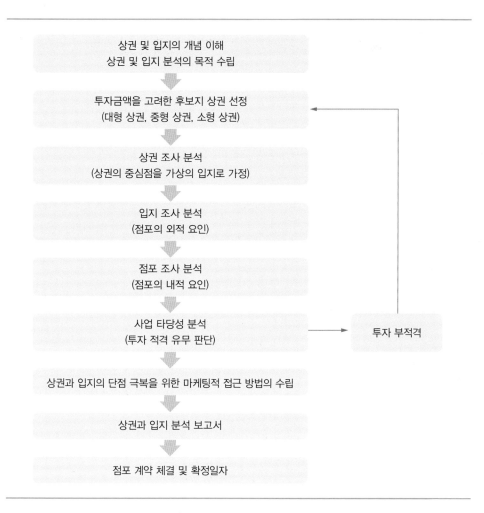

상권 및 입지의 개념 이해
상권 및 입지 분석의 목적 수립

투자금액을 고려한 후보지 상권 선정
(대형 상권, 중형 상권, 소형 상권)

상권 조사 분석
(상권의 중심점을 가상의 입지로 가정)

입지 조사 분석
(점포의 외적 요인)

점포 조사 분석
(점포의 내적 요인)

사업 타당성 분석
(투자 적격 유무 판단)

투자 부적격

상권과 입지의 단점 극복을 위한 마케팅적 접근 방법의 수립

상권과 입지 분석 보고서

점포 계약 체결 및 확정일자

그림 7-2 **상권·입지조사분석 절차**

정 입지에서 외식업을 개시하였을 때 가능한 매출을 추정하는 것이다. 절대적 목적 이외에 예비창업자는 좀 더 추가적인 상대적 목적을 위해 노력할 필요가 있다. 즉, 예비창업자의 상황과 환경에 따라서 상권 및 입지분석 시 창업에 소요될 비용요소를 추정하기도 한다. 투자비용, 판매비와 일반관리비가 이에 해당되는데, 점포의 임차를 위한 권리금, 임차보증금과 매월 지불해야 하는 영업장의 월임차료, 그 외에도 고정적 지출이 예상되는 건물의 관리비 등을 파악함으로써 창업의 타당성을 추론하는 데 활용할 수 있다.

표 7-6 **상권·입지조사분석의 목적**

구분	시행여부
매출액 추정	○
비용요소의 파악	○
인력조달의 편의성 파악	○
마케팅 전략 수립을 위한 기초자료 파악	○
기타 외식창업을 위한 다양한 평가 자료로 활용	×

　　상권 및 입지분석은 이와 같은 타당성 분석을 위한 기초자료뿐만 아니라, 창업 후 마케팅을 위한 다양한 자료수집을 목적으로 이루어지기도 한다. 인구 수, 남녀의 비율, 세대 수, 연령대, 인구의 증감, 거주의 형태, 가계지출, 외식 소비지출 등을 조사하여 마케팅 전략의 수립을 위한 목표고객에 대한 명확한 정보를 얻는 것이다.

　　조사를 위한 목적은 필수적인 절대적 목적과 창업자에 따라 조사여부가 달라질 상대적 목적에 대하여 상권 및 입지분석 개시 전에 명확히 할 필요가 있다. 만약 이와 같은 목적을 명확히 하지 않는 경우, 분석을 위한 시간과 투자비용이 낭비되거나 반드시 수행해야 할 부분을 간과할 수 있다. 조사분석의 목적을 다음과 같이 도표화하여 체크하는 형식으로 목적을 명확히 하는 것은 향후 조사분석의 방향을 설정하는 데도 많은 도움이 된다.

3) 후보지 상권의 선정

상권 및 입지조사분석의 두 번째 단계는 투자금액을 고려한 후보지 상권의 선정이다. 후보지 상권의 선정은 다음과 같은 사례를 통해 세부적인 내용을 쉽게 이해할 수 있다.

　　창업을 고려하여 후보상권을 선정하는 절차는 매우 중요하다. 평생 자신이 몸담을 직장을 선택하는 것과 별반 다르지 않기 때문이다. 후보지를 선정함에 있어서 가장 큰 고려사항은 쉬운 정보취득과 창업자의 편의성이 되어야 한다. 무엇보다도 상권에 대한 정보취득이 용이한 곳을 우선적으로 고려해야 한다. 아무리 좋은 상권이라도 해당 상권의 정보 취득에 어려움이 크다면, 창업이후에 많은 애로사항이 발생할 수 있다. 다음으로 편의성이다. 창업자의 거주지와 연계하여 삶의 질을 고려해야 한다. 예를 들어, 사업이 아무리 번창하더라도 출퇴근이 어려운 상권에서의 사업은 오래 지속하기 힘들다. 물론 사업장의 근처로 이사를 하면 문제가 해결될 수 있지만 창업자의 가족상황 등을 고려할 때 이주가 어려운 경우도 많다. 필자가 상담을 한 사례에서도 이런 경우가

후보상권 선정 사례

유동인구가 많다고 반드시 좋은 곳은 아니다. 유동인구가 많은 곳은 일단 투자비가 많이 들어간다. 권리금, 임차보증금, 월세가 모두 비싼 것이 일반적이다. 우리의 목표지역은 상권이 크게 발달한 회사 밀집지역으로 정했다. 20대보다는 연령층이 높은 상권에 집중했다. 추가적으로 여성층 비율이 높은 곳을 찾았으며, 오피스텔이 많은 지역을 고려하여 역삼동, 강남역, 서초동, 삼청동, 광화문, 인사동 등의 카페 밀집 지역을 세밀하게 살폈다.

처음 가 본 곳이 사무실이 밀집되어 있는 역삼동이었다. LG아트센터 주변에는 외국인 거주자가 많고 공연도 늘 열리고 있어서 카페의 최적지로 판단되었다. 평일에는 회사원도 많아서 와인수요도 많을 것으로 생각되었다. 하지만 문제는 권리금이었다. 낮은 권리금의 점포를 수개월 동안 찾아 다녔지만 헛수고였다. 두 번째는 강남역 상권이었다. 대학생이 주요고객으로 맥주선호도가 높고, 단골보다는 유동고객이 많으며 분위기도 시끄러워서 카페를 하기 적당한 곳으로 보기는 어려웠다. 특히 권리금이 비싸서 소규모 창업을 생각하는 우리로서는 포기 일순위의 상권이었다.

세 번째는 강북에서 대상을 찾았다. 삼청동이 매력적인 상권으로 보였다. 카페상권이라고 할 수 있었기 때문이다. 하지만 상상과는 달리 주말에만 유동성이 높고 주중에는 한산한 게 문제였다. 거기다 잠재적 경쟁업체가 너무 많아 초보자가 진입하기에는 위험성 너무 컸다.

네 번째는 예술의 전당 인근 상권이었다. 주변 회사와 대형 공연장 등이 매력적인 상권을 형성해주고 있었지만 한산한 주말이 문제였다. 삼청동과 비슷하게 잠재 경쟁업체도 의외로 많은 곳이었다.

그 이후 살펴본 인사동은 전통음식과 차를 제외한 업종의 제약이 너무 많았고, 정동지역은 오래된 건물이 많아서 쉽게 매물을 찾기 어려웠다. 광화문 상권은 의외로 터무니없는 권리금과 임차료 등으로 인해 포기할 수밖에 없었다.

홍대와 이화여대 인근 지역도 카페를 창업하고자 하는 사람들이 매우 선호하는 지역이다. 우리 역시 이곳을 조사하였지만, 당시는 경제가 호황기라서 매물이 없었고 있다고 하더라도 너무 크거나 가격이 초보투자자가 임차하기에는 부담스러운 수준이었다.

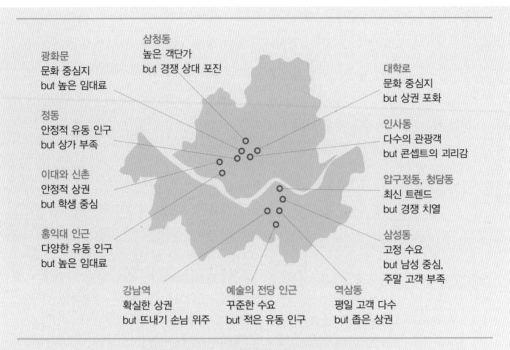

그림 7-3 **서울지역 상권분석 키워드**

표 7-7 **카페 후보지역의 상권분석 결과**

지역	장점	단점
역삼동 (LG아트센터 주변)	• 인근 회사원을 중심으로 확실한 평일 고객 확보 가능 • 공연 관람객을 중심으로 주말 유동인구가 많음 • 외국인 고객도 확보 가능	• 상권이 좁고 이미 포화상태 • 높은 권리금
강남역	• 서울 시내에서 가장 확실한 상권 • 불경기에도 많은 유동인구 • 설정한 콘셉트로는 비교적 경쟁상대가 많지 않음	• 지나치게 높은 권리금 • 단골보다는 뜨내기손님 위주
삼청동	• 카페와 와인에 대한 수요 • 높은 객단가 실현 가능	• 유동인구에 비해 이미 많은 카페와 바 존재 • 평일과 주말 유동인구의 큰 차이

(계속)

지역	장점	단점
삼성동	• 평일 고정적 수요 존재	• 평일에 비해 주말 유동인구가 지나치게 적음 • 남성 회사원 중심의 고객층
예술의 전당 인근	• 공연 관람객으로 인한 꾸준한 수요 • 높은 객단가 실현 가능	• 전체적으로 적은 유동인구 • 경쟁상대 존재

광화문	• 안정적이고 다양한 계층의 유동인구
	• 인근 서점, 극장, 공연장 등으로 주말 유동
	  인구 많음
		• 거품이 많은 권리금
		• 주요 길목에는 매물이 없어서 장소 선정이
		  어려움

압구정동과 청담동	• 최신 트렌드를 접목할 수 있는 장소 • 높은 객단가 실현 가능 • 단골 확보 가능	• 고객 취향이 다양해 경기와 트렌드에 민감함 • 치열한 경쟁 • 높은 임대료
정동	• 평일 회사원과 공연장, 주말 공연장과 극장 으로 인해 안정적인 유동인구	• 오래된 건물 중심이라 매물이 적음 • 유동인구에 비해 부족한 상가

인사동	• 회사원과 관광객으로 인해 안정적인 유동
	  인구
		• 인사동을 찾는 목적과 카페, 바 콘셉트의
		  괴리감
		• 1층 자리는 포화상태

이대와 신촌	• 불경기에도 안정적인 소비층 존재 • 단골 확보 가능	• 학생 중심의 상권 • 거품이 많은 권리금과 임대료 • 트렌드에 민감하나 낮은 객단가와 지나친 경쟁
홍익대 인근	• 학생과 회사원, 클럽 고객으로 다양한 유 동인구 • 단골 확보 가능	• 상권 포화 • 경기와 트렌드에 민감한 편 • 높은 임대로
대학로	• 학생과 회사원, 연극 관람객으로 다양한 유동 인구	• 이미 상권 포화 상태 • 경기에 민감 • 단골보다 뜨내기손님 위주 • 거품이 많은 임대료

자료 : 김영혁 외(2005), 우리 카페나 할까

있었다. 안양에 거주하는 부부가 홍대 인근에 창업하여 가족생활을 영위하는 데 많은 애로를 겪은 내용이다. 그 부부는 결국 수익성이 높은 사업임에도 불구하고 중도에 타인에게 점포를 양도해야만 했다. 후보상권의 선택이 얼마나 중요한지를 잘 보여주는 사례이다.

4) 상권조사분석

상권 및 입지 분석을 위한 명확한 목표가 설정된 후, 예비창업자는 두 번째 분석단계인 상권조사단계에 임하게 된다. 상권조사분석은 상권범위를 지정한 후, 상권환경조사와 고객성향조사, 통행인구조사, 교통량조사, 경쟁점포조사, 상권변화예측 등에 중점을 둔다. 각각의 항목에 대한 좀 더 구체적인 내용은 다음과 같다.

(1) 상권범위의 지정

상권을 분석하기에 앞서 상권의 범위를 지도 위에 표시하여야 한다. 점포의 업종, 업태 및 크기 등에 따라 미치는 범위, 즉 상권의 범위는 넓게 형성될 것이다. 업종, 업태에 따라 차이는 크게 나타나지만 일반적으로 1차 상권은 가장 많은 고객이 거주하는 지역으로, 점포 매출의 70% 가량을 차지하며 거리로는 점포로부터 보통 500m 정도로 가까운 거리에 나타낸다. 2차 상권이란 1차 상권 다음으로 20~25%의 점포 매출을 발생시키는 고객이 거주하는 지역으로, 500m~1km의 범위로 구분하며 3차 상권은 나머지의 범위를 포함한다. 상권의 범위는 원형으로 나타나는 것이 아니라 지형에 따라 그 형태가 바뀌며, 점포가 포함되어 있는 상권의 규모에 따라 다르게 나타날 것이다.

(2) 상권환경 및 고객성향

상권의 범위를 지정한 후에는 지정된 상권 범위 내의 환경 및 잠재 고객에 대한 성향을 파악하여야 한다. 상권환경 및 고객의 성향을 알기 위해 조사하는 내용은 다음과 같다.

첫째, 행정구역상의 현황을 조사하여 영업에 미치게 되는 영향력을 분석하는 것이다. 이는 조례에 따른 지역개발 등이 포함된다. 예를 들면, 서울 인사동이 관광특구로 지정되어 있어 신규 창업 및 업종의 변환에 여러 가지 제한 사항들이 있다. 이러한 행정 구역상의 현황은 해당 동사무소나 구청 등을 통하여 자료를 수집할 수 있다.

둘째, 상권 내 인구의 특성을 파악할 수 있다. 인구 수, 남녀의 비율, 세대 수, 연령대, 인구의 증감, 거주의 형태, 가계지출, 외식 소비지출 등을 조사하여야 한다. 자료를 통하여 창업하려고 하는 업종 및 업태가 후보지의 고객층에게 어울리는 업종인지를 파악

1. 나이스비즈맵 상권분석시스템

나이스비즈맵은 상권별, 업종별 사업분석으로 성공창업의 가능성을 제시해 주는 상권분석시스템이다. 경쟁사 동향분석, 출점분석을 통한 사업전략 수립도 가능하다는 장점이 있다. 업종과 입지추천 서비스, 전문가 분석 서비스, 기업용 분석 서비스 등도 제공한다.

그림 7-4 **나이스비즈맵 메인화면**(www.nicebizmap.co.kr)

2. 통계청 통계지리정보서비스

통계청 홈페이지를 이용하면 통계청에서 제공하는 다양한 통계정보를 얻을 수 있다. 또한 S-GIS 서비스는 지리정보를 이용하여 상권분석을 할 수 있도록 지도상, 지역별로 총인구, 가구 수, 평균 연령, 아파트의 수, 사업체의 수 등 정확하고 다양한 정보를 얻을 수 있다.

그림 7-5 **통계지리정보 서비스 메인화면**(kostat.go.kr)

3. 소상공인시장진흥공단 상권정보시스템

소상공인시장진흥공단의 상권정보시스템은 상권 분석뿐 아니라, 인터넷 강의를 통한 정보를 공유할 수 있는 곳이다. 하단에 상권정보를 클릭하면 다음과 같은 화면으로 상권에 대한 정보를 얻을 수 있다. 또한 소상공인시장진흥공단에서 작성한 상권 분석 사례와 업종별 창업자료에 대한 정보를 무료로 이용할 수 있다. 화면 좌측에 '지역선택하기'를 먼저 선정한 후에 후보지를 중심으로 원형 또는 예상되는 상권을 설정하고, '업종선택하기'에서 창업을 희망하는 업종을 선택하여 '상권 분석하기'를 클릭하면 결과가 나온다. 인구 및 교통, 집객요소 등에 대한 다양한 정보를 얻을 수 있다.

그림 7-6 **상권정보시스템 메인화면**(www.semas.or.kr/)

하여야 한다. 고객성향 분석은 매출실적과 직결된다. 상식적인 차원에서 개인의 지출 성향은 삶의 방식에 의해 결정되며, 삶의 방식은 소득수준이나 주거 성향에 의해 만들 어진다. 하지만 사람들의 라이프스타일을 일일이 규명하는 것은 불가능한 일이다. 따라서 주거형태나 인구분포에 따른 성향을 가지고 이를 판단할 수 있다. 인구의 특성을 파악할 수 있는 정보는 소상공인시장진흥공단(www.semas.or.kr), 나이스비즈맵(www. nicebizmap.co.kr)을 활용하면 쉽게 알 수 있다.

(3) 유동(통행)인구 조사

상권현황과 고객특성을 파악한 후에는 상권 내 유동인구를 조사하는 단계이다. 상권

내 유동인구 또는 통행인구는 현장조사가 가장 확실한 방법이지만 많은 시간과 비용이 소요된다는 단점이 있다. 따라서 기존의 상권분석 자료를 구하거나, 역세권인 경우 지하철역의 정보를 활용하여 지하철 이용고객의 수로 유동인구를 추정하는 것이 가능하다.

다만 통행인구의 조사는 단순히 통행인구의 양만을 조사하는 것보다 성향을 파악하는 것이 더 중요하다. 단순히 유동인구가 많은 입지의 점포가 반드시 좋은 점포라고 할 수 없다. 자신이 판매하려는 창업 아이템을 구매할 수 있는 잠재고객이 많은 지역을 찾는 것이 주 목적이므로 유동인구의 특성을 함께 파악해야 한다. 예를 들면, 통행 인구의 양과 통행 인구의 성별, 연령별과 같은 인구 통계적인 성향과 통행인구의 통행목적과 보행속도와 같이 통행인구의 성향을 함께 파악하는 것이다.

가능하다면 통행인구에 대한 조사는 관찰을 통하여 직접 현장에서 조사하는 것이 가장 좋다. 현장에서 직접 행하는 통행인구 조사는 최소한 평일과 주말에 따라 달리 조사하고 시간대로 별로도 조사해야 한다. 통행인구의 조사는 후보 점포에서만 하는 것이 아니라, 길의 건너편 등 상권의 주요 도로에서도 조사한다.

통행인구의 조사는 다음과 같은 구체적인 표를 이용하여 요일별, 시간대별로 구분하여 유동인구의 대표성을 확인할 수 있도록 조사한다. 시간대는 주로 점심식사 시간대

표 7-8 **통행인구 조사표(예시)**

구 분		남 자					여 자					합 계
		10대	20대	30대	40대	50대	10대	20대	30대	40대	50대	
평일	12~13시											
	16~17시											
	19~20시											
주말	12~13시											
	16~17시											
	19~20시											

주) 실제 조사 시 연령 구분이 힘들 수 있으므로, 파악이 가능하며 목표고객 구분이 가능한 방법을 이용한다. 예를 들면 청년층, 중장년층만으로 나누는 것이 실효성을 높일 수 있다.

인 12시부터 13시, 저녁식사 시간대인 18시부터 20시까지를 중심으로 한다. 필요에 따라 추가적인 시간대를 조사할 필요도 있다. 요일은 상권과 업종, 업태의 특성을 고려하여 유사성이 있는 요일별로 구분한다. 예를 들면, 평일은 월요일부터 목요일까지를 주말은 금요일부터 일요일까지로 구분하여 조사한 후, 평균값을 구하면 평일의 유동인구와 주말의 유동인구 대표값으로 사용할 수 있다.

(4) 교통 및 통행량 조사

후보지역의 도로현황과 차량에 대한 조사를 실시한다. 교통 및 통행량의 조사는 업체의 접근성, 가시성을 확인할 수 있는 요소이다. 매장 전면의 도로 상태를 확인하여 자동차 이용객들에게 홍보성을 가지고 있는지, 자동차 이용객들의 접근이 편리한지에 대한 조사를 통하여 점포의 경쟁력을 판단하여야 한다. 인접한 도로의 크기와 다니는 차량을 조사하여 버스나 트럭과 같은 대형 차량이 많이 다니는 곳이라면 좋지 않은 곳이다. 이는 커다란 자동차로 인해 가시성이 떨어지며, 소음과 배기가스 등의 문제로 인하여 좋은 입지조건이라 할 수 없다.

표 7-9 **통행차량 조사표(예시)**

구 분	승용차	화물차	버스	이륜차	기 타
12~13시					
13~14시					
14~15시					
15~16시					
16~17시					
17~18시					
18~19시					
19~20시					
~					
합 계					

(5) 경쟁점포 조사

동일한 상권에 존재하는 경쟁점포의 존재는 무시할 수 없다. 경쟁업소라는 것은 직접적인 경쟁 상대라 할 수 있는 동일한 업종과 간접적인 경쟁이라 할 수 있는 유사업종 간의 경쟁을 살펴보아야 한다. 경쟁점포를 조사할 때에는 위치, 영업시간, 정기휴일, 후보점포와의 거리, 면적, 메뉴, 종업원의 수, 테이블 수, 영업활성화 정도, 접객서비스 정도, 시간대별 고객 수 등을 조사하여 자신의 점포와 경쟁 정도를 확인하여야 한다. 이를 자세히 살펴보면 다음과 같다.

첫째, 자신의 경쟁점포라 생각되는 점포리스트를 작성하고 지도 위에 위치를 표시한다. 〈그림 7-7〉은 네이버 지도를 이용하여 안양 범계역 상권의 '카페' 업종을 지도상에 표시한 것이다.

둘째, 경쟁점포 앞에서 다음의 내용을 조사한다. 영업시간, 정기휴일, 면적, 메뉴, 종업원의 수, 판촉의 수단, 좌석 수, 영업 활성화 정도, 고객의 특성, 점포의 인지도를 확인

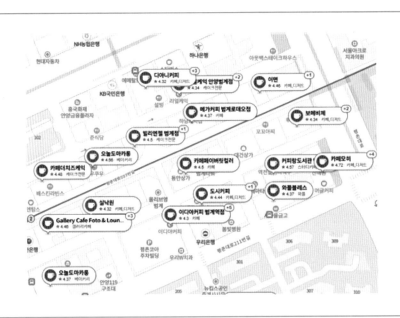

그림 7-7 안양 범계역 상권 카페 경쟁점 현황

자료 : 네이버 지도

하여야 한다. 특히 고객의 특성 분석은 고객이 어디에서 방문하는지, 방문의 목적에 대해 정확히 알아야 한다. 이는 방문자에게 직접 질문하여 얻을 수 있다. 방문자의 답변에 따라 분석 상권의 범위가 조정되어야 한다.

셋째, 경쟁점포를 고객으로 방문하여 서비스 정도, 메뉴의 가격, 맛 등 경쟁자의 주된 상품을 평가하여야 한다. 메뉴에 대한 조사는 먼저 메뉴구성이 어떻게 되어 있는가에 대한 조사를 실시하여야 한다. 메뉴북의 구성을 살펴보면 전략적인 상품이 어떤 것인지 알 수 있으며 전단지, POP 등을 보아도 알 수 있다. 다음으로는 메뉴의 가격대를 파악하여야 한다. 메뉴의 가격대는 실제 메뉴를 소비하여 품질 대비한 가격대인지 확인하여야 한다.

넷째, 경쟁사의 예상 매출에 대하여 추정하여 본다. 매출에 대한 예상은 거래 납품업자의 납품 실적을 조사하여 추정할 수 있다. 예를 들면, 생맥주를 판매하는 곳이라고 한다면 일일 생맥주 소비량을 알면 대략적인 추정 매출을 알아낼 수 있다. 이와 마찬가지로 매장에서 사용하는 원재료의 소비량을 파악하여 추정할 수 있다. 경쟁점포의 매출을 알 수 있는 또 다른 방법은 방문고객 수를 조사하여 추정된 객단가와 곱하여 구하는 방법이다. 방문고객 수는 점두에서 실제 관찰법에 의해 확인하거나 바쁜 시간대의 테이블 회전율과 한가한 시간대의 테이블 회전율을 추정하여 구할 수도 있다. 경쟁점포의 매출을 추정할 수 있는 방법으로는 영업 마감시간 전에 영수증의 전표 발행번호와 추정된 테이블 단가를 곱하여 구할 수도 있다.

마지막 다섯째, 자신의 점포와의 경쟁, 공존의 요소들을 분석하여 대책을 수립하기 위한 경쟁점포의 분석표를 작성한다.

표 7-10 **경쟁점포 체크리스트**

구분	분석항목	주요 경쟁점포			
		A	B	C	D
점포개요	상호	A점	B점	C점	C점
	면적	172m²(52평)	172m²(52평)	165m²(50평)	205m²(62평)
	좌석 수	84석	80석	80석	86석
	주차장 규모	45대	45대	40대	65대

(계속)

구분	분석항목	주요 경쟁점포			
		A	B	C	D
점포개요	오픈년도	2008년(2011년 확장이전)	2005년	2011년	2011년
	시설 노후화 정도	하	중	하	하
	영업시간 (개점/폐점)	오전11시/ 오후10시	오전11시/ 오후10시	오전11시/ 오후10시	오전11시/ 오후10시
	영업활성화 정도	상	상	중	중
업종업태	주메뉴	베트남쌀국수	샤브샤브(뷔페)	샤브샤브(월남쌈)	월남쌈 샤브샤브
	객단가	11,000원	13,000원	11,000원	12,000원
	서비스	입식	입식	좌식	입식
점포디자인	간판	상	중	상	상
	파사드	상	중	상	상
	어프로치	상	중	중	중
	인테리어	상	하	중	중
조직 및 서비스	직원수 정직원	6	5	5	6
	직원수 파트타이머	3	2	–	–
	근로조건	중	중	중	중
	경영자의 능력	상	상	중	중
	종업원친절성	중	중	중	상
	서빙숙련도	상	중	상	상
	청결도	상	중	상	상
	맛	중	중	중	중
입지	상권범위	상	상	중	중
	가시성	중	중	하	하
	접근성	중	중	하	하
	홍보성	상	중	하	하
경영관리 (테이블단가: 2.5로 계산)	고객 성향	주부/가족	주부/가족	주부/가족	주부/가족
	추정 일평균 매출	2백만 원	1백7십만 원	1백4십만 원	1백4십만 원
	추정 일평균 방문객수	291명	209명	224명	187명
	추정 월매출 (30일로 계산)	6천만 원	5천4백만 원	4천2백만 원	4천2백만 원
	주요 판촉 수단	전단/인터넷	전단	전단/인터넷	전단/인터넷

(6) 상권변화의 예측

상권분석의 마지막은 후보지가 미래에 어떻게 변화될 것인가에 대한 전망을 하는 것이다. 이는 상권이 항상 변하기 때문이다. 단순한 예로는 새로운 아파트 단지가 건설되거나 랜드마크가 될 수 있을 정도의 커다란 상가가 주변에 들어오게 된다면 현재의 최상의 입지, 상권이라고 하더라도 이를 지속적으로 유지할 수는 없다는 것이다. 또한 지하철 공사나 버스 노선의 변경도 상권을 변화시키는 요인으로 작용한다. 상권의 변화는 소비자의 성향이 지속적으로 변한다는 것을 의미하기도 한다. 도로 정비를 통하여 도로가 확장된다면 도로 확장으로 인하여 상권이 나누어지는 경우도 있다. 상권의 변화는 상권이 축소되거나 확대되는 경향이 있는데, 상권의 축소는 상권의 쇠퇴를 의미하지만, 상권의 확대가 반대로 상권의 번성을 의미하지는 않는다. 상권이 잠재고객에 비해 너무 비대하게 확대되면 겉은 화려한 상권이겠지만 과대경쟁으로 좋은 성과를 내는 것이 어렵다는 것을 의미한다.

상권을 조사하는 경우에는 후보지의 점포가 속해 있는 상권이 향후에 어떠한 영향에 의해 어떻게 변화할 것인지에 대한 조사를 실시하여야 한다. 미래의 상권변화는 영업성과 뿐만 아니라 권리금에도 영향을 미치는 요인이라는 것을 알아야 한다.

① 업종 변화에 따른 상권변화 예측

상권은 머물러 있지 않고 변화하고 있다는 사실을 부인하는 사람은 없을 것이다. 그렇다면 상권이 어떻게 변화하고 있는지를 파악하는 방법 중 하나로 업종의 증감 및 평균 매출로 상권변화를 예측할 수 있다. 첫째, 업종이 전체적으로 증가를 하고 있는 경우가 있는데, 이런 경우에는 신도시 건설이나 새로운 상가 주택이 분양되고 있음을 예측할 수 있고, 둘째, 업종이 전체적으로 감소하는 경우에는 관공서 및 집객시설의 이전이나 신도시 개발에 따른 상권 이동으로 볼 수 있다. 마지막으로 한 업종만 증감을 나타내는 경우인데, 이때는 해당 업종의 목표고객이 왜 변화하는지를 살펴봐야 한다. 해당 상권의 노후화 때문인지 경쟁 상권의 등장인지 그것도 아니면 고객의 Needs가 변화 했는지를 파악해야 한다. 배후 세대는 그대로 존재를 하지만 연령층이 높아지거나 낮아질 수 있는 상황이 존재하는데 미리 예측하지 못하면 영업에 큰 불이익을 받을 수 있다.

② 인터넷 뉴스를 통한 상권변화 예측

가장 간단하게 상권변화를 예측할 수 있는 방법이지만, 대부분 등한시하고 있는 부분이다. 예를 들어 설명하자면, 얼마 전 가산동 디지털단지의 상권분석을 위해서 인터넷 뉴스에 "가산동 디지털단지"를 검색했는데, 가산동 디지털단지 쇼핑몰의 매출이 높다는 이야기와 함께 광명에 이케아를 비롯한 대형 쇼핑몰이 입점을 한다는 소식도 함께 접할 수 있었다. 이렇게 뉴스 하나로 상권의 현재와 미래를 예측할 수 있는 수단을 많이 활용하여야 한다. 뉴스를 통한 장기, 중기, 단기 상권변화 예측이 가능할 뿐만 아니라 가장 신뢰할 수 있는 방법이기도 하다.

(7) 상권 분석도 작성

상권 분석도란 상권 지도 또는 약도 등을 활용하여 상권의 구성과 점포관련 정보를 표시하는 것으로, 〈그림 7-8〉과 같이 간략하게 점포의 현황 위주로 표시하는 경우도 있지만 가능하면 다음과 같이 상권의 세부내용을 포함하여 표시하는 것이 상권을 한눈에 파악하는 데 효과적이다.

- 상권을 이용하는 배후 세대 수, 인구 수 표시
- 역, 정류장, 횡단보도 등 교통기관별 표시
- 금융기관, 관공서, 대형할인점 등과 같은 집객시설 표시
- 쇼핑 도로에 따른 동선의 파악
- 상권 내 입지등급을 1급지, 2급지, 3급지의 순으로 A, B, C로 표시
- 경쟁 또는 관련점포의 표시

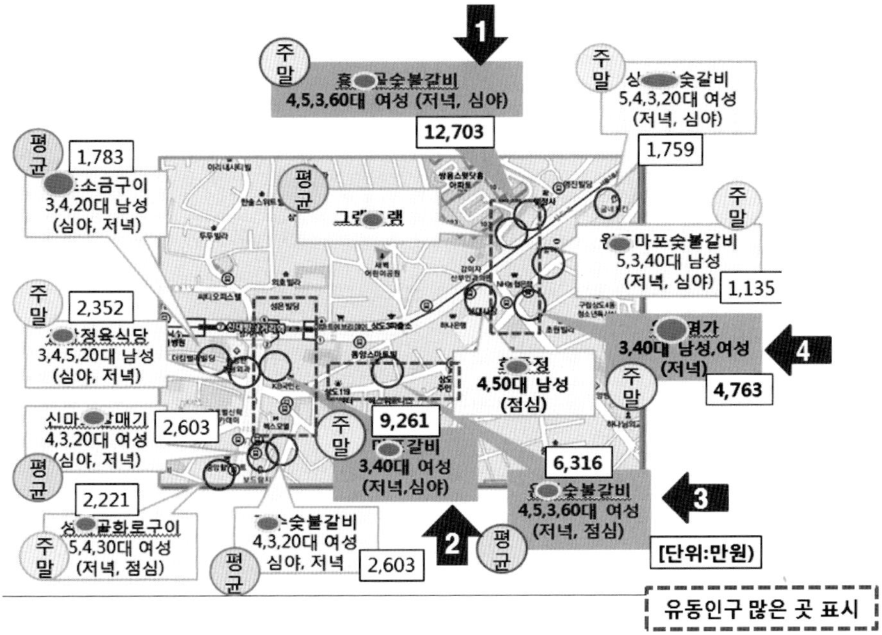
1
주말
흥[redacted]골숯불갈비
4,5,3,60대 여성 (저녁, 심야)
12,703
주말
상[redacted]숯갈비
5,4,3,20대 여성
(저녁, 심야)
1,759
평균
1,783
[redacted]소금구이
3,4,20대 남성
(심야, 저녁)
평균
그[redacted]랭
주말
원[redacted]마포숯불갈비
5,3,40대 남성
(저녁, 심야)
1,135
주말
2,352
[redacted]정육식당
3,4,5,20대 남성
(심야, 저녁)
[redacted]경가
3,40대 남성,여성
(저녁)
4
4,763
주말
[redacted]정
4,50대 남성
(점심)
신마[redacted]갈매기
4,3,20대 여성
(심야, 저녁)
2,603
평균
주말
9,261
[redacted]갈비
3,40대 여성
(저녁,심야)
6,316
[redacted]숯불갈비
4,5,3,60대 여성
(저녁, 점심)
3
평균
2,221
상[redacted]골화로구이
5,4,30대 여성
(저녁, 점심)
주말
[redacted]숯불갈비
4,3,20대 여성
심야, 저녁
2,603
평균
2
[단위:만원]
유동인구 많은 곳 표시

그림 7-8 **상권분석도 작성 사례**

5) 입지조사분석

사업장이라는 물리적 시설이 자리 잡게 될 지역, 즉 점포가 위치하고 있는 조건을 입지라 한다. 따라서 입지분석이라는 것은 입지가 위치하고 있는 조건을 분석하는 것이며 이는 내적요인 분석과 외적요인 분석으로 나누어진다. 여기서 입지조사분석은 주로 입지의 외적요인을 조사하고 분석하는 것이며, 입지의 내적요인은 다음 점포조사분석에서 다루기로 한다. 입지의 외적요인 분석은 첫째, 입지의 지리적 특성인 접근성, 가시성, 홍보성 등에 영향을 주는 위치, 기차역과의 거리, 지하철역과의 거리, 버스정류소와의 거리, 차량의 통행 방향, 유동인구의 통행방향 등을 조사분석하는 것이며, 둘째, 기능적 특성인 주변 지역의 용도, 집객시설 현황 등을 조사분석하는 것을 의미한다.

(1) 입지의 지리적 특성

① 점포의 접근성

음식점업의 매장은 고객의 접근이 편리하여야 한다. 이는 멀리서 찾아오는 고객이 쉽게 찾을 수 있거나, 차량을 통하여 방문하는 고객의 편리성을 의미한다. 차량을 통하여 점포를 찾아오는 경우, 차량의 접근이 용이하도록 주차장 안내나 인도에 차량 진입구가 설치되어 있어야 한다. 대중교통을 이용하여 방문하는 고객을 위해서는 지하철, 버스정류장과 가깝고 쉽게 찾을 수 있어야 한다. 또한 건물에서도 계단이나 장애물 등에 의해 고객의 접근이 방해되는 것이 없는지 확인하여야 한다. 대형빌딩의 경우, 주차장에서 점포까지 오는 길이 찾기 힘들거나 불편함을 제공하는 경우라면, 고객에게 좋지 않은 인식을 심어 줄 것이다.

② 점포의 가시성

점포의 입지는 가시성이 좋은 곳을 선택하여야 한다. 가시성이란 고객의 눈에 점포가 얼마나 잘 보이는가 하는 것이다. 즉, 점포의 전면이 길거나 볼록하게 튀어 나온 건물 1층은 눈에 잘 들어온다. 반면 가로수가 점포의 간판이나 전면을 가리는 경우에는 가시성이 떨어지게 된다. 가시성이 낮은 것은 점포를 알리는 데 시간과 비용이 많이 소요된다는 것을 의미하기 때문에 입지 선정에 있어서 매우 중요한 역할을 한다. 낮은 점포 가시성을 극복하기 위한 방법으로 간판을 포함한 점포 외부의 파사드를 강조할 수도 있다.

③ 점포의 홍보성

점포의 홍보에 영향을 미치는 요인으로는 간판의 크기나 위치, 점포의 위치, 유동인구의 통행량, 건물의 집객력과 같은 것 등이 있다. 간판은 점포의 홍보에 가장 중요한 역할을 담당하는 도구로서 크기나 위치를 주의 깊게 살펴보아야 한다. 간판을 통하여 점포의 위치를 노출시킬 수도 있으며, 점포의 업종에 대하여 잠재고객들에게 알리는 역할을 한다. 점포의 전면은 길고 평면 간판의 위치가 좋고 돌출 간판까지 설치할 수 있는

표 7-11 **지리적 특성 사례**

구분	내용			비고
	후보입지1	후보입지2	후보입지3	
가시성	3	3	3	
주차편의성	3	2	2	
인지성	3	3	2	후보지 간의 상대 평가를 통해 상 (3), 중(2), 하(1)로 평가함
접근성	3	3	2	
시너지	3	2	2	
호환성	3	3	2	
합계	18	16	13	
의견	• 후보입지1은 모든 입지의 지리적 특성에서 최고의 조건을 갖추었음 • 후보입지2는 주차편의성, 시너지 항목에서 보통의 평가를 받음 • 후보입지3은 대부분 보통의 평가를 받음 • 입지의 지리적 특성은 후보입지 1 > 2 > 3의 순서로 평가되었음			

점포가 좋은 점포이다.

④ 점포의 호환성

손자병법에만 36계가 있는 것이 아니다. 점포 또한 얻을 때만큼 나갈 때를 대비하는 것이 중요하다. 언제든 원할 때 손해보지 않고 점포를 임대차 계약해지를 할 수 있다면 그것 또한 좋은 점포의 요건이다. 호환성에 영향을 미치는 요인으로는 임대인, 권리금, 보증금, 월세, 관리비를 꼽을 수 있다. 권리금, 보증금, 월세, 관리비는 이해가 될 것인데 임대인이 호환성에 어떤 영향을 미칠까 의아해할 수 있지만, 임대인의 성향이나 주변환경 등은 호환성에 가장 많은 영향을 미칠 수 있는 존재임을 명심해야 한다.

(2) 입지의 기능적 특성

입지의 기능적인 특성은 점포의 주변 지역 용도에 관한 조사와 주변 집객시설에 관한 것을 조사 분석하는 것을 말한다. 일반적으로 점포의 주변에 유사한 업종이 많거나 상

표 7-12 **기능적 특성 사례**

구분		시설물	비고
후보입지1	집객시설	동 건물 3층의 증권사, 스포츠센터 주차장 출입구 바로 앞에 건물이 위치함	
	단절요인	왕복8차선 도로, 성복천	
후보입지2	집객시설	–	
	단절요인	왕복8차선 도로, 성복천	
후보입지3	집객시설	–	
	단절요인	왕복8차선 도로, 성복천	

의견	
의견	• 후보입지1은 2016년 2월에 개통예정인 신분당선연장선 성복역사(가칭)에 근접한 상가로서 성복동 상권 중 최고의 입지인 사거리 코너에 위치하여 향후 성장가능성이 가장 큰 곳이고, 근처의 스포츠센터 주차장 출입구와 마주 보고 있어서 스포츠센터를 이용하는 고객들에게 자연스럽게 인식될 것임 • 후보입지2와 3의 집객효과를 기대할 수 있는 집객시설은 없음. 모든 후보입지의 경우 왕복 8차선 도로와 성복천이 약간의 단절요인은 될 수 있겠으나, 상권의 특성상 자동차를 이용하는 성향이 커 큰 문제는 되지 않을 것이라 분석됨

반되는 업종이 많은 경우에는 좋지 않은 입지이다. 그리고 은행, 유명 의류 대리점, 대형 유통시설 등이 있는 곳은 손님이 접근하기 쉬운 곳으로 좋은 입지라 할 수 있다. 또한 주변 노점상이 있는 곳은 그 지역에 유동인구가 많은 지역에 속한다. 왜냐하면 노점상은 이동성이 뛰어나기 때문에 장사가 되는, 즉 유동인구가 많은 곳으로 이동하여 모이기 때문이다. 반대로 주변 점포가 기술위주의 업종이 많은 곳이나 저가상품 위주인 곳은 그 지역이나 상권의 소비수준이 매우 낮다는 것을 의미한다. 기술 위주의 업종으로는 세탁소, 지물포, 표구점, 세차장 등이 있다. 주변 점포의 간판이나 시설이 노후해 있는 곳도 피하는 것이 좋다. 이는 주변 점포의 영업이 활성화되지 못하고 있는 것을 나타낸다. 이는 빈 점포가 많은 지역도 마찬가지일 것이다.

(3) 입지 특성에 반하는 점포의 등장

입지는 한번 정하면 옮길 수 없기 때문에 지리적 특성과 기능적 특성을 이해하고 이에 맞는 입지분석을 해야 한다. 하지만 최근 마케팅 도구와 유통산업의 발달로 인하여 입지 특성에 반하는 점포들이 생겨나고 있다. 대표적인 예로 속초 전통시장에 자리 잡은 닭강정 업소를 꼽을 수 있다. 속초에 있지만 상권 범위는 전국을 넘어 일본까지 닭강정을 판매하고 있다. 이는 입지 특성에 반하는 점포라고 할 수 있겠다. 이런 점포가 생기는 가장 큰 이유는 입소문과 인터넷이 만나서 널리 알려지고, 유통산업은 지리적 한계를 뛰어 넘었기 때문이라고 볼 수 있다. 이런 사례는 대전의 성심당, 경주의 찰보리빵, 전주의 풍년제과 등이 있다. 앞으로도 이런 점포들은 하나둘씩 늘어나겠지만, 그렇다고 해서 입지 특성이 쉽게 달라지지 않는다는 점 또한 인식해야 한다.

6) 점포조사분석

앞서 입지의 외적요인에 해당되는 지리적 특성과 기능적 특성에 대하여 살펴보았다. 여기서는 입지의 내적요인에 해당되는 점포와 관련된 조사 및 분석을 다루는데, 후보점포에 대한 정보수집과 예상되는 후보점포의 세부적 내용의 조사 등을 살펴본다.

(1) 후보점포 정보수집

점포를 확보하는 방법은 여러 가지 루트를 통하여 확보할 수가 있다. 가장 일반적인 방법으로는 부동산 중개인을 통한 방법으로 일정한 비용이 들어간다는 단점은 있지만 거래사고 시 일정한 금액을 변상 받을 수 있으며, 권리금 책정 시 도움을 받을 수 있다는 장점을 가지고 있다.

후보점포의 정보를 수집하는 방법으로는 각종 정보 매체를 이용하는 방법도 있다. 각종 일간지나, 경제신문, 주간지 등을 통하여 정보를 수집할 수 있으며 요즘은 인터넷의 발달로 보다 많은 정보를 신속하게 확인할 수 있다. 물론 정보의 양이 많아진 것을 고려하여 거짓정보나 현혹적인 홍보 물건에 대해서는 옥석을 가려낼 수 있어야 한다.

이외에도 지인들을 통한 정보수집이나 건물주, 건축업자들을 통하여 정보수집을 할 수 있다.

(2) 후보점포의 조사

후보점포의 정보수집을 통하여 후보점포를 선정하였다면 후보점포에 대한 본격적인 조사를 실시하여야 한다. 후보점포를 조사하는 경우 다음의 내용을 꼼꼼히 확인하며 조사하여야 한다.

첫째, 점포에 들어가는 비용에 대하여 조사하여야 한다. 점포에 들어가는 비용으로는 임차보증금, 임차료, 권리금, 관리비용으로 나누어 생각할 수 있다.

임차보증금의 경우 상가임대차보호법에서 규정하는 한도에서는 법적인 보호를 받을 수 있으면 계약이 만료되는 시점에서 돌려받을 수 있는 금액이며, 임차료는 월별로 발생되는 임대차 비용이다. 다음으로 권리금이 있는데, 권리금이란 지속적인 영업을 통하여 발생된 무형적인 이익, 영업에 필요한 내부 인테리어 등에 대한 사용이익을 포함한 비용으로, 기존 임차인에게 지급하는 금액이다. 적절한 권리금을 지불하려면 점포의 시설과 영업 실적을 확인하여야 한다.

권리금의 종류

영업권리금

전 영업주가 그동안 영업을 하면서 형성된 단골 고객 또는 평균적인 순수익을 1년치로 계산한 금액이다. 점포의 크기에 따라 6개월이나 3개월로 책정되기도 한다.

시설 권리금

전 영업주가 점포에 투자한 실내 인테리어 및 장비 기물에 대한 권리 금액으로 시설에 대한 감가상각은 점포에 따라 차이가 있겠지만 통상적으로 4~5년을 기준으로 한다.

바닥권리금

상권의 잠재된 가치를 평가하는 권리금으로 주변에 관행적으로 형성되어진 권리금으로 사실적인 근거는 없다.

*2015년 상가임대차보호법 권리금 개정안
• 5년간 계약 갱신청구권
• 표준계약서에 권리금 명시
• 임대인의 비협조로 권리금을 보호받지 못 할 경우 손해배상 가능

둘째, 공부서류 조사를 통하여 법적인 용도를 확인하여야 한다. 즉 해당 건물이 음식 점업을 할 수 있는 곳인지 아닌지에 대한 판단을 하여야 한다. 또한 식품위생법상, 다중 이용업소의 안전관리에 관한 특별법, 하수처리에 관한 법률에 의해 음식점업의 창업이 어려운 곳이라면 후보점포에서 제외하여야 할 것이다. 이러한 법적인 부분을 해결하기 위해서는 비용적인 부분도 발생하지만, 원칙적으로 창업이 불가능한 경우가 발생되기

등기부 등본 (현재 유효사항) - 건물

서울특별시 강남구 삼성동 555-5 　　　　　　　　　　　　　　　　　　　　　고유번호 1143-1996-231411

①【 　표　제　부　】	（ 건물의 표시 ）			
표시번호	접　수	소재지번 및 건물번호	건　물　내　역	등기원인 및 기타사항
1 (전 1)	1984년7월11일	서울특별시 강남구 삼성동 123-4	철근콘크리트조 평슬래브지붕 3층 근린생활시설 1층 148.68㎡ 2층 148.68㎡ 3층 148.68㎡ 지하1층 148.68㎡ 옥탑 14.14㎡	도면편철장 제2책제419장

②【 　갑　　　구　　】	（ 소유권에 관한 사항 ）			
순위번호	등 기 목 적	접　　수	등 기 원 인	권 리 자 및 기 타 사 항
1 (전 1)	소유권보존	1984년7월11일 제25682호		소유자　홍길동　401010-1111111 서울 서초구 서초동 123-4 동아아파트 1동 101호

③【 　을　　　구　　】	（ 소유권 이외의 권리에 관한 사항 ）			
순위번호	등 기 목 적	④접　수	⑤등 기 원 인	권 리 자 및 기 타 사 항
1 ⑥	전세권설정	1995년6월12일	1995년2월3일	전세금　220,000,000원정

• 실선으로 그어진 부분은 말소사항을 표시함. 　　• 등기부에 기록된 사항이 없는 갑구 또는 을구는 생략함.

1/2

① 표제부 - 부동산의 소재지와 내용, 구조에 관한 사항을 확인할 수 있다.
② 갑구 - 소유권에 관한 사항을 확인할 수 있다. 소유권에 대한 압류, 가압류, 가처분, 압류(경매),
　가등기, 예고등기 등과 이들 권리의 변경등기, 말소 및 회복 등기의 변동내역을 확인할 수 있다.
③ 을구 - 소유권 이외의 권리인 저당권, 전세권, 지역권, 지상권 등이 기재된다. 근저당설정 시 채권 최고액은 실제 대부금의 120%수준이기 때문에 6,000천만 원으로 명시된 금액의 실제 대출금은 5,000만원 수준일 수 있다.
④ 접수 - 해당 등기소의 접수된 날짜를 나타냄
⑤ 등기원인 - 매매, 증여, 시효획득, 전세권 또는 저당권의 설정계약, 등기의 오기, 계약의 무효
　상속, 토지의 멸실 등을 내용과 일자를 나타냄
⑥ 전세권 설정 - 건물에 임차하여 있는 세입자가 전세금을 설정하여 등기함

그림 7-9 **등기부 등본을 통한 권리확인**

때문에 주의하여야 한다. 공부서류에는 토지나 건물의 등기부등본, 건축물 관리대장, 도시계획확인원 등이 있다.

셋째, 점포의 면적 및 형태를 확인하여야 한다. 음식점을 하려는 점포는 되도록 점포의 면이 긴 형태를 가지고 있는 편이 고객들에게 점포를 알리는 데 유리한 점을 가지고 있다. 또한 내부적인 형태에 있어서 기둥이 많거나 주방의 위치가 애매한 형태라 한다면 이 또한 후보점포에서 제외하는 것이 좋다. 점포의 면적의 경우에는 점포의 실제 면적을 확인하여야 한다. 일반적으로 점포의 면적은 분양면적과 전용면적을 말하는데, 전용면적의 경우는 분양면적에서 공동으로 사용하는 복도, 계단, 주차장 등의 면적은

등기열람 절차

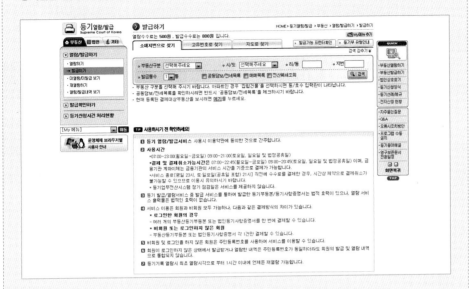

해당 점포의 주소지를 입력하고 검색 버튼을 클릭한다.

검색된 목록 중에 해당 점포를 선택한다.

등기열람 절차 및 결제

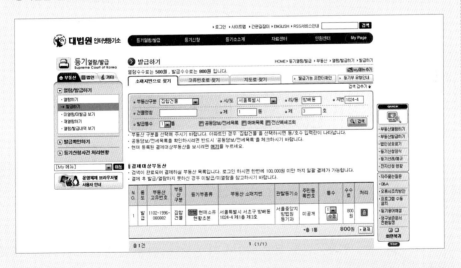

결제버튼을 클릭하면 인쇄 가능한 프린터를 검색하고, 설명에 따라 수수료를 결제한 후 인쇄하면 된다.

공용면적으로 되어 있기 때문에 실제 사용할 수 있는 전용면적을 확인하여야 한다. 물론 건물의 형태에 따라 부수적으로 사용할 수 있는 공간이 있는 경우에는 보다 이점이라 할 수 있다.

넷째, 건물에서의 후보점포의 위치와 간판의 조건 등을 확인하여야 한다. 건물에서의 후보 점포의 위치라는 것은 점포에 접근하는 조건에 대한 부분이다. 계단을 이용하는지, 건물 내부 복도를 이용한 접근 등은 고객의 접근성을 떨어지게 하는 장애물이다. 또한 점포의 위치와 간판의 조건은 점포의 가시성과 연관이 있는 부분으로 후보점포 조사 시 확인하여야 한다. 점포의 가시성은 점포 성패에 아주 큰 영향을 미치는 요인이기 때문에 신중하게 검토하여야 한다. 또한 가로수에 의해 점포가 가려지는 경우도 발생하기 때문에 계절적인 요인도 함께 검토하여야 한다.

다섯째, 후보점포의 시설 조건을 확인하여야 한다. 시설 조건이라는 것은 전기 용량, 도시가스 공사여부, 수도, 하수, 환풍, 화장실 등을 말한다. 음식점업은 의외로 전기를 많이 사용하는 업종으로 기본적인 전기 사용량으로는 전기의 용량이 부족할 수 있다. 전기 승압의 경우, 건물의 형태에 따라 차이는 있지만 기본적인 공사비용은 5kw까지는 164,000원이고, 5kw 초과부터는 1kw당 64,000원의 금액이 소요된다.

특히 신도시의 경우에는 건물당 공급 가능한 최대 전력량이 제한되어 있기 때문에 업종에 필요한 만큼의 전력공급이 가능한지도 계약 전에 확인해야 한다.

도시가스의 경우에도 비용적인 측면에서 저렴하여 많이 사용하고 있는데, 건물 내부까지 연결되지 않았다면 300~500만 원 가량의 비용이 발생하게 된다. 또한 상하수가 설치되어 있지 않다면 추가적인 비용으로 발생되어야 하는 부분이다. 화장실은 정화조의 용량을 확인하여야 하는데, 건물의 전체 용량을 확인하여 자신이 창업하려는 업종이 가능한지 여부를 확인하여야 한다. 이는 건축물대장과 구청 위생과를 통하여 확인할 수 있다.

여섯째, 건물 내의 업종구성에 대해 확인하여야 한다. 건물 내에 입점되어 있는 점포의 업종구성이 자신이 창업하려는 업종과의 관계를 확인하여야 한다. 유사성이 높은 구성으로 부정적인 영향을 받을 수도 있고 그 반대의 경우도 있을 수 있기 때문에 확

한국전력공사 사이버지점을 이용하여 전기용량 증설 비용 산출(www.cyber.kepco.co.kr)

- 기본 공사비 : 배전선로 공사발생 유무 및 공사내역에 관계없이 신설 또는 증설분 계약전력에 전기공급 약관 별표4 표준공 단가표의 기본공사비 단가를 곱한 금액을 말합니다.
- 가공공급 : 지상에 전주를 세우고 공중(空中) 전선으로 전기를 공급받는 방법
- 지중공급 : 지하로 전선을 매립하여 전기를 공급받는 방법

- 공급전압   ⦿ 저압   ○ 고압
- 공급방식   ⦿ 가공   ○ 지중
- 계약전력   [10] kW   [공사비계산] [계산내역]

    ▸ 고객부담기본공사비   [532,400] 원 (부가세 포함)

* 불특정 다수의 고객에게 저압, 고압 또는 특별고압(22,900V 이하)으로 공급하기 위한 설비로 전기를 공급받는 경우 기본공급약관 제 94조 [표준공사비 산정거리의 측정]에 따라 산정한 거리가 기본거리(가공 200m, 지중 50m)를 초과하는 경우 거리공사비가 별도로 추가됩니다.
* 상기금액은 최근 표준공사비 변경일자를 기준으로 계산이며, 과거의 표준공사비와는 차이가 발생할 수 있습니다.

◉ 표준 공사비 단가표   부가가치세 불포함

구분		금액	
		가공공급	지중공급
저압	매 계약에 대하여 계약전력 5kW까지	164,000원	392,000원
	계약전력 5kW 초과분의 매 1kW에 대하여	64,000원	92,000원
고압 또는 특별 고압	신증설 계약전력 매 1kW에 대하여	13,000원	33,000원

* 고압또는 특별고압 : 계약전력 100kW 이상에 적용/고객부담 공사비는 부가가치세를 별도로 추가해야 합니다.

한국전력공사 사이버지점을 이용하면 평균적인 표준 공사비 단가표와 표준 공사비용을 산출할 수 있다.

* 위 표준 공사비 단가표는 배전반까지 공사비용임

인하여야 하며, 상가 번영회의 조례 등을 통하여 유사업종이 입점하지 못하도록 하는 경우도 있기 때문에 주의 깊게 살펴보아야 한다. 음식점업의 영업활성화에 긍정적인 역할을 하는 업종으로는 관공서, 금융기관, 영화관, 병원, 의류점, 노래방, 체육관 등이 있다.

　일곱째, 주차장 유무 사실을 확인하여야 한다. 요즘 대부분의 고객들은 자가용을 이

용하여 방문하는 경우가 많기 때문에 점포에서 사용할 수 있는 주차장이 있다는 것은 큰 이점으로 작용한다. 만약 자체적인 주차장이 없는 경우 대체할 수 있는 주변의 주차장을 확인하는 것도 필요하다.

여덟째, 건물주에 대한 확인을 하여야 한다. 건물주의 확인이라는 것은 가장 기본적으로 서류상의 건물주와 동일한 인물인지 확인하여야 하며, 건물주의 성향에 대한 정보를 수집하여야 한다. 이는 이전 임차인이나 건물 내 다른 임차인 또는 관리인을 통하여 수집할 수 있으며, 이를 통하여 임대료의 인상 정도와 자금력, 임차인과의 관계 등을 알 수 있다. 건물주의 자금력이 불안정한 경우 임대료 인상률에도 관련이 있지만 건물주의 파산은 임대보증금과 권리금을 돌려받지 못하는 경우가 발생될 수 있기 때문이다. 또한 일부 건물주 중에는 계약기간이 만료되는 시점에서 보증금 및 임대료의 인상을 요구하고 올려주지 못하는 경우 계약연기를 하지 않는 경우도 있다. 상가의 경우 일반적으로 계약이 1년 단위로 이루어지는데, 이럴 경우에는 권리금 및 시설 투자에 대한 회수가 이루어지지 않은 상황이기 때문에 창업자에게는 큰 타격이 될 수 있다. 즉 상가 임대차 보호법으로 보호될 수 있는 것에도 한계가 있기 때문에 건물주의 성향을 잘 알고 계약을 진행하는 것이 좋다.

7) 상권과 입지의 단점을 극복하기 위한 대책 수립

(1) 마케팅을 고려한 입지전략

외식업체의 입지선정 목표는 주로 이동거리로 측정된 고객의 편의성에 집중되어 있다. 하지만 이러한 고객이 느끼는 편의성은 거리 외에도 다양한 마케팅 활동을 통하여 생산된다. 이 중 유사한 외식업체의 군집화가 고객의 구매에 비교대상을 제공함으로써 고객의 편리성을 증대시켜 주는 경쟁적 군집화 요소가 대표적인 마케팅적 입지 전략이다. 소비자들은 합리적 구매를 위해 상품을 비교하려 한다. 신당동 떡볶이 골목이나 장충동 족발거리 등과 같이 유사한 상품의 군집화가 고객의 구매 요구를 만족시킬 수 있는 마케팅적 입지 전략이라 할 수 있다.

마케팅을 고려한 입지 전략의 다음은 포화 마케팅에 의한 입지 전략이 있다. 포화 마케팅은 도심지나 교통의 중심지에 동일한 점포를 집중시키는 방식으로 충동 구매자를 유혹하기 쉬운 도심에서 최고의 효과가 있다. 맥도날드나 스타벅스의 경우를 보면 쉽게 이해할 수 있다. 이는 광고비의 절감과 관리감독이 수월하고, 고객의 인지도가 상승되는 장점을 가지고 있지만 같은 브랜드 간의 제 살 깎기(Cannibalization)의 위험을 가지고 있는 입지 전략이다. 이를 스타벅스의 사례를 통해 자세히 살펴보면 다음과 같다.

스타벅스가 국내에서 성공적인 성과를 올릴 수 있었던 원인은 감성마케팅 등 다양한 요인이 있을 수 있지만 입지 전략도 주효했다고 할 수 있다. 2002년 이후 서울시내 주요 빌딩의 1층 로비에 커피매장이 들어서기 시작했는데, 이는 스타벅스의 선점전략의 결과였다. 국내진출 초기에 스타벅스는 강남과 여의도의 1층 로비를 커피매장으로 바꿔 간다는 전략을 세우고 추진하였으나, 30호점 이전까지는 괜찮은 빌딩의 로비를 구하기가 쉽지 않았다. 스타벅스의 점포개발팀원들은 외국의 사례를 사진으로 설명하며 건물주를 설득하였다. 커피매장이 로비에 들어오면 사람들이 모이게 되고 건물의 가치도 높아지게 될 것이라는 스타벅스 점포개발팀원들의 설득이 성공하였고, 결국 스타벅스는 권리금 한 푼 주지 않고 최고의 상권, 최고의 입지에 신규 매장을 대규모로 오픈할 수 있었다.

그 외에도 스타벅스는 "포화 마케팅"이란 전략을 시도하였다. 스타벅스는 같은 블록에 다수의 점포를 개설하여 인지도를 높임과 동시에 경쟁사의 진입을 막는 전략을 사용한 것이다. 이후 사업확장기에 접어들면서 입지선정을 가장 중요한 사업전략으로 판단한 스타벅스는 다수의 부동산 전문가를 고용하여 핵심상권을 스타벅스 간판으로 뒤덮으려는 목표를 수립하였다. 소비자들의 눈에 가장 잘 띄는 곳에 간판을 걸기 위하여 노력한 것이다. 부동산전문가가 최상의 입지를 찾아오면, 스타벅스는 임차인이 지불하는 수수료에다 추가적으로 수수료를 지불함으로써 부동산전문가들이 스타벅스에 좋은 입지를 우선적으로 추천하도록 동기부여시키기도 하였다. 도시의 가장 번화한 중심가에 걸려 있는 간판은 마케팅 측면에서 세 가지의 중요한 역할을 하는데, 첫 번째는 노출빈도가 높아지는 것이고, 두 번째는 최고 상권이라는 지리적 특성으로 인하여 고급이라는 브랜드 이미지를 심어줄 수 있으며, 세 번째는 중심가를 이용하는 사람들은 여론주도층으로서 다른 사람들의 소비에 커다란 영향을 미치게 되는 것이다.

결국 스타벅스는 광고를 하지 않고도 브랜드 인지도를 높일 수 있고, 결과적으로 광고비 부담을 줄여서 수익성을 개선시킬 수 있었다.

마케팅을 고려한 입지전략의 다음은 인터넷 및 정보통신기술의 활용을 이용한 입지전략을 들 수 있다. 인터넷쇼핑몰과 같이 새로운 유통경로의 역할 수행을 강조하는 입지전략을 들 수 있다. 인터넷의 발달로 고객이동 및 접촉을 최소화 시켜주는 새로운 유통경로로 지속적으로 발전될 시장이다.

마케팅을 고려한 입지전략의 마지막은 중앙주방시스템(CK, Central Kitchen) 등과 같은 현장 지원부서의 기능이 현장에 영향을 주어 입지 및 상권에도 영향을 미치는 경우를 들 수 있다. 현장 부서의 업무가 지원부서의 지원에 따라 변화가 되고, 그에 따른 입지 및 상권 선택에도 영향을 줄 수 있다는 의미이다. 세계적인 패스트푸드 선두 브랜드인 타코벨은 주방직원의 업무 효율화를 위하여 실시한 CK 및 조리 자동화 공정이 주방

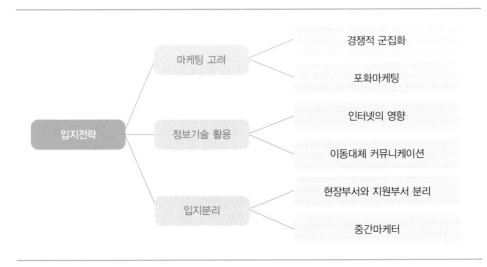

그림 7-10 **입지전략 유형**

면적을 줄이는 효과가 있음으로써 선택할 수 있는 업장면적의 한정적인 범위에서 벗어나, 다양한 입지 및 상권을 선택할 수 있었다.

(2) 입지 및 상권의 선택

입지와 상권은 본질적으로 분석의 문제이기보다는 선택의 문제이다. 즉, 창업자 자신이 가지고 있는 가용자원을 기준으로 여러 입지 및 상권 중에서 선택하여 단점을 극복하기 위한 전략을 구상하여야 하는 것이다. 창업자는 상권의 좋고 나쁨에 따라서 다양한 요소들을 고려하여야 할 것이다. 예를 들면, 입지와 상권이 좋은 경우에는 유동인구가 풍부하거나 영업을 위한 환경이 잘 조성되어 권리금이 비싸거나 임대료가 비싼 경우가 많을 것이다. 이런 경우에는 창업자에 의해 관리되는 요인이 적기 때문에 대중적인 아이템으로 승부를 거는 초보 창업자에게 잘 어울릴 것이다. 이러한 경우에는 보다 많은 인테리어 투자가 마케팅에 비해 성공의 필요한 요소로 작용할 것이다. 선택한 상권 및 입지의 단점을 극복하기 위해서는 다음 요소들의 적절한 조합이 성공적인 창업을 위한 필수요건으로 작용할 것이다.

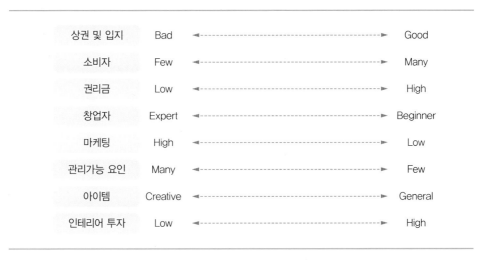

그림 7-11 **입지·상권의 선택 문제**

3 상권·입지조사분석 보고서

상권 및 입지조사가 완료되면 점포의 계약에 앞서 보고서를 작성하여 그동안의 조사분석 내용을 정리할 필요가 있다. 자신의 창업을 위하여 상권 및 입지를 조사분석한 경우에 별도의 보고서가 필요치 않다고 생각하기 쉬우나, 치밀한 사업계획만이 성공을 담보할 수 있음을 인식하고 반드시 보고서를 작성하는 것이 좋다. 그리고 보고서에는 이미 앞에서 다루었던 매출액 추정과 사업타당성 분석이 반드시 포함되어야 한다. 부록으로 제시한 '구체적인 보고서 작성 요령'을 읽어보기 바라며, 보다 전문적인 상권분석 지식은 《상권분석론》(교문사)을 참고하길 바란다.

창업자는 지금까지 다루었던 내용을 보고서로 작성해 봄으로써 그동안 실시하였던 조사분석 내용을 검토한 후 사업성이 높다고 판단되는 경우 점포계약에 임하도록 한다. 점포의 계약은 곧 사업의 본격적인 시작을 의미한다. 신중하고 냉정한 접근이 요구된다.

요약

① 외식산업은 특성상 소비자가 생산지까지 직접 방문하여 소비가 이루어지므로 입지는 고객이 외식 점포를 선택하는 데 결정적인 역할을 하는 요소이다. 즉 외식산업에서 아무리 좋은 상품(메뉴, 음식)을 가지고 있다고 하더라도 입지에 따라 그 성패가 좌우될 수 있다. 외식사업에서 입지는 판매하는 상품이기도 하며 고객을 유인하는 수단이기도 하다. 또한 입지는 경쟁사들에 의해 복제될 수 없기 때문에 경쟁의 주요한 수단이 되기도 한다. 입지는 외식기업 매출액의 하한선과 상한선을 결정하는 요인으로 외식업체와 고객이 만나는 위치적 조건을 의미한다.

② 입지는 장기고정투자로서 한번 결정되면 변경이 불가능하고, 서비스 기업의 매출에 커다란 영향을 미치는 매우 중요한 요소이기 때문에 외식산업을 입지산업이라고 부르기도 한다.
그리고 입지는 전통적으로 진입장벽, 수요창출의 역할을 하였으며 유연성, 경쟁적 위치선정, 수요관리, 초점화 등의 역할을 한다.

③ 상권은 해당 점포를 이용하는 고객이 거주하는 범위를 의미하며, 규모에 따라 대형 상권, 중형 상권, 소형 상권으로, 분포(밀집도)에 따라서 1차 상권, 2차 상권, 3차 상권으로, 주변 환경에 따라서 오피스 상권, 주택가 상권, 중심 상권, 대학가 상권, 역세권, 교외형 상권 등으로 구분한다. 이러한 구분은 단순히 상권을 분류하기 위한 목적이 아니라 상권과 입지의 전략적 접근을 위해서 필요하다. 즉, 어떤 상권에 진입하느냐에 따라 음식점의 경쟁전략이 달라지므로 이에 대한 철저한 대비가 필요하다.

④ 입지조사 시에는 후보 점포의 지리적 특성인 점포의 접근성, 가시성, 홍보성을 파악하여야 하며 점포의 주변지역, 용도, 집객시설 등에 대한 기능적인 특성에 대해서도 면밀히 검토하여야 한다. 또한 충분한 수요의 존재 여부를 파악하기 위하여 수요층, 수요량, 수요자 접근성을 검토하고, 건물특성 및 환경요인으로서 주차공간의 적정성, 건물의 매력도, 임대비용 적정성, 면적의 적정성, 적절한 기능의 가용노동력, 주변환경, 정부 및 지자체의 정책 등을 고려해야 한다.

⑤ 점포조사를 진행하는 경우 점포의 비용, 공부서류를 통한 점포의 안전성, 점포의 면적, 설비 조건, 건물 내의 업종 구성, 주차장, 건물주의 성향 등을 조사하여 점포 창업 후 발생될 수 있는 긍정적, 부정적 요인에 대한 분석을 하여야 한다. 특히 건물주의 성향은 향후 사업이 활성화되었을 때 일순간에 모든 것을 잃게 되는 단초가 될 수 있음을 명심해야 한다.

⑥ 상권에 관련된 통계 자료는 인터넷(통계청, 소상공인시장진흥공단 등)을 통하여 수집할 수 있다. 창업자는 통계자료를 통하여 창업 후보지의 특성을 파악하여야 한다. 상권분석의 마무리 단계로 현장조사가 있다. 현장조사 시에는 통행인구 조사, 경쟁사 조사, 통행차량을 조사하여 상권의 특성이 창업 아이템과 어울리는지를 확인하여야 한다.

❼ 입지 및 상권은 분석으로 끝나는 것이 아니라 분석을 통한 선택이 중요한 역할을 한다. 따라서 창업자의 가용자원과 마케팅적인 전략을 고려하여 입지 및 상권을 선택하여야 한다.

마케팅을 고려한 입지전략은 다음과 같은 방법이 있다.

- 경쟁적 군집화 : 유사 서비스 기업의 군집화가 고객의 편리성 증대
- 포화 마케팅 : 도심지 등에 동일 점포를 집중시키는 방식
- 정보통신 기술 및 인터넷의 영향 : 고객이동 및 접촉을 최소화 시켜주는 새로운 유통경로
- 현장부서와 지원부서의 분리 : 지원부문(주방)을 공장화하여 서비스부문(홀)을 강화

1 다음 중 음식점의 입지를 설명하는 내용으로 적합하지 않은 것은?

① 음식점의 상품과 고객이 만나는 장소

② 음식점의 대지나 점포가 소재하는 위치적 조건

③ 음식점의 접객장소

④ 음식점의 매출과는 큰 관련성이 없는 요인

⑤ 세계에 단 하나뿐인 독점성

해설 음식점의 입지는 매출의 하한선과 상한선을 결정하는 매우 중요한 요인이다.

2 다음 중 입지로 인하여 영향을 받는 요인이 아닌 것은?

① 매출액

② 고정비용

③ 변동비용

④ 고객이 인식하는 서비스 수준

⑤ 부가가치세

해설 부가가치세는 입지와 관련이 없다. 입지는 음식점의 수익성을 결정하는 매출액과 비용, 그리고 고객들이 인식하는 서비스수준에 영향을 미치기 때문에 더욱 중요한 것이다.

3 다음 중 입지를 결정할 때 고려해야 하는 요인과 관련성이 가장 적은 것은?

① 충분한 수요의 존재여부(주요 수요층, 수요량, 수요자의 접근성 등)

② 주차공간의 적정성

③ 건물의 매력도

④ 임대비용의 적절성

⑤ 주택임대차보호법

해설 주택임대차보호법은 상가와는 관련이 없는 주택과 관련된 법률이다. 음식점이 입지를 결정할 때는 1) 충분한 수요 존재 여부와 2) 건물 특성 및 환경요인을 고려해야 한다.

4 마케팅을 고려한 입지전략에 대한 설명으로 적절치 않은 것은?

① 경쟁적 군집화 : 유사한 음식점의 군집화가 고객의 편리성을 증대시킬 수 있다.

② 포화 마케팅 : 도심지나 교통중심지에 동일 점포를 집중시키는 입지전략이다.

③ 정보통신기술의 활용 : 인적 이동을 최소화할 수 있으므로 입지의 제한을 받지 않을 수 있다.

④ 중앙주방시스템을 이용한 전처리 식재료 공급 : 점포입지와 중앙주방의 입지가 분리되어 오히려 낭비요소가 발생할 수 있다.

해설 중앙주방시스템은 현장부서(판매점포)와 지원부서(주방)의 분리에 대한 예로, 프랜차이즈 음식점들이 본사로부터 반조리된 상품을 제공받아 음식점에서는 조리를 하지 않음으로써 입지의 효율을 높일 수 있는 전략이다. 따라서 낭비요소의 발생보다는 비용 절감, 이익증대 효과를 얻을 수 있다.

5 다음 중 지리정보시스템에 대한 설명 중 적합하지 않은 것은?

① 지리적 자료를 수집, 저장, 분석할 수 있는 공간정보 응용시스템
② 고객 데이터를 지도화하여 공간분석을 통해 입지 분석 등에 활용
③ 지속적으로 변화하는 입지환경의 정기적 분석을 위해 유용
④ 서비스 시설의 분포와 서비스권의 파악은 가능하지만 경쟁상황은 파악할 수 없음

해설 중소기업청에서 제공하는 지리 정보치스템을 활용하면 경쟁상황도 파악할 수 있다.

6 상권의 분류에 대한 설명 중 잘못된 것은?

① 1차 상권, 2차 상권, 3차 상권과 같은 분류는 고객분포를 고려한 분류법이다.
② 규모에 의해 상권을 분류하면 대형, 중형, 소형상권으로 분류할 수 있다.
③ 상권의 크기는 서비스 기업의 유형과 관계없이 동일하다.
④ 오피스 상권의 단점은 주말고객이 급격히 줄어든다는 것이다.

해설 상권의 크기는 서비스 기업의 유형에 따라서 변화할 수 있다. 예를 들어, 외식서비스 기업의 경우 소형 레스토랑의 경우, 상권이 작지만 대형 화 될수록 상권의 크기가 확장된다. 소매업의 경우도 생필품 위주의 소매 점 상권은 작지만 전문품을 취급하는 점포의 상권은 매우 커진다.

7 입지와 상권에 대한 차이점으로 잘못 설명된 것은?

① 입지는 포인트(point)이고 상권은 범위(Space)이다.
② 입지는 위치조건을 상권은 공간범위를 의미한다.
③ 입지의 평가조건은 부지행태, 접근성, 가시성 등이다.
④ 상권의 평가조건은 유동인구, 배후지 인구, 경쟁점포 등이다.
⑤ 입지와 상권을 분석하는 이유는 창업비용을 추정하기 위해서이다.

해설 일반적으로 기업의 창업을 위 하여 입지와 상권을 분석하는 가장 큰 목적은 수익성을 확인하기 위한 것 이다. 따라서 매출액의 추정이 가장 주된 목적이 된다.

8 서비스 기업의 입지 선정에 대한 설명 중 적절치 않은 것은?

① 입지 선정의 목표는 주로 이동거리로 측정된 고객의 편리성이다.
② 경쟁적 군집화나 포화 마케팅 등은 입지 선정의 기본목표에 충실한 전략이다.
③ 입지를 선정함에 가정 먼저 고려해야 하는 내용은 충분한 수요의 존재 여부이다.
④ 서비스의 전달 유형이 다르더라도 입지 결정의 목표는 동일해야 한다.

해설 서비스 전달 유형(고객이 기업 을 찾는 경우, 기업이 고객을 찾는 경 우, 고객과 기업의 접촉이 없는 경우 등)에 따라 입지 결정의 목표는 달라 질 수 있다.

| 정답 |　　1 ④　　2 ⑤　　3 ⑤　　4 ④　　5 ④　　6 ③
　　　　　7 ⑤　　8 ④

1 　다음의 업종 및 업태별 어울리는 입지 및 상권에 대해여 토론하여 봅시다.

　패밀리 레스토랑, 고가의 한정식 전문점, 저가형 삼겹살 전문점, 퓨전 분식점

2 　소상공인상권정보시스템과 나이스비즈맵을 이용하여 다음 지역의 상권을 분석하여 봅시다.

　강남구청역 상권, 노원역 상권, 대학로 상권, 등촌 삼거리 상권

3 　보기의 상권 중 하나의 상권을 선택하여 주어진 업종, 업태별로 경쟁 점포 체크리스트를 작성하여 봅시다.

　강남구청역 상권, 노원역 상권, 대학로 상권, 등촌 삼거리 상권
　패밀리 레스토랑, 고가의 한정식 전문점, 저가형 삼겹살 전문점, 퓨전 분식점

8장

메뉴개발과 관리

|

성공한 음식점의 메뉴를 자세히 살펴보면 두 가지 특성을 가지고 있음을 알 수 있다. 바로 차별성과 대중성이다. 좋은 메뉴란 '차별성×대중성'이란 공식에 의하여 탄생한다. 외식창업을 계획하고 있다면, 독창적이면서도 친근한 메뉴를 찾거나 개발할 수 있어야 한다.

메뉴개발과 관리

1. 메뉴의 개요 및 메뉴계획
2. 메뉴개발 및 개선
3. 메뉴평가, 상품화 및 메뉴분석
4. 메뉴북 역할과 디자인

학습목표
- 메뉴의 개요 및 메뉴계획의 개념을 이해한다.
- 메뉴개발 및 개선의 프로세스를 익히고 가격결정 방법을 이해한다.
- 메뉴평가와 메뉴분석의 차이점을 이해한다.
- 메뉴북의 역할 및 메뉴북 디자인을 위한 중요 요소를 이해한다.

생각열기

BEST CASE 점포의 인테리어와 익스테리어를 포함한 물리적 환경은 음식점을 창업하기 위한 투자금에서 많은 비중을 차지하는 부문이다. 적게는 30%에서 많게는 50%가 물리적 환경에 투자되는 것이 일반적이다. 물론 물리적 환경에 거의 투자를 하지 않는 경우도 종종 있지만, 그렇게 되면 장기적인 경쟁력을 확보하기 힘들고 생계형을 벗어나는 것도 어렵다. 사업으로서 수익성의 제고를 위해서는 물리적 환경에 대한 적절한 투자가 요구된다.

나성공과 그의 친구 이도움은 점포의 물리적 환경에 대한 설계와 공사가 이루어지는 동안 실제 판매할 메뉴를 다시 점검하기로 했다. 이미 메뉴에 대한 어느 정도의 개발은 이루어진 상태라서 크게 수정할 내용은 없지만, 처음부터 메뉴개발에 대한 점검과 개발된 메뉴의 판매를 극대화시키고 고객만족도를 높이기 위한 수단으로서의 메뉴북 디자인도 함께 고민해야 할 대상이다. 특히 메뉴북은 마케팅 도구로서의 기능뿐만 아니라, 내부통제수단으로서의 기능도 수행한다는 사실을 잊지 않아야 했다.

"나성공. 자네 이제 외식창업 전문가가 다 되었군. 메뉴개발을 챙기는 모습이 범상치 않아서 말이야."

"이제 자네도 여유가 생긴 모양이군. 슬슬 농담을 하는 것 보니까. 그건 그렇고 이제 메뉴개발이 거의 끝나서 메뉴평가를 좀 받아야 하는데, 어떻게 진행하는 것이 좋을까?"

"메뉴평가를 해야 할 단계가 벌써 되었나. 하긴 벌써 메뉴개발은 이미 끝난 상태이고 곧 매장의 공사도 끝날 테니 사전점검 차원에서 메뉴평가를 해보는 게 수순이겠군. 일단 자네 주변에 우리가 타깃으로 하는 고객층과 비슷한 나이대의 분들을 좀 초대하는 게 좋겠어. 그리고 너무 지인들만 초대하지 말고 주변에서 전혀 안면이 없는 분들도 함께 모시고 오도록 요청하는 게 필요할 것 같아. 그래야 허심탄회한 의견을 들을 수 있을 테니까."

"이도움. 자네는 전문가분들을 좀 알아봐 주게. 아무래도 일반인의 평가도 중요하지만 전문가의 의견도 수렴하는 게 음식의 품질을 객관적으로 측정하는 계기가 될 것 같아서…."

"알겠네. 내가 요리사들 중에서 평가를 해줄만한 전문가 분들을 초청하도록 할게. 그리고 메뉴평가를 하려면 평가 설문지를 만들어야 하는데, 오늘 저녁에는 나와 함께 우리가 취급할 메뉴를 정확하게 평가할 수 있는 내용에 대하여 함께 논의를 해보도록 하세."

메뉴의 맛과 가격의 적정성 그리고 다양한 정성적 평가를 통하여 나성공은 메뉴에 대한 자신감을 가지게 되었다. 메뉴의 판매가 이루어진 후 한 달쯤 지나서 나성공은 이도움과 함께 한 달 동안 판매한 자료를 이용하여 메뉴분석을 실시하였다. 메뉴분석은 가장 쉽게 할 수 있는 ABC분석법을 사용하였다. 분석결과 C메뉴 중 어린이 고객을 위하여 준비된 특별메뉴를 제외하고, 인기도가 떨어지는 메뉴는 개선을 하도록 주방장에게 지시하고 신메뉴의 개발도 고려해 줄 것을 요청했다. 이후 6개월 정도의 시간이 흐르면서 매출이 계획하였던 수준을 상회하게 되자, 이도움은 메뉴엔지니어링을 통해 좀 더 세부적인 메뉴분석을 제안하였다. 이후에도 나성공은 메뉴관리활동을 지속적으로 수행하면서 고객들이 지속적으로 음식점을 방문할 수 있도록 만족도 높은 메뉴를 개발하고 유지하는 데 많은 노력을 기울이고 있다.

WORST CASE

이멘토의 도움으로 그나마 음식점 인테리어에 경험이 많고 성실한 사업자를 만난 박실패는 음식점의 물리적 환경에 대한 새로운 사실을 많이 배우게 되었다. 무엇보다도 홀은 심미적인 부분에 치중하면서 서빙을 하는 직원들의 동선을 고려해야 함을 알게 되었고, 주방은 기능성을 중심으로 내구성이 높은 자재를 사용하는 게 필요함을 알게 되었다. 특히 주방의 바닥은 방수를 철저히 하고 미끄럼을 방지할 수 있는 내장재를 선택하였으며, 배수로를 위한 트렌치 공사 시 향후 바닥재와의 유격이 생기면서 발생하는 방수 문제를 예방할 수 있도록 주의를 하였다.

"이멘토. 자네가 소개해 준 정테리어님은 정말 성실 그 자체인 것 같아. 사람이 성실하기만 한 게 아니라 실력도 대단한 것 같고. 내가 그 친구한테 배운 것만으로도 앞으로 인테리어 사업을 해도 될 정도라니까."

"벌써 전문가가 다 되셨군요 박실패님. 어련하시겠어요. 정테리어님이 가르쳐준 것만으로도 아마 프랜차이즈 사업도 하실 수 있겠죠."

"자네 날 놀리나. 내가 허세가 좀 심하긴 해도 그만큼 많은 것을 배웠다는 것 아닌가. 무엇보다도 미래를 위한 인테리어 기법…. 뭐 이런 것에 대한 노하우를 배운 게 큰 재산이 될 것 같아."

"미래를 위한 인테리어 기법은 뭔가? 그건 나도 모르는 건데. 자네에게만 저 친구가 그걸 알려줬다는 건가?"

"그래. 일단 홀 부분에 대한 인테리어는 정기적인 리뉴얼을 감안하는 것이 좋다는 거야. 아무래도 고객들이 2년 정도 지나면 싫증을 느끼기 시작한다는 거지. 그래서 2년을 주기로 최소의 비용으로 리뉴얼이 가능하도록 처음부터 설계를 한다는 거지."

"박실패. 자네 정말 사업가 다 되었군. 또 무슨 노하우를 배우셨나."

"주방은 향후 메뉴의 개선이나 완전히 다른 업종으로 변경할 것을 고려해 두는 것도 중요할 것 같네. 아무리 좋은 메뉴라도 역시 외식 트렌드에 따라서 그 수명이 다하면 완전히 다른 업종으로 변경해야 하는 경우도 생긴다는 거지. 만약 주방의 공간배치 등이 이를 수용하기 힘들면 너무 대대적인 공사가 필요하기 때문에 개조가 어려울 수 있다는 점이야."

박실패는 그동안 자신의 경솔함을 반성하면서 차근차근 음식점 성공을 위한 물리적 환경의 개발방법을 배우고 있다. 다만 공사가 끝나면 바로 개점해야 하는데, 이에 대한 준비는 너무 소홀히 하고 있었다.

"박실패님. 지금 완전 인테리어에 빠지셨군요. 자네 공사가 곧 끝날 텐데. 음식점 개점은 안 할 건가? 아니, 메뉴가 개발되어야 장사를 할 거 아닌가."

"참 그렇지. 내가 인테리어 삼매경에 빠져서 메뉴를 개발하고 평가하는 작업은 까맣게 잊고 있었네… 미안 미안."

"그럼 그렇지. 자네를 믿고 내가 다른 일을 본 게 문제지. 일단 홍조리님에게 메뉴개발은 내가 부탁을 해놓았네. 내일 준비된 메뉴를 시현하기로 했어. 다만 메뉴시현을 하면서 메뉴평가를 함께 하는 게 좋을 것 같은데. 혹시 초대할 손님은 있나?"

"초대할 손님이야 당연히 많지. 내 친구들 다 불러오면 안 될까? 자식들, 아마 회식시켜 준다면 난리날 거야."

"우리 친구들은 메뉴를 평가하는 데 적합하지 않아. 아무래도 웰빙식을 주로 선호하는 주부들과 중장년층을 위주로 평가단을 구성해야지. 목표고객과도 일치하니까."

1 메뉴의 개요 및 메뉴계획

1) 메뉴의 개요

(1) 메뉴의 정의

우리가 주변에서 메뉴(menu)라는 용어를 사용할 때는 두 가지 의미를 가지는 경우가 많다. 그 하나는 외식업체에서 판매하는 제품(아이템, 음식)인 음식을 의미하는 경우이고, 다른 하나는 외식업체에서 판매하는 제품(아이템, 음식)의 리스트인 메뉴북을 의미하는 경우이다. 이러한 두 가지 의미는 일상적으로뿐만 아니라 일반도서와 전문서적에서도 마찬가지로 혼용되어 사용되고 있다. 경우에 따라서는 사용자나 독자 모두 혼동하는 경우가 종종 있는 것도 사실이다. 따라서 본서에서는 가능하면 '메뉴'라는 표현은 음식 자체를 지칭할 때 사용할 것이며, 레스토랑에서 판매하는 음식의 리스트는 '메뉴북'으로 구분 표기할 예정이다. 다만 상황에 따라서 혼용될 수 있으므로, 문맥이나 상황에 따라서 독자는 스스로 메뉴가 음식 자체를 의미하는 것인지 아니면 메뉴북을 의미하는 것인지 유의하여 이해할 필요가 있다.

> **Menu 단어의 어원과 의미**
> * 라틴어 'Minutus(미누뚜스-아주 작은, 간단한, 상세하게 기록한)'에서 유래함
> * 최초 기능은 외식업체나 가정에서 '오늘 제공하게 될 요리'를 간단명료하게 적어 놓은 것에서 유래함
> * 메뉴의 유래는 요리의 내용과 종류를 적어 요리를 즐기는 데서 유래했다는 설과 프랑스에서 이태리요리의 원재료와 조리법을 기록한 메모에서 유래했다는 설 등이 있음

(2) 메뉴(아이템, 음식)의 중요성

외식업체인 레스토랑을 구성하는 요인은 매우 다양하다. 특히 소비자들이 레스토랑을 선택할 때 고려하는 요인을 감안하면 메뉴의 중요성은 더욱 커진다고 할 수 있다. 따라서 예비창업자가 레스토랑 창업 시 가장 우선적으로 고려하게 되는 항목이 바로 메뉴

가 될 것이다. 이와 같은 메뉴의 중요성을 세부적으로 살펴보면 다음과 같다.

- 고객이 외식업체를 방문하는 근본적인 이유는 메뉴 때문이다.
- 외식창업 시 사업가들은 메뉴를 먼저 선택하는 경우가 많다.
- 메뉴는 외식업체의 주 상품으로서 외식업체를 대표하는 얼굴과 같다.
- 외식업체를 구성하는 콘셉트의 핵심은 메뉴로부터 시작된다.
- 메뉴의 선택은 목표고객과 수익성의 선택과 다름없다.

음식으로서 메뉴의 중요성 이외에도 메뉴북의 중요성도 우리가 간과해서는 안 될 부분이다. 다만 메뉴북에 대한 내용은 본 장의 마지막 부분에서 별도로 다루기로 한다.

(3) 메뉴관리

메뉴관리는 음식으로서의 메뉴를 관리하는 부분과 메뉴북의 관리로 나눌 수 있다. 다만 메뉴북은 관리 측면보다는 디자인 측면이 더 중요하다고 판단되어 본 교재의 후반부에서 디자인을 중심으로 다룰 예정이다.

레스토랑을 구성하는 다양한 요소 중 메뉴(아이템, 음식)가 차지하는 비중이 매우 큰 것을 고려할 때, 경영자 입장에서는 메뉴부문만을 별도로 관리해야 하는 필요성이 커지고 있다. 따라서 레스토랑의 경영자는 메뉴경영 또는 메뉴관리의 순환과정을 이해하고, 창업 시는 물론이고 창업을 한 이후에도 지속적으로 레스토랑의 경쟁력을 유지하기 위하여 지속적인 메뉴개발과 관리를 해야 한다.

메뉴관리(메뉴경영)는 메뉴의 계획과 개발을 시작으로 메뉴평가, 식재료 관리, 조리, 메뉴의 제공, 메뉴분석, 신메뉴 개발의 순환과정을 거치게 된다. 이러한 순환과정을 경영학의 PDS(계획−실행−통제)사이클에 대입하여 보면, 메뉴계획과 개발과정 그리고 메뉴평가과정을 '계획(plan)'단계로 볼 수 있으며, 식재료 관리, 조리, 메뉴제공 과정을 '실행(do)' 단계에 해당된다고 할 수 있다. 또한 메뉴분석 단계는 '통제 및 피드백(see)' 단계임을 알 수 있다.

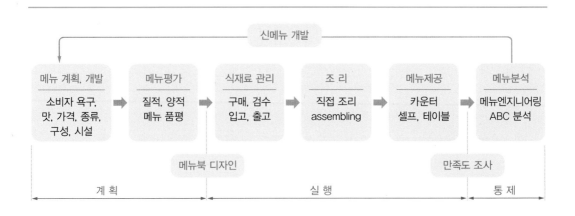

그림 8-1 **메뉴관리(경영)의 순환과정**

이외에도 메뉴관리의 순환과정에서 메뉴평가와 식재료관리 사이에 메뉴북 디자인 단계가 필요하며, 메뉴제공과 메뉴분석 사이에 고객을 대상으로 한 만족도 조사 등이 추가될 수 있는데, 이를 구체적으로 도식화하면 〈그림 8-1〉과 같다. 그리고 레스토랑 경영의 한 과정으로서 메뉴관리의 궁극적 목적은 '고객만족을 통한 이익의 극대화'임을 명심하여야 한다. 즉, 레스토랑의 경영자는 최소의 비용으로 최대의 이익을 얻을 수 있는 메뉴를 고안하고 이를 개발한 후, 최상의 식재료를 이용하여 소비자 만족을 이끌어내는 총체적 과정으로서 메뉴관리를 이해할 필요가 있다.

2) 메뉴계획

앞서 살펴보았던 메뉴관리의 순환과정에서 레스토랑 경영자가 가장 먼저 수행해야 할 업무는 메뉴계획이다. 메뉴계획은 '레스토랑의 이익극대화가 가능하도록 목표고객에게 제공할 메뉴를 종합적으로 검토하는 과정'을 의미한다. 단순히 고객이 많은 레스토랑이 취급하는 메뉴라든가 유행처럼 인기를 얻는 메뉴 등에 현혹되어 단순하게 결정을 내리는 오류를 범하지 않기 위해서 메뉴계획은 매우 신중하게 이루어져야 한다. 결국 메뉴계획은 목표고객이 원하고, 만족할 수 있으며, 업체는 생산가능하고 높은 수익성을

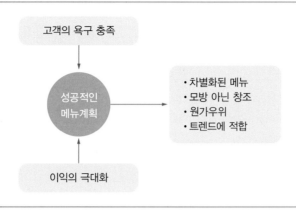

그림 8-2 **성공적인 메뉴계획**

달성할 수 있도록 이루어져야 한다.

　메뉴경영의 첫 번째 단계로서의 메뉴계획은 외식업체의 콘셉트를 구체적으로 표현한 결과물이자, 고객만족을 위한 마케팅의 출발점이기도 한다. 따라서 메뉴계획은 벤치마킹을 통한 차별화가 필수이다. 즉, 기존의 레스토랑에서 인기를 얻고 있는 메뉴를 벤치마킹하는 것으로 메뉴계획이 시작되는 것은 권장할 만한 일이지만 거의 동일한 수준으로 메뉴를 카피하는 것은 매우 위험한 일이다. 창조와 혁신을 통한 차별성을 부가하는 것이 필수적인 메뉴계획의 일환이다.

　레스토랑 경영자는 성공적인 메뉴계획을 위하여 고객의 욕구를 충족시켜줌과 동시에 자신의 수익성도 극대화하려는 노력이 필요한데, 이를 달성하기 위한 수단으로 '차별화된 메뉴, 창조적인 메뉴, 품질은 대동소이하면서 경쟁자보다 낮은 원가를 실현한 메뉴, 트렌드에 적합한 메뉴' 등을 추구해야 한다〈그림 8-2〉.

(1) 메뉴계획 과정

레스토랑의 메뉴는 계획과 개발과정을 거쳐서 탄생하게 된다. 그리고 메뉴계획은 고객만족뿐만 아니라 경영자의 수익성도 보장해 줄 수 있어야 한다. 따라서 이와 같은 메뉴계획을 위해서는 '시장기회의 탐색 → 목표시장 분석 → 기존상품 분석 → 아이디어 창출 및 채택 → 수요예측 및 정보수집'과 같은 단계를 거친다. 이러한 단계를 좀 더 세부적으로 나누어 보면 다음 〈그림 8-3〉과 같다. 특히 최근에는 음식에도 디자인 개념이 부가되면서 푸드스타일링이 매우 중요한 요건으로 대두되고 있다. 과거에는 음식이 단순히 배고픔을 잊게 하는 수단이었다면, 현대에는 보고 느끼고 감상하면서 즐기는 수준으로 소비자의 욕구가 높아졌기 때문이다.

레스토랑에서 메뉴를 개발하기 위해서는 제일 먼저 외식업체의 내·외부적인 환경 분석을 통하여 메뉴개발의 필요성을 인지해야 한다. 새로운 메뉴는 필요에 따라 계획적으로 메뉴개발이 이루어져야 한다. 메뉴의 개발은 앞서 말한 것과 같이 많은 위험성을 내포한 기업활동이기 때문에 위험요소는 최소화하여 목적을 달성할 수 있어야 한다.

메뉴계획과정에서 아이디어의 창출과 채택은 매우 중요한 과정이다. 새로운 메뉴의 아이디어 원천은 물론 고객의 수요에서 시작된다. 환경 분석에서 고객의 필요와 욕구에 대한 정확한 분석을 하고 외식업체의 목적을 설정하였다면 이를 달성할 수 있는 실천적인 아이디어를 창안, 수집한다. 아이디어를 창안해 내는 단계에서는 고객의 욕구를 충족시킬 수 있는 메뉴에 대한 다양하고 많은 아이디어를 수집해 내는 것이 중요하다. 사내 직원, 전문가 집단, 경쟁사, 유통업체, 공급업체 등과 같이 다양한 아이디어 원

그림 8-3 **메뉴 개발 프로세스**

자료 : Ronald N. Paul, "New Product Development Overview", Proceeding Chain Operation Exchange(Chicago : International Foodservice Manufactures Association)

천을 활용하여 가능한 많은 아이디어를 수집한다. 요즘은 외식업체에서 고객들을 아이디어 창안과정에 직접 참여시키는 방법으로 고객 아이디어를 직접 활용하기도 한다. 예를 들면, 다양한 외식업체나 항공사 등의 '메뉴 공모전'이나 '메뉴 창작대회' 등을 들 수 있다.

다양한 경로를 통하여 창안된 아이디어를 모두 상품화하게 되면 비용과 시간적인 면에서의 부담이 매우 클 것이며, 메뉴개발의 목적을 달성하기 위한 방법으로서의 아이디어 채택에 많은 어려움이 따르게 된다. 따라서 창안된 무수히 많은 아이디어 중에서 외식업체의 콘셉트와 메뉴개발의 목적 등과 부합되는 아이디어 몇 가지를 선별해야 한다.

좋은 아이디어를 선택하기 위해서는 체계적인 평가기준표를 작성하여 활용하는 것이 필요하다. 즉, 레스토랑 콘셉트 및 메뉴 콘셉트와의 조화, 경영목표, 실현 가능성, 시장규모, 개발 비용, 소요시간 등을 평가기준으로 검토하는 것이 좋은 아이디어를 선택할 수 있는 방법이다.

(2) 메뉴계획 시 고려사항

이상 살펴보았던 메뉴계획은 고객만족을 통한 수익극대화를 목적으로 고객과 경영자 모두를 충족시키기 위한 메뉴관리의 시발점이라 할 수 있다. 따라서 메뉴계획은 시장기회의 탐색으로부터 시작되어 수요예측 및 정보수집으로 마무리되는데, 메뉴계획 시 레스토랑 경영자가 고려해야 할 사항을 살펴보면, 먼저 메뉴계획은 외식산업에서의 풍부한 경험, 식재료에 대한 지식, 원가관리 능력을 겸비한 전문가가 담당해야 한다. 일반적으로 누구나 쉽게 외식창업을 하게 되는 상황에서는 가정에서 맛있게 음식을 조리하였던 경험을 바탕으로 메뉴를 계획하는 경우가 많다. 하지만 이렇게 창업한 외식업체가 장기간 안정적인 수익을 확보하기는 쉽지 않다. 단기적으로는 성공할 수 있더라도 장기적으로 변화하는 고객의 취향과 트렌드에 맞는 신메뉴개발에 한계를 느끼기 때문이다.

메뉴계획 시 고려해야 할 두 번째 항목을 살펴보면, 창조적이고 성공적인 메뉴개발을 위해서는 메뉴의 계획 단계에서 다양한 요인을 고려해야 한다는 점이다. 즉, 고객의 관점에서 욕구와 필요, 영양과 위생, 방문목적, 메뉴의 질, 가격 등을 살펴야 한다. 또한

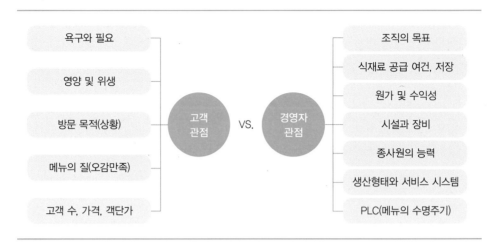

그림 8-4 **메뉴계획 시 고려사항**

경영자관점에서는 조직의 목표, 식재료 공급 여건, 원가와 수익성, 시설과 장비, 종사원의 능력, 서비스 형태, 메뉴의 수명주기 등을 고려해야 한다. 이를 도표화하면 〈그림 8-4〉와 같다.

(3) 메뉴의 분류

메뉴를 계획하고 개발하기 위해서는 메뉴가 어떻게 분류되는지에 대한 지식을 습득할 필요가 있다. 메뉴는 제공기간에 따라서, 식사가격 및 내용에 따라서 분류되기도 하며, 그 외에도 다양한 기준에 따라 분류되는데 이를 구체적으로 살펴보면 다음과 같다.

① 제공기간에 따른 분류

메뉴를 제공기간에 따라 분류해 보면 고정메뉴, 순환메뉴, 단기메뉴로 구분된다. 외식업체에서 고정메뉴(fixed menu)는 장기간 바뀌지 않고 지속적으로 유지되는 메뉴로, 레스토랑의 대부분 메뉴가 여기에 해당된다. 즉, 레스토랑은 전문화된 고정메뉴를 중심으로 사업을 영위하는 것이 경쟁력이 있기 때문이다.

어떤 외식업체는 순환메뉴(cycle menu)를 가지고 사업을 하기도 한다. 순환메뉴란 일정기간의 간격을 두고 순환되는 메뉴로서, 주로 단체급식업체들이 제공하는 메뉴의 형태로 일정한 기간을 주기로 매일 다른 유형의 메뉴를 제공한다. 그 외에도 제공기간에 따른 메뉴의 분류로서 단기메뉴(market menu)가 있는데, 이는 레스토랑에서 짧은 기간만 존재하는 메뉴로 특별메뉴, 오늘의 메뉴 등이 단기메뉴에 해당된다. 외식업체에서 활용되는 메뉴의 유형과 메뉴 선택의 폭을 기준으로 레스토랑의 유형을 분류하면 〈표 8-1〉과 같다.

표 8-1 **메뉴분류와 선택의 폭에 따른 레스토랑의 유형**

구분	선택의 폭이 없음	선택의 폭이 제한됨	선택의 폭이 넓음
고정적	단일메뉴 레스토랑	패스트푸드 외식업체	정식메뉴 외식업체
순환적	병원급식, 기내식	학교급식	카페테리아
일시적	연회	짜여진 오찬	뷔페

② 식사가격 및 내용에 의한 분류

레스토랑에서 판매되는 메뉴를 가격과 내용에 따라 분류하면 정식메뉴, 일품메뉴, 결합메뉴로 구분할 수 있는데, 이를 구체적으로 살펴보면 다음 〈표 8-2〉와 같다.

고객의 입장에서 정식메뉴는 모든 메뉴를 일일이 선택할 필요가 없고 단일 메뉴로

표 8-2 **식사가격 및 내용에 의한 메뉴의 분류**

구분	내용
정식 메뉴 (더블도트 메뉴)	• 코스로 제공되는 메뉴 • 애피타이저, 수프, 생선, 주요리, 샐러드, 후식, 차 등의 순서로 구성 • 고객입장에서 선택이 용이함 • 조리과정이 일정하여 인력이 절감되며 능률적 서비스 가능
일품 메뉴 (알라카르트 메뉴)	• 품목별로 가격이 정해져 제공되는 메뉴 • 고객의 입장에서 선택이 어려움 • 수급예측이 어려워 식재료의 낭비가 심함
결합 메뉴 (콤비네이션 메뉴)	• 정식메뉴와 일품메뉴가 결합된 형태 • 연회 시에도 많이 이용

여러 가지 메뉴를 주문하는 경우보다 저렴하다는 장점이 있는 반면, 코스만을 선택할 수 있을 뿐 세부적인 메뉴의 선택권이 없다는 단점이 있다. 정식메뉴를 메뉴개발자의 입장에서 바라본다면 가격에 민감한 고객을 대상으로 다양하게 구성된 메뉴를 일정한 패턴으로 능률적으로 생산, 제공이 가능하므로 저렴하게 판매할 수 있다는 장점이 있다. 다만 정식메뉴는 한정된 코스메뉴만을 다루어야 하기 때문에 다양한 소비자의 취향을 맞추는 데는 한계가 있다.

고객의 입장에서 일품메뉴는 애피타이저, 샐러드, 메인메뉴, 디저트 등 모든 메뉴를 고객이 한 가지씩 선택해야 하므로 메뉴에 대한 지식이 충분하지 않은 경우 선택이 어렵고 가격도 고가인 단점이 있다. 그럼에도 불구하고, 자신의 취향에 맞는 메뉴만을 선택할 수 있다는 장점 때문에 고급레스토랑에서 선호되는 메뉴의 형태이다. 다만 국내의 경우, 단품위주의 저가 음식점도 일품 메뉴의 형식을 가지고 있다고 할 수 있어서 반드시 비싼 메뉴의 분류라고 할 수 만은 없는 것이 현실이다. 일품메뉴는 사업자입장에서 메뉴의 수가 많은 경우 식재료의 관리가 어려워 낭비요소가 많으며, 특히 메뉴의 수가 늘어날수록 어려움은 더욱 가중될 수 있다. 따라서 일품메뉴를 전문으로 하는 레스토랑의 경우라도 특정한 메뉴를 정식메뉴로 제공함으로써 이러한 단점을 극복할 수 있는데, 이런 경우 정식메뉴와 일품메뉴를 적절하게 결합하였다는 의미에서 결합메뉴라는 분류가 가능하다.

이상의 식사가격 및 메뉴에 의한 분류는 레스토랑을 창업하기 전에 목표고객에게 적합한 메뉴를 선정하는 데 있어서 많은 시사점을 제공해 줄 수 있다. 예를 들면, 직장인이 주 고객인 상권에서 창업을 고려하는 경우 경영자는 고정메뉴보다는 순환메뉴를 고려하게 될 것이다. 직장인들은 주로 점심식사를 위해 레스토랑을 이용하고 고정메뉴보다는 매일 찬류 등이 변화되는 음식점을 선호하게 될 것이기 때문이다.

③ 기타 분류

메뉴는 국적에 따라 한식, 양식, 일식, 중식, 이태리식과 같이 분류되기도 하며, 식사시간에 따라서 조식, 브런치, 중식, 석식으로 분류되기도 한다. 그 외에도 다양한 분류가

표 8-3 **메뉴의 기타 분류**

구분	내용
국적에 의한 분류	한식, 미국식, 일식, 중식, 프랑스식, 이태리식, 멕시코식, 베트남식, 인도식 등
식사시간에 의한 분류	조식, 브런치, 중식, 애프터눈티, 석식, 서퍼(가벼운 야식)

표 8-4 **한식의 분류 사례**

구분	내용
한식의 분류	밥류, 죽류, 국수와 만두류, 국과 탕류, 전골과 찌개류, 찜과 선류, 생채류, 숙채류, 구이와 적류, 전류, 조림과 초류, 볶음류, 회류, 마른찬류, 장아찌류, 김치류, 떡·다과류

레스토랑에서 취급하는 메뉴를 대상으로 이루어지고 있지만, 한식의 분류가 표준화되지 않은 것은 매우 아쉬운 점으로 인식된다.

최근 한식의 세계화가 화두이고 국가적 차원에서도 많은 관심과 지원이 이어지고 있다. 한 국가의 음식문화가 발전하고 이러한 문화가 국제화되기 위해서는 자국의 음식에 대한 분류가 명확하게 이루어질 필요가 있다고 판단된다. 만약 분류 자체가 불명확하다면 조리교육 및 국내에서의 발전과 외국으로 레스토랑이 진출하는 데 있어서도 많은 제약을 받을 것이 확실하다. 따라서 다양한 연구, 한식 국가검정이나 기타 전문서적, 전화번호부의 음식점 안내 등에서 이루어지고 있는 한식의 분류를 표준화하려는 노력이 필요하고, 이를 기준으로 한식 레스토랑의 현황파악 등이 체계적으로 실현되고 국가적 차원의 지원이 이루어질 때 한식의 세계화가 가능할 것으로 사료된다. 특히 한식의 표준화된 체계적 분류는 소비자들이 한식 레스토랑을 선택함에 있어서도 전문성에 대한 인식을 높이는 데 일조를 할 것이다〈표 8-4〉.

(4) 업태별 메뉴의 특성

이상의 메뉴분류 이외에도 레스토랑 창업을 위한 메뉴계획의 기초지식으로서 레스토랑의 업태별 메뉴의 특징을 이해하는 것이 선행되어야 하는데, 세부적인 내용은 〈표 8-5〉와 같다. 다만 이와 같은 특징은 획일적으로 받아들일 필요는 없으며 기존 레스토랑의

표 8-5 **레스토랑 업태별 메뉴의 특징**

구 분	특 징	메뉴 수	추정 평균객단가(원)
테이크아웃 및 패스트푸드	• 저렴한 가격, 포장의 편의성, 신속한 제공, 이용의 편리성 (24시 영업) • 한정된 메뉴(확대되는 추세임) • CK를 통한 조리의 단순화	15~40	3,000~ 5,000
패밀리 레스토랑	• 다양한 메뉴와 가격대 • 점심과 저녁이 중심이며 스낵류도 필요 • 수요 확대를 위한 저렴한 가격대 추구 필요	80~150	15,000~ 20,000
업스케일 레스토랑	• 파인다이닝과 캐주얼레스토랑의 중간적인 레스토랑 유형 • 형식의 구애를 받지 않고 간편한 복장으로 와서 즐길 수 있음 • 미국, 일본 등 1인당 GDP가 4만 달러를 육박하는 선진국 의 경우 업스케일 레스토랑들이 큰 트렌드로 자리매김 • 매드포갈릭, 스칼렛 등	50~80	20,000~ 30,000
파인 다이닝	• 적은 테이블 수, 수준급 셰프, 테이블 매니저 • 콘셉트에 맞는 공간 구성, 명품 식기 • 높은 수준의 일관된 품질과 맛	25~50	30,000 이상

업태에 따른 특징으로 이해하는 것이 좋고, 시대적 흐름과 경제상황의 발전에 따라서 더욱 세분화되고 다양화될 수 있다.

(5) 메뉴의 구성

레스토랑에서 메뉴를 계획하는 데 있어서 반드시 고려해야 할 사항은 메뉴의 구성이다. 가능하면 체계적인 구성을 통해 목표고객에 집중하면서도 다양한 고객층을 유인하고 만족시킬 수 있다면 금상첨화가 될 것이다.

① 체계적 구성

레스토랑에서 메뉴를 구성할 때는 가능하면 주력메뉴, 중점메뉴, 임시메뉴, 보조메뉴, 유인메뉴 등의 형식을 갖춤으로써 목표고객 이외에도 목표고객과 함께 방문할 가능성이 높거나 또는 목표고객의 의사결정에 영향을 미칠 수 있는 소비자도 방문의지를 가

표 8-6 메뉴의 체계적 구성을 위한 사례

구분	내용
주력메뉴	레스토랑을 대표하는 메뉴(소고기 전문점 – 소고기)
중점메뉴	판매효율을 높이고 싶은 메뉴(런치특선)
임시메뉴	메뉴의 활성화를 꾀하고 이용기회를 자극하기 위한 메뉴(이벤트 메뉴)
보조메뉴	판매량은 적지만 레스토랑의 성격을 명확하게 하기 위한 보완 메뉴(세트 메뉴, 어린이 메뉴)
유인메뉴	저렴한 가격을 선호하는 고객층을 유인하기 위한 메뉴(천 원 햄버거)

질 수 있도록 만드는 것이 필요하다. 예를 들면, 감자탕을 주력메뉴로 하는 레스토랑의 경우 감자탕을 선호하는 어른이 어린이 고객과 동반하는 것을 꺼리게 될 수 있다. 어린이가 감자탕을 먹기 힘들 것이기 때문이다. 이런 상황에 대처하기 위하여 감자탕 전문점은 어린이를 위한 돈가스 메뉴 등을 보조메뉴로 활용하게 된다.

이외에도 햄버거 전문 패스트푸드점들이 500원 또는 700원 등의 저가로 아이스크림을 판매하는 것은 소비자를 유인하기 위한 전략으로 볼 수 있다. 즉, 저렴한 아이스크림을 유인메뉴로 활용하여 주력메뉴와 중점메뉴의 매출액을 더욱 높이는 효과를 얻을 수 있기 때문이다.

유인메뉴에 더하여 레스토랑에서 임시메뉴의 적극적인 활용은 매우 중요한 마케팅수단이 될 수 있다. 특히 고정메뉴 중심의 레스토랑의 경우, 정기적인 이벤트성 메뉴인 임시메뉴를 적극 활용할 필요가 있다. 아무리 맛있고 훌륭한 음식이라도 반복적인 구매를 하는 경우 싫증을 느끼는 것은 자연스러운 현상이다. 단골고객들의 구매 욕구를 더욱 강화시키는 데 일조를 할 뿐만 아니라, 해당 레스토랑에 관심이 없던 고객집단을 유인하는 데도 많은 도움이 될 것이다.

② 메뉴의 폭과 다양성

레스토랑의 메뉴는 가능하다면 전문성을 갖도록 계획하는 것이 유리하다. 소비자들은 다양한 메뉴를 취급하는 레스토랑보다는 전문성이 높아 보이는 레스토랑을 선호하고

메뉴의 다양성				
부대찌개	해군부대찌개	육군부대찌개	공군부대찌개	
설렁탕	특설렁탕	박세설렁탕	만두설렁탕	
채소김밥	멸치김밥	모둠김밥	치즈김밥	소고기김밥
해물칼국수	김치칼국수	바지락칼국수	닭칼국수	팥칼국수
김치찌개	참치김치찌개	돼지김치찌개	7분김치찌개	꽁치김치찌개
해물스파게티	카르보나라	미트소스스파게티	미트볼스파게티	봉골레

소스로 분류 : (크림)카르보나라, (토마토)미트볼스파게티, (오일)알리오올리오, (조개육수)봉골레

그림 8-5 **메뉴의 폭과 다양성**

신뢰하기 때문이다. 다만 전문화된 레스토랑은 목표고객층의 한계로 인하여 충분한 수요를 얻는 데 많은 시간이 소요되거나 또는 매출액의 한계로 성장에 제한을 받을 가능성이 높다. 이러한 전문점의 단점을 극복하기 위하여 레스토랑들은 전문점의 외형을 유지하면서 실질적으로는 메뉴의 다양성을 넓히고 있다. 예를 들면, 스파게티전문점은 스파게티라는 하나의 메뉴를 주로 다루지만 소스와 토핑재료를 다양화함으로써 많은 고객들의 취향을 맞추고, 오므라이스 전문점의 경우도 마찬가지 형태로 경쟁하고 있다. 이외에도 카레전문점 등이 비슷한 형태로 전문점의 성격과 다양성을 동시에 추구하여 성공적인 경영을 하고 있다.

이러한 전략을 좀 더 체계적으로 정리하면 다음과 같다.

- 메뉴의 수를 늘리는 경우 발생하는 부정적인 효과를 최소화하는 방법으로 고객이 만족할 수 있는 효과적인 메뉴 구성전략을 찾아야 한다.
- 효과적인 메뉴 구성방법으로는 메뉴의 수를 늘리기 위해 추가적으로 발생하는 비용을 줄이는 전략을 이용한다.
- 메뉴의 다양성을 활용하며 메뉴의 수를 늘리게 되면 보다 적은 비용으로 메뉴의 수를 늘리는 효과를 얻을 수 있다〈그림 8-5〉.

2 메뉴개발 및 개선

메뉴계획과정이 국내외 외식메뉴를 전반적으로 검토하고 환경 분석과 소비자분석을 통하여 성공 가능한 메뉴를 찾아보는 산업중심의 작업이었다면, 메뉴개발단계는 레스토랑의 경영자가 메뉴계획을 근거로 실제 자신의 점포에서 판매 가능한 메뉴를 개발하거나 기존의 메뉴를 개선하는 점포 중심의 작업이다. 메뉴개발과 개선작업은 창업초기에뿐만 아니라 점포의 운영과정에서도 지속적으로 유지해야 한다. 메뉴개발은 메뉴콘셉트 설정과 개발전략수립을 통해 메뉴(상품)개발을 실행하는 순서로 이루어지는 것이 일반적이다. 이에 대한 구체적 순서와 내용을 살펴보기로 한다.

1) 메뉴콘셉트 설정

프랜차이즈창업이 아닌 독립창업의 경우, 메뉴계획은 성공을 좌우하는 매우 중요한 단계이다. 자신이 창업하여 경영하는 음식점에서 어떤 음식을 어떻게 판매할지 결정하는 일은 생각처럼 쉽지 않다. 설렁탕전문점과 같이 단일품목의 메뉴만을 제공하는 경우가 아니라면 메뉴결정을 단순하게 생각해서는 곤란하다. 메뉴의 콘셉트 설정부터 메뉴의 구성, 가격설정, 식재료 구입에 이르기까지 메뉴개발은 매우 포괄적인 작업이다.

(1) 메뉴콘셉트의 정의

음식점 창업을 위해 가장 먼저 해야 할 일은 점포의 콘셉트를 정하는 단계이다. 메뉴의 콘셉트는 점포의 콘셉트와 조화를 이루어야 하므로, 메뉴를 설정하기 위한 선행단계로서 점포의 콘셉트가 명확하게 설정되어야 한다.

메뉴콘셉트란 자신의 음식점에서 목표고객에게 '어떤 음식과 음료를 어떠한 스타일로 제공할 것인가'를 결정하는 일이다. 따라서 음식점의 메뉴를 정하기 위해서는 우선 메뉴콘셉트를 결정하는 것이 필요하다. 메뉴콘셉트라는 것은 점포의 콘셉트와 관련하여 '메뉴 전체의 방침과 범위를 명확하게 하기 위한 과정'이다.

예를 들면 어떤 음식점의 점포 콘셉트가 20~30대의 젊은 층이 동료, 선후배, 또는 연인과 친교를 나누기 위해 술을 마실 수 있는 주점이라면 메뉴의 콘셉트는 신선한 야채와 어류를 중심으로 하고 국내산 닭을 이용한 오븐구이치킨, 감자칩을 곁들인 후라이드 치킨, 꼬치구이 등을 선보이면 될 것이다. 메뉴의 콘셉트를 결정할 때는 메뉴의 특징을 명확히 하는 것이 무엇보다 중요하다.

기존의 경쟁점이나 인기 있는 점포의 메뉴를 그대로 카피하기보다는 자신만의 메뉴콘셉트를 정함으로써 우리는 한층 더 매력 있는 점포를 만들 수 있다. 상황에 따라서 창업자는 이미 정해진 메뉴콘셉트에 기초하여 역으로 점포의 콘셉트가 도출되는 경우도 있다. 다만 메뉴의 콘셉트를 설정하는 데 있어서 자신이 목표로 하는 고객이 무엇을 원하는가보다도 자신이 무엇을 팔고 싶은가가 우선이 되어서는 안 된다. 이러한 메뉴의 콘셉트는 사업을 하기 위한 설정이라기보다는 자신만을 위한 음식점 만들기가 되어 실패할 가능성이 높아진다.

메뉴콘셉트가 아직 확실히 정해지지 않았다고 실망할 필요는 없다. 특별한 아이디어가 없다고 기존의 음식점들이 추구하는 콘셉트를 그대로 답습하기보다는 다양한 음식과 음료를 정리하면서 점포의 콘셉트와 어울리는 메뉴콘셉트를 지속적으로 고민해 보는 것이 훨씬 현명한 일이다.

(2) 메뉴콘셉트 설정

음식점 창업자는 목표고객이 명확하게 정해진 상태에서 점포콘셉트를 설정하게 된다. 그 이후 점포콘셉트와 적절하게 조화를 이루는 메뉴콘셉트를 정하는 것이 중요하다.

예를 들어, 점포콘셉트가 '초등학생 자녀를 둔 주부들이 편안한 대화를 나눌 수 있는 점심식사 장소'라면 다음과 같이 콘셉트를 설정해 볼 수 있을 것이다. 〈그림 8-6〉은 초등학생 자녀를 학교에 보낸 후 또래의 주부들이 상호 관심사에 대한 대화를 나누며 즐겁게 식사를 할 수 있는 장소를 찾는다는 가정 하에 설정해 본 콘셉트이다.

물론 메뉴콘셉트에 포함되는 대표메뉴들의 가격대는 주부들이 점심식사를 위해 기

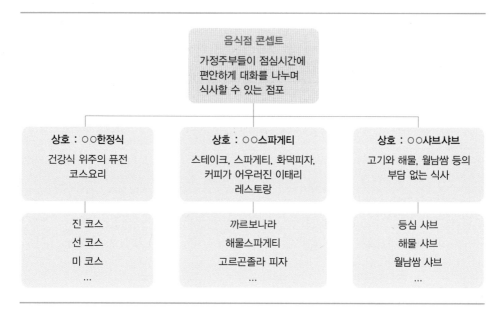

그림 8-6 **메뉴콘셉트 설정**

꺼이 지불할 용의가 있는 수용가격대를 조사하여 설정하는데, 상권에 따라서 차이가 있겠지만 보통 1만 원~1만5천 원이 적당할 것이다.

(3) 명확한 콘셉트의 전달

짬뽕전문점을 표방하는 음식점에서 짜장, 울면, 기스면 등의 다양한 메뉴를 판매하게 되면 명확한 메뉴 콘셉트가 있다고 주장하기 힘들다. 이런 경우는 짬뽕전문점이라기 보다는 중식전문점이 오히려 적합한 상호가 될 것이다. 이러한 점포는 점심시간에 근처에서 근무하는 직장인이나 한 끼 식사를 해결하기 위해 이용하는 사람은 있을지라도, 특별히 멀리서 이 점포의 음식을 먹기 위해 찾아오는 고객은 거의 없을 것이다. 짬뽕전문점이 멀리서도 찾아오는 음식점으로 성공하기 위해서는 대표메뉴인 짬뽕과 보완메뉴인 탕수육 정도의 메뉴만으로 전문성을 강화하여 명확한 콘셉트를 전달할 수 있어야 한다. 물론 짬뽕메뉴를 다양화하는 것은 가능하다.

2) 메뉴개발전략

메뉴개발전략은 메뉴계획단계에서 살펴보았던 메뉴의 분류와 구성 등을 활용하고 전문성과 다양성을 충족하는 대체적 계획을 근거로 경쟁에서 이길 수 있는 구체적 방법을 고안하는 단계이다. 기업에서의 전략이란 '경쟁에서 이기기 위한 방법'으로 정리할 수 있다. 경영학에서 기존의 많은 전략들이 소개되고 있지만, 본 교재에서는 메뉴를 개발하기 위한 전략으로 마이클포터의 본원적 전략을 메뉴개발을 위한 전략수립에 활용하고자 한다. 따라서 본원적 전략의 핵심 아이디어인 '모든 고객을 위한 모든 메뉴'로는 치열한 경쟁시장에서 생존할 수 없음을 전략수립의 근간으로 활용한다. 레스토랑은 메뉴개발을 위한 전략으로서 낮은 원가로 넓은 시장을 추구하는 '원가우위 전략', 차별화로 넓은 시장을 추구하는 '차별화 전략'을 선택할 수 있다. 즉, 레스토랑 성공을 위해 메뉴의 원가우위를 통한 경쟁을 시도할지, 아니면 차별화된 메뉴를 이용하여 경쟁에서 이기는 수단을 활용할지를 메뉴의 개발 전에 결정할 필요가 있다. 국내에서의 예를 들면, 삼겹살 전문점 중에서 낮은 가격을 경쟁의 수단으로 활용하는 '원가우위 전략'을 종종 발견하게 된다. 하지만 이러한 레스토랑들이 단기간의 유행에 그치고 소멸되는 경우가

그림 8-7 **메뉴개발전략**

많다. 이것은 진정한 원가우위를 달성하지 못하기 때문이다. 원가우위를 달성하기 위한 전제조건은 동일한 품질의 메뉴를 경쟁사보다 현격하게 저렴한 가격으로 제공할 수 있어야 한다. 그래야만 소비자가 높은 가치를 느끼고 지속적인 구매를 해주기 때문이다. 여기서 현격한 가격차이란 약 30% 이상 저렴한 상태를 의미한다.

이외에도 메뉴개발전략 단계에서는 메뉴개발 관련 아이디어가 상품적으로 얼마만큼의 가치를 창출할 수 있는지를 분석하여야 한다. 즉, 미래 시점에서의 상품가치가 상품으로서의 잠재력, 비용, 이익을 사전에 측정하여 분석하는 과정이 필요하다.

3) 메뉴의 수와 카테고리 분류

성공하는 음식점이 되기 위해서는 몇 가지 종류의 메뉴가 있어야 할까? 창업을 위해 메뉴의 수를 고민하는 것은 매우 중요하다. 성공한 음식점 중에는 메뉴의 수가 단 하나뿐인 전문점이 있는가 하면, 수없이 많은 메뉴를 취급하는 곳도 있다. 경우에 따라서는 계절에 따라 메뉴가 지속적으로 변화하는 곳도 있다.

메뉴의 수를 결정한다는 것은 크게 두 가지 경우로 나누어 볼 수 있다. 첫 번째는 매우 전문적인 경우이다. 예를 들면, 설렁탕전문점에서는 하나의 설렁탕 메뉴만을 판매한다. 두 번째는 다양성을 추구하는 경우이다. 예를 들면, 분식점이나 푸드코트 등에서는 김밥, 라면, 떡볶이, 순두부찌개, 김치찌개 등 다양한 메뉴를 판매한다.

성공적인 외식창업을 위해서는 메뉴의 수를 사전에 결정하는 과정이 필요하다. 일단 메뉴의 항목 수를 정해서 전체의 틀을 만들고, 이를 기초로 카테고리를 만들어서 고객이 점포의 메뉴콘셉트를 쉽게 이해할 수 있어야 한다.

(1) 메뉴의 수

메뉴를 개발함에 있어서 가장 기본으로 삼아야 할 핵심과제는 '메뉴의 카테고리는 적게 메뉴의 수는 많게' 하는 것이다. 메뉴콘셉트가 정해지면 다음으로 메뉴 전체의 수를 정해야 한다. 일반적으로 자신이 생각하는 음식점의 콘셉트를 기준으로 경쟁업체의 메뉴를 그대로 복제하여 메뉴를 구성하는 경우가 많다. 하지만 이런 식의 창업은 차별성을 추구하기 어렵고 자신만의 특징을 제시하지도 못하는 단점이 있다.

메뉴의 항목 수를 정할 때는 음식과 음료의 유형을 기준으로 카운트해서는 안 된다. 예를 들면, 치킨햄버거 세트와 치킨햄버거 단품 메뉴가 있을 경우 햄버거의 종류는 1개가 아니라 2개가 된다. 음료의 경우도 콜라 대, 중, 소가 있다면 메뉴의 수는 1개가 아니라 3개가 된다. 점심에 5,000원에 판매하는 칼국수가 같은 메뉴라도 저녁에 7,000원으로 판매한다면 메뉴의 수는 2개가 된다. 이와 같이 메뉴의 수를 세는 이유는 고객의 입장에서 보면 다른 가격의 상품은 별개의 상품으로 인식하기 때문이다.

이런 관점에서 본다면, 롯데리아와 같은 햄버거전문점의 메뉴 수는 생각보다 매우 많은 것을 알 수 있다. 높은 전문성을 가지면서도 고객들에게 다양한 선택을 제공하고 있는 것이다.

> **메뉴의 수를 세는 방법**
> 메뉴의 항목 수는 단품 음식과 음료만을 세는 것이 아니고, 다른 사이즈의 같은 음료는 물론이고 세트와 단품도 제각기 별개의 항목으로서 세도록 한다. 즉, 동일한 음료라도 사이즈가 다르면 다른 메뉴로 간주하고, 세트메뉴는 하나의 메뉴로 간주하지만 세트를 구성하는 메뉴를 개별적으로도 판매한다면 다른 메뉴로 간주한다.

성공적인 음식점 창업을 위해서 메뉴의 카테고리는 적으면 적을수록 좋고, 가능하면 메뉴의 수가 적게 점포와 메뉴의 콘셉트를 정하는 것이 성공의 기본 원칙이다. 다만 메뉴의 카테고리를 줄이면서도 고객이 다양한 선택을 할 수 있도록 구성하는 노력도 필요하다.

적절한 메뉴의 카테고리를 정하려면 어떻게 해야 할까? 메뉴의 카테고리가 너무 적으면 고객들은 상품구색에 만족을 하지 못할 수 있다. 특히 자주 이용하는 고객의 경우 항상 동일한 메뉴에 싫증을 느끼고 점포 이용을 포기할 수도 있다. 고객에게 항상 선택하는 즐거움을 줄 수 있어야 한다. 메뉴 카테고리를 적게 하여 전문성을 나타내는 것도 중요하지만, 메뉴의 수는 지나치게 적어도 안 되고 그렇다고 너무 많아도 안 된다. 적절한 메뉴의 수를 정하기는 어렵지만, 초보자의 경우라면 동일한 업태와 동일한 규모의 경쟁업체를 조사하여 경쟁점포보다 많지 않도록 주의를 기울여야 한다.

일반적으로 전문점의 경우, 메뉴의 카테고리는 1~3가지 정도이면서도 실질적인 메뉴의 수는 30~50가지를 취급하는 경우가 많다. 예를 들어, 스파게티전문점의 경우 스파게티, 피자가 주력메뉴 유형이지만 메뉴의 수를 세어보면 스파게티가 20여 종, 피자가 10여 종 이상이어서 음료까지를 포함하면 총 메뉴의 수는 50여 가지가 됨을 알 수 있다. 따라서 소규모 카페와 주점 등에서도 메뉴의 수가 30에서 50가지 전후가 무리 없이 취급하는 범위임을 알 수 있다.

종종 메뉴의 수가 많은 것이 많은 손님을 부를 것 같다고 생각하는 경우가 있다. 하지만 모든 고객을 위한 모든 상품으로 성공한 사례는 많지 않다. 백화점식의 음식점은 대부분 고객들로부터 외면받기 쉽다. 예를 들어, 10가지 전후의 메뉴밖에 없는 짬뽕전문점에 손님이 길게 줄을 서서 기다리는 광경은 볼 수 있어도 모든 중국음식을 취급하는 중국음식점에 줄을 서서 기다리는 경우는 거의 없다. 전문점에서는 대다수의 손님이 주문하는 주력메뉴가 정해져 있기 때문에 메뉴를 늘릴 필요가 없다. 카테고리 수가 적으면 하나하나의 상품에 정성을 들일 수가 있어서 경쟁력도 더욱 높아진다. 전문화가 되면 같은 재료를 대량으로 사용함으로써 원가의 효율도 높아진다. 그 때문에 상품의 만족도도 당연히 높아진다. 목표고객을 특정한 메뉴로 공략하는 것이 외식사업에 있어서의 성공법칙이다.

특히 창업 초기에는 적은 카테고리의 메뉴로 시작하여, 필요에 따라서 메뉴의 수를 늘려가는 방법도 고려해 볼 수 있다.

(2) 카테고리 결정

메뉴의 카테고리를 결정한다는 것은 조리방법별, 식재료별 또는 고객의 이용 목적별로 메뉴를 분류하는 행위이다. 메뉴의 수가 정해지면 다음으로 이 메뉴를 고객들에게 보여주기 위한 메뉴북을 만들게 되는데, 보통 메뉴북에서 음식은 카테고리별로 제시한다.

우선 메뉴의 전체 수를 대략적으로 정한다. 그리고 메뉴 콘셉트를 검토할 때에 작성한 메뉴를 근거로 메뉴의 카테고리 분류를 생각한다. 예를 들면, 음식점의 경우 애피타이저, 메인메뉴, 디저트, 음료 등으로 분류할 수도 있고, 주점의 경우라면 주류, 찌개류, 튀김류, 마른안주류 등으로 구분할 수도 있다. 그 외 구이류, 찜류, 튀김류, 볶음류와 같이 조리 방식별 카테고리도 있으며, 고기요리, 해물요리와 같이 식자재별 카테고리, 점심용, 저녁용, 연인용, 가족용과 같이 이용목적별로 카테고리를 분류하는 등 다양한 분류 방법이 있다. 음식점의 메뉴는 이러한 카테고리를 조합하여 만들어지고 있다.

메뉴북에서 음식을 분류하는 카테고리는 마치 책의 목차와 같은 역할을 한다. 지금까지 본 책 중에서 목차가 없는 책을 본 일이 있는가? 만약 어떤 책에 목차가 없다면 어떠한 내용이 어떠한 흐름으로 쓰어 있는지를 알 수 없어서 책의 구매를 망설이게 될 것이다. 메뉴북도 이와 같이 펼쳤을 때 한눈에 들어오는 카테고리에 의해 일목요연하게 정리되어, 점포에서 어떠한 음식과 음료를 어떠한 스타일로 제공하고 있는가를 알 수 있게 만들어야 한다.

성공적인 음식점의 창업을 위해서는 목표고객층에게 한눈에 어필할 수 있는 카테고리를 여러 가지로 검토해 보아야 한다. 카테고리가 정해지면 각각의 카테고리별로 몇 개 정도의 메뉴를 넣을지 생각한다. 하나의 카테고리에 들어갈 적절한 메뉴 수는 평균적으로 3~5개이다. 메뉴가 단 하나뿐인 경우에는 일부러 카테고리를 만들 필요가 없다. 하나의 카테고리에 메뉴가 5개를 초과하면 손님이 선택하기 힘들 수 있으므로 너무 많은 메뉴를 카테고리에 넣으려고 하지 않는 것이 좋다.

(3) 카테고리에 메뉴 맞추기

카테고리를 고민하다 보면 메뉴의 구성에 대한 윤곽이 보이기 시작한다. 카테고리가 확정되면 여기에 자신이 지금까지 생각했던 구체적인 요리와 음료를 적용시켜 본다. 그러면 각 카테고리별 메뉴의 수가 남기도 하고 모자라기도 한다. 예를 들어, 어떤 카테고리에는 메뉴 수가 10개가 되어 초과되기도 하고 어떤 카테고리에는 2개가 모자라기도 한다. 또한 가격의 균형도 생각해야 한다. 자신이 목표로 설정한 객단가를 고려하여 메뉴를 구성한다. 이러한 다양한 점을 조정해서 새로운 음식이나 음료를 추가할 수도 있고, 기존의 메뉴를 삭제할 수도 있다. 또한 스타일을 바꾸어 별도의 카테고리에 옮기기도

한다. 어떤 경우는 분량을 변경해서 가격을 고쳐보기도 하면서 메뉴 전체를 완성해 나
간다.

4) 신메뉴개발 및 기존메뉴의 개선

(1) 신메뉴개발

새로운 메뉴의 개발은 레스토랑의 창업을 고려하는 경우뿐만 아니라 현재 운영되고 있
는 레스토랑에서도 끊임없이 고민해야 하는 경영과정이다. 그것은 치열한 경쟁 환경 속
에서 지속적인 경쟁우위를 확보해야 하기 때문이고 또한 고객욕구 변화에 따른 메뉴수
명주기가 단축되기 때문이다. 이전 단계까지는 문서와 생각으로 존재하던 아이디어를
실물로 제작하는 신메뉴개발은 실물제작의 문제점 등을 파악하여 상품화되고, 매장에
적용될 때의 문제점이 무엇인지에 대한 판단을 하여 수정·보완하여야 한다.

　그 외에도 신메뉴개발은 마케팅의 일환이라고 볼 수 있다. 외식업체 마케팅의 출발은
'메뉴의 개발'이며, 고객의 필요와 욕구를 파악하고 이를 수요로 연결시키는 작업은 메
뉴가 매개 역할을 한다는 점을 잊어서는 안 된다. 그리고 외부고객뿐만 아니라 내부고
객을 만족시키는 작업이기도 하다. 항상 동일한 메뉴만을 취급하게 되면 조리사나 서
버들도 매너리즘에 빠지게 되고, 동기유발 요인이 없어서 복지부동하게 된다.

(2) 기존메뉴의 리뉴얼

신메뉴개발은 레스토랑의 매우 중요한 경영과정인 반면 많은 비용과 비효율을 야기하
기도 한다. 따라서 지속적인 신메뉴개발로 품목 수가 늘어나는 비효율을 방지하기 위
하여 레스토랑 경영자는 신메뉴를 개발하기보다는 기존의 메뉴를 개선하는 대안을 강
구할 수 있다.

　결국 기존 메뉴의 단점을 파악하여 개선하는 작업도 신메뉴개발의 첫걸음이기도 하
며, 메뉴분석을 통하여 선호도와 수익성이 떨어지는 메뉴를 선정하고 이를 개선하는

그림 8-8 **메뉴개선을 위해 고려할 사항**

작업은 매우 적절한 메뉴관리과정이다.

이와 같은 메뉴개선을 위해 레스토랑 경영자는 많은 사항을 고려해야 하는데, 이를 구체적으로 살펴보면 〈그림 8-8〉과 같다.

5) 메뉴가격

아무리 메뉴의 수를 적절하게 선택하고 카테고리 분류를 잘한들 메뉴를 구입하는 의사결정에 가장 큰 영향을 미치는 변수는 결국 가격이다. 메뉴의 가격은 어떻게 설정해야 할까?

음식점에서 판매하는 음식과 음료는 가격이 결정됨으로써 비로소 상품이 된다. 왜냐하면 아무리 맛있는 음식이라도 손님이 지불할 의향이 있는 가격대를 넘어서면 상품으로 판매가 이루어지지 않기 때문이다. 따라서 음식을 만들어 상품화하는 데 있어서 가장 중요한 것은 가격을 결정하는 일이다.

따라서 레스토랑 경영자는 메뉴를 계획하고 개발하는 과정에서 메뉴의 가격을 결정함에 있어서도 많은 고민을 하게 된다. 아무리 멋지고 맛있는 메뉴라 하더라도 너무 비싸서 소비자가 구매할 여력이 없거나, 너무 저렴하여 오히려 메뉴의 안정성을 의심하게 된다면 많은 고민 끝에 탄생한 메뉴는 세상의 빛을 보지도 못한 채 사라지게 될 것이기 때문이다.

(1) 메뉴가격의 특성

레스토랑에서 제공되는 메뉴가격은 메뉴의 상품성과 레스토랑의 서비스 수준, 그리고 분위기 등이 복합적으로 작용하여 결정되고 소비자의 인식에도 영향을 미치게 된다. 외식업체는 객관적 수준의 가격보다는 고객의 주관적 가격이 더 중요함을 인식할 필요가 있다. 또한 고객이 만족하는 가격과 경영자가 만족하는 수준의 가격이 적절한 조화가 이루어질 때 안정적인 수요가 발생하고 경영자는 목표 매출을 달성하게 된다.

(2) 메뉴가격 결정요인

우리가 주변에서 보게 되는 레스토랑 메뉴의 가격은 천편일률적인 경우가 많다. 그것은 레스토랑 경영자들이 주변의 경쟁업체를 의식하여 경쟁업체의 가격과 비슷한 수준에서 가격을 설정하기 때문일 것이다. 학문적으로 볼 때 메뉴가격은 다양한 요소가 고려되어 합리적으로 설정되어야 한다. 즉 원가와 이익이 고려되어야 하고, 소비자의 효용가치, 수요의 탄력성, 시간대별 수요 및 시장경쟁의 정도가 모두 고려되어 가격이 책정되는 것이 가장 이상적이라 할 수 있다. 하지만 경영현장에서 이러한 고려요인이 모두 참고되기는 힘든 것이 사실이다. 그것은 경영자의 입장보다는 소비자의 인식과 입장이 우선 고려되기 때문이다.

예를 들어 중식 레스토랑을 오픈하려는 예비창업자가 주변 중식 레스토랑의 가격을 조사한 결과 자장면이 5,000원임을 알게 되었다. 과연 자신의 자장면 가격은 얼마로 결정하여야 할까? 예비창업자는 고민하게 될 것이다. 이때 대부분의 예비창업자는 경쟁

표 8-7 **메뉴가격 결정 시 고려해야 할 요인**

구분	내용
원가와 이익	원가를 고려한 적정이익이 가능한 가격
효용가치	고객이 지불하는 가격에 비하여 얻는 효용이 커야 함
수요의 탄력성	가격에 대한 고객의 민감도
시간대별 수요	시간대별, 요일별 수요를 감안한 가격
시장경쟁의 정도	경쟁의 크기에 따른 가격

자 기준 가격법에 따라 가격을 결정한다. 경쟁자와 거의 동일한 가격을 책정하는 것이다. 다만 이런 경우 다른 경쟁자는 5,000원이라는 가격으로도 충분한 수익성을 달성할 수 있는 반면, 신규 창업자는 웬만해서는 그 가격으로 이익을 내기 힘든 구조일 수 있다는 점이 간과되는 경우가 있다. 자신의 투자비, 고정비, 변동비, 인건비 구조 등을 감안하여 적정가격대를 고려한 가격설정이 필요한 이유이다.

(3) 메뉴가격 산출방법

메뉴가격을 설정하는 방법은 크게 주관적 방법과 객관적 방법이 있다. 주관적 가격산출법은 적정가격법, 최고가격법, 최저가격법, 독창적가격법, 경쟁자가격법 등이 있으며, 객관적 가격산출법은 가격팩터법, 프라임코스트법 등이 있다. 구체적인 내용과 가격의 산출방법은 다음 표를 참고하기 바란다.

표 8-8 **주관적 가격산출법**

구분	내용
적정가격법	경험과 추측에 의해 적당하다고 판단되는 가격
최고가격법	고객의 지불가능하다고 판단되는 최고가격(최고수용가격)
최저가격법	고객이 품질을 의심하지 않으면서 지불의향이 있는 최저가격(최저수용가격), 유인을 통해 다른 메뉴도 함께 구입하는 효과가 있음
독창적 가격법	시장반응과 경험을 통해 실험적으로 가격을 책정, 비현실적
경쟁자가격법	경쟁업체의 가격을 고려한 가격책정, 가장 많이 사용되는 방법

표 8-9 **객관적 가격산출법**

구분	내용
가격팩터법	• 식재료비를 기준으로 팩터를 구한 후 가격을 산출하는 방법 • 관습적인 팩터가 3.3이고 식재료비가 1,000원인 경우 가격은 3,300원
프라임코스트법	• 가격팩터법이 식재료비 만을 기준으로 한다면, 프라임코스트법은 식재비와 직접인건비를 고려한 방법임 • 관습적인 프라임코스트 비율이 50%이고, 식재료비가 1,000원이고 직접인건비가 1,000원이라면 가격은 4,000원

> ### 팩터를 이용한 가격결정 방법
>
> 식재료의 원가를 기준으로 몇 배의 가격을 받아야 적절한 판매가격이 되는지 산출하는 방법으로
> 단순 식재료 원가만을 기준으로 구하거나, 외식기업에서 비용 중에서 가장 큰 비중을 차지하는
> 프라임코스트(식재료원가 + 직접인건비)를 기준으로 구할 수 있다. 팩터값은 외식기업 목표 원가
> 비율로 100을 나누어 구할 수 있으며, 구한 팩터 값을 실제 원가에 곱하여 가격을 산출한다.
>
>> 식재료 원가: 1,000원
>> 외식기업 목표 식재료 원가율: 30%
>> 직접 인건비: 500원
>> 외식기업 목표 직접 인건비율: 10%(전체인건비의 1/3 수준)
>
> ① 식재료 원가 팩터를 이용한 가격계산
>
> 1단계: 팩터값을 구하기 = 100 ÷ 30 = 3.33 (팩터값)
> 2단계: 식재료 원가 기반으로 한 가격결정 = 1000원 × 3.33= 3,330원
> ② 프라임코스트를 이용한 가격계산
> 1단계: 팩터값 구하기 = 100 ÷ (30 + 10) = 2.5 (팩터값)
> 2단계: 프라임코스트를 기반으로 한 가격결정 = (1000원 + 500원) × 2.5 = 3,750원

(4) 메뉴가격 결정 시 고려사항

① 업태(서비스 수준)

메뉴의 가격을 결정하는 것은 제각각의 상품에 대해서 우선 현재의 상황을 파악해야
한다. 예를 들면, 현재 커피 한 잔의 가격을 살펴보자. 패스트푸드점에서는 2,500원 이
하, 조금 분위기가 좋은 카페에서는 3,500~4,500원 정도이다. 번화가의 커피전문점에서
는 4,500~5,000원 정도이고 큰 호텔과 일부 고급 음식점에서는 7,000~9,000원 이상인
경우도 많다. 원재료가 큰 차이가 나지 않는 동일한 커피임에도 다양한 가격대로 나뉘
어져 있음을 알 수 있다. 어떤 유형의 메뉴이든 점포에 따라서 가격에는 상당한 차이가
존재한다. 실제로 커피 한 잔의 원가는 판매가격의 차이만큼 큰 차이는 없다. 즉, 메뉴

의 가격은 재료의 원가가 아니고, 어떤 점포(입지, 서비스 수준 등)에서 제공되는가에 따라서 달라진다. 바꾸어 말하면, 업태의 차이에 의해서 메뉴의 가격이 달라지는 것이다.

② 객단가

메뉴의 가격을 결정할 때는 개별메뉴의 가격보다는 객단가를 고려해서 결정해야 한다. 식사를 하기 위해 음식점을 방문한 고객에게는 단품메뉴 가격보다도 객단가가 더 중요하다. 예를 들면, 햄버거 점포의 경우 대부분의 손님은 햄버거만을 주문하는 것이 아니다. 햄버거와 음료 그리고 사이드메뉴 등을 조합해서 주문한다. 즉, 세트를 주로 주문하므로 세트가격에 만족할 수 있어야만 싸다고 느끼게 되는 것이다. 개별단품의 가격보다는 세트가격이 중요한 이유이다. 햄버거전문점의 객단가는 세트메뉴의 가격이 될 가능성이 높다.

또 다른 예를 살펴보자. 선술집에서 주류와 마른 안주를 주문했을 때, 합계금액이 20,000원 정도라면 대중적 술집이라고 하는 반면에 50,000원 이상 하는 경우에는 고급술집으로 분류된다. 이와 같이 음식점의 메뉴가격을 생각할 때에는 단품의 가격과 동시에 객단가를 검토할 필요가 있다. 음식점이나 주점에서는 일반적으로 2가지 이상의 메뉴를 주문하는 손님이 대부분이므로, 어떤 업종과 업태의 음식점이건 단품가격에만 집중하지 않도록 주의해야 한다.

기존 경쟁점의 객단가를 참고해서 가격정책을 세우고 메뉴가격을 결정해 갈 필요가 있다. 예를 들면, 같은 객단가일 때보다 수준 높은 상품을 제공할 수 있는지, 같은 품질의 상품을 더 낮은 가격으로 판매할 수 있는지를 검토한다. 조금 높은 객단가와 서비스 등으로 더 높은 만족도를 줄 것인지 등의 명확한 가격정책이 수립되어야 한다.

고객이 지불하는 객단가는 같더라도 실제로 고객이 구매하는 메뉴의 구성에 따라서 소비자가 구매하는 내역은 여러 가지가 될 수 있다. 예를 들면, 주점에서 손님 1인당의 목표 객단가를 20,000원이라고 정한 경우, 술의 가격은 저렴하게 하는 대신 안주의 가격을 비싸게 설정하여 객단가 20,000원이 되도록 설정할 수 있다. 또 다른 방법은 술의 가격을 비싸게 하고 안주가격을 저렴하게 하여 객단가 20,000원이 되도록 하는 경우도 있다. 전자의 경우는 안주보다 술을 많이 마시는 고객들에게 어필할 수 있을 것이며, 후자의 경우는 술보다는 안주에 더 많은 비중을 두는 고객들에게 어필할 수 있을 것이다.

③ 테이블단가

일반적인 레스토랑들의 경우 메뉴의 개별가격이나 객단가를 높이는 데 한계를 느끼는 경우가 많다. 가격은 직접적으로 수요에 영향을 미치기 때문에 소비자의 지불능력을 넘어서서는 결코 안 된다. 특히 경쟁이 치열한 상황에서는 더욱 그렇다. 예를 들어, 삼겹살전문점을 이용하는 소비자들의 1인당 지불능력이 10,000원을 초과할 수 없다면 메뉴가격이나 객단가를 높이는 전략은 매우 위험하다. 이런 경우에는 테이블단가를 높이는 전략을 생각해 볼 수 있다. 예를 들면, 객단가가 10,000원인 점포의 평균방문객수가 3인이어서 테이블단가가 30,000원이라면 4인용 메뉴를 개발하여 37,000원의 가격에 판매함으로써 4인의 방문을 유도할 수 있다. 객단가는 다소 낮아지지만 테이블단가가 상승함으로써 매출이 증대되는 효과를 거둘 수 있다. 온누리장작구이, 신토불이, 고기코스요리 전문점, 강릉집과 같은 외식업체들이 객단가는 낮추면서도 테이블단가를 높여 결과적으로 높은 매출액을 달성하는 전략을 쓰는 대표적인 점포들이다.

④ 원가율

원가는 메뉴가격을 결정할 때 신중하게 고려할 중요한 요소이다. 아무리 많이 판매하여도 원가보다 낮은 가격을 받게 된다면 무슨 소용이 있는가? 일반적으로 음식점의 식재료원가율은 30~40%가 적정하다고 한다. 다만 각각의 메뉴별로 식재료비율을 맞추어야 한다는 의미는 아니다. 식재료비율은 매출액 대비 전체 식재료비율이 그 수준을 유지하면 된다는 것이다. 원가율은 개별메뉴뿐만 아니고 전체 매출에 대한 비율로 생각한다.

음식점의 경영자는 노력여하에 따라 얼마든지 원가율을 낮출 수 있다. 음료를 예를 들어 생각해 보자. 맥주는 누구라도 알고 있는 유명회사의 제품을 그대로 제공하는 상품이다. 조리가공을 하는 것이 아니다. 그러나 맥주의 구입가격은 각 점포의 납품계약에 의해 달라질 수 있다. 이러한 상품을 30%라는 일률적인 원가율로 판매한다면, 개인점포 등 취급이 적은 음식점은 구입가격이 보다 싼 기업의 대형 체인점과 비교할 때 절대적으로 불리할 수밖에 없다. 그러나 칵테일과 같은 상품은 각 점포가 재료를 준비해서 독자적으로 만들 수 있기 때문에 원가율을 자유롭게 설정할 수 있다. 이러한 메뉴는 원가율이 20%밖에 들지 않지만 재료와 레시피의 연구로 매력 있는 상품을 제공함으로써 손님을 만족시킬 수 있다. 이와 같이 경쟁점포에 대응함으로써 원가율이 높은 맥주와 연구하는 대로 원가율을 낮출 수 있는 칵테일 등을 조합하여 메뉴를 만들어서 총 원가율을 적정하게 잡아나갈 수 있다.

원가율을 관리하는 데 있어서 필수적인 절차가 필요하다. 레시피가 바로 그것이다. 성공하는 음식점의 경영자는 메뉴별로 원가를 파악하기 위해서 레시피를 작성한다. 레

표 8-10 **레시피 견본**

메뉴명				판매가		
식재료						
No.	식재료명	단위	사용량	금액	납품업체	비고
1						
2						
3						
4						
5						
6						
7						
8						
9						
조리법						
제품원가		매출원가		원가율		
제품사진						
담는 방법						
식기						
식기명		단가		관련식기		
기타사항						

시피를 이용하여 정확한 원가를 파악하는 것이다. 음식점의 매출원가를 조절하기 위해서는 우선 각각의 메뉴에 대해서 정확한 식재료비를 산출해야 한다. 이것을 위해서는 먼저 점포에서 제공하는 음식과 음료의 레시피를 작성하고, 레시피에 근거하여 원가를 정확히 파악할 필요가 있다. 레시피란 음식을 만드는 법을 문서화하는 것으로 재료의 맛과 품질이 고르지 못한 것을 방지하기 위한 목적도 있지만, 동시에 경영측면에서는 정확한 원가를 산출하기 위한 근본이 되는 자료라는 의미도 있다. 이를 위해 레시피를 다음 표와 같이 식재료비를 산출할 수 있는 양식으로 준비하면 좋다.

또한 레시피는 원가산출 목적 이외에 메뉴의 조리교육을 위해서도 작성하는 게 좋다. 표준화된 레시피를 준수하여 일정한 맛을 유지할 수 있고 식재료비의 낭비도 줄일 수 있다.

3 메뉴평가, 상품화 및 메뉴분석

메뉴계획과 개발 단계를 거쳐 메뉴의 가격이 정해지면 메뉴의 판매가 이루어질 준비가 모두 된 것이다. 이제 레스토랑 경영자는 최선의 서비스와 마케팅을 통해 소비자만족과 판매 극대화를 추구하게 될 것이다. 다만 레스토랑 경영자는 메뉴의 판매가 이루어지기 전에 메뉴를 평가하는 과정을 거칠 필요가 있다. 일반적으로 메뉴관리에 있어서 반드시 필요한 메뉴평가와 메뉴분석은 동일한 용어로 사용되기도 한다. 하지만 본서에서는 메뉴평가와 메뉴분석을 다른 개념으로 정립하여 설명하고자 한다.

메뉴평가는 메뉴계획, 메뉴개발이 이루어진 후 메뉴 판매 이전에 선호도, 맛, 수용가격 등을 평가하는 사전적 개념의 주관적 평가이다. 그리고 메뉴분석은 메뉴계획, 메뉴개발, 메뉴판매가 모두 이루어진 후 사후적으로 메뉴의 만족도와 수익성 등을 평가하는 사후적 개념의 객관적 평가이다.

1) 메뉴평가의 구분

메뉴평가는 시장 출시에 앞서 시제품을 통하여 고객의 선호 정도를 테스트해 보는 것이다. 제품 출시에 앞서 최종적으로 고객들이 생각하는 상품에 대해 평가하고 성공가능성을 진단해보기 위하여 매장 일부에 도입하는 단계이다. 시장 테스트를 통하여 실제 고객의 반응을 체크하여 목표달성 가능성, 수익성, 구매빈도 등을 확인하여야 한다. 이는 다음과 같이 외부평가와 내부평가로 구분하여 실시할 수 있다.

① 외부평가
- 전문가집단에 의한 평가와 소비자집단의 평가로 나누어 실시
- 음식의 양, 맛, 색상, 향, 전반적인 느낌, 선호도, 수용가격(지불가능가격)

② 내부평가
- 가격수준의 평가 : 낮은 가격과 높은 가격대의 상품은 최소, 적정가격대의 상품은 최다가 되도록 가격대 구성이 산 모양이 되는가를 평가
- 조리 및 서비스의 편의성 평가

2) 메뉴의 상품화

메뉴평가를 통해 성공가능성이 검증된 메뉴에 대해서 실제로 상품으로 판매가 이루어진다. 신메뉴는 지금까지의 여러 단계를 거치는 동안 여러 방법을 통하여 성공가능성을 확인하여 보았지만, 실제 판매단계에 발생할 수 있는 또 다른 변수 등을 고려하여 대비하는 것이 필요하다. 상품화 단계에서 다시금 검토해야 할 요인으로는 기존의 설비, 회사의 이미지, 장기적인 기업의 목표, 기대판매수량, 추가적으로 발생할 비용 등이 있다.

3) 메뉴분석

(1) 메뉴분석의 중요성

상품화를 통하여 메뉴의 판매가 이루어진 결과 수치를 가지고 수행하게 되는 메뉴분석은 상권변화, 경쟁상황, 고객욕구 변화, 식재료 가격변동, 기업목표 변경, 사회문화적 환경변화 등의 내외부적 환경변화 등으로 인하여 중요성이 더욱 증대되고 있다. 메뉴분석은 고객의 수요(고객), 각 메뉴의 수익성(경영자), 메뉴 믹스분석(종업원)에 초점이 맞추어지는 활동으로 메뉴별 판매량, 수익성 분석을 통하여 메뉴북에서의 위치를 조정하거나 다양한 판매촉진 전략을 수립하는 데 활용된다. 결과적으로 메뉴분석은 메뉴상품을 구성하는 일련의 행위(고객, 경영자, 종업원)를 분석하는 과정으로 이를 정리하여 보면 〈그림 8-9〉와 같다.

메뉴분석 방법은 학자들의 연구와 실무에서 개발된 다양한 도구들이 존재하지만, 본서에서는 밀러의 방식, 카사바나와 스미스의 메뉴 엔지니어링과 실무에서 간편하게 사용할 수 있는 ABC 분석법을 중심으로 살펴본다.

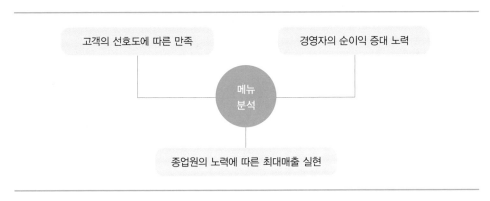

그림 8-9 **메뉴분석의 중요성**

(2) 밀러의 방식

밀러(Miller)의 메뉴분석 방법은 일정 기간 동안의 판매된 메뉴의 식재료원가와 판매된 수량, 즉 고객 선호도를 기준으로 4개의 메뉴로 분류하여 평가하는 것이다. 밀러의 분

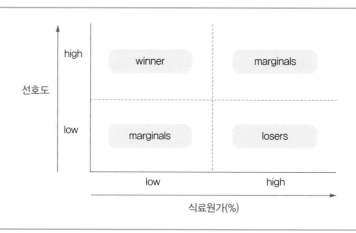

그림 8-10 **밀러의 메뉴분석**

석 방식에 의하면, 가장 좋은 메뉴는 낮은 식재료원가를 가지고 많은 고객들에게 판매되는 메뉴라 정의하고 있다.

(3) 메뉴 엔지니어링

메뉴분석의 대표적인 도구는 미국의 '카사바나와 스미스'가 만든 메뉴 엔지니어링 기

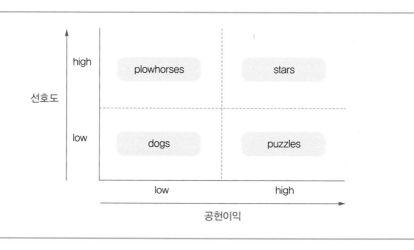

그림 8-11 **카사바나와 스미스(Kasabana & Smith)의 메뉴분석**

법이다. 메뉴 엔지니어링은 메뉴선호도(판매량)와 수익성(공헌이익 = 판매가격 − 변동비)을 평가하여 메뉴에 관한 의사결정을 지원하는 정량적 도구로서, 매우 유용하지만 소규모 레스토랑의 경우 구체적인 수치를 산출하기 곤란하여 이용에 많은 한계를 갖는다.

카사바나와 스미스의 메뉴분석 사례

① 메뉴 리스트를 작성한다.
② 메뉴별 판매수량을 확인한다.
③ 메뉴 믹스를 계산한다. (메뉴믹스 = 아이템별 판매수량 ÷ 전체 판매수량 × 100)
④ 메뉴 품목별 식재료원가를 계산한다.
⑤ 공헌이익을 계산한다. (공헌이익 = 판매가격 − 변동비)
⑥ 전체 매출의 수익을 계산한다.
⑦ 전체 메뉴의 평균 공헌이익을 계산한다. (평균 공헌이익 = 공헌이익의 합계 ÷ 판매 아이템 수)
⑧ 선호도의 평균을 구한다. (선호도 = (1 ÷ 판매 아이템 수) × 70%)
⑨ 평균 공헌이익, 선호도를 기준으로 높음과 낮음을 결정하여 4개의 사면에 위치한다.

표 8-11 **메뉴 엔지니어링 사례(메뉴 리스트)**

메뉴별	판매수	메뉴믹스 (%)	식재료 평가 ($)	식재료 원가합계 ($)	메뉴 가격 ($)	메뉴당 매출 ($)	식재료 비율 (%)	공헌 이익 ($)	공헌이익 합계 ($)
half-chicken	24	12	1.74	41.76	6.95	166.80	25	5.21	125.04
steak	20	10	4.78	95.60	11.95	239.00	40	7.17	143.40
shrimp	16	8	3.17	50.72	8.50	136.00	37	5.33	85.28
veal	7	3.5	3.01	21.07	8.95	62.65	34	5.94	41.58
pasta	35	17.5	1.28	44.80	5.50	192.50	23	4.22	147.70
sword-fish	9	4.5	4.65	41.85	10.95	98.55	42	6.30	56.70
lobster	22	11.0	6.85	150.70	14.50	319.00	47	7.65	168.30
b-burgundy	26	13	2.17	56.42	6.95	180.70	31	4.78	124.28
fried-chicken	29	14.5	1.78	51.62	6.75	195.75	26	4.97	144.13
leg of lamb	12	6	3.33	39.96	8.95	107.40	37	5.62	67.44
total	200			594.50					1103.85
weighted averages			2.98		8.50	1698.35	35	5.52	

표 8-12 **메뉴 엔지니어링 사례(분석표)**

Plow Horses		Stars	
Half-Chicken Shrimp Pasta B-Burgundy Fried-Chicken	• 가격인상고려 • 메뉴의 재배치 • 양을 줄인다	Steak Lobster	• 현재 수준 유지 • 가장 눈에 띄게 배치 • 가격 탄력성을 시험한 후에 가격 인상 시도
Dogs		Puzzles	
	• 메뉴 삭제 • 메뉴 가격 인상 • 메뉴명 변경	Veal Sword-fish Leg of Lamb	• 가격 인하고려 • 메뉴북 최상 위치 배치 • 메뉴북 변경 • 메뉴 삭제 • 프로모션 시행

(4) ABC 분석

메뉴분석을 위한 가장 간편한 도구로서 ABC 분석법이 있다. 이는 메뉴별 매출액 합계를 산출하여 매출액 합계가 높은 메뉴부터 낮은 메뉴 순서로 내림차순 정렬한 후 메뉴군을 A, B, C 세 분류로 나누어 메뉴를 분석하는 방법으로, 매출액만을 기준으로 하므로 비용을 산출할 필요가 없어서 소규모 외식업체의 메뉴분석기법으로 많이 활용된다.

ABC 분석은 통상적으로 높은 매출액(80%)을 올리는 메뉴의 수가 상대적으로 적은 것(20%)에 비유하여 파레토(8 : 2법칙) 분석이라고도 하는데, 상위 80%를 차지하는 메뉴를 A군, 80%~90%(95%)를 차지하는 메뉴를 B군, 나머지 5~10%를 차지하는 메뉴군을 C군으로 분류함으로써 A군은 주력메뉴, B군은 보조메뉴 및 구색메뉴, C군은 삭제 또는 개선이 필요한 메뉴로 구분하지만 C군에는 유인메뉴나 신메뉴 등이 포함될 수 있으므로 삭제 시 유의할 필요가 있다.

표 8-13 **ABC 분석표 사례**

당월 ABC 분석표(식사류)
(20** 년 5월 1일 ~ 20** 년 5월 31일)

점포명:

NO	상품명	수량	단가	매출액	%	누계%	ABC분석
1	칠리새우	588	9,015	5,301,000	14.9%	14.9%	
2	씨푸드	429	9,608	4,122,000	11.6%	26.5%	
3	카르보나라	416	8,200	3,411,000	9.6%	36.1%	
4	새우크림	339	8,649	2,932,000	8.2%	44.4%	
5	치킨	334	8,069	2,695,000	7.6%	51.9%	
6	로마나	277	8,850	2,451,500	6.9%	58.8%	A상품군
7	해물리조토	227	8,000	1,816,000	5.1%	63.9%	
8	그라탱	239	7,500	1,792,500	5.0%	69.0%	
9	치킨도리아	219	7,500	1,642,500	4.6%	73.6%	
10	곤돌리에라	108	10,167	1,098,000	3.1%	76.4%	
11	왕게살	113	9,441	1,066,800	3.0%	79.2%	
12	콤비네이션	112	9,424	1,055,500	3.0%	81.8%	
13	미트소스	131	7,702	1,009,000	2.8%	84.8%	
14	해물도리아	123	8,000	984,000	2.8%	87.7%	
15	포모도로	120	7,558	907,000	2.6%	90.2%	B상품군
16	치즈크림	109	7,899	861,000	2.4%	93.2%	
17	버섯모둠	70	7,864	550,500	1.5%	93.7%	
18	상하이	64	8,919	570,800	1.6%	95.2%	
19	봉골레	45	8,400	378,000	1.1%	96.8%	
20	치즈스틱	56	6,800	380,800	1.1%	97.9%	
21	아라비아따	34	9,162	311,500	0.9%	98.9%	C상품군
22	김치	88	1,688	148,500	0.4%	99.8%	
23	바질리코	7	9,000	63,000	0.2%	100.0%	
합계		4,248		35,547,900	100.0%		

* 80(75삭제)%까지가 A상품, 80~95(75~95삭제)%까지가 B상품, 95~100%까지가 C상품으로 분류

4 메뉴북 역할과 디자인

메뉴의 계획과 개발이 완료되면 레스토랑 경영자는 개발된 메뉴를 전략과 메뉴 구성에 적합하도록 소비자에게 어필할 수 있는 도구를 필요로 하게 된다. 바로 이 때 필요한 것이 메뉴북이다. 메뉴북은 단순한 차림표로서의 역할로 인식되기 쉽지만 일반적인 차림표 이상의 역할을 한다.

'아이패드 메뉴판' 등장…주문하고 인터넷 서핑도

지난 24일 오후 1시 서울 강남구 신사동의 카페 '포트가'. 친구와 함께 점심식사차 이곳을 찾은 권세희 씨(26·여)는 이색 메뉴판을 경험했다. 이 카페의 메뉴판은 다름 아닌 애플의 태블릿 PC인 아이패드였다. 주변을 둘러본 권씨는 다른 테이블에 있는 손님들도 자기처럼 아이패드를 들고 있는 것을 보고 깜짝 놀랐다. 한 종업원은 "아이패드를 터치하면 메뉴 종류가 나타난다."고 소개했다. 아이패드를 터치하자 각 메뉴의 사진과 해당 음식에 대한 상세한 정보가 떠올랐다. 권씨는 "아이패드를 첨단 메뉴판으로 활용하는 마케팅에 놀랐다"며 신기해했다.

아이패드를 메뉴판으로 쓴 포트가는 요즘 강남에서 인기대박을 터뜨리고 있다. 이 카페가 보유하고 있는 아이패드는 모두 4대. 포트가는 아이패드 메뉴판 덕분에 개업한지 한 달 만에 입소문을 타고 일약 유명 카페가 됐다.

강준환 포트가 대표는 "지인들이 미국에서 직접 구입해 1대씩 갖고 있던 아이패드 4대를 모아 카페를 열었다"며 "아이폰 열풍을 보고 아이패드와 카페를 결합하면 좋은 상품이 될 수 있을 것으로 직감했다"고 말했다.

포트가 마케팅의 또 다른 포인트는 손님들이 식사를 마칠 때까지 자유롭게 아이패드를 사용할 수 있게 한다는 점. 카페 전체가 무료로 무선인터넷을 사용할 수 있는 와이파이존(Wi-Fi Zone)이어서 손님들은 주인을 의식하지 않고 인터넷을 즐길 수 있다. 고객들은 아이패드를 이용해 이 카페의 트위터(@portgha)를 '팔로잉'하고 자신의 트위터에 카페 방문기를 남기기도 했다. 아이패드를 통해 손님들이 직접 카페 홍보를 하게 하는 전략인 셈이다. 강대표는 "아이패드를 이용해 카페의 매출을 관리하는 등 기존의 장부 대신 경영에도 활용할 계획"이라고 말했다.

아이패드 메뉴판은 최근 홍대 앞 선술집 '갯놈'과 청담동 '카페 74'에서도 선보였다. 미용실에서 아이패드를 '미용실용 잡지'로 활용하려는 곳도 있다.

자료: 한국경제 (2010.7.25)

(1) 메뉴북의 역할

메뉴북이 수행하는 역할은 매우 다양하다. 단순한 차림표로서의 역할은 빙산의 일각에 불과하다. 메뉴북은 레스토랑에서 활용하는 최초의 판매수단이다. 그 외에도 마케팅 도구로서의 역할뿐만 아니라 내부통제, 고객과의 약속을 암시하는 도구이기도 하다. 이에 대한 구체적 내용은 〈표 8-14〉를 참조하기 바란다.

표 8-14 **메뉴북의 역할**

구분	내용
최초의 판매수단	고객이 레스토랑에서 최초로 접하는 상품이며 커뮤니케이션 도구
마케팅 도구	레스토랑이 판매하는 상품의 품목, 가격, 내용을 전달하는 도구
고객과의 약속	직접 음식을 보고 구매할 수 없으므로 메뉴북을 믿고 구매
내부통제수단	직원들도 메뉴북을 통해 레스토랑의 모든 것을 이해하고 행동하게 됨

(2) 메뉴북 디자인 항목

메뉴북은 '고객과의 약속'이라는 관점에서 역할을 수행한다고 하였다. 이는 메뉴북을 통해 음식을 과장하거나 오해를 불러 일으켜서는 안 된다는 사실을 암시한다. 메뉴북

그림 8-12 **메뉴북 디자인 항목**

은 레스토랑의 얼굴로서 인식될 수 있다. 이제 메뉴북은 단순한 차림표로서 디자인되기보다는 레스토랑의 물리적 환경 인식에 영향을 미치는 대표적 도구로서 고려되어야 한다. 그러기 위해서는 〈그림 8-12〉와 같은 디자인 항목에 대한 연구와 면밀한 검토가 필요하다.

(3) 메뉴북 디자인 요소

메뉴북의 디자인은 언어, 배치와 활자, 조화, 크기와 포맷, 정확성 등에 의하여 이루어진다. 이러한 요소들은 메뉴북의 기능성뿐만 아니라 심미성까지 고려하여 적절하게 조화를 이루어야 할 것이다.

일반적으로 레스토랑 메뉴북의 중요성이 대두되면서 많은 비용을 투자하는 사례가 최근 늘어나고 있다. 푸드스타일링을 가미한 음식 촬영, 전문적인 디자이너의 디자인 등이 결합되어 심미성은 매우 높이지고 있다. 하지만 메뉴북은 단순한 아름다움의 추구가 최종목표는 아니다. 이미 살펴본 바와 같이, 메뉴북의 다양한 역할에 충실할 수 있어야 한다. 무엇보다도 소비자는 자신이 원하는 메뉴를 쉽게 선택할 수 있어야 하며, 경영자는 경영목표를 달성할 수 있는 수단으로서 작용하여야 한다. 따라서 기능성과

표 8-15 **메뉴북의 디자인 요소**

요소	내용
언어	• 표준어를 주로 활용하지만 외국인을 고려한 외국어 표기도 고려함 • 농식품부의 한식메뉴의 외국어 표기 참조
배치와 활자	• 주력메뉴와 인기메뉴를 시선이동점을 고려하여 배치하기도 하지만 실제로는 디자인에 의하여 시선집중점을 만들 수 있음 • 활자는 음식의 유형, 분위기 등을 고려하여 선택함
주변과의 조화	• 메뉴북의 외관 및 디자인은 실내 디자인과 분위기 등 레스토랑의 콘셉트와 일치해야 함
크기와 포맷	• 레스토랑 콘셉트에 맞는 적정 크기를 선택 • 단일 페이지부터 수십 장의 페이지로 구성되며 속지의 교환 가능성 고려
정확성	• 메뉴의 가격과 특성을 정확히 이해할 수 있어야 함
기타 관련성	• 레스토랑의 다양한 소모품들과의 연관성을 고려한 설계 및 디자인

심미성을 조화시킴과 동시에 실용성까지 갖춘 메뉴북의 개발을 위해 다양한 유형의 메뉴북을 벤치마킹하고 연구할 필요가 있다.

(4) 메뉴의 진실

메뉴에 사용되는 카피와 삽화 또는 이미지는 메뉴의 진실과 관련된 법령을 위반해서는 안 된다. 우리나라의 경우 원산지 표시 및 가격, 1인분의 양 등을 법령으로 규정하여 메뉴북에 표시하도록 규정하고 있다. 법으로 규정하는 것 외에도 제공하는 메뉴를 잘못 표기하는 것은 고객을 혼란스럽게 하여 고객의 불만이 발생할 수 있는 부정적인 요인이다. 미국의 레스토랑협회(NRA, National Restaurant Association)에서는 1977년 '메뉴의 정확성' 보고서를 작성하여 고객으로 하여금 혼란을 줄 수 있는 11개 항목을 지적하고 올바로 표기하도록 권장하고 있다. 그 내용은 다음과 같다.

① 양(Quantity)

1인분의 양은 정확해야 한다. 메뉴에 오믈렛이 점보사이즈의 계란으로 만들어졌다고 표기되어 있다면, 그러한 제품을 사용해야만 한다('점보'는 연방정부에서 지정한 신선한 계란을 판매하는 곳에서 사용되는 여섯 가지의 크기 중 하나이다).

② 품질(Quality)

레스토랑은 실제로 제공하지 않는 품질수준을 광고해서는 안 된다. 메뉴에서 등급을 위반하여 과대광고로 표시하지 않도록 주의를 기울여야 한다. 소고기를 묘사하기 위하여 '한우 1등급'이라는 표현을 사용하기 위해서는 실제로 식재료를 구입 시 그러한 등급의 제품을 구매하여 사용해야만 한다.

③ 가격(Price)

메뉴에는 모든 관련 가격이 드러나도록 해야 한다. 예를 들어, 음료 리필 등에 추가로 지불해야 하는 가격이 있다면, 메뉴북에 그것을 명확하게 알 수 있도록 표기해야만 한다. 부가가치세가 별도로 부과되는 경우도 마찬가지로 표기해야 한다.

④ 브랜드명(Brand name)

품질과 마찬가지로 대용 아이템을 사용하면서 유명 브랜드 제품의 브랜드명을 사용해서는 안 된다. 코카콜라를 원하는 고객에게 펩시로 대신해서 제공할 수는 없는 것과 마찬가지이다. 브랜드명과 관련된 문제점은 그것이 명백하지 않은 데서 발생된다.

⑤ 제품인증서(Product identification)

연방정부는 식품에 대하여 몇 가지 '표준인증제'를 실시하고 있다. 이러한 표준이란 식품이 표준화된 이름으로 지칭되는 것을 의미한다. '오렌지 주스'는 '오렌지 맛 주스'와는 다른 것이다. '메이플 시럽'과 '메이플 맛 시럽'도 역시 마찬가지이다. 레스토랑 비즈니스를 하는 사람들 간에 이러한 용어를 잘못 사용하는 일이 비일비재하므로, 정확하게 사용하는 노력이 요구된다.

⑥ 원산지(Point of origin)

원산지란 해당 제품이 생산되었거나 제조된 국가를 의미한다. 우리나라의 경우 외식업체의 원산지 표시제도가 2008년 12월 22일부터 전면적으로 실시되고 있으며, 해당 식재료는 소고기, 돼지고기, 닭고기, 쌀, 김치류 등이 해당된다. 원산지를 표시하는 방법은 국내산의 경우는 식육의 종류 즉, 한우, 젖소, 육우 등으로 구분하여 표시하고, 수입산의 경우는 원산지 국가명을 메뉴판이나 게시판 등에 표기해야 한다.

⑦ 판촉 용어(Merchandising terms)

때때로 메뉴 아이템을 묘사하기 위하여 과대문구를 사용함으로써 문제가 발생하는 경우가 있다. 통조림을 활용하여 만든 메뉴 아이템을 신선한 재료로 만든 것처럼 묘사해서는 안 된다.

⑧ 보존상태(Preservation)

'fresh'라는 용어를 사용할 때는 주의를 해야 한다. 이러한 용어는 식재료가 냉동, 캔입, 병입 또는 건조 등의 상태가 아닌 경우에만 사용이 가능하다.

⑨ **조리방법(Means of preparation)**

많은 고객들은 조리방법이 표기된 특별한 메뉴 아이템을 선택할지도 모른다. 건강에 관심이 많은 고객들은 기름에 튀긴 치킨요리보다는 구운 치킨요리를 더 선호한다.

⑩ **삽화와 이미지**

레스토랑 운영자들은 메뉴에 조리된 음식 사진을 넣기를 좋아한다. 그리고 메뉴 보드에도 이러한 사진을 넣는 것을 선호한다. 사진 이용하기를 원한다면 실제 음식과 거의 유사한 사진을 사용하려는 노력이 필요하다.

⑪ **영양소**

1994년 중반부터 미국의 레스토랑들은 메뉴나 기타 이와 유수한 광고물에는 반드시 영양소 표기를 하도록 강제되었다. 또한 표준화된 용어에 대한 가이드라인을 따라야만 한다. 제공되는 메뉴에 'light'나 'lite'와 같은 묘사를 사용하고자 한다면, 최소한 1/3 이상의 칼로리를 줄이거나 음식당 50% 이상의 지방을 줄여야만 한다.

요약

① 메뉴(menu)는 음식점의 상품(아이템, 음식) 자체를 의미하기도 하지만 메뉴북을 의미하기도 한다. 메뉴(음식)는 음식점의 얼굴로서 음식점을 대표하게 되며, 고객이 음식점을 방문하는 첫 번째 이유이므로 매우 중요한 위치를 차지함. 또한 메뉴북으로서의 메뉴는 단순한 차림표의 역할을 넘어서서 마케팅 도구의 역할까지도 수행한다.

② 메뉴경영이란 메뉴계획을 시작으로 최종적인 단계의 메뉴분석까지를 총괄하는 개념으로 메뉴경영의 궁극적 목적은 고객만족을 통한 이익의 극대화이다. 메뉴개발을 위한 메뉴계획 시에는 소비자의 욕구와 필요, 영양과 위생, 방문목적, 메뉴의 질, 가격, 조직의 목표, 원가와 시설, 식재료 공급여건, 종사원 능력, 생산 및 서비스시스템, 메뉴의 수명주기 등을 고려해야 한다.

③ 메뉴를 구성하기 위해서는 주력메뉴, 중점메뉴, 임시메뉴, 보조메뉴, 유인메뉴 등을 고려함과 동시에 메뉴의 폭과 다양성을 통해 최소의 비용으로 소비자가 느끼는 가치를 극대화 할 수 있는 방법을 강구해야 한다.

④ 외식기업에서 메뉴를 개발하기 위해서는 제일 먼저 외식기업의 내외부적인 환경 분석을 통하여 메뉴개발의 필요성을 인식하여야 한다. 새로운 메뉴는 필요에 따라 계획적으로 메뉴 개발이 이루어져야 한다.

⑤ 가격은 고객수와 판매 수입에 직접적으로 영향을 미치며, 최적가격은 이윤과 가격에 대한 공정성과 적정성을 확보하여야 하고 가격 결정에서 가장 중요한 것은 고객의 평가를 고려하는 것이다. 품질대비 높은 가치를 느낄 수 있는 가격대를 설정하는 것이 무엇보다 중요하다.

⑥ 메뉴분석은 메뉴계획, 메뉴개발, 메뉴판매가 모두 이루어진 후 사후적으로 메뉴의 만족도와 수익성 등을 평가하는 사후적 개념의 객관적 평가를 의미하며, 메뉴평가는 메뉴계획, 메뉴개발이 이루어진 후 메뉴판매 이전에 선호도, 맛, 수용가격 등을 평가하는 사전적 개념의 주관적 평가를 의미한다.

⑦ 메뉴북을 만들기 이전에 해야 할 일은 점포의 콘셉트를 정하는 일로, 목표고객을 어떤 계층으로 잡을 것인지를 결정하고 점포 전체의 인테리어와 조화를 이룰 수 있도록 디자인을 하여야 한다. 또한 메뉴북은 최초의 판매수단, 마케팅 도구, 고객과의 약속, 내부통제수단 등의 역할을 하는 매우 중요한 경영 도구임을 인지해야 한다.

1 **다음 중 메뉴북(메뉴판)의 역할로 적합하지 않은 것은?**
① 최초의 판매수단
② 마케팅 도구
③ 주방과 홀직원 사이의 약속
④ 내부통제수단

해설 메뉴북은 음식점과 고객과의 약속이다. 즉 고객은 메뉴북의 내용과 이미지를 보고 음식을 주문하므로, 메뉴북을 제작할 때는 고객이 오해를 하지 않도록 정확한 내용과 실물에 가장 가까운 이미지를 사용하여 제작해야 한다.

2 **메뉴(menu)의 정의에 대한 설명 중 잘못된 것은?**
① 외식업체에서 취급하는 제품(아이템, 음식)
② 외식업체에서 취급하는 제품(아이템, 음식)의 리스트
③ 음식점이나 가정에서 "오늘 제공하게 될 요리"를 간단하게 적은 것에서 유래
④ 요리의 원재료와 조리법을 기록한 메모는 레시피로서 메뉴와는 관계 없음

해설 프랑스에서 이태리 요리의 원재료와 조리법을 기록한 메모에서 유래하였다는 설도 있다.

3 **메뉴계획과 관련이 없는 내용은?**
① 이익의 극대화가 가능하도록 목표고객에게 제공할 메뉴를 종합적으로 검토하는 과정
② 음식점의 입장에서는 생산가능성과 수익성을 전제로 함
③ 벤치마킹을 통한 대중성을 추구하는 것이 중요함
④ 음식점의 콘셉트를 표현한 결과물

해설 메뉴계획은 벤치마킹을 통한 차별화가 필수이다.

4 **메뉴의 제공기간에 따른 분류와 관계가 없는 것은?**
① 정식메뉴
② 단기메뉴
③ 순환메뉴
④ 고정메뉴

해설 정식메뉴는 메뉴의 내용에 의한 분류에 해당되며, 제공기간에 따른 분류는 단기메뉴, 순환메뉴, 고정메뉴 등이 있다.

5 메뉴의 구성에 대한 설명 중 잘못된 것은?

① 주력메뉴 : 음식점을 대표하는 메뉴

② 중점메뉴 : 판매효율을 높이기 위한 목적의 메뉴

③ 유인메뉴 : 저렴한 가격을 선호하는 고객을 유인하기 위한 메뉴

④ 보조메뉴 : 메뉴의 활성화를 꾀하기 위한 메뉴

해설 판매량은 적지만 음식점의 성격을 명확하게 하기 위한 보완메뉴를 보조메뉴라 한다.

6 음식점의 업태별 메뉴의 특성에 대한 설명 중 잘못된 것은?

① 패스트푸드 레스토랑은 저렴한 가격과 빠른 서비스가 특징

② 패밀리레스토랑은 다양한 메뉴와 다양한 가격대가 특징

③ 업스케일 레스토랑은 패밀리레스토랑과 캐주얼레스토랑의 중간적인 서비스 수준이 특징

④ 파인다이닝은 높은 가격과 수준 높은 서비스가 특징

해설 업스케일레스토랑은 캐주얼레스토랑과 파인다이닝의 중간적인 서비스를 제공한다.

7 메뉴분석과 메뉴평가에 대한 설명 중 잘못된 것은?

① 메뉴평가는 메뉴개발 후 판매전에 실시하는 평가

② 메뉴분석은 판매가 이루어진 후 판매통계를 이용하여 실시하는 평가

③ 메뉴평가는 정성적, 메뉴분석은 정략적으로 이루어짐

④ 메뉴분석은 선호도, 맛, 수용가격 등을 평가하는 사전적 개념의 주관적 평가

해설 선호도, 맛, 수용가격 등을 평가하는 사전적 개념의 주관적 평가는 메뉴분석이 아니라 메뉴평가이다.

8 메뉴의 분석을 위한 ABC분석에 대한 설명으로 잘못된 것은?

① 메뉴별 매출액 합계를 산출하여 매출액 합계의 내림차순으로 정리함

② 메뉴군을 A, B, C 세 분류로 나누어 분석함

③ 매출액과 비용을 고려한 분석 방법임

④ 소규모 외식업체에서 활용이 편리한 단순한 기법임

해설 ABC 분석은 매출액만을 고려하고 비용은 고려하지 않는 메뉴분석 방법으로 매우 간단하게 활용할 수 있는 분석 방법이다.

| 정답 | 1 ③   2 ④   3 ③   4 ①   5 ④   6 ③
              7 ④   8 ③

1   레스토랑의 판매 메뉴에 대하여 사용가능한 메뉴 분석 도구를 제시하고, 실제 자료를 구하여 분석을 실시하고
    그 결과에 대하여 토론하여 봅시다.

2   메뉴를 개발하는 데 있어서 대중성과 차별성이라는 선택의 문제가 가장 큰 고민거리입니다. 수익성을 고려한다면
    대중성이 반드시 필요할 것 같고, 경쟁력을 고려한다면 차별성이 더 중요하다는 생각이 들기도 합니다. 대중성과
    차별성을 모두 갖춘 메뉴개발 사례를 조사하여 봅시다.

3   오진권 씨는 '온리 원(Only One)'의 가치를 창출하라고 하였습니다. 그는 "메뉴는 최대한 간단해야 합니다. 전문점
    일수록 성공 가능성이 높습니다. 손님이 가게에 들어와 메뉴판을 보면서 '뭘 먹을까?' 고민하게 만들면 안 됩니다.
    입구에 들어오면서부터 "여기 냉면 3개요!"라는 말이 나와야 합니다. 30여 년 전 제가 경기도 안양에 칼국수집을
    차렸을 때 점심에는 손님이 붐볐다가 저녁에는 한가했습니다. 저녁 메뉴(해물탕)를 개발하려고 주방장을 바꿨더니
    칼국수도, 해물탕도 모두 제대로 된 맛이 나오지 않았습니다. 칼국수만 열심히 만들었다면 나중에 칼국수집으로
    더 소문이 나서 저녁에도 칼국수를 찾는 손님이 늘어났을 텐데 말이죠."라고 하였습니다. 이 글에 대한 여러분의
    의견을 제시하여 봅시다.

4   "메뉴북을 제작하려고 디자인 회사에 알아보았습니다. 비용이 생각보다 많이 소요되는 것 같습니다. 음식사진을
    찍고 디자인을 한 후 인쇄하는 비용을 고려하면 약 500만 원 내외의 견적이 될 것 같습니다. 과연 이렇게 비싼
    비용을 지불하고 메뉴북을 꼭 만들어야 할까요. 또 처음에는 그렇게 투자를 한다고 해도 지속적인 메뉴 개편이
    이루어질 경우 수정하는 비용도 만만치 않을 것 같습니다." 이에 대한 귀하의 생각을 정리하여 봅시다.

5 자신이 가장 자주 가거나 가장 선호하는 음식점의 메뉴를 정리하여 봅시다. 메뉴의 구성을 메뉴계획과 메뉴의 분류 차원에서 검토한 후 개선해야 할 사항을 제시하여 봅시다. 자신이 그 음식점의 경영자라면 메뉴를 어떻게 개편하겠습니까?

6 최근에 가장 인기 있는 음식점의 메뉴를 조사하여 봅시다. 조사한 메뉴를 '원가우위, 차별화, 틈새전략'으로 나누어 사례를 들어 봅시다.

7 최근 유행하는 다양한 형태의 메뉴북을 조사하여 봅시다. 가능하면 사진으로 촬영하여 제시하고 각각의 특징과 장단점을 정리하여 봅시다. 특징과 장단점을 음식점의 업종과 업태 등에 따라 어떤 유형이 적절한지를 중심으로 제시하여 봅시다.

9장

물리적 환경 디자인

|

물리적 환경이란 외식업체가 고객과 상호 작용을 하며 서비스를
전달하는 영역으로 자연 환경이 아니라 "인간이 창조한 환경"을
의미한다. 다시 말해, 무형의 서비스를 전달하는데 사용되는 모든
유형의 요소를 뜻하며, 매우 핵심적인 마케팅 도구의 하나이다.

물리적 환경 디자인

학습목표

- 외식업체를 위한 물리적 환경의 개념과 중요성을 설명할 수 있다.
- 외식업체의 물리적 환경을 구성하는 요소와 역할을 설명할 수 있다.
- 물리적 환경에서의 행동모델을 설명하고 외식업체에 활용할 수 있다.
- 외식업체의 디자인 구성요소와 디자인 전략을 설명할 수 있다.

생각열기

BEST CASE

상권분석을 통해 나성공은 자신이 창업하게 될 상권과 입지와 점포에 대한 구체적인 점검을 완료하였다. 특히 자금 사정상 1층 점포를 임차하지 못하고 2층 점포를 임차하게 된 그는 더 많은 것을 챙겨야 했다. 다중이용시설에 해당되는 음식점의 소방시설에 대한 주의사항을 미리 챙기고 간판의 위치와 크기 등도 세심하게 점검하였다. 2층 점포를 얻으면서 그나마 다행이었던 것은 점포의 접근성과 가시성이 매우 뛰어났고, 점포주가 매우 인자한 성품이라서 향후 임차료의 과다한 인상이나 기타 애로사항의 발생 가능성이 매우 낮다는 점도 작용하였다.

가능하면 나성공은 성공가능성이 높은 1층 점포를 임차하려고 했지만, 권리금이 너무 비싸고 적정한 금액의 점포는 전용면적이 너무 작아서 수익성을 맞출 자신이 없었다.

"축하하네. 나성공… 이제는 정말 물러설 곳이 없는 위치까지 왔군. 점포 계약도 했으니 오늘은 그간의 성과를 점검하고 향후 계획을 좀 더 치밀하게 세우는 보는 시간을 가져 보자구."

"이도움 자네의 도움이 있어서 여기까지 무사히 오게 된 것 같군. 이제 시작이긴 하지만 그래도 좋은 입지의 점포가 외식사업 성공을 좌우한다니 한숨은 돌릴 수 있게 된 것 같아."

"그래 맞네, 좋은 입지가 외식사업의 사활을 결정한다고 해도 과언은 아니지. 하지만 요즘은 반드시 그렇다고도 할 수 없는 세상이야. 외식소비자들이 어떤 동기로 음식점을 찾는가에 따라서 입지는 전혀 중요하지 않을 수도 있다네. 우리만 봐도 자동차를 타고 먼 곳까지 식사를 하러 가는 경우가 많지 않은가."

"하긴 그렇긴 해. 입지보다 더 중요한 것도 많은 건 사실인 듯하네. 그러면 내가 더 많은 관심을 기울여야 할 것은 뭘까?"

나성공과 이도움은 상권과 입지를 잘 선택한 것에 만족하면서도 소비자들이 음식점을 선택할 때 고려하는 요소 중 인테리어와 익스테리어 같은 물리적 환경이 더 큰 영향을 미칠 수 있다는 사실도 결코 간과하지 않았다. 이도움은 나성공에게 음식점의 물리적 환경은 외부환경(파사드–간판, 입구, 메뉴진열장, 주차장)과 내부환경(홀, 카운터, 화장실, 사무실 및 휴게실, 조리공간) 그리고 기타 유형적 요소(유니폼, 광고지, 홈페이지, SNS 등)로 구성되어 있음을 주지시키고, 각 요소들을 어떻게 구성할지를 논의하자고 하였다.

특히 물리적 환경은 논리적이거나 기능적인 면도 중요하지만, 심미적인 부분이 중요하므로 전문가의 도움을 받아야 하는 부분이다.

"이도움! 우리끼리만 중요하다고 할 것이 아니라 실제로 물리적 환경에 대한 실무적 도움을 받을 수 있는 분에게 조언을 듣고 작업을 의뢰하는 것이 더 좋은 선택이 아닐까?"

"당연하지 이 사람아. 그래서 내가 음식점 인테리어에 다년간 경험이 있는 전문가 한 분을 수소문해 두었네. 음식점에 전문적인 식견을 가졌을 뿐만 아니라, 국내에서 유명한 음식점의 인테리어를 직접 설계하고 시공한 경험이 많으신 분이어서 우리에게 큰 도움이 될 거야. 무엇보다도 그분은 유행보다는 비용대비 효익을 중요시하신다고 하니 기대해 보자고."

WORST CASE 도우미 중개사로부터 소개 받은 점포를 살펴보면서 박실패는 무조건 자신의 투자금액에 적합한 점포를 찾는 데만 집중하고 있었다.

"박실패, 자네 점포가 무슨 휴대폰이나 전자제품쯤으로 착각하는 모양인데, 점포는 한번 임차하면 수년에서 수십 년을 변경하지 못하고 사용해야 할지도 모른다는 거 알고 있나?"

"그건 잘 알지. 그래서 부동산 아닌가. 그런데 그건 갑자기 왜 그러는데?"

"자네는 지금 투자금에 적합한 점포만 찾으니 하는 말일세. 지금 자네가 해야 할 일은 수익성이 있을만한 점포를 찾는 게 우선이야."

"하하. 맞아 내가 잠시 착각을 했네. 워낙 내가 쇼핑에 빠지면 정신을 못 차리는 스타일이라서…"

여기 저기 많은 점포를 보던 끝에 이멘토의 도움으로 박실패는 자신의 투자금에 적합하면서도 사업성이 기대되는 점포를 발견하고 계약에 이르게 되었다. 박실패는 그의 노력에 비하면 운이 꽤 따라주는지 집안 사정으로 급하게 매물로 나온 1층의 점포를 꽤 저렴한 권리금과 보증금, 그리고 월임차료를 지불하는 조건으로 임차를 하게 된 것이다. 다만 한 가지 찜찜한 것은 건물주의 인상이었다. 왠지 스크루지 할아버지 같은 인상의 건물주는 박실패를 탐탁하게 여기지 않은 눈치였다. 그리고 2년의 계약을 하면서 사업이 잘 되면 재계약시점에서는 임차료를 많이 올려주어야 한다고 신신당부를 하는 것이 마음에 걸렸다.

"이멘토, 저 할아버지 아무래도 불안해. 저러다가 2년 후에 임차료 왕창 올려달라고 하면 어떡하지."

"하하…. 걱정 말게 이 친구야. 여기는 서울이고 임차보증금과 임차료를 감안한 환산보증금이 3억 원 이하라서 5년은 보장 받을 수 있고 매년 임차료 인상도 9%까지만 가능하니까 너무 걱정할 필요 없어."

"그럼 5년 후에는 어쩌고. 5년 후에 나가라고 하면 나는 투자금도 하나 못 건지고 나가야 한단 말인가?"

"박실패. 그렇게 용감하던 사람이 갑자기 왜 이렇게 약해졌나? 언제는 그냥 하기만 하면 된다고 큰소리를 빵빵 치더니만…."

"아니 그건 그거고. 갑자기 창업이 무서워졌어. 내가 이렇게 복잡한 게 창업인 줄 알았으면 처음부터 시작도 안 하는 건데 말이야. 자네가 좀 처음부터 잘 알려주지 그랬어."

"허허…. 그렇게 설명할 때는 귓등으로도 안 듣더니만 이제 점차 현실을 인식하게 되었군. 그래도 이제라도 정신을 차려서 다행이네그려."

박실패는 갑자기 창업의 현실이 냉혹하다는 것을 절실하게 느끼게 되었다. 창업이 호락호락한 게 아니라는 사실뿐만 아니라, 무작정 열심히만 한다고 되는 것도 아니라는 사실을 인식한 것이다. 거기다가 복잡한 법률관계까지 정확하게 알지 못할 경우 낭패를 볼 수 있다는 것도 알게 되었다.

"이멘토. 너만 믿고 계약은 했다만 이젠 뭘 하면 되냐? 살짝 겁나는 게 자네 말 잘 들어야 할 것 같아서 말이야. 참, 어제 이야기하던 인테리어 이야기를 계속해야겠군. 아무래도 요즘 음식점은 폼이 나야 최고지. 요즘 최신 트렌드에 맞게 카페풍의 인테리어로 새 단장하고 나서 손님이 부쩍 늘어나는 음식점이 많은 거 같던데. 내가 아는 선배 중에 인테리어 디자이너가 있는데. 그분에게 한번 연락해 볼까? 내가 하면 저렴하게 해 주신다고 했는데…."

"박실패, 또 슬슬 버릇이 도지시나 봅니다. 그 선배가 너에게만 선배냐. 그분은 음식점 인테리어는 전혀 해 본적이 없는 분이야. 주로 병원 쪽 일을 많이 해서 심미성에는 강점을 가졌지만 음식점은 심미성뿐만 아니라 기능성도 매우 중요하기 때문에 경험도 많고 향후 발생할 문제점을 고려해서 A/S도 고려하는 게 중요하다고…."

과거에는 외식사업이 주로 소상공인들의 사업영역이었지만, 1990년대 들어서면서 대기업이 외식산업에 참여하고, 외국의 패밀리레스토랑까지 진출하면서 국내 외식산업의 규모는 지속적인 성장을 이루고 있다. 또한 교육수준과 경제수준이 향상된 소비자는 더 많은 정보와 지식을 가지고 소비가치가 높은 외식업체를 선택하는 상황에 이르렀다. 이러한 환경 속에서 외식업체는 고객의 기대에 능동적으로 대처하기 위해 효율적인 경영관리와 서비스관리를 해야 한다. 특히 최근 들어 감성적인 소비를 추구하는 고객은 환경품질에 관심을 집중시키고 있으며, 동시에 분위기의 쾌적성에 대한 요구도 높아지고 있다. 따라서 외식업체는 고객만족과 서비스 품질 향상을 위하여 많은 관심을 기울이고, 설계 및 초기 투자를 강화하고 있다.

이와 같이 다차원적인 소비가치의 중요성이 증대되면서 외식업체를 이용하는 소비자들이 소비가치를 어떤 시점에 평가하느냐를 이해하는 것이 필요하다. 상식적으로 볼 때, 모든 상품과 서비스를 구매하고 나서야 소비가치를 정확하게 평가할 가능성이 가장 높다. 하지만 소비자들은 상품과 서비스를 경험하기 전에도 소비가치를 평가하고 소비행동을 하는 경우가 많다. 즉, 유형의 상품을 구매할 때는 사전에 상품을 체험하고 구매할 수 있지만 서비스라는 무형의 상품을 판매하는 외식업체에서는 환경이라는 유형의 단서를 이용해서 소비가치를 미리 평가하고 구매를 결정한다.

외식업체의 물리적 환경은 고객들의 서비스 품질과 만족도 인식에 영향을 미칠 수 있다는 점에서 경영자 입장에서는 매우 중요한 경영자원임에 틀림없다. 이와 같은 소비자의 인식, 태도, 행동에 영향을 미치는 물리적 환경에 대한 개념적 정의를 체계화시킨 학자는 비트너(Bitner, 1992)이다.

1 물리적 환경의 개요

1) 물리적 환경의 정의

물리적 환경(servicescape: 서비스스케이프)이란 외식업체가 고객과 상호작용을 하면서 서비스를 전달하는 환경으로 자연환경의 경치 등을 뜻하는 접미사 scape에 service를 합성하여 '인간이 창조한 환경'을 의미한다. 다시 말해, 무형의 서비스를 전달하는 데 사용되는 모든 유형적 요소를 포함하는 개념이며 중요한 마케팅 도구의 하나이다.

물리적 환경은 고객뿐만 아니라 종업원의 인식과 행동에도 영향을 미친다. 만약 아르바이트를 한 경험이 있다면, 자신이 근무했던 기업의 물리적 환경이 자신의 인식과 행동에 어떠한 영향을 미쳤는지 상기해 볼 수 있을 것이다.

이와 같이 고객 및 직원의 긍정적인 태도와 행동을 유발하는 데 필요한 물리적 환경은 서비스 경영 분야에서 다양한 용어로 표현되고 있다. 예를 들면, '분위기', '유형재', '물리적 증거', '물리적 환경', '상황', '유형적 단서' 등이 그것이다. 표현이 어떻든 물리적 환경이 고객의 인식과 태도에 영향을 미쳐 구매를 유발하고, 결과적으로 고객만족으로 연결된다는 점에는 많은 학자들이 일치된 견해를 나타내고 있다.

현대 마케팅의 대가로 알려진 필립 코틀러(1973)는 소비자들이 구매의사결정을 위하여 활용하는 환경적 단서로서 '시각, 후각, 청각, 촉각을 포함한 분위기'라는 개념을 제시한 바 있다. 그 이후에 물리적 환경을 구성하는 요인에 대한 연구가 다수 이루어져 왔다. 특히 비트너(Bitner)는 서비스스케이프라는 단어를 처음 사용하였으며, 사람은 환경심리학적 연구를 바탕으로 환경적인 자극이 주어지면 내면적인 변화를 거쳐 행동으로 표현하게 된다고 지적하면서, 직원과 고객들에게 미치는 영향에 관한 물리적 환경의 이론적 모형을 제시하였다. 그는 물리적 환경을 "서비스 접점에서의 서비스 환경"이라고 하면서 "인간에 의해 만들어진 물리적 환경"으로 정의하기도 하였다. 그는 행동에 영향을 미치고 이미지를 만들어내는 물리적 환경의 영향이 서비스 산업에서도 영향을 미치고 있다고 주장하면서 물리적 환경의 범위로 '환경적 조건, 공간/기능 조건, 사인·

표 9-1 **비트너의 물리적 환경 구성요소**

구분	내용
환경적 조건들 (ambient conditions)	• 환경의 배경적인 특성을 포함. 오감에 영향 　– 기온, 조명, 소음, 음악, 색깔, 향기 등
공간적 배치와 기능 (spatial layout and functionality)	• 서비스접점환경은 목적을 가진 환경이기 때문에 물리적 환경의 공간적 배치와 기능은 특히 중요함 　– 공간적 배치: 정렬, 크기 및 모양 그리고 기계, 장비, 가구들 간의 공간적 관계들 　– 기능성: 실행을 용이하게 하고 목표들을 달성하기 위한 동일한 항목들의 능력
사인, 심벌, 그리고 인공물 (signs, symbols, and artifacts)	• 구조물의 외부와 내부에 나타내진 사인은 명백한 정보발신자임 　– 사인: 표식들(예를 들면, 회사이름, 부서이름), 지시적 목적들(예를 들면, 입구들, 출구들), 행동규칙들을 전달(예를 들면, 금연, 어린아이들은 어른들이 동행해야 함) 　– 다른 환경적 대상들: 건축에 사용된 재료들의 질, 공예품, 벽에 걸린 인증서들과 사건들의 존재, 바닥 포장들, 개인적 물품들 등

자료: Bitner(1992). Servciescapes: The impact of physical surroundings on customers and employees.

심벌·인공물'이 있다고 하였다.

그 외에도 학자에 따라 물리적 환경의 구성요소를 〈표 9-2〉와 같이 분류하고 있다.

표 9-2 **물리적 환경의 구성요소**

학자	내용	
베이커 (Baker, 1987)	1) 주변 요소(온도, 색상, 음악, 조명, 향기) 2) 디자인 요소(건축미, 색상, 레이아웃, 안정성) 3) 사회적 요소(고객과 직원의 특징과 행동)	
비트너 (Bitner, 1992)	1) 주변 환경(온도, 공기 상태, 소음, 음악, 향기 등) 2) 공간의 배치 및 기능성(설비 배치, 설비 장치, 가구 등) 3) 사인·심벌·인공물(도형/기호, 개인적 조형물, 장식의 스타일 등)	
이유재·김우철 (1998)	1) 공간의 접근성 2) 미적 매력성	3) 시설물의 청결성 4) 편의성
이형룡·왕상·김태구 (2002)	1) 오락성 2) 공간성 3) 쾌적성	4) 청결성 5) 편의성 6) 심미성
김성혁·최승만·권상미 (2009)	1) 청결성 2) 매력성	3) 편리성 4) 오락성
최영환·최화열·김성훈 (2012)	1) 디자인 환경 2) 인적환경	3) 감각적 환경 4) 쾌적한 환경

고객의 구매 의사결정에 영향을 주는 물리적 환경은 서비스 상품을 차별화 시켜주는 역할도 한다. 또한 서비스 직원의 태도와 생산성에 영향을 주는 유형의 요소로도 작용하며 서비스 품질에 대한 단서로서 고객의 기대와 평가에 영향을 준다.

물리적 환경은 성공적인 외식업체의 경영을 위해서 매우 중요한데, 서비스의 무형적인 특성으로 인하여 체험이나 신뢰와 같은 요인들이 중요한 작용을 한다. 따라서 서비스 개념(콘셉트)과 일치하도록 설계되어야 한다.

2) 물리적 환경의 중요성

물리적 환경은 고객 및 종업원의 인식과 태도 그리고 행동에 영향을 미치기 때문에 서비스 기업은 비전, 미션, 전략을 수립할 때 설정한 서비스 개념과 물리적 환경이 일치하도록 설계하고 실현해야 한다. 예를 들어, 셀프 서비스가 주를 이루는 외식업체의 경우 서비스를 제공하는 종업원을 대신하여 직관적인 디자인을 많이 활용해야 한다. 직관적인 디자인을 통해 고객이 스스로 어떻게 행동해야 하는지를 전달할 수 있기 때문이다. 그와는 반대로 풀 서비스를 제공하는 외식업체의 경우는 고객이 프라이버시를 존중받으면서 권위를 느낄 수 있도록 설계가 되어야 한다.

1. 서비스 기대의 결정요인으로 서비스 품질과 고객만족에 영향을 줌

2. 서비스의 동시성은 고객이 서비스공간에 체류하는 시간을 길게 함

3. 기업이미지, 고객(만족도 등) 및 직원의 행동(직무만족 등)에 영향을 줌

4. 고객 구매행동에 직접적으로 영향을 미쳐 외식업체의 매출에 영향을 줌

그림 9-1 **물리적 환경의 중요성**

물리적 환경 속에서 고객과 직원은 사회적 상호작용을 하므로 물리적 환경을 설계할 때 이를 충분히 고려해야 한다. 물리적 환경에서 만족을 느끼게 되면 고객은 마음껏 즐기고 돈을 지불하려는 욕망이 생긴다. 직원들도 지속적으로 열심히 근무하며 기업에 남으려는 욕망이 생기므로 고객과 직원 모두 상호작용적 행동을 활성화하게 된다.

물리적 환경이 인식과 태도를 통해 구매행동에 직접적인 영향을 주기 때문에 외식업체는 물리적 환경의 설계에 집중하게 된다. 설계를 통해 만들어진 물리적 환경은 지속적으로 관리되어야 하며, 관리 점검을 위해 미스터리 쇼핑과 같은 제도를 활용하기도 한다. 특히 고객에게 관심을 끌기 위하여 만들어진 물리적 환경이 오히려 고객들에게 불편함을 주고 있지는 않은지 파악하기 위해 미스터리 쇼핑은 필수불가결한 관리수단이다. 보다 자세한 내용은 《미스터리 쇼핑》(교문사)을 참고하기 바란다.

3) 물리적 환경의 영향

고객은 외식업체의 물리적 환경 차원을 인지하고, 정서적인 기분이나 태도를 결정하며 생리적인 반응을 나타내게 된다. 무엇보다도 물리적 환경은 고객의 만족에 미치는 다양한 요소 중에서도 그 중요성이 가장 크다고 할 수 있다. 물리적 환경은 고객의 태도나

구매 결정에 영향

서비스 무형성의 극복

이미지 형성

직원 행동의 영향

그림 9-2 **물리적 환경의 영향**
자료 : 이유재(2009). 서비스 마케팅

구매 만족 그리고 구매 후 행동에 상당한 영향을 미친다. 물리적 환경이 외식업체에 미치는 영향에 대하여 자세히 살펴보면 〈그림 9-2〉와 같다.

(1) 구매 결정에 영향

분위기가 심리에 미치는 영향을 고려할 때, 물리적 환경이 외식업체의 서비스품질 인식에 미치는 영향은 매우 크다. 예를 들면, 소비자들이 외식업체를 선택할 때 음식보다는 분위기를 기준으로 방문을 결정하는 경우가 많다.

어떤 구매 상황에서는 매장의 음악, 향기 또는 인테리어와 머천다이징 등이 서비스 상품 자체보다 구매 결정에 더 큰 영향을 준다. 물리적 환경은 서비스를 소비자의 마음속에 포지셔닝하여 상품 그 자체보다 구매결정에 더 큰 영향을 미치며, 고객의 태도와 이미지 형성에 직접적으로 영향을 주는 중요한 역할을 한다.

(2) 무형성의 극복

외식업체에서는 고객들이 정해진 공간에서 서비스를 소비하기 때문에 물리적 환경이 매우 중요하다. 특히 물리적 환경은 서비스에 대한 경험이 전혀 없거나 적은 고객에게 더 많은 영향을 미친다. 또한 서비스의 특성인 무형성을 극복하기 위해서는 서비스의 물리적 환경이 서비스 품질에 대해 고민하는 고객들에게 서비스 상품을 이해하거나 평가하는 데 도움을 준다. 예를 들어, 처음 방문하는 외식업체의 경우 음식을 먹어 보지 않았고 서비스를 경험한 적도 없기 때문에 외부환경만을 보고서 구매를 결정하는 경우가 이러한 사례에 해당된다.

(3) 이미지 형성

물리적 환경은 고객이 느끼는 첫인상의 호감도를 높이거나 고객의 기대를 설정하는 역할을 한다. 외식업체의 색상, 조명, 음향, 실내공기, 온도, 공간배치, 가구 스타일, 향기 등과 같은 물리적 환경은 서비스에 대한 고객 감정을 형성하는 데 도움을 준다. 따라서 외식업체는 궁극적으로 서비스 자체에 대한 긍정적 인식을 창조하기 위하여 물리적 환경을 잘 조성해야 한다.

(4) 직원행동에 영향

물리적 환경은 고객뿐만 아니라 기업 내부 고객, 즉 직원에게도 많은 영향을 준다. 제조업과는 다르게 서비스업에서는 서비스 제공 과정에서 서비스 제공자는 고객과의 직접적 커뮤니케이션을 통해 고객의 감정에도 영향을 준다. 쾌적한 근무 환경은 직원들의 일에 대한 만족도를 높이고 직원의 생산성을 높이며, 동료 직원과의 조화로움에도 긍정적인 영향을 미친다. 자신이 근무하는 기업의 물리적 환경이 근무만족도와 직장의 충성도에 어떤 영향을 미치는지 곰곰이 생각해보면 그 가치를 충분히 이해할 수 있다.

2 물리적 환경의 구성요소와 역할

물리적 환경의 구성 요소를 비트너(Bitner, 1992)의 연구에 근거하여 '주변 요소, 공간 배치와 기능성, 사인·심벌·조형물'로 나누어 자세히 살펴본 후 물리적 환경의 역할을 알아보자.

1) 주변요소

주변요소란 물리적 환경의 배경적 특성으로 온도, 조명, 소음, 음악, 전망 등을 의미한다. 외식업체의 주위환경 변수는 실내외 온도와 습도, 조명, 소음, 공기질, 향기, 색상과 같은 실내외의 풍경과 전망 등과 같은 배경적 특성을 가지며, 인간의 오감에 영향을 미친다고 할 수 있는 요소들로 구성되어 있다.

예를 들면, 고파장의 색상을 이용한 외식업체와 저파장의 색상을 이용한 외식업체는 서로 다른 감성을 자극한다. 붉은색, 노란색, 오렌지색과 같은 고파장의 색상은 고객들의 강한 흥미와 각성을 불러일으키는 데 반하여 파란색, 초록색 계열의 저파장 색상은 차분한 분위기를 연상시키는 역할을 한다.

음악의 경우에도 고객행동에 영향을 미치게 되는데, 외식업체에서 음악이 빠르고 시끄러우면 체류시간이 줄어들고, 조용한 음악은 오래 머물게 하면서 매출을 상승시키는 결과의 연구들이 발표된 바 있다. 또한 고객의 나이에 따라 음악의 볼륨과 빠름에 대한 선호도가 다르다는 사실도 밝혀진 바 있다.

주변 요소는 고객의 만족도와 매출성과에 영향을 미침과 동시에 직원의 업무성과와 만족에도 영향을 미친다. 즉, 열악한 환경에서 근무하는 경우보다 쾌적한 환경에서 근무하는 경우 업무성과와 만족도가 높게 나타난다.

2) 공간배치 및 기능성

공간배치와 기능성 변수는 가구의 배치, 장비와 기계의 크기와 형태에 따라 관련되어 있으며, 기능성은 성취하려는 목표와 성취를 용이하게 하기 위한 품목들의 기능을 말한다.

좀 더 구체적으로 살펴보면, 공간배치는 장비, 기기류, 가구 등의 크기와 모양 그리고 배열 방법과 그들의 공간적 관계로 작업동선에 따른 효율성 극대화를 의미한다. 그리고 기능성은 장비, 기기류, 가구 등이 외식업체의 성과와 목표를 달성하도록 촉진하는 능력을 말한다.

이와 같은 외식업체의 디자인 요소로서의 공간배치와 기능성은 고객의 행동에 영향을 미친다. 예를 들면, 식사하는 공간을 협소하게 만들거나 공간을 전체적으로 개방형으로 구성하면 고객의 체류시간이 줄어든다. 패스트푸드점에서 딱딱하고 작은 의자를 제공하고 테이블 간격을 좁게 만드는 이유는 이러한 공간배치와 기능성을 고려한 설계이다.

3) 사인·심벌·인공물

사인·심벌·인공물은 고객들에게 장소의 명시적·묵시적 정보를 제공하는 기능을 한다. 즉, 외식업체와 고객 간의 커뮤니케이션을 위해서 반드시 필요한 물리적 환경 요소이다. 특히 표지판·상징물·조형물 등은 외식업체가 고객에게 제공하는 특별한 의미를 가지는 서비스의 일부이기도 하다.

좀 더 구체적으로 살펴보면, 외식업체의 로고가 그려진 간판이나 다양한 게시물은 점포의 콘셉트와 이미지를 전달하는 중요한 역할을 한다. 또한 바닥, 벽, 천장 등의 내부인테리어와 점포 내부를 장식한 다양한 조형물은 외식업체의 미적 이미지는 물론이고 차별화된 상징성을 전달하는 매체로서 작용한다.

예를 들면, 외식업체의 바닥이 카펫이고 흰색의 깔끔한 테이블보, 은은한 간접조명이 갖추어져 있다면, 높은 가격의 풀 서비스가 제공될 것이라는 상징적 의미가 고객들에게 전달될 것이다. 외식업체의 외형을 대표하는 파사드에서도 이런 기능이 작용한다.

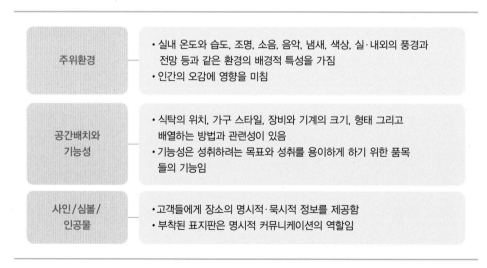

그림 9-3 **물리적 환경의 구성요소**

4) 물리적 환경의 역할

이미 살펴본 바와 같이, 경제가 발전하고 소비자들의 욕구수준이 높아짐에 따라 외식업체에서 물리적 환경의 중요성은 날로 증가하고 있다. 그 이유를 좀 더 구체적으로 살펴보기 위하여 물리적 환경의 역할을 체계화하는 것이 필요하므로, '패키지, 편의제공, 사회화, 차별화'와 같은 구분을 통해 살펴보면 〈그림 9-4〉와 같다.

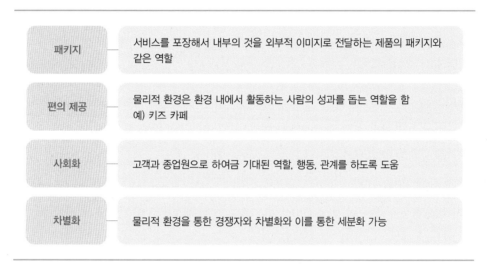

그림 9-4 물리적 환경의 역할
자료 : 이유재(2009), 서비스 마케팅

(1) 패키지

물리적 환경은 제품의 패키지와 같이 서비스를 포장하여 내부의 가치를 이미지로 전달하는 역할을 한다. 외식업체의 물리적 환경은 광고처럼 고객의 첫인상을 끌거나 고객의 기대를 설정하는 역할을 한다. 이것은 서비스의 무형성을 시각적으로 제시하는 것으로 실내장식이나 직원의 옷차림, 화장실의 청소 확인 표시, 영수증의 디자인 등 모든 서비스의 물리적인 환경들은 유형적 단서로서 외식업체를 포장하는 역할을 한다.

(2) 편의제공

물리적 환경은 환경 내에서 활동하는 사람의 성과를 높이는 역할을 한다. 여기서 사람이란 고객과 직원 모두를 의미한다. 최근 선풍적인 인기를 끌고 있는 키즈 카페는 아이를 데리고 일반 카페나 외식업체를 찾기 쉽지 않은 젊은 엄마들이 편안하게 아이와 함께 할 수 있는 공간을 제공하고 있다. 키즈 카페의 경우, 아이의 놀이 공간과 엄마를 위한 안락한 카페테리아를 분리하여 아이는 안전하게, 엄마는 마음 편히 휴식과 식사를 즐길 수 있도록 하였다. 즉, 물리적 환경이 어떻게 구성하느냐에 따라서 직원도 고객도 색다른 편의를 느끼게 될 수 있다는 점을 명심해야 한다.

(3) 사회화

잘 갖추어진 물리적 환경은 고객과 직원으로 하여금 기대된 역할, 행동, 관계를 하도록 돕기 때문에 물리적 환경은 고객이나 종업원을 사회화시키는 역할을 한다. 직원은 물리적 환경으로 인해 자신의 지위를 인지하게 되며, 고객에게 물리적 환경의 설계는 자신의 역할이 무엇인가, 어느 부분에 있어야 하는가, 어떻게 행동해야 하는가 등을 암시한다.

(4) 차별화

물리적 환경을 통하여 기업은 경쟁자와 차별화 할 수 있으며, 이를 통해 시장을 세분화할 수도 있다. 외식업체의 경우 조명, 음악선곡, 실내 장식 등을 통해 기업의 주요 타깃고객층을 선택할 수 있다. 예를 들어, 70~80년대의 분위기가 주를 이루는 외식업체는 중장년층이 선호할 것이며, 모던하고 심플한 분위기의 외식업체는 청년층이 선호할 가능성이 높다.

5) 물리적 환경의 구분

물리적 환경은 이를 통하여 고객과 직원의 행동에 영향을 미치기 때문에 외식업체의 서비스 콘셉트와 일치하는 느낌이 들 수 있는 이미지를 주도록 설계해야 한다. 그런 차원에서 서비스 환경 내의 참여자와 물리적 환경을 기준으로 물리적 환경을 구분해 볼 수 있는데, 셀프 서비스, 대인 서비스, 원격 서비스 등이 있다.

서비스의 많은 부분을 고객이 직접 담당해야 하는 셀프 서비스는 물리적 환경을 직관적으로 디자인하여 소비자의 원활한 행동을 유도해야 한다. 예를 들어, 패스트푸드 외식업체는 카운터의 디자인을 통해서 고객이 주문을 편리하게 할 수 있도록 하며, 식사 후 쓰레기 처리와 기타 외식업체 내에서의 서비스를 직관적으로 알 수 있게 디자인한다.

상호(대인) 서비스는 셀프 서비스에 비하여 직원과 고객 사이에 상호작용이 많이 일어나는 서비스 유형이다. 예를 들어, 에버랜드와 같은 놀이공원에서는 물리적 환경이 고객에게는 환상적인 경험을 선사하고 직원에게는 무대로 주어진다. 외식업체의 경우도 파인 다이닝과 같이 풀 서비스를 제공하는 곳의 물리적 환경은 고급스런 분위기를 창출하는 데 반하여, 간단한 식사를 할 수 있는 곳은 심플한 분위기를 연출하는 것에 그친다.

원격 서비스의 경우는 고객이 외식업체를 직접 방문하지 않는 상황에서의 물리적 환경을 의미한다. 이때는 고객이 아닌 직원의 만족, 동기유발, 운영의 효율성 등이 물리적 설계에서 가장 신경 써야 할 부분이다.

표 9-3 **물리적 환경의 구분**

구분	특징
셀프 서비스	사용자 접점에서의 직관적 디자인을 활용하여 고객의 행동을 유도 예) 패스트푸드 외식업체의 카운터, 휴지통 안내 표시 등
상호(대인) 서비스	개인화 정도에 따라 차이는 있지만 고객과 종업원 간 상호작용이 물리적 환경에 의해 영향을 받게 됨 예) 변호사, 의사와 같은 전문 서비스의 경우 권위적인 분위기, 에버랜드의 경우 물리적 환경이 고객에게는 환상적 경험을 직원에게는 무대를 선사함
원격 서비스	고객이 업체를 직접 방문하지 않음 예) 인터넷 쇼핑몰, 콜센터 같은 원격서비스 기업의 경우 물리적 환경은 종업원 만족(동기유발), 운영의 효율성에 초점이 맞추어짐

자료 : 이유재(2009). 서비스 마케팅

3 물리적 환경에서의 행동모델

물리적 환경에 대한 전략적 결정을 위해서는 이러한 요소들이 소비자 행동에 어떠한 영향을 미치는지 알아보는 것이 매우 중요하다. 물리적 환경이 소비자행동에 미치는 영향을 설명하는 포괄적인 모형으로는 비트너의 자극−조직−반응(stimulus−organism−response)의 프레임워크를 기초로 한다. 여기에서 자극은 물리적 환경의 여러 가지 요소를 의미하고, 조직은 고객과 직원, 반응은 서비스 현장에서의 여러 행동을 의미한다. 여기에서 기본적인 가정은 물리적 환경의 여러 차원과 요소들이 고객과 직원의 심리에 영향을 미치며 따라서, 여러 가지 행동과 반응을 일으킨다는 것이다.

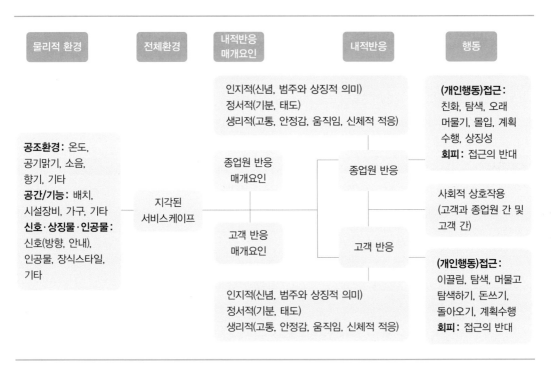

그림 9−5 **물리적 환경의 행동모델**

자료 : Bitner(1992), Servciescapes : The impact of physical surroundings on customers and employees.

1) 물리적 환경의 환경적 차원(자극)

물리적 환경은 외식기업이 서비스 제공과정을 촉진시키고 직원과 고객의 원활한 상호 작용을 끌어내기 위해서 사용하는 모든 객관적, 물리적 요소들을 말한다. 물리적 환경을 구성하는 요소들은 크게 주위환경, 공간과 기능성, 사인과 심벌로 크게 세 가지 유형으로 분류한다.

주위환경은 기온, 공기질, 소음, 음악, 향기 등으로 구성된다. 이러한 주위환경은 오감을 자극하여 소비자의 기분과 생각, 행동에 크게 작용하기 때문에 외식업체 경영자는 이러한 요소를 놓치지 않도록 해야 한다. 예를 들어, 분위기 있는 고급외식업체에서 흘러나오는 음악이 댄스음악이라면 분위기에 맞지 않다고 생각할 것이다. 이와 같이 매장의 배경음악과 소비자의 행동에 대한 연구도 활발히 기술되고 있다.

공간과 기능은 소비자의 욕구를 채워줄 수 있는 부분임으로 중요하다. 서비스 제공을 위한 도구, 기기, 가구 등이 어떻게 배치되어 있는지, 그리고 그 기능은 소비자와 직원의 업무효율화를 위해서 잘 구성되어 있는지 잘 살펴보아야 한다.

사인과 심벌은 전달되어야 하는 의미나 지켜야 할 규칙들을 표시함으로써 고객과 직원에게 전달해 준다. 이러한 의미전달에 있어서도 그 디자인이 외식업체의 콘셉트와 잘 맞추어 있어야 그 의미가 더 잘 전달될 수 있으며, 외식업체의 특성인 무형성 극복에도 도움이 될 수 있다.

여기에서 이러한 물리적인 요소들은 각각이 반응하는 것이 아니라 전체적인 분위기와 기분으로 반응한다. 이러한 전체적인 반응을 물리적 환경 소비자 행동 모형에서는 '지각된 물리적 환경'이라고 한다.

2) 물리적 환경에 대한 내적 반응(조직)

소비자행동 모델에서 말하는 대로 서비스는 직원과 고객, 물리적 환경의 여러 자극에 대해 인지적, 감정적, 생리적 반응과 사람의 행동을 나타낸다. 서비스 현장에서의 콘셉트에 잘 맞는 물리적인 환경은 고객과 직원에게 신뢰감을 심어 준다. 물리적 환경에서 이미지는 인지적 반응을 긍정적으로 이끌어낼 수 있도록 직원의 옷차림, 매장의 분위기 등의 요소로 서비스 기대를 결정할 수도 있다.

물리적 환경에서의 이미지는 고객의 긍정적인 감정적 반응이 있도록 현장에서 기쁨과 즐거움을 주는 서비스를 하는 것이 필요하며, 설계에 따라서 다양한 고객의 생리적 반응을 이끌어 낼 수 있다. 예를 들어, 패스트푸드 외식업체의 딱딱한 의자는 음식을 빨리 먹고 나가게 유도할 수 있으며, 커피전문점의 편안한 소파는 고객으로 하여금 더 머물러 있고 싶게 만들기도 한다.

3) 물리적 환경에서의 행동(반응)

고객은 어떤 외식업체든 접근 또는 회피의 행동을 보인다. 접근행동이란 어떤 장소에 대해서 긍정적인 행동 즉, 관계를 맺고 오래 머무르고 싶고, 무엇인가 하고 싶은 행동을 유발하게 되며 회피행동은 그와 반대로 어떤 장소에 대한 부정적인 행동 즉, 피하고 싶고, 빨리 떠나서 관계를 맺고 싶지 않은 행동을 하게 되는 것을 말한다. 연구에 의하면 소비자의 회피행동은 물리적 환경에 지대한 영향을 많이 받는다고 하면서, 물리적 환경이 원하는 고객의 접근행동을 유발시키도록 해야 한다고 하였다.

물리적 환경은 소비자 개인의 행동과 직원 개인의 행동뿐 아니라 고객과 직원의 상호작용에도 영향을 미친다고 하였다. 고객과 직원 간의 물리적인 거리, 좌석배치, 공간의 규모와 같은 요소들은 사회적 상호작용을 하는 데 많은 영향을 미친다. 따라서 고객에게 서비스 현장에서 좋은 경험을 제공하고 직원과 소통하며 교류할 수 있는 노력을 촉진하는 것도 필요로 한다. 스타벅스의 오감마케팅 사례도 좋은 예가 될 수 있다.

4 외식업체의 물리적 환경과 디자인 구성요소

1) 물리적 환경의 구성요소 1

본서에서는 물리적 환경을 외부환경, 내부환경, 기타 유형적 요소로 구분하여 나눌 수 있으며, 외식업에서의 물리적 환경은 기타 유형적 요소를 포함하는 물리적 증거(이유재, 2008)로 확대하여 다루는 것이 효과적이라 판단된다.

외식업체의 내부와 외부는 업종에 적합한 콘셉트를 설정하고, 객석 수와 좌석 회전율, 메뉴의 내용, 영업의 성격에 따라 목표고객에게 어느 정도의 가격으로 어떻게 상품

표 9-4 **물리적 환경(혹은 증거)의 구성요소**

구분	내용
외부환경	시설의 외형, 간판 등의 안내표지판, 주차 공간, 풍경, 주변 환경 등
내부환경	내부 장식과 벽의 색상, 가구, 장비와 시설물, 공기의 질/온도, 냄새 등
기타 유형적 요소	종업원의 외모 및 유니폼, 광고 팜플렛, 메모지, 입장 티켓, 영수증, 명함, 문구, 웹사이트, 사이버 공간 등

물리적 환경은 물리적 증거를 대표하는 경우가 많으며, 이는 서비스 스케이프라고 하는데 인간이 창조한 환경을 의미한다.

외부환경

시설의 외형, 간판 등의 안내표지판, 주차 공간, 풍경, 주변환경 등

기타 유형적 요소

종업원의 외모 및 유니폼, 광고 팜플릿, 메모지, 입장 티켓, 영수증, 명함, 문구, 웹사이트, 사이버 공간 등

내부환경

내부 장식과 벽의 색상, 가구, 장비와 시설물, 공기의 질/온도, 냄새 등

그림 9-6 **물리적 환경(혹은 증거)의 구성요소**

과 서비스를 제공할 것인지 결정한 이후에 물리적 환경 구성요소에 대한 실현이 가능하다. 명확하고 일관된 콘셉트가 수립되어 목표하는 물리적 환경이 계획되었다고 하더라도 실제 인테리어와 익스테리어로 구현하는 것은 다른 문제로 인식될 수 있기 때문이다.

2) 물리적 환경의 구성요소 2

물리적 환경을 구성하는 요소는 비트너(Bitner)의 연구를 기준으로 다음과 같이 나뉜다.

- 공조환경(주변요소)는 온도, 조명, 음악, 색상, 향기와 같은 인간의 오감에 영향을 주는 배경 환경으로 음악의 템포가 구매행동에 미치는 영향, 음식 냄새를 이용한 구매유도를 하는 것이 예이다.
- 공간배치와 기능성은 가구와 설비 등을 배치할 경우 서비스 전달을 위한 가시적, 기능적 공간을 창조하는 것으로, 셀프 서비스 레스토랑의 경우 고객이 수행해야 할 행동을 가시적으로 알려주기 위한 설계를 하는 것이 예이다.
- 사인·심벌·조형물은 명시적 묵시적 정보로서 고객이 지켜야 할 행동규범이나 행동규칙, 심미적 인상을 전달하며 사례로는 금연 표지판, 유명화가의 그림, 도자기 등의 골동품 등이 있다.

3) 외식업체의 디자인 구성요소

물리적 환경이 구체적인 형태로 구현되려면 디자인이 필요하다. 따라서 디자인 구성요소 측면에서 물리적 환경을 검토할 필요가 있으므로, 외식업체의 디자인 구성요소를 시각디자인, 제품디자인, 공간디자인, 웹디자인으로 나누어 살펴보면 다음 〈표 9-5〉와 같다.

표 9-5 **외식업체의 디자인 구성요소**

구분	세부 항목
시각디자인	로고, 심벌, 색채, 캐릭터, 전용서체, 시그니처, 유니폼, 사무집기, 패키지, 간판, 수송물, 유도사인물
제품디자인	식기, 커트러리, 푸드스타일링, 테이블크로스, 센터피스, 메뉴판
공간디자인	점포정면, 대기실 인테리어, 실내 섬유 및 직물, 실내 가구, 조명, 인테리어 색상, 바닥재, 소품 및 액세서리, 외관환경디자인, 벽지, 테이블 및 의자, 파티션
웹디자인	웹상의 로고, 웹상의 심벌, 웹컬러, 서체, 이미지(음식사진), 스타일&이미지, 인터페이스, 기술, 멀티컨텐츠, 레이아웃, 아이콘과 메뉴바, 네이게이션, 배너

5 외식업체의 물리적 환경 구성요소

1) 외식업체의 외부환경

외식업체가 어떤 종류의 음식을 판매하는 공간인지, 음식의 가격대는 어느 정도인지, 맛은 어떤지, 혹은 편안하고 아늑한 분위기인지 등을 소비자는 점포 외관의 이미지를 통하여 결정한다. 따라서 점포의 콘셉트를 목표고객이 한눈에 파악할 수 있도록 디자인되어야 한다. 그러기 위하여 간판은 멀리서도 눈에 잘 띄어야 하고, 주위 환경과 조화를 이루면서 경쟁 업소와 차별성이 있어야 한다. 또한 목표고객층이 선호하는 자재와 색상을 사용하여 고객의 호기심을 유발해야 한다. 메뉴 모형 케이스를 설치하여 업종과 메뉴의 특성을 잘 보여 주는 것도 한 가지 방법이 될 수 있다. 외식업체의 외부환경 요소에 해당하는 파사드와 주차장을 중심으로 세부적으로 살펴본다.

(1) 파사드

파사드(facade)의 어원은 라틴(Latin)어의 'Facies'이다. 얼굴(face)과 겉모양(appearence)이라는 뜻을 가지고 있다. 파사드는 건물의 현관이 위치하는 정면(front)과 거리에 접하는 면으로, 외식업체가 판매하는 음식은 물론이고 분위기와 서비스 수준을 전달하는 가장 중요한 요소이면서 외식업체와 고객이 최초로 대면하는 접점이다. 따라서 파사드는 시각적으로 정보를 전달하는 물리적 경계 역할을 한다. 그리고 내·외부 공간의 연결을 통해 점포의 콘셉트, 점포와 상품 이미지 등의 정보를 전달하여 고객 유입 정도를 결정하는 역할을 한다.

파사드는 사람이 모이는 공간의 디자인 요소로 기능적, 감각적, 감성적으로 어필할 수 있어야 한다. 외식업체의 첫인상이라 할 수 있는 파사드는 다른 경쟁업체와 차별화시키는 요소이면서 그 업체가 가지고 있는 핵심 이미지를 전달한다. 파사드가 소비자의 감성을 자극해야 하는 이유는 가고 싶고 머물고 싶은 장소로 인식되어야 하기 때문이다. 다른 곳과의 차별성, 호기심 자극, 일관된 주제, 한눈에 부각되어 시선을 집중하게 만드는 요소들이 통합적으로 포함되어야 하는 이유이기도 하다.

파사드가 개성적이고 독창적이어서 통행객의 발길을 멈추어 점포로 유도하기 위해서는 AIDMA 법칙(Attention–관심, Interest–흥미, Desire–욕망, Memory–기억, Action–구매행동)에 따라야 한다. 상점의 이미지는 지나가는 고객의 시선을 유도한다. 그리고 상점의 이미지를 통하여 상품의 가격, 서비스, 품질수준에 대한 상상을 하게 된다. 이러한 상점의 이미지는 사용한 자재나 조명, 상점의 전면크기, 디스플레이 유형, 판매 음식의 종류에 따라 달라진다. 파사드는 일반적으로 간판, 출입구, 메뉴진열케이스 등으로 구성된다.

① 간판

간판은 상품에 대한 정보를 전달하는 데 그치지 않고 외식업체의 전반적인 이미지를 전달할 수 있어야 한다. 간판의 그래픽과 디자인을 결정할 때에는 두 가지를 주의해야 한다. 첫째는 목표고객이고, 둘째는 목표고객이 방문하는 핵심요소이다. 간판은 목표고객과 그들이 원하는 가치 사이에서 징검다리 역할을 한다.

외식업체의 간판은 점포 이미지를 심어주는 역할뿐만 아니라, 간판을 통하여 고객이 점포를 발견하고 가장 먼저 점포를 인식하게 만드는 역할을 한다는 점에 유의해야 한다. 또한 고객은 간판을 보고 업종을 짐작하고 분위기를 상상하여 점포의 이용 여부를 결정하게 된다. 따라서 간판은 가격이나 미적인 면에만 치중해서는 곤란하다.

② 출입구

출입구는 고객이 외식업체를 출입하는 데 심리적으로나 물리적으로 부담이 가지 않아야 한다. 가능하면 넓은 것이 좋지만, 물리적으로 어려운 경우 벽을 유리로 만들어서 넓어 보이게 하는 방법도 있다. 일반적으로 현관을 설계할 때는 출입구의 수, 위치, 방향, 크기, 비상구 등을 고려하고, 추가적으로 출입방식을 전후 미닫이, 좌우 미닫이, 회전, 자동문 중에서 선택해야 한다. 특히 출입구는 여름이나 겨울의 내외부 온도차이로 인한 불편을 줄이기 위하여 이중문 등을 설치하기도 한다.

③ 메뉴진열케이스

메뉴진열케이스는 외식업체의 대표 메뉴나 고객을 유인하기 위한 전략 상품(세일품목, 계절상품, 신상품, 기획 상품 등)을 진열하여 잠재고객들의 관심을 끄는 역할을 한다. 메뉴진열케이스에 진열하는 상품은 고객의 구매 욕구를 파악하여 선택한다. 계절의 변화나 신메뉴 출시 때 주기적으로 바꿔주는 관심도 필요하다.

외부가격표시제가 2013년부터 시행되면서 주요 메뉴와 최종지불가격이 점포의 출입구에 표시되고 있지만, 장기적으로는 메뉴진열케이스와 같은 구체적인 판매촉진 도구가 활성화 되어야 할 것이다.

(2) 주차장

외식업체에서 주차 서비스를 제공하는 것은 필수이다. 다만 주차장 확보가 어려운 경우, 인근 공영주차장을 이용하거나 발렛파킹 서비스를 제공한다. 주차장의 확보는 점포의 수준과 방문하는 고객의 특성을 고려한다. 인근에서 도보로 찾아오는 고객이 대부분인 외식업체에서 주차장이나 주차서비스를 제공할 필요는 없다. 자동차를 이용하여 찾아와야만 하는 상권과 입지에서 사업을 하는 경우라면 주차장은 사업성패를 좌우하는 요소가 될 수 있다.

2) 내부 환경

영업공간과 조리공간으로 구분되는 점포 내부는 고객은 물론이고 직원들도 행복한 시간을 보낼 수 있도록 분위기를 연출하고 기능적인 효율성도 함께 고려해야 한다.

(1) 영업공간(Hall)

외식업체의 영업공간은 점포의 콘셉트에 적절한 레이아웃과 실내 분위기를 계획하는 것이 중요하다. 세부적인 내용은 공간 설계, 탁자와 의자 배치, 분위기, 계산대, 화장실의 순서로 살펴본다.

① 공간 설계

점포의 평면도를 활용하여 음식점의 필요한 기능을 배치한다. 음식점 창업을 위한 점포설계는 우선 평면 레이아웃에서부터 시작한다. 홀, 주방, 화장실, 계산대, 그리고 벽및 입구 위치 등 필요한 기능을 점포 내에서 어떻게 배치할 것인지를 생각해야 한다.

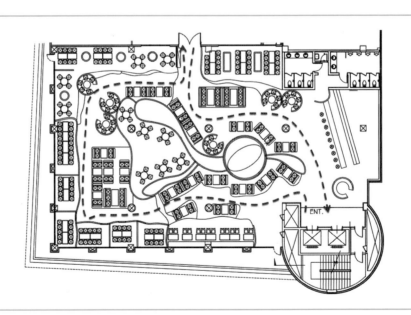

그림 9-7 **음식점의 가구배치 및 단면도**

자료 : (주)디자인군단(2010)

이러한 기능적 배치를 할 때, 보통 미리 건물 안에 있는 상하수도나 가스관 배치가 중요한 문제가 된다. 배관위치를 기준으로 가장 효율적인 위치에 주방이나 화장실 등을 배치하지 않으면 공사비용이 과다하게 지출될 수 있다.

영업공간의 레이아웃은 고객만족과 수익성 달성을 위한 적절한 배치와 동선의 설계가 무엇보다 중요하다. 먼저 레이아웃의 경우 고급 외식업체일수록 복잡한 구조로 프라이버시를 존중하는 측면을 고려하고, 패스트푸드점의 경우 빠른 좌석회전이 이루어지도록 단순한 레이아웃을 추구한다. 외식업체의 영업공간은 서빙하는 직원이 일하기 편한 동선과 레이아웃을 생각한 후에 객단가와 목표 고객층에 맞는 디자인을 계획하는 것이 좋다. 단체고객이 많은 업종인 경우 좌석을 탄력적으로 운영할 수 있도록 공간을 설계한다.

영업공간의 동선은 고객동선과 종업원 동선이 상호 교차하지 않아야 한다. 고객에게는 순서에 따라 음식이 제공되어 편하게 식사를 하고 대화할 수 있도록, 종업원은 원활하게 서비스를 할 수 있도록 동선이 구성되어야 한다. 서비스 동선을 단순화하고 보행거리를 단축하기 위하여 주방의 위치를 고려하고, 빠르고 원활하게 고객응대가 가능하도록 서비스 동선을 단순화하여 종업원의 보행거리를 단축한다.

② 탁자와 의자 배치

외식업체에서 테이블과 의자의 배치는 곧 식사 장면을 연출하는 것이다. 비슷한 업종의 외식업체라도 목표고객의 욕구에 따라서 테이블의 크기와 높이, 형태, 배열 등이 전혀 다르게 이루어진다. 외식업체는 점심과 저녁처럼 한정된 시간에만 고객이 집중되므로 탁자 의자를 적절하게 배치해야 목표 매출액을 달성할 수 있다.

먼저 $3.3m^2$(1평)당 고객 수를 생각해야 한다.

예를 들면, 음식점 면적의 $3.3m^2$(1평)당 1석이 배치된 경우 20평 점포는 20석밖에 좌석이 없다. 이 경우는 코스요리 중심인 레스토랑 등 객단가가 높은 업태가 아니면 경영적으로 어려움을 겪게 된다. 한편 $3.3m^2$(1평)당 2석이라면, 20평의 점포는 40석이 된다. 그러나 20평 점포에서 40석을 확보하기 위해서는 좌석간 공간을 매우 좁게 설계를 해

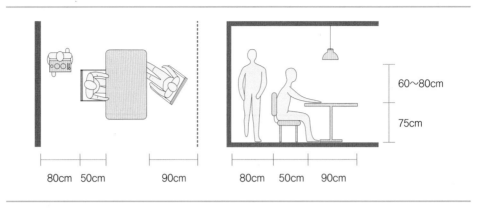

그림 9-8 **음식점의 가구배치 및 단면도**
자료: 실내공간디자인연출(2007)

야 한다. 가장 적절한 경우는 3.3m²(1평)당 1.5석 정도로 설계하여, 20평 정도라면 30석이 될 때 균형 잡힌 좌석 수가 될 수 있다.

외식업체는 효율적인 점포운영을 위하여 탁자를 1인용, 2인용, 4인용처럼 다양하게 배치하는 것이 필요하다. 또한 좌식이나 입식이냐에 따라 좌석 회전율을 다르게 할 수 있으며, 좌석 간의 프라이버시가 확보된 자리와 개방적인 자리에 따라서 기능적, 심리적 차이도 발생한다는 점을 고려한다. 또한 의자배치는 곧 고객들의 시선위치와 높이를 정하는 것이므로 탁자 높이와 천장 높이, 파티션 높이 등과 함께 결정해야 한다.

손님은 편하게 식사를 하고 대화할 수 있고, 종업원에게는 빠르고 원활하게 고객접대가 가능하도록 서비스 동선을 단순화시키고, 종업원의 보행거리를 단축할 수 있어야 한다. 또한 서비스의 동선을 단순화하고 보행거리를 단축하기 위하여 주방의 위치와 통로의 길이와 폭을 고려해야 한다. 중요한 서비스 동선은 겹치지 않도록 하며, 주 통로부터 부통로, 최종 통로, 보조 통로를 단계적으로 설정하고, 서비스 동선이 겹치지 않도록 한다.

레스토랑의 객석공간에서는 테이블이 가장 중요한 시설인데, 테이블의 용도에 따른 높이, 규격, 의자 규격, 세팅되는 기물의 종류에 따라 결정된다. 카운터 서비스는 회전율이 높은 휴게음식점에 적합하며, 주방의 공간은 작업자와 다른 작업자 1명 정도가 순환을 원활하게 할 수 있기 위해서 카운터의 가장자리부터 91cm 정도가 필요하다.

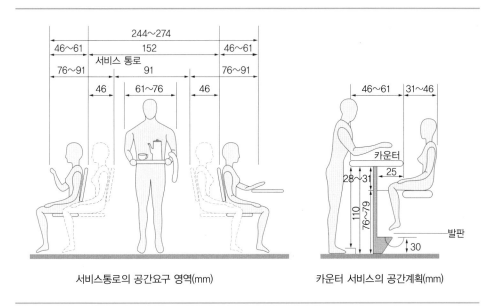

서비스통로의 공간요구 영역(mm)   카운터 서비스의 공간계획(mm)

그림 9-9 **음식점의 서비스통로 및 서비스 필요공간**
자료 : 실내공간디자인연출(2007)

③ 분위기

외식업체의 분위기란 고객이 외식업체에 도착하여 식사를 마치고 나갈 때까지의 모든 과정에서 접하는 유무형의 사건을 의미한다. 또한 고객에게 감동을 줄 수 있는 모든 유무형의 요소들을 칭하기도 한다. 고객이 외식업체에서 머무르는 시간이 길수록 분위기는 오감에 많은 영향을 준다. 이와 같은 분위기는 건축가, 컨설턴트, 인테리어 디자이너가 함께 만들어내는 기능적, 물리적, 심리적 요소와 의장 등을 포함한다.

외식업체는 동일한 상품을 판매하더라도 인테리어(Interior)나 익스테리어(Exterior), 직원의 서비스를 차별적으로 디자인한다. 이는 같은 상품이라도 장소에 따라서 가격이 다르게 매겨지는 것을 소비자들이 인정하기 때문이다. 자판기의 커피, 노점상의 커피, 카페에서 판매하는 커피는 모두 같은 상품이지만 소비자는 다른 금액을 지불하고 구매한다.

외식업체의 분위기를 창출하는 인테리어의 주안점은 '멋진 점포'가 아니다. '어떻게 해야 고객의 구매 욕구를 높일 수 있는가'가 중요하다. 따라서 내부의 모든 장식과 조명, 집

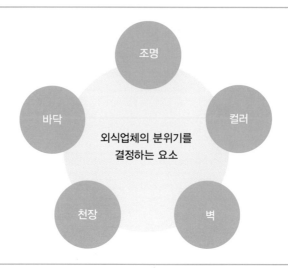

그림 9-10 **분위기를 결정하는 요소**

기, 장비 등 모든 것이 이 포인트에 맞추어져야 한다. 외식업체의 이상적인 분위기는 고객은 식사가 편하고 행복해야 하며, 직원이 효율적으로 일할 수 있다면 가장 이상적이다. 외식업체의 분위기를 좌우하는 요소들을 조명, 색상, 벽, 천장, 바닥의 순으로 살펴본다.

- **첫째, 조명** : 조명에 따라 동일한 인테리어의 외식업체라도 고객이 느끼는 감성은 전혀 달라질 수 있다. 조명이 실내분위기를 최종적으로 완성하므로 외식업체 디자인의 초기부터 전략적으로 접근해야 한다. 외부의 조명은 고객을 내부로 끌어들이도록 유도하고, 내부의 조명은 고객이 상품을 구입하고자 할 때 또는 서비스를 제공받을 때 편안하게 느끼도록 설계되어야 한다.

  고급스런 외식업체처럼 고객이 장시간 머무르는 점포의 경우 조명의 색온도와 설치높이를 낮추며 간접조명을 병행해야 한다. 왜냐하면 테이블마다 아늑한 느낌을 줄 수 있기 때문이다. 그러나 패스트푸드처럼 고객회전이 빨라야 하는 외식업체에서는 조명의 색온도와 조도(밝기), 조명의 설치높이를 높여 밝고 활기찬 느낌을 주어야 한다. 조명방식도 직접조명으로 한다. 한편 주야간으로 실내외의 조명방식과 조도(밝기)를 조절할 수 있도록 계획한다.

표 9-6 **음식점의 공간별 기준 조도**

공간별	기준 조도	공간별	기준 조도
객석	150~300lx	주방	150~300lx
객실	70~150lx	카운터석	150~300lx
계산대	500~700lx	화장실	150~300lx
도입부	70~150lx	홀 통로	70~150lx

자료 : 창업성공의 인테리어(진익준, 2008)

영업시간대에 따라 외식업체의 조명을 조절하여 실내분위기를 바꿀 수 있다면, 주·야간의 매출에도 영향을 미칠 수 있다.

예를 들면, 업종에 따라 차이는 있지만 식사를 주로 하는 업소에서는 조도가 밝은 것이 좋으며, 주류를 판매하는 업소는 어두운 조명이 조화를 이룬다. 색온도가 낮은 조명은 사람의 마음을 안정되게 하는 효과가 있는 반면, 색온도가 높은 조명은 심리적 긴장감을 높이고 활동적으로 만든다.

• **둘째, 색상** : 외식업체의 물리적 환경의 색상은 점포의 분위기와 이미지를 창조하여 고객의 관심을 끌 수 있어야 한다. 색은 사람의 시선을 끌기도 하지만 개인의 경험과 본

표 9-7 **광원에 따른 색채 효과**

광원	특성	용도
백열등	2055~3000K 색온도의 등으로 전력소모가 많다. 노란색의 따뜻한 분위기를 연출한다.	식료품 매장, 카페 등
할로겐등	불활성가스와 할로겐을 첨가한 백열등으로 연색성이 우수하다.	전시물의 조명에 적합
고압 방전등	고압 수은등, HID등, 고압 나트륨 등이 있다.	외벽조명, 정원, 공항, 경기조명, 분수 등
저압 방전등	형광등, 삼파장 등이 있으며, 주광색 형광등(6500K)은 실제의 색 그대로를 나타내므로, 상점, 의류점 등에 유리하다. 온백색 형광등(3000K)은 안락한 분위기를 요구하는 매장에 좋다. 삼파장 : 연색성이 좋고 편리하다. 자외선이 많이 포함되어 있다.	형광등 : 전시장, 학교, 강당, 세미나실 삼파장 : 가정용, 사무용, 살균용, 의료용, 사진용
LED 조명	빛의 강도와 색상의 조절이 용이하다. 효율이 높고 열이 나지 않는다. 수명이 월등하다.	간판, 사인시스템 간접조명

능을 통하여 마음속에 각인된 감성적 이미지에 영향을 미친다. 색상은 마감재의 형태나 질감, 패턴 등과 결합하여 감성에 영향을 미치며, 마감재나 색의 조합과 배색을 통하여 목표고객이 선호하는 이미지를 만들어 준다. 그러므로 외식업체는 업종, 서비스 형태 및 전통적인 면을 고려하여 각 공간의 분위기와 이미지를 창출할 수 있는 색채 구성을 계획하는 것이 바람직하다. 예를 들면, 부드럽고 따뜻한 톤은 전통적인 메뉴를 제공하는 고급 외식업체에 어울리며, 패스트푸드점에서는 좌석 회전율을 높이기 위해 강렬한 색채를 사용하는 것이 좋다. 고객이 들어오고 싶은 마음이 들도록 고객의 호기심을 자극해야 한다.

- **셋째, 벽** : 벽은 인간의 시선과 동작을 차단하고, 공기의 움직임을 제어할 수 있는 공간을 형성한다. 외식업체의 벽은 수직적 구성요소로서 공간 구성요소 중 가장 많은 면적을 차지하고 가장 먼저 눈에 띄는 부분이다. 벽이 눈높이보다 높으면 그 공간은 폐쇄적이 되며, 눈높이보다 낮으면 개방적인 공간이 된다. 일반적으로 1,700~1,800mm 이상의 높이는 시각적으로 프라이버시가 보장되는 높이이며, 개방적 벽체는 눈높이보다는 낮은 벽체로 900~1,200mm 정도의 높이이다. 60mm 이하의 낮은 벽체는 편안하고 안락한 분위기를 요구하는 공간에 주로 사용된다.

- **넷째, 천장** : 천장은 바닥과 함께 실내 공간을 구성하는 수평적 요소이다. 다양한 형태나 패턴 처리로 공간의 형태를 변화시킬 수 있다. 천장이 낮으면 실내가 포근하고 아늑한 느낌을 줄 수 있으며, 천장이 높으면 시원함과 확대감을 줄 수 있다. 천장은 많은 실내 설비가 배치되는데, 전기조명, 통신, 공조시설, 소방장치 등을 체계화해서 산만하지 않게 처리한다. 벽과 천장의 마감재를 통일하면 공간이 넓어 보이는 효과를 줄 수 있다.

- **다섯째, 바닥** : 바닥은 천장과 함께 실내 공간을 구성하는 수평적 요소로서 인간의 감각 중 시각, 촉각과 관계를 갖는 요소이다. 따라서 신체와 직접 접촉하는 부분들이 인간의 촉각을 만족시킬 수 있어야 한다. 외식업체 바닥의 재질은 매장 분위기 연출뿐만 아니라 기능적인 측면도 고려해야 한다. 또한 흠집이 나기 쉽고, 한 번 공사하면

교체하기도 어려우며 비용이 많이 소요되므로 신중해야 한다. 내구성이 강하고 음식물이 쏟아져도 쉽게 닦아낼 수 있는 재질을 사용한다.

④ 계산대

외식업체의 계산대(Counter)는 고객의 안내부터 시작하여 점포 내에서 냉난방, 조명, 음향 등을 조절하는 다기능적인 공간이다. 일반적으로 카드단말기 등을 배치하고 서비스나 부가가치를 높이기 위한 포장이나 정보전달 등 커뮤니케이션 공간으로 이용되기도 한다. 외식업체에서는 신용카드 이용자가 많으므로 서명하기 용이한 높이의 계산대가 있어야 한다. 또한 고객에게 적극적인 서비스와 커뮤니케이션을 하기 쉽고, 고객이 인지하기 쉬운 위치에 설치하는 것이 좋다. 계산대의 위치는 출입구 근처로서 전체 고객의 동향을 잘 살필 수 있는 곳이 적절하고, 전기와 설비계통 등을 전체적으로 조절할 수 있는 스위치가 설치되는 점을 고려해야 한다.

⑤ 화장실

최근에는 외식업체의 화장실 인테리어도 청결하고 고급스럽게 변화하고 있다. 아무리 외식업체의 음식이 훌륭하여도 화장실이 지저분하다면 고객은 청결하지 못한 업체라는 이미지를 가지게 된다. 화장실의 이미지는 중요한 점포경쟁력이라는 생각이 사람들에게 많이 확산되고 있다. 화장실은 외식업체의 시각적인 이미지를 평가하는 데 절대적인 영향을 미치기 때문이다.

적정 화장실의 규모는 예를 들어, 좌석 수 150석을 갖추게 될 음식점의 화장실을 계획할 때, 남자고객 40%, 여자고객 60%의 내점을 예상한다면 적정한 위생기구의 숫자는 〈표 9–8〉과 같다.

표 9-8 **음식점의 화장실 위생기구 설치기준**

구분	대변기		소변기(남자)	세면기
	남자	여자		
일반음식점	60~100명/개당	25~50명/개당	25~50명/개당	30~60명/개당

(2) 조리공간

① 조리공간의 구성

외식업체의 조리공간은 주방면적과 동선, 주방바닥과 벽, 주방천장, 주방색상의 순으로 살펴본다.

- **첫째, 주방면적과 동선** : 외식업체의 전체 면적에 대해 적당한 주방면적의 배분이 필요하다. 필요 이상으로 주방면적이 넓다면 객석 수 감소에 따른 매출손실이 발생할 것이다. 반대로 매출을 중시하여 주방면적을 좁게 한다면 주방의 대처능력 부족으로 고객의 불만이 생길 것이고, 매출은 하락할 것이다. 따라서 업종에 따른 적당한 주방의 면적을 결정하는 것이 중요하다.

  일반적으로 주방면적에 대한 기준은 없지만, 일반 외식업체의 경우 객석을 70%, 주방을 30%로 나누기도 한다. 다만 객단가가 낮고 좌석 회전율이 높은 업종의 경우는 객석과 주방의 비율을 75:25의 비율로 하기도 한다. 주방의 동선은 작업의 흐름대로 각 구역이 배열되어야 한다.

- **둘째, 주방바닥과 벽** : 주방 내의 시공 중 가장 까다로운 부분이 바닥과 벽이다. 주방에서는 물을 사용하므로 방수가 중요하다. 바닥은 미끄럽지 않으면서 청소가 용이해야

표 9-9 **업종별 주방 및 식당(Hall) 면적비율**

업 종	인/m^2	좌석 회전율	식당면적(%)	주방면적(%)
고급 레스토랑	0.50	5~6	55~65	35~45
중국 음식점	0.53	5~6	65~75	25~35
일본 음식점	0.50	4~5	65~75	25~35
스테이크 하우스	0.55	2~5	70~80	20~30
호프집	0.58	1.5~3	80~85	15~20
이탈리아 식당	0.53	2~3	70~75	25~30
일반주점	0.8	2~3	80~85	15~20

자료 : 외식사업주방관리론(1999)

한다. 특히 주방바닥에는 가스, 전기, 상하수도 등의 배관이 묻혀 있고 무거운 기기들이 설치되므로 하중에 견딜 수 있어야 하고 부패가 일어나지 않아야 한다. 또한 배수 상태가 양호하여 물이 고이지 않도록 배수관지름이 20cm는 되어야 한다. 바닥은 경사 처리가 되어 건조 상태가 항상 유지되어야 하고, 바닥의 재질은 수분, 손상, 세균번식에 강해야 한다.

- **셋째, 주방천장** : 주방의 천장은 가연성 물질이 쌓이게 되면 화재의 위험성이 높으므로 마감재는 불연성의 재료, 내열성 및 내습성이 강한 것을 사용한다. 주방의 높이는 2.5m 정도는 되어야 하며, 공기의 순환이 잘 되는 조건이라면 2.2m 정도까지도 무난하다.

- **넷째, 주방색상** : 주방의 색상은 근무하는 직원의 피로 감소, 사기 증진, 생산력에 영향을 미치는 요소로 좋은 색상은 사고 감소에도 영향을 미친다. 사물과 주변의 색상과 명암이 같을 때 사람들은 주변 사물을 쉽게 구분하기 어려워 단색상이나 단조로운 색상을 사용하면 사고율이 높고 직원의 사기가 낮아지기도 한다. 따뜻한 색상은 일반적으로 작업공간에서는 잘 사용하지 않는다. 이러한 색상은 어느 정도 시간이 지나면 눈의 피로감을 느끼게 하기 때문이다. 반대로 푸른색이나 녹색계열은 눈의 피로를 덜어주는 역할을 한다.

② 조리공간의 설계

주방의 설계는 점포의 업종, 업태, 서비스 방법 등 외식업체만이 가지고 있는 조리기능의 특성을 이해한 후에 결정해야 한다. 외식업체는 음식과 서비스를 고객에게 제공하는 장소이다. 주방의 디자인이나 레이아웃에 관하여 이전에는 중요하게 생각하지 않았지만 최근에는 오픈주방을 이용하는 점포가 늘어나면서 조리 과정을 퍼포먼스로 보여주며 점포의 중심적인 역할을 강조하고 있다.

주방 설계는 우선 점포의 메뉴 구성을 고려한 이후에 착수한다. 메뉴의 조리법이나 서비스에 따라 주방의 동선도 변하기 때문이다. 예를 들어, 화덕에 굽는 피자를 메인으로 하는 이탈리안 외식업체라면 화덕을 객석에서 잘 보이게 배치하면 인테리어 연출 효과도 있어 매출을 올리는 데 기여할 수 있다. 주방의 레이아웃은 단순히 보기 좋은 배열보다는 주방에서 어떤 작업을 할 것인지를 분명히 하고 디자인해야 한다. 또한 작업 진행의 능률을 생각하여 조리사, 조리장비, 조리방법, 이용 식자재 등에 대한 고려도 필요하다.

주방을 계획하는 전체적인 목적은 고객만족을 위해 직원의 행동을 최소화하고 주방의 특성을 고려함과 동시에 주방 장비를 효율적으로 운영하는 데 있다.

주방의 위치와 규모를 정할 때 불필요하게 큰 주방은 홀의 좌석 수를 감소시키며, 주방 내에서는 작업 동선이 커져 피로감을 높인다. 일반적인 외식업체에서는 4인석 테이블 1개가 1년에 1,000만 원 내외의 매출을 좌우하므로, 주방의 규모를 잘 계획해야 매출을 높일 수 있다.

주방설계의 레이아웃(lay-out)은 다양한 조리시설과 식자재 저장시설을 갖추고 고객들에게 판매할 상품을 만들어내는 공간이다. 종업원이 편리하고 조리에 효율적인 주방을 만들기 위해서는 레스토랑의 점포 콘셉트가 먼저 세워져 있어야 하고, 그러한 점포의 콘셉트를 완성하기 위한 메뉴 콘셉트가 확립되어 있어야 한다. 메뉴 콘셉트에 따라 주방의 규모와 레이아웃(조리기구의 배치관계)이 달라져야 하기 때문이다.

레스토랑을 설계할 때 메인주방(main kitchen)과 보조주방(sub kitchen), 서비스스테이션(service station)의 위치를 결정하는 것은 매우 중요한 일이다. 주방과 스테이션의 위치에 따라서 고객서비스의 효율을 높이고, 직원의 피로도 절감, 동선의 혼잡을 줄일 수 있기 때문이다

내점객과 퇴점객에 종업원의 배식, 퇴식 동선이 맞물려 입구부터 혼잡을 초래할 수밖에 없으므로 홀의 중심부에 적정규모의 서비스스테이션을 배치하거나 배식, 퇴식통로를 다른 쪽으로 유도해서라도 고객동선과 종업원의 서비스동선을 분리하는 것이 좋다.

중소형 레스토랑의 경우는 홀의 서비스스테이션은 작게 설치하고, 디쉬업(dish up) 기능을 담당하는 팬트리(fantry) 공간을 주방의 앞쪽에 배치하는 것이 효율적이고, 소형 레스토랑에서는 팬트리 공간을 캐시카운터(cash-counter)에 가깝게 배치하는 것이 유리한데, 이는 피크타임에 캐서의 디쉬업 업무지원이 가능하기 때문이다.

③ 주방 설계를 위한 구획

주방 공간은 식재료 다듬기 공간, 온 요리 구역, 냉 요리 구역, 식기세척 공간, 스텝실 및 락커룸의 공간으로 나뉠 수 있다.

표 9-10 **주방 설계를 위한 공간구획**

공간구분	내용
식재료 다듬기 공간	저장 공간과 가까운 곳에 설치하고 물의 사용이 많고 기물이 많은 영역이어서 환기, 온풍, 상하수도 및 배수시설이 원활한 위치가 좋음
온 요리 구역	환기시설과 내열성 및 내화성이 잘 갖추어진 공간
냉 요리 구역	일정 시간 동안 신선하게 음식을 유지할 수 있고, 보관할 수 있는 냉장과 냉동실이 준비되어야 하는 공간
식기세척 공간	상하수도 시설과 잔반 처리를 고려한 공간
스텝실 및 락커룸	주방 종사자들을 위한 영역으로 조리사들이 유니폼을 갈아입고 샤워 및 휴식을 위해 마련되어야 하는 공간

표 9-11 **주방 설계를 위한 저장창고**

기능		내용
냉장고 관리	온도관리	채소류와 과일 등을 저장할 때는 5℃의 저장온도를 유지한다.
	식재료관리	채소류 과일 등 여러 종류별로 저장된 식품들이 잘 포장된 것인가를 확인하고 변질되지 않도록 예방한다.
	청소방법	항상 청결을 유지해 식품이 저장하기에 적당한 환경을 유지하여 부패가 되지 않도록 한다.
	선입선출	식재료는 먼저 들어온 식재료가 먼저 소비되어야 한다.
냉동고 관리	온도관리	육류, 해산물, 냉동식품 등은 −20℃ 이하에서 저장이 이루어져야 한다.
	식재료관리	포장이 안된 상태에서 장기 보관하게 되면 제품의 표면이 마르거나 색이 변질되므로 이를 방지하기 위하여 꼭 포장하여 관리하도록 한다.
	청소방법	전원을 내린 후 방한용 장갑을 착용 후에 신속하게 작업을 마치도록 한다.
	선입선출	냉동고에서의 장시간 작업하는 것은 불가능하므로 식재료 등을 잘 포장하여 선입선출이 잘 이루어지도록 정리정돈을 해야 한다.

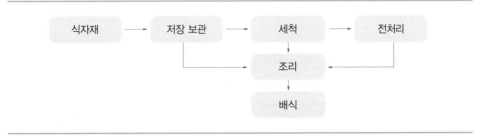

  주방에서 사용하게 되는 모든 식재료의 반입은 메인 주방의 저장창고와 가까운 거리에 반입공간과 검수공간을 설정해야 하고, 저장창고는 보관창고용 냉동고와 냉장고, 메인 주방과 거리가 밀접해야 하며, 또한 청결성을 유지할 수 있는 구역이어야 한다.

④ 주방 조리작업의 흐름 및 주방설계 시 고려요인

소형 레스토랑의 경우를 제외하고 가장 많은 피크타임에 배식과 퇴식동선이 분리되어 있지 않다면, 종업원들끼리 서로 뒤엉켜 혼란스러워지므로 가능하면 분리하는 것이 좋다. 조리작업(operation)의 흐름을 살펴보면 반입된 식자재는 저장과 보관, 세척과 전처리, 배식과정이 조리작업을 중심으로 그물처럼 연결되어 반복된다. 따라서 주방기구는 조리와 배식작업을 중심축으로 (저장보관→세척→전처리→조리→배식)하며 퇴식작업은 (잔반처리→세척→정리 및 보관→소독 및 배식라인)의 순서로 적절히 배치되어야 업종에 관계없이 조리작업의 흐름이 빨라진다.

3) 기타 유형적 요소

유니폼은 직원들에게 소속감과 업무에 대한 책임감을 부여하는 데 중요한 기능을 한다. 각각의 직무에 의해 기능성과 편리성을 높여주는데, 주방에서 입는 위생복은 흰색으로 이물질 등이 묻으면 쉽게 눈에 띄어 위생을 유지되도록 해주며 땀 흡수와 통풍 등에서 우수하고 홀 서버의 경우는 활동하기 편하고 고객들의 눈에 띄기 쉬운색으로 업무효율성을 높여준다. 또한 고객에게 브랜드의 특성을 확실하게 인지시켜 줄 수 있는 홍보도구이다. 이러한 유니폼 외에도 기업을 알리는 광고 전단지, 냅킨, 식사 후 받게 될 계산서, 혹은 음식을 포장하는 포장지 역시 무형적 서비스 전달에 수반되는 유형적인 요소로 서비스의 품질이나 첫인상에 영향을 미친다.

6 음식점 인테리어 프로세스

인테리어를 위한 견적을 3곳 이상의 업체에 의뢰하여 견적서를 받고 인테리어 사업자를 선정하는 것이 경비 절감이 될 수 있다. 하지만 무조건 싼 것을 고른다면 부실 공사로 인해 추가 공사비가 더 많이 들어갈 수도 있으므로, 인테리어 사업자를 선정하기 전에는 그 업체가 시공한 매장을 벤치마킹해 본 후에 업체를 선정하는 것이 필요하다.

실 평수 × 평당 액수 = 인테리어 비용

1) 공사 전 공간분석

임대 건물에 따라 디자인에 제약이 되거나 혹은 건물주가 건물 외부의 시설물 설치를 반대하는 경우가 있으므로, 공사 전 철저히 건축법상의 문제여부를 확인해야 한다. 공간 구성의 기본은 접객서비스 공간과 주방설비 공간, 동선으로 이어지는 통로로 나눌 수 있다. 이렇게 세 가지 zone이 형성되면 집기의 위치, 주방설계, 객실설계의 순서로 이어진다.

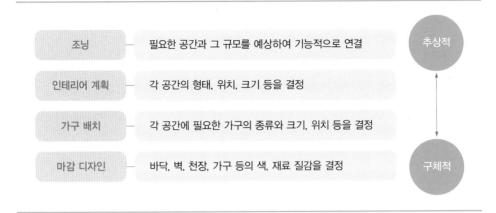

조닝	—	필요한 공간과 그 규모를 예상하여 기능적으로 연결	추상적
인테리어 계획	—	각 공간의 형태, 위치, 크기 등을 결정	
가구 배치	—	각 공간에 필요한 가구의 종류와 크기, 위치 등을 결정	
마감 디자인	—	바닥, 벽, 천장, 가구 등의 색, 재료 질감을 결정	구체적

그림 9-12 **음식점 인테리어 프로세스**

디자인 설계는 단순히 고객을 흡인하는 데 목적이 있는 것이 아니라, 업종에 맞는 콘셉트의 마케팅까지 갖춘 새로운 공간을 의미한다. 또한 고객에게 먹고 싶은 충동을 주고 동시에 편히 쉴 공간을 제공하는 데 초점이 맞추어져야 한다. 따라서 주변 환경의 현실을 고려하여 경쟁력, 중심이 되는 고객, 메뉴 구성 등 업소가 추구하고자 하는 경영 이념과 점포관리, 정책성이 함께 어우러진 디자인의 설계가 이루어져야 한다.

음식점의 인테리어는 창업 시작단계부터 상호 밀접한 연관성을 갖고 진행해야 하며, 그 절차 역시 매우 중요하다. 올바른 외식업의 인테리어는 준비기획과 실행공사의 두 단계를 거치는데, 각 단계와 순서에 의해 진행된다.

준비단계를 지나 시장분석과 외식점포의 컨셉을 설정한 후 인테리어의 기획안을 만들었다면, 이후에는 실행단계로서 설계단계로 들어가야 한다. 인테리어 디자인을 하는 데 있어서 점포의 콘셉트를 시각화하여 예비 창업자가 느낄 수 있도록 보여주는 것이 중요하다.

2) 조닝 단계

조닝(zoning)은 외식업소에 필요한 공간을 판단하고, 공간별 규모를 추정하며, 관련 법규나 규정을 고려하면서 공간을 배치해 보는 것을 말한다. 이를 위해서는 먼저 자신의 음식점에 필요한 공간에는 어떤 것들이 필요한지 파악해 보아야 한다. 외식업이라면 주방과 객실의 필수공간과 어프로치, 카운터, 화장실 등의 부대공간이 갖추어져야 한다. 외식업소가 좀 더 규모가 있는 큰 업체라면 대기공간과 라커, 남녀 각각의 화장실, 옥외 조경 공간 그리고 주차시설이 필요하다. 외식업체의 규모에 따라 효율적으로 통합하거나 공간을 분리시켜서 업체의 규모에 맞는 고객 서비스 수준을 높이는 것이 합리적이라 하겠다.

3) 플래닝 단계

플래닝 단계(planning)에서는 객실과 어프로치, 주방과 보조주방, 화장실과 같은 공간들의 모양과 치수, 출입구의 위치와 크기 등을 결정한다. 구체적인 치수가 결정되면 기본적으로 음식점의 골격이 만들어지는데, 실제 인테리어 디자인에서는 플래닝과 가구배치가 동시에 이뤄지는 것이 일반적이다. 공간의 구획과, 객석과 가구배치가 결국 통합적이고 연관성이 있기 때문이다.

인테리어를 감성이 풍부한 공간으로 만들기 위해서는 전체 공간이 조화되게 하면서도 고객의 프라이버시가 유지될 수 있는 조화로운 공간이 필요하다. 객석 공간이 전체적으로 파악되어 공간감이 느껴지면서도 다른 객석들과 유기적으로 연결되도록 계획하는 것이 좋다. 파티션으로 객석을 꼭 나누지 않아도 의자와 탁자의 가구를 이용하여 분위기를 충분히 조절할 수 있다. 가구의 배치를 다른 분위기로 하여 공간을 나누기도 하고, 마감재를 다르게 하여 분리된 공간으로 나누기도 한다.

4) 가구 배치

공간에 필요한 의자와 테이블, 가구, 칸막이의 종류와 크기, 놓여지게 되는 위치를 결정하는 단계로 시각적으로도 중요하지만 고객의 욕구와 기능성을 생각하여 가구를 배치해야 한다. 그리고 테이블 배치는 좌석 수를 늘리는 의미가 아니라, 한정된 영업시간의 좌석을 통하여 최대한의 매출을 올려야 하기 때문이다. 모범답안이 있어 모든 음식점에 적용이 가능하지는 않지만, 외식점포의 고객 특성과 업태를 고려하여 좌석을 배치해야 한다.

5) 마감재 디자인

최종적으로 마무리를 무엇으로 할지를 결정하는 단계로 바닥, 벽체, 천장 등의 인테리어 마감의 컬러와 재료를 확정하게 된다. 재료의 강도와 내구성, 안정성을 세심하게 생각할 뿐 아니라 전체적인 조화를 생각해야 한다. 또한 마무리 조명에 따라 분위기가 달라질 수 있으므로 이를 고려하여 마감을 선택해야 한다. 특히 지하나 2층 이상의 일정 규모 이상 점포는 화재 시 안전을 대비하여 불연재를 사용해야 한다.

7 외식업체의 디자인 전략

외식업체의 물리적 환경 디자인은 매출과 같은 성과지표에 큰 영향을 미친다. 제한된 공간을 어떻게 디자인하느냐에 따라서 좌석의 회전율을 높이기도 하고 낮추기도 한다. 예를 들어, 좁은 탁자와 딱딱한 재질의 의자는 좌석 회전율을 높이는 역할을 한다. 빠른 템포의 음악도 같은 효과를 내는 물리적 환경 전략의 하나이다.

물리적 환경의 효율적인 계획을 위해서는 소비자의 심리를 비롯하여 태도와 행동을 이해하는 것이 선행되어야 한다. 이러한 이해를 바탕으로 외식업체의 생산성을 높이고 결과적으로 이익을 극대화시킬 수 있다. 다만 외식업체의 단기간의 이익을 추구하는 것이 최종 목표가 되어서는 곤란하다. 물리적 환경의 계획은 직원의 만족과 고객만족에 영향을 미치고 궁극적으로 외식업체의 높은 성과로 연결되는 구조로 이루어져야한다. 이와 같은 목적 달성을 위한 외식업체 디자인 전략을 위한 명제들을 정리하면〈표 9-12〉와 같다.

표 9-12 **디자인 전략을 위한 명제**

물리적 환경 구성요소	구분	내용
주변요소	색채	고객의 주의를 끌고 유인하기 위해서는 외식업체 외부를 따뜻한 색채와 밝은 조명으로 디자인함
		높은 회전율을 추구하는 외식업체는 따뜻한 색채와 밝은 조명으로 디자인함
	음악	높은 회전율을 추구하는 외식업체는 음악의 볼륨과 템포를 높고 빠르게 함
		낮은 볼륨의 느린 음악으로 소비자가 머무는 시간을 늘려 매출을 높임
		고객층의 연령에 따라서 음악의 속도와 볼륨을 적절히 조절함
공간배치와 기능성	공간배치	높은 회전율과 빠른 서비스를 추구하는 외식업체는 개방형 공간, 좁은 좌석, 고정 좌석 배치가 유효함
	기능성	서비스 품질을 높이기 위해서는 동선의 단순화, 넓은 통로, 장치의 효율적 배치가 필요함
사인·심벌· 인공물	디자인	사인·심벌·인공물은 상품, 서비스와 일치하도록 통합적으로 디자인 해야 소비자들이 서비스 품질을 높게 인식함

자료 : 전병길·고동우(2002). 레스토랑 디자인 요소로서 물리적 환경의 기능

요약

① 물리적 환경(servicescape)은 서비스에 자연환경을 의미하는 접미사(scape)를 합성하여 '인간이 창조한 환경'이라는 뜻이다. 다시 말해, 서비스가 전달되고 서비스 기업과 고객의 상호작용이 이루어지는 환경을 일컫는다. 마케팅 도구의 일환으로 무형적인 서비스를 전달하는 데 동원되는 모든 유형적 요소를 포함한다.

② 비트너(Bitner)는 물리적 환경을 '서비스 시설 그 자체'로서 '인간에 의해 만들어진 물리적 환경'으로 정의하기도 하였다. 물리적 환경은 서비스 상품을 차별화 시켜주는 역할을 하기 때문에 고객의 구매 의사결정에 영향을 미쳐 서비스 품질에 대한 단서로서 고객의 기대와 평가에 영향을 줄 뿐만 아니라, 서비스 종업원의 태도와 생산성에 영향을 주는 유형의 요소로도 작용한다.

③ 물리적 환경의 구성요소로는 주변요소, 공간배치와 기능성, 사인/심벌/조형물의 3개 차원으로 분류한다. 물리적 환경은 서비스 개념(콘셉트)과 일치하도록 설계되어야 한다.

④ 물리적 환경은 서비스 품질, 고객 만족에 영향을 미치는 서비스 기대의 결정요인, 서비스 기업에서는 생산과 소비가 동시에 이루어지므로 고객이 서비스 공간에 장시간 체류하는 것, 기업 이미지, 고객 만족도 및 종업원의 직무만족 등에 영향을 미친다. 고객 구매행동에 직접적 영향을 미치는 것과 같은 중요성으로 인하여 그 가치가 더욱 강조된다.

⑤ 물리적 환경이 소비자행동에 미치는 영향을 설명하는 포괄적인 모형으로는 비트너의 자극-조직-반응(stimulus-organism-response)의 프레임워크가 있다. 자극은 물리적 환경의 여러 가지 요소를 의미하고, 조직은 고객과 직원, 반응은 서비스 현장에서의 여러 행동을 의미한다.

⑥ 물리적 환경이 구체적인 형태로 구현되려면 디자인이 필요하다. 따라서 디자인 구성요소 측면에서 물리적 환경을 검토할 필요가 있으므로 외식업체의 디자인 구성요소를 시각디자인, 제품디자인, 공간디자인, 웹디자인으로 나누어 볼 수 있다.

⑦ 물리적 환경의 디자인은 매출과 같은 성과지표에 큰 영향을 미친다. 제한된 공간을 어떻게 디자인하느냐에 따라서 좌석의 회전율을 높이기도 하고 낮추기도 한다. 물리적 환경의 효율적인 계획을 위해서는 소비자의 심리를 비롯하여 태도와 행동을 이해하는 것이 선행되어야 한다.

1 다음 중 음식점의 물리적 환경을 구성하는 요소로 적합하지 않은 것은?
① 주변요소
② 공간배치와 기능성
③ 서비스 시설
④ 사인/심벌/조형물

해설 음식점의 물리적 환경은 주변요소, 공간배치와 기능성, 사인/심벌/조형물 요소로 구분된다.

2 다음 중 음식점의 물리적 환경 중 외부환경 요소에 해당되지 않은 것은?
① 간판
② 파사드
③ 표지판
④ 주방시설

해설 파사드는 외부의 간판, 입구, 메뉴 진열장 등을 포괄하는 용어로 외부환경의 통칭으로도 사용될 수 있다. 주방시설은 내부환경에 포함된다.

3 다음 중 음식점의 물리적 환경이 미치는 영향에 해당되지 않는 것은?
① 구매 결정에 영향
② 서비스 유형성의 극복
③ 이미지 형성
④ 직원행동에 영향

해설 물리적 환경은 서비스의 무형성 극복에 영향을 미친다.

4 물리적 환경의 역할에 대한 설명 중 잘못된 것은?
① 편의제공: 고객의 편의만을 고려하는 역할
② 패키지: 서비스를 포장해서 외부적 이미지로 전달하는 패키지 역할
③ 사회화: 고객과 종업원으로 하여금 기대된 역할, 행동, 관계를 갖도록 도움
④ 차별화: 경쟁자와의 차별을 통한 시장 세분화

해설 편의제공 역할은 단순히 고객만의 편의가 아닌 음식점에서 활동하는 모든 사람의 편의를 고려하는 역할이어야 한다.

5 **음식점 내부환경에서 카운터에 대한 설명으로 적합하지 않은 것은?**

① 한눈에 매장의 상황을 파악할 수 있는 위치에 있어야 한다.

② 들어오는 고객과 나가는 고객이 혼재되어 복잡하지 않도록 유의해야 한다.

③ 냉난방 스위치와 전원 스위치는 카운터에 결집되어 있어야 한다.

④ 매장규모와 관계없이 카운터는 최소화하는 것이 효율적이다.

해설 카운터의 크기는 매장의 규모를 고려하여 적절한 크기와 기능을 갖추어야 한다.

6 **주방에 대한 설명 중 잘못된 것은?**

① 배식구와 퇴식구를 통합하여 공간의 효율성을 높인다.

② 트랜치와 바닥의 경사가 적합하여 물 빠짐이 원활해야 한다.

③ 팬트리 공간이 적정한 위치에 있어서 주방작업이 원활해야 한다.

④ 홀 서비스에 적합한 최적의 위치여야 한다.

해설 배식구와 퇴식구는 분리되어 혼잡을 피할 수 있도록 설계되어야 한다.

7 **음식점 창업을 위해 고려해야 하는 인테리어의 속성에 대한 설명 중 잘못된 것은?**

① 고객지향적인 인테리어에 초점을 둔다.

② 최소의 비용으로 기능 위주의 인테리어를 통해 효율을 높인다.

③ 외부환경과 홀은 감성 지향적으로, 주방과 휴게실 등은 기능 지향적으로 설계한다.

④ 독특하고 차별화된 인테리어는 음식점의 경쟁력을 높이는 수단이다.

해설 최소의 비용은 자칫 품질의 문제를 야기하여 추후 A/S에 더 많은 비용을 지출하게 만들 수도 있다. 특히 기능성과 심시성의 조화를 통해 내부인력의 효율과 고객의 감성을 만족시킬 수 있는 인테리어를 추구하는 것이 가장 이상적일 수 있다.

| 정답 | 1 ③   2 ④   3 ②   4 ①   5 ④
6 ①   7 ②

1 외식업체 입장에서 물리적 환경의 개념, 중요성, 역할 등을 구체적인 외식업체 사례와 이미지 자료를 이용하여 설명하여 봅시다.

2 외식업체의 물리적 환경에서 외부환경은 파사드에 의해 좌우된다고 할 수 있습니다. 그동안 국내 레스토랑은 소규모로 운영되면서 내부환경에 비하여 외부환경에 대한 중요성을 간과한 경향이 있습니다. 향후 음식점의 경쟁 증대와 고급화 경향에 따라 파사드의 중요성이 증대될 것으로 예상됩니다. 파사드의 중요성, 갖추어야 할 속성, 성공적인 파사드 사례 등을 정리하여 봅시다.

3 외식업체의 물리적 환경이 중요함을 충분히 이해하는 계기가 되었습니다. 다만 콘셉트를 설정하고 차별화된 인테리어를 추구하다보면 상당한 창업비용이 소요되고, 더 큰 문제는 이러한 인테리어도 결국 2년 정도 지나면 트렌드에 뒤처지는 경향이 있습니다. 계속 재투자를 하기에는 많은 어려움이 예상되는데 어떻게 이런 문제를 해결할 수 있을까요?

4 물리적 환경의 디자인은 디자이너나 창업자 등 이해관계인의 안목에 의하여 창조된다고 할 수 있습니다. 인테리어 디자이너의 안목이 중요할 수도 있고, 창업자 자신의 안목이 중요할 수도 있습니다. 안목은 전문화된 지식과 경험을 통해 만들어지는 것이므로 다양한 인테리어 현장을 경험하는 것이 무엇보다 중요합니다. 전문가들이 국내외 다양한 음식점을 방문하고 기록으로 남기는 것은 바로 이런 이유 때문일 것입니다. 하지만 최근에는 직접 현장을 탐방하지 않더라도 전문잡지나 인터넷의 정보를 통해 간접적인 경험을 할 수 있고 인테리어 트렌드를 익힐 수 있습니다. 그렇다면 인터넷에서 인테리어에 대한 정보를 얻을 수 있는 전문잡지 또는 카페, 블로그, 맛집 소개, 기타 사이트 정보를 수집하여 제시하여 봅시다.

5 비트너가 제시한 물리적 환경은 인공적인 물리적 환경에 국한되어 있다고 합니다. 물리적 환경을 사회적 영역과 자연적 영역까지 확장시키기 위하여 제시되는 사회적 물리적 환경과 회복적 물리적 환경 개념을 파악하고, 외식업체에 어떤 시사점을 제공할 수 있을지 제시하여 봅시다.

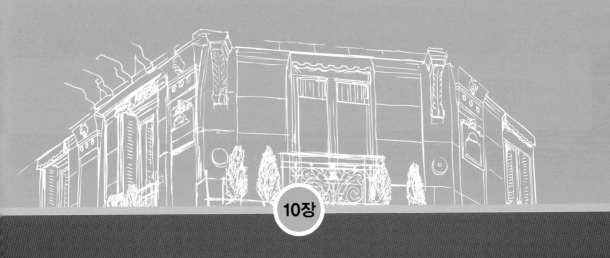

개점과 촉진전략

지금까지 여러분은 외식업체의 경영자로서 할 수 있는 최선을 다했다. 이제 개점을 하고 차분하게 고객의 평가에 귀를 기울이는 일만 남았다. 많은 고객이 한꺼번에 찾아오지 않도록 조용히 점포를 오픈한다. 우연히 찾아 온 손님에게 최선을 다하고 고객이 돌아갈 때 충분히 만족했는지 확인 후, 부족한 부분을 계속 보완한다. 더 이상 보완할 것이 없다는 확신이 들 때, 개점 사실을 알려도 결코 늦지 않다. 아무리 알리고 싶어도 제발 한 달만 참아라.

개점과 촉진전략

학습내용
1. 개점 준비와 절차
2. 외식마케팅
3. 촉진

학습목표
- 창업절차의 마지막 단계인 음식점의 개점을 위한 준비사항 체크와 절차를 이해한다.
- 성공적인 개점을 위한 마케팅 개념을 이해하고 마케팅 믹스 중 촉진(promotion)을 이해한다.
- 다양한 촉진 및 판매촉진전략을 구체적으로 살펴보고 실행 방법을 이해한다.

생각열기

나성공은 인테리어가 거의 끝나가면서 마구 가슴이 뛰고 있다.

"이제 개점이 얼마 남지 않았군. 이도움 내 가슴이 왜 이렇게 뛰는 거지? 내가 너무 긴장하는 건가."

"처음 하는 일이니까. 자네 처음 여자친구를 만났던 때를 생각해봐. 아마 그때와 비슷한 현상이 아닐까?"

"하긴. 처음 하는 일에 대한 두려움과 기대감으로 인한 두근거림이 동시에 작용하는 것 같아. 그건 그렇고 개점준비를 해야지. 이도움. 개점을 위해서 내가 준비할 사항을 좀 알려주시게."

"어제 내가 체크리스트 준 건 어쩌고 개점준비를 알려 달라는 건가. 자네 정말 긴장하는 거 맞군."

"하하. 맞아 자네가 어제 준 체크리스트… 어디 있더라. 그래 여기 있군. 일단 음식점의 개점을 위한 포괄적인 점검사항은 브랜드와 로고, 경영방침, 마케팅 전략, 상품 개발, 종업원 채용과 교육훈련, 개점 행사 준비, 법률 및 인허가 체크, 기타사항 등이 있다고 했고 그리고 이를 인허가 위주의 개점 체크리스트 관점에서 살펴보면 위생교육, 건강진단 결과서(보건증), 영업신고증, 사업자등록증, 인테리어(GAS, 전기) 공사, 전화 신청, POS및 카드단말기 설치, 본사(조리)교육 이수, 주류카드 발급, OPEN리허설 등으로 볼 수 있다 이거지."

"그리고 나성공. 음식점의 가장 중요한 성공요인(소비자 입장에서는 선택속성)은 음식의 가치라는 것을 잊지 말게. 우리가 간단한 사전 메뉴평가를 했지만 그건 메뉴개발 내용을 체크한 것이고, 음식의 가치는 소비자가 직접 판단하는 것이므로 개점 전 목표고객을 대상으로 다시 메뉴평가 단계를 거치는 게 좋겠어. 메뉴평가는 메뉴계획, 메뉴개발이 이루어진 후 메뉴판매 이전에 선호도, 맛, 수용가격 등을 평가하는 사전적 개념의 주관적 평가로서 전문가 집단에 의한 외부평가(음식의 양, 맛, 색상, 향, 전반적인 느낌, 선호도, 지불가능가격)와 내부평가(가격수준의 평가, 조리 및 서비스의 편의성 평가)를 거치는 거라네."

"알았어. 귀에 못이 박히도록 들은 이야기잖아. 일단 체크리스트 내용을 오늘 중으로 점검하고 부족한 내용은 바로 시정하겠네. 그럼 우리 개점식은 어떻게 하는 게 좋을까? 떡도 좀 하고 돼지머리도 준비하고 고사는 지내야겠지. 그리고 도우미를 불러서 동네가 시끌벅적하게 소문을 좀 내야 손님들이 몰려올 거 아닌가."

"그것도 좋은 방법이긴 하지만 우리는 그랜드 오프닝은 좀 미루고 소프트 오프닝을 하는 게 좋을 것 같네. 참, 그것보다도 음식점 경영자는 개점 시 개점 마케팅, 직원 인건비, 원재료 구매 비용 그리고 개점 후 6개월(인큐베이션 기간) 동안에 발생할 수 있는 손실을 커버할 수 있는 충분한 운영자금을 확보해야 한다는 것 잊지 않았지?"

"추가로 초기 마케팅을 위한 촉진믹스(promotion mix)는 광고(advertisement), 판매촉진(sales promotion), 인적판매(personal selling), 홍보(public relations)로 구성되는데··· 판매촉진(sales promotion) 방법은 가격할인, 샘플, 경품, 사은품, 쿠폰, 마일리지, 음식모형, 아이캐처, 현수막, 테이블 텐트 등이 있는데, 아무래도 초기에는 단기간에 강력한 효과를 낼 수 있는 쿠폰을 가지고 마케팅 활동을 하는 게 좋겠어. 다만 소비자의 준거가격이 낮아지지 않도록 할인쿠폰보다는 무료식사권을 통해 우리 메뉴에 익숙해질 기회를 만들자고."

WORST CASE 개점일이 다가오면서 박실패는 두려움이 엄습해옴을 느낀다. 그동안 이멘토의 도움으로 여기까지 오기는 했지만 과연 개발된 메뉴를 소비자들이 얼마나 구매해줄까라는 걱정이 태산이었고, 거기다가 내성적인 박실패는 자신이 고객을 맞이하고 서빙을 해야 한다는 것을 생각하니 앞이 깜깜하기만 했다.

개점일은 다가오는데 어떻게 할지 막막하기만 한 박실패는 설상가상으로 이멘토마저 외국 출장 중이라서 도저히 어찌할 바를 모르고 안절부절못한다.

"아니 이 친구는 이렇게 급박한 상황에서 외국출장을 가면 나보고 어쩌란 말이야. 정말 큰일이군. 내일 모레가 개점일인데 도대체 어떤 것부터 챙기고 오픈은 어떻게 해야 할지 알 수가 없군. 일단 전화라도 해 봐야겠군. 설마 로밍은 하고 갔겠지."

"여보세요. 이멘토입니다. 아, 박실패군. 그래 준비는 잘 되고 있나? 내가 내일은 한국에 들어가니까. 일단은 내가 오기 전에 주고 온 체크리스트 보면서 개점을 위한 준비를 하고 있으라고···"

이멘토는 출국 전에 박실패에게 개점을 위한 체크리스트를 주었다. 하지만 그동안 대부분의 일을 이멘토가 직접 처리하였기 때문에 박실패는 무엇을 어떻게 점검해야 할지도 잘 모르고 있었다. 개점 전에 신용카드 가맹점도 신청해야 하고 구청에 가서 영업신고도 해야 한다. 영업신고를 하려면 소방서에서 받은 소방시설완비증명서도 있어야 하고, 음식업중앙회에서 위생교육도 받아야 한다. 사업자등록증도 세무서에 가서 신청해야 한다. 주류를 판매한다면 주류카드도 만들어야 주류구매가 가능하다. 혼자서 이 많은 행정절차를 진행하면서 정신이 없는 박실패는 이럴 줄 알았다면 자신이 직접 모든 것을 챙기면서 배웠어야 한다는 생각을 해 보지만, 후회한들 무엇하겠는가.

그래도 이멘토가 만들어준 체크리스트는 큰 도움이 되었다. 자세한 설명까지 적어준 덕분에 아무것도 모르는 박실패도 대부분의 개점을 위한 준비를 완료하게 되었다. 다음 문제는 개점식을 어떻게 하는가이다. 일단 주변에 이벤트 회사를 찾아 상의한 결과 음식점들이 오픈할 때 가장 많이 활용하는 개점이벤트는 각설이 이벤트임을 알게 되었다. 당장 시급한 문제인 개점식이라서 박실패는 두 사람의 각설이가 오전 10시부터 오후 6시까지 점포 앞에서 노래를 부르면서 아이들에게 엿을 나누어주는 이벤트를 하기로 계약하고 계약금을 지불하였다. 계약을 마치고 나자 왠지 그동안의 불안감은 다소 해소되는 듯했다.

"그래. 이제 모든 준비는 된 것 같군. 참, 이멘토가 만들었다는 전단지와 쿠폰도 이벤트 회사에 맡겨서 개점일에 상권 주변의 거주자들에게 모두 배포해야겠군. 50% 할인권을 배포하면 엄청난 고객들이 몰려오겠지. 이젠 성공하는 일만 남은 것 같다."

혼잣말로 중얼거리며 흥이 난 박실패는 개점일이 기다려진다.

"이멘토. 너 이제 오면 어떻게 하냐. 나 혼자 정말 혼났다. 혼났어…"

"그래 그동안 혼자 해 보니까 어떠냐? 할 만하지…"

"내가 그래도 모든 준비를 완벽하게 했다는 거 아니냐. 전단지는 신문지국에 배포해 달라고 맡겼고, 개점일 이벤트는 각설이 이벤트로 하기로 했어. 그리고 이벤트 회사에서 할인쿠폰은 당일에 모든 거주자들에게 배포하기로 했고. 어떠냐. 내가 잘 했지?"

"뭐? 아니 누가 그렇게 무식하게 오픈을 하냐. 요즘… 우리는 아직 체계가 잡히기 전이라서 소프트 오프닝을 통해 메뉴의 대한 반응도 점검하고 서비스도 안정화되면 대대적인 마케팅을 펼치는 게 좋을 것 같은데…"

1 개점 준비와 절차

1) 개점을 위한 포괄적인 점검사항

외식창업을 위하여 포괄적으로 점검해야 할 항목으로 '브랜드와 로고의 출원, 경영철학, 마케팅전략, 메뉴개발, 종업원채용과 훈련, 개점행사 준비, 법률과 인허가사항 체크' 등이 있다. 그 외에 'POS 시스템, 신용카드 체크기'를 준비하는 것도 잊어서는 안 된다.

2) 세부적인 개점 체크리스트

포괄적인 점검을 마치게 되면 창업을 위한 좀 더 세부적인 검토가 필요하다. 〈표 10−1〉에서 제시한 포괄적인 점검사항이 경영관리적 측면의 내용이라면, 〈표 10−2〉의 세부적

표 10−1 **개점을 위한 포괄적인 점검사항**

구분	내용
브랜드와 로고	브랜드(상호), 로고, 상표 및 서비스표의 출원
경영철학	비전과 경영전략, 영업일(정규휴무 유무), 영업시간 및 브레이크 타임
마케팅 전략	촉진전략의 구체적 내용(광고전단지, 마일리지 카드, 홍보기사 의뢰, 점포 명함, 개점 안내 현수막, 테이블 텐트, POP 등)
메뉴 개발	식재료비 원가, 메뉴북, 벽면 사진, 메뉴 샘플, 조리 레시피, 재료 구입처 결정과 발주시스템 구축, 소모품 준비 등
종업원 채용과 교육훈련	종업원 수 결정, 근무조건(휴일, 급여, 복리후생비, 퇴직금 등), 업무분장, 유니폼, 근로계약서, 서비스 매뉴얼, 종업원 채용, 보건증 등
개점 행사 준비	초대장, 이벤트 계획, 판촉물 준비
법률 및 인허가 체크	위생교육수료증, 영업신고증, 사업자등록증, 식품위생법, 소방법, 신용카드 가맹점 등록, 원산지 표시, 음식업중앙회 회원 가입
기타	POS, 사무용품, 청소용품, 전표류, 각종 관리용 자료(영업일지, 발주서 등), 전화, 카드체크기

자료 : 임영서(2006). 음식점 경영 이렇게 성공한다

표 10-2 개점을 위한 세부적인 체크사항

구분	내용	시기
위생교육	• 일반 음식점 교육장소 : 외식업중앙회(홈페이지에서 확인) • 준비물 : 주민등록증(업주본인), 증명사진1매, 교육비 18,000원 • 일시 : 매주 월, 수, 금(공휴일 제외) AM 9:00~PM 4:30	개점 3주 전
건강진단 결과서 (보건증)	• 관할 보건소 • 준비물 : 주민등록증, 증명사진2매, 수수료 2,000원 • 대표자를 포함한 매장 내 근무자는 모두 보건증 발급(건강진단 후 보건증은 보건소 홈페이지에서도 출력 가능)	개점 3주 전

영업신고증	• 관할구청(신청서 작성 및 접수)
	• 준비물 : 신청서(관할구청), 점포 건축물 관리대장(관할구청), 위생교육수료증, 보건증
	  – 소방 방화시설완비 증명서 – 1층 점포 제외
	  – 액화석유가스 사용 시 시설완성 검사필증
		개점 3주 전

사업자등록증	• 관할 세무서(민원실) • 준비물 : 영업신고증(사본), 주민등록등본, 점포임대차계약서, 도장 • 일반사업자 업태 : 음식, 종목 : 주점, 주류판매 신고 • 매입세금계산서 발행 등에 필수	개점 2주 전
인테리어 (GAS, 전기) 공사	• 인테리어 공사와 동시 GAS공사 시작 • GAS공사 – LNG(해당지역 가스회사) • 전기용량 등 파악을 통한 전기 승압 신청(한국전력) • 소방법을 고려한 인테리어 공사	공사착수 시 GAS 신청
전화번호 신청	• 전화번호 신청(기억하기 쉬운 번호 선정) • 인터넷 신청(POS설치 이전)	개점 2주 전

POS 및
카드단말기 설치
	• 준비서류 : 사업자 등록증(사본), 영업허가증(사본), 주거래은행거래통장(사본), 도장(거래통장 도장)
	• 점주 접수 시 : 상기서류에 신분증 지참
	• 은행 방문접수 시 : 국민, BC카드 즉시 개통
	  – 상기서류 준비 시 담당직원 방문 접수 대행
	  – 카드 등록은 개점 15일 전에 접수하여야 한다.
	• 인터넷, 전화연결 및 사용매뉴얼 교육 이수
		사업자 등록
		후 개점
		2주 전

본사(조리)교육 이수	• 가맹창업의 경우 본사의 규정에 의한 조리 및 서비스 교육 등 이수	10일 전(본부 규정에 따라)
주류카드발급	• 각 은행 카드발급 부서 • 사업자 등록증, 거래통장, 신분증 등(본인의 경우)	개점 1주 전
OPEN리허설	• 허가, 인테리어, 설비, 서비스 교육, 조리교육상태 점검 • 점주 포함 전 직원 참가 리허설	개점 3일 전

자료 : 산내음식품(주) 오픈체크 리스트

인 체크사항은 법률적인 내용이 주를 이루고 있다. 특히 이러한 세부내용은 사전에 준비가 되지 않는 경우, 영업신고증과 사업자등록증을 발급 받을 수 없기 때문에 사업을 개시하지 못하는 경우가 발생한다.

3) 메뉴평가와 개점전략

개업에 앞서 반드시 거쳐야 하는 단계로 메뉴평가가 있다. 메뉴평가는 음식을 판매하기 전에 목표고객을 대상으로 맛과 가격의 적정성 등 정성적인 평가를 받는 것을 의미한다.

(1) 메뉴평가

메뉴평가는 메뉴계획, 메뉴개발이 이루어진 후 메뉴판매 이전에 선호도, 맛, 수용가격 등을 평가하는 사전적 개념의 주관적 평가인 데 반하여, 메뉴분석은 메뉴계획, 메뉴개발, 메뉴판매가 모두 이루어진 후 사후적으로 메뉴의 만족도와 수익성 등을 평가하는 사후적 개념의 객관적 평가이다.

　메뉴평가는 크게 외부평가와 내부평가로 구분할 수 있는데, 외부평가의 경우 전문가 집단에 의한 평가와 소비자집단의 평가로 나누어 실시한다. 평가항목은 음식의 양, 맛, 색상, 향, 전반적인 느낌, 선호도, 수용가격(지불가능가격) 등이 된다. 내부평가는 외식업체의 경영자와 근무하는 직원들을 대상으로 하는 것으로, 주로 가격수준의 평가와 조리 및 서비스의 편의성 평가가 이루어진다.

(2) 개점전략

외식사업의 경영자는 개점 시 개점 마케팅, 직원 인건비, 식재료 구매 비용 그리고 개점 후 6개월 동안 발생할 수 있는 손실을 고려하여 운영자금을 충분히 확보해야 한다. 이유는 개업 이후 수개월에서 1년까지도 손실이 발생할 수 있기 때문이다. 충분한 운영자금이 확보된 경우와 그렇지 않은 경우를 대비하여 사업자는 다양한 개점전략을 생각해 볼 수 있다. 가능한 빠른 시간 내에 사업을 안정화시키는 것을 목적으로 하는 경우 그랜드 오프닝 전략을 생각할 수 있으며, 충분한 준비를 통해 고객만족에 목표를 둔다면 소프트 오프닝을 생각할 수 있다. 개점전략으로 주로 활용되는 두 가지 전략을 구체적으로 살펴보면 〈표 10-3〉과 같다.

표 10-3 **외식업체의 개점방법**

구분	내용
소프트 오프닝 (시험적 개점)	• 형식적이고 요란한 오픈이벤트 없이 개점을 하는 방법 • 목표고객들의 음식점에 대한 반응을 점검할 수 있는 기회 제공 • 잘못된 콘셉트나 기타 수정이 필요한 사항에 대한 재정립의 시간을 가질 수 있음
그랜드 오프닝 (정식 개점)	• 검증된 음식점의 콘셉트를 활성화시키는 방법 • 인위적으로 고객의 수를 부풀릴 수 있음 • 안정된 고객응대를 위해서는 나쁜 영향을 미칠 수 있음 • 직원들이 점포에 익숙해지기 전에 너무 많은 고객을 서빙함으로써 고객들로부터 좋지 않은 인상을 남기게 할 수 있음

개점방법에 대한 윈슐러의 제안

"화요일에 한 번 조용히 문을 열고 들어오는 몇 안 되는 손님에게 아직 준비가 덜 되었는데요(비록 다 되어 있더라도)"라고 말하고, 만약 손님이 그래도 괜찮다고 하면 서비스를 하라고 조언하고 있다. 그런 후 손님의 이름을 기억하고, 내부의 정보를 충분히 알려 준 후, 손님의 의견을 청취하고, 손님이 받은 무형의 서비스를 유형의 것으로 만들 수 있는 기념품을 제공한다. 이런 방식의 오프닝은 레스토랑의 새로운 콘셉트가 고객에게 잘 받아들여질 수 있는지를 확인시켜 준다. 대부분의 사람은 새롭게 오픈한 음식점을 찾게 되는데, 그 이유는 친구들이 그곳을 추천하기 때문이다. 만약 당신의 더 좋은 아이디어와 경쟁력이 있다면, 3주 안에 줄을 서서 기다리는 현상을 보게 될 것이다. 만약 금요일이나 토요일 저녁에 줄을 서는 현상이 나타나지 않는다면, 계획단계로 다시 돌아가서 고민해보아야 한다.

2 외식마케팅

1) 외식마케팅의 정의

짐 무어(Jim Moore)는 마케팅을 "고객이 보고, 만지고, 듣고, 냄새 맡는 모든 것"이라고 하였다. 함주한은 마케팅을 "소비자와 기업 간의 매매가 활발하게 전개될 수 있도록 하는 일련의 행위"라고 하였으며, 피터 드러커(Peter Drucker)는 마케팅을 "개인과 집단이 제품과 가치를 창조하고 타인과의 교환을 통하여 그들의 욕구와 욕망을 충족시키는 사회적 또는 관리적 과정"이라고 정의했다. 그는 마케팅을 "판매가 불필요하게 만드는 활동"이라고 설명한다.

결과적으로 마케팅은 "고객을 잘 알고 이해하여 제품과 서비스를 그들에게 맞춤으로써 저절로 판매되게 만드는 활동"으로 정리할 수 있다. 따라서 마케팅을 하려면 고객을 이해한 후 목표고객을 정하는 과정, 목표고객이 원하는 제품과 서비스를 생산하는 과정, 생산된 제품과 서비스를 고객들이 구매한 후 만족하게 만드는 과정을 순차적으로 할 수 있는 능력을 갖추어야 한다.

> "마케팅은 조직이나 개인이 자신의 목적을 달성하기 위한 교환을 창출하고 유지할 수 있도록 시장을 정의하고 관리하는 과정이다."
>
> — 한국마케팅학회(KMA)
>
> "마케팅이란 개인이나 조직의 목적을 충족시켜 주는 교환을 창조하기 위하여 아이디어, 제품, 서비스의 창안, 가격 결정, 촉진, 유통을 계획하고 실행하는 과정이다."
>
> — 미국마케팅학회(AMA)

2) 전략적 마케팅

제품이나 서비스시장을 결정하고 그 시장을 세분화하여 표적시장을 결정한 후 포지셔닝하며, 제품, 가격, 유통, 촉진, 물리적 환경, 서비스프로세스, 사람 등의 마케팅믹스 요

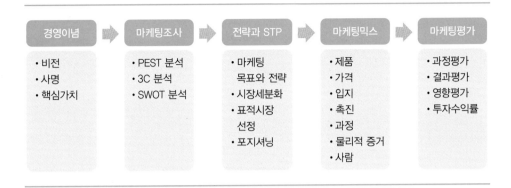

그림 10-1 **마케팅전략의 체계**

소를 관리하는 과정을 전략적 마케팅이라고 한다.

3) 서비스 마케팅믹스(7P)

마케팅 목표의 효과적인 달성을 위하여 마케팅 활동에서 사용되는 여러 가지 방법과 도구를 마케팅믹스라고 한다. 외식사업이 포함되는 서비스 산업에서의 마케팅믹스는 전통적인 4p와 확장된 3p로 구성되어 총 7가지의 믹스가 있으며, 그 구체적인 내용을 살펴보면 다음과 같다.

(1) 전통적인 마케팅믹스

표 10-4 **전통적인 마케팅믹스**

구분	내용
상품 (Product)	•고객들에게 가치를 창출할 수 있는 모든 서비스 수행 요소 •무형의 서비스를 유형화하는 노력이 필요 •철저한 품질관리와 고객만족을 통한 브랜드 이미지를 제고로 불안감을 줄여 주어야 함
가격 (Price)	•서비스를 구매하거나 소비하면서 고객이 지불하는 돈, 시간, 기타 노력 등을 통칭해서 말하는 것(협의로는 구매에 따른 지불 화폐의 양) •서비스의 가격에는 원가요소를 객관적으로 산정할 수 없는 경우가 많기 때문에 가격결정 메커니즘이 매우 주관적이고 어렵다. •소비자의 가격인식에 대한 심리적 요인들은 매우 중요한 가격전략으로 이용된다.

(계속)

구분	내용
유통 또는 입지 (Place)	• 서비스 기업에서의 경로는 보관하거나 저장이 불가능한 서비스를 전달하는 장소 내지 입지 (location)를 의미한다. • 레스토랑 비즈니스에서 '첫째도 입지, 둘째도 입지, 셋째도 입지'라는 격언은 레스토랑 마케 팅믹스 중 입지의 중요성이 얼마나 큰지를 알려준다.
촉진 (Promotion)	• 촉진이란 레스토랑이 고객에게 특정 서비스 상품을 알리고 선호도를 높이기 위해 실행하는 모든 커뮤니케이션 활동을 말한다. • 레스토랑의 촉진활동은 물리적 차별화가 불가능하기 때문에 심리적 차별화를 통해 포지셔 닝 활동을 전개하기도 한다.

(2) 확장된 마케팅믹스

기존의 마케팅믹스(4P-product, price, place, promotion)에 Booms와 Bitner는 확장된 마케팅 믹스 3P(people, process, physical evidence)를 추가하여 7P를 마케팅 전략의 도구로서 제시하였다〈표 10-5〉. 따라서 기존의 전통적인 마케팅믹스 모형이 주로 유형의 제품을 생산하는 기업에 초점이 맞춰진 유용한 도구라면, 7P 모델은 서비스 산업이나 지식 집약적인 산업환경에서 유용하다고 할 수 있다.

표 10-5 **확장된 마케팅믹스**

구분	내용
프로세스 (Process)	• 서비스가 전달되어지는 절차, 메커니즘, 활동의 흐름(고객관리 프로세스) 등은 마케팅 전략 의 중요한 요소들이며 서비스 산업에서 프로세스는 곧 상품으로 받아들여지기도 한다. • 고객이 서비스 품질을 느끼게 되는 서비스 접점관리(service encounter)가 강조된다.
물리적 증거 (Physical Evidence)	• 레스토랑에서의 서비스는 눈에 보이지 않기 때문에 물리적 근거를 통해 서비스 기업과 그 기업이 제공하는 서비스 품질을 고객에게 전하려 한다. • 물리적 증거란 실내 온도, 조명, 소음, 색상 등과 같은 주변적 요소(ambient elements)와 서 비스 매장의 공간적 배치, 기능성, 그리고 표지판, 상징물과 조형물 등을 포함한다.
사람 (People)	• 직접적이든 간접적이든 서비스의 소비에 연관된 사람은 확장된 마케팅믹스의 중요한 일부 이다. • 지식 노동자, 종업원, 경영진, 소비자는 전체 제품이나 서비스의 제공에 중요한 가치를 제공 하는 요인임에 틀림없다.

3 촉진

촉진은 영어로는 'promotion'이라 표현하고, 국어사전에서는 '다그쳐 빨리 나아가게 함'으로 정의되어 있다. 마케팅에서 촉진은 기업들이 매출 증대를 위하여 활용할 수 있는 다양한 방법 중 하나로, '제품과 서비스에 대한 정보를 고객에게 널리 알려서 구매를 하도록 설득하기 위한 일련의 활동'을 의미한다. 즉, 소비자의 욕구를 자극할 목적으로 외식업체의 제품과 서비스를 잠재 고객에게 알리는 활동이 바로 촉진이다. 다만 이러한 개념은 다분히 기업중심적임을 알 수 있다. 소비자 중심적으로 촉진을 정의하면 '고객 개개인의 평생가치가 극대화되는 구매의사결정을 할 수 있도록 광고, 홍보, 판매촉진, 그리고 인적판매, 스폰서십마케팅, 구매시점커뮤니케이션 등을 통합적으로 하는 활동'이라고 할 수 있다.

1990년대부터 외식업체의 마케팅에서 '촉진'이라는 용어는 '마케팅커뮤니케이션'이라는 용어로 대체되기 시작했다. 그 이유는 마케팅이 결과적으로 커뮤니케이션 활동임이 드러나기 시작했기 때문이다. 특히 다양한 마케팅 활동 중에서도 촉진은 외식업체와 고객 간의 커뮤니케이션을 활성화시켜서 상호 간의 의미 있는 교환이 일어나도록 가치

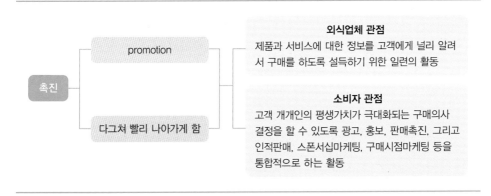

그림 10-2 **촉진의 정의**

를 공유하는 과정이라는 점에서 더욱 그러하다.

외식업체의 촉진을 위해 사용할 수 있는 수단에는 여러 가지가 있으며, 이런 다양한 수단을 통합적으로 칭할 때 '촉진믹스' 또는 '마케팅커뮤니케이션 도구'라고 한다. 촉진믹스는 광고(advertisement), 판매촉진(sales promotion), 홍보(public relations), 인적판매(personal selling), 스폰서십 마케팅(sponsorship marketing), 구매시점 커뮤니케이션(point of purchase communication) 등으로 구성된다. 앞서 촉진과 판매촉진이 다르다고 한 이유를 여기서 알 수 있다. 즉 판매촉진은 촉진의 한 수단이다. 이와 같이 다양한 촉진도구들은 각각의 장점과 단점을 가지고 있다. 따라서 마케터는 한 가지의 도구에만 의존하기보다는 모든 요소를 적절하게 조합하여 최적의 촉진믹스를 구성하도록 노력해야 한다. 왜냐하면 모든 도구가 각각의 특징이 있어 적절하게 결합하였을 때 목표고객에게 외식업체의 브랜드 인지도를 높일 수 있고, 브랜드 이미지도 강력하고 호의적이며 특색 있게 형성할 수 있기 때문이다. 따라서 이와 같은 촉진믹스를 '통합적 마케팅커뮤니케이션'이라고 표현하기도 한다.

그리고 이와 같은 통합적 마케팅커뮤니케이션의 핵심은 과거 대중적인 대량마케팅에서 세분화된 표적고객을 대상으로 한 표적마케팅을 거쳐 최근에는 고객 개개인의 특성을 반영하여 실시하는 개인화된 1대1 마케팅으로 발전하고 있다는 점에 유의해야 한다.

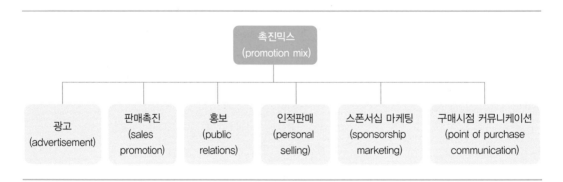

그림 10-3 **촉진믹스**

| 대중마케팅
(mass marketing) | → | 표적마케팅
(target marketing) | → | 1대 1마케팅
(one to one marketing) |

그림 10-4 통합적 마케팅커뮤니케이션의 발전 과정

외식업체와 고객 사이의 마케팅커뮤니케이션을 위하여 활용 가능한 대표적인 수단으로 언급한 내용을 차례로 살펴보면 다음과 같다.

1) 광고

광고란 '소비자를 대상으로 제품과 서비스의 판매 또는 기업이나 단체의 이미지 증진 등을 목적으로 이에 필요한 정보를 비인적매체를 통하여 유료로 전달하는 커뮤니케이션 행위'를 의미한다. 따라서 광고는 광고주가 비용을 지불되는 형태로 진행된다. 광고는 대량커뮤니케이션이 가능한 TV, 라디오, 신문, 잡지와 같은 대중매체를 활용하는 것은 물론이고 특정 기업이나 개인을 대상으로 하는 다이렉트 커뮤니케이션도 포함하는데, 최근에는 오프라인 매체와 온라인 매체로 광고의 유형을 나누기도 한다.

광고는 다수의 대중에게 짧은 시간 내에 정보를 알리고자 할 때 유용하며, 전체 금액은 고액이라도 고객 1인당의 비용으로 환산하면 저렴하다는 장점이 있다. 경쟁 시장에서 정보의 늦은 전달이 곧 패배로 직결되는 경우, 광고가 대량으로 전달되는 효과를 생각한다면 광고비용은 그에 비해 비교적 낮다고 할 수 있다. 외식업체는 광고를 통해 자사 제품을 일시에 널리 알릴 수 있다.

반대로 소비자가 광고를 통해 얻은 정보는 간접적인 것이기 때문에 광고를 통해 제품 구매를 설득시키는 데는 한계가 있다는 점에 유의해야 한다. 단순히 광고만으로 높은 매출액을 올리거나 고객충성도를 높이겠다는 것은 위험한 발상이다.

광고는 판매자가 소비자에게 메시지를 반복해서 보여주므로 대중의 무의식 속에 자리매김하는 하나의 수단이며, 구체적으로 표현하기 위하여 소리, 컬러, 인쇄를 이용하기도 한다. 따라서 광고는 특정 상품과 서비스의 판매를 위한 목적도 있지만 외식업체 브랜드의 인지도와 호감도를 높이기 위한 목적이 점점 커지고 있는 상황이다.

광고에 활용하는 매체는 TV, 신문, 잡지, 라디오, 인터넷 등 다양하다. 광고매체는 유형별로 특징과 장단점이 있으므로 외식업체와 목표고객의 특성 등을 고려하여 통합적으로 활용하는 지혜가 필요하다. 잡지는 반복적으로 외식업체의 이미지를 효과적으로 알리는 수단이 되므로 목표고객들이 해당 잡지를 읽고 있는지 확인해야 한다. 라디오와 텔레비전은 가장 대중적인 방송매체로 불특정다수의 사람들에게 호소할 수 있어 효과가 크지만 비용이 많이 드는 단점이 있다. 인터넷 광고는 적은 비용으로 많은 소비자를 만날 수 있으며, 고객의 반응도 바로 파악할 수 있다는 장점이 있다. 대표적인 유형으로 인터렉티브 미디어(interactive media) 방식과 배너광고(banner advertising)가 있다. 인터렉티브 미디어 광고는 인터넷의 쌍방향성을 활용하여 목표고객을 분석한 후 차별적으로 광고를 하는 것인 데 반하여, 배너광고는 관심이 있는 사람이 클릭하여 자사의 홈페이지에 접속하도록 하는 것으로 가장 광범위하게 쓰이고 있다.

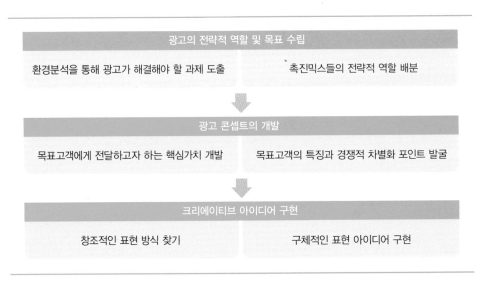

그림 10-5 **광고전략 수립 프로세스**
자료: 김동훈 외(2003), 촉진관리

IT기술이 발달하고 고객정보의 축적이 가능해지면서, 외식업체의 광고는 대중매체를 이용한 대량마케팅에서 표적고객을 대상으로 하는 다이렉트 광고와 데이터베이스마케팅으로 변화하고 있다.

효과적이고 효율적인 광고를 위해서는 전략이 필요하다. 광고전략을 수립하는 과정은 〈그림 10-5〉와 같다.

2) 홍보

홍보(public relations)는 불특정 다수를 대상으로 하는 비인적 커뮤니케이션으로, 광고와 유사한 특징을 가지고 있지만 비용을 지불하지 않는다는 점에서 차이가 있다. 따라서 기사나 뉴스에서 상품이나 서비스에 대한 정보의 형태로 제시되기 때문에 광고에 비하여 정보에 대한 신뢰성이 높다는 장점이 있다. 대체로 홍보메시지는 신문, 잡지, 라디오와 같은 대중매체를 통하여 뉴스나 공지사항으로 제시된다.

최근 외식업체의 광고비가 상승함에도 불구하고, 오히려 효과가 저하되고 있다는 판단을 하면서 홍보가 다른 촉진믹스 요소와 통합되어야 하는 필요성을 인지하게 되었다. 홍보활동은 외식업체 브랜드 인지도를 재고하고, 소비자에 대한 정보 제공 및 교육, 기업 및 상품에 대한 이해 증진, 신뢰의 구축, 소비자에 대한 구매 동기의 부여 등의 이점을 제공하고 있다.

3) 판매촉진

판매촉진(sales promotion)이란 구매자의 즉각적이고 행동 유발이나 단기적인 매출증대를 위한 모든 형태의 마케팅커뮤니케이션 활동을 의미한다. 대체로 다른 촉진도구의 기능을 보완하기 위하여 설계되는 활동으로 쿠폰, 견본(샘플), 프리미엄, 추첨이나 경품, 트레이딩 스탬프, 리베이트, 전시회 등은 판매촉진으로 분류될 수 있는 대표적인 예이다. 판매촉진은 약칭으로 '판촉'이라고 표현하기도 한다.

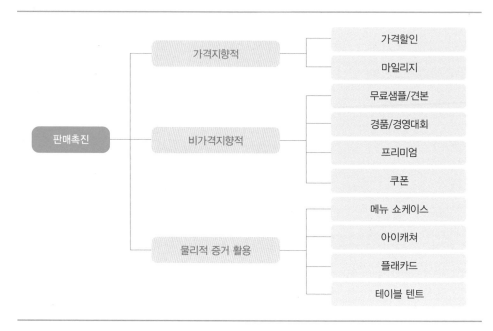

그림 10-6 **판매촉진의 분류**

판매촉진은 매우 다양하고 광범위하기 때문에 구체적인 분류기준이 존재하지는 않지만, 주어지는 혜택이 가격혜택에 가까운지 아니면 비가격적인 혜택인지에 따라서 가격지향적 판매촉진과 비가격지향적 판매촉진으로 나눌 수 있다. 그 외에 물리적 증거를 활용한 판매촉진 등의 세부적인 내용을 살펴보면 다음과 같다.

(1) 가격지향적 판매촉진

① 가격할인

서비스의 가격을 낮추는 것으로 주로 서비스의 이용을 증대시키기 위하여 사용된다. 고객이 인식하는 구매 가능성을 증대시키며, 때로는 제 값에 구매를 하려는 고객에게까지도 가격할인을 하는 결과가 되기도 한다. 가격할인은 수요의 분산을 위해 사용하기도 한다. 예를 들어, 저녁이나 주말에는 가격이 비싸지만 평일 점심에는 가격을 할인하면 고객은 가능하면 평일 점심으로 시간을 조정할 것이다.

가격할인 시에 주의할 점은 할인가격이 준거가격(reference price)으로 인식되지 않도록 해야 한다. 제 값을 주고 식사를 하는 사람이 상대적으로 손해를 본다는 느낌이 들지 않도록 주의해야 한다. 또한 가격할인이 지속적으로 반복될 경우 혹은 동종 업체와 경쟁적으로 가격경쟁이 일어날 경우 수익성이 악화되고 브랜드 이미지가 훼손될 수 있다.

② 마일리지

마일리지의 주목적은 서비스를 이용한 개인에게 보상을 해줌으로써 지속적인 구매를 유도하기 위한 외식업체에서 가장 많이 활용되는 판매촉진 도구 중 하나이다. 사용한 금액의 포인트를 적립해 금액에 해당하는 선물을 제공하거나, 누적된 포인트를 현금처럼 사용할 수 있는 혜택을 제공하고 있다. 해피포인트 카드는 SPC그룹의 브랜드를 비롯하여 다양한 브랜드의 포인트를 통합적으로 누적하여 현금처럼 사용할 수 있는 혜택을 제공하고 있다.

그림 10-7 **신메뉴 출시기념 가격할인 사례**

그림 10-8 **해피포인트 통합형 적립카드 사례**
자료: 해피포인트 홈페이지(www.happypointcard.com)

(2) 비가격지향 판매촉진

① 무료샘플/견본

잠재고객에게 무료로 서비스를 시험할 기회를 주는 것으로, 패스트푸드와 같은 물리적 서비스 상품의 경우는 샘플을 효과적으로 사용할 수 있다. 음료수를 무료로 제공하거나 샐러드 등을 무료로 제공한다면 신규고객을 확보할 수 있다.

그림 10-9 **맥도널드의 커피 무료샘플 사례**

② 경품/경연대회

경연에 있어서 참가자는 쿠키 만들기, 요리대회 등과 같이 어떠한 요건을 만족시키는 기술을 바탕으로 하여 경쟁을 하는데, 간혹 신제품의 이름이나 기존제품의 신용도를 제안하도록 요구되기도 한다. 이에 반하여 추첨에서는 참가자들이 수상자 추첨에 포함되기 위하여 적절한 양식에 그들의 이름을 적어 제출하기만 하면 된다.

그림 10-10 **경품 이벤트 사례**

경연과 추첨은 생산자의 마케팅 프로그램에 소비자를 직접 참여시켜 관심을 높일 뿐 아니라, 수요가 저조한 제품이나 광고 캠페인에 새로운 활기를 더해 줄 수 있다. 쿠폰이 가격에 민감한 고객에게 효과적인 촉진수단인 데 반해 경연대회와 경품은 자극과 재미를 좋아하는 고객에게 적절한 촉진수단이 되며, 효과적이기 위해서는 흥미 있고 자극적이어야 한다. 대부분의 행사에 참여고객들은 경품 자체에 관심도 있지만 이기기를 좋아하는 사람이다.

③ 프리미엄

특정한 제품을 구매한 고객에게 감사의 뜻으로 무료 또는 염가로 제공하는 사은품 또는 서비스이다. 이러한 프리미엄은 제품 자체의 효익으로부터 소비자의 관심을 빼앗아 갈 가능성이 있으나, 경쟁제품의 구매자로 하여금 자사의 제품을 사용케 하여 상표대체를 유도하거나 현재의 고객으로 하여금 사용률을 증대하도록 격려하기 위하여 실시된다. 또한 프리미엄은 소비자에게 쉽게 인식될 수 있어야 하며, 상표 이미지와 일치해야 효과를 거둘 수 있다.

④ 쿠폰

쿠폰(coupon)이란 외식업체에 제시되었을 때, 소지자가 특정한 제품이나 서비스를 구매함에 있어서 일정한 혜택을 제공받을 수 있도록 하는 증명이다. 이러한 쿠폰은 대체로 소비자에게 가격에 대한 혜택을 제공하기 위한 수단이며, 직접우편을 통하여 또는 신문이나 잡지 등의 인쇄된 간행물을 통하여, 제품포장의 표면이나 내부를 통하여 외식업체가 잠재고객에게 배포한다.

쿠폰은 여러 가지의 목적을 위하여 이용되는데, 소비자로 하여금 새로운 또는 개선된 제품을 사용케 하거나, 최초 이용 후 신제품의 반복구매를 격려하거나, 기존제품의 사용 빈도를 증대시키기 위하여 이용된다. 또한 쿠폰은 가격인하 혜택에 민감한 고객에게만 가격을 인하시키고 다른 고객에게는 정상적인 가격이 적용되는 효과를 내며, 대체로 판매촉진의 기한을 규정함으로써 즉각적인 구매를 유인할 수도 있다.

그림 10-11 일정금액 이상 구매 시 제공하는 프리미엄 사례　　**그림 10-12 맥도널드의 1+1 쿠폰 사례**

(3) 점포 내·외부 물리적 증거에 의한 판매촉진

① 메뉴모형 쇼케이스

메뉴모형 케이스는 고객에게 자기 점포의 메뉴 내용을 알려주는 중요한 도구의 역할로, 깨끗하고 잘 진열된 샘플 케이스는 점포의 세일즈맨의 역할을 하며 고객에게 점포의 첫 인상을 결정하는 요소가 된다. 샘플케이스는 가능한 고객의 눈에 띄게 제작하도록 하고, 내부의 전등을 설치해 메뉴샘플이 잘 보이도록 한다.

② 아이캐처

아이캐처(Eye-Catcher)는 점포의 전반적인 이미지업(image up) 전략과 연결되는 촉진 도구이다. KFC의 할아버지 형상이나 맥도날드의 황금아치와 같은 상징물만으로도 고객들은 해당점포를 알 수 있다. 점포 외관뿐만 아니라 점포 내에서도 어떤 상징성이 있

그림 10-13 **메뉴모형 쇼케이스 사례**　　　그림 10-14 **대명콘도 비발디 파크 PUB Eye-Catch 사례**

는 설치물을 제시하는 것 또한 Eye-Catcher에 해당한다.

③ 플래카드

플래카드(현수막)는 점포개점 1~2개월 전부터 공사 중에 개점을 알리는 내용이나 연말
연시에 단체예약을 알리는 내용, 특별히 고객에게 알리고자 하는 내용 등을 담고 있다.
적은 비용으로 단기간의 준비로 사용 가능한 판매촉진 수단으로 유용하지만 관리적인
측면에서 문제가 발생할 소지도 많이 있다. 설치 후 다양한 오염으로 찢어지기 쉬우며,
시간이 지남에 따라 보기 흉해질 경우 오히려 나쁜 인상을 줄 수 있으므로 관리를 철
저히 해야 한다.

그림 10-15 카페 플래카드(현수막) 사례

자료 : 비즈하우스 현수막 디자인

그림 10-16 테이블 텐트 사례

자료 : 플러스아크릴(http://www.plusacryl.com)

④ 테이블 텐트

테이블위에 설치한 소형(삼각형)메뉴판으로 고객에게 식욕자극제로서 효과가 있다. 새로운 계절요리 개발이나 이벤트를 실시할 때 효과가 있다.

4) 인적 판매

인적 판매(personal selling)란 판매를 목적으로 1명 또는 그 이상의 잠재고객과의 대화를 통해 구두로 상호 소통하는 것을 말한다. 판매원이 잠재고객을 대면 접촉하여 수행하는 제품, 서비스 또는 아이디어의 제시로서 전화판매뿐 아니라 모든 유형의 판매원 활동을 지칭하며 산업고객, 중간상인, 최종소비자에 대한 접촉까지를 포괄한다. 인적판매는 소비자가 제품에 대한 모든 정보를 충분하게 갖고 있을 때 구매 결정을 하도록 설득시키는 데 가장 영향력 있는 촉진 수단이다. 구매를 효과적으로 촉진하기 위해 자사 상품의 경쟁적 차별점을 효과적으로 설명해야 할 때에 필요한 커뮤니케이션 수단이 된다. 또한 판매원은 필요, 욕구, 동기 또는 각 고객의 행동에 알맞은 판매제시(sales

그림 10-17 **신선설농탕의 스폰서십 마케팅 사례**

presentation)를 할 수 있으며, 다른 촉진방법보다 훨씬 효과적으로 표적시장에 접근하는 기회를 갖는다.

5) 스폰서십 마케팅

스폰서십 마케팅(sponsorship marketing)이란 외식업체나 외식업체의 브랜드를 사회공헌활동이나 다른 기관의 이벤트와 연결시킴으로써 소비자들로 하여금 외식업체에 대한 관심을 제고시키는 커뮤니케이션 활동이다.

6) 구매시점 커뮤니케이션

구매시점 커뮤니케이션(point of purchase communication)은 구매시점에서 소비자의 구매의사결정에 영향을 미칠 목적으로 외식업체들이 사용하는 커뮤니케이션 도구를 의미한다. 예를 들면, 매장 내의 POP, 디스플레이, 포스터, 각종 사진 등이 대표적이다.

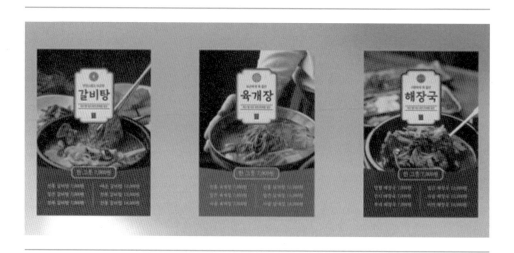

그림 10-18 **음식점 POP 사례**

자료 : 비즈하우스 POP 디자인

지금까지 외식업체의 촉진을 위해 사용할 수 있는 6가지 수단에 대한 구체적인 내용을 살펴보았다. 각각의 특징과 세부적인 방법을 정리하면 〈표 10-6〉과 같다. 촉진을 마케팅커뮤니케이션이라고 하는 이유는 다양한 마케팅 활동 중에서 외식업체와 소비자

표 10-6 **다양한 촉진믹스의 특징과 방법**

구분	특징	방법
광고	기업이 많은 비용을 부담하여 단시간에 큰 시장을 대상으로 알리는 데 효과적인 활동	TV, 라디오, 신문, 잡지 광고
판매촉진	특정 목적에 의한 일방적 커뮤니케이션으로, 단기적 인센티브로 강하고 신속한 반응을 얻을 수 있는 활동	쿠폰, 할인, 경품 등
인적판매	판매원을 매개로 하는 촉진수단으로 면대면 판매활동	영업사원에 의한 판매활동
홍보	기업의 비용 부담이 없으며, 제품이나 서비스에 대한 내용을 보도자료 형식으로 매체에 알리는 활동	라디오, TV, 신문 등의 기사, 강연활동 등
구매시점 커뮤니케이션	구매시점에서 소비자의 구매의사결정에 영향을 미칠 목적으로 외식업체가 사용하는 커뮤니케이션 도구	POP, 디스플레이, 포스터, 각종 사진
스폰서십 마케팅	사회공헌활동이나 타 기관의 이벤트와 연결시킴으로써 관심을 제고시키는 커뮤니케이션 활동	사회공헌활동, 다른 기관의 이벤트 연계

가 상호 소통하는 데 가장 적극적인 역할을 하는 도구의 집합이기 때문이다. 그리고 그러한 커뮤니케이션은 한두 개의 수단을 이용하기보다는 통합적으로 활용할 때 최고의 효과를 낼 수 있다. 외식업체의 마케터들은 촉진믹스를 구성하는 다양한 도구를 자신이 수립한 마케팅 목표를 달성할 수 있는 최적의 결합으로 만들어서 활용해야 한다.

지금까지 개점시점의 촉진방법에 대해 살펴보았다. 개점 이후 마케팅에 대한 세부적인 내용은 《외식마케팅》(교문사)과 《음식점 마케팅》(교문사)을 참조하기 바란다.

요약

① 음식점의 개점을 위한 포괄적인 점검사항은 브랜드와 로고, 경영방침, 마케팅 전략, 상품 개발, 종업원 채용과 교육훈련, 개점 행사 준비, 법률 및 인허가 체크, 기타사항 등이 있다. 그리고 이를 인허가 위주의 개점 체크리스트 관점에서 살펴보면 위생교육, 건강진단 결과서(보건증), 영업허가증, 사업자등록증, 인테리어(GAS, 전기) 공사, 전화 신청, POS 및 카드단말기 설치, 본사(조리)교육 이수, 주류카드발급, OPEN리허설 등으로 볼 수 있다.

② 음식점의 가장 중요한 성공요인(소비자 입장에서는 선택속성)은 음식의 가치이다. 음식의 가치는 소비자가 판단하는 것이므로 개점 전 메뉴평가 단계를 거친다. 메뉴평가는 메뉴계획, 메뉴개발이 이루어진 후 메뉴판매 이전에 선호도, 맛, 수용가격 등을 평가하는 사전적 개념의 주관적 평가로서 전문가 집단에 의한 외부평가(음식의 양, 맛, 색상, 향, 전반적인 느낌, 선호도, 지불가능가격)와 내부평가(가격수준의 평가, 조리 및 서비스의 편의성 평가)를 거친다.

③ 음식점 경영자는 개점 시 개점 마케팅, 직원 인건비, 원재료 구매 비용 그리고 개점 후 6개월(인큐베이션 기간) 동안에 발생할 수 있는 손실을 커버할 수 있는 충분한 운영자금을 확보하여야 하며, 소프트 오프닝(soft opening)과 그랜드 오프닝(grand opening) 중 개점 준비상황과 점포 운영시스템을 고려하여 적절한 방법을 선택한다.

④ 마케팅은 '개인이나 조직의 목적을 충족시켜 주는 교환을 창조하기 위하여 아이디어, 제품, 서비스의 창안, 가격결정, 촉진, 유통을 계획하고 실행하는 과정'으로 정의되며, 전략적 마케팅은 '제품이나 서비스시장을 결정하고 그 시장을 세분화하여 표적시장을 결정한 후 포지셔닝하며, 제품, 가격, 유통, 촉진 등 마케팅믹스 요소를 관리하는 것'으로 정의된다.

⑤ 마케팅믹스란 마케팅 목표의 효과적인 달성을 위하여 마케팅 활동에서 사용되는 여러 가지 방법(도구)으로 서비스 마케팅 믹스는 상품(Product), 가격(Price), 유통 또는 입지(Place), 촉진(Promotion), 프로세스(Process), 물리적 증거(Physical Evidence), 사람(People) 등 7P로 구성된다.

⑥ 촉진믹스(promotion mix)는 광고(advertisement), 판매촉진(sales promotion), 인적판매(personal selling), 홍보(public relations)로 구성되며, 판매촉진(sales promotion) 방법은 가격할인, 샘플, 경품, 사은품, 쿠폰, 마일리지, 음식모형, 아이캐처, 현수막, 테이블 텐트 등이 있다.

1 다음 중 설명이 올바른 것은?

① 판촉은 판매촉진의 줄임말이다.

② 프로모션과 판매촉진은 동의어이다.

③ 촉진과 판매촉진은 동의어이다.

④ 마케팅, 촉진, 판매촉진은 동의어이다.

해설 마케팅 믹스 중 하나가 촉진 (promotion)이며, 촉진은 홍보, 광고, 인 적판매, 판매촉진(sales promotion)으로 구성된다. 일상적으로 판촉이라 부르는 용어는 판매촉진이 줄임말이다.

2 음식점의 개점을 위하여 체크해야 할 사항에 대한 설명으로 적합하지 않은 것은?

① 사업자등록증은 세무서에서 발급받는다.

② 영업허가는 구청에서 받는다.

③ 영업신고를 하기 위해서는 음식업중앙회에서 위생교육을 받아야 한다.

④ 음식점에서 근무하는 직원은 병원에서 신체검사 후 보건증(건강진단 결과서)을 발급 받아야 한다. 다만 아르바이트는 생략할 수 있다.

해설 일명 보건증(건강진단 결과서) 은 보건소에서 건강진단을 받은 후 발 급받게 됩니다. 건강진단 후 보건증은 보건소 홈페이지에서 출력할 수도 있 으며, 아르바이트도 발급 받아야 음식 점에서 근무가 가능하다.

3 음식점에서 주류를 판매할 경우 다음 중 잘못된 설명은?

① 사업자 등록증 발급 시 주류 판매 여부를 체크하여야 한다.

② 음식점이 도매상으로부터 주류를 구매할 경우 결재는 반드시 주류카 드로 해야 한다.

③ 주류카드는 세무서에서 발급 받는다.

④ 주류카드는 은행 등 신용카드 발급기관에서 발급 받는다.

해설 주류카드는 주류거래에 따른 탈세를 막기 위하여 도입된 제도로 신 용카드 발급기관에서 발급받고, 주류 거래 시 결재는 반드시 주류카드만을 사용해야 한다.

4 음식점의 개점전략에 대한 설명으로 적절치 않은 것은?

① 개점 전략은 소프트 오프닝과 그랜드 오프닝으로 구분할 수 있다.

② 소프트 오프닝은 요란한 이벤트 등이 없이 조용히 오픈하여 고객이 반응을 살피는 것이다.

③ 그랜드 오프닝은 대대적인 촉진을 통해 고객을 적극적으로 유치하는 것이다.

④ 개점 시는 그랜드 오프닝이 적극적으로 권장된다.

해설 그랜드 오프닝과 소프트 오프 닝은 개점 상황에 따라 적절한 방법을 선택하는 것이 좋다. 충분한 준비가 되었고 고객에 대한 사전조사가 완료 된 경우는 단기적으로 효과를 극대화 하기 위한 그랜드 오프닝이 적절하지 만, 고객이 반응에 자신이 없고 준비 가 미흡하여 고객이 반응을 보면서 수 정 보완이 필요한 경우는 소프트 오프 닝이 적절하다.

5 상권별 판매촉진과 관련된 설명 중 적절치 않은 것은?

① 번화가 및 상가지역은 인근상인과 사무실 종사자도 주 고객이 될 수 있다.

② 오피스가 상권은 평일보다 주말 판매촉진에 관심을 기울여야 한다.

③ 주택가와 아파트 상권의 목표고객은 세대주이다.

④ 대학가 상권은 가격에 민감한 고객을 고려한 가격전략이 필요하다.

6 서비스 마케팅 믹스 7P와 관계가 없는 것은?

① 가격

② 판매촉진

③ 물리적 증거

④ 사람

7 비가격 지향적 판매촉진에 해당되지 않는 것은?

① 샘플

② 경품

③ 마일리지

④ 가격할인

8 음식점의 내부 및 외부 환경을 이용한 판매촉진 수단이 아닌 것은?

① 음식모형

② 아이캐처

③ 테이블텐트

④ 쿠폰

| 정답 | 1 ①   2 ④   3 ③   4 ④   5 ③   6 ②

              7 ④   8 ④

1 음식점 개업을 알리고 주변 고객의 관심을 끌 목적으로 개업이벤트가 성행하고 있다. 각설이의 타령 행사를 비롯하여 음악과 함께 여성들의 댄스를 선보이는 이벤트 회사가 등장하기도 한다. 이러한 개업이벤트가 개업 자체를 알리는 방법으로는 효과적일 수도 있다. 하지만 마케팅 측면에서 냉정하게 그 효과와 효율을 검증해 보는 노력도 필요할 것 같다. 최근 실행되고 있는 음식점의 개업 이벤트 유형을 조사하고, 소요되는 비용과 함께 그 효과에 대한 학습자의 의견을 정리하여 봅시다.

2 음식점의 개업을 위한 촉진활동을 한다고 가정해 봅시다. 관심 있는 음식점의 업종과 업태를 정한 후, 어느 정도의 예산을 가지고 어떤 마케팅을 펼칠 것인지 계획하여 봅시다.

3 음식점을 개업한 후, 12개월 동안의 촉진전략을 월별로 수립하여 봅시다. 초기(3개월), 중기(3개월~6개월), 장기(6개월~12개월)로 구분하여 촉진목표를 수립하고 해당 목표를 달성하기 위한 세부적인 전략과 방법을 구체적으로 정리하여 봅시다.

4 최근에 소셜커머스를 이용한 가격촉진이 유행하고 있습니다. 소셜커머시를 이용하게 될 때 발생할 수 있는 문제점을 정리하여 봅시다. 많은 문제점이 있음에도 불구하고 다수의 음식점이 소셜커머스를 이용하는 이유를 설명하고 이에 대한 대안을 제시하여 봅시다.

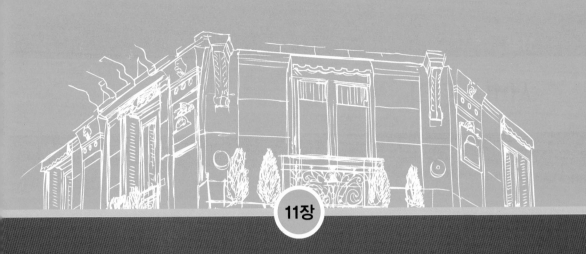

11장

서비스관리

|

서비스(Service)의 어원은 'servu(노예)'라는 단어에서 유래되었다고 한다. 즉 서비스는 '노예가 주인에게 충성한다'는 의미로 시작하였고 현재는 "판매를 목적으로 제공되거나 상품 판매와 연계하여 제공되는 활동, 편익, 만족"(미국마케팅학회, 1960)으로 정의되거나 "고객과 기업과의 상호작용을 통해 고객의 문제를 해결해 주는 일련의 활동"(이유재, 2009)을 의미한다.

서비스관리

학습목표

- 서비스의 개념과 특징과 서비스 중요성을 이해한다.
- 진실의 순간(MOT)란 무엇이며 잘못된 서비스를 회복하기 위한 방안을 이해한다.
- 서비스 품질관리의 개념과 관리방법을 이해한다.
- 고객만족경영의 개념, 구성요소 및 고객만족경영을 추진하기 위한 체계를 이해한다.
- 접객서비스의 실무를 통한 상황별 접객 방법에 대하여 이해한다.

생각열기

BEST CASE 　서비스는 그냥 친절하기만 하면 음식점은 성공할 수 있다고 생각했던 나성공은 창업 이후 서비스가 곧 친절만을 의미하는 것은 아님을 이해하게 되었다.

그는 서비스를 좀 더 구체화하기 위해 나름대로 정의를 내려 보았다. '음식의 판매를 목적으로 제공되거나 음식 판매와 연계하여 제공되는 활동, 편익, 만족' 또는 '고객과 음식점과의 상호작용을 통해 고객의 문제를 해결해 주는 일련의 활동'이다.

서비스는 친절보다는 더 큰 의미를 가지고 있고, 눈에 보이지 않는 그 무엇인데 확실한 것은 고객의 문제 해결이 서비스의 목적이라는 사실을 알게 된 나성공. 그럼에도 불구하고 서비스를 어떻게 제공해야 할지를 알기 위해서는 좀 더 구체적인 특징을 이해할 필요가 있었다.

"이도움. 서비스가 뭔가? 나름대로 책도 공부하고 서비스 교육도 받았지만…. 정확하게 이해가 되지 않으니 말이야. 누군가 나에게 서비스가 뭔가요? 라고 묻는다면 아직도 답변을 어떻게 해야 할지 모르겠어."

"하하. 나성공이 이젠 수준이 갈수록 높아지고 계시는군. 사실 그건 나도 한마디로 설명하기 힘든 게 솔직한 답변이네. 다만 서비스의 특징을 이해하면 좀 더 구체화될 것 같은데, 한 가지씩 설명을 하면 …."

"먼저 서비스의 가장 기본적인 특징은 형태가 없다는 것이네. 달리 말하면 객관적인 형태로 누구에게 보이는 형태로 제시할 수 없으며, 구매, 즉 직접 경험을 통해서 느낄 수밖에 없다는 특징을 가지고 있지. 그리고 서비스는 판매되지 않으면 소멸되는 특징을 가지고 있어. 즉, 우리가 음식점을 방문하여 서비스를 제공받는 순간에 소비가 발생한다는 것이야. 외식업체의 서비스는 생산과 제공의 과정에서 누가, 언제 제공하느냐와 같이 가변적인 요소가 많기 때문에 고객이 느끼는 서비스 상품은 많은 차이가 있는데, 이것을 서비스의 이질성이라고 한다네. 이외에도 다양한 특징이 있겠지만 중요한 건 이 특징들이 거의 문제점이라는 것이지."

"특징이 곧 문제점이라고? 그럼 이 특징을 해결하기만 하면 그게 바로 서비스다. 뭐 이런 건가?"

"역시 자네는 머리가 잘 돌아가는군. 그래. 서비스의 특징을 이해하고 이것을 문제점이라 생각한다면 그것을 해결하는 과정이 곧 서비스이기도 한 것이지. 예를 들면, 무형성을 극복하기 위해서는 서비스를 유형화하려는 노력을 해야 하는데, 주방직원이 조리복을 입고, 서빙하는 직원이 유니폼을 입는 것도 곧 서비스라는 거지…."

"그럼 이질성의 문제를 극복하기 위해서 서비스를 표준화하려는 노력도 곧 서비스가 되는 거군. 이제 좀 알 것 같네. 우리가 그동안 막연하게 생각했던 서비스를 좀 더 구체화하고 이것의 문제점을 극복하려는 노력을 해야 한다 이거지…."

WORST CASE "어서 오십쇼."

오늘도 박실패는 열심히 뛰면서 사업을 성공시키기 위하여 고군분투하고 있다.

"손님. 이쪽으로 안내해 드리겠습니다. 여기로 앉으시죠. 잠시만 기다려 주시기 바랍니다. 제가 곧 시원한 물을 가져다 드리겠습니다."

메뉴북과 물을 들고 손님에게로 다가서서 공손히 물을 따르는 박실패. 이제 거의 수준급의 서비스를 제공하고 있음을 알 수 있다.

"식사는 무엇으로 준비해 드릴까요? 괜찮으시다면 오늘 주방장 추천메뉴가 어떠실지요. 신선한 재료를 이용해서 드셔보시면 아주 만족하실 겁니다."

권유와 업셀링까지 능숙하게 하는 박실패가 그동안 이멘토를 통해 얼마나 많은 교육을 받고 나름대로 노력했는지를 한 눈에 확인할 수 있었다.

그런데 문제는 그가 쉬는 날이면 발생한다.

박실패를 대신하여 점포를 책임지는 점장은 박실패가 준비해 준 유니폼을 입지 않는 경우가 다반사인데, 점주가 자리를 비우기만 하면 손님에겐 신경을 쓰지 않고 문자를 주고받고 틈만 나면 휴대폰 게임에 빠지기 일쑤였기 때문이다.

그러한 사실을 박실패가 알게 된 것은 이멘토가 외부기관에 미스터리 쇼핑을 의뢰한 이후의 일이다.

박실패의 매장에 대한 미스터리 쇼핑결과는 참으로 참담하기 이를 데 없었다. 박실패는 자신이 제공하는 서비스를 표준화하여 직원들에게 지속적으로 교육을 하고, 직원들이 서비스의 중요성을 이해하여 스스로 실행하도록 하는 데 소홀했던 것이 문제였음을 인지하게 된 것이다.

강제로 하는 서비스는 결코 좋은 서비스로 인식될 수 없었고, 감시자가 없으면 무용지물이 되고 마는 것이었다.

거기다 더 문제는 서비스 프로세스였다. 서비스 프로세스가 정형화되지 않은 상태에서는 직원들이 임의로 순서를 정하거나 그때그때 다른 순서로 서비스를 제공하게 되는 문제가 발생함은 물론이고, 서비스 실패가 일어날 수 있는 부분을 미리 점검하는 것도 불가능함을 이해한 것이다. 또한 음식점 서비스의 지각은 이용하는 고객과 서비스를 제공하는 전달자 사이의 상호작용을 하면서 인식되는데, 이러한 서비스 접점이란 서비스 제공자와 고객 간의 상호작용을 말하는 것이다. 특히 음식점의 경우 인적자원, 물리적 시설을 포함한 가시적인 요소들을 모두 포함하고 있다. 고객은 음식점에서 직원을 만나는 순간부터 서비스를 제공받는 것을 인식하고 이에 대한 평가를 하게 되는 것이다.

박실패는 서비스 접점의 중요성도 인식하고 서비스 교육을 접점 위주로 시키는 것도 중요함을 알게 되었다. 그리고 서비스 실패가 언제나 일어날 수 있음을 인지하고 실패했다고 포기하기보다는 오히려 실패를 복구시킴으로써 더욱 큰 만족을 이끌어낼 수 있다는 점을 직원들에게 교육할 필요를 느꼈다. 마지막으로 박실패는 그동안 문제로 지적된 서비스의 개선을 위해 서비스 청사진을 그려 보기로 했다. 가능하다면 고객경험관리기법도 적용해 보기로 했다.

"이멘토님. 저기 서비스 청사진을 어떻게 그리는 건지 알려주실래요?"

"아니 갑자기 웬 존댓말…."

"요즘 갈수록 자네가 위대해 보여서 말이야. 음식점 그냥 대충하면 될 줄 알았는데, 정말 장난이 아니라는 것 내가 인정하게 되었거든. 앞으로 자네를 사부님으로 보시면서 내가 꼭 성공하는 모습을 보여주겠네. 나를 한번 믿고 도와달라고…."

"언젠 내가 자네를 안 믿었나? 난 항상 믿고 있어요. 그러니까 지금까지 이렇게 옆에서 돕고 있는 거 아닌가…."

1 서비스의 개념과 특성

1) 서비스의 정의

서비스(Service)의 어원은 'servu(노예)'라는 단어에서 유래되었다고 한다. 즉, 서비스는 '노예가 주인에게 충성한다'는 의미로 시작하였고 현재는 '판매를 목적으로 제공되거나 상품 판매와 연계하여 제공되는 활동, 편익, 만족'(미국마케팅학회, 1960)으로 정의되거나 '고객과 기업과의 상호작용을 통해 고객의 문제를 해결해 주는 일련의 활동'(이유재, 2009)을 의미한다.

외식업체에서의 서비스는 고객에 대한 메뉴의 판매와 그에 따른 모든 물적·인적 서비스를 제공하는 환대 행위라 할 수 있다. 즉, 상품판매를 위한 수단이나 용역활동으로 상품과 함께 동반되어 제공되는 인정된 가치를 의미한다. 외식업체에서는 고객의 입장에서 고객이 즐겁고 쾌적한 식사를 할 수 있도록 제공되는 것으로 일련의 노력과 정성 등을 서비스라 말할 수 있을 것이다.

이와 같은 정의를 종합해 보면, 서비스란 '고객만족 경험과 부가가치를 높이기 위한 유·무형의 활동으로 생산과 소비가 동시에 이루어지며, 고객만족과 고객경험 등의 요소가 포함되는 일련의 행동'으로 서술할 수 있다.

2) 서비스의 특성

(1) 무형성

서비스의 가장 기본적인 특징은 형태가 없다는 것이다. 즉, 객관적인 형태가 없어서 직접 경험을 해보지 않으면 그것을 알 수 없기 때문에 주관적이며, 일률적인 품질규격을 정하는 것에 어려움이 있어 그 가치를 평가하기가 매우 어렵다. 또한 고객과의 의사소통에 문제가 발생하게 되는데, 이러한 문제점을 해결하기 위해서는 서비스의 내용보다는 서비스를 받게 됨으로써 얻을 수 있는 구체적인 편익을 부각시키는 방법을 취하는 것이 좋다. 즉, 서비스와 부수적인 부분을 시각적으로 만들어 고객에게 서비스 가치를 유형화시키는 것이다. 외식업체에서는 물리적 환경요소에 해당하는 인테리어나 직원의 유니폼, 시설 등을 통하여 제공될 서비스의 수준을 고객으로 하여금 가늠할 수 있도록 한다. 하지만 무형적인 서비스를 유형화하는 것에는 한계가 존재한다. 따라서 외식업체는 구매 고객과 커뮤니케이션을 강화하여 보다 긍정적인 구전효과가 발생할 수 있도록 하여 기업의 이미지를 관리하여야 한다.

(2) 소멸성

서비스는 판매되지 않으면 소멸되어지는 특징을 가지고 있다. 즉, 유형적인 제품과는 다르게 저장이나 재고 관리가 불가능하다는 것이다. 점심시간에 비어 있는 테이블은 그 시간이 지나면 판매될 수 없는 상품이 된다. 이러한 서비스의 소멸성으로 인하여 과잉생산에 의한 손실과 과소생산에 의한 판매기회의 상실이라는 문제가 발생될 수 있다. 이를 해결하기 위해서는 수요와 공급의 조화를 이루는 전략이 필요하다. 수요를 조정하기 위해서는 시간의 차이에 따른 가격의 차별화를 실시하는 방법이 있다.

요즘 외식업체는 수요와 공급의 조화를 위하여 고객을 대상으로 예약을 받는다거나 피크타임의 대기고객에게 다양한 서비스를 제공하는 시간대별 할인 등 대기관리를 위한 서비스에 노력을 기울이고 있다. 수요를 조절하는 또 다른 방법으로는 맥도날드의 에그 머핀과 같이 피크타임 외의 시간 때의 수요를 개발하는 방법을 취함으로써 수요의 양을 조절하는 것이다.

다음으로 공급을 조절해서 서비스 상품의 소멸성을 극복하는 방안으로는 수요가 많은 시간대에 적절한 수요가 이루어질 수 있도록 하는 것이 있다. 즉, 직원을 대상으로 하는 순환직무, 파트타이머 같은 유동적인 인적자원의 조절 노력도 소멸성이라는 특성을 극복하기 위한 노력이라 할 수 있다. 공급을 조절하는 또 다른 방법으로는 서비스가 일어나는 과정에 고객을 참여시키는 것이다. 이러한 방법은 외식업체의 셀프서비스 방식의 패스트 푸드점이나 커피전문점, 뷔페레스토랑에서 흔히 볼 수 있다.

(3) 비분리성

외식업체의 서비스는 공간적인 측면과 시간적인 측면에서 생산과 소비가 동시에 이루어지는 특성을 가지고 있다. 즉, 우리가 레스토랑을 방문하여 서비스를 제공받는 순간 동시에 소비가 발생한다는 것이다. 이러한 특징을 살펴보면 서비스의 생산에 소비자도 참여한다는 것을 의미하며, 고객들이 형성하는 분위기가 서비스의 내용이 될 수 있다는 것을 알 수 있다. 외식업체의 서비스 상품은 생산과 소비가 동시에 이루어지기 때문에 고객과 접촉하는 서비스 직원의 선발에 매우 신중해야 한다. 또한 서비스 제공 중에 다른 고객과 상호작용을 할 수 있기 때문에 다른 고객의 서비스 경험이 또 다른 고객의 서비스 경험에 영향을 미칠 수 있다. 예를 들면, 조용한 식사를 원하는 연인들은 소란스럽게 뛰어다니는 어린이들로 인하여 부정적인 서비스를 경험하는 경우가 이에 해당한다. 즉, 서비스 비분리성은 서비스 직원과 고객 모두를 관리하도록 요구된다. 이를 위해서 고객과 접촉하는 서비스 직원을 신중하게 선발하고 체계적인 교육을 통하여 고객과 다른 고객에게 부정적인 영향이 미치지 않도록 관리하여야 한다.

(4) 이질성

외식업체의 서비스는 생산과 제공의 과정에서 누가, 언제 제공하느냐와 같이 가변적인 요소가 많기 때문에 고객이 느끼는 서비스 상품은 많은 차이를 나타낸다. 즉, 외식업체의 직원인 A씨가 같은 공간에서 같은 음식을 제공하더라도 기분의 상태에 따라 서비스는 다르게 제공되어질 수 있으며, 고객에게 제공되는 서비스 또한 이질성이라는 특징을 가지고 있기 때문에 고객이 느끼는 서비스의 내용이 달라진다는 것이다. 이러한 서비스의 이질성으로 인해서 일관된 서비스 품질을 보증하기 어려워지며 일관적이지 못한 서비스 품질에 의해 고객 불만의 요인이 된다. 따라서 외식업체는 통제 가능한 공급의 측면에 대해서는 표준화 작업 등을 통하여 서비스를 일정 수준으로 유지하는 것이 필요하다. 서비스의 표준화는 체인 레스토랑과 같이 규모와 입지가 다양한 외식업체의 경우 매우 중요한 부분으로 인식하여야 한다.

서비스 이질성을 관리하기 위한 방법으로 가장 중요한 것은 일관된 서비스를 제공할

표 11-1 **서비스의 특징**

구분	개념(문제점)	해결책
무형성 (intangibility)	눈에 보이지 않음 (독점적 권리 확보가 어렵다) (보여주거나 설명이 곤란하다)	유형화, 구전 활용 기업 이미지관리 구매 후 커뮤니케이션 강화
비분리성 (inseparability)	생산과 소비의 동시성 (서비스 과정에 고객이 참여) (대량 생산이 어렵다)	철저한 직원관리 고객관계관리
이질성 (heterogeneity)	동질적 서비스 제공이 곤란 (표준화와 품질관리가 어렵다)	서비스의 표준화 서비스의 개별화
소멸성 (perishability)	판매되지 않으면 소멸됨 (재고로서 보관하지 못한다)	수요예측 수요조절, 공급조절

수 있는 우수한 인재를 채용하고 체계적인 매뉴얼에 의하여 교육훈련을 시키는 것이다. 또한 고객에 의한 피드백을 근거로 직원들에게 인센티브를 수여하는 등 직원을 동기유발 시키거나 잘못된 서비스를 찾아 서비스 개선을 하여야 한다.

3) 서비스의 중요성

외식업체의 서비스의 중요성은 고객의 변화에서부터 시작되었다. 외식산업이 성숙해짐에 따라 고객들의 요구는 메뉴의 맛과 양에서부터 서비스로 그 중요성이 이동되고 있다. 시장의 경쟁이 치열해지고 원가의 상승과 생산성 향상의 한계에 이르면서 서비스가 레스토랑의 중요한 전략으로 등장하였다.

서비스는 고객으로 하여금 구매나 판매 및 재방문을 촉진하거나 유발시킬 수 있는 외식업체의 상품이다. 서비스 제공자가 서비스의 중요성을 인식하고 접객 서비스를 마음으로부터 호의성이 우러나오게 하고 있는지, 업소 전체가 하나의 팀으로서 활발하게 움직이고 있는지에 따라 고객이 받는 느낌은 달라진다. 무형의 형태로서 이루어지는 서비스는 실체를 알 수 없기 때문에 직원의 행동이 서비스에 대한 평가 요인으로 작용한다. 서비스를 핵심 상품으로 가지고 있는 외식업체에서는 고객의 욕구를 파악하고 충족시킬 수 있는 방안을 모색하는 적극적인 사고방식이 필요하다.

요즘 외식산업의 발전으로 향상된 고객의 수준을 만족시키기 위하여 외식업체는 차별적인 서비스의 제공으로 고객이 만족할 수 있는 서비스를 제공하여야 한다. 고객의 욕구와 기대에 최대한 부응한 상품의 구매로 만족감을 느낀 고객은 상품과 서비스의 재구매가 이루어지며, 기업과의 신뢰감이 연속적으로 이어지는 상태가 되어 기업에 긍정적인 영향을 주는 고객으로 남게 되는 것이다. 구매에 있어 고객의 만족이 매출 및 비용에 미치는 영향을 보면 다음과 같다.

2 서비스 접점관리

외식업체 서비스의 지각은 이용하는 고객과 서비스를 제공하는 전달자 간의 상호작용을 통해 인식된다. 즉, 서비스 접점은 서비스 제공자와 고객 간의 상호작용을 말하는 것이다. 특히 외식업체의 경우 인적자원, 물리적 시설을 포함한 가시적인 요소들을 모두 포함하고 있다. 고객은 레스토랑에서 직원을 만나는 순간부터 서비스를 제공받는 것을 인식하고 이에 대한 평가를 하게 된다.

M.O.T.는 스칸디나비아 항공사의 얀 칼슨(Jan Carlson)이 사장으로 취임하면서 경영에 도입하여 성공적인 서비스를 제공한 사례로 유명하다. 이후 MOT는 고객과의 접촉을 표현하는 대표적인 용어로 사용되고 있으며, 외식업체의 현장에서는 서비스 접점을 진실의 순간(MOT: Moment of Truth)으로 통용하여 사용하고 있다.

진실의 순간이란 원래 스페인의 투우에서 유래된 용어로 투우사가 소와 일대일로 대결하는 최후의 순간을 의미하며, 이 짧은 순간이 투우경기의 승패를 결정하는 최후의 순간이 된다고 한다. 외식업체의 경우 다수의 서비스 접점의 순간 중에서 단 1회라도 실수할 경우, 그 전의 좋은 서비스는 무의미해지는 일명 곱셈의 법칙이라는 것을 따르기 때문에 고객이 레스토랑의 광고를 접하거나 레스토랑의 건물이나 외관을 접할 때, 주차장에 주차를 할 때, 레스토랑 입구에 들어설 때 그리고 직원과의 접촉 순간들의 모든 서비스에 대한 평가가 중요하는 것을 뜻한다. 따라서 외식업체는 모든 MOT에 긍정적인 평가를 받기 위해서 적절한 서비스 프로세스를 설계하고, 교육훈련을 통하여 서비스 품질을 개선하기 위해서 노력하여야 한다.

3 서비스 회복관리

1) 서비스 실패

외식업체는 서비스 교육을 통하여 서비스 실패, 즉 고객 기대수준 이하의 서비스를 제공하여 고객이 불만족을 느끼는 경우가 발생하지 않도록 노력하고 있다. 하지만 서비스 상품이 가지고 있는 비분리성, 무형성, 이질성, 소멸성이라는 특성 때문에 서비스 실패가 일어나고 있다. 특히 이질성은 외식업체의 일관성 있는 서비스 품질과 서비스 성과를 일정하게 유지할 수 없기 때문에 서비스 실패의 가장 주된 원인이 되고 있으며, 생산과 소비의 비분리성은 잘못된 서비스 상품의 오류를 수정할 수 있는 시간적 여유가 없어 고객이 불만족을 느끼는 서비스 실패가 나타나게 된다.

서비스 불만족을 느낀 고객은 부정적인 구전효과로 더 많은 잠재고객에게 기업의 부정적 이미지를 알리게 되고, 이는 외식업체의 매출에 큰 영향을 미치게 된다. 따라서 외식업체의 서비스 접점 직원은 고객이 어떠한 불평불만으로 모욕적인 행동을 하더라도 이를 감수할 수 있는 자세를 갖추고, 고객의 불만에 의한 서비스 실패를 적절한 회복관리를 통하여 고객에게 만족감을 주어야 한다. 고객 중 불만족을 표현하는 고객은 서비스 실패를 바로 잡을 수 있는 기회를 주고자 하는 것이고, 아직도 그 외식업체에 기대하는 것이 있다는 증거이기 때문에 외식업체는 효과적인 서비스 회복관리를 통하여 고객의 기대를 충족시킴으로써 고객과의 관계를 회복하여 신뢰도를 높여야 한다.

2) 서비스 회복관리

서비스 회복이란 외식업체에서 제공된 서비스 혹은 상품의 성과가 소비자 기대에 미치지 못하여 기업에 대하여 불만족하는 고객들을 만족한 상태로 되돌리기 위한 일련의 과정을 의미한다. 고객은 자신이 구매한 서비스에 대해서 불만족을 느끼는 경우, 자신의 불만족사항을 외식업체에 전달하려는 수고를 감수하지 않는다. 따라서 외식업체는 서비스에 불만족한 고객소리를 쉽게 듣기 위해서 고객 설문조사, 영업장과 홈페이지 내의 고객의 소리 등을 통하여 접수된 고객의 불만사항을 듣고 실패한 서비스를 회복할 수 있는 기회로 삼아야 할 것이다.

고객들은 대부분 자신의 불만족사항이 현장에서 즉시 해결되는 것을 원한다. 누구도 자신의 불만족스러운 경험의 해결을 위해서 외식업체의 홈페이지를 방문해 자신의 불만사항을 남기거나 자신의 불만족사항에 대해서 어떻게 해결되었는지 관심 갖지 않는다. 따라서 신속한 문제해결을 위해서 외식업체 경영자들은 일선 서비스 직원들에게 고객의 불만에 즉시 대응할 수 있는 일정한 권한을 위임하여 고객 불만사항에 대한 빠른 해결을 유도할 수 있다. 이러한 일정한 규칙에 의거한 문제해결은 신속한 문제 해결과 문제가 더 커지는 것을 사전에 막을 수도 있으며, 권한위임을 통한 직원들의 동기유발에도 좋은 역할을 한다.

외식업체는 서비스 회복관리를 통하여 서비스의 수정, 고객과의 유대강화, 서비스의 직원 기술 향상 등과 같은 성과를 얻을 수 있으며 서비스를 회복하고 문제의 핵심을 찾아냄으로써 서비스 제공의 근본적인 문제점을 발견, 정비할 수 있는 기회를 얻을 수 있다.

3) 실패 서비스 문제점 개선을 위한 기법

외식업체의 서비스 제공 과정을 효과적, 효율적으로 관리하여 실패 가능점을 찾아내기

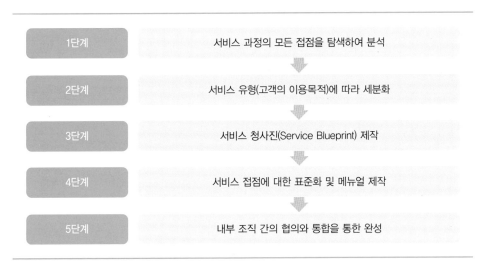

1단계	서비스 과정의 모든 접점을 탐색하여 분석
2단계	서비스 유형(고객의 이용목적)에 따라 세분화
3단계	서비스 청사진(Service Blueprint) 제작
4단계	서비스 접점에 대한 표준화 및 메뉴얼 제작
5단계	내부 조직 간의 협의와 통합을 통한 완성

그림 11-1 **서비스 프로세스 설계 과정**

위해서는 서비스 마케팅의 마케팅 믹스(7P) 중 서비스 프로세스의 분석이 전제되어야 한다.

외식업체가 서비스 프로세스 분석을 수행함으로써 얻게 되는 이점을 살펴보면 다음과 같다. 먼저 모든 작업과정을 프로세스의 형태로 표현하여 한눈에 볼 수 있게 만들어 줌으로써 전체 시스템의 구조와 기능을 파악할 수 있게 해 준다. 또한 서비스 프로세스를 분석한다는 것은 현재의 서비스 전달 시스템의 현황을 파악한다는 점에서 매우 커다란 의의가 있다.

서비스 프로세스, 즉 서비스 전달 시스템은 서비스가 생성되어 고객에게 전달되기까지의 전 과정을 의미하는데, 이러한 전달 시스템을 설계하는 것은 고객만족을 위한 창조적인 과정이다.

서비스 프로세스를 분석하는 기법은 서비스 청사진법 이외에도 '서비스 사이클', '서비스 과정도', '시간요소 분석', '요인분석도'와 같은 다양한 기법들이 존재한다.

(1) 서비스 청사진 기법

실제로 서비스 프로세스를 분석하기 위한 다양한 기법이 존재하는데, 가장 일반적인 분석도구로 서비스 청사진(service blueprint)이 이용된다. 서비스 청사진은 핵심서비스 프로세스를 그 특성이 나타나도록 직원, 고객, 기업이 서비스 전달과정에서 해야 하는 각자의 역할을 알아보기 쉬운 방식의 그림으로 나타낸 것이다. 대부분의 서비스는 동태적 시스템이기 때문에 미리 정해진 순서대로 전달되어야 한다. 따라서 잘못 설계된 프로세스는 서비스 품질에 나쁜 영향을 미치므로, 서비스 실패를 예방할 목적으로 레스토랑과 같은 서비스 기업에서는 주로 '플로 차트'와 유사한 서비스 청사진 기법을 활용한다.

주로 건축분야에서 활용되던 청사진이 서비스 부분에 도입된 것은 쇼스탁이 1984년 〈하버드 비즈니스리뷰〉에 처음 제안하면서 서비스 부분에 도입되었다. 그는 서비스 전달 시스템, 즉 서비스 프로세스를 시각적 도표로 표현하는 형식으로 서비스 설계에 적용 가능하다는 점에 착안하여 서비스 청사진을 개발하였다.

서비스 청사진은 '서비스 시스템을 정확하게 묘사해서 그 서비스를 제공하는 데 관계되는 서로 다른 사람들이 그들의 역할 및 관점에 상관없이 그 서비스를 이해하고 객관적으로 처리할 수 있도록 해 주는 그림'이라고 할 수 있다. 서비스 청사진은 구체적으로 서비스 상품 개발의 설계와 재설계의 단계에서 유용하다. 이것은 서비스 전달의 프로세스 및 고객과 종업원의 역할, 가시적인 서비스 구성요소 등을 동시에 나타냄으로써 서비스를 시각적으로 볼 수 있게 만들어 준다. 또한 서비스 청사진은 서비스를 논리적인 구성요소들로 나누어 프로세스의 각 단계와 과업, 과업이 수행되어지는 수단, 고객이 경험하는 서비스의 물리적 환경까지도 보여준다. 대표적인 서비스 프로세스의 분석기법인 서비스 청사진을 작성하는 단계는 다음과 같이 3단계로 구성된다.

먼저 1단계는 서비스 프로세스를 구분하는 단계이다. 고객의 눈에 보이는 활동과 눈에 보이지 않는 활동을 가시선으로 구분하여 도표를 작성해 본다. 가시선 아래 보이지 않는 활동은 주방에서 식사를 준비하거나 사무실에서 전화로 주문을 받는 경우 등이 해당된다. 고객의 눈에 보이는 가시선은 고객의 행동과 종업원의 일선 행동으로 구성되

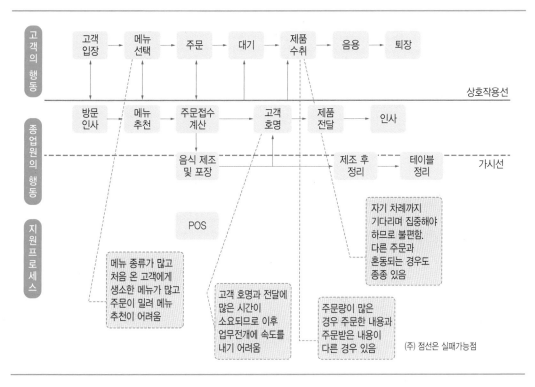

그림 11-2 커피전문점의 서비스 청사진의 사례

자료 : 박인정(2012). 한양사이버대학교 대학원 호텔관광외식 MBA 보고서

고, 고객의 눈에 보이지 않는 선은 종업원의 후방 행동과 지원 프로세스로 구성된다.

2단계는 실수 가능점(fail point)을 제시하는 단계이다. 서비스 기업의 실수 가능점을 제시함으로써 실패를 미연에 예방하고 보다 높은 서비스 품질을 고객에게 제공하게 된다.

3단계는 성과를 분석하는 단계이다. 각각의 서비스가 수행되는 소요시간을 관측하여 비정상적인 실패나 지연이 있는지 분석한다.

서비스 청사진을 통하여 우리는 외식업체가 고객들과 수많은 접점에서 '결정적 순간'을 맞이하고 있음을 이해할 수 있다. 외식업체는 고객이 메뉴와 서비스를 경험하기 전부터 경험한 이후까지의 모든 고객접점을 분석하고 개선하는 노력을 통하여 고객만족을 관리하여야 하며, 이는 서비스 청사진 기법을 이용해서도 가능하지만 '고객경험관리(CEM : customer experience management)'를 통해서도 가능하다.

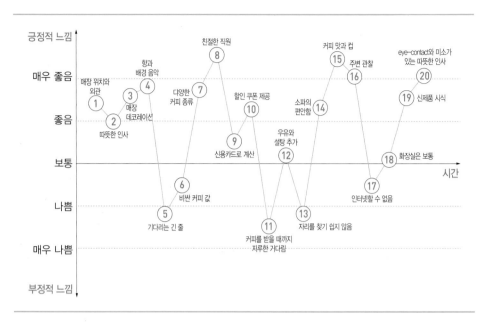

그림 11-3 **스타벅스의 고객경험지도**

자료 : 장정빈(2009), 리마커블 서비스

고객경험관리는 서비스 청사진을 통해 찾아낸 서비스 접점의 문제점과 개선점을 찾는 데 좀 더 구체적인 전략 방안을 제시해 주기도 한다. 스타벅스의 경우 고객이 매장에 들어와서 커피를 마시고 퇴점할 때까지의 전 과정을 세부적으로 나누어 고객경험지도를, 그리고 이를 기초로 문제점에 대한 개선대책을 수립, 시행하고 있다. 이는 서비스 청사진과 유사하지만 각 접점의 고객만족도를 구체화함으로써 현재 상태를 알 수 있도록 구성되어 있다.

(2) 요인분석을 이용한 구매후 관리

인과관계도표로 잘 알려진 요인분석도(fishbone diagram)는 잘못된 결과에 대한 요인을 찾아서 연결하는 일종의 도표이다. 품질관리전문가인 일본의 카오루 이시가와에 의하여 개발된 모델이며, 기업이 고객의 불만을 직접 추적하는 도구로 활용되고 있다. 물고기 뼈 구조의 형태에 문제점을 기술하는 방식으로 머리 부분에 해당되는 곳에 기업

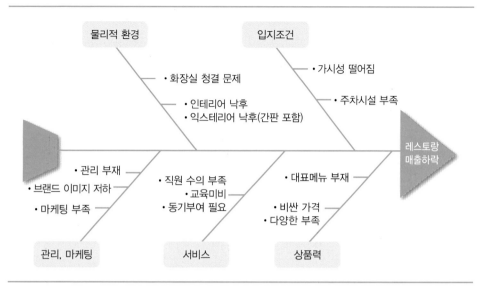

그림 11-4 **음식점의 요인분석도 사례**

이 직면하고 있는 문제점을 기술하고, 머리에서 꼬리뼈 사이의 뼈들에 문제를 일으키고 있는 각각의 요소와 원인에 대한 상세한 내용을 표시하는 방식으로 작성한다.

　이러한 요인분석도는 서비스 과정에서의 문제점을 일으키는 요인을 검토하여 확인할 수 있다.

4. 서비스 품질 평가 및 고객 만족

1) 서비스 품질의 개요

외식업체의 서비스 상품은 일반 기업의 상품과는 다른 특징으로 인하여 품질의 개념조차 추상적이며 정의를 내리거나 평가하는 것이 매우 어렵다. 고객에 의한 서비스 품질

평가는 서비스가 전달되는 과정에서 발생하며 고객은 서비스를 제공 받고 소비하는 순간에 자신이 들은 구전의 내용, 개인적인 욕구, 과거의 경험에 따라 형성된 기대 수준에 의해 평가하게 된다. 자신의 기대 수준에 비해 낮은 서비스 품질을 느낀 고객은 불만족하게 될 것이며, 반대의 경우에는 만족한 고객으로 재방문할 가능성이 높게 되는 것이다.

외식업체에서 서비스는 외식산업의 발전에 따라 고객의 레스토랑 선택 기준에 매우 중요한 요인으로 작용하고 있다. 즉, 성공적인 외식업체의 창업을 위해서는 고객이 느끼는 서비스 품질에 대한 중요성을 인식하는 것이 필요하다.

고객이 인식하는 서비스 품질은 총체적인 관점에서 제공되는 서비스를 인식한다는 것이다. 고객이 레스토랑에서 식사를 했다면 고객이 레스토랑을 선택한 순간부터 식사를 마치고 나가는 모든 경험을 총체적으로 인식하여 서비스를 평가한다는 것이다. 물론 총체적인 인식은 서비스 소비의 순간순간에 의해 평가되며, 이러한 순간의 평가는 다음의 서비스 품질 평가에도 영향을 미치게 된다. 또한 외식업체는 불특정 다수의 고객에게 서비스를 제공하며, 고객은 각기의 다양한 기대수준을 가지고 서비스 품질을 평가하기 때문에 평가의 척도를 표준화하는 데 어려움이 있다.

2) 서비스 품질의 평가 요소

서비스의 품질은 고객의 기대와 그에 따른 결과의 비교에 의해 결정된다고 할 수 있다. 파라슈라만 외(1988)는 기존의 서비스 품질에 대한 연구 결과의 바탕으로 지각된 서비스품질의 개념을 '고객의 기대와 지각간의 불일치의 방향과 정도'라고 정의하였다. 다시 말해 고객이 생각하는, 외식업체가 제공해야 한다고 느끼는 서비스의 기대와 외식업체에서 제공한 서비스 결과에 대한 고객들의 인식을 비교하는 데서 나오는 것이다.

또한 고객이 서비스 품질을 인식하는 다양한 요인들 중에서 보편적으로 서비스 품질을 인식하는 요인들이 있다는 것을 알 수 있다. 파라슈라만 외(1988)는 고객이 서비스 품질을 평가하는 10가지의 요인을 제시하고, 이를 다시 1990년에 5개의 요인으로 수정

표 11-2 **서비스 품질의 결정요인**

요인	정의
신뢰성(reliability)	약속한 서비스를 정확하게 수행할 수 있는 능력
대응성(responsiveness)	고객을 돕고 신속한 서비스를 제공하겠다는 의지
확신성(assurance)	확신을 주는 직원의 자세와 지식 및 예의바른 태도
공감성(empathy)	고객에 대한 배려와 개별적 관심을 보일 자세
유형성(tangible)	시설, 장비, 인력 등 물리적 환경의 상태

하여 SERVQUAL이라고 하는 서비스 품질에 관하여 고객 인지를 평가할 수 있는 모형을 개발하였다. 즉, 고객은 신뢰성, 대응성, 확신성, 공감성, 유형성의 차원을 자신의 개인적인 요구 등으로 형성된 기대감과 인지된 서비스를 평가하여 만족도를 나타낸다는 것이다.

3) 서비스 품질의 평가 및 관리

파라슈라만 외(1988)는 근본적으로 소비자에 의해 인식된 서비스 품질을 기대된 서비스와 지각된 서비스의 차이로 설명하였다. 이 평가 방법은 〈그림 11-5〉에서와 같이 서비스 품질에 관한 관리자의 지각과 서비스를 제공하는 것과 관련된 4개의 Gap과 소비자의 기대 서비스와 지각 서비스 간의 Gap을 추가하여 5개의 Gap으로 서비스 품질을 평가하고 있다.

(1) Gap 1 : 외식업체가 고객의 서비스 기대 수준을 알지 못하는 경우

가장 분명한 차이가 드러나는 것으로 많은 외식업체가 고객의 기대 수준을 알고 있다고 생각하지만, 실제는 그렇지 않다는 것이다. 외식업체는 서비스의 어떠한 특성이 고객들에게 높은 품질로 인식되는지, 서비스가 고객의 욕구를 만족시키기 위해서는 어떠한 특성을 가지고 있어야 하는지, 그러한 서비스의 특성들은 어느 수준까지 수행해야 고객들이 서비스의 품질이 우수하다고 인식하는지 알아야 한다.

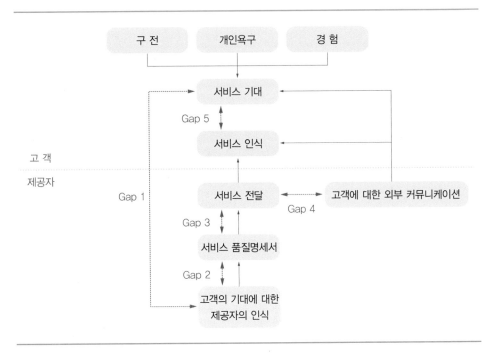

그림 11-5 서비스 품질의 갭모형

자료 : Parasuraman, Zeithaml & Berry(1985), p.44

고객의 기대와 외식업체의 인식의 차이를 줄이기 위해서는 고객의 행동 연구를 통하여 고객의 욕구와 고객이 원하는 바를 알아야 한다. 외식업체의 고객들은 더 이상 음식의 맛에만 치중된 기대감을 갖지 않는다. 다양해진 고객의 욕구를 파악하는 노력을 하여야 하는 것이다. 또한 서비스 접점에 있는 직원들은 고객 만족을 위해 어떠한 서비스가 필요한지에 대한 파악에 힘써야 하며, 경영층은 이를 적극 활용할 수 있는 커뮤니케이션 채널을 열어 두어야 한다. 마지막으로 관계마케팅을 통한 고객 유지 및 고객과의 관계를 강화하여야 한다.

(2) Gap 2 : 외식업체가 고객의 기대를 반영하지 못하는 서비스 품질 명세서를 만드는 경우

외식업체가 고객이 기대를 정확하게 인식하였다 하더라도 고객이 만족할 수 있는 서비스 표준을 개발한다는 것은 쉬운 일이 아니다. 이는 서비스의 표준화와 수요예측이 어렵기 때문에 고객의 기대를 서비스 품질명세서로 만드는 것은 쉽지 않은 일이다.

이러한 문제를 해결하기 위해서는 명확한 목표 설정을 통한 서비스 품질명세서를 제작하여 서비스 직원이 외식업체의 서비스 목표에 따른 서비스를 제공할 수 있도록 해야 한다. 또한 서비스 프로세서의 표준화를 통한 서비스 업무에 대한 통제를 할 수 있어야 한다. 마지막으로 단기이익이나 비용절감에 치중하는 경영보다는 서비스 품질 향상을 위한 경영진의 관심이 필요하다.

(3) Gap 3 : 외식업체가 고객에게 제공하는 서비스가 서비스 품질명세서와 다른 경우

서비스 품질명세서와 서비스 전달 사이에 나타나는 Gap 3은 경영자가 기대하는 수준의 서비스를 서비스 직원이 실행하지 못하는 정도를 나타내는 것이다. 고객의 기대를 잘 반영하여 설계한 서비스 품질명세서가 고객에게 정확하게 제공되기 위해서는 서비스 직원의 직무 능력에 대해 고려하여야 한다. 즉, 직원의 마음가짐과 직무 간의 적합성 등을 고려하여 교육훈련 및 동기부여를 위한 경영진의 노력이 필요하다. 경영진은 서비스 직원에 대한 정확한 성과측정을 통하여 서비스 전달이 올바른지에 대한 측정과 결과에 따른 통제활동을 행하여야 한다.

(4) Gap 4 : 외부에 알려 약속한 서비스 수준과 실제 서비스 간의 차이가 발생하는 경우

외식업체는 다양한 채널을 통하여 외부 고객과 커뮤니케이션을 하고 있다. 기업광고, 판매촉진, 인적판매 등이 이에 해당한다. Gap 4는 외부 커뮤니케이션을 통하여 약속된 사실과 실제의 서비스 전달 과정에서 발생하는 차이를 의미한다. 이는 부서 간의 적절한 커뮤니케이션을 지킬 수 있는 약속을 함으로써 차이를 줄어들게 할 수 있다. 외식업체는 고객을 무리하게 확보하기 위해 과대한 약속을 하지 말아야 하며, 약속한 것을 지키고 있다는 것을 인식시켜야 한다.

(5) Gap 5 : 고객이 기대한 서비스 수준과 인식된 서비스가 다른 경우

Gap 5는 고객이 기대하는 서비스 품질과 실제로 고객의 소비를 토대로 하여 인식된 서비스 품질과의 차이이다. 이는 Gap 1~Gap 4의 영향에 크기가 결정된다. 외식업체는 고객과의 마케팅 커뮤니케이션을 통하여 고객이 외식업체의 서비스에 대한 적정한 기대를 가질 수 있도록 하여야 한다. 기대와 지각이 동일할 경우, 고객은 만족을 느끼기 때문에 외식업체는 서비스 품질의 향상과 개선을 통하여 고객의 기대와 지각된 서비스 간의 차이를 줄이기 위해 노력하여야 한다.

4) 서비스 품질 평가를 통한 고객만족 관리

고객만족이란 일반적으로 고객이 구매 전에 기대했던 서비스의 수준과 실제 구매된 서비스에서 지각된 수준과의 비교이다. 고객의 지각이 기대를 충족시켜 주었다면 기대는 일치되었다고 말하고, 이러할 경우를 고객만족이라 한다. 지각과 기대가 동일하지 않는 경우는 두 가지 경우를 나누어 생각할 수 있다. 고객이 실제 서비스에서 지각한 수준이 기대한 것에 비해 낮은 경우와 반대로 고객의 기대를 초과하여 실제 서비스를 지각하는 경우이다. 이러한 경우 전자는 부정적 불일치라 하고, 후자를 긍정적 불일치라 한다. 부정적 불일치의 경우 고객의 불만족을 유발하며, 긍정적 불일치의 경우 고객은 감

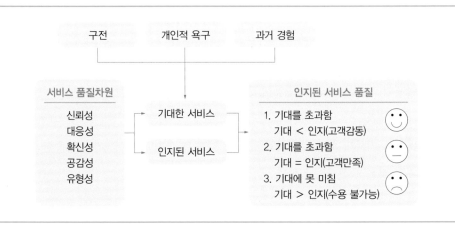

그림 11-6 **지각된 서비스 품질에 따른 고객 만족/불만족**
자료 : Parasuraman, Zeithaml & Berry(1985), p.48

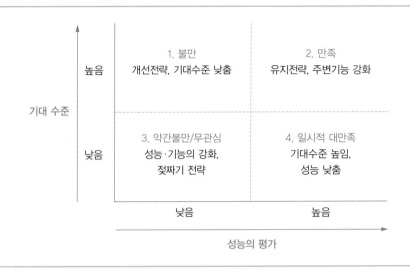

그림 11-7 **고객의 기대수준과 성과평가의 관계**

자료 : 유필화 외(1999), 박영사, p.25

동을 느끼게 될 것이다.

그렇다면 외식업체는 고객의 만족도를 보다 높이기 위해서 고객의 만족을 관리하여야 한다. 즉, 고객이 어떠한 제품이나 서비스를 구매할 경우 만족하고 그렇지 않은지에 대한 것을 알아야 한다. 미츠야키 교수는 실증연구를 통하여 고객의 기대 수준과 성과 평가에 대한 관계를 〈그림 11-7〉과 같이 제시하였다.

첫 번째로 기대수준은 높지만 성능평가가 낮기 때문에 고객이 불만을 느끼는 상태이다. 외식업체는 고객의 불만족 원인인 낮은 서비스 품질을 향상시키는 개선전략과 성능을 개선하지 않고 고객의 기대수준을 낮추는 것이다. 즉, 무관심을 유도하는 것으로 서비스 품질에 대한 관심이 크지 않아 불만도 크게 발생하지 않게 된다.

두 번째로 고객이 기대한 서비스와 지각한 서비스 수준이 일치하여 만족하고 있는 상태이다. 외식업체는 기본적으로 유지전략을 사용한다. 또한 고객은 새로운 정보와 지식을 쌓아감에 따라 기대수준도 올라가는 경향이 있으므로, 일반적으로는 고객의 기대에 걸맞게 서비스 품질도 차츰 올릴 필요가 있다. 또 다른 전략으로는 제품의 중심기능이 아닌 주변기능의 향상을 꾀하는 것이다. 일반적으로 중심기능은 일정 수준 이상이 되면 그것에 대한 지속적인 강화 전략에도 불가하고 만족도는 올라가지 않는 경우가 있다. 이러한 경우 주변의 기능을 강화하여 고객 만족을 증가시킬 수 있다.

세 번째로 서비스의 품질이 만족스럽지 못하여 고객이 불만을 느끼나 고객의 기대가 낮아 불만의 정도가 크지 않은 경우이다. 이 경우 외식업체는 먼저 서비스의 품질을 강화하고 이어서 기대감을 높이는 '성능·기대강화전략'을 고려하여야 한다. 물론 고객의 관심이 낮은 현재의 제품에 투자를 하여 그것의 성능을 올리는 것보다는 현재의 상태에서 회사가 얻고 있는 수익에 만족하는 경우 '젖짜기 전략(milking strategy)'을 통하여 현 상태를 유지하는 전략을 사용할 수도 있겠지만, 고객들의 해당 속성에 대한 기대수준이 아직은 그다지 높지 않지만, 앞으로는 크게 높아질 것으로 예상되는 경우에는 성능·기대강화 전략을 사용하여 고객의 만족을 향상시키는 것이 좋다.

마지막으로 만족형 무관심의 경우가 있다. 이는 자신이 기대했던 것보다 서비스 품질이 좋아 일시적으로 크게 만족하지만, 그런 서비스에 별로 관심을 갖고 있지 않았기 때문에 사실상의 만족감은 약간 만족 또는 만족형 무관심으로 나타나게 되는 것이다. 이러한 경우 고객의 기대수준을 높일 필요가 있다. 이것은 현재 고객들의 기대수준 또는 관심도에 비해 서비스 품질이 지나치게 좋으므로 서비스에 대해 기대/관심을 환기시킴으로써 그들의 위치를 만족으로 옮겨 놓으려는 전략을 사용할 수 있다. 또 다른 전략으로는 고객의 관심을 끌거나 경쟁제품에 대해 경쟁우위를 갖기 어려운 속성항목의 서비스 품질을 조금 낮추는 전략이 있다. 이 전략을 통해서 경비 절약, 인적자원의 효율적 활용의 효과를 얻을 수 있다.

5 서비스 수요·공급관리

1) 서비스 수요와 공급의 개념

(1) 수요 및 수요관리의 정의

수요(demand)란 경제 주체들이 어떤 재화를 일정한 시간 안에 얼마나 많이 구매할 의향이 있는가를 나타낸 관계로 서비스에 대한 단순한 욕구가 아닌 구매력(購買力)이 수반된 욕구를 의미한다. 일반적으로 가격이 오를수록 수요는 감소하는 현상을 나타나는데 이것을 수요의 법칙이라고 한다. 수요관리란 수요의 시간대와 수량에 영향을 미치는 수요 행태에 대응하는 총체적 활동을 의미한다.

(2) 공급 및 공급관리의 정의

공급(supply)이란 판매자가 정해진 가격 하에서 어떤 상품을 대가와 교환하는 것을 의미한다. 일반적으로 가격이 오르면 공급이 늘어나고 가격이 내리면 공급이 감소하는데, 이것을 공급의 법칙이라고 한다. 공급관리란 변화하는 수요에 공급을 맞추기 위한 총체적 활동을 일컫는다. 무상으로 재화를 제공하는 것은 공급이 아니며 일반적으로 공급은 상품과 서비스의 단위 가격이 상승함에 따라 증가하고, 하락함에 따라 감소하는 성질이 있다.

(3) 서비스 수요와 공급의 특징

서비스 수요는 시간과 수량의 변동에 따라 매우 '탄력적'이어서 예측이 어렵다는 특징이 있다. 반대로 서비스 공급은 한정적이고 안정적이라 '비탄력적'이며, 신축적인 운영이 불가능한 특성을 가지고 있다. 일반적으로 제조업의 경우는 제품을 재고로 보관하거나 야간작업 등과 같은 추가 작업을 통해 수요와 공급을 일치시키는 것이 가능하다. 그러나 서비스업은 공급의 한계, 소멸성, 동시성과 같은 서비스업의 특징으로 인하여 수요와 공급을 일치시키는 것이 매우 어렵다.

많은 외식업체를 비롯한 서비스업체들은 이와 같은 문제로 인하여 공급과 수요를 최적으로 맞추기 위해서 다각도로 노력하고 있으며, 이는 서비스기업의 최대 과제이자 목표이다.

외식업체에서 수요와 공급이 적절하게 이루어진다면 서비스의 공급자인 외식업 경영자뿐 아니라 고객들도 양질의 서비스를 받을 수 있게 된다. 따라서 경영자는 수요와 공급의 균형을 맞추어 고객에게 최적 서비스를 제공할 수 있도록 노력해야 한다. 즉 외식업체는 인적, 물리적, 기술적 서비스를 충분히 전달할 수 있는 최적가용능력을 유지하기 위해서 노력해야 한다.

2) 서비스 수요관리

서비스의 특성상 서비스 수요관리는 쉽지 않으나 수요과잉 또는 수요초과의 상황에 맞추어 적절하게 관리를 위한 끈을 놓아서는 안 된다. 따라서 수요 시간대와 수량에 영향을 주는 수요 패턴의 바람직하지 않은 효과에 대응하는 과정이 필요하다. 서비스의 수요는 인위적으로 조절하는 것이 쉽지 않지만 시간대별, 요일별, 월별, 계절별과 같이 주기적으로 수요의 유형을 분석하여 수요를 분산시키기 위한 노력이 꾸준히 이루어져야 한다. 수요가 너무 많을 경우에는 병목현상을 줄이기 위해서 피크타임이 아닌 때에 이용할 수 있도록 고객을 유인하고, 고객이 너무 적은 시간대에는 가격할인이나 이벤트 등을 통해서 수요를 창출하거나 운영시간을 탄력적으로 조절하는 것이 필요하다.

(1) 수요관리의 영향 요인

외식업체의 수요관리에 영향을 주는 요인들은 크게 외적 요인과 내적 요인으로 구분할 수 있다. 경기, 정부규제, 소비자 기호, 상품 이미지, 경쟁행동, 기술혁신, 대체제의 가격 등 통제 불가능한 요인을 외적 요인으로 간주한다. 상품설계, 가격과 광고, 판매촉

표 11-3 **수요관리 영향 요인**

구분	내용
외적 요인 (통제 불능)	경기, 정부규제, 소비자 기호, 상품 이미지, 경쟁행동, 기술혁신, 대체제의 가격 등
내적 요인 (통제 가능)	상품설계, 가격과 광고, 판매촉진, 포장디자인, 판매원 및 인센티브, 시장의 규모, 상품 믹스 등

진, 포장디자인, 판매원 및 인센티브, 시장의 규모, 상품 믹스 등은 통제 가능한 요인으로 내적 요인에 해당된다.

(2) 서비스 수요의 특징

외식업체의 서비스는 생산과 제공의 과정에서 누가, 언제 제공하느냐와 같이 가변적인 요소가 많기 때문에 고객이 느끼는 서비스 상품은 많은 차이가 있다. 또한 시간, 요일, 월별 변동성이 크다고 할 수 있다. 이는 개인적 습관, 문화적 관습에 기인하기도 한다. 이와 같이 서비스의 수요는 변동성이 강하다. 무형적이기 때문에 서비스가 제공되는 시점에서 소비되지 않으면 사라질 뿐만 아니라 재고로서 보관하지 못한다. 그 외에도 다양한 특성이 있는데, 외식업체의 상품은 일시적 경험을 제공하므로 개인의 취향에 따라 다양하게 제공되어야 한다. 제약성의 특성으로는 특정 장소와 시간에만 제공해야 하는 제약이 있는 것으로 규모의 경제를 달성하기가 힘들다.

(3) 수요관리 기법

외식업체의 수요를 인위적으로 조절하기 어렵다. 하지만 무반응전략, 시간대별, 요일별, 월별, 계절별과 같이 주기적으로 수요의 유형을 분석하고 수요를 분산하기 위한 노력, 수요 창출 전략 등을 통해 어려움을 극복할 수 있는데, 이를 상세히 살펴보면 다음과 같다.

그림 11-8 **수요관리 기법**

① 무반응전략

무반응전략이란 수요가 자연스럽게 조절되도록 기다리는 방법을 일컫는 말로, 수요에 대한 어떠한 관리도 하지 않는 것을 의미한다. 이러한 전략은 반응을 보이지 않는 것이 오히려 기업에 대한 고객만족도를 높이거나 브랜드 가치를 높이는 데 긍정적으로 작용할 수 있다는 생각에 기인한다. 수요가 많아서 고객이 기다리거나 돌아가 버리는 경우에 소극적으로 대처하는 것은 결코 좋은 방법은 아니다. 따라서 장기적으로 좋은 전략은 아니므로 단기적으로 사용하는 것이 좋다. 또한 이러한 단점을 극복하기 위해서는 고객이 구전이나 경험으로 언제 공급이 가능한지 파악하게 하여 스스로 공급을 맞출 수 있도록 하는 것도 하나의 방법이다.

② 수요분산전략

외식업체의 수요가 공급을 초과할 때, 수요자가 특정한 시기나 시간에 집중되지 않도록 이를 분산하는 전략을 수요분산전략이라고 한다. 다시 말해, 수요가 많은 시기의 수요를 수요가 적은 시기로 이동하는 것으로 수요의 다양한 유형을 이해하고 전략적으로 분리하여 서비스 수요를 평준화시키고 예측 가능하게 함으로써 공급 능력에 최대한 안정적으로 맞추는 방법이라 할 수 있다. 전체 수요가 불규칙해도 이를 분산하면 부분적으로 예측 가능해지므로 바람직한 수용이 되어 평준화된 수요를 유지할 수 있도록 해야 하는데, 정보기술을 통한 풍부한 고객정보 활용이 뒷받침되어야 한다. 예약을 통해 이용자를 분산시키는 외식업체들의 평준화 노력 등이 이에 해당된다.

③ 수요창출

- 비수기 수요의 촉진 : 외식업체가 비수기의 서비스를 적극적으로 판매할 목적으로 창의적인 방법으로 다른 수요를 찾아 개발하여 점심시간이나 주말에 고객이 없는 외식업체가 점심할인이나 주말할인 등을 하는 것은 비수기 수요 촉진의 방법 중 하나이다.

- 저가전략 : 수요가 급감하는 시기에 낮은 가격을 책정함으로써 수요를 증가시키는 전략이다. 수요와 공급의 법칙에 의해 가격을 내리면 수요가 늘어나는 것은 경제법칙이지만, 현실에서는 치열한 경쟁으로 인하여 가격을 내려도 수요가 반드시 늘어나지는 않는다.

- 부가서비스 및 보완적 개발 : 편의점 및 패스트푸드 서비스가 추가된 주유소, 싱글고객을 유치하기 위한 외식업체의 바 설치 등 기존에 제공하던 서비스에 부가적 또는 보완적 서비스를 제공하여 수요의 균일화 및 시장 확대에 기여하는 관리 방법이다.

- 사전 수요창출 전략 : 다양한 예약채널을 통하여 사전예약을 유도하는 전략으로 사전예약의 경우에는 고객에게 일정한 혜택이 돌아가도록 유도하는 것이 중요하다. 예를 들어, 외식업체가 사전예약을 하는 고객에게 식사가격의 일정 비율을 할인하는 상품을 판매하는 것이 좋은 예이다. 최근에 유행하는 소셜커머스도 일종에 사전 수요창출 전략이라 할 수 있다.

6 수익성 관리

1) 일드 매니지먼트(Yield Management)의 정의

일드 매니지먼트란 수익의 증대를 목적으로 가격(price)과 생산능력(duration)을 조절함으로써 일드(yield)를 조절하는 수익극대화 전략이다. 일드 매니지먼트는 소멸성이 있는 서비스의 4C 관리로 정의될 수 있는데, Calendar(얼마나 일찍 사전 예약이 되는지), Clock(서비스가 제공되는 시간), Capacity(서비스 생산능력), Cost(서비스의 가격)를 관리하여 다섯 번째 C인 Customer demand(고객의 욕구)를 만족시켜 이익을 극대화하는 방법이다.

일드 매니지먼트는 1980년대에 항공사에 처음으로 적용되었는데 항공기는 수요에 따라서 좌석을 늘릴 수 없을 뿐 아니라, 매번 항공기를 100% 채워서 운행할 수 없는데 이러한 좌석은 소멸된다는 특성을 가지고 있다. 따라서 항공사는 수요가 적은 비수기에는 가격할인을 통하여 수요를 늘리고, 수요가 많은 성수기에는 가격을 높여서 수익률을 최대한 높이는 방법을 쓰기 시작했다. 이러한 일드 매니지먼트가 성공함으로써 외식업체나 호텔, 항공사, 렌터카, 크루즈와 같은 서비스 능력이 제한되어 있는 여타의 서비스 산업에서 도입하여 사용하고 있다.

2) 전략적 수단

성공적인 일드 매니지먼트는 고객의 수요를 효율적으로 조절하는 것으로 가격(Price)과 이용시간(Duration)이라는 두 개의 상호 연관성이 있는 전략적 수단을 활용한다. 즉, 과거의 영업통계를 활용하여 미래를 예측하고 현재 상황에 가장 적절한 가격을 설정함으로써 수익의 극대화를 도모하는 관리기법인 것이다. 이는 가격은 고정적이거나 변동적일 수 있고, 이용시간은 예측 가능하거나 예측 불가능할 수 있는데 이에 따라서 서비스 기업은 다음 〈표 11-4〉와 같이 구분지을 수 있다.

표 11-4 **Duration에 따른 서비스 기업의 구분**

구분		가격(Price)	
		고정가격	변동가격
이용시간 (Duration)	예측 가능	(1사분면) 영화관, 경기장, 집회시설	**(2사분면)** 호텔, 항공사, 렌터카, 크루즈
	예측 불가능	(3사분면) **레스토랑**, 골프장	(4사분면) 요양소, 병원

수요의 조절을 위해 가격을 조절하는 것의 예를 들자면 피크타임이 아닐 때 고객에게 가격을 할인해 준다든지, 특정고객그룹에게 가격을 할인해 주는 형태가 있다. 이용시간의 조절은 훨씬 더 복잡하기는 하지만 수익관리의 효율성을 크게 높일 수 있다. 성공적인 이용시간의 조절은 성수기가 아니어도 항상 전체적인 수입을 늘릴 수 있으며, 이는 Duration의 정의를 새롭게 한 후, 고객이 도착하는 시간의 불명확성과 고객이 서비스를 이용하는 시간의 불명확성을 감소시키는 것이다.

3) 일드 매니지먼트 사례

성공적인 수익관리의 사례는 보통 2사분면에 있는 기업에서 발견되는데, 이용시간이 명확해야 서비스 명세를 정확하게 만들 수 있고, 이 명세에 따라서 가격을 변동시킬 수 있으므로 서비스로부터 최대의 수익을 창출할 수 있게 된다.

원래 항공사들은 1사분면에 위치하여 영업을 수행하고 있었다. 항공사 간 경쟁이 치열해지면서 항공사들은 컴퓨터 예약 시스템을 도입하여 다양한 가격정책을 사용하게 됨으로써 2사분면으로 옮겨갈 수 있었다.

호텔은 3사분면에 위치해 있었는데 일반적인 호텔의 목표는 1박의 투숙률을 극대화하는 것이었고, 장기간의 수입은 고려하지 않았던 것이다. 항공사가 수익관리를 시작한 이후, 호텔들도 가격의 변동성을 적용하게 되면서 2사분면으로 옮겨갈 수 있었다.

이와 같이 1, 3, 4사분면에 위치한 기업들이라도 가격과 이용시간을 잘 관리할 경우 수익의 증대가 가능한 2사분면으로의 이동이 가능하다. 따라서 현재 3사분면에 위치

표 11-5 **일드 매니지먼트 사례**

구분	내용
항공사	• 적정가격에 적정 고객을 적격 좌석에 판매 • 요금구분: 정상요금, 절약형 요금, 초 할인요금 • 늦게 예약하는 정상요금의 고객에게 팔기 위한 좌석을 충분히 확보하는 반면, 얼마나 많은 할 인요금의 좌석을 팔 것인지 결정
호텔	• 수율관리 최적화 시스템으로 수익을 큰 폭으로 증가시킴 • 과거와 현재의 예약행동을 활용하여 객실 요청 패턴 분석함 • 계절적인 투숙패턴, 지역별 행사, 주별 수요변동, 현재의 추세 등을 포함시켜서 기준가격 (hurdle price: 예약을 받아줄 수 있는 최소 가격점)을 개발
외식업체	• 다양한 주제를 가지고 주기적/연중으로 매출액 신장 노력을 기울임 • 월별/분기별 특정 promotion 실시 • 급식산업에서 급식 소프트웨어 사용으로 수요와 메뉴가격 조절

한 외식업체들도 꾸준한 일드 매니지먼트를 개발하여 2사분면으로의 이동을 추구함으로써 수익을 극대화시킬 수 있을 것이다.

이상의 일드 매니지먼트가 항공사, 호텔, 외식업체에서 어떻게 활용되고 있는지를 정리하면 〈표 11-5〉와 같다.

4) 듀레이션 방법(Duration Methods)

외식업체가 듀레이션의 조절 능력을 향상시키려 한다면 먼저 듀레이션에 대한 정의를 새롭게 하고, 듀레이션과 도착의 불명확성을 줄이며, 고객과 고객 사이 시간의 틈을 줄이도록 노력해야 한다.

(1) 듀레이션의 재정의

듀레이션이란 고객이 얼마나 오랫동안 서비스를 이용하느냐 하는 것으로, 시간 또는 사건에 의해 측정된다. 듀레이션은 사건으로 정의될 때보다는 시간으로 정의될 때 예측과 시간조절에 더 좋은 효과를 가져 올 수 있다. 대부분의 호텔들은 숙박 수로 방을 팔거나 오후 3시 체크인부터 다음날 정오 12시 체크아웃을 하는 규정으로 방을 판매한다. 예를 들면, 쉐라톤호텔과 비버리힐즈에 있는 페닌슐라 호텔은 고객이 하루 중 어느 때라도 체크인할 수 있도록 해주고, 위약금 없이 언제라도 체크아웃하도록 해 준다. 이런 호텔 나름대로의 듀레이션을 재정의함으로써 고객의 만족을 증진시키고, 시설활용과 수익을 향상시킬 수 있다.

(2) 도착의 불명확성

듀레이션 관리를 위해서는 고객도착의 불명확성을 가능한 줄이는 노력이 필요하다. 내부적 접근법으로 초과예약(overbooking)을 받는 것이 대표적이다. 외부적 접근법으로는 도착의 책임을 고객에게 전가시키는 것이다. 예를 들면, 임의로 예약을 파기하는 것을 예방하기 위하여 예치금, 위약금 제도 등을 활용한다.

(3) 듀레이션의 불명확성

다음으로 듀레이션의 불명확성을 줄이는 방법이다. 내부적 접근법으로는 정확한 듀레이션을 예측하는 것이 있다. 외부적 접근법으로는 벌금 등이 있는데, 이 방법은 자칫 고객의 분노를 초래할 수 있어 장기적으로 회사에 손해를 입힐 수 있다. 따라서 내부적 접근법이 선호된다.

(4) 고객 간의 시간 줄이기

듀레이션을 관리하는 방법으로 고객과 고객 사이에 발생하는 시간의 틈을 줄이는 노력이 있을 수 있다. 예를 들어, 외식업체에서 예약 고객을 시간대별로 받는 경우 이용자의 시간을 정확히 예측하여 고객과 고객 사이의 이용시간을 줄이는 것이 대표적인 사례이다.

5) 가격(Price)

적극적으로 수익관리(yield management)를 활용하는 서비스 기업들은 같은 시간에 같은 서비스를 이용하는 고객에게도 고객과 요구하는 특성에 따라서 다른 가격을 매긴

표 11-6 **가격관리 기법**

구분	가능한 접근법
적절한 가격 믹스	가격 탄력성, 경쟁가격, 적절한 가격정책
가격규제(rate fence): 물리적	재고품의 형태, 오락시설
가격규제(rate fence): 비물리적	제약, 사용시간, 예약시간, 단체회원

다. 적절한 가격믹스와 가격규제(rate fence)는 신용을 유지하면서도 가격을 변화시킬 수 있도록 해 주는데, 그 대표적인 사례를 정리하면 다음과 같다.

(1) 적절한 가격 믹스

서비스 기업은 고객의 입장에서 볼 때 논리적인 가격 믹스를 제공해야만 한다. 고객이 서로 다른 상황의 가격사이에 차별을 느끼지 못한다면, 차별적인 가격정책은 제 역할을 하지 못할 것이다. 따라서 소비자가 외식업체가 원하는 방향으로 의사결정을 할 때 유리한 가격으로 이용할 수 있음을 충분히 인지할 수 있도록 해야 한다. 예를 들면, 방문하기 일주일 전에 예약을 하면 10% 할인을 해 준다거나, 주말에 이용하면 20% 할인을 해 주는 등의 가격차별화를 충분히 인식할 때 소비자들은 예약과 주말시간대 이용을 고려할 수 있다.

(2) 가격규제

가격규제(Rate fence)란 소비자가 외식업체에서 할인을 받기 위해서 갖추어야 하는 자격조건을 의미한다. 좋은 가격구조를 가졌다고 다양한 가격정책이 반드시 성공하는 것은 아니다. 서비스 기업들은 논리적인 이론적 근거나 가격차별을 정당화하는 데 사용할 수 있는 가격규제도 사용해야 한다. 2사분면의 기업들은 종종 가격 규제를 사용하는데, 고객들이 왜 동일한 서비스임에도 다른 가격을 지불해야 하는지에 대한 이론적인 근거를 나타내는 물리적, 비물리적인 것들은 다음과 같다

- 물리적인 가격규제(rate fence) : 만져지는 특성, 즉 방의 형태나 호텔의 외관, 항공기 좌석의 형태나 위치, 식당의 테이블 위치와 같은 것이다. 그밖에도 오락시설(무료 골프 카트, 무료 아침식사, 영화관에서 무료 음료 제공)의 유무 등이 여기에 해당된다.
- 비물리적인 가격규제(rate fence) : 장기간에 걸쳐 고객들에게 보답할 수 있는 것으로 취소나 예약이 되었을 때를 바탕으로 한 벌점과 이점의 변화, 요구된 서비스 기간, 단체회원이나 회원가입, 시간의 사용 등을 포함한다.

서비스 기업들은 가격규제 없이 차별적인 가격설계를 흔히 채택한다. 호텔은 top-down 가격을 사용하는데, 예약 담당자가 보통 가장 높은 가격을 매기고 고객의 요구가 있을 경우에만 더 낮은 요금을 매기는 경우가 있는데, 이런 방법은 고객에게는 환영받지 못하는 방법이므로 자제하는 것이 좋다.

요약

① 서비스란 판매를 목적으로 제공되거나 상품 판매와 연계하여 제공되는 활동, 편익, 만족으로 정의할 수 있다. 외식업체의 서비스는 외식산업이 성숙해짐에 따라 고객들의 요구가 메뉴의 맛과 양에서부터 서비스로 그 중요성이 이동되었으며, 시장의 경쟁이 치열해지고 원가의 상승과 생산성 향상의 한계에 이르면서 서비스가 레스토랑의 중요한 전략으로 등장하였다.

② MOT는 고객과의 접촉을 표현하는 대표적인 용어로 사용되고 있으며 외식업체의 현장에서는 서비스 접점을 진실의 순간(MOT: Moment of Truth)으로 통용하여 사용되고 있다. 고객은 레스토랑의 광고를 접하거나 레스토랑의 건물이나 외관을 접할 때, 주차장에 차를 세우는 때, 레스토랑 입구에 들어설 때, 직원과의 접촉 순간에도 서비스를 평가한다. 따라서 외식업체는 모든 MOT에 긍정적인 평가를 받기 위해서 적절한 서비스 프로세스를 설계하고, 교육훈련을 통하여 서비스 품질을 개선하기 위해서 노력하여야 한다.

③ 외식업체의 서비스 상품은 비분리성과 무형성이라는 특성을 가지고 있기 때문에 서비스 실패가 일어나고 있다. 서비스 상품의 이질성은 외식업체의 일관성 있는 서비스 품질과 서비스 성과를 일정하게 유지할 수 없기 때문에 서비스 실패의 가장 주된 원인이 되고 있다. 서비스 불만족을 느낀 고객은 부정적인 구전효과로 더 많은 잠재고객에게 기업의 부정적 이미지를 알리게 되고, 이는 외식업체의 매출에 큰 영향을 미치게 된다. 따라서 외식업체는 실패한 서비스라도 적절한 회복관리를 통하여 고객에게 만족감과 신뢰감을 주어야 한다.

④ 외식업체는 서비스 실패점을 찾아내기 위해서는 서비스 마케팅의 마케팅(7P) 중에서 서비스 프로세스를 분석하여 서비스 실패의 사전에 예방하여야 한다. 서비스 프로세스를 분석하기 위한 다양한 기법이 존재하는데, 가장 일반적인 분석도구로서 서비스 청사진(service blueprint)이 이용된다.

⑤ 일반적으로 서비스 품질은 신뢰성, 대응성, 확신성, 공감성, 유형성의 5가지 요인에 따라 평가하며, 고객이 서비스 상품에 대한 기대와 구매 후의 성과에 따른 차이에 따라 고객의 만족/불만족을 결정한다. 고객의 기대와 성과에 대해서는 5개의 Gap이 존재하는데, 이 Gap의 수준과 폭을 줄여 줌으로써 외식업체의 서비스에 대한 고객 만족을 향상시킬 수 있다.

⑥ 서비스 수요는 시간과 수량의 변동에 따라 매우 '탄력적'이어서 예측이 어렵다는 특징이 있다. 반대로 서비스 공급은 한정적이고 안정적이라 '비탄력적'이며, 신축적인 운영이 불가능한 특성을 가지고 있다. 서비스업은 공급의 한계, 소멸성, 동시성과 같은 서비스업의 특징으로 인하여 수요와 공급을 일치시키는 것이 매우 어렵다. 많은 외식업체를 비롯한 서비스업체들은 이와 같은 문제로 인하여 공급과 수요를 최적으로 맞추기 위해서 노력하고 있으며, 이는 서비스기업의 과제이자 목표이다.

⑦ 일드 매니지먼트란 수익의 증대를 목적으로 가격(price)과 생산능력(duration)을 조절함으로써 일드(yield)를 조절하는 수익극대화 전략이다. 일드 매니지먼트는 소멸성이 있는 서비스의 4C 관리로 정의될 수 있는데, Calendar(얼마나 일찍 사전 예약이 되는지), Clock(서비스가 제공되는 시간), Capacity(서비스 생산능력), Cost(서비스의 가격)를 관리하여 다섯 번째 C인 Customer demand(고객의 욕구)를 만족시켜 이익을 극대화하는 방법이다.

1 음식점에서 제공하는 서비스의 정의로 가장 적절치 않은 것은?

① 음식의 판매와 연계하여 제공되는 활동

② 고객과 점포와의 상호작용을 통해 고객의 문제를 해결해 주는 일련의 활동

③ 음식점 간 경쟁우위의 원천

④ 고객이 주문한 음식이외에 무료로 추가 제공하는 음식

⑤ 음식의 판매와 연계하여 제공되는 편익

해설 서비스는 다양한 의미로 사용되고 있지만 무료로 제공할 때 사용하는 서비스라는 의미는 서비스 본연의 의미와는 거리가 있다.

2 다음 중 서비스의 특징에 해당되지 않는 것은?

① 유형성: 서비스는 눈에 보이는 특징이 있다.

② 비분리성: 서비스는 생산과 소비가 동시에 이루어진다.

③ 이질성: 서비스는 제공자에 따라 항상 달라진다.

④ 소멸성: 서비스는 보관이 불가능하다.

⑤ 무형성: 서비스의 구매하기 전에는 확인이 불가능하다.

해설 서비스는 무형성이라는 특징을 가진다. 즉, 눈으로 확인하고 구매할 수 있는 유형의 상품과 구별되는 특징이다.

3 다음 중 진실의 순간(moments of truth)에 대한 설명이 잘못된 것은?

① 결정적 순간 또는 서비스 접점이라고도 표현한다.

② 고객이 기업의 직원 또는 특정 자원과 접촉한 후 느끼는 만족도이다.

③ 서비스 품질 인식에 절대적 영향을 미치는 순간을 의미한다.

④ 스페인의 투우용어에서 유래하였다.

⑤ 스칸디나비아 항공사의 최고경영자였던 얀칼슨에 의하여 제시된 개념이다.

해설 고객이 기업의 외형이나 직원과 접촉하는 순간을 진실의 순간이라고 한다. 따라서 "접촉한 후에 느끼는 만족도"는 적절한 표현이 아니다.

4 서비스 복구 방법에 대한 설명으로 적합하지 않은 것은?

① 서비스 실패를 고객유지와 관계구축의 기회로 보고 추적하는 시스템이 필요하다.

② 효과적인 회복은 발생 현장에서 문제를 해결하는 것이다.

③ 신속한 서비스 복구를 위해서는 현장직원보다 책임자가 항상 문제를 해결해야 한다.

해설 신속한 서비스 복구를 위해서는 책임자의 권한을 현장 직원에 위임해야 한다. 그래야 문제가 발생하였을 때 신속하게 해결하고 고객의 불만을 잠재울 수 있다.

④ 실패 원인 파악, 근본적인 문제점을 발견 정비하는 기회로 활용해야 한다.

⑤ 서비스 복구의 패러독스는 서비스복구의 중요성을 설명하는 데 활용된다.

5 서비스 품질 차원에 대한 설명 중 잘못된 것은?

① 신뢰성 : 약속한 서비스를 정확하게 수행할 수 있는 능력

② 대응성 : 고객을 돕고 신속한 서비스를 제공하겠다는 의지

③ 확신성 : 확신을 주는 직원의 자세와 지식 및 예의바른 태도

④ 무형성 : 시설, 장비, 인력 등 물리적 환경의 상태는 서비스 제공자의 마음을 나타내는 무형적 증거

⑤ 유형성 : 시설, 장비, 인력 등 물리적 환경의 상태는 서비스 제공자의 마음을 나타내는 유형적 증거

해설 유형성 : 시설, 장비, 인력 등 물리적 환경의 상태는 서비스 제공자의 마음을 나타내는 유형적 증거이다.

6 서비스 개선을 위하여 서비스 청사진 기법을 활용하는 의의와 거리가 먼 것은?

① 관리자가 서비스를 실행하기 전에 도표화함으로써 서비스 개념을 검증하고 시스템의 정의를 내릴 수 있다.

② 서비스 청사진의 작성의 중요한 목적은 완벽한 서비스 접점을 발견하는 것이다.

③ 서비스 청사진을 이용하여 개선 전, 후의 시스템을 비교함으로써 추가적인 서비스의 개선기회를 발견할 수 있다.

④ 서비스 청사진을 면밀히 검토함으로써 특정 프로세스의 구체적인 정의가 가능하다.

⑤ 서비스 청사진의 작성은 실수 가능점을 발견할 수 있는 기회를 제공함으로써 높은 품질의 서비스를 가능케 한다.

해설 서비스 청사진의 작성은 실수 가능점을 발견할 수 있는 기회를 제공함으로써 높은 품질의 서비스를 가능케 한다.

7 서비스 품질에 대한 설명 중 적절치 않은 것은?

① 서비스 품질의 평가는 서비스 전달과정에서 일어난다.

② 고객은 서비스 본질을 느끼게 되는 결정적 순간(MOT)에 만족, 불만족을 평가한다.

③ 서비스품질관점에서 '고객만족 = 서비스 전 기대수준 > 제공된 서비스 수준'이다.

④ 고객의 기대수준은 구전, 개인적 욕구, 과거 경험 등에 의하여 결정된다.

⑤ 고객만족을 위해서는 고객이 기대한 서비스 수준을 능가하는 서비스를 제공할 수 있어야 한다.

해설 서비스품질관점에서 '고객만족 = 서비스 전 기대수준 < 제공된 서비스 수준'이다.
따라서 고객만족을 위해서는 고객이 기대한 서비스 수준을 능가하는 서비스를 제공할 수 있어야 한다. 만약 기대한 서비스 수준보다 낮은 수준의 서비스를 제공하게 되면 고객 불만족을 야기하게 된다.

8 서비스 청사진과 관련된 내용 중 잘못된 것은?

① 서비스 전달 시스템은 서비스가 종료되어 고객이 만족과 불만족을 느끼는 과정을 의미한다.

② 서비스 전달 시스템을 설계하는 것은 고객만족을 위한 창조적인 과정이다.

③ 서비스 프로세스를 분석하기 위한 다양한 기법이 존재하는데 가장 일반적인 분석도구로서 서비스 청사진(service blueprint)이 이용된다

④ 서비스 청사진은 핵심 서비스 프로세스를 그 특성이 나타나도록 알아보기 쉬운 방식의 그림으로 나타낸 것이다

⑤ 서비스 프로세스는 서비스가 생성되어 고객에게 전달되기까지의 전 과정을 의미한다.

해설 서비스 프로세스, 즉 서비스 전달 시스템은 서비스가 생성되어 고객에게 전달되기까지의 전 과정을 의미한다.

9 서비스의 수요와 공급에 대한 특성 중 잘못된 것은?

① 서비스 수요는 시간에 따른 변동이 심해 매우 탄력적이다.

② 서비스 공급은 한정적이고 안정적이어서 비탄력적이다.

③ 제조업의 경우 재고 또는 야간작업 등을 통해 수요에 맞도록 공급의 조절이 가능하다.

④ 서비스업은 공급의 한계, 소멸성, 동시성 등의 특성으로 인하여 제조업보다 수요와 공급을 일치시키는 것이 쉽다.

해설 서비스업의 특성인 공급의 한계, 소멸성, 동시성 등은 수요와 공급을 일치시키기 힘들게 하는 요인이다.

10 다음 중 수요와 공급에 대한 설명으로 적합하지 않은 것은?

① 구매력이 없는 단순한 욕구만 있어도 수요라고 할 수 있다.

② 수요관리란 수요의 시간대와 수량에 영향을 미치는 수요행태에 영향을 미치는 활동이다.

③ 공급이란 기업의 서비스 능력으로서 판매자가 정해진 가격에서 대가를 받고 제공하는 서비스를 말한다.

④ 공급관리란 변화하는 수요에 공급을 맞추기 위한 총체적 활동이다.

해설 소비자의 지불능력이나 지불의향이 없는 단순한 욕구는 수요가 될 수 없다. 예를 들면, 소비자가 햄버거를 보고 배가 고프다는 욕구가 생겨도 이를 구매할 의사가 없으면 수요라고 하지 않는다.

정답	1 ④	2 ①	3 ②	4 ③	5 ④	6 ②
	7 ③	8 ①	9 ④	10 ①		

1 가장 좋아하는 외식업체에 대한 서비스 청사진 및 고객 경험지도를 만들고, 서비스 실패 가능점을 찾아 프로세스의 문제점을 지적하고 개선 방안을 제시하여 봅시다.

2 외식업체에서 자주 발생하는 고객 불만족 사례를 조사하고, 이를 사전에 예방할 수 있는 방안과 사후에 서비스회복을 위한 접객 방안에 대하여 제시하여 봅시다.

3 악용고객에 대한 사례를 조사하고 악용고객 대처에 대한 의견에 대한 토론을 진행하여 봅시다.

4 중국식 샤브샤브 브랜드, '하이디라오'는 중국에서 서비스의 대명사로 통합니다. 그들의 서비스전략을 조사하고 성공요인을 정리하여 봅시다.

5 수익성관리를 위하여 외식업체들이 가격을 활용하는 경우가 많습니다. 이런 사례를 정리하고 그 방법의 장단점을 제시하여 봅시다.

4부

외식창업을 위한 법률

12장

노무관리

—

"우리의 성공은 다른 기업의 경영자가 직원들에게 진정성을 가지
고 다가가지 않았음을 입증하는 결과이다. 그들은 직원들의 세심
한 부분까지 관심을 가지지 않았다"

프레드 터너(제2대 맥도날드 대표이사 회장)

노무관리

학습내용

1. 인적자원 관리 및 임금설정
2. 근로관계
3. 근로관계의 종료

학습목표

- 채용 시 주의사항과 임금설정을 이해한다.
- 근로관계를 이해한다.
- 해고 및 퇴직을 이해한다.

생각열기

BEST CASE　　　　외식사업자들을 대상으로 조사한 내용 중 가장 큰 애로사항에 대한 질문에서 많은 사업자들이 구인난을 손꼽았다고 한다. 특히 인건비가 상승하면서 가격을 올리는 데 한계가 있는 외식사업자들의 수익성은 날로 악화되는 것이 현실이다. 이러한 어려움을 극복하기 위해서는 창업을 계획하는 시점부터 인력과 관련된 내용에 대한 신중한 검토가 필요하다.

이미 입지를 선정할 때부터 인력조달의 편의성을 고려한 나성공은 사업이 번창하면서도 구인난으로 인한 애로를 겪지는 않고 있다. 저녁에는 인근 대학에서 아르바이트생을 쉽게 구할 수 있을 뿐만 아니라, 점심시간에는 인근거주지역의 주부들이 파트타이머로 일해 주기 때문이다. 나성공은 이들과의 유대강화도 돈독히 하면서 이직 시에는 지인을 소개시켜 주는 시스템까지 정착되어 정규직과 임시직의 일정 비율을 지속적으로 유지하고 있다.

더욱이 이런 인력구조는 나성공의 음식점이 높은 수익성을 올리는 데도 일조를 하고 있다.

무엇보다도 나성공은 자신이 레스토랑 콘셉트를 설정하면서 선택한 베트남음식전문점이 매우 잘한 일임을 요즘 들어 더욱 실감하고 있다.

이도움의 조언에 따라 베트남음식전문점을 선택하면서 이도움이 평소에 알고 지내던 베트남 전문가를 통해 현지의 주방장과 스텝을 채용하였는데, 그들이 워낙 성실하고 본인들이 장기근무를 원하였기 때문에 안정적인 사업을 영위하는 데 많은 도움이 되었다. 그리고 이런 선택을 한 데는 다음과 같은 홍석천 씨에 대한 기사가 많은 도움이 되었다.

마이타이(MY THAI)를 오픈하기 위해 홍석천은 태국으로 날아가 30명의 요리사를 만나야 했다. 반복되는 미팅으로 녹초가 되었을 무렵, 어느덧 30번째 요리사가 나타났다. 하얀색 양복을 차려입고, 노트북을 들고 온 그 요리사는 이전의 요리사와는 달리 단정하고 준비성이 철저해 보였다. 그는 노트북을 열어 자신이 그동안 만든 요리를 사진으로 보여주며 성실하게 설명했다.

홍석천은 그 모습을 보고 바로 '이 사람이다'라고 생각했고, 곧바로 그의 식당을 찾아갔다. 놀랍게도 그 요리사는 방콕국제공항의 태국 푸드코트의 총 주방장이었다. 그의 이름은 니코. 니코는 태국을 오고 가는 외국인들의 입맛에 맞는 유러피언 스타일의 태국 요리를 하고 있었다. 홍석천이 생각하던 세련된 태국 음식이었다.

홍석천은 바로 그 자리에서 니코에게 "한국으로 가서 나와 레스토랑을 하자."고 제안했고, 니코 역시 흔쾌히 제안을 받아들였다. 그렇게 손을 잡은 두 사람은 2007년 봄 이태원에 태국음식전문점 '마이타이'를 오픈한다. 니코와 홍석천은 처음부터 한국인의 입맛에 맞춰 음식을 만들기보다는 마이타이 스타일을 만들어 맛의 기준점을 통일하자고 약속했다.

하지만 쉬운 일은 아니었다. '내가 알고 있는 태국 음식과 맛이 다르다', '내 입맛에 맞지 않다' 등 음식에 대한 불만을 표하는 손님들도 많았다. 하지만 홍석천은 '레스토랑의 맛에는 흔들림이 없어야 한다'는 니코의 말을 신뢰하고 모든 불평을 수습했다. 요리사를 신뢰하고 끝까지 밀어준 홍석천과 음식 맛을 꾸준히 지켜나가는 니코. 두 사람의 신념이 오늘날 이태원의 인기 타이 레스토랑 '마이타이'를 만들었다.

자료 : 마이프라이데이, 한국을 대표하는 환상의 듀오 셰프 8팀

WORST CASE 박실패는 어려운 가운데서도 물러설 수 없다는 의지를 불태우며 음식점을 그럭저럭 운영하고 있다. 요즘 들어 그가 가장 큰 실수라고 생각하는 부분은 직접 요리를 배우지 않고 음식점 창업을 하였다는 것이다.

"내가 정말 미쳤지. 이멘토가 그렇게 요리부터 배우고 창업을 생각하라고 했을 때 말을 들었어야 하는 건데."

하지만 혼자 투덜투덜 해 봐야 이미 지나간 버스에 손을 흔드는 것과 마찬가지였다.

"박실패. 내가 뭐라고 했나. 진작 음식점 창업을 할 생각이면 직접 요리도 배우고 음식점에서 아르바이트라도 하면서 상황 파악을 좀 하라고 하지 않았던가."

그랬다. 박실패는 음식점에서 가장 속을 썩이는 사람이 바로 주방장이라는 이야기를 들은 기억이 난다. 물론 모든 음식점과 모든 주방장이 그렇다는 것은 아니지만, 다음과 같은 사례를 들으며 자신의 실수를 인정할 수밖에 없었다.

돈과 아이템만으로 음식점을 시작하려는 사람들이 있다. 그러나 스스로 음식 맛을 낼 수 없고, 주방의 흐름에 대해 파악하고 있지 못한 상태에서 '주방장만 고용하면 되지'라고 생각하는 사람은 망하기 십상이다. 일류 주방장을 데려오려면 그 비용이 만만치 않을 뿐만 아니라, 주방 세력이 커지게 되면 그들이 담합하여 주인을 뒤흔들려고 하는 경우가 비일비재하다. 또한 식재료 값이 만만치 않은데, 주방 관리를 잘못하게 되면 자신도 모르게 돈이 주방에서 줄줄 새나간다. 주방 사람들이 재료를 빼돌려 잇속을 챙기는 경우도 있다. 이미 음식점을 차린 상태에서 음식을 맛낼 줄 모르고, 주방의 흐름을 모르면 주방장 세력에 속수무책으로 당할 수밖에 없다. 음식점 경험이 없다면, 개업을 서두르지 말고 차라리 몇 개월 식당 주방에서 일해서 주방 일을 파악하는 것이 급선무이다.

또한 시간 약속을 지키는 것은 모든 일의 근본이다. 작은 약속을 지키지 못하는 사람은 큰일을 할 수

없는 사람이다. 매일 5분, 10분 지각하는 것이 작은 것 같아 보이지만, 그런 사람은 언젠가 큰 실수나 잘못을 할 가능성이 있는 사람이다. 이런 사람은 오래 두는 것보다는 과감히 해고하는 것이 좋을 수도 있다. 이처럼 사장은 직원의 하나를 보고 열을 파악해 내는 안목이 필요하다.

자료 : www.2cm.co.kr

일단 창업만 하면 만사가 다 해결될 것이라는 믿음으로 용감하게 개업을 감행하였던 박실패로서는 외부고객 이전에 내부고객을 관리하는 것이 얼마나 힘든 일인지를 깨닫게 되면서 많은 고민에 휩싸이게 되었다.

가중되는 인력난으로 주방이건 홀이건 일할 사람을 구하기도 힘들었지만, 더 큰 문제는 힘들게 고용을 해도 한 달을 넘기는 직원이나 아르바이트생이 없다는 것이었다. 고민 끝에 박실패는 창피함을 무릅쓰고 이멘토에게 도움을 요청하게 되었다.

"이멘토, 이 문제를 어떻게 해결했으면 좋겠나? 도대체 사람을 구할 수도 없고 구해도 한 달을 못 버티고 나가니 말일세!"

"그래 고충이 많겠군. 이미 예상했던 일 아닌가? 내가 충분히 설명을 해 준 것으로 아는데…."

"아 물론 다 들었지. 하지만 사람이 실제 경험하기 전에는 잘 실감을 못하는 게 아닌가. 이미 지난 이야기를 꺼내지 말고 우리 미래를 이야기하세. 진짜 이러다가 나 죽을 것 같다네. 지난달부터 하루도 쉬지도 못했고, 거기다가 우리 식구는 무슨 죄인가. 아내며 동생들까지 시간 날 때마다 도와준다고 나오는데…. 너무 미안하기도 하고…."

외식산업은 노동 집약적인 산업 중의 하나이다. 기술의 발전으로 조리의 편리성을 강조한 다양한 식재료들이 생산되고 시설, 장비들이 발전을 하고 있다고 하더라도 외식산업에서의 인력은 꼭 필요한 부분이다. 또한 매년 최저임금제 등의 영향으로 직접 노동비가 증가되고 있으며, 사회복지 정책의 변화로 간접 인건비가 지속적으로 상승되고 있는 것이 현실이다. 하지만 외식산업에서의 직원들의 이직률은 매우 높아 인사관리에 매우 어려움을 가지고 있다. 따라서 외식업의 경영자라면 인건비를 최소화하면서도 운영의 목표를 달성할 수 있도록 인력 구성 방안에 대하여 고민하게 될 것이다.

만일 경험도 없고, 관심도 없고 훈련도 안 된 사람을 고용한다면 이러한 목표는 절대 이루어지지 않을 것이다. 많은 외식업체에서 훈련되지 않고 경험도 부족한 사람을 채용하여 교육과 훈련을 하게 되면 고객이 느끼는 서비스의 질은 저하될 것이고, 생산성도 저하되어 기업에 피해를 발생시킬 수 있다. 또한 사고나 실수 등으로 다른 직원에게도 영향을 미치는 일이 생기면 직원 간의 불화가 생기고 이직으로 이어지는 악순환이 시작될 것이다. 따라서 인건비의 최소화와 효율적인 인력 구성을 갖기 위해서는 직원을 채용 및 적응시키고, 훈련시키는 과정의 정확한 인사정책을 가지고 있어야 할 것이다.

1 인적자원 관리 및 임금설정

인적자원의 계획이란 외식업체에 있어 경영상의 요구와 개인적 기능을 합치시키려는 것으로, 외식업체가 필요로 하는 인적자원의 수와 질, 시기를 계획하고 이러한 필요를 충당할 수 있는 공급방안에 대해서 예측하고 인적자원의 모집, 선발, 배치활동을 전개하는 것을 말한다.

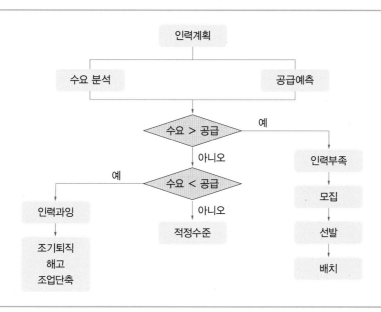

그림 12-1 **외식업체의 인적자원의 확보관리**

1) 인력계획

인력계획이란 현재와 미래의 각 시점에서 조직이 필요로 하는 인적자원의 수요와 공급을 예측하여 이를 적절히 조화시키는 것을 의미한다. 필요 인원을 산출하는 방법에는 예산 대비 인원 산출방법과 시설규모와 업무량 비교 산출방법 등이 있다.

먼저 예산 대비 인원 산출방법은 추정 매출액의 일정비율 수준에서 인원 수 및 인건비를 산출하여 결정하는 방법이다. 즉, 추정 매출의 20~40%에 해당하는 금액 수준에서 인건비를 산정하고 이 인건비 내에서 인원 수를 결정하는 방법이다.

두 번째 방법은 시설규모 및 업무량을 비교 산출하여 인원을 추정하는 방법이다. 먼저 내방하는 고객 수와 이에 따르는 업무량에 따라 최소한의 인원만을 산출하여 선발한 후에 실제적 업무량을 조사하여 조정하는 방식이다. 다이닝 레스토랑과 연회장의 서비스 인원은 차이에서 알 수 있듯이 이 방법은 메뉴의 종류, 서비스 방식, 직원의 동선, 업태를 신중히 고려하여야 한다.

2) 지원자 모집

지원자의 모집은 직무 명세서에 명시된 요건에 적합한 인적자원을 확보하기 위해 유인하는 활동으로, 소규모의 레스토랑에서는 직원을 구하기 위한 광고를 가족이나 친구들을 통하거나 현재 일하고 있는 직원들의 가족이나 친구를 소개하는 것과 같이 비공식적인 절차에 의해서 이루어지고 있다. 이러한 방법은 비용이 발생되지 않는 방법으로 보다 많은 지원자를 통하여 직원을 선별하기 위해서는 지역신문이나 공개적인 광고를 내는 것이 좋다. 또는 전문직의 경력자를 채용하기 위해서 인력소개소를 이용할 수도 있다. 인력소개소를 이용하는 것은 비교적 많은 비용이 발생되지만, 사전 심사를 통하여 전문 능력을 갖춘 후보자를 소개 받을 수 있기 때문에 시간을 절약할 수 있는 이점이 있다.

요즘은 인터넷 구인구직전문 사이트를 활용하면 저렴한 가격으로 많은 지원자를 선별할 수도 있고, 지원자의 경력사항 검색을 통하여 필요한 경력의 직원을 손쉽게 찾아낼 수도 있다. 하지만 자격이 없는 지원자들이 많다는 것도 염두에 두어야 한다.

지원자를 모집하는 광고에는 해당 직무, 매장의 위치, 근무시간, 요구되는 자격, 지원방법, 임금과 같은 직무의 특징들은 무엇이 있는지 알려 해당 자격이 있는 지원자를 받아야 한다.

3) 채용 및 배치

채용이란 근로자가 사용자에게 근로를 제공하고 사용자는 근로자에게 임금을 지급하여 근로계약이 성립하는 것을 말한다. 이런 직원의 채용에 있어 요리를 잘하거나 서비스를 잘하는 것뿐만 아니라, 조직 내에서 팀과 잘 어울릴 수 있는 것도 매우 중요한 요인으로 작용한다. 또한 직원을 채용할 경우에는 수습기간을 정하고 채용하는 것이 좋다. 채용된 직원의 수습기간은 업무의 중요성이나 고용된 사람의 숙련도에 따라 결정하여야 한다. 수습기간 동안에는 직원으로서 기술적인 능력과 인간적인 조화를 통하여 지속적인 조직생활을 할 수 있는지를 확인할 수 있는 기간이 되어야 하며, 선발된 직원도 조직에 적응하여 자신의 능력을 발휘할 수 있는지 확인하는 기간이 되어야 한다.

또한 직원으로 선발되지 않는 지원자에 대한 지원서는 보관하여 이후 적합한 공석이 생기게 되면 후보자로 활용할 수 있다. 이렇게 되면 인력 채용에 대한 비용과 시간이 감소시킬 수 있는 이점이 있다.

채용된 이력을 적합한 직무에 배속하는 활동을 배치라고 하는데, 직원이 주인 의식과 자신의 직무에 만족감을 가지고 일할 수 있도록 적절한 배치를 하여야 한다. 이는 채용된 직원이 조직의 직무 수행에 적합한 자격 요건을 갖추고 있고, 직무 수행능력 및 적성이 맞는 직무에 배치되는 것을 의미한다.

(1) 채용 시 법적 고려사항

● 고용상 연령차별금지 및 고령자고용촉진에 관한 법률

사업주는 근로자의 모집, 채용에서 합리적인 이유 없이 연령을 이유로 근로자 또는 근로자가 되려는 자를 차별하는 것을 금지한다.

● 장애인고용촉진 및 직업재활법

장애인차별금지 및 장애인 고용의무비율: 국가, 지방자치단체, 공무원, 공공기관 3%, 민간(상시근로자 50인 이상 사업주)의 경우 2.5%

● 국가유공자 등 예우 및 지원에 관한 법률

● 산업안전보건법

고용 차별의 수단으로 지적되면서 채용 시 건강진단 폐지(2006년 1월)

(2) 채용 시 구비서류

소정의 전형을 마치고 회사에 채용된 직원은 다음의 서류를 소정기일 내에 제출하여야 한다. 다만, 사전승인을 받은 경우나 회사가 인정한 경우에는 지정된 기일을 초과하거나 관계서류의 제출을 면할 수 있다.

1. 최종학력증명서 1부

2. 신원보증 및 재정보증서 1부

3. 서약서 1부

4. 건강진단서 1부

5. 사진 2매

6. 인사기록카드 1부(회사의 양식)

7. 주민등록등록 등·초본 2부

8. 면허 자격증 사본(해당자에 한함)

9. 병적증명원(해당자에 한함)

10. 경력증명원 1부(해당자에 한함)

11. 이력서 1통

12. 기타 회사가 요구하는 서류

채용절차의 공정화에 관한 법률(채용절차법)

제7조(전자우편 등을 통한 채용서류의 접수) ① 구인자는 구직자의 채용서류를 사업장 또는 구인자로부터 위탁받아 채용업무에 종사하는 자의 홈페이지 또는 전자우편으로 받도록 노력하여야 한다. ② 구인자는 채용서류를 전자우편 등으로 받은 경우에는 지체 없이 구직자에게 접수된 사실을 제1항에 따른 홈페이지 게시, 휴대전화에 의한 문자전송, 전자우편, 팩스, 전화 등으로 알려야 한다.

제8조(채용일정 및 채용과정의 고지) 구인자는 구직자에게 채용일정, 채용심사 지연의 사실 등 채용과정을 알려야 한다. 이 경우 고지방법은 제7조제2항을 준용한다.

제10조(채용 여부의 고지) 구인자는 채용대상자를 확정한 경우에는 지체 없이 구직자에게 채용 여부를 알려야 한다. 이 경우 고지방법은 제7조제2항을 준용한다.

4) 외식 기업의 임금설정

(1) 임금의 정의

근로기준법 제2조 제1항 제5호의 임금이란 사용자가 근로의 대가로 근로자에게 임금, 봉급, 그밖에 어떠한 명칭으로 하든지 지급하는 일체의 금품을 말한다. 외식업체에 있어서 식재료비용 다음으로 큰 비중을 차지하는 것이 인건비라고 할 수 있다. 하지만 인 건비의 경우에는 정확한 물자관리를 통한 식재료비용의 관리와는 다르게, 종사원의 개성과 감정과 같은 것에 이르기까지 관리의 대상에 해당되기 때문에 식재료비용에 비해 관리가 어려운 것이 현실이다.

보통 임금은 기본급, 수당, 상여금 등으로 구분되어 지급되며, 기준 임금은 기본급과 직무와 관련된 수당을 말하는데 이는 상여금이나 퇴직금의 산정기준이 된다.

(2) 임금의 판단기준

임금인지 여부를 판단할 때 ① 근로의 대가, ② 사용자가 지급하는 금품, ③ 명칭여하를 불문한 일체의 금품이라는 조건을 기준으로 형식적 측면이 아닌 실태적 측면을 고려하여 종합적으로 판단한다.

① 근로자의 대가

임금 해당 여부의 판단 기준이 바로 '근로의 대가성'이다. 즉, 임금지급의 목적이 근로에 대한 대가로서 사용자의 지휘·감독 하에 제공하는 사용종속관계에서의 근로에 대한 대가여야 한다. 판례는 사용자가 지급하는 금품이 근로의 대가인지의 여부는 형식적인 계약내용뿐만 아니라 임금실태, 지급관행 등의 실태적 측면을 고려하여 종합적으로 판단할 것을 기본전제로 삼고 있다. 즉, '지급의무의 예정유무'와 '지급형태의 고정성·정기성'에 따라 근로의 대가성 유무를 판단한다.

따라서 근로의 대가가 아닌 호의적, 은혜적, 실비변상적 급여는 임금이 아니다. 경조금이나 장려금과 같은 은혜적인 급여와 영업활동비나 출장비와 같은 '실비변상적 급여'는 임금이 아니다.

② 사용자가 지급하는 금품

지급의 주체는 사용자가 되어야 하며, 이는 사용자에게 지급의무가 있어야 함을 말한다. '그 지급의무가 있다.'는 것은 그 지급여부를 사용자가 임의로 결정할 수 없다는 것을 의미하며, 지급의무의 발생근거는 단체협약이나 취업규칙, 급여규정, 근로계약에 의한 것이든 사용자의 방침이나 관행에 따라 계속적으로 이루어져 노사 간에 그 지급이 당연한 것으로 알려질 정도의 관계가 형성된 경우처럼 노동관행에 의한 것이든 상관없다.

③ 명칭 여하를 불문한 일체의 금품
급료, 보수, 봉급, 수당, 장려금 등의 명칭에 구애됨이 없이 사용종속관계에서 대가로 지급된 것이면 임금이다.

(3) 임금수준의 범위

인건비 관리라는 것은 일반적으로 예산에 책정된 인건비율의 관리를 의미한다. 인건비 관리는 외식업체의 영업의 특색을 고려하여야 한다. 해당 외식업체의 업종과 업태에 따라 다르게 표현되어야 할 것들이 있는지, 그에 따라 직원을 어떻게 구성, 배치하여야 하는지 관리자는 염두에 두어야 할 것이다. 창업을 위해서는 먼저 적절한 수준의 목표인건비율과 이에 따른 직원들의 임금제도를 미리 정해 두어야 한다.

임금제도가 없는 경우, 직원 임금에 대한 투명성이 보장할 수 없기 때문에 종사자 간의 불만 요소가 될 수 있기 때문이다. 따라서 임금의 결정을 위해서는 다음의 사항을 참고하여 결정한다.

그림 12-2 **임금수준의 범위**

(4) 평균임금

평균임금이란 이를 산정하여야 할 사유가 발생한 날 이전의 3개월 동안에 그 근로자에게 지급된 임금의 총액을 그 기간의 총 일수로 나눈 금액을 말한다. 근로자가 취업한 후 3개월 미만인 경우도 이에 준한다.

이는 퇴직금 등을 산정하기 위하여 설정된 개념이다. 즉, 통상임금이 근로자가 제공하는 노동력에 대한 가치를 평가한 사전적 개념이라고 볼 때, 평균임금은 실제 제공한 근로에 대해 산출하는 사후적 개념이다.

$$1일 \ 평균임금 = \frac{산정사유 \ 발생일 \ 이전 \ 3월 \ 동안의 \ 임금총액}{산정사유 \ 발생일 \ 이전 \ 3월 \ 동안의 \ 총 \ 근무일수}$$

① 평균임금의 산정사유

근로기준법상의 퇴직금, 휴업수당, 연차유급휴가수당, 재해보상금, 감급의 제한과 산재보험법상의 보험급여와 고용보험법상의 구직급여 계산 시 평균임금을 기초로 산정한다.

② 평균임금의 산정기초가 되는 임금의 범위

평균임금의 산정기초가 되는 임금 총액은 근로기준법 제2조 제1항 제5호의 임금을 말한다. 따라서 임금성에 해당되면 평균임금의 산정기초가 되는 임금에 해당된다.

③ 평균임금의 산정기간

'산정하여야 할 사유가 발생한 날'이란 다음과 같다.

- 퇴직금　　→　퇴직하는 날
- 휴업수당　→　휴업기간의 초일
- 재해보상　→　사고발생일 또는 질병의 발생일이 확인된 날

■ 제외되는 기간 및 임금

다음에 해당하는 기간은 그 기간과 그 기간 중에 지급된 임금은 평균임금 산정기준이 되는 기간과 임금의 총액에 각각 제외한다. 이는 대체로 근로자의 귀책사유 없이 근로를 제대로 제공하지 못하거나 정당하게 권리행사를 한 경우에 해당한다.

- 수습 사용 중인 기간
- 사용자의 귀책사유로 휴업한 기간
- 출산전후 휴가 기간
- 업무상 부상 또는 질병으로 요양하기 위하여 휴업한 기간
- 육아휴직 기간
- 쟁의행위 기간
- 「병역법」, 「향토예비군설치법」, 또는 「민방위기본법」에 따른 의무를 이행하기 위하여 휴직하거나 근로하지 못한 기간. 다만, 그 기간 중 임금을 지급받은 경우에는 그러하지 아니함
- 업무 외 부상이나 질병, 그밖에 사유로 사용자의 승인을 받아 휴업한 기간

■ 근로자의 귀책사유에 의한 기간

다음의 기간은 평균임금 산정기초에서 제외되지 않는 것으로 판례는 해석하므로, 평균임금계산 시 이 기간이 포함되면 평균임금은 적게 계산된다.

- 근로자의 귀책사유에 의한 직위해제, 휴직 등의 기간
- 위법한 쟁의행위기간

④ 평균임금의 최저보장

평균임금이 통상임금보다 적을 때는 그 통상임금을 평균임금으로 한다.

(5) 통상임금

통상임금이란 근로자에게 정기적·일률적으로 소정근로 또는 총 근로에 대하여 지급하기로 정한 시간급 금액, 일급금액, 주급금액, 월급금액 또는 도급금액을 말한다. 따라서 통상임금에 해당하려면 정기적·일률적으로 지급되는 고정적인 임금이어야 하며, 정기적·일률적인 지급이 아니거나 실제의 근무성적에 따라 지급 여부 및 지급액이 달라지는 것은 통상임금에 해당하지 않는다.

① 통상임금 산정사유

통상임금은 해고예고수당, 연장·야간 및 휴일근로에 대한 가산임금, 연차유급휴가수당, 출산전후 휴가급여, 육아휴직급여 등의 산정기초로 사용되고 있다.

② 통상임금 판단기준

최근 대법원 전합판결(2012다89399, 2013.12.18)에 의하면, 통상임금이란 근로계약에서 정한 근로를 제공하면 확정적으로 지급되는 임금이며, 통상임금 여부는 임금의 명칭이나 지급주기의 장단 등 형식적인 기준이 아니라 임금의 객관적 성질이 통상임금의 법적인 요건을 갖추었는지 여부에 따라 판단하고 있다. 또한 통상임금은 초과근로수당 산정 등을 위한 기초임금이므로 근로계약에 따른 소정근로시간에 통상적으로 제공하는 근로의 가치를 금전적으로 평가한 것이어야 하며, 근로자가 실제로 초과근로를 제공하기 전에 미리 확정되어 있어야 한다.

■ 소정근로의 대가

'근로자가 소정근로시간에 통상적으로 제공하기로 정한 근로에 관하여 사용자와 근로자가 지급하기로 약정한 금품'을 말한다.

즉, 어떤 금품이 근로의 대상으로 지급된 것이냐를 판단함에 있어서는 그 금품지급의무의 발생이 근로제공과 직접적으로 관련되거나 그것과 밀접하게 관련된 것으로 볼 수 있어야 할 것이고, 이러한 관련 없이 그 지급의무의 발생이 개별 근로자의 특수하고 우연한 사정에 의하여 좌우되는 경우에는 그 금품의 지급이 단체협약·취업규칙·근로계약 등이나 사용자의 방침 등에 의하여 이루어진 것이라 하더라도, 그러한 금품은 근로의 대상으로 지급된 것으로 볼 수 없다(대법원 1995.5.12. 선고94다55934 판결).

다음에 해당하는 임금 등은 소정근로의 대가로 볼 수 없는 임금이나, 약정한 금품이 소정근로시간에 근무한 직후나 그로부터 가까운 시일 내에 지급하지 아니하였다고 하여 소정근로의 대가가 아니라고 할 수는 없다.

- 근로자가 소정근로시간을 초과하여 근로를 제공하여 지급받는 임금
- 근로계약에서 제공하기로 정한 근로 외의 근로를 특별히 제공함으로써 사용자로부터 추가로 지급받는 임금
- 소정근로시간의 근로와의 관련 없이 지급받는 임금

■ 정기성

미리 정해진 일정한 기간마다 정기적으로 지급되는지 여부에 관한 것으로서, 1개월을 초과하는 기간마다 지급되더라도 일정한 간격을 두고 계속적으로 지급되는 것이며 통상임금이 될 수 있다. 따라서 1개월을 넘어 2개월, 분기, 반기, 1년 단위로 지급되더라도 정기적으로 지급되는 것이면, '정기성' 요건은 충족된다.

판례는 '1임금지급주기'를 통상임금의 요건으로 볼 수 없는 근거를 아래와 같이 제시하였다.

- 근로기준법 제43조제2항의 정기불 지급원칙은 근로자의 생활안정을 도모하려는 것이므로 이를 근거로 1개월 넘는 기간마다 지급되는 임금을 통상임금에서 제외된다고 해석할 수 없음
- 시행령 제6조제1항의 정의규정 중 시간급·일급·주급·월급 금액 등은 다양한 기간을 단위로 산정·지급되는 임금의 형태를 예시한 것에 불과함
- 최저임금은 근로자의 생활안정 등을 위하여 매월 1회 이상 정기적으로 지급하는 임금 이외의 임금은 최저임금 비교대상 임금에서 제외하고 있으나, 이를 근거로 통상임금을 1임금지급기로 한정하여야 한다고 볼 수 없음

■ 일률성

'모든 근로자'에게 지급되는 것뿐만 아니라 '일정한 조건 또는 기준에 달한 모든 근로자'에게 지급되는 것도 포함하는 개념으로서 일률적으로 지급되어야 통상임금이 될 수 있다. 여기서 '일정한 조건 또는 기준'은 작업 내용이나 기술, 경력 등과 같이 소정근로의 가치평가와 관련된 조건이어야 한다. 즉, 일정한 조건이란 시시때때로 변동되지 않고 고정적인 조건이어야 한다.

■ 고정성

초과근로를 제공할 당시에 그 지급 여부가 업적, 성과 기타 추가적인 조건과 관계없이 사전에 이미 확정되어 있어야 인정된다. 고정적 임금은 명칭을 묻지 않고 소정근로시간을 근무한 근로자가 그 다음날에 퇴직한다 하더라도 근로의 대가로 당연하고도 확정적으로 지급받게 되는 최소한의 임금을 말한다. 즉, 고정성은 사전확정성이 있어야 하며, '추가적 조건'이란 초과근무를 제공하는 시점에 성과 여부가 불분명한 조건을 의미한다. 따라서 근로제공 이외에 추가적인 조건이 충족되어야 지급되는 임금이나 그 충족여부에 따라 지급액이 달라지는 임금 부분은 고정성이 결여되었다고 본다. 단, 지급액 중 추가적인 조건에 따라 달라지지 않는 부분만큼은 고정성을 인정한다. 예를 들어, 실제 근무성적에 따라 지급여부나 지급액이 달라지는 성과급과 같은 임금은 고정성이 없어 통상임금이 될 수 없는 대표적인 경우이다. 단, 이 경우에도 최소한도로 보장되는 부분만큼은 근무성적과 무관하게 누구나 받을 수 있는 고정적인 것이므로 통상임금이 될 수 있다.

또한 판례는 지급일 기타 특정 시점에 재직 중인 근로자에게만 지급하는 임금은 고정성을 결여한 것으로 판단하고 있다. 예를 들어, 부산고법(2012나7816, 2014.1.8.)은 입사 1년 이상 근속해 지급기준일에 재직하고 있는 근로자에 한해 월 평균임금의 380%(연4회 95%씩 분할 지급)를 지급하는 상여금에 대해 고정성이 없어 통상임금이 아니라고 판시하였다.

2 근로관계

1) 근로계약서 작성·교부

직원을 채용한 뒤 가장 먼저 해야 할 일은 근로계약을 맺는 것이다. 근로계약서란 사업주가 근로자에게 임금을 지불하고, 근로자는 노동력을 제공하겠다고 약속하는 유상 쌍무계약이다. 이런 근로계약이 성립하기 위해서 서면, 구두 등 상관없지만 근로기준법 제17조에 의해 요건에 맞는 근로계약서를 작성해야만 과태료 등의 제재를 받지 않는다. 따라서 사업주는 근로계약 체결 시 근로기준법에 맞는 근로계약서를 작성하고, 이를 근로자에게 교부해야 한다.

근로계약의 법령상 반드시 서면 계약을 요건으로 하지는 않는다. 다만, 당사자 사이의 분쟁을 예방하기 위하여서는 서면으로 계약 내용을 명확히 해야 한다. 예전에는 작성의무만 있었고 교부의무는 없었으나, 2010년 법 개정으로 반드시 작성된 근로계약서를 직원에게 교부해야 하며, 근로계약서 미교부 시 500만 원 이하의 벌금이 부과된다.

그림 12-3 **근로계약의 체결**

① 근로계약서 형식

'기간제 근로자 및 단시간 근로자의 근로조건'에 대해서는 서면으로 명시하여야 하고, 임금의 구성항목, 계산방법, 지급방법, 소정근로시간, 휴일, 연차 유급휴가에 관한 사항, 취업의 장소와 종사하여야 할 업무에 관한 사항, 취업규칙 작성·신고에 관한 사항은 서면으로 명시하여야 한다.

② 근로계약서 작성 기초

근로계약서를 작성하려면 기본적으로 근로기준법상 기본사항을 준수해야 한다. 음식점의 경우 소규모인 경우가 많고 직원들의 이직과 퇴직이 많아 근로계약서를 잘 작성하

표 12-1 **서면 명시사항**

대상자	구분	대상	내용	벌칙
일반 근로자	임금	• 구성항목 • 계산방법 • 지급방법	명시 교부	벌금 500만 원
	근로시간 등	• 소정근로시간 • 휴일 • 연차유급휴가	명시 교부	벌금 500만 원
일반 근로자	기타	• 취업의 장소와 종사 업무 • 취업규칙 작성·신고에 관한 사항 • 기숙사 규칙에 관한 사항	명시 교부	벌금 500만 원
연소 근로자	임금 등	• 일반근로자에게 적용되는 모든 사항	명시 교부	벌금 500만 원

지 않는다. 아니면 약식으로 작성하는 경우가 많다. 근로계약서를 작성하려면 기본적인 규정을 이해한다면 근로계약서를 작성하는 데 큰 어려움은 없을 것이다.

근로기준법상 근로자가 1주간의 근로시간은 휴게시간을 제외하고 40시간을 초과할수 없다. 또한 1일 근로시간은 휴게시간을 제외하고 8시간을 초과할 수 없다. 하지만외식업 특성상 하루 10시간 이상 일하는 곳이 많고 주휴일이나 공휴일에도 일하는 곳이 많기 때문에 휴게시간 등을 통해 근로시간이 초과되지 않도록 해야 한다. 또한 초과되는 근로시간에 대해서는 연장근로수당 등을 지급하여 차후 근로계약상 위배되는 일이 없도록 신경을 써야 한다.

여기서 사업주들이 많이 헷갈려하는 부분이 주휴일과 공휴일의 차이이다. 주휴일은근로자가 1주 동안 근로를 제공하고 개근을 한 경우 1일 이상의 쉬는 날이 주어지는데,이날은 근무는 하지 않았지만 근무한 것으로 규정하는 것이다. 즉 유급휴일인 것이다.주휴일은 꼭 일요일일 필요는 없고, 사업주와 근로자가 합의한 날로 정하면 된다. 이에반해, 공휴일은 관공서가 쉬는 날로 반드시 기업이 쉬지 않아도 되는 날이다. 외식업의특성상 주말이나 공휴일도 일하는 경우가 많다. 처음부터 근로계약서상 공휴일을 유급휴가로 지정하지 않는 한 주휴수당은 지급할 필요가 없는 것이다. 따라서 외식업의 경우, 근로자와 근로계약을 체결하는 경우 주휴일을 지정하여 쉬도록 해야 한다.

표준근로계약서

_____(이하 "사업주"라 함)과(와) _____(이하 "근로자"라 함)은 다음과 같이 근로계약을 체결한다.

1. 근로계약기간 :   년   월   일부터   년   월   일까지
   ※ 근로계약기간을 정하지 않는 경우에는 "근로개시일"만 기재
2. 근무장소 :
3. 업무의 내용 :
4. 소정근로시간 : ___시 ___분부터 ___시 ___분까지 (휴게시간 :   시   분~   시   분)
5. 근무일/휴일 : 매주 ___일(또는 매일단위) 근무, 주휴일 매주 ___요일
6. 임 금
   – 월(일, 시간)급 : _____원
   – 상여금 : 있음 (   ) _____원, 없음 (   )
   – 기타급여(제수당 등) : 있음 (   ), 없음 (   )
   ·_____원, _____원
   ·_____원, _____원
   – 임금지급일 : 매월(매주 또는 매일) ____일(휴일의 경우는 전일 지급)
   – 지급방법 : 근로자에게 직접지급(   ), 근로자 명의 예금통장에 입금(   )
7. 연차유급휴가
   – 연차유급휴가는 근로기준법에서 정하는 바에 따라 부여함
8. 근로계약서 교부
   – 사업주는 근로계약을 체결함과 동시에 본 계약서를 사본하여 근로자의 교부요구와 관계없이 근로자에게 교부함(근로기준법 제17조 이행)
9. 기 타
   – 이 계약에 정함이 없는 사항은 근로기준법령에 의함

       년   월   일

(사업주) 사업체명 :   (전화 :   )
        주   소 :
        대 표 자 :   (서명)
(근로자) 주   소 :
        연 락 처 :
        성   명 :   (서명)

그림 12-4 **표준근로계약서**

2) 근로계약서 교부대장

근로계약서를 다 작성했다면, 근로계약서는 2부를 작성하거나 원본은 사업주가 갖고 사본은 근로자에게 교부해야 한다. 그리고 이러한 근로계약서를 교부했다는 것을 근로계약서 교부대장에 기재하여 보관하여야 한다. 만일 근로계약서를 작성하지 않거나 교부대장에 기재하지 않을 경우 500만 원 이하의 벌금이 부관된다.

	근로계약서 교부대장				
No	계약서 사본 교부 일자	이름	사인	교부자	사인
1	2015. 01. 10	신애라	*shin*	차인표	*cha*
2					
3					
4					
5					
6					
7					

그림 12-5 **근로계약서 교부대장**

3) 4대 보험

외식업 사업주들이 제일 부담을 느끼는 부분이 4대 보험일 것이다. 4대 보험은 상시근로자 1인 이상인 경우 무조건 가입해야 한다. 하지만 외식업의 경우 4대 보험료에 부담

표 12-2 **4대 보험의 사업자, 근로자 요율**

구분	근로자	사업주	비교
국민연금	4.50%	4.50%	
건강보험	3.43%	3.43%	
장기요양	건강보험료의 11.52%	건강보험료의 11.52%	
고용보험	0.80%	1.05%	150인 미만
산재보험	없음	1.03%	음식점 8/1000

을 느껴 직원의 4대 보험 신고를 제대로 못하는 경우가 현실이다. 4대 보험은 사업주와 근로자가 보험료를 각각 50%씩 나누어 부담한다. 다만 대부분 소규모 음식점의 경우 직원이 보험가입을 원하지 않는 경우가 많다. 따라서 장기 근속한 직원 1~2명 정도만 이 4대 보험에 가입하는 사례가 많다.

3 근로관계의 종료

1) 해고

중소규모사업에서 근로자에게 해고의사를 표시할 때 서면통지를 하지 않는 경우가 많다. 서면통지의무를 위반한 경우에는 근로자의 귀책여부를 묻기 전에 무조건 부당해고가 되기 때문에 중소규모의 외식사업자의 경우, 근로자 해고 시 서면통지여부에 대해 특별히 주의를 기울여야 한다.

해고는 파면, 해임, 면직 등 그 명칭불문하고 근로자의 의사와 관계없이 사용자가 근로자 관계를 종료시키는 것을 말한다. 해고는 사용자에 의해 일방적으로 발생하는 경우가 많기 때문에 근로기준법에서는 철저히 해고에 대해 제한을 두고 있다. 근로기준법 '제23조 제1항 사용자는 근로자에게 정당한 이유 없이 해고, 휴직, 정직, 전직, 감봉, 그 밖의 징벌(懲罰)(이하 '부당해고 등'이라 한다)을 하지 못한다'라고 명시하고 있다. 해고의 정당한 사유는 징계사유의 정당성, 징계절차의 적정성, 징계양정의 적정성을 요구하고 있다. 5인 이상의 사업장의 경우, 근로자를 해고할 경우 30일 전에 해고 예고하고 30일분의 통상임금을 지급하도록 하고 있다. 또한 해고사유와 해고시기를 서면으로 통지하도록 하고 있다. 다만, 4인 이하의 외식사업장의 경우 사용자의 해고의 자유가 인정되므로 서면 의무 등의 제약은 없다.

① 해고금지기간

소규모 외식사업장의 경우 해고문제가 빈번하게 발생하며 서면통지의무 위반에 의한 부당해고 문제가 많이 발생한다. 따라서 사업주는 서면통지보다는 문자, 전화, 구두 등을 통해 간단히 해고절차를 거친다. 하지만 5인 이상의 사업장의 경우 근로기준법에서 의해 서면통지의무가 해당하는 경우 제재를 받는다. 이에 반해 4인 이하의 외식사업장에서 해고의 자유가 인정되므로 해고의 정당성 여부를 따지지 않는다. 하지만 4인 이하의 사업장에서도 절대적으로 해고금지기간이 존재한다. 근로기준법 제23조 2항 '사용자는 근로자가 업무상 부상 또는 질병의 요양을 위하여 휴업한 기간과 그 후 30일 동안 또는 산전(産前)·산후(産後)의 여성이 이 법에 따라 휴업한 기간과 그 후 30일 동안은 해고하지 못한다'라고 명시하고 있어 해고의 자유가 인정되는 4인 이하의 사업장에서도 주의해야 할 것이다.

② 해고예고

4인 이하의 외식사업장의 경우 근로자해고의 자유가 인정되므로 특별히 제재는 없지만, 5인 이상의 외식사업장의 경우 사업주가 30일 전에 해고예고를 하지 않는 경우 근로기준법 제26조에 의해 30일분의 통상임금인 '해고예고수당'을 지불해야 한다. 다만, 천재·사변, 그 밖의 부득이한 사유로 사업을 계속하는 것이 불가능한 경우 또는 근로자가 고의로 사업에 막대한 지장을 초래하거나 재산상 손해를 끼친 경우로서 고용노동부령으로 정하는 사유에 해당하는 경우에는 지급하지 않아도 된다.

또한 근로기준법 제35조에 의해 근로시간이 짧은 경우, 해고예고수당을 지급하지 않아도 된다. 실무에서 근로자는 해고예고수장을 받기 위해 고용노동부에 진정서를 제출하는 경우가 많다. 따라서 사업주는 근로자가 해고예고수당을 지급하지 않아도 되는 근로자인지를 꼼꼼히 따져보아야 한다. 수습근로자나 근무한지 6개월이 되지 않는 근로자의 경우, 해고예고수당 지급의무는 없다. 근로기준법 제35조를 참조하여 확인해 보면 알 수 있다.

제35조(예고해고의 적용 예외) 제26조는 다음 각 호의 어느 하나에 해당하는 근로자에게는 적용하지 아니한다.

1. 일용근로자로서 3개월을 계속 근무하지 아니한 자
2. 2개월 이내의 기간을 정하여 사용된 자
3. 월급근로자로서 6개월이 되지 못한 자
4. 계절적 업무에 6개월 이내의 기간을 정하여 사용된 자
5. 수습 사용 중인 근로자

2) 퇴직금 지급

외식업에서 부담스러워하는 부분 중 하나가 퇴직금 지급문제이다. 과거 소규모음식점의 경우 퇴직금은 꿈도 꿀 수 없는 것이었다. 제법 규모 있는 음식점이라도 연봉에 퇴직금을 지급하는 것이 일반적인 관행이었다. 하지만 지금은 상황이 달라졌다. 소규모 사업장의 경우도 법 개정으로 인해 1년 이상 근로자에게 퇴직금을 지급해야 한다.

퇴직금은 근로기준법 제34조에도 규정되어 있으며, 퇴직급여보장법에서도 규정되어 있다. 퇴직급여보장법 제41조 제2항에서는 "퇴직금은 계속근로연수 1년에 대하여 30일분 이상의 평균임금을 지급하여야 한다. 다만, 하나의 사업 내에 차등제도를 두어서는 아니 된다"라고 명시되어 있다. 근속기간과 평균임금으로 개인별 퇴직금을 산정하도록 하고 있다. 퇴직금산정 관련 규정은 강행규정이므로, 당사자의 합의나 노사협의회에서의 합의 또는 단체협약의 규정이 있더라도 그 기준 이하의 퇴직금계산은 효력이 없다.

① 퇴직금 지급 규정

■ 근로기준법상의 근로자이어야 한다.

근로자가 기간제 근로자, 파견근로자이든 불문한다. 다만, 단시간 근로자인 경우에는 4주간을 평균하여 1주간의 근로시간이 15시간 미만인 경우에는 퇴직금제도가 적용되지 않는다(근로자퇴직급여보장법 제4조 제1항).

■ 1년 이상 계속 근로한 자여야 한다.

계속근로연수는 원칙적으로 근로자가 입사한 날(또는 최초의 출근의무가 있는 날)부터 퇴직일까지의 기간을 말한다. 근로자가 그 적을 보유하고 근로관계를 유지하고 있다면, 휴직기간도 휴직사유에 관계없이 근속연수에 포함된다. 군복무로 휴직한 기간에 대해서는 병역법의 개정에 따라 포함되지 않는 것이 원칙이다. 일용임시근로자의 경우에도 근로하지 않은 날이 상당 기간 계속되지 않는 한, 사실상 계속하여 근로한 경우 계속근로로 인정된다.

■ 퇴직이라는 사실관계가 있어야 한다.

퇴직의 사유는 제한이 없기 때문에 근로자의 일방적 의사표시에 의한 근로계약의 해지만이 아니고 근로자의 사망 또는 기업의 소멸, 일의 완료, 정년의 도래 및 해고 등 근로계약이 종료되는 모든 경우를 말한다. 퇴직사유도 제한을 받지 않기 때문에 징계해고이든 직권 면직된 자이든 모두 퇴직금이 지급되어야 한다.

> **퇴직금 지급 사례**
> - 사업이 단절됨이 없이 계속되는 업무임에도 불구하고 퇴직금 지급을 회피할 목적으로 사업주가 임의로 사직처리하고 일정기간의 휴직기간을 거친 후 재입사시키는 등을 반복적으로 행하는 경우라면 동일사업에 사실상 계속근로하였다고 봄이 타당하며, 유기계약 체결경위, 사업의 내용, 종전근로와 새로운 근로의 계속성 여부 등에 대한 구체적인 사실관계를 입증할 수 있는 자료에 따라 종합적으로 판단하여 퇴직금지급대상인지 결정하여야 한다(근기 68207-2991, 2000.9.28).
> - 일당 임금 속에 퇴직금 명목으로 일정한 금원을 매일 지급하였다 하여도 퇴직금 지급으로서의 효력은 없고, 일용근로자라 하더라도 1년 이상 계속 근로한 경우 사실상 상용근로자로서 퇴직금 지급대상이 된다(1998.3.24, 대법 96다 24699).

3) 퇴직금 중간정산

외식업의 경우 종래 퇴직금의 중간정산을 퇴직금 지급부담 완화 수단으로 사용하여 왔다. 그러나 퇴직금의 노후소득보장 기능을 강화하기 위해 근로자퇴직급여 보장법

(2012.7.26. 시행)을 개정하여 원칙적으로 퇴직금 중간정산을 금지하고 일부 사유에 해당되는 경우에 한해 지급가능하며, 이 경우 미리 정산하여 지급한 이후 퇴직금산정을 위한 계속근로연수는 정산시점부터 새로이 기산한다(퇴직급여보장법 제8조 제2항).

퇴직금 중간정산 사유(근로자퇴직급여보장법 시행령 제3조)

1. 무주택자인 근로자가 본인 명의로 주택을 구입하는 경우
2. 무주택자인 근로자가 주거를 목적으로 「민법」 제303조에 따른 전세금 또는 「주택임대차보호법」 제3조의2에 따른 보증금을 부담하는 경우. 이 경우 근로자가 하나의 사업 또는 사업장(이하 "사업"이라 한다)에 근로하는 동안 1회로 한정한다.
3. 근로자, 근로자의 배우자 또는 「소득세법」 제50조 제1항에 따른 근로자 또는 근로자의 배우자와 생계를 같이 하는 부양가족이 질병 또는 부상으로 6개월 이상 요양을 하는 경우
4. 퇴직금 중간정산을 신청하는 날부터 역산하여 5년 이내에 근로자가 「채무자 회생 및 파산에 관한 법률」에 따라 파산선고를 받은 경우
5. 퇴직금 중간정산을 신청하는 날부터 역산하여 5년 이내에 근로자가 「채무자 회생 및 파산에 관한 법률」에 따라 개인회생절차개시 결정을 받은 경우
6. 「고용보험법 시행령」 제28조 제1항 제1호 및 제2호에 따른 임금피크제를 실시하여 임금이 줄어드는 경우
7. 그 밖에 천재지변 등으로 피해를 입는 등 고용노동부장관이 정하여 고시하는 사유와 요건에 해당하는 경우

그 밖에 다음과 같은 중간정산에 맞는 특수한 요건도 갖추어야 한다.

• 퇴직금 중간정산은 "근로자의 요구가 있는 경우"에만 할 수 있다. 근로자의 요구가 없는 경우에 사용자가 일방적으로 지급한 퇴직금 중간정산은 효과가 없다. 후일 근로자의 퇴직 시 지급하는 퇴직금에서 미리 지급한 금액만큼은 부당이득으로서 공제할 수 있으나, 기업합병이나 영업양도에서 중간퇴직처리의 무효를 알고서도 회사의 필요에 따라 강행하였다면 변제기간 전의 퇴직금에 대한 기한의 이익을 포기한 것으로 이자나 이득의 공제를 주장할 수 없다.

• 사용자의 퇴직금 중간정산에 대한 승낙이 있어야 한다. 근로자의 퇴직금 중간정산에 대하여 사용자가 반드시 중간정산을 하여야 하는 것은 아니다. 사용자는 정당한 경영상의 사유 등이 있을 경우에 근로자의 중간정산 요구를 거절할 수 있다.

퇴직금 정산 신청서

본인은　　　　　　를(을) 퇴직하면서 아래와 같이 퇴직금 정산 신청서를 제출합니다.

○ 퇴직금 정산기간
• 기산일 : 20　　년　　월　　일 부터
• 정산일 : 20　　년　　월　　일 까지
• 수령방법
　1. 현금수령
　2. 계좌입금　은행명(　　　) 계좌번호(　　　　　　)

○ 서약내용
• 퇴직금 정산 이후 재직기간 중의 퇴직금 산정을 위한 계속근로연수 및 퇴직금지급률에 대하여 이의를 제기하지 않을 것을 확약합니다.
• 퇴직금 정산으로 회사에 재산 및 기타 손실을 초래한 경우에는 민·형사상 책임이 본인에 있음을 확약합니다.

20　　년　월　일

신청인 :　　　　　(인)

대표자 귀중

그림 12-6 **퇴직금 정산 신청서**

퇴직금 정산 및 지급 확인서

■ 사 업 장 명 :
■ 성   명 :
■ 주민등록번호 :   −
■ 주   소 :

 상기 본인은   를(을) 퇴직하면서 퇴직금을 정산하여 지급해 줄 것을 신청하였고
20 년   월   일자로 금 _____(₩_____)원의 퇴직금을 (현금, 은행 계좌이체)로
지급받았습니다. 이에 체불된 퇴직금이 없음을 확인하는 바입니다.
 아울러 재직전후 퇴직금과 관련하여 민·형사상, 노동법상 어떠한 이의도 제기하지 않겠습니다.
(부제소의 특약)

                    20   년   월   일

                                              신청인   (인)

                                              대표자 귀중

그림 12-7 **퇴직금 정산 및 지급 확인서**

 근로자의 동의에 따라 퇴직금을 중간정산한 경우, 정산 후 퇴직금산정을 위한 계속근로연수는 중간정산 시부터 새로이 계산한다. 퇴직금 중간정산을 하였더라도 근로자가 퇴직을 한 것은 아니기 때문에, 연차유급휴가의 산정이나 경력증명 기타 내부승진 등 인사관리에서는 근속기간은 중간정산으로 단절되지 않는다.

요약

1. 올바른 직원 채용을 위해서는 직원을 채용하기에 앞서 필요 인원에 대한 산정을 하여 필요 인원에 대한 지원자를 모집한다. 모집된 지원자는 공정한 면접을 통하여 지원자를 평가하고 채용 후 자질에 맞는 직무를 부여하여야 한다. 이를 위해서는 면접평가서, 신입사원에 대한 오리엔테이션과 같은 교육훈련 프로그램이 필요하다.

2. 임금인지 여부를 판단할 때 ① 근로의 대가, ② 사용자가 지급하는 금품, ③ 사용자가 지급하는 금품, ④ 명칭여하를 불문한 일체의 금품이라는 조건을 기준으로 형식적 측면이 아닌, 실태적 측면을 고려하여 종합적으로 판단한다.

3. 평균임금이란 이를 산정하여야 할 사유가 발생한 날 이전 3개월 동안에 그 근로자에게 지급된 임금의 총액을 그 기간의 총일수로 나눈 금액을 말한다. 평균임금은 대표적으로 퇴직금을 산정하기 위해 사용된다. 그리고 통상임금이란 근로의 양과 질에 관계되는 근로의 대가로서 정기적·일률적으로 1임금 산정기간에 지급하기로 정하여진 고정급 임금을 의미한다. 통상임금의 경우 대표적으로 연장·야간·휴일근로에 대한 가산임금 산정에 사용되면 연차유급휴가수당을 산정할 때도 사용한다.

4. 근로계약 체결 시 근로조건의 명시 방법에는 제한이 없다. 하지만 근로기준법상 구성항목, 계산방법, 소정근로시간, 휴일 및 연차유급휴가에 관한 사항은 서면으로 명시하고 근로자에게 교부해야 한다.

5. 과거 외식업체에서 퇴직금 부담완화의 목적으로 많이 사용되었지만, 2012년 7월 26일부터는 주택구입이나 의료비 마련 등 긴급하게 자금이 사용할 경우를 제외하고 퇴직금 중간정산을 제한하고 있다.

1 인적자원관리의 목표로서 적합하지 않은 것은?
① 음식점 구성원의 생산성 및 경쟁력 향상을 통하여 음식점의 목표 달성에 공헌한다.
② 조직 내 이해 집단 간의 의사 조정을 통하여 음식점의 이익을 추구한다.
③ 종사원들의 개성 및 인격을 존중함으로써 인간성 회복에 공헌한다.
④ 성과 혹은 능력 위주의 관리로 종사원의 창조적 능력과 혁신적인 사고 개발을 목표로 한다.

해설 조직 내 이해 집단 간의 의사 조정을 통하여 음식점과 종사원의 상호 이익을 추구해야 한다.

2 임금에 대한 설명으로 적합하지 않은 것은?
① 임금이란 사용자가 근로의 대가로 근로자에게 임금, 봉급, 그 밖에 어떠한 명칭으로 하든지 지급하는 일체의 금품을 말한다.
② 임금지급의 목적이 근로에 대한 대가로서 사용자의 지휘·감독 하에 제공하는 사용종속관계에서의 근로에 대한 대가라야 한다.
③ 급료, 보수, 봉급, 수당, 장려금 등의 명칭에 구애됨이 없이 사용종속관계에서 대가로 지급된 것이면 임금이다.
④ 임금수준의 법적하한선은 최저임금으로 2015년 최저임금은 시급 5,210원이다.

해설 2015년 최저임금은 시급 5,580원이다.

3 통상임금의 산정사유가 아닌 것은?
① 해고예고수당   ② 연장근로수당
③ 육아휴직급여   ④ 퇴직급여

해설 퇴직급여는 평균임금의 산정사유에 해당한다.

4 근로관계에 대한 설명 중 옳지 않은 것은?
① 근로관계 성립은 서면으로만 가능하다.
② 근로계약서 작성 시 근로자에게 근로계약서를 교부해야 한다.
③ 근로계약서 미교부 시 500만 원 이하의 벌금이 부과된다.
④ 아르바이트생이라도 근로계약서를 작성하고 교부해야 한다.

해설 근로계약의 법령상 반드시 서면계약을 요건으로 하지 않는다. 다만, 당사자 사이의 분쟁을 예방하기 위하여서는 서면으로 계약내용을 명확히 해야 한다. 구두 등으로도 근로관계는 성립된다.

5 근로계약서상 서면명시 사항이 아닌 것은?

① 임금의 지급방법 ② 임금의 계산방법

③ 근로시간 ④ 4대 보험 가입 여부

해설 4대 보험의 경우 근로계약서상 서면명시 사항이 아니다.

6 4대 보험에 관한 설명 중 옳지 않은 것은?

① 상시근로자 1인 이상인 사업장의 경우 무조건 가입해야 한다.

② 국민연금 2020년 요율은 9%이다.

③ 4대 보험은 사업주와 근로자가 각각 50%씩 부담한다.

④ 고용보험 부담률은 사업주와 근로자 각각 0.65%씩 부담한다.

해설 4대 보험은 사업주와 근로자 각 각 50%씩 부담하지만, 고용보험의 경 우 사업주는 직업개발비명목으로 근 로자보다 0.25% 더 부담한다.

7 임금결정 시 고려사항으로 적합하지 않은 것은?

① 기업의 지급능력보다는 동종업계의 기업별 균형을 유지하여야 한다.

② 종사원에 의해 제공된 노동에 대한 대가 혹은 기업공헌에 대한 보상 이므로 해당 노동에 대해 대응해서 결정하여야 한다.

③ 종사원의 해당 직무에 대한 기여도

④ 최저 임금제의 제정 의미와 같이 가족의 생계를 보장할 수 있는 수준 이상으로 지급한다.

해설 기업의 지급능력도 고려되어야 한다. 지급능력을 초과하는 임금결정 은 기업의 존재를 불가능하게 만든다.

8 퇴직금 중간정산 사유가 아닌 것은?

① 무주택자인 근로자가 본인 명의로 주택을 구입하는 경우

② 근로자, 근로자의 배우자 또는 소득세법 제50조 제1항에 따른 근로자 또는 근로자의 배우자와 생계를 같이하는 부양가족이 질병 또는 부상 으로 6개월 이상 요양을 하는 경우

③ 고용보험법 시행령 제28조 제1항 제1호 및 제2호에 따른 임금피크제 를 실시하여 임금이 늘어나는 경우

④ 퇴직금 중간정산을 신청하는 날부터 역산하여 5년 이내에 근로자가 채무자 회생 및 파산에 관한 법률에 따라 개인회생절차개시 결정을 받은 경우

해설 고용보험법 시행령 제28조 제 1항 제1호 및 제2호에 따른 임금피크 제를 실시하여 임금이 줄어드는 경우 에 퇴직금 중간정산이 가능하다.

| 정답 | 1 ② 2 ④ 3 ④ 4 ① 5 ④ 6 ④
7 ① 8 ③

1 외식업체에서 인적자원관리가 타 산업에 비하여 더욱 중요한 이유를 설명하여 봅시다.

2 외식업체의 대표적인 노무관리 사례를 수집하여 정리하여 봅시다.

3 외식업체의 이직률을 낮출 수 있는 방안에 대한 토론을 진행하여 봅시다.

4 평균임금과 통상임금에 대해 이해하고 최근 통상임금 대법원 전합판결(2012다89399, 2013.12.18)에 대해 토론을 진행하여 봅시다.

5 아르바이트(임시직)의 최저임금은 현재 얼마인지 조사하여 봅시다. 또한 주휴수당은 어떤 상황에서 지급해야 하는지 설명하여 봅시다.

회계와 창업 관련 세무

|

월급쟁이와 달리 자신만의 가게를 열게 되면 당장 세금문제부터 스스로 해결해 나가야 한다. 비록 쥐꼬리만한 월급이라고는 하지만 일단 속편하게 모든 것을 다 제하고 실수령액만을 주는 월급에 비해, 자영업자들은 온갖 귀찮은 세무 부담과 신고 절차 등을 스스로 알아서 처리해야 한다. 그러한 과정이 바로 사업자등록, 부가가치세 신고, 세금계산서 교부, 근로소득세 원천징수 및 납부, 소득세 신고 등이다.

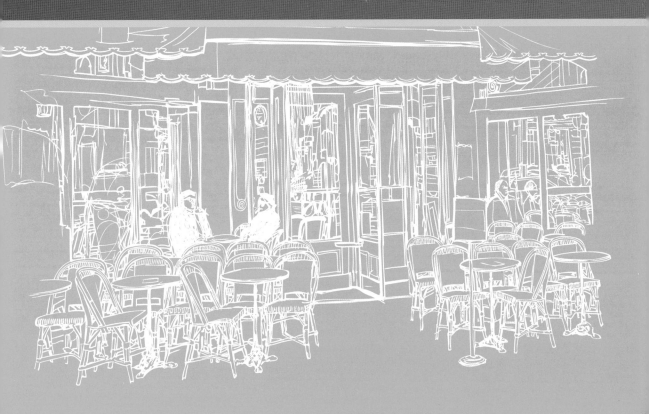

회계와 창업 관련 세무

1. 회계 및 재무제표의 이해
2. 창업 관련 세무관리

학습목표
- 회계의 정의와 재무제표를 이해한다.
- 외식기업 창업 전 준비사항에 대해 이해한다.
- 부가가치세와 종합소득세의 신고, 납부 방법을 이해한다.

생각열기

BEST CASE 나성공이 경영하는 음식점은 개점 첫 달에 약간의 적자를 기록하였지만, 주방직원들이 메뉴에 익숙해지고 홀에서 근무하는 직원들의 서비스 능력도 점차 개선되면서 고객들로부터 호응을 얻기 시작하였다. 무엇보다도 초기 촉진전략이 효과를 발휘하면서 방문자의 수가 점차 늘어나고 있으며, 한번 방문한 고객들이 음식의 맛, 서비스, 차별화된 인테리어에 만족하면서 긍정적인 구전이 이어졌다.

두 번째 달에 나성공은 최초 사업계획에서 예상했던 6개월 차가 되기도 전에 손익분기점을 넘어서는 쾌거를 이룩하게 된다. 개점 두 달만에 손익분기점을 넘어섰다는 것은 그를 도와주었던 이도움도 전혀 예상하지 못했던 성과였다. 2층이라는 입지의 단점을 극복하기 위해 파사드에 신경을 쓰고 인테리어에도 고급화하기 위한 노력이 어느 정도 효과를 발휘하는 것 같았다. 메뉴도 기존의 점포와는 차별화된 맛과 웰빙 콘셉트를 가미한 것이 주효했다.

　세 번째 달이 되면서 나성공은 처음으로 맞이하는 부가가치세 신고를 하게 되었다. 사업자등록 시 인테리어 공사와 관련된 부가가치세를 환급받을 목적으로 일반과세자로 등록한 그는 그동안의 매출에서 발생한 매출세액에서 식재료 등의 구입 시 지불했던 부가가치세 매입세액과 면세품목인 농수축산물의 매입액에 대한 의제매입세액을 차감하여 납부세액을 계산한 후, 인터넷을 통하여 신고와 납부를 하였다. 그동안 매출액에서 부가가치세를 매달 별도로 차감하여 모아두지 않았던 터라, 3개월치를 한꺼번에 납부하려니 많은 부담을 느낀 나성공은 앞으로는 매달 결산 시 매출액에서 그달의 부가가치세 예수분을 별도로 모아두기로 결심했다. 또한 이도움으로부터 받은 일일 결산서와 월말 결산서를 정확히 기재하고 메뉴분석도 철저히 하여 음식점의 재무상태와 손익상태를 정확히 파악함으로써 재무관리에도 많은 관심을 가지기로 하였다.

　"이도움. 너무 감사하네. 이제 사업도 정상궤도에 오른 것 같고, 매월 결산과 3개월마다 발생하는 부가가치세 신고도 무리 없이 할 수 있게 되었네. 내년 5월에 종합소득세 신고만 한번 경험한다면 나도 어엿한 사업자로서의 모든 경험을 하고 능력도 갖추게 될 것 같네."

　"나성공. 드디어 자네가 성공의 반열에 오르게 되는가 보군. 축하하네."

　"고맙네 이도움. 그럼 오늘 우리 샴페인이라도 한잔 하면서 축배를 할까?"

　"아니야 나성공. 아직은 샴페인을 터뜨리기는 이른 것 같군. 이제 시작이라는 점을 잊지 말게. 사업은 평생직업과 같은 것이네. 자네가 회사에서 겪은 아픔을 또 겪지 않으려면 지속적으로 혁신을 하고 차별성을 유지해야 50만 개에 달하는 음식점 속에서 살아남을 수 있을 걸세. 생각해 보게. 이제 사업자가 되어 보니 우리나라처럼 인구가 작은 나라에 이렇게 많은 음식점이 있다는 것이 실감이 날 걸세. 일본의 2배, 미국의 7배 수준이라고 하지 않는가. 이런 치열한 경쟁 속에서 살아남으면서 평생 유지하는 방법이 무엇이겠는가? 고객을 위한 다양한 노력 이외에도 지속적으로 사랑받는 음식점이 되기 위한 재투자가 무엇보다도 중요하네. 그러므로 마케팅, 경영능력의 습득과 재무관리활동에도 관심을 기울여서 작은 음식점이라도 대기업처럼 경영한다는 마인드를 결코 잊어서는 안 되네."

"이도움. 걱정 말게. 나도 회사에서 느꼈던 아픔을 다시 반복하지 않기 위해 정말 열심히 노력하고 공부해서 착실하게 자금관리하면서 사업을 키워나가겠네."

WORST CASE 개점하는 날 박실패의 음식점은 난장판이 되었다. 이벤트 회사에서 각설이 타령을 하면서 많은 고객을 불러들이는가 하면, 마구 배포한 할인쿠폰 소지고객들이 점심시간에 일시에 방문하였기 때문이다. 아직 메뉴를 만드는 데 서툰 주방직원과 주문을 받고 서빙을 하는 데 완벽하게 익숙하지 않은 홀 직원들은 여기저기서 호출하는 손님들을 대하느라 정신을 차리지 못하고 있었다. 주문을 하고 무작정 기다리는 고객이 속출하고, 잘못된 주문으로 우왕좌왕하면서 순식간에 음식점 내부는 아수라장이 된 것이다.

"사장님, 큰일났습니다. 저기 손님이 주문하신지 30분이 되도록 음식을 안 준다고 사장님 불러오라고 난리십니다."

"사장님, 저기서도 오시라는데요. 주문한 음식이 잘못 나왔다고 화가 나신 것 같습니다."

이멘토의 조언을 제대로 듣지 않고 아직 시스템이 제대로 갖추어지지도 않은 상황에서 무조건 고객을 불러들이기에 급급한 실수에 대한 대가를 톡톡히 치르게 되었다.

결국 많은 고객들이 항의를 하며 돌아가는 사태가 속출했다.

"이런 음식점을 다시 오나 봐라. 아니, 준비도 제대로 안 되었으면서 무슨 전단지를 돌리고 할인쿠폰은 또 뭐야. 그리고 저 앞에 시끄럽게 떠드는 사람들은 왜 세워 놓은 거야."

박실패는 이멘토가 그랜드 오프닝과 소프트 오프닝의 차이점을 설명하며, 어느 정도 익숙해질 때까지는 정식 개점을 하지 말고 고객들의 반응을 살펴보도록 주의를 주었던 것이 생각났다.

"내가 참 생각이 짧았군. 이런 사태가 벌어질 줄이야 누가 알았나."

잠시 후 이멘토가 알고 있는 전문가들에게 도움을 청해서 더 이상의 문제는 일어나지 않고 밀려든 고객들을 무리 없이 접대하고 하루를 마감할 수 있게 되었다.

"이멘토. 내가 오늘은 죽음 직전까지 갔다가 살아 온 느낌이네. 고마워."

"그래. 처음이니까 실수를 할 수도 있지. 좋은 경험이었다고 생각하세. 그리고 오늘 일일 결산은 했나?"

"일일 결산이라니. 그게 뭔데?"

"지난번에 내가 매일매일 일일결산을 하도록 양식을 준 것 기억 안나나? 자네 회사에 다닐 때 일일결산을 안 해 보았군. 그럼 집에서 가계부라도 써 보았을 것 아닌가."

"가계부는 아내가 쓰지. 난 회사에서건 집에서건 그런 거 해본 적 없어."

"좋아. 그럼 지금부터 써보게. 하루의 매출액과 그날그날의 지출한 비용 등을 여기 결산서에 있는 대로 정리하고 일일 마감을 해야 하는 거야. 카드 매출과 현금 매출도 구분하고 점심 매출과 저녁 매출도 점검하는 거지. 또 메뉴별 판매액도 체크해서 메뉴의 판매추이도 확인하는 작업이 필요하다네. 그래야 관리가 되고 음식점을 경영할 수 있을 거야. 일일 결산서를 토대로 매월 말일이 되면 월말 결산을 해서 월별로 손익을 계산하고, 부가가치세는 3개월마다 신고, 납부해야 하니까. 미리 예수금 형식으로 모아 두는 것이 한꺼번에 납부할 때 부담도 덜 수 있는 거네."

"알았네. 이멘토. 자네가 시키는 대로 다 하겠네만 문제는 내가 결산을 할 수 있을지 잘 모르겠어. 대학 다닐 때도 회계학이나 재무관리라면 피해 다니느라 진땀을 흘렸거든."

"그때는 피해 다닐 수 있었어도 이제 사업을 시작한 이상은 절대 피할 수 없을 걸세. 어떻게 하든 공부해서 직접 결산을 해야 사업도 성공시킬 수 있을 거야. 알아서 하게."

1 회계 및 재무제표의 이해

1) 회계의 개요

(1) 회계의 정의 및 중요성

회계란 기업과 관련된 이해관계자들의 의사결정에 필요한 유용한 정보를 제공하는 것을 말한다. 사람들이 기업에 대한 의사결정을 하기 위해서는 기업과 사람 간의 커뮤니케이션 도구가 필요하다. 기존의 인간 언어로는 불가능하기 때문이다. 즉, 기업과 인간이 대화를 하기 위해 만들어낸 새로운 언어가 회계라고 할 수 있다. 회계를 이해하기 위해 가장 친근한 사례를 든다면 초등학생이 작성하는 용돈기입장, 주부가 작성하는 가계부, 동호회 총무가 작성하는 회비관리내역 등도 모두 회계활동의 결과물에 해당되므로 쉽게 이해할 수 있을 것이다. 이와 같은 개념의 회계가 중요한 이유는 다음과 같다.

---

1 회계는 기업의 언어(Language of Business)다.

- 경제적 활동의 언어(Language of Economic Activities)임
- 언어는 의사소통과 정보전달의 수단임
- 회계를 모르면 경제문맹, 경영문맹이 되는 것임

2 사회적 자원의 최적 배분을 통한 인류복지와 평화증진에 공헌한다.

- 경영자는 수탁 책임(Stewardship Responsibility)이 있고, 회계는 수탁 책임의 이행수단이 됨
- 의사결정에 수반되는 불확실성을 감소하거나 제거시켜 유한한 자원의 최적 배분(Optimum Allocation)을 유도함
- 소득분배의 공평성을 높임

그림 13-1 **회계의 중요성**

소규모 음식점 창업을 공부하면서 거창하게 회계를 논하는 것이 걸맞지 않은 옷을 입는 것처럼 거북하다는 느낌을 가질 수도 있을 것 같다. 물론 회계를 모른다고 외식사업에서 성공하지 못하란 법은 없다. 그러나 회계는 이미 살펴본 바와 같이 생명력이 없는 사업체와 경영자 간의 의사소통을 원활하게 해주는 언어의 역할을 함으로써 사업의 효과성과 효율성을 높이는 데 많은 도움이 된다는 것을 인지해야 한다. 따라서 가능하다면 사업을 개시하기 전에 회계에 대한 이해를 높일 필요가 있다. 회계를 이해하게 되면 무엇보다도 사업의 재무상태와 수익성을 파악하는 데 많은 도움이 된다. 재무상태를 파악한다는 것은 자산과 부채, 그리고 자본의 규모를 명확하게 알고 사업의 건전성을 유지시킬 수 있다는 의미가 된다. 수익성을 파악한다는 것은 매출액과 비용을 따져서 이익을 계산하게 되고, 사업체의 경영성과를 구조적으로 산출함으로써 더 높은 이익을 달성할 수 있는 기초를 다지게 된다는 의미이다.

결과적으로, 아무리 소규모 사업일지라도 회계를 모르고 사업을 시작한다는 것은 외국어를 전혀 모르면서 외국인과 보디랭귀지로 의사소통을 하는 것과 별반 다르지 않음을 명심해야 한다.

(2) 회계정보의 이용자와 회계의 구분

회계는 회계정보를 이용하는 대상자와 이해관계자에 따라서 다음과 같이 세무회계, 관리회계, 재무회계 등으로 구분된다. 즉, 회계정보의 이용자가 세무기관인 경우를 세무회계라 하고 경영자가 이용자인 경우를 원가회계 또는 관리회계라 하며, 일반 대중이나 금융기관 등이 회계정보의 이용자인 경우를 재무회계라 한다. 다양한 회계 중에서 우리가 가장 일상적으로 접하는 회계정보는 대부분 재무회계 정보가 되며, 외식사업의 경영자가 자신이 운영하는 업체의 비용을 구체적으로 알기 위해서는 원가회계정보를 필요로 한다. 다만 소규모 사업체의 경우 굳이 세무회계, 원가회계, 재무회계를 구분할 필요는 없겠지만, 각각의 회계정보 이용자에 따라 회계정보가 산출되는 방식이 상이하다는 것 정도는 이해할 필요가 있다.

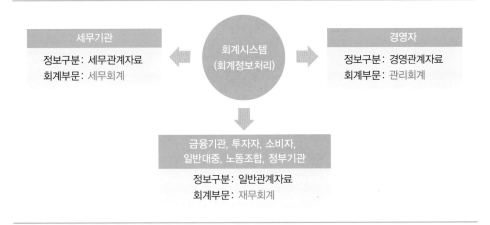

그림 13-2 **회계정보 이용자와 회계의 구분**

2) 재무제표

외식기업과 같은 회계실체가 일정기간(회계기간) 동안의 경제적 사건과 그 기간 말에 있어서의 경제적 상태를 나타내기 위한 일련의 회계보고서를 재무제표라 한다. 재무제표는 다음과 같이 크게 다섯 가지로 구분되며, 각각의 표가 나타내는 내용은 모두 상

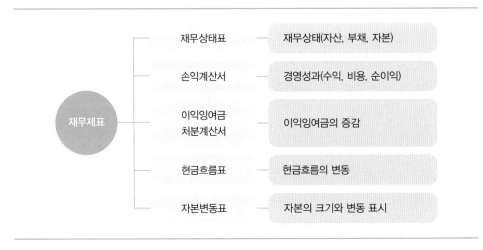

그림 13-3 **재무제표의 구분**

이하다. 본서에서는 소규모 외식창업자를 위한 내용을 주로 다루고 있으므로, 다섯 가지의 재무제표 중 재무상태표와 손익계산서만을 간략하게 다루기로 한다.

(1) 재무상태표(B/S : Balance Sheet)

재무상태표는 일정시점에 기업의 재무상태를 나타내는 표이다. 여기서 가장 중요한 단어는 일정시점과 재무상태이다. 일반적으로 기업들의 결산일은 12월 31일이므로 이 때 일정시점은 매년 12월 31일을 지칭하는 것이며, 이 시점의 기업에서 보유한 재무상태(자산, 부채, 자본)를 표시하여 기업의 이해관계자들이 재산상태를 쉽게 파악할 수 있도록 도와준다.

재무상태표는 다음과 같이 단순화하여 표시할 수 있으며, 단순화된 차변과 대변과의 관계를 표시한 등식(자산 = 부채 + 자본)을 재무상태표 공식이라 한다. 재무상태란 가족으로 구성된 가정에서 주로 사용하는 표현으로, 바꾼다면 재산상태로 이해하면 된다. 예를 들어, 어떤 가정의 재산이 5억 원 가치의 아파트 한 채만 있다고 가정해 보자. 아파트를 가족들이 모은 현금 3억과 은행융자 2억 원으로 구입하였다면, 그 가정의 자산은 총 5억이고 자본은 3억 그리고 부채는 2억인 재무상태를 가지고 있다고 할 수 있

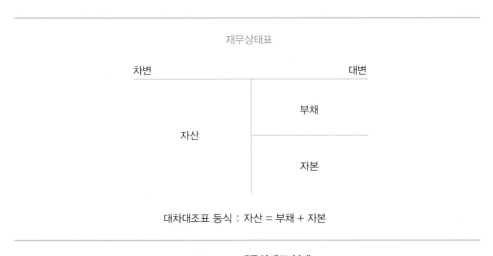

그림 13-4 재무상태표 분개

다. 재무상태표의 차변인 왼쪽에는 자산이 표기되므로 아파트 5억이 표기될 것이며, 우측인 대변 상단에는 부채가 표기되므로 은행차입금 2억, 하단에는 자본이 표기되므로 3억으로 표기된다. 그리고 차변과 대변의 합계는 모두 5억으로 동일해진다.

이와 같이 단순화한 재무상태표를 실제 사업체들이 사용하는 형식으로 표시하면 〈표 13-1〉과 같으며, 재무상태표의 차변합계와 대변합계는 항상 일치하여야 한다. 다음의 재무상태표에서 일정시점을 표시하고 있음을 확인할 수 있다. 그 시점은 해당 기업의 결산일이 되는 것이다.

표 13-1 **재무상태표 사례**

20** 년 12월 31일 현재

(단위 : 백 원)

구 분	금 액	구 분	금 액
자산		부채 ④	
1. 유동자산 ①	4,960	1. 유동부채	1,025
(1) 현금 등	3,894	2. 비유동부채	3,259
(2) 재고자산	1,066		
2. 비유동자산 ②	2,249		
(1) 매도가능증권	648		
(2) 유형자산	1,575		
(3) 무형자산	3		
(4) 이연자산	23	자본 ⑤	2,925
자산총계 (③ = ① + ②)	7,209	부채와 자본총계 (⑥ = ④ + ⑤)	7,209

(2) 손익계산서(I/S : Income Statement)

손익계산서란 일정 기간 동안의 경영성과(영업성과, 손익)를 나타내는 표이다. 재무상태표가 일정 시점의 재산상태를 나타내는 표인 반면에, 손익계산서는 일정 기간 동안의 손익상태를 나타내는 표라는 차이점이 있다. 예를 들면, A씨가 일 년 동안 받은 급여를 5,000만 원이라고 가정할 때, 매출액(수익)이 5,000만 원이 된다. 그가 일 년이라는 기간 동안 식대와 교통비, 용돈 등으로 3,000만 원을 소비하였다면 비용이 3,000만 원이 되고, 수익에서 비용을 차감한 이익은 2,000만 원이 된다. 즉 A씨는 일 년 동안 2,000만 원

손익계산서

차변	대변
비용	수익
순이익	

대차대조표 등식 : 수익 = 비용 + 순이익
: 순이익 = 수익 − 비용

그림 13-5 손익계산서 분개

의 이익을 얻었음을 손익계산서를 통해 파악할 수 있게 된다. 손익계산서는 〈그림 13-5〉
와 같이 표시할 수 있으며, 차변에는 비용과 이익이 대변에는 수익이 표기되며, 이를 '수
익 = 비용 + 이익'과 같이 표현할 수 있는데 이를 손익계산서 등식이라고 한다.

위와 같이 단순화한 손익계산서를 실제 기업들이 사용하는 형식으로 간략히 표시하

표 13-2 손익계산서 사례

20**년 1월 1일부터~20**년 12월 31일까지

(단위 : 백만 원)

구 분	20**년도	비 율	20**년도	비 율
1. 매출액 ①	6,793	100	8,380	100
2. 매출원가 ②	4,298	63.3	5,440	64.9
*매출총이익(③ = ① − ②)	2,495	36.7	2,940	35.1
3. 판매비와 관리비 ④	1,478	21.7	1,685	20.1
*영업이익(⑤ = ③ − ④)	1,017	15	1,255	15
4. 영업외 수익 ⑥	113	1.7	161	1.9
5. 영업외 비용 ⑦	511	7.5	463	5.5
*법인세 차감 전 순이익 ⑧	619	9.1	953	11.4
6. 법인세 등 ⑨	115	1.7	127	1.5
*당기순이익(⑩ = ⑧ − ⑨)	504	7.4	826	9.9

* ⑧ : (⑧ = ⑤ + ⑥ − ⑦)

면 〈표 13-2〉와 같다. 그리고 손익계산서는 이미 언급한 바와 같이 일정 기간 동안, 즉 1월 1일부터 12월 31일까지의 손익상태를 표기함을 알 수 있다.

2 창업 관련 세무관리

좋은 상권을 선정하고 입지를 선택하여 창업을 했다고 해서 모든 창업절차가 끝나는 것이 아니다. 외식업의 경우, 보건증도 만들어야 하고 위생교육도 받고 영업신고증도 받아야 하기 때문이다. 이뿐만이 아니라 외식창업자가 주의해야 할 것은 세금신고 부분에서 많은 신경을 써야 하는 것이다. 소득이 있는 모든 개인이나 법인은 세금을 내고 있으며 원천세, 법인세, 소득세, 부가가치세 등 세금의 종류만 하여도 다양하며, 처음 시작하는 창업자가 세금을 안다는 것은 쉬운 일이 아니다. 미국의 대통령 벤자민 프랭클린은 "인간이 태어나서 피할 수 없는 것은 바로 죽음과 세금이다"라고 말했다. 일반 사업자들에게도 어려운 세금이 창업자들에게는 더욱 어렵게 느껴질 수밖에 없는 대목일 것이다.

특히 외식창업을 하게 되면 사업자가 납부하여야 할 대표적인 세금으로 부가가치세와 종합소득세를 들 수 있다. 물론 사업자가 개인이 아닌 법인인 경우에는 종합소득세가 아닌 법인세를 납부하게 된다. 부가가치세와 종합소득세 이외에도 사업자는 직원들에게 지급하는 급여 등에서 직원들의 소득세를 원천징수하여 세무서에 납부할 원천징수 의무를 가진다. 다만 본서에서는 소규모 사업자를 중심으로 창업 이전에 사업자가 반드시 이해하고 사업타당성 분석 등을 위해 고려해야 할 부가가치세와 종합소득세를 중심으로 살펴보고자 한다.

1) 창업 전 준비사항

(1) 사업자등록

외식창업자가 영업신고까지 다 마쳤다면 세무서에 방문하여 사업자등록 신청을 해야 한다. 사업자등록증은 사업장별로 사업을 개시한 날로부터 20일 이내에 사업장의 관할 세무서장에게 사업자등록을 해야 한다. 다만, 신규로 사업을 개시하고자 하는 자는 사업개시일 이전이라도 등록할 수 있다.

① 세무서 구비서류

표 13-3 **사업자등록 구비서류**

구분	제출서류

개인	1. 사업자등록신청서 1부
	2. 임대차계약서 사본
	3. 허가(등록, 신고)증 사본(인·허가 등 사업을 영위하는 경우)
	  • 허가(등록, 신고) 전에 등록하는 경우: 허가(등록)신청서 등 사본 또는 사업계획서
	4. 동업계약서(공동사업자인 경우)
	5. 자금출처 명세서(금지금 도·소매업, 과세유흥장소 영위자 등)
	6. 재외국민·외국인 등의 경우
	  • 재외국민등록부등본, 외국인등록증(또는 여권) 원본 제시 후 사본
	    주민등록번호란에 재외국민등록번호, 외국인등록번호(없을 경우 여권번호) 기재
	  • 국내에 6개월 이상 체류하지 않는 경우: 납세관리인 설정 신고서

영리법인	1. 법인설립신고 및 사업자등록신청서 1부 2. 법인등기부 등본(담당공무원의 확인에 동의하지 아니하는 경우에 한함) 3. 임대차계약서 사본 4. 주주 또는 출자자 명세서 5. 허가(등록, 신고)증 사본(인·허가 등 사업을 영위하는 경우) • 허가(등록, 신고) 전에 등록하는 경우: 허가(등록)신청서 등 사본 또는 사업계획서 6. 자금출처 명세서(금지금 도·소매업, 과세유흥장소 영위자 등) 7. 대표자가 국내거주자가 아닌 경우 외국인등록증(또는 여권) 원본 제시 후 사본

② 사업자등록 불이행 시

• 가산세: 사업개시한 날부터 20일 이내에 사업자등록을 신청하지 않은 경우, 사업개시 일부터 신청일 전일까지의 매출액의 1%(간이과세자 0.5%) 미등록가산세가 부과된다.

• 사업 관련 비품이나 인테리어 비용 등을 구입한 날이 속하는 과세기간 후 20일 이내에 사업자등록을 하지 않으면 사업 관련 비품 등의 매입세액에 대해 공제 받지 못한다.

(2) 간이과세자와 일반과세자 비교

사업자등록을 위해서 많은 외식창업자는 간이과세자와 일반과세자 중 고민을 하게 된다. 만약 소규모 외식업을 영위하려는 경우 세 부담이 적은 간이과세자로 신규 사업자등록을 내는 것이 유리하며, 처음에 인테리어 등 많은 시설비가 투자된다면 조기환급을 위해 일반과세자가 유리하다.

표 13-4 **간이과세자와 일반과세자 비교**

구분	간이과세자	일반과세자
대상사업자	직전 과세기간 공급대가 8,000만 원 미만(간이과세 배제대상 제외)	간이과세자가 아닌 과세사업자
과세기간	1.1~12.31	1기: 1.1~6.30 2기: 7.1~12.31
부가가치세액 (매출세액)	매출액 × 10% × 업종별부가가치율 (음식점 10%)	매출액 × 10%
세금계산서 발행	발행불가(영수증만 발급)	의무발행
매입세액 공제	매입세액 × 업종별 부가가치율 음식업 사업자만 적용	전액 공제 의제매입세액 공제
납부세액	매출세액(매출액 × 10%) × 업종별 부가가치율 − 매입세액(매입액 × 10%) × 업종별 부가가치율	매출세액(매출액 × 10%) − 매입세액(매입액 × 10%)
예정신고	7월 25일 예정고지	있음
납부의무면제	공급대가 3,000만 원 미만인 경우	적용대상 아님
장부기장 의무	발급받았거나 발급한 영수증으로 갈음	부가세법 71조 장부 작성·보관
가산세	세금계산서 관련 가산세 있음	세금계산서 관련 가산세 없음

(3) 세무 관련 사이트에 가입하기

사업자등록 후 외식창업자의 경우 세무 관련 사이트에 가입하여 기본적인 증빙관리 및 세금계산서를 발급받아야 세금신고 때 편안하게 신고할 수 있다.

① 홈택스(www.hometax.go.kr)

홈택스에 사업자로 가입해야만 각종 세금신고·납부가 가능하고 장소에 관계없이 민원 서류를 즉시 발급받을 수 있다.

② 현금영수증 사이트(www.taxsave.go.kr)

개인사업자의 경우 현금영수증 사이트에 가입하고 사업자 공인인증서로 로그인한 후 사업과 관련된 신용카드를 현금영수증사이트에 등록해야만 사업용 신용카드로 인정받을 수 있다. 이때 신용카드매출전표의 경우 따로 관리하지 않아도 되지만, 인터넷쇼핑몰 등을 이용한 경우에는 별도로 신용카드매출전표 등을 보관해야 한다.

③ 이세로(www.esero.go.kr)

법인사업자의 경우 전자세금계산서 발급이 의무이고, 개인사업자 경우에는 2014년 7월 1일부터 직전 연도 공급가액이 3억 원 이상인 경우 전자세금계산서 발급이 의무화되었다. 이세로의 경우 이세로 전용 공인인증서를 따로 발급받아야만 전자세금계산서가 발급됨에 유의하여야 한다.

④ 가맹점 매출거래정보통합시스템(www.cardsales.or.kr)

최근 외식업의 경우 신용카드 매출비중에 80~90% 이상인 경우가 많다. 포스를 통해 매출관리도 할 수 있지만 여신금융협회를 통해 카드매출 조회가 가능하다. 또한 카드사별 입금액 및 신용카드수수료까지 확인할 수 있으므로 신고를 위해 꼭 가입해야 한다.

⑤ 전기, 가스, 휴대전화 등 사업자번호로 세금계산서 발급받기

사업장의 경우 전기, 가스, 휴대전화는 관련 업체에 문의하여 세금계산서를 발급받아야 부가가치세 환급이 가능하고 종합소득세(법인세) 신고 시 비용으로 인정받을 수 있다.

2) 증빙관리

(1) 증빙서류의 작성과 수취 및 보관

사업자는 모든 거래에 대한 증명서류를 작성·수취하여 신고기한으로부터 5년간 보관해야 한다. 다만, 해당 사업연도 개시일로부터 소급하여 5년 전에 발생한 이월결손금을 공제받는 경우, 그 결손금이 발생한 사업연도의 증명서류는 이월결손금을 공제받은 사업연도의 신고기한으로부터 1년이 되는 날까지 보관해야 한다.

(2) 증빙서류의 종류

증빙서류는 법정증빙서류(적격증빙서류)와 그 이외의 증빙서류로 나누어진다.

① 법정증빙서류

■ 세금계산서(매입자발행세금계산서 포함)·계산서

그림 13-6 **세금계산서 예시**

일반사업자의 경우 세금계산서를 발급하고, 면세사업자의 경우 계산서를 발급한다. 세금계산서는 부가가치세를 따로 표기할 수 있으며, 계산서의 경우 부가가치세를 따로 표기하지 않는다.

■ 신용카드매출전표·직불카드영수증·기명식선불카드영수증·현금영수증

신용카드 매출전표 Sales Slip (Credit Card)	
주문번호 1827584308/1807216519	카드종류 현대(다이너스)
카드번호 4330-28**-****-0726	유효기간 **/**
승인번호 00086200	거래일자 2014-12-05 오후 4:24:29
거래유형 일시불	거래종류 신용거래
상품명 강력추천[국산 원적외선/전기난로]카본/스토브/히터	
금액	41,345
부가세	4,135
봉사료	
합계	45,480
가맹점 정보	
상호 (주)이베이코리아	사업자등록번호 220-81-83676
판매자 정보	
상호 유통	사업자등록번호 503-19-
대표자명 정	전화번호
과세유형 일반 과세자	사업장 주소 대구 서구
본 영수증은 (주)이베이코리아에서 발행하는 신용카드매출전표입니다. 위 신용카드매출전표는 부가가치세법 제32조의 2 제3항에 의하여 발행되었으며, 동법 시행령 제57조 제2항에 의하여 세금계산서를 교부하지 않습니다.	

그림 13-7 **신용카드 매출전표 예시**

② 그 이외의 증빙서류

영수증(간이영수증, 문방구영수증)은 법정증빙은 아니나, (일반적인)증빙으로 인정받을 수 있으므로 3만 원 이하의 거래 시에는 세법상 불이익이 없다. 단, 3만 원 초과 거래 시 영수증을 수취할 경우에는 거래금액의 2%에 상당하는 증빙불비 가산세를 부담하여야 함에 유의해야 한다.

	거주구분	거주자1/비거주자2
	거주지국	거주지국코드
	내·외국인	내국인1 /외국인9
	외국인단일세율적용	여 1 / 부 2
	국적	국적코드
	세대주여부	세대주1, 세대원2
	연말정산구분	계속근로1, 중도퇴사2

[ ]근로소득 원천징수영수증
[ ]근로소득 지 급 명 세 서

([ ]소득자 보관용 [ ]발행자 보관용 [ ]발행자 보고용)

관 리 번호

징 수 의무자	① 법인명(상 호)				② 대 표 자(성 명)	
	③ 사업자등록번호				④ 주 민 등 록 번 호	
	⑤ 소 재 지 (주소)					
소득자	⑥ 성 명				⑦ 주 민 등 록 번 호	
소득자	⑧ 주 소					

	구 분	주(현)	종(전)	종(전)	⑯-1 납세조합	합 계
Ⅰ 근 무 처 별 소 득 명 세	⑨ 근 무 처 명					
	⑩ 사업자등록번호					
	⑪ 근무기간					
	⑫ 감면기간					
	⑬ 급 여					
	⑭ 상 여					
	⑮ 인 정 상 여					
	⑮-1 주식매수선택권 행사이익					
	⑮-2 우리사주조합인출금					
	⑮-3					
	⑮-4					
	⑯ 계					

	구 분		주(현)	종(전)	종(전)	⑯-1 납세조합	합 계
Ⅱ 비 과 세 및 감 면 소 득 명 세	⑱ 국외근로	M0X					
	⑱-1 야간근로수당	O0X					
	⑱-2 출산·보육수당	Q0X					
	⑱-4 연구보조비	H0X					
	⑱-5						
	⑱-6						
	~						
	⑱-21						
	⑲ 지정 비과세	Y22					
	⑳ 비과세소득 계						
	⑳-1 감면소득 계						

	구 분			⑲ 소 득 세	⑳ 지방소득세	㉑ 농어촌특별세
Ⅲ 세 액 명 세	㉔ 결 정 세 액					
	기납부 세 액	㉕ 종(전)근무지 (결정세액란의 세액 기재)	사업자 등록 번호			
		㉖ 주(현)근무지				
	㉗ 차 감 징 수 세 액					

위의 원천징수액(근로소득)을 정히 영수(지급)합니다.

년 월 일

징수(보고)의무자 (서명 또는 인)

세 무 서 장 귀하

210mm×297mm(일반용지 60g/m²(재활용품)

그림 13-8 **원천징수영수증 예시**

3) 부가가치세

(1) 개요

부가가치세는 사업자의 규모에 따라서 간이과세자와 일반과세자로 나뉜다. 부가가치세는 외식사업자가 직접 납부하지만, 담세자는 소비자가 된다. 즉, 소비자로부터 음식가격의 10%를 추가로 받아서 일정 기간 보관하고 있다가 부가가치세 신고, 납부기한이 되면 소비자를 대신하여 사업자가 납부하는 간접세에 해당되는 세금이다. 다만 예비창업자가 부가가치세를 명확하게 이해해야 할 이유에 대하여 추가적인 설명이 필요하다. 우리 주변의 모든 음식점들은 부가가치세를 별도로 징수하지 않는다. 그렇다면 과연 음식점의 경우 부가가치세를 납부하지 않는 것일까? 물론 대답은 No이다.

부가가치세는 사업자라면 누구나 납부할 의무를 갖는다. 음식가격에 부가가치세가 포함되어 있다고 생각하면 된다. 예를 들어, 고객이 5,000원의 음식대금을 지불하였다면 사업자의 수익은 5,000원이 아니라 약 4,545원이 되는 것이다. 나머지 455원이 부가가치세이고, 이를 부가가치세법에서는 매출세액이라고 한다. 만약 사업자가 음식을 제조하기 위하여 구입한 식자재 등에 포함된 부가가치세가 100원이라고 가정한다면 이를 매입세액이라고 하고, 사업자는 매출세액(455원)에서 매입세액(100원)을 공제한 355원을 납부세액으로 세무서에 신고·납부하게 되는 것이다.

과거에 신용카드 등이 활성화되기 전 세원이 노출되지 않던 시절에는 많은 외식사업자들이 부가가치세를 탈루하였다고 한다. 외식사업이 현금사업으로 지칭되면서 높은 소득을 올릴 수 있던 사업으로 인기를 얻은 이유가 바로 이것 때문이기도 하다. 하지만 신용카드 및 현금영수증 제도 등이 정착되면서 음식점의 세원이 대부분 노출되었기 때문에, 과거와 같이 부가가치세와 종합소득세 등의 탈루를 통하여 초과소득을 얻는 것은 불가능한 것이 현실이다. 그러나 아직도 과거의 관행이 여전히 예비창업자들의 인식속에 남아 있는 것을 종종 발견하게 된다. 부가가치세가 매출액에 포함되어 있는 것을 정확히 인식하지 못한다면 사업타당성 분석에서 큰 실수를 할 수 있음을 잊지 말아야한다.

(2) 부가가치세 신고 및 납부방법

부가가치세는 상품(재화)의 거래나 서비스(용역)의 제공과정에서 얻어지는 부가가치(이윤)에 대하여 과세하는 세금이며, 사업자가 납부하는 부가가치세는 매출세액에서 매입세액을 차감하여 계산한다.

$$부가가치세 = 매출세액 - 매입세액$$

부가가치세는 물건 값에 포함되어 있기 때문에 실지로는 최종소비자가 부담(담세자)하게 되며, 최종소비자가 부담한 부가가치세를 사업자가 세무서에 납부(납세자)하는 간접세이다. 부가가치세는 6개월을 과세기간으로 하여 신고·납부하게 되며, 각 과세기간을 다시 3개월로 나누어 중간에 예정신고기간을 두고 있는데, 구체적인 내용은 아래와 같다.

표 13-5 **부가가치세 신고·납부기간**

과세기간	과세대상기간		신고납부기간	신고대상자
제1기 1.1~6.30	예정신고	1.1 ~ 3.31	4.1 ~ 4.25	법인사업자
	확정신고	1.1 ~ 6.30	7.1 ~ 7.25	법인·개인사업자
제2기 7.1~12.31	예정신고	7.1 ~ 9.30	10.1 ~ 10.25	법인사업자
	확정신고	7.1 ~ 12.31	다음해 1.1 ~ 1.25	법인·개인사업자

간이과세자의 경우 1년 과세단위로 하여 신고·납부할 수 있다.

표 13-6 **간이과세자 신고·납부기간**

과세기간	신고납부기간	신고대상자
1.1~12.31	다음해 1.1~1.25	개인 간이 사업자

일반적인 경우 법인사업자는 1년에 4회, 개인사업자는 2회 신고하지만, 개인사업자(일반과세자) 중 사업부진자, 조기 환급발생자는 예정신고와 예정 고지세액납부 중 하나를 선택하여 신고 또는 납부할 수 있다.

음식점 사업자는 부가가치세의 부담을 줄이기 위해 매출 세액을 줄이거나 매입세액을 늘려야 하는데, 매출세액은 매출액이 신용카드 발행 등으로 100% 노출이 되므로 임의로 줄이거나 늘릴 수 없다. 또한 매출액을 고의로 누락시킨다면 탈세행위로 간주하여 무거운 세금을 부담해야 하는 위험이 있다. 따라서 합법적으로 세금을 줄이기 위해서는 매입세액을 늘리기 위하여 구입하면서 세금계산서나 계산서를 빠짐없이 받아야 한다. 물건을 구입하고 세금계산서를 받으면 일반과세자는 매입세액 전액을, 간이과세자는 해당 업종의 부가가치율에 따라 5~30%를 공제 받을 수 있다. 또한 음식점의 경우에는 매입세율이 적용되지 않는 농수산물 등의 면세 매입에 대해서도 의제매입세액공제제도를 이용하여 부가가치세를 공제 받을 수도 있다. 의제매입세액공제제도란 원재료를 구입할 때 직접 지불한 부가가치세는 없지만, 면세로 구입한 농수산물 등 가액을 중심으로 음식점업의 개인사업자의 경우 8/108(과표 2억 이하 9/109), 법인사업자의 경우 6/106, 유흥업소 2/102만큼을 공제받을 수 있는 제도이다. 2014년 1월 1일 이후 과세기간부터는 의제매입세액공제 한도액이 신설됐다.

다음으로는 신용카드 발행에 대한 세액을 공제를 받을 수 있다. 이는 음식점 사업자가 부가가치가 과세되는 재화 또는 용역을 공급하고, 신용카드매출전표나 직불카드영수증을 발행하거나 전자화폐로 대금을 결제 받을 경우 그 발행금액의 1%, 음식점업

표 13-7 **의제매입세액 공제 한도액**

구분	과세표준	음식점	기타 업종
개인사업자	1억 원 이하	과세표준의 65%	과세표준의 55%
	1억 원 초과 2억 원 이하	과세표준의 60%	
	2억 원 초과	과세표준의 50%	과세표준의 45%
법인사업자	–	과세표준의 40%	과세표준의 40%

및 숙박업 간이과세자 2%(단, 2014년까지는 1.3% 또는 2.6%)를 연간 500만 원 한도의 납부세액에서 공제하거나 환급세액에 가산할 수 있다. 이는 신용카드 가맹점의 가입을 권장하고, 고객들에게는 신용카드를 많이 사용하게 하여 과세표준의 노출을 유도하기 위하여 신용카드매출전표를 발행하는 사업자에게 혜택을 주는 것이다.

　부가가치세는 자진신고, 자진 납부제도를 채택하고 있어 납세자는 부가가치세를 스스로 계산하여 신고 납부하여야 한다. 신고 납부의 기간은 6개월을 과세기간으로 하여 신고 납부하게 되며, 각 과세기간을 다시 3개월로 나누어 중간에 예정신고 기간을 두고 있다.

부가가치세를 납부하는 방법은 다음과 같다.

- 납부서를 기재하여 금융기관 또는 우체국에 납부
- 인터넷을 통한 전자납부방법으로 납부
- 국세청 홈페이지(www.nts.go.kr) ◐ 신고납부 ◐ 납부안내 ◐ 전자납부
- 납부세액이 5백만 원 이하인 경우는 신용카드에 의한 납부가 가능하며, 금융결제원 홈페이지 (www.cardrotax.or.kr)에 접속·납부하거나 세무서에 설치된 신용카드 단말기에서 납부

　부가가치세를 신고하지 않거나 납부하지 않을 시에는 불이익이 따르게 된다. 무신고 시에는 세금조사에 의한 세금고지와 가산세가 부과되며, 무납부 시에는 가산세(무납부 금액 × 납부기한다음날~고지일 × 3/10000)가 부과된다. 부가가치세 관련 문의는 국세청 세미래콜센터(☎국번 없이 126번)나 또는 국세청 인터넷 홈페이지(www.nts.go.kr - 조회계산 혹은 신고납부)에서 부가가치세 메뉴를 이용하면 편리하다. 물론 세무사를 통하여 신고를 대행하는 경우는 편리하게 세무업무를 처리할 수 있지만, 매월 세무 대행료를 지불해야 한다.

그림 13-9 **국세청 홈페이지 부가가치세 신고납부 화면**

4) 종합소득세

부가가치세가 간접세인 반면, 종합소득세는 사업자의 소득에서 비용을 공제한 후 산출되는 이익을 대상으로 직접 부과되는 직접세이다. 종합소득세에 대한 구체적인 내용을 살펴보면 다음과 같다.

(1) 종합소득세의 정의

종합소득세는 개인이 지난해 1년간의 경제활동으로 얻은 소득에 대하여 납부하는 세금으로서 모든 소득을 합산하여 계산하고, 다음해 5월 1일부터 5월 31일까지 주소지 관할 세무서에 신고·납부하여야 한다. 또한 매년 11월에 소득세 중간예납세액을 납부하여야 하고, 다음해 5월 확정신고 시 기납부세액으로 공제한다. 사업에서 손실이 발생하여 납부할 세액이 없는 경우에도 종합소득세 신고는 해야 한다. 신고를 하지 않는 경우의 불이익은 다음과 같다.

- 특별공제와 각종 세액공제 및 감면을 받을 수 없다.

• 무신고가산세와 납부·환급불성실가산세를 추가로 부담하게 된다.

(2) 소득금액의 계산방법

장부를 비치·기장한 사업자의 소득금액은 다음과 같이 계산한다.

$$\text{소득금액 = 총수입금액 - 필요경비}$$

장부를 비치·기장하지 않은 사업자의 소득금액은 다음과 같이 계산한다.

음식점 사업자 중에서 직전연도 매출액이 기준 매출액인 3,600만 원 이상인 사업자 중 장부를 비치 기장하지 않는 사업자가 기준경비율 적용 대상자에 해당되며, 단순경비율에 의해 소득 금액을 계산하는 단순경비율 대상자는 직전 연도 매출액이 3,600만 원에 미달되는 사업자와 1억 5천만 원에 미달되는 사업자가 해당된다. 기준경비율과 단순경비율에 의해 소득세를 계산하는 경우는 다음과 같이 계산한다.

기준경비율과 단순경비율의 비율은 국세청 홈페이지(조회·계산→기준경비(단순경비)율)에서 조회할 수 있으며, 기준경비율에 의해 계산한 소득금액(기준소득금액)이 단순경비율에 의해 계산한 소득금액에 국세청장이 정하는 배율(간편 장부대상자 2.4배, 복식부기의무자 3.0배)을 곱하여 계산한 금액보다 많은 경우에는 그 배율을 곱하여 계산한 금액을 소득금액으로 결정할 수 있다(소득세법시행규칙 제67조).

기준경비율에 의해 적용받는 사업자의 공제 대상인 주요 경비는 다음의 범위 내에서 인정을 받을 수 있으며, 이를 증빙하기 위해서는 다음의 서류가 있어야 한다.

표 13-8 **기준 수입금액별 신고 유형**

업종	추계신고 (전기 및 당기수입금액)				기장의무판정		외부조정	성실신고
	계속사업자(전기)		신규사업자(당기)				직전관세기간	당기수입금액
	단순경비율	기준경비율	단순경비율	기준경비율	간편장부	복식주기		
숙박 및 음식업종	3600만 원 미만	3600만 원 이상	1.5억 원 미만	1.5억 원 이상	1.5억 원 미만	1.5억 원 이상	3억 이상	7.5억 이상

자료: 국세청

표 13-9 **사업자의 주요 경비**

주요 경비	범위	증비서류
매입비용	재화(상품·제품·재료·소모품 등 유체물과 동력·열 등 관리할 수 있는 자연력)의 매입과 외주가공비 및 운송의 운반비	세금계산서, 계산서, 신용카드매출전표 등 정규증빙서류를 수취해야 하며, 간이세금계산서나 일반영수증을 수취한 금액은 "주요경비지출명세서"를 제출
임차료	사업에 직접 사용하는 건축물, 기계장치 등 사업용 고정자산의 임차료	
인건비	종업원의 급여·임금 및 일용근로자의 임금과 실지 지급한 퇴직금	원천징수영수증·지급조서를 세무서에 제출하거나 지급관련 증빙서류를 비치·보관

표 13-10 **2019년 귀속 단순, 기준경비율**

구분	단순경비율(일반율)	기준경비율(일반율)
한식 해산물 요리 전문점	89.7	9.6
한식 일반 음식점업	89.7	9.6
한식 육류 요리 전문점	89.7	9.6
한식 면 요리 전문점	89.7	9.6
서양식 음식점업	86.0	10.3
중식 음식점업	88.4	11.3
일식 음식점업	86.7	11.4
커피 전문점	85.6	14.3
치킨 전문점	86.1	11.3
출장 음식 서비스업	84.4	10.4
제과점업	89.9	10.0
이동 음식점업	87.1	12.0
주점업(생맥주 전문점	88.2	11.2
김밥 및 기타 간이 음식점업	91.0	11.6
김밥 및 기타 간이 음식점업	86.1	11.3
기타 외국식 음식점업	86.0	10.3
기타 비알코올 음료점업	85.6	14.3
기관 구내식당업	90.0	9.4
간이 음식 포장 판매 전문점	91/87.1	11.6/12.0
피자, 햄버거, 샌드위치 및 유사 음식점업	86.1/87.1	11.3/12.0

자료 : 국세청

(3) 장부의 비치·기장

외식사업자는 사업과 관련된 모든 거래사실을 복식부기 또는 간편장부에 의하여 기록·비치하고, 관련 증빙서류 등과 함께 5년간 보관하여야 한다. 여기서 복식부기로 장부를 기장하여야 하는 의무자는 직전년도 수입금액이 1억 5천만 원 이상인 음식점 사업자가 해당된다.

다만, 당해 연도에 신규로 사업을 개시하였거나 직전년도 수입금액이 1억 5천만 원 미만인 음식점 사업자는 간편장부에 의하여 기장하여도 무방하다. 음식점 사업자가 장부를 기장하는 경우에는 다음과 같은 혜택을 받을 수 있다.

- 스스로 기장한 실제소득에 따라 소득세를 계산하므로, 적자(결손)가 발생한 경우 10년간 소득금액에서 공제 받을 수 있다.
- 간편장부대상자가 단순경비율·기준경비율에 의해 소득금액을 계산하는 경우보다 최고 20%까지 소득세 부담을 줄일 수 있다.

음식점 사업자의 경우 2018년부터 성실신고기준금액이 7.5억 원으로 인하되었다. 따라서 2020년 매출액이 7.5억 원인 음식점 사업자의 경우 2021년 5월 종합소득세 신고 시 성실신고확인대상자가 된다. 성실신고확인대상자는 업종별로 일정 규모 이상의 사업자를 신고할 때, 장부기장의 정확성 여부를 세무사 등에게 확인한 후 신고하게 함으로써 개인사업자의 성실한 신고를 유도하기 위해 도입되었다. 성실신고확인대상사업자가 성실신고확인서를 제출하는 경우 종합소득세 신고를 그 다음해 5월 1일부터 6월 30일까지 하여야 한다. 성실신고확인제의 경우 일반적인 종합소득세 신고기간보다 한 달 정도 길다.

(4) 산출세액의 계산

산출세액 = 과세표준(소득금액 − 소득공제) × 세율

※ 종합소득세 기본세율 (2014년 기준)

표 13-11 **종합소득세 기본세율(2018년 귀속 이후)**

과세표준(소득금액 – 소득공제)	세율
1,200만 원 이하	6%
1,200만 원 초과 4,600만 원 이하	15%
4,600만 원 초과 8,800만 원 이하	24%
8,800만 원 초과 150,000만 원 이하	35%
150,000만 원 초과 300,000만 원 이하	38%
300,000만 원 초과 500,000만 원 이하	40%
500,000만 원 초과	42%

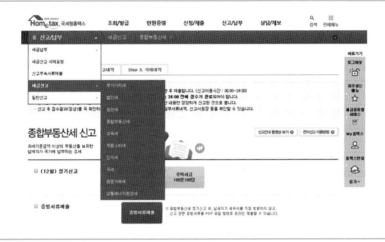

그림 13-10 **국세청 홈페이지 종합소득세 신고 납부 화면**

소득세법상의 기장의무

개인이든 법인이든 사업자는 스스로 본인의 소득을 계산하고 소득에 합당하는 세금을 계산하여 신고하고 납부해야 한다. 이를 위해서 모든 사업자는 기본적으로 장부를 비치·기장하여야 한다. 따라서 사업자는 사업규모에 따라 복식부기장부 또는 간편장부를 비치·기장하여야 하며, 이를 이행하지 않을 경우에는 여러 가지 불이익을 받게 된다. 여기서는 소득세법상의 기장의무의 내용과 불이익에 대해서 살펴보면 다음과 같다.

소득세법상 기장의무(소득세법 제160조, 시행령 제208조)

사업자는 소득금액을 계산할 수 있도록 증빙서류 등을 비치하고, 그 사업의 재산상태와 손익거래의 변동내용을 빠짐없이 이중으로 기록하여 계산하는 복식부기형식의 장부에 기록·관리하여야 한다. 소득세법에서 정의하고 있는 기장의무는 복식부기장부대상자와 간편장부대상자로 구분되는데, 내역은 다음과 같다.

(1) 복식부기의무자

복식부기의무자란 아래의 (2)에서 설명하고 있는 간편장부대상자를 제외한 모든 사업자를 말하는 것으로서 복식부기의무자는 소득세 신고 시에 사업의 재산상태와 손익거래 내용의 변동을 빠짐없이 이중으로 기록한 장부를 기록·보관하고, 기업회계기준을 준용하여 작성한 대차대조표, 손익계산서와 그 부속서류 및 합계잔액 시산표 등을 신고서와 함께 제출하여야 한다. 한편, 다음 중 하나에 해당하는 경우는 복식부기장부를 비치·기장한 것으로 본다(소득세법 제208조 제2항).

① 이중으로 대차평균하게 기표된 전표와 이에 대한 증빙서류가 완비되어 사업의 재산상태와 손익거래내용의 변동을 빠짐없이 기록한 때

② 위의 장부 또는 전표와 이에 대한 증빙서류를 전산 처리된 테이프 또는 디스크 등으로 보관한 때

(2) 간편장부대상자

간편장부는 중·소규모 개인사업자를 위하여 국세청에서 고안한 장부로서 매출액 등 수입에 관한 사항, 경비지출에 관한 사항, 고정자산의 증감에 관한 사항 등으로 구성되어 있으며 이 양식에 따라서 거래가 발생한 날짜 순서로 기록만 하면 복식부기에 의한 장부를 비치·기장한 것으로 인정한다. 간편장부 대상자는 다음과 같다.

① 당해 연도에 신규로 사업을 개시한 사업자

② 직전년도의 수입금액(결정 또는 경정에 의하여 증가된 수입금액을 포함)의 합계액이 1억 5천만 원 미만(음식점업)인 사업자

(3) 기장의무 이행 시의 혜택

복식부기 의무자의 경우는 당연히 복식부기장부를 기장하고 이에 의해 소득세를 신고해야 하는 것이며, 복식부기장부를 기장한다고 해서 특별한 혜택은 없다. 그러나 상대적으로 규모가 영세한 간편장부 대상자의 경우는 간편장부를 기장하면 다음과 같은 혜택이 있다.

① 기장세액공제(소득세법 제56조의 2)를 받을 수 있다.

간편장부대상자가 복식부기장부로 소득금액을 계산하고 제70조4항3호를 제출하면 산출세액의 20%에 해당하는 기장세액공제(연간 100만 원 한도)를 받을 수 있다.

기장세액공제액 = 종합(산림)소득 산출세액 × 기장신고금액 / 종합(산림)소득금액 × 20%

② 결손금의 이월공제가 가능하다.

간편장부를 기장한 후 결손이 발생한 경우는 향후 5년 이내에 발생한 소득에서 결손금을 공제 받을 수 있다.

③ 필요경비를 인정받을 수 있다.

간편장부를 기장하게 되면 고정자산에 대한 감가상각비 등을 필요경비로 계상할 수 있다.

사업자가 장부를 비치·기장하지 않거나 미달하게 기장한 경우는 다음과 같은 불이익을 받게 된다.

① 무기장 가산세(소득세법 제81조 1항)의 납부

무기장 가산세 = 소득세 산출세액 × 무(미달)기장소득금액/소득별소득금액 × 20%

한편, 복식부기 의무자가 대차대조표, 손익계산서, 합계잔액시산표와 조정계산서를 과세표준 확정신고서에 첨부하지 아니한 때에는 과세표준 확정신고를 하지 아니한 것으로 보아 신고불성실가산세(산출세액의 20%와 수입금액의 0.07%중 큰 금액)를 적용 받게 되며, 신고불성실가산세와 무기장가산세가 중복되는 경우에는 가산세액이 큰 금액(같은 경우에는 신고불성실가산세)을 적용한다.

그러나 신규사업자 및 직전년도 수입금액이 4,800만 원에 미달하는 소규모 사업자의 경우는 무기장가산세를 적용하지 않는다(소득세법 제81조 4항).

② 간편장부 대상자의 경우는 간편장부를 기장할 경우에 적용 받을 수 있는 기장세액공제를 받지 못한다.

③ 복식부기의무자와 간편장부 대상자가 장부 기장을 하지 않게 되면 실제 소득을 알 수 없으므로 기준경비율이나 단순경비율에 의해 소득금액을 계산하게 되는데, 사업소득이 손실이 발생했을 때 장부를 기록, 보관했더라면 손실을 그대로 인정받아 세금을 납부하지 않게 되지만, 기장을 하지 않게 되면 기준경비율이나 단순경비율에 의해 소득금액을 계산하게 되므로 손실을 보았음에도 불구하고 세금을 납부하게 된다. 또한 소득금액을 추계결정하는 경우에 공제 가능한 이월결손금이 있더라도 이를 공제 받을 수 없게 된다(소득세법 제45조).

음식점의 종합소득세 절세전략 – 공동 사업전략

종합소득세는 초과누진세율 구조로 소득의 증가율보다 세금의 증가율이 높아지는 구조이기 때문에 소득이 많을수록 세금을 많이 내야 한다. 하지만 소득이 분산된다면 그만큼 소득이 줄어들기 때문에 부담하는 소득세도 감소하게 된다. 소득세를 줄이는 기본적인 전략으로 공동명의로 사업을 영위하는 경우 소득세 감소 효과를 볼 수 있다. 공동명의 사업을 하는 경우 소득세에 미치는 허와 실에 대해서 살펴보도록 한다.

사례 뽕잎갈비를 운영하고 있는 왕고민 사장님은 친동생인 왕대범의 권유로 요즘 유행하는 깻잎족발을 하자는 제안을 받았다. 하지만 지금도 뽕잎갈비에서 나오는 매출이 높아 걱정하는 바인데, 왕대범 동생은 괜찮다며 자꾸 같이 사업을 동업하기를 원한다. 사실 왕고민 사장님도 요즘 유행하는 특허 받은 깻잎족발에 관심이 많았지만, 내년에 소득세 폭탄이 걱정이 되어 쉽사리 결정을 못 내렸다. 항상 그렇듯이 혼자 고민하면 이도저도 안 된다는 생각에 세무계의 맥가이버 왕세무사에게 소득세 절세전략에 대해 들어 보기로 했다.

종합소득세를 절세하는 방법 중 하나는 초과누진세율이 적용되기 때문에 소득금액을 낮춰 세금 부담을 줄이면 된다. 하지만 장사가 잘 돼 소득이 많이 발생하는데 오는 손님을 못 오게 하여 소득을 낮출 수는 없는 일이다. 그렇다면 소득을 낮추는 가장 기본적인 방법은 음식점 등을 오픈할 때 공동명의로 사업을 영위하는 것이다. 소득세의 경우 개별과세를 원칙으로 하기 때문에 공동명의 사업을 영위하게 된다면 각각의 지분율만큼 소득세를 지급하면 된다.

예를 들어, A씨가 단독으로 사업을 영위하여 소득 금액이 2,400만 원 발생하여 혼자 세금을 부담한다면 252만 원의 소득세를 부담해야 한다. 하지만 A, B씨가 공동으로 각각 50% 지분으로 출자하여 사업을 한다면 소득금액은 각각 1,200만 원이 되고, 각각 내는 세금은 72만 원이다. 즉 둘이 공동으로 사업을 하는 경우 144만 원을 부담하는 셈이다. 결과적으로 단독사업을 하는 것보다 공동으로 사업을 영위하는 경우 108만 원만큼의 절세효과가 발생하는 것이다.

하지만 친한 친구끼리도 같이 안 하는 것이 동업이고 공동사업이다. 공동명의로 사업을 영위하는 경우 소득 배분은 지분율대로 소득이 배분된다. 즉, 한 사람의 노력이 없어도 한 명이 열심히 노력한다면 다른 한 사람은 가만히 있어도 소득이 발생하는 것이다. 또한 공동사업의 경우 비용면에서도 문제가 발생한다. A는 사업을 위한 비용을 유흥비

위주의 접대비로 많이 쓰고, B는 재료비 중심의 원가 비용을 소비한다면 결국 유용하게 비용을 소비한 B의 입장에서 손해를 보는 느낌을 받을 것이다. 처음부터 둘의 관계를 명확히 해야만 공동명의 사업인 동업이 가능한 것이다.

가족이나 친인척 간에 하는 동업, 즉 공동명의 사업의 경우 세법에서는 특수관계자 간 공동사업으로 보아 합산 과세한다. 즉, 가족 간에 하는 사업은 공동사업이라고 보지 않고 가족 중에 실질적인 사업자가 한 명 존재한다고 본다. 즉, 조세 회피 목적을 가지고 있다고 세법에서는 보고 있다. 하지만 가족 간의 사업도 손익분배비율이 정해져 있고 소득분배 비율 등이 업종 평균과 상이하지 않다면 개별 과세한다. 따라서 가족 간 동업을 하는 경우, 주먹구구식으로 하는 것이 아니고 정확한 사실 관계를 바탕으로 공동사업계약서를 작성하여 나중에 발생할 피해에 대해 대비해야 한다.

공동사업에 대해 하나 더 주의해야 할 점은 공동명의 사업자가 소득을 지분율대로 가져가는 만큼 공동 사업에 대해 위험도 같이 부담해야 한다. 즉, 공동명의 사업자는 연대납세의무를 부담하는 것이다. 연대납세의무란 공동사업자가 세금을 미납한 경우 공동사업자의 소득금액을 한도로 미납세금에 대해 연대납세의무를 부담해야 한다.

결과적으로 공동명의 사업을 영위하게 된다면 소득세 절감효과가 발생되지만, 반대로 연대납세의무가 발생하게 된다. 따라서 공동명의로 사업을 진행하는 경우 사업을 성공적으로 이끌어 소득세 절감효과를 얻고, 세금을 체납하여 연대납세의무가 발생하지 않도록 사업을 잘 운영하는 미덕이 필요할 것이다.

자료: 신운철 세무사의 네이버 블로그
(http://blog.naver.com/swc0507)

요약

① 회계란 기업과 관련된 이해관계자들의 의사결정에 필요한 유용한 정보를 제공하는 것으로, 초등학생이 작성하는 용돈기입장, 주부가 작성하는 가계부, 동호회 총무가 작성하는 회비관리내역 등도 모두 회계활동의 결과물에 해당된다. 회계는 회계정보를 이용하는 대상자와 이해관계자에 따라서 재무회계, 관리회계, 세무회계 등으로 구분된다.

② 회계실체의 일정기간(회계기간) 동안의 경제적 사건과 그 기간 말에 있어서의 경제적 상태를 나타내기 위한 일련의 회계보고서를 재무제표라고 하며, 재무상태표(B/S : Balance Sheet), 손익계산서(I/S : Income Statement), 이익잉여금처분계산서, 현금흐름표, 자본변동표 등이 이에 해당된다.

③ 외식창업자의 경우 개인사업등록 시 관련 영업신고증하고 임대차계약서를 준비해 가야 하며 세무 관련 홈택스, 현금영수증, 이세로, 여신금융협회 등에 가입하여 신고의 편의성을 제고해야 한다. 그리고 필수 증빙서류인 세금계산서, 계산서, 신용카드매출전표 등을 잘 챙겨 부가가치세나 종합소득세를 초과 납부되는 세금이 없도록 한다.

④ 외식사업자가 납부해야 할 대표적 세금은 부가가치세와 종합소득세이다. 세금의 납부를 위해 사업자등록 시 간이과세제도를 이용할 수 있는데, 연간 매출액(공급대가 기준)이 4천8백만 원 미만인 경우만 가능하다. 부가가치세는 상품(재화)의 거래나 서비스(용역)의 제공과정에서 얻어지는 부가가치(이윤)에 대하여 과세하는 세금이며, 사업자가 납부하는 부가가치세는 매출세액에서 매입세액을 차감하여 계산한다.

⑤ 종합소득세는 개인이 지난해 1년간의 경제활동으로 얻은 소득에 대하여 납부하는 세금으로서 모든 소득을 합산하여 계산하고, 다음해 5월 1일부터 5월 31일까지 주소지 관할 세무서에 신고·납부하여야 한다. 장부를 비치·기장한 사업자의 소득금액은 "총수입금액 − 필요경비"로 계산하며, 장부를 비치·기장하지 않은 사업자는 "기준경비율, 단순경비율"을 이용한다.

1 다음 중 회계정보이용자에 따른 회계의 구분에 대한 설명이 잘못된 것은?

① 회계정보이용자가 세무기관인 경우를 세무회계라 한다.

② 회계정보이용자가 경영자인 경우를 관리회계라 한다.

③ 회계정보이용자가 금융기관이나 투자자인 경우를 재무회계라 한다.

④ 회계정보이용자가 소비자인 경우를 원가회계라 한다.

해설 원가회계는 관리회계의 일부로서 주로 기업내부의 관리자와 경영자가 정보를 이용하는 이해관계자가 된다.

2 다음 중 재무제표에 대한 설명 중 잘못된 것은?

① 재무상태표, 손익계산서, 이익잉여금처분계산서, 현금흐름표, 자본변동표가 재무제표이다.

② 재무상태표는 일정 시점의 재무상태를 나타내는 표이다.

③ 손익계산서는 일정 시점의 손익관계를 나타내는 표이다.

④ 자본의 크기와 그 변동에 관한 정보를 제공하는 재무제표를 자본변동표라 한다.

해설 손익계산서는 일정 시점이 아닌 일정 기간의 손익상태를 나타내는 재무제표이다.

3 다음 중 부가가치세에 대한 설명이 잘못된 것은?

① 부가가치세는 사업자가 부담해야 하는 세금이다.

② 부가가치세는 사업자가 납부해야 하는 세금이다.

③ 부가가치세의 납부세액은 매출세액에서 매입세액을 공제한 금액이다.

④ 부가가치세의 담세자는 소비자이다.

해설 부가가치세는 간접세이다. 따라서 담세자와 납세자가 구분되어 있다. 담세자는 소비자이고 납세자는 사업자이므로 부가가치세를 부담해야 하는 대상은 소비자이다.

4 다음 중 종합소득세에 대한 설명 중 잘못된 것은?

① 종합소득세의 과세기간은 1년이다.

② 종합소득세는 매년 5월에 지난해 소득금액을 기준으로 신고·납부해야 한다.

③ 종합소득세는 중간예납은 11월에 한다.

④ 모든 사업자의 종합소득세는 총수입금액에서 필요경비를 공제한 소득금액을 기준으로 계산한다.

해설 총수입금액에서 필요경비를 공제한 소득금액을 기준으로 소득세를 납부하는 사업자는 장부를 비치, 기장한 사업자에 한한다. 장부를 비치, 기장하지 않은 사업자는 기준경비율 또는 단순경비율을 기준으로 계산한다.

5 다음 중 의제매입세액에 대한 설명 중 잘못된 것은?
① 부가세를 면제받아 공급받은 농산물, 축산물, 수산물 또는 임산물이 대상이다.
② 면세품을 많이 구입하는 음식점업의 부가가치세 부담을 경감해주기 위한 제도이다.
③ 의제매입세액의 공제율은 부가가치세법에 의하여 항상 고정되어 있다.
④ 음식점업의 경우 간이과세자라도 의제매입세액은 공제를 받을 수 있다.

6 다음 중 간이과세자와 일반과세자에 대한 설명 중 잘못된 것은?
① 연간 매출액이 4,800만 원 미만인 경우 간이과세자가 될 수 있다.
② 일반과세자는 매입세액 전액을 공제 받을 수 있다.
③ 의제매입세액 공제는 일반과제자만 가능하다.
④ 간이과세자는 세금계산서 발행이 불가능하다.

| 정답 | 1 ④   2 ③   3 ①   4 ④   5 ③   6 ③

1 외식사업자가 절세를 하는 다양한 방법이 있습니다. 부가가치세와 종합소득세를 각각 나누어서 합법적으로 절세를 할 수 있는 방법을 조사하여 정리하여 봅시다.

2 부가가치세법에 따르면 부가가치세는 간접세로서 소비자가 부담하는 세금이며, 사업자는 단지 소비자로부터 징수하여 납부할 의무만 가지는 세금입니다. 하지만 국내의 경우, 외식사업자들이 음식 가격에 부가가치세를 포함하고 있는 상황이므로 이러한 현상은 소규모 외식사업자의 수익성 악화로 연결될 수도 있고 무리한 가격인상을 초래할 수도 있습니다. 만약 당신이 창업을 하게 된다면 이와 같은 부가가치세 문제를 어떻게 해결하시겠습니까?

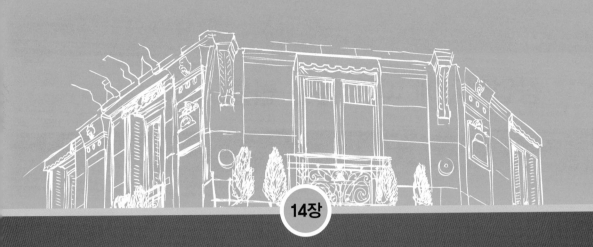

창업절차에 따른 관련 법률

|

법제처에서 제공하는 '원클릭 법령누리'
의 '음식점(창업운영)' 정보를 이용하면
외식창업과 경영에 필요한 모든 법령정
보를 한 번에 확인할 수 있다.

원클릭 법령누리

창업절차에 따른 관련 법률

학습목표

- 외식사업 창업절차에 따른 관련 법률과 인허가 프로세스를 이해한다.
- 외식사업 창업을 위하여 습득해야 할 관련 법률과 인허가 사항 및 필요서류 등을 이해한다.
- 외식사업 창업 이후 운영과정에서 필요한 관련 법률을 이해한다.

생각열기

BEST CASE 　　사업타당성 분석과 자금계획까지 세워 본 나성공은 나름대로 외식창업에 대한 자신감이 생겼다. 과연 모든 일은 철저한 계획을 세우고 나서야 성공가능성이 높아지는 것이라는 상식을 다시금 확인하는 기회가 된 나성공! 오늘은 정말 아침부터 상쾌한 기분을 느끼며 이도움을 만나러 강남역으로 향하고 있다. 오늘은 진정한 시작을 위한 창업절차와 인허가 사항을 점검하기로 약속한 날이다. 진한 커피 한잔하면서 그동안 많은 도움을 준 친구에게 감사도 해야 할 것 같고, 왠지 자신의 창업이 먼 미래를 환하게 밝혀줄 기회가 될 것 같은 기분에 날아갈 듯 약속장소로 향한다.

"나성공. 여기야 여기…."

역시 이도움은 나성공의 코치답게 이미 약속장소에 도착하여 노트북을 펴고 뭔가를 점검하고 있었다.

"이도움. 역시 자네는 준비성이 철저한 사람이군. 하루도 빈틈이 없으니 그렇게 살아서 어디 답답해서 살 수가 있나?"

"모르는 소리 말게. 모든 것이 완벽한 계획 하에 이루어지면 여유시간도 훨씬 많아지고 목표를 달성하기도 쉽고, 또 목표를 달성할 가능성도 훨씬 높아진다고…"

"자, 오늘은 외식창업의 절차와 인허가에 대해 내가 간단하게 설명해줄 테니 자네는 직접 현장을 찾아다니면서 해야 할 사항을 점검하는 게 좋을 것 같아."

"먼저 외식업 창업을 위해 가장 먼저 할 일은 점포를 임차하는 거야. 창업자는 임차할 점포의 건축물 용도가 창업하려고 하는 업종에 적합한지를 확인해야 하지. 또한 선택한 입지가 학교보건법상의 환경위생정화구역과 같이 법적으로 규제 대상인지에 대한 정확한 정보를 가지고 있어야 하네."

"그리고 임대차 계약 시에는 첫째, 목적물의 표시, 대금의 액수와 지불 시기 및 방법에 관한 내용, 임대인과 임차인의 성명, 주민등록 번호, 주소, 연락처, 임대차 기간과 상가 건물의 인도시기, 계약일시, 특약사항으로 위약 시의 책임, 해약조건, 충분한 임차기간의 보장 명시, 임차권등기 협조, 하자 및 보수 문제 등에 대한 기재를 하여 두어야 하고, 또한 잔금을 지불하였다면 관할 세무서에 가서 사업자 등록 신청과 함께 임대차 계약서에 확정일자를 받아 임대차의 대항력을 통한 우선 배당권을 확보하는 것이 좋지."

"그 외에도 2층 이상은 100m² 이상이거나 지하층 66m² 이상인 점포인 경우는 다중이용업소의 안전 관리에 관한 특별법 제2조 제1호 및 시행령 제2조 제1호에 따라 안전시설 등 완비 증명서를 발급받아야 하는 것도 잊지 말게."

"그 외에도 정화조, 광고물 등에 대한 인허가사항도 꼭 기억해야 할 사항이네. 음식점 창업자는 영업 기일로부터 20일 이내에 영업장 관할 세무서장에게 사업자 등록을 하는 것도 창업자의 기본이지."

"또한 다양한 인허가사항을 기억해야 하는데, 내가 잘 정리해서 양식과 함께 자네 메일로 보냈으니 집에 가면 확인해 보고 의문사항은 언제든 질문을 하게나. 아마 이 정도 지식을 가지고 창업을 준비한다면 상당한 시간과 비용도 절감하고 창업 이후에 법적인 문제로 낭패를 보는 일도 없을 거야."

WORST CASE 그럭저럭 이멘토의 도움으로 사업계획서와 자금계획까지 수립한 박실패. 이제 드디어 직접 창업절차에 들어가기로 마음을 먹었다.

"오늘은 이멘토하고 같이 점포를 구하러 다녀야 하겠지. 준비는 다 되었으니 빨리 점포를 얻어서 사업을 시작해야지. 돈도 벌고 여유로운 생활도 할 수 있을 거야."

이멘토를 만나서 좋은 상권, 좋은 입지의 점포를 얻을 생각에 들뜬 박실패는 혼자 말을 중얼거리며 열심히 걷고 있다.

"흐흐, 내가 친구 하나는 잘 두었단 말이야. 이 친구가 없었으면 내가 창업을 꿈에나 꿀 수 있었겠어. 역시 나는 복이 많은가 봐. 친구 덕에 강남 간다더니…. 옛말에 틀린 말이 하나도 없단 말이야."

"여보게 박실패…. 여기야 여기."

이멘토는 항상 불안한 마음에 조급하기도 하고 두렵기도 하다. 둘도 없는 친구인 박실패의 간절한 부탁 때문에 끌려 다니며 도움을 주고는 있지만, 마치 자신이 창업하는 것처럼 모든 것을 해 주고 있으니 박실패는 어떤 두려움이나 걱정도 없이 무조건 창업만 하면 대박을 낼 것을 착각하고 있으니 말이다.

"여보게 이멘토. 뭘 그렇게 골똘히 생각하나?"

"응. 아니야, 그냥 오늘 해야 할 일을 정리하고 있었어."

"오늘은 점포를 구하러 가기로 했잖은가? 정리할 게 뭐 있어. 그냥 부동산중개업소에 가서 점포 좀 좋은 곳 있는지 물어보면 알아서 다 찾아 줄 텐데…."

"하하…. 역시 자네의 그 낭만적인 태도는 정말 대단하군 그래. 하지만 우선 자네가 창업절차에 대하여 이해를 하고 그러한 절차 중에 발생하는 법적인 인허가사항을 먼저 정확하게 파악할 필요가 있거든. 그래야 실수도 줄이고 비용이나 시간도 절약할 수 있다네."

"아하. 또 자네의 그 완벽증세가 도지는군. 멘토군! 우리 그냥 쉬엄쉬엄 진행하면서 체크해 나가면 안 될까? 점포 구하고 그러면 인테리어 공사하고 그러면 사업자등록 신청하고 뭐…. 이런 식으로 하나씩 해나가다 보면 잘 될 텐데, 뭐가 또 인허가가 어쩌고 법이 어쩌고…. 나 머리 터져요."

"그래 실패군. 자네 말처럼 그렇게 해도 큰 문제는 없이 창업이 되기도 해. 사실 우리 주변의 많은 사람들이 그렇게 음식점 창업을 하는 것도 사실이고. 하지만 난 그렇게는 못하겠네. 지금 자네 평생을 먹고 살기 위한 창업을 하는 거야. 이건 잠깐 해 보자는 놀이가 아니라고. 만약 하나라도 잘못되는 날이면 자네가 그동안 모아 놓은 쌈짓돈마저 다 날아간다는 걸세. 조심에 조심을 해도 80%~90%의 음식점이 5년 이내에 폐업을 하는 게 현실이라는 건 자네도 잘 알지 않나?"

"음…. 그건 그렇네만. 매일 돌다리만 두드리다 시간이 다 갈 것 같아서 그렇지."

"평생의 직업을 찾기 위해 초등학교부터 대학교까지 공부한 시간을 생각해 보게. 그렇게 긴 시간을 위해 노력한 사람이 왜 창업을 위해서는 단 일 년, 아니 한 달도 준비할 생각을 안 하는가. 이유가 어찌 되었건 자네가 완벽한 창업절차를 이해하고 관련 인허가사항을 숙지하면 그 다음 단계로 넘어가겠네. 자네 메일로 관련 자료를 보냈으니 확인하고 모두 이해가 되면 다시 전화 주게."

1 창업절차에 따른 법률 확인

외식창업을 준비하고 있는 예비 창업자들은 상당한 자본과 시간의 투자로 높은 위험을 감수해야 하므로, 치밀한 준비와 체계적인 절차를 통해 창업에 임해야 한다. 창업을 위한 치밀한 준비는 사업의 방향과 길을 안내해 주는 항해지도나 나침반과 같은 것이다. 바다를 항해하는 배는 바람과 파도를 이기기 위해 돛을 내리기도 하고 또는 키를 돌려 뱃머리를 바꾸기도 한다. 이때 선장은 언제나 지도와 나침반을 보고 항로를 선택해야만 길을 잃지 않고 무사히 목적지에 도달할 수 있다.

마찬가지로 사업을 시작하려는 예비창업자도 해야 할 많은 일들과 변화하는 사업 환경으로 인하여 자칫 혼란스러운 경우가 발생할 수 있다. 그러므로 철저하게 준비된 사업계획을 이용하여 자신의 목적을 일깨워가며 위기에 대한 전략적 대안을 제시할 수

표 14-1 **음식점 창업 관련 법률 및 인허가**

구분	절차 및 관련 법률 등의 체크 포인트
1. 시장 조사 단계	선택한 업종(업태)에 적합한 상권 및 입지 분석을 위한 조사 단계 상호의 결정
2. 점포 조사분석 단계	도시계획상 지역 확인(도시 계획 확인원) 건물용도 확인, 위법 건축물 여부(건축물 관리대장) 소유자 확인(건물 등기부등본) 종전 영업사항 확인(폐업, 허가, 취소여부) 정화조 용량확인
3. 시설 및 공사 단계	식품위생법에 위한 시설 기준 소방법에 의한 소방 시설 기준 액화석유가스 사용 시설 기준 정화조 시설 기준 기타 법령에 따른 시설 기준 확인
4. 검사필증 신청 단계	소방 시설 완비 증명서 액화석유가스 완성 검사필증
5. 위생교육 단계	외식업중앙회 등 업종에 따른 위생 교육실시
6. 신고 단계	시·군·구청 위생과에 영업허가 신고서 및 구비서류 제출·수수료납부

(계속)

구분	절차 및 관련 법률 등의 체크 포인트
7. 서류 검토 및 수리 단계	구비서류 확인(시설조사는 신고수리 후 1개월 이내) 이중허가(신고) 여부 검토 같은 장소 허가 취소 여부 검토
8. 신고증 교부 단계	신고증의 교부(즉시)·도시철도채권매입·면허세 납부
9. 사업자등록 단계	부가가치세법에 따라 영업자가 신고증을 첨부하여 세무서에서 사업자등록 신청
10. 개업 단계	영업 개시(근로기준법, 청소년보호법, 여신전문금융업법 등을 고려한 영업 활동 및 직원 관리)

있어야 한다〈표 14-1〉.

이상의 절차들은 대부분 법령의 내용을 근거로 이루어지므로, 세부법령정보를 사전에 파악해 두는 것이 필요하다. 따라서 예비창업자는 〈그림 14-1〉의 원클릭 생활법령정보 사이트에서 음식점(창업/운영) 법령정보를 참고하면 많은 도움이 될 것이다.

그림 14-1 **생활법령정보 사이트**

자료: 찾기 쉬운 생활법령정보(https://www.easylaw.go.kr)

2 점포 임차 시 관련 법규

1) 업종별 입지가 가능한 지역

음식점으로 영업을 하려는 장소는 음식점 업종에 따라 국토의 계획 및 이용에 관한 법률에 의해 토지 이용규제에 맞지 않아 허가를 받지 못하거나 신고를 할 수 없는 경우가 있다. 창업 시 '토지 이용 계획 확인원'을 발급받고 자신이 창업할 지역에 업종의 허가 또는 신고가 가능한지 여부를 확인해야 한다. 현실적으로는 해당 상권에서 다수의 음식점이 영업을 하고 있다면 입지가 가능한 지역으로 보면 될 것이다.

2) 음식점 영업이 가능한 건축물의 종류

창업자는 자신이 선택한 점포의 용도를 '건축물 관리 대장'으로 확인하여 건축물의 용도가 선택한 업종으로 영업 허가 또는 신고를 할 수 있는 건축물 용도인지 반드시 확인해야 한다. 이는 건축법에서 건축물의 안전·기능·환경 및 미관을 향상시키기 위하여 건축물의 대지·구조 및 설비의 기준과 건축물의 용도를 정하고 있기 때문이다. 이와 관련해서 건축법 시행령 제3조의4 및 별표 1에서는 음식점 창업 및 운영이 가능한 용도별 건축물을 총 27개의 건축물 종류 중에서 제1종 근린생활시설, 제2종 근린생활시설, 위락시설에서만 가능하다고 정하고 있다.

표 14-2 **업종별 창업이 가능한 건축물의 용도**

업종	건축물의 용도
휴게음식점, 제과점	1종 근린생활시설 (동일한 건축물 안에서 당해 용도에 쓰이는 바닥면적의 합계가 300m² 미만인 것)
일반 음식점	2종 근린생활시설
단란주점, 유흥주점	위락시설

3) 임대차 계약체결 시 유의사항

음식점으로 창업을 하려는 사람 중 대부분은 자신의 건물이 아닌 다른 사람의 건물을 임차하여 영업을 하는 경우가 많다. 이에 민법 제618조에서는 '임대차 계약이란 임대인이 임차인에게 목적물을 사용, 수익하게 할 것을 약정하고 임차인은 이에 대하여 차임을 지급할 것을 약정함으로 성립하는 계약'으로 정의하고 있다. 자신의 건물이 아닌 타인의 건물을 임차하여 영업을 시작할 경우에는 다음 내용에 유의해야 한다.

(1) 공부의 열람 및 확인

점포를 임차하여 창업을 할 때에는 먼저 공부의 열람을 통하여 상가건물의 권리관계 및 소유자를 확인하여야 한다. 인터넷 대법원등기소(www.iros.go.kr)에서 해당 상가 건물의 부동산등기부등본을 발급받아 해당 부동산에 설정, 기입된 근저당권 설정등기, 가등기, 가압류, 가처분 등과 같은 설정, 채권 금액을 확인하고 부동산 등기부등본에 기재된 소유자를 확인해야 한다. 또한 시·군·구청 민원실 또는 전자민원에서 건축물 관리 대장, 토지대장을 발급받아 지번, 면적, 소유자등을 확인하고 등본의 내용과 다른 점이 있는지 확인한다. '토지 이용 계획 확인원'을 발급받아 해당 건물의 용도 지역, 용도지구, 앞으로의 개발 계획 수립 여부 등을 확인하여야 한다. 이때 자신이 구상하고 있는 업종의 창업이 제한받을 수 있는 건물, 지역인지에 대한 확인을 한다.

(2) 건물에 대한 권리분석

권리 분석이란 건물의 소유주가 건물을 담보로 차용한 금액을 확인하여 건물에 대한 경매 등의 사건이 발생하였을 경우, 자신의 임대차 보증금에 대한 회수가 가능한지 여부를 판단하는 것을 말한다. 이는 공부 서류 중 부동산 등기부에 근저당권 설정, 가등기, 가처분, 가압류 등이 기입되어 있거나 기입되었던 상가 건물은 임차보증금이나 투자금 등의 회수 가능성이 낮다고 판단하여야 한다. 즉, 채권금액과 임대차 보증금의 합계가 점포 매매시세의 70% 이상을 초과하고 있다면 회수 가능성이 낮은 매장이므로 보다 세심한 조사가 필요하다.

(3) 임대차 계약의 체결

임대차 계약을 체결할 경우에는 실 소유자의 신원을 확인하는 것이 필요하다. 임대인이라는 것은 실제 공부 서류상의 소유자로 명시된 자를 말하며, 대리인과의 계약 시에는 대리권 수여에 관한 위임장과 인감증명서를 확인하여야 하며, 소유자와의 전화나 기타 연락을 통하여 대리인 여부를 반드시 확인하여야 한다. 다음으로 임대차 계약서에는 다음의 사항이 기재되어야 한다.

첫째, 목적물의 표시(집합 건물인 경우 정확한 호수, 부동산 등기부등본 및 건축물대장과 동일여부)

둘째, 대금의 액수와 지불 시기 및 방법에 관한 내용

셋째, 임대인과 임차인의 성명, 주민등록 번호, 주소, 연락처

넷째, 임대차 기간과 상가 건물의 인도시기

다섯째, 계약일시

여섯째, 특약사항으로 위약 시의 책임, 해약조건, 충분한 임차기간의 보장 명시, 임차권등기 협조, 하자 및 보수 문제 등에 대한 내용

이처럼 계약서에 세세한 부분까지 내용을 정확히 명시해야 사후에 분쟁을 예방할 수 있다. 계약서에 기재할 사항에 대한 서로 간의 협의가 되었다면 계약서를 작성하여야 한다. 계약서를 작성할 경우에는 서로 간의 합의된 내용을 정확히 기재하여야 한다. 즉, 애매한 문구를 제외하고 객관적으로 누구나 이해하기 쉬운 문구로 작성하여야 한다. 매매의 대금은 가급적이면 한글 또는 한자로 적으며 아리비아 숫자와 병행해서 적는다. 계약을 체결하기 전 중도금 및 잔금 지급 일정과 상가 건물의 인도일을 조정하게 되며, 인테리어 및 영업 설비의 설치 등을 위하여 이사일 및 건물출입일 등을 협의, 조정한다. 임대차 계약서를 작성한 후 계약서의 내용을 세심하게 살펴보아 이상이 없는지 확인하고 기명날인하여 계약을 마무리한다.

(4) 잔금처리와 확정일자

임차인은 잔금을 지급하기에 앞서 공부서류의 재확인과 물건에 대한 최종 점검이 필요하다. 중도금 이후 등기부등본을 통해 새로운 권리관계가 발생하였는지를 확인하고 점포를 최종적으로 점검하여야 한다. 전 임차인의 관리비와 제세공과금 체납 등을 확인하여 입주 전까지의 관리비, 전기료, 상하수도료 등을 확인하고 해당금액을 정산하여 영수증을 받아 두어야 한다. 잔금을 지불하였다면 관할 세무서에 가서 사업자 등록 신청과 함께 임대차 계약서에 확정일자를 받아 임대차의 대항력을 통한 우선 배당권을 확보하는 것이 좋다.

(5) 임차료의 증감 청구

임차한 점포에 대한 공과부담의 증감, 그 밖에 경제 사정의 변동이 있을 경우 임대인, 임차인은 임대료에 증감을 요구할 수 있다(민법 제628조 및 상가건물 임대차 보호법 제11조). 다만 상가 임대차 보호법 시행령 제4조에 의해 상가 임대차 보호법에 적용되는 점포의 경우 임대인, 임차인은 임대료에 증감을 요수할 수 있다(민법 제628조 및 상가건물 임대차보호법 11조).

임대차의 관계는 당사자 간의 약정에 따라 정한 기간으로 만료된다. 이를 민법에서는 최장 20년으로 규정하고 있으며, 임대 기간이 만료된 후에 임차인이 지속적으로 사용, 수익금을 내는 경우 임대인이 상당한 기간 내에 이의를 제기하지 아니한 때에는 전 임대차와 동일한 조건으로 다시 임대한 것으로 보며 이를 묵시적 갱신이라고 한다. 또한 상가건물 임대차 보호법 시행령 제4조에 차임 또는 보증금의 증액청구는 청구 당시의 차임 또는 보증금의 100분의 5인 금액을 초과하지 못하도록 하며, 임대차의 관계는 당사자 간의 약정에 따라 정한 기간으로 만료된다. 임차인의 계약갱신요구권은 최초 임대차기간을 포함한 전체 임대차기간이 10년을 초과하지 아니하는 범위에서 행사할 수 있도록 규정하고 있으며, 각종 형태의 불이익을 감소하고 있기 때문에 이를 보호하기 위하여 2018년 10월 16일 상가건물 임대차 보호법을 개정, 시행하고 있다. 상가건물 임대보호법의 보호를 받기 위해서는 서울특별시는 환산보증금 9억 원, 수도권 6억 9천만 원, 광역시 5억 4천만 원, 그 밖의 지역은 3억 7천만 원 미만으로 정하고 있으며, 환상보증금은 보증금 + (월세 × 100)으로 산출할 수 있다. 다만 현실적으로 상권이 활성화된 지역에 위치한 점포의 경우, 보증금액이 대부분 법의 보호를 받을 수 있는 수준을 넘기기 때문에 상가 임대차보호법은 유명무실한 경우가 많다.

4) 권리금

권리금이란 점포의 임대차와는 별개로 그 점포가 가지고 있는 특수한 혜택에 대한 대가이다. 임대료, 보증과는 별도로 지급되는 금전을 의미한다. 이는 영업권리금과 시설권리금으로 나누어볼 수 있는데 영업권리금이란 동일한 업종으로 운영하며 발생된 무형적인 가치에 대한 보상이며, 시설권리금이라는 것은 기본적인 시설과 별도로 설치된 영업시설에 대한 보상을 말한다. 이는 전기의 증설이나 인테리어, 주방 설비, 상하수도 설비에 대한 보상을 통틀어 말할 수 있다.

민법 제10조 3항, 4항, 5항에 의하면 권리금 회수를 위해 임대인은 임대차 기간이 끝나기 6개월 전부터 임대차 종료 시까지 임차인이 상가건물을 1년 6개월 이상 영리목적으로 사용하지 아니한 경우 등 임차인의 책임을 다하지 못한 경우를 제외하고 권리금 계약에 따라 임차인이 주선한 신규임차인이 되려는 자로부터 권리금을 지급받는 것을 방해하여서는 아니 된다. 단, 대규모점포 또는 준대규모점포의 일부인 경우는 제외된다.

3 영업시설과 공사를 위한 관련 법규

1) 식품접객업 영업 시설의 공통 기준

식품위생법 제21조, 식품위생법 시행규칙 제20조 및 별표 9에서 정하는 식품접객업의 공통시설기준은 다음 〈표 14–3〉과 같다.

표 14-3 **식품접객업의 공통시설기준**

구분	시설기준
영업장	• 독립된 건물이거나 식품접객업의 영업허가 또는 영업신고를 한 업종 외의 용도로 사용되는 시설과 분리되어야 한다. 다만, 일반음식점에서 '축산물가공처리법 시행령' 제21조 제6호 가목의 식육판매업의 영업을 하려는 경우에는 분리되지 아니하여도 된다. • 영업장은 연기·유해가스 등의 환기가 잘 되도록 해야 한다. • 음향 및 반주시설을 설치하는 영업자는 영업장 내부의 노랫소리 등이 외부에 들리지 아니하도록 방음장치를 해야 한다. • 공연을 하고자 하는 휴게음식점·일반음식점 및 단란주점의 영업자는 무대시설을 영업장 안에 객석과 구분되게 설치하되, 객실 안에 설치해서는 안 된다.

조리장
(주방)
	• 조리장은 손님이 그 내부를 볼 수 있는 구조로 되어 있어야 한다. 다만, 영 제7조 제8호 바목에 의한 제과점 영업소로서 동일 건물 안에 조리장을 설치하는 경우와 〈관광진흥법 시행령〉 제2조 제1항 제2호 가목 및 같은 항 제3호 마목에 따른 관광호텔업 및 관광공연장업의 조리장의 경우에는 그러하지 아니한다.
	• 조리장 바닥에 배수구가 있는 경우에는 덮개를 설치해야 한다.
	• 조리장 안에는 취급하는 음식을 위생적으로 조리하기 위하여 필요한 조리시설·세척시설·폐기물용기 및 손 씻는 시설을 각각 설치해야 하고, 폐기물용기는 오물·악취 등이 누출되지 아니하도록 뚜껑이 있고 내수성 재질로 된 것이어야 한다.
	• 1인의 영업자가 하나의 조리장을 2개 이상의 영업에 공동으로 사용할 수 있는 경우는 다음과 같다.
	  1. 동일건물 안의 같은 통로를 출입구로 사용하여 휴게음식점제과점 영업 및 일반음식점 영업을 하려는 경우
	  2. 〈관광진흥법 시행령〉에 따른 전문휴양업, 종합휴양업 및 유원시설업 시설 내의 동일한 장소에서 휴게음식점·제과점 영업 또는 일반음식점 영업 중 2 이상의 영업을 하려는 경우
	  3. 일반음식점 영업자가 일반음식점의 영업장과 직접 접한 장소에서 도시락류를 제조하는 즉석 판매제조·가공업을 하려는 경우
	  4. 제과점 영업자가 식품제조·가공업의 제과·제빵류 품목을 제조·가공하려는 경우
	  5. 제과점 영업자가 기존 제과점의 영업신고관청과 같은 관할 구역에서 5킬로미터 이내에 둘 이상의 제과점을 운영하려는 경우
	• 조리장에는 주방용 식기류를 소독하기 위한 자외선 또는 전기살균소독기를 설치하거나 열탕세척소독시설(식중독을 일으키는 병원성 미생물 등이 살균될 수 있는 시설이어야 한다. 이하 같다)을 갖추어야 한다.
	• 충분한 환기를 시킬 수 있는 시설을 갖추어야 한다. 다만, 자연적으로 통풍이 가능한 구조의 경우에는 그러하지 않는다.
	• 식품 등의 기준 및 규격 중 식품별 보존 및 보관기준에 적합한 온도가 유지될 수 있는 냉장시설 또는 냉동시설을 갖추어야 한다.

급수시설	• 수돗물이나 '먹는물관리법' 제5조에 따른 먹는 물의 수질기준에 적합한 지하수 등을 공급할 수 있는 시설을 갖추어야 한다. • 지하수를 사용하는 경우 취수원은 화장실·폐기물처리시설·동물사육장 기타 지하수가 오염될 우려가 있는 장소로부터 영향을 받지 아니하는 곳에 위치해야 한다.
화장실	• 화장실은 콘크리트 등으로 내수처리를 해야 한다. 다만, 공중화장실이 설치되어 있는 역·터미널·유원지 등에 위치하는 업소, 공동화장실이 설치된 건물 내에 있는 업소 및 인근에 사용하기 편리한 화장실이 있는 경우에는 따로 화장실을 설치하지 아니할 수 있다. • 화장실은 조리장에 영향을 미치지 아니하는 장소에 설치해야 한다. • 정화조를 갖춘 수세식 화장실을 설치해야 한다. 다만, 상·하수도가 설치되지 아니한 지역에서는 수세식이 아닌 화장실을 설치할 수 있다. • 수세식이 아닌 화장실을 설치하는 경우에는 변기의 뚜껑과 환기시설을 갖추어야 한다. • 화장실에는 손을 씻는 시설을 갖추어야 한다

2) 식품접객업 영업시설의 개별 기준

식품접객업의 영업시설은 업종에 따라 개별적인 기준이 적용되며 그 내용은 〈표 14-4〉
와 같다.

표 14-4 **식품접객업 업종별 시설기준**

구분	시설기준
일반음식점, 휴게음식점, 제과점	가) 일반음식점에 객실을 설치하는 경우 객실에는 잠금장치를 설치할 수 없다. 나) 휴게음식점 또는 제과점에는 객실을 둘 수 없으며, 객석을 설치하는 경우 객석에는 높이 1.5미터 미만의 칸막이(이동식 또는 고정식)를 설치할 수 있다. 이 경우 2면 이상을 완전히 차단하지 아니하여야 하고, 다른 객석에서 내부가 서로 보이도록 하여야 한다. 다) 기차·자동차·선박 또는 수상구조물로 된 유선장(遊船場)·도선장(渡船場) 또는 수상레저사업장을 이용하는 경우 다음 시설을 갖추어야 한다. 　(1) 1일의 영업시간에 사용할 수 있는 충분한 양의 물을 저장할 수 있는 내구성이 있는 식수탱크 　(2) 1일의 영업시간에 발생할 수 있는 음식물 찌꺼기 등을 처리하기에 충분한 크기의 오물통 및 폐수탱크 　(3) 음식물의 재료(원료)를 위생적으로 보관할 수 있는 시설 라) 소방시설 설치유지 및 안전관리에 관한 법령이 정하는 소방·방화시설을 갖추어야 한다. 마) 휴게음식점·일반음식점 또는 제과점의 영업장에는 손님이 이용할 수 있는 자막용 영상장치 또는 자동반주장치를 설치하여서는 아니 된다. 다만, 연회석을 보유한 일반음식점에서 회갑연, 칠순연 등 가정의 의례로서 행하는 경우에는 그러하지 아니 한다. 바) 일반음식점의 객실 안에는 무대장치, 음향 및 반주시설, 우주볼 등의 특수조명시설을 설치하여서는 아니 된다. 사) 영업장의 넓이가 150제곱미터 이상인 휴게음식점영업소, 일반음식점영업소 및 제과점영업소는 〈국민건강증진법〉 제9조 제4항에 따라 해당 영업장 전체를 금연구역으로 지정하거나 영업장 면적의 2분의 1 이상을 금연구역으로 지정하여야 하되, 금연구역의 표시 및 시설기준은 〈국민 건강증진법 시행규칙〉 별표 3에 따른다.

3) 안전시설의 설치

다중이용업소의 안전관리에 관한 특별법이란 음식점처럼 많은 사람들이 이용하는 다
중이용업체의 화재나 재난의 발생 시 대규모의 인명 및 재산피해가 예상됨에 따라, 화
재 및 재난 그 밖의 위급한 상황으로부터 국민의 생명·신체 및 재산을 보호하기 위하

여 다중 이용업소의 소방시설 등의 설치·유지 및 안전 관리와 화재위험평가를 위하여 2011년 11월 19일 법률 제12844호로 제정 공포하여 2011년 11월 19일부터 시행되었다.

다중 이용업소의 안전 관리에 관한 특별법 제2조 제1호 및 시행령 제2조 제1호에 따르면, 음식점 영업 중 단란 주점영업 및 유흥주점영업을 하려는 자는 그 영업장의 규모에 관계없이 모두 안전시설 등 설치 신고를 하고 안전시설 등 완비 증명서를 발급 받아야 하며, 휴게 음식점, 일반 음식점, 제과점 영업을 하려는 자는 해당 영업에 사용되는 영업장의 바닥 면적의 합계면적이 100m², 지하층은 66m² 이상인 경우에만 안전시설 등 설치 신고를 하고 '안전시설 등 완비 증명서'를 발급받아야 한다.

음식점의 시설은 식품위생법 제21조의 보건복지가족부령이 정하는 시설기준에 준한 시설을 갖추어야 하며, 이러한 시설은 다중이용업소의 안전관리에 관한 특별법 제9조에서 정하는 바와 같이 영업장에 안전시설 등을 갖추어야 한다. 다중이용업소의 안전 관리에 관한 특별법에서 정하는 안전시설은 〈표 14-5〉와 같다.

표 14-5 **다중이용업소의 안전관리에 관한 특별법에서 정하는 안전시설**

구분		안전시설
소방시설	소방설비	수동식 또는 자동식 소화기, 자동확산소화용구 및 간이스프링클러설비(캐비닛형 간이스프링클러설비를 포함), 간이스프링클러설비의 경우 지하층이나 무창층, 4층 이상 층의 바닥면적이 500제곱미터 이상일 경우에도 스프링클러를 달아야 하고 내화구조나 불연재료로 됐을 때는 1천 제곱미터 이상일 때 스프링클러 설치대상이 된다.(2015년 1월부터는 지상층이라도 밀폐된 영업장일 경우에는 간이스프링클러를 의무적으로 설치해야 한다. 밀폐구조 영업장이란 개구부의 면적 합계가 영업장 바닥 면적이 30분의 1 이하일 때 해당된다.)
	피난설비	유도등·유도표지·비상조명등·휴대용비상조명등 및 피난기구
	경보설비	비상벨설비·비상방송설비·가스누설경보기 및 단독경보형감지기
	방화시설	방화문과 비상구
영업장 내부 통로와 창문		
기타	영상음향차단장치, 누전차단기, 피난도선	

다중 이용 업소에 설치하는 안전시설의 기준은 다중이용업소의 안전관리에 관한 특별법 시행령에 따라 다음과 같이 정의하고 있다.

표 14-6 다중이용업소의 안전관리에 관한 특별법에서 정하는 안전시설 기준

안전시설 등 종류	설치·유지 기준
1. 소방시설	〈개정 2014.11.19.〉
가. 소화설비	
1) 소화기 또는 자동확산소화장치	영업장 안의 구획된 실마다 설치할 것
2) 간이스프링클러설비	〈소방시설 설치·유지 및 안전관리에 관한 법률〉 제9조 제1항에 따른 화재안전기준에 따라 설치할 것. 다만, 영업장의 구획된 실마다 간이스프링클러헤드 또는 스프링클러헤드가 설치된 경우에는 그 설비의 유효범위 부분에는 간이스프링클러설비를 설치하지 않을 수 있다.
나. 비상벨설비 또는 자동화재탐지설비	가) 영업장의 구획된 실마다 비상벨설비 또는 자동화재탐지설비 중 하나 이상을 〈소방시설 설치·유지 및 안전관리에 관한 법률〉 제9조 제1항에 따른 화재안전기준에 따라 설치할 것 나) 자동화재탐지설비를 설치하는 경우에는 지구음향장치 및 감지기는 영업장의 구획된 실마다 설치하고, 영업장마다 수신기를 별도로 설치할 것
다. 피난설비	
1) 〈소방시설 설치·유지 및 안전관리에 관한 법률 시행령〉 별표 1 제3호 가목에 따른 피난기구(간이완강기 및 피난밧줄은 제외한다)	4층 이하 영업장의 비상구(발코니 또는 부속실)에는 피난기구를 〈소방시설 설치·유지 및 안전관리에 관한 법률〉 제9조 제1항에 따른 화재안전기준에 따라 설치할 것
2) 피난유도선	가) 〈소방시설 설치·유지 및 안전관리에 관한 법률〉 제9조 제1항에 따라 국민안전처장관이 정하여 고시하는 유도등 및 유도표지의 화재안전기준에 따라 설치할 것 나) 영업장 내부 피난통로 또는 복도에 설치하는 피난유도선은 전류에 의하여 빛을 내는 방식으로 할 것
3) 유도등, 유도표지 또는 비상조명등	영업장의 구획된 실마다 유도등, 유도표지 또는 비상조명등 중 하나 이상을 〈소방시설 설치·유지 및 안전관리에 관한 법률〉 제9조 제1항에 따른 화재안전기준에 따라 설치할 것
4) 휴대용 비상조명등	영업장안의 구획된 실마다 휴대용 비상조명등을 〈소방시설 설치·유지 및 안전관리에 관한 법률〉 제9조 제1항에 따른 화재안전기준에 따라 설치할 것
2. 비상구	가. 공통 기준 　1) 설치 위치: 비상구는 영업장(2개 이상의 층이 있는 경우에는 각각의 층별 영업장을 말한다. 이하 이 표에서 같다) 주된 출입구의 반대방향에 설치하되, 주된 출입구로부터 영업장의 긴 변 길이의 2분의 1 이상 떨어진 위치에 설치할 것. 다만, 건물구조로 인하여 주된 출입구의 반대방향에 설치할 수 없는 경우에는 영업장의 긴 변 길이의 2분의 1 이상 떨어진 위치에 설치할 수 있다.

(계속)

안전시설 등 종류	설치·유지 기준
2. 비상구	2) 비상구 규격: 가로 75센티미터 이상, 세로 150센티미터 이상(비상구 문틀을 제외한 비상구의 가로길이 및 세로길이를 말한다)으로 할 것 3) 비상구 구조 　가) 비상구는 구획된 실 또는 천장으로 통하는 구조가 아닌 것으로 할 것. 다만, 영업장 바닥에서 천장까지 준불연재료(準不燃材料) 이상의 것으로 구획된 부속실(전실)은 그러하지 아니한다. 　나) 비상구는 다른 영업장 또는 다른 용도의 시설을 경유하는 구조가 아닌 것이어야 하고, 층별 영업장은 다른 영업장 또는 다른 용도의 시설과 불연재료·준불연재료로 된 차단벽이나 칸막이로 분리되도록 할 것. 다만, 둘 이상의 영업소가 주방 외에 객실부분을 공동으로 사용하는 등의 구조 또는 〈식품위생법 시행규칙〉 별표 14 제8호 가목 5) 다)에 따라 각 영업소와 영업소 사이를 분리 또는 구획하는 별도의 차단벽이나 칸막이 등을 설치하지 않을 수 있는 경우는 그러하지 아니하다. 4) 문이 열리는 방향: 피난방향으로 열리는 구조로 할 것. 다만, 주된 출입구의 문이 〈건축법 시행령〉 제35조에 따른 피난계단 또는 특별피난계단의 설치 기준에 따라 설치하여야 하는 문이 아니거나 같은 법 시행령 제46조에 따라 설치되는 방화구획이 아닌 곳에 위치한 주된 출입구가 다음의 기준을 충족하는 경우에는 자동문[미서기(슬라이딩)문을 말한다]으로 설치할 수 있다. 　가) 화재감지기와 연동하여 개방되는 구조 　나) 정전 시 자동으로 개방되는 구조 　다) 수동으로 개방되는 구조 5) 문의 재질: 주요 구조부(영업장의 벽, 천장 및 바닥을 말한다. 이하 이 표에서 같다)가 내화구조(耐火構造)인 경우 비상구와 주된 출입구의 문은 방화문(防火門)으로 설치할 것. 다만, 다음의 어느 하나에 해당하는 경우에는 불연재료로 설치할 수 있다. 　가) 주요 구조부가 내화구조가 아닌 경우 　나) 건물의 구조상 비상구 또는 주된 출입구의 문이 지표면과 접하는 경우로서 화재의 연소 확대 우려가 없는 경우 　다) 비상구 또는 주 출입구의 문이 〈건축법 시행령〉 제35조에 따른 피난계단 또는 특별피난계단의 설치 기준에 따라 설치하여야 하는 문이 아니거나 같은 법 시행령 제46조에 따라 설치되는 방화구획이 아닌 곳에 위치한 경우 나. 복층구조(複層構造) 영업장(각각 다른 2개 이상의 층을 내부계단 또는 통로가 설치되어 하나의 층의 내부에서 다른 층으로 출입할 수 있도록 되어 있는 구조의 영업장을 말한다)의 기준 1) 각 층마다 영업장 외부의 계단 등으로 피난할 수 있는 비상구를 설치할 것 2) 비상구의 문은 가목 5)에 따른 재질로 설치할 것 3) 비상구의 문이 열리는 방향은 실내에서 외부로 열리는 구조로 할 것 4) 영업장의 위치 및 구조가 다음의 어느 하나에 해당하는 경우에는 1)에도 불구하고 그 영업장으로 사용하는 어느 하나의 층에 비상구를 설치할 것 　가) 건축물 주요 구조부를 훼손하는 경우 　나) 옹벽 또는 외벽이 유리로 설치된 경우 등

(계속)

안전시설 등 종류	설치·유지 기준
2. 비상구	다. 영업장의 위치가 4층(지하층은 제외한다) 이하인 경우의 기준 : 피난 시에 유효한 발코니(가로 75센티미터 이상, 세로 150센티미터 이상, 높이 100센티미터 이상인 난간을 말한다) 또는 부속실(준불연재료 이상의 것으로 바닥에서 천장까지 구획된 실로서 가로 75센티미터 이상, 세로 150센티미터 이상인 것을 말한다)을 설치하고, 그 장소에 적합한 피난기구를 설치할 것
3. 영업장 내부 피난통로	가. 내부 피난통로의 폭은 120센티미터 이상으로 할 것. 다만, 양옆에 구획된 실이 있는 영업장으로서 구획된 실의 출입문 열리는 방향이 피난통로 방향인 경우에는 150센티미터 이상으로 설치하여야 한다. 나. 구획된 실부터 주된 출입구 또는 비상구까지의 내부 피난통로의 구조는 세 번 이상 구부러지는 형태로 설치하지 말 것
4. 창문	가. 영업장 층별로 가로 50센티미터 이상, 세로 50센티미터 이상 열리는 창문을 1개 이상 설치할 것 나. 영업장 내부 피난통로 또는 복도에 바깥 공기와 접하는 부분에 설치할 것(구획된 실에 설치하는 것을 제외한다)
5. 영상음향차단장치	가. 화재 시 감지기에 의하여 자동으로 음향 및 영상이 정지될 수 있는 구조로 설치하되, 수동(하나의 스위치로 전체의 음향 및 영상장치를 제어할 수 있는 구조를 말한다)으로도 조작할 수 있도록 설치할 것 나. 영상음향차단장치의 수동차단스위치를 설치하는 경우에는 관계인이 일정하게 거주하거나 일정하게 근무하는 장소에 설치할 것. 이 경우 수동차단스위치와 가장 가까운 곳에 "영상음향차단스위치"라는 표지를 부착하여야 한다. 다. 전기로 인한 화재발생 위험을 예방하기 위하여 부하용량에 알맞은 누전차단기(과전류차단기를 포함한다)를 설치할 것 라. 영상음향차단장치의 작동으로 실내 등의 전원이 차단되지 않는 구조로 설치할 것
6. 보일러실과 영업장 사이의 방화구획	보일러실과 영업장 사이의 출입문은 방화문으로 설치하고, 개구부(開口部)에는 자동방화댐퍼(damper)를 설치할 것

비고
1. "방화문(防火門)"이란 〈건축법 시행령〉 제64조에 따른 갑종방화문 또는 을종방화문으로서 언제나 닫힌 상태를 유지하거나 화재로 인한 연기의 발생 또는 온도의 상승에 따라 자동적으로 닫히는 구조를 말한다. 다만, 자동으로 닫히는 구조 중 열에 의하여 녹는 퓨즈[도화선(導火線)을 말한다] 타입 구조의 방화문은 제외한다.
2. 법 제15조 제4항에 따라 국민안전처장관·소방본부장 또는 소방서장은 해당 영업장에 대해 화재위험평가를 실시한 결과, 화재위험유발지수가 영 제13조에 따른 기준 미만인 업종에 대해서는 소방시설·비상구 또는 그 밖의 안전시설 등의 설치를 면제한다.
3. 소방본부장 또는 소방서장은 비상구의 크기, 비상구의 설치 거리, 간이스프링클러설비의 배관 구경(口徑) 등 국민안전처장관이 정하여 고시하는 안전시설 등에 대해서는 국민안전처장관이 고시하는 바에 따라 안전시설 등의 설치·유지 기준의 일부를 적용하지 않을 수 있다.

음식점을 창업하려면 안전시설 등을 설치한 후 해당 소방서장에게 '안전시설 등 설치 신고서, 소방시설 등의 설계도서, 안전시설 등의 설치내역서, 영업장의 평면도'를 제출하여야 한다. 소방서는 이를 통해 설계도의 확인 및 지도를 하고, 수정사항에 대한 보완 후 완공 신고를 하고 소방서로부터 현장 확인을 통해 안전시설 등 완비증명서를 발급하게 된다.

소방, 방화시설 완비증명에 대한 오해

신규로 외식업을 창업하려는 대부분의 창업자가 잘못 알고 있는 내용을 간략하게 정리하니 참고하기 바란다. 특히 지하나 지상 2층 이상의 매장을 임차하려는 경우 꼭 사전 확인 후 계약하는 것이 좋다.

* 다중이용업소의 변경(시설, 용도, 명의) 등에 있어 소방. 방화시설 완비 증명서 발급에 대한 요약

1. 명의 변경의 경우
   1-1. 내부구조 또는 시설 변경이 없고 단지 명의만 변경 : 소방. 방화시설 완비증명 발급대상
   1-2. 내부구조 또는 시설 변경 있고 명의 변경된 경우 : 소방. 방화시설 완비증명 발급대상
2. 업종 변경의 경우(다중이용업 → 다중이용업)
   2-1. 내부구조 또는 시설 변경 없고 단지 업종만 변경된 경우 : 소방. 방화시설 완비증명 발급 제외
   2-2. 내부구조 또는 시설 변경 있고 업종 변경된 경우 : 소방. 방화시설 완비증명 발급대상
3. 다중이용업 이외 → 다중이용업으로 용도 변경된 경우
   - 소방. 방화시설 완비증명 발급대상임

제13조 (다중이용업의 범위)-소방시설설치유지 및 안전관리에 관한 법률 시행령
법 제8조 제1항에서 "대통령령이 정하는 영업"이라 함을 다음 각호의 1에 해당하는 영업을 말한다.
   1. 식품위생법시행령 제7조 제8호의 규정에 의한 식품접객업 중 다음 각목의 1에 해당하는 것
      가. 휴게음식점영업 또는 일반음식점영업으로서 영업장으로 사용하는 바닥면적의 합계가 100제곱미터(영업장이 지하층에 설치된 경우에는 당해 영업장의 바닥면적의 합계가 66제곱미터) 이상인 것. 다만, 영업장이 지상 1층 또는 지상과 직접 접하는 층에 설치되고 그 영업장의 주된 출입구가 건축물 외부의 지면과 곧바로 연결되는 곳에서 하는 영업은 제외한다.

   기존 매장을 권리금을 주고 인수하는 경우, 영업허가를 인수인계하면 소방완비증명을 받지 않아도 되는 것으로 오해하고 있는 경우가 많다. 영업허가의 명의를 변경하더라도 소방법에 의한 소방완비증명을 받는 것이 추후 집중 단속 등이 있을 경우 선의의 피해를 막을 수 있다.

4) 하수처리 시설의 설치

음식점은 발생하는 하수나 분뇨를 적절하게 처리할 수 있는 개인 하수처리 시설인 하수처리 시설이나 정화조를 갖추어야 영업의 허가 및 신고가 가능하기 때문에 점포 계약 시 사전에 확인하여야 한다. 이는 창업하려고 하는 업종에 따라 정화조 용량의 차이가 있기 때문에 자신이 창업하려고 하는 점포의 정화조의 용량을 확인해야 한다. 이는 건축물대장을 발급받아 해당 시·군·구청 환경위생과(청소팀)에 가서 정화조 용량 적합 문제를 확인할 수 있다. 정화조의 용량은 건축물관리대장 뒷면에 해당 건물전체의 정화조 용량이 100인, 또는 200인용으로 표기되어 있다. 해당 업종의 정화조 처리 대상인원 산정 기준은 〈표 14-7〉과 같다. 다만 건물에 다수의 상점이 존재하는 집합상가의 경우 기존에 음식점이 영업을 하고 있다면 별도의 확인절차를 거칠 필요는 없다.

만약 정화조의 용량이 부족한 경우라도 건물에 오수처리 시설이 되어 있는 경우라면 영업허가가 가능하지만, 오수처리에 대한 환경 분담금이 발생하게 되며 단독정화조인 건물이라면 초과된 용량이 20% 이내일 경우 정화조의 용량을 늘리거나 정화조의 청소 횟수를 늘리는 방법으로 영업허가가 가능하다. 다만 이러한 방법도 많은 비용이 발생되는 단점이 있어 주의를 요한다.

표 14-7 **정화조 처리 대상인원 산정 기준**

건축물 용도		오수발생 양		인원 산정식	참고
판매 및 영업 시설	일반음식점	$70\ell/m^2$	중식	인원 = $0.175 \times$ 연면적	연면적이란 해당 용도로 사용되는 바닥 면적(주차장 면적을 제외한 공용면적 포함)
			한식, 분식점		
			일식, 호프, 주점, 뷔페		
			서양식		
	휴게음식점	$35\ell/m^2$	찻집, 다방, 커피전문점, 베이커리, 과자점, 아이스크림, 패스트푸드점, 떡집, 피자 등		
	부대급식 시설	$30\ell/인$	부대급식시설 유입농도의 경우 한식 농도를 적용한다.	인원 = $0.3 \times$ 연면적	

자료 : 〈하수도법〉 제34조 제3항 및 같은 법 시행령 제24조 제5항

5) 옥외광고물 허가 및 신고

음식점을 알리기 위한 옥외광고 등은 '옥외광고물 등 관리법' 및 '옥외광고물 등 관리법 시행령'에 따라 특별자치도지사·시장·군수·구청장의 허가를 받거나 신고를 통해야 표시 또는 설치할 수 있다.

이에 허가를 받아 표시, 설치해야 하는 광고물은 다음과 같다(옥외광고물 등 관리법 제3조 제1항, 옥외광고물 등 관리법 시행령 제4조 제1항).

---

1. 가로형 간판(이하 "가로형 간판"이라 한다) 중 다음 각 목의 어느 하나에 해당하는 것
   가. 한 변의 길이가 10미터 이상인 것
   나. 건물의 4층 이상 층의 옆 벽면 또는 뒤 벽면에 설치하는 것으로서 타사광고(건물을 사용하고 있는 자와 관련이 없는 광고내용을 표시하는 광고물을 말한다. 이하 같다)를 표시하는 것
2. 제돌출간판. 다만, 다음 각 목의 어느 하나에 해당하는 것은 제외한다.
   가. 의료기관·약국의 표지등("+" 또는 "약"을 표시하는 표지등을 말한다. 이하 같다) 또는 이용 업소·미용업소의 표지등을 표시하는 것
   나. 윗부분까지의 높이가 지면으로부터 5미터 미만인 것
   다. 한 면의 면적이 1제곱미터 미만인 것
3. 공연간판으로서 최초로 표시하는 것
4. 옥상간판
5. 지주 이용 간판 중 윗부분까지의 높이가 지면으로부터 4미터 이상인 것
6. 애드벌룬
7. 공공시설물 이용 광고물
8. 교통시설 이용 광고물 다만, 지하도·지하철역·철도역·공항 또는 항만의 시설 내부에 표시하는 것은 제외한다.
9. 교통수단 이용 광고물 중 다음 각 목의 어느 하나에 해당하는 교통수단을 이용하는 것
   가. 사업용 자동차
   나. 사업용 화물자동차
   다. 항공기 등 중 비행선
10. 선전탑
11. 아치광고물

---

12. 전기를 이용하는 광고물(제1호부터 제11호까지의 광고물에 해당하지 않는 것으로 한정한다)로서 다음 각 목의 어느 하나에 해당하는 광고물

　　가. 광원(光源)이 직접 노출되어 표시되는 네온류(유리관 내부에 수은·네온·아르곤 등의 기체를 집어넣어 문자 또는 모양을 나타내는 것을 말한다. 이하 같다) 광고물 또는 전광류[발광다이오드, 액정표시장치 등 전자식 발광(發光) 또는 화면변환의 특성을 이용하여 표시내용이 수시로 변화하는 문자 또는 모양을 나타내는 것을 말한다. 이하 같다] 광고물

　　나. 빛이 점멸하거나 동영상 변화가 있는 네온류 및 전광류 광고물

〈개정 2014.12.9.〉

또한 다음 대상은 신고 후 광고물을 설치할 수 있다(옥외광고물 등 관리법 제3조 제1항 및 옥외광고물 등 관리법 시행령 제5조 제1항).

1. 가로형 간판 중 다음 각 목의 어느 하나에 해당하지 아니하는 것

　가. 제4조 제1항 제1호에 따른 허가 대상인 것

　나. 면적 5제곱미터 이하로서 다음의 요건을 모두 갖춘 것

　　1) 건물의 3층 이하 층의 앞 벽면(도로에 접한 면은 모두 앞 벽면으로 본다)에 표시하는 것 또는 4층 이상 층의 가장 높은 층에 해당 건물을 사용하고 있는 자의 성명·상호 또는 도형을 입체형으로 표시하는 것(3면에 표시할 수 있으며, 한 면에 하나의 간판만 설치할 수 있다)

　　2) 네온류 또는 전광류를 사용하지 아니하는 것

2. 세로형 간판. 다만, 다음 각 목의 요건을 모두 갖춘 것은 제외한다.

　가. 건물의 출입구 양옆에 표시하는 것

　나. 네온류 또는 전광류를 사용하지 아니하는 것

3. 최초로 표시하는 공연간판을 제외한 공연간판

4. 제4조 제1항 제2호 각 목의 어느 하나에 해당하는 돌출간판

5. 윗부분까지의 높이가 지면으로부터 4미터 미만인 지주 이용 간판

　5의2. 제3조 제6호의 2에 따른 입간판

6. 현수막

7. 제4조 제1항 제9호에 따른 허가 대상 교통수단 이용 광고물을 제외한 교통수단 이용 광고물

8. 벽보

9. 전단

입간판, 현수막, 벽보, 전단물을 제외한 허가를 받지 않은 광고물 등을 설치한 경우에는 1년 이하의 징역 또는 1천만 원 이하의 벌금에 처해진다(옥외광고물 등 관리법 제18조 제1항). 또한 신고를 하지 않고 광고물 등을 표시 또는 설치한 경우 500만 원 이하의 벌금에 처해지며(옥외광고물 등 관리법 제18조 제2항), 허가를 받지 않거나 신고를 하지 않고 입간판·현수막·벽보 또는 전단을 표시 또는 설치한 경우 500만 원 이하의 과태료를 부과 받는다(옥외광고물 등 관리법 제20조).

4 식품위생법에 따른 위생교육

1) 사전 위생교육

음식점은 사람의 생명을 유지시켜 주는 가장 중요한 요소이기 때문에 국민보건과 밀접한 관련이 있다. 따라서 음식점 창업을 하려는 창업자는 국민의 건강, 위생 수준을 향상시키기 위해 창업 이전에 6시간의 위생교육을 받아야 한다(식품위생법 제41조 제2항). 창업자는 위생교육 수료 후 교육이수증을 받아 영업허가, 신고 시 구비서류로 제출하여야만 영업허가 또는 신고를 할 수 있다. 사전위생교육이 면제되는 사례로는 조리사나 영양사가 식품접객업을 하려는 경우나 신규 위생교육을 받은 자가 위생교육을 수료한 날로부터 2년 이내에 유사, 동일한 업종으로 영업을 하려는 경우에는 면제될 수 있다(식품위생법 제41조 제4항, 식품위생법 시행규칙 제52조 제3항).

이러한 위생교육은 보건복지가족부장관이 지정, 고시하는 위생교육 전문기관 또는 단체로 보건복지가족부 고시 제 2009-169호에 따라 〈표 14-8〉과 같으며, 음식점의 경우 외식업중앙회의 지부에서 주로 실시하므로 외식업중앙회 홈페이지를 통하여 인근 교육장소와 일자를 확인 후 교육을 받으면 된다.

표 14-8 보건복지가족부 지정 위생교육기관

교육대상	교육기관
(1) 법 제41조 제1항에 따른 영업자 중 다음의 영업자 및 영업을 하고자 하는 자 또는 동조 제3항에 의한 식품위생에 관한 책임자로 지정 받은 자 　(가) 식품제조·가공업, 즉석판매제조·가공업, 식품첨가물제조업, 식품운반업, 식품소분·판매업(식품자동판매기영업제외), 식품보존업 및 용기·포장류제조업, 위탁급식영업의 영업자 　(나) 일반음식점영업자 (2) 법 제88조에 따른 집단급식소의 설치·운영자 또는 식품위생관리책임자	한국식품공업협회 한국외식업중앙회 한국보건산업진흥원 한국보건복지인력개발원 한국소비자단체협의회
(3) 법 제41조 제1항에 따른 영업자중 다음의 영업자 및 영업을 하고자 하는 자 또는 동조 제3항에 의한 식품위생에 관한 책임자로 지정 받은 자 　(가) 휴게음식점영업자 　(나) 식품자동판매기영업자 　(다) 제과점영업자	한국휴게음식업중앙회 대한제과협회 한국보건산업진흥원 한국보건복지인력개발원 한국소비자단체협의회
(4) 법 제41조 제1항에 따른 영업자 중 다음의 영업자 및 영업을 하고자 하는 자 또는 동조 제3항에 의한 식품위생에 관한 책임자로 지정 받은 자 　(가) 단란주점영업자 　(나) 유흥주점영업자 (5) 법 제41조 제1항에 따른 유흥주점 영업의 유흥종사자	한국단란주점업중앙회 한국유흥음식업중앙회 한국보건산업진흥원 한국보건복지인력개발원 한국소비자단체협의회

주) 2009. 9. 10일 현재

2) 건강진단 관련

식품 또는 식품첨가물(화학적 합성품 또는 기구 등의 살균·소독제는 제외)을 채취·제조·가공·조리·저장·운반 또는 판매하는데, 직접 종사하는 자는 공중위생을 위하여 건강진단을 받아야만 영업에 종사할 수 있다. 따라서 식품위생법 제40조 및 식품위생법 시행규칙 제49조 제1항 및 제2항에 따라 식품을 채취·제조·가공·조리·저장·운반 또는 판매하는데, 직접 종사하는 영업자 및 그 종업원은 영업을 개시하기 전 또는 영업에 종사하기 전에 미리 건강진단을 받아야 한다. 위반 시에는 영업허가 취소, 영업정지 및 500만 원 이하의 과태료를 부과 받게 된다.

식품 등의 조리 등에 종사하는 자는 연 1회 건강진단을 받아야 하며, 식품접객업 중에서 다방의 여자종업원 및 유흥주점의 유흥접객원은 위생분야 종사자 등의 건강진단 규칙(보건복지부령 제1호)이 정하고 있는 기준에 따라 건강검진을 받아야 한다.

표 14-9 **건강검진대상자 및 진단항목**

정기 건강진단대상자	건강진단항목	횟수
식품 또는 식품첨가물(화학적 합성품 또는 기구 등의 살균·소독제를 제외)을 채취·제조·가공·조리·저장·운반 또는 판매하는 데 직접 종사하는 자(다만, 영업자 또는 종업원 중 완전 포장된 식품 또는 식품첨가물을 운반 또는 판매하는 데 종사자는 제외)	1. 장티푸스 (식품위생관련 영업 및 집단급식소 종사자에 한함) 2. 폐결핵 3. 전염성 피부질환(세균성 피부질환을 말함)	1회/년

전염병예방법 시행규칙의 개정으로 'B형 간염'이 업무종사자의 일시적 제한대상 전염병에서 제외되어 위생분야종사자 등의 건강진단규칙에서는 'B형 간염'이 건강진단항목에서 제외되었다.

음식점 영업자는 건강진단을 받지 아니한 자나 건강진단 결과 타인에게 위해를 끼칠 우려가 있는 질병이 있다고 인정된 자에 대하여는 그 영업에 종사시켜서는 안 되며, 위반 시 식품위생법 제78조 제1항 제1호에 의거 영업허가가 취소되거나 6개월 이내의 기

표 14-10 **과태료 부과의 유형**

위반행위			근거 법령	과태료
건강진단을 받지 아니한 영업자 또는 집단급식소의 설치·운영자				20만 원
건강진단을 받지 아니한 자를 영업에 종사시킨 영업자	건강진단을 받지 아니한 종업원		법 제101조 제2항 제1호	10만 원
	1) 종업원 수가 5명 이상인 경우			
		가) 건강진단 대상자의 100분의 50 이상 위반		50만 원
		나) 건강진단 대상자의 100분의 50 미만 위반		30만 원
	2) 종업원 수가 4명 이하인 경우			
		가) 건강진단 대상자의 100분의 50 이상 위반		30만 원
		나) 건강진단 대상자의 100분의 50 미만 위반		20만 원
	건강진단결과 다른 사람에게 위해를 끼칠 우려가 있는 질병이 있다고 인정된 자를 영업에 종사시킨 영업자			100만 원
	위생교육을 받지 아니한 영업자 또는 집단급식소의 설치·운영자			20만 원
	위생교육을 받지 아니한 종업원			10만 원
	위생교육을 받지 아니한 종업원을 영업에 종사시킨 영업자 또는 집단급식소의 설치·운영자			20만 원

간에 영업정지 및 폐쇄의 행정 처분을 받을 수 있으며, 식품위생법 제101조 제2항 제1호에 따른 500만 원 이하의 과태료를 부과 받을 수 있다. 행정처분과 과태료는 병과될 수 있다. 〈표 14-10〉은 과태료 부과의 유형을 알려주는 표이다.

5 영업 허가 및 신고 시 관련 법규

휴게음식점, 일반음식점, 제과점은 판매되는 메뉴와 주류 판매의 여부에 따른 업종 분류로 그 정의를 보면 휴게음식점 영업은 식품위생법상 식품접객업에 해당하고 주로 다류(茶類), 아이스크림류 등을 조리·판매하거나 음식류를 조리·판매하는 영업으로서, 음주행위가 허용되지 않는 패스트푸드 전문점, 분식점 등이 이에 해당된다. 일반 음식점 영업은 식품위생법상 음식류를 조리, 판매하는 영업으로서 식사와 함께 부수적으로 음주행위가 허용되는 탕반류, 분식류 등의 식사를 취급하면서 부수적으로 주류를 판매하는 한식, 일식, 중화식, 분식 및 레스토랑 형태의 음식점이다. 마지막으로 제과점 영업은 식품위생법상의 주로 빵, 떡, 과자 등을 제조·판매하는 영업으로서 음주행위가 허용되지 않는 영업을 말한다. 이는 2005년 7월 28일 이전에는 휴게음식점업으로 분류되었으나, 2014년 11월 28일 식품위생법 시행령의 개정으로 휴게음식점에서 제과점 영업으로 분리되었다.

휴게음식점, 일반음식점, 제과점 영업 신고 시 구비해야 할 서류로는 다음 〈표 14-11〉과 같다.

하지만 창업을 하려는 점포나 창업자 중 식품위생법 제38조 제2항을 위반하는 경우에는 영업허가를 낼 수 없다. 이 영업제한은 기존에 영업을 하던 사람이 법을 위반하여 영업소가 폐쇄된 경우, 그 사람이 곧이어 다시 신고를 통하여 영업을 재개하거나 다른 사람을 내세우는 경우가 발생되면 법의 실효성이 크게 낮아질 것이므로 이러한 경

표 14-11 **휴게음식점, 일반음식점, 제과점영업 신고 시 구비서류**

위생교육 이수증	식품위생교육을 받는 경우
수질검사성적서	수돗물이 아닌 지하수 등을 먹는 물 또는 식품 등의 조리 과정이나 식품의 조리세척 등에 사용하는 경우
액화석유가스 사용시설 완성 검사필증	액화석유가스의 안전관리 및 사업법에 따라 액화 석유 가스 사용시설의 완성검사를 받아야 하는 경우
유선 또는 도선사업 면허증 또는 신고 필증	수상구조물로 된 유선장 또는 도선장에 영업장을 하고자 하는 경우
안전시설 등 완비 증명서	영업장 사용 바닥 면적 100m² 이상인 영업장, 지하층에 설치된 영업장은 66m² 이상인 영업장
국유재산 사용, 수익허가서	국유철도의 정거장 시설에서 휴게음식점 영업을 하려는 경우, 군사시설에서 휴게음식점 영업을 하려는 경우
도시철도 시설 사용계약서에 관한 서류	도시철도의 정거장 시설에 휴게음식점 영업을 하려는 경우
수상레저사업등록증	수상구조물로 된 수상레저사업장에서 휴게음식점 영업을 하고자 하는 경우
건강진단 결과서	식품 및 첨가물을 채취, 가공, 조리, 저장, 운반 그리고 판매하는 일에 종사하는 영업자 및 종업원

우를 대비하여 식품위생법에서는 영업신고에 대한 제한사항을 영업장소와 영업자에 따라 다음과 같이 제한요건을 두고 있다.

첫째, 식품위생법령 위반으로 영업소의 폐쇄명령(식품위생법 제75조 제1항 및 제2항)을 받은 후 6개월이 경과하지 아니한 경우에 그 영업장소에서 같은 종류의 영업을 하고자 하는 때이다(식품위생법 제38조 제2항 제1호). 다만, 영업시설의 전부를 철거하여 영업소가 폐쇄명령을 받은 경우에는 제한요건에 해당되지 않는다.

둘째, 청소년을 유흥접객원으로 고용하여 유흥행위를 함으로써(식품위생법 제44조 제2항 제1호 위반) 영업소의 폐쇄명령을 받은 후 1년이 경과하지 아니한 경우, 그 영업장소에서 식품접객업을 하고자 하는 때이다(식품위생법 제38조 제2항 제2호).

셋째, 식품위생법령 위반으로 영업소의 폐쇄명령(식품위생법 제75조 제1항 및 제2항)을 받은 후 1년이 경과하지 아니한 자(법인인 경우에는 그 대표자를 포함)가 폐쇄명령을 받은 영업과 같은 종류의 영업을 하고자 하는 때이다(식품위생법 제38조 제2항 제3호).

넷째, 청소년을 유흥접객원으로 고용하여 유흥행위(식품위생법 제44조 제2항 제1호)를 함으로써 영업소의 폐쇄명령을 받은 후 2년이 경과하지 아니한 자(법인의 경우에는 그 대표자를 포함)가 식품접객업을 하고자 하는 때이다(식품위생법 제38조 제2항 제4호).

다섯째, 위해식품 등 판매(식품위생법 제4조), 병든 고기의 판매(식품위생법 제5조), 기준·규격이 고시되지 않은 화학적 합성품 등의 판매(식품위생법 제6조), 유독기구 등의 판매(식품위생법 제8조) 등을 이유로 영업소 폐쇄명령을 받은 후 5년이 경과되지 아니한 자(법인인 경우에는 그 대표자를 포함)가 폐쇄명령을 받은 영업과 같은 종류의 영업을 하고자 하는 때이다.(식품위생법 제38조 제2항 제5호)

6 사업자등록 시 관련 법규

1) 사업자등록증

사업자란 일반적으로 일정한 목적과 계획을 가지고 경제활동을 하는 자를 말한다. 음식점 영업을 창업하는 자는 부가가치세법 제5조에 따라 영업장마다 영업개시일로부터 20일 이내에 영업장 관할 세무서에서 사업자등록을 하여야 한다. 사업자등록을 하려는 창업자는 먼저 일반과세자와 간이과세자 중 사업자의 유형을 먼저 결정하여 사업자등록 신청을 해야 한다. 이는 사업의 규모에 따라 일반과세자와 간이과세자로 구분하여, 간이과세자는 세금의 계산 방법 및 세금계산서 발행 등에 차이를 두고 있으므로 창업자 자신에게 필요한 사업자등록을 한다.

물론 일반과세자 또는 간이과세자로 등록했다고 그 유형이 변하지 않고 계속 적용되는 것은 아니며, 부가가치세 신고 실적을 1년으로 환산한 금액을 기준으로 과세유형을 다시 판정하기도 한다. 즉, 간이과세자로 등록하였다 하더라도 1년으로 환산한 매출액이 4,800만 원을 넘으면 등록일이 속하는 과세 기간은 다음 과세 기간부터 일반과세자

표 14-12 **사업 규모에 따른 과세 분류**

일반과세자	간이과세자
• 연간매출액이 4,800만 원을 초과할 것으로 예상되거나 간이과세자가 배제되는 업종 또는 지역에서 사업을 하려는 경우에는 일반과세자로 등록해야 한다. • 일반과세자는 10%의 세율이 적용되는 반면, 물건 등을 구입하면서 받은 매입세금계산서상의 부가가치세액을 전액 공제받을 수 있고, 세금계산서를 발행할 수 있다.	• 주로 소비자를 상대하는 업종으로서 연간 매출액이 4,800만 원에 미달할 것으로 예상되는 소규모 사업자의 경우에는 간이과세자로 등록할 수 있다. • 간이과세자는 업종별로 0.5~4%의 낮은 세율이 적용되지만, 매입세액의 5~30%만을 공제받을 수 있으며, 세금계산서를 발행할 수 없다.

로 전환된다.

사업자등록을 할 때 필요한 구비 서류로는 사업자등록 신청서(종업원 1인 이상 고용한 경우 부표 서식에 종업원 현황 기재), 개인 주민등록등본(법인은 등기부등본), 사업허가증 사본, 점포나 사무실 임대차 계약서가 필요하다. 관할 세무사는 사업자등록 신청 내용에 따라 사업자등록증을 즉시 발급하여 주거나, 부가가치세과에 인계하여 신청하고 구비서류의 확인과 면담을 거친 후 3일 이내에 발급하여 직접 교부 또는 우송하여 준다. 다만 국세청장의 사업현황을 확인할 필요가 있다고 인정하는 경우 현지 확인을 통하여 사실을 확인한 후 사업자등록증을 교부한다. 일반적으로 세무서를 방문하여 사업자등록을 신청하게 되면 즉석에서 발급하여 주는 것이 통례이다.

사업자등록 후 사업자등록증에 기재된 사항(상호, 대표자 변경, 사업자 명의변경, 업종의 변경 등)의 변동이 있을 경우에는 지체 없이 사업장 관할 세무서에 정정신고를 하여 사업자등록증의 내용을 정정하여야 한다.

사업자등록의 근거법이 부가가치세법이라고 했다. 이는 사업자등록을 하게 되면 매출액의 10%를 소비자로부터 징수하여 소비자를 대신하여 국가에 부가가치세를 납부해야 한다는 것을 의미한다. 물론 이 세액에서 사업자가 식재료 등을 매입하면서 납부한 부가가치세를 차감하고 납부하면 된다. 즉, '부가가치세 납부세액 = 매출세액 − 매입세액'이라는 공식이 성립하는 것이다. 여기서 유의해야 할 것이 일반적으로 음식점에서는 소비자에게 별도의 부가가치세를 징수하지 않는다. 따라서 판매금액인 음식가격에 부가가치세가 포함되어 있다. 결국 음식점 사업자는 매출액 전부가 자신의 수익이 아닌 부가가치세가 포함되어 있음을 인지해야 한다. 그러나 대부분의 예비창업자는 이것을 간과하고 매출액 전액이 자신의 수익으로 착각하여 사업타당성을 계산하는 오류를 범하는 경우가 많다.

사업자등록 시 상호 문제

상호가 행정적으로 등록되는 최초의 시기는 사업자등록을 할 때이다. 하지만 음식점의 상호는 사업을 계획하는 초기단계부터 충분한 검토가 이루어져야 한다. 우리나라의 상법에는 상호자유주의가 보장되기 때문에 어떤 상호든 자유롭게 사용할 수 있다. 다만 거래상대방이 될 수 있는 고객이나 일반인의 신뢰를 보호하고 무질서한 상호선정으로 인한 폐단을 막기 위해 상법에서 다음과 같은 제한을 한다.

첫째, 동일한 영업에는 동일한 상호를 사용해야 한다(상법 제21조 제1항). 이를 상호단일의 원칙이라고 하는데, 하나의 영업에 여러 개의 상호를 사용한다면 대외적으로 영업의 주체와 영업 자체의 동일성에 혼동을 줄 우려가 있으며 다른 상인의 상호선택의 폭을 제한하기 때문이다.

둘째, 회사가 아니면 상호에 회사임을 표시하는 문자를 사용해선 안 된다(상법 제20조 전단). 자연인 상인이 상호에 회사라는 명칭을 사용하여 영업규모와 신용도를 과장하려는 경향이 있으므로, 그로 인한 일반인의 오인이 없도록 회사라는 명칭의 부당한 사용을 금지하는 것이다.

셋째, 누구든지 부정한 목적으로 타인의 영업으로 오인할 수 있는 상호를 사용하지 못한다(상법 제23조 제1항). 상인이 상호자유주의를 남용·악용하여 타인의 영업으로 오인될 만한 상호를 사용함으로써 타인이 쌓은 신용과 인지도를 훔치는 경우가 많아, 이를 방치하면 영업의 주체로 오인당하는 영업주에게 손해를 준다. 또한 고객이나 일반인에게도 영업주체에 관한 잘못된 외관을 제고함으로써 거래상의 손실을 줄 수 있어 상호선정에 이와 같은 제한을 두고 있는 것이다.

넷째, 부정경쟁방지 및 영업비밀보호에 관한 법률에서는 상인 간에 부정한 수단으로 경쟁하는 것을 방지하기 위하여 부정한 상호사용을 금지하고 있다(부정경쟁방지 및 영업비밀보호에 관한 법률 제2조 제1호 가목, 나목 및 다목).

이러한 상법상의 제한에도 불구하고 창업자가 세무서에 개인사업자등록을 하기 위하여 신청서에 기재하는 상호는 아무런 제약도 받지 않는다. 국세청이 상호에 대한 제약을 할 수 있는 근거가 없기 때문이다. 물론 개인사업자가 아니라 법인사업자의 경우라면 법원의 등기소에 등기를 하는 과정에서 일부 제약을 받지만, 상업등기법상 같은 행정구역에서 동일업종이 아니면 상호를 자유롭게 등록하는 것을 허용하는 제도상의 맹점이 있다. 특히 개인사업자는 상호를 등기하는 제도가 없어서 전혀 제약을 받지 않는 것이다.

예비창업자는 향후 자신의 사업이 번창하여 프랜차이즈사업을 해야 할 수도 있다는 점을 고려한다면 창업초기에 자신의 상호를 보호받을 권리를 확보해야 한다. 가능하면 상표등록을 해두는 것이 안전하다. 물론 점포의 콘셉트를 잘 반영하여 상표등록이 가능한 상호를 찾거나 개발하는 노력이 필요하다. 최근에는 개인사업자의 상호를 개발하고 등록을 대행해 주는 네이밍·로고 개발 업체가 많아지고 있어 전문가를 활용하면 도움을 받을 수 있다.

2) 확정일자

점포를 임차하여 음식점을 창업하는 경우에 사업자등록을 신청함과 동시에 임대차 계약서에 확정일자를 받아두는 것이 안전하다. 확정일자란 건물소재지의 관할 세무서장이 그 날짜에 임대차 계약서의 존재 사실을 인정하여 임대차 계약서에 기입한 날짜를 말한다. 건물을 임차하고 사업자등록을 한 사업자가 확정일자를 받아 두면 등기를 한 것과 같은 효력을 가지므로, 임차한 건물이 경매나 공매로 넘어갈 때 확정 일자를 기준으로 보증금을 우선 변제 받을 수 있다. 확정일자의 신청대상자는 상가 임대차보호법의 적용 대상이 되는 점포로 환산보증금이 다음 〈표 14-13〉의 금액 이하인 경우에 보호 받을 수 있다.

표 14-13 **점포 보증금 환산법**

지역	환산보증금
서울특별시	9억 원
수도권	6억 9천만 원 이하
광역시	5억 4천만 원
그 밖의 지역	3억 7천만 원

환산 보증금 = 보증금 + (월세 × 100) 권리금은 환산보증금 계산 시 고려되지 않는다.

표 14-14 **확정일자 신청 시에 구비서류**

신규 사업자의 경우	기존 사업자의 경우
• 사업자등록신청서 • 임대차계약서 원본 • 사업허가증, 사업등록증 또는 신고필증 사본 중 1부 • 사업장 도면 (건물공부상 구분등기 표시된 부분의 일부만 임차한 경우) • 본인신분증, 위임장, 대리인신분증(대리인 신청 시)	• 확정일자신청서 (실제 임대차계약내용과 사업자등록사항이 다른 경우에는 사업자등록정정신고서) • 사업자등록증 • 임대차계약서 원본 • 사업장 도면 (건물공부상 구분등기 표시된 부분의 일부만 임차한 경우) • 본인신분증, 위임장, 대리인신분증(대리인 신청 시)

확정일자 신청 시에 구비서류는 〈표 14-14〉의 서류를 가지고 관할 세무서의 민원봉사실에 신청하면 된다. 또한 사업자등록신청 시에 사업장의 소재지 등을 잘못 기재하여 사실과 다르게 등록이 된 경우에는 보호 받을 수 없으므로, 등기부등본 등을 철저히 확인해야 한다.

확정일자를 부여하는 임대차계약서는 계약 당사자의 서명 또는 날인이 있는 문서의 원본이어야 하며, 임대차계약의 내용이 변경 또는 갱신된 경우에는 확정일자를 다시 받아야 한다.

3) 영업자의 준수사항

식품위생법 제44조 제1항에 식품접객영업자는 영업의 위생적 관리 및 질서 유지와 국민보건위생의 증진을 위하여 식품위생법 시행규칙 별표 17의 준수사항을 준수하여야 한다. 식품접객 영업자가 준수하여야 할 사항은 다음과 같다.

- 물수건·숟가락·젓가락·식기·찬기·도마·칼·행주 기타 주방용구는 기구 등의 살균·소독제 또는 열탕의 방법으로 소독한 것을 사용해야 한다.
- 〈축산물가공처리법〉 제12조 규정에 따라 검사를 받지 아니한 축산물 또는 실험 등의 용도로 사용한 동물을 음식물 조리에 사용해서는 안 된다.

- 업소 내에서는 도박 기타 사해 행위나 풍기문란 행위를 방지해야 하며, 배달판매 등의 영업행위 중 종업원의 이러한 행위를 조장하거나 묵인해서는 안 된다.
- 〈식품위생법〉 제12조 및 〈식품위생법 시행령〉 제3조에 따라 육류의 원산지를 표시해야 하는 영업자는 〈축산물가공처리법 시행규칙〉 제51조 제2항 및 〈축산물가공처리법 시행규칙〉 별표 13 제3호에 따라 축산물판매업자가 발급한 육류의 원산지 등을 기재한 영수증 또는 거래명세서 등 원산지 증명서류를 육류 매입일 부터 6개월 이상 보관해야 한다.
- 〈식품위생법〉 제12조 및 〈식품위생법 시행령〉 제3조에 따라 쌀 및 배추김치의 원산지를 표시해야 하는 영업자는 쌀, 배추김치 또는 배추의 원산지를 기재한 영수증 또는 거래서 등 원산지 증명서류를 쌀, 배추김치 또는 배추의 매입일 부터 6개월 이상 보관해야 한다.
- 손님이 보기 쉽도록 영업소의 외부 또는 내부에 가격표를 붙이거나 비치해야 하고, 가격표대로 요금을 받아야 한다. 이 경우 불고기·갈비 등 식육은 중량당 가격(예: 불고기 **그램당 **원, 갈비 **그램당 ***원)으로 표시해야 한다.
- 허가를 받거나 신고한 영업 외의 다른 영업시설을 설치하거나 다음에 해당하는 영업행위를 하면 안 된다.
  - 휴게음식점 영업자·일반음식점 영업자 또는 단란주점 영업자가 유흥접객원을 고용하여 유흥 접객행위를 하게 하거나 종업원의 유흥접객행위를 조장하거나 묵인하는 행위
  - 휴게음식점 영업자·일반음식점 영업자가 음향 및 반주시설을 갖추고 손님이 노래를 부르도록 허용하는 행위
  - 일반음식점 영업자가 주류만을 판매하거나 주로 다류를 조리·판매하는 다방형태의 영업을 하는 행위
  - 휴게음식점 영업자가 손님에게 음주를 허용하는 행위
  - 식품접객업소의 영업자 또는 직원이 영업장을 벗어나 시간적 소요의 대가로 금품을 수수하거나, 영업자가 직원의 이러한 행위를 조장하거나 묵인하는 행위
  - 휴게음식점 영업 중 주로 다류 등을 조리·판매하는 영업소에서 〈청소년보호법〉 제2조 제1호에 따른 청소년인 종업원에게 영업소를 벗어나 다류 등을 배달하게 하여 판매하는 행위
- 손님을 꾀어서 끌어들이는 행위를 해서는 안 된다.
- 업소 내 선량한 미풍양속을 해치는 공연·영화·비디오 또는 음반을 상영하거나 사용해서는 안 된다.
- 휴게음식점 영업자·일반음식점 영업자 또는 단란주점 영업자는 영업장 안에 설치된 무대시설 외의 장소에서 공연을 하거나 공연을 하는 행위를 조장·묵인해서는 안 된다.

※ 〈식품위생법 시행규칙〉 별표 17의 준수사항을 위반한 때에는 3년 이하의 징역 또는 3천만 원 이하의 벌금에 처해진다(〈식품위생법〉 제44조 제1항 및 제97조 제6호).

- 식품접객 영업자는 손님이 먹고 남은 음식물을 다시 사용·조리해서는 안 된다.

  식품접객 영업자는 만 19세 미만인 미성년자에 대하여 다음에 해당하는 행위를 해서는 안 된다 (《식품위생법》 제44조 제2항).

- 청소년을 유흥접객원으로 고용하여 유흥행위를 하게 하는 행위

※ 영리를 목적으로 청소년에게 손님과 술을 마시거나, 노래 또는 춤 등으로 손님의 유흥을 돋우는 접객행위를 하게 하거나 이러한 행위를 알선·매개하는 행위를 한 경우 10년 이하의 징역에 처해진다(《청소년보호법》 제26조의2 제2호 및 49조의3).

- 《청소년보호법》상 《청소년출입·고용금지업소》인 유흥주점·단란주점 또는 청소년고용금지업소인 휴게음식점 영업 중 주로 다류를 조리·판매하게 하면서 소요시간에 따라 대가를 수수하게 하거나, 이를 조장 또는 묵인하는 형태로 운영되는 영업 또는 일반음식점 영업 중 음식류의 조리·판매보다는 주로 주류의 조리·판매를 목적으로 하는 소주방·호프·카페 등의 영업형태로 운영되는 영업에 청소년을 고용하는 행위

※ 청소년 출입·고용금지업소 또는 고용금지업소에 청소년을 고용한 때에는 3년 이하의 징역 또는 2천만 원 이하의 벌금에 처해진다(《청소년보호법》 제24조 제1항 및 제50조).

- 《청소년보호법》상 청소년출입·고용금지 업소인 유흥주점·단란주점에 청소년을 출입하게 하는 행위

※ 청소년 출입·고용금지업소 또는 고용금지업소에 청소년을 출입하게 한 때에는 2년 이하의 징역 또는 1천만 원 이하의 벌금에 처해진다(《청소년보호법》 제24조 제2항 및 제51조).

- 청소년에게 주류를 제공하는 행위

※ 청소년에게 주류 또는 담배를 판매한 때에는 2년 이하의 징역 또는 1천만 원 이하의 벌금에 처해진다(《청소년보호법》 제26조 제1항 및 제51조).

- 식품접객업을 행하는 장소(유흥주점 영업소 제외)에서 영리를 목적으로 손님과 함께 술을 마시거나 노래 또는 춤으로 유흥을 돋우는 접객행위(공연을 목적으로 하는 가수, 악사, 댄서, 무용수 등에 이루어지는 행위는 제외)를 하거나 다른 사람에게 그 행위를 알선해서는 안 된다(《식품위생법》 제44조 제3항).

※ 식품접객업을 행하는 장소(유흥주점 영업소 제외)에서 영리를 목적으로 접객행위를 하거나 접객행위를 알선한 때에는 1년 이하의 징역 또는 300만 원 이하의 벌금에 처해진다(《식품위생법》 제44조 제3항).

- 식품접객영업자(유흥주점 영업자는 제외)는 유흥종사자를 고용·알선하거나 호객행위를 해서는 안 된다(《식품위생법》 제44조 제4항).

- 판매 목적으로 식품 등을 제조·가공·소분·수입 또는 판매하는 영업자는 소비자로부터 판매제품에서 식품의 제조·가공·조리·유통 과정에서 정상적으로 사용된 원료 또는 재료가 아닌 것으로서

섭취할 때 위생상 위해가 발생할 우려가 있거나 섭취하기에 부적합한 물질(이하 "이물")을 발견한 사실을 신고 받은 경우에는 지체 없이 이를 식품의약품안전청장, 시·도지사 또는 시장·군수·구청장에게 보고해야 한다. 이를 위반하여 소비자로부터 이물 발견의 신고를 받고 보고하지 아니한 자에게는 300만 원 이하의 과태료가 부과되며, 신고 접수 후 이를 거짓으로 보고한 자에게는 1년 이하의 징역 또는 300만 원 이하의 벌금이 부과된다(《식품위생법》 제46조 제1항, 제101조 제3항 제3호 및 제98조 제2호).

- "이물"이란 다음 어느 하나에 해당하는 물질을 말한다(《식품위생법 시행규칙》 제60조 제1항).

  1. 금속성 이물, 유리조각 등 섭취과정에서 인체에 직접적인 위해나 손상을 줄 수 있는 재질 또는 크기의 물질

  2. 기생충 및 그 알, 동물의 사체 등 섭취과정에서 혐오감을 줄 수 있는 물질

  3. 인체의 건강을 해칠 우려가 있거나 섭취하기에 부적합한 물질로서 식품의약품안전청장이 인정하는 물질

- 이물이 발견되었다는 사실을 보고하려는 자는 《식품위생법 시행규칙》 별지 제51호 서식의 이물보고서에 사진, 해당 식품 등 증거자료를 첨부하여 관할 시·도지사 또는 시장·군수·구청장에게 제출하여야 한다(《식품위생법 시행규칙》 제60조 제2항).

7 식품 접객업 및 집단 급식소의 원산지 등 표시 의무

2013년 6월 28일부터 농수산물의 원산지 표시에 관한 법률에 관한 시행령·시행규칙이 개정되어 배추김치의 고춧가루, 배달용 돼지고기, 양(염소 등 포함) 고기, 명태, 고등어, 갈치가 음식점의 원산지 표시대상에 포함되며, 음식점 수족관에 살아 있는 모든 수산물도 원산지 표시가 필요한 경우 '원산지종합관리시스템(www.origin.go.kr)'에서 확인해야 한다.

가공되는 김치류의 원산지 표시는 현재는 사용된 원료 중 배합비율이 높은 순서의 2가지 원료를 표시하였으나, 앞으로는 고춧가루를 사용하는 김치류는 배합비율이 가장 높은 원료와 고춧가루를 표시하여야 한다.

음식점 원산지 표시는 영업장 면적과 상관없이 메뉴판, 게시판에 표시한다. 다만 영업장에 메뉴판과 게시판 중 어느 한 가지만 사용하는 경우에는 그 곳에 표시하면 된다. 원산지 표시판을 제작하여 표시하였을 경우에는 메뉴판, 게시판의 원산지 표시를 생략할 수 있다(원산지 표시판은 가로 × 세로(또는 세로 × 가로), 21cm × 29cm 이상, 글자크기는 30포인트 이상).

음식점에서 조리하여 판매·제공할 목적으로 냉장고, 식자재 보관창고 등에 보관, 진열하는 재료의 경우 그동안 축산물에만 일괄 표시하도록 한 것을 표시대상 모든 품목으로 확대하였다.

그림 14-2 **원산지종합관리시스템 사이트**

자료 : 원산지종합관리시스템(www.origin.go.kr)

표 14–15 **품목별 원산지 표기 방법**

품목	표기방법
쌀	쌀의 원산지는 국내산과 수입산으로 구분하고, 다음 각 목의 구분에 따라 표시한다. 가. 국내산의 경우 "쌀(국내산)"로 표시한다. 나. 수입산의 경우 쌀의 수입국가명을 표시한다. 〈예시〉 쌀(미국산) 다. 국내산 쌀과 수입산 쌀을 섞은 경우 가목 및 나목에 따른 표시를 모두하고 그 사실도 함께 표시한다. 〈예시〉 쌀(국내산과 중국산을 섞음)
배추김치	국내에서 배추김치를 조리하여 판매·제공하는 경우에는 "배추김치"로 표시하고, 그 옆에 괄호로 배추김치의 원료인 배추(절인 배추를 포함한다)의 원산지를 표시한다. 이 경우 고춧가루를 사용한 배추김치의 경우에는 고춧가루의 원산지를 함께 표시한다. 〈예시〉 배추김치(배추 국내산, 고춧가루 중국산), 배추김치(배추 중국산, 고춧가루 국내산) ※ 고춧가루를 사용하지 않은 배추김치 : 배추김치(배추 국내산) 외국에서 제조·가공한 배추김치를 수입하여 조리하여 판매·제공하는 경우에는 배추김치의 수입국가명을 표시한다. 이 경우 배추김치에 포함된 고춧가루의 원산지를 알 수 없는 경우에는 가공품의 수입국가명의 표시로 고춧가루 원산지 표시를 갈음한다. 〈예시〉 배추김치(중국산)
쇠고기	축산물의 원산지는 국내산과 수입산으로 구분하고, 다음 각 목의 구분에 따라 표시한다. 가. 국내산의 경우 "국내산"으로 표시하고, 식육의 종류를 한우, 젖소, 육우로 구분하여 표시한다. 다만, 수입한 소를 국내에서 6개월 이상 사육한 후 국내산으로 유통하는 경우에는 "국내산"으로 표시하되, 괄호 안에 식육의 종류 및 출생 국가 명을 함께 표시한다. 〈예시〉 소갈비(국내산 한우), 등심(국내산 육우), 소갈비(국내산 육우, 출생국 호주) 나. 수입산의 경우에는 수입국가명을 표시한다. 〈예시〉 소갈비(미국산)
돼지고기 닭고기 오리고기	국내산의 경우 "국내산"으로 표시한다. 다만, 수입한 돼지 또는 양을 국내에서 2개월 이상 사육한 후 국내산으로 유통하거나, 수입한 닭 또는 오리를 국내에서 1개월 이상 사육한 후 국내산으로 유통하는 경우에는 "국내산"으로 표시하되, 괄호 안에 출생 국가 명을 함께 표시한다. 〈예시〉 삼겹살(국내산), 양고기(국내산), 삼계탕(국내산), 훈제오리(국내산), 삼겹살(국내산, 출생국 덴마크), 삼계탕(국내산, 출생국 프랑스), 훈제오리(국내산, 출생국 중국), 삼겹살(덴마크산), 염소탕(호주산), 삼계탕(중국산), 훈제오리(중국산)
배달을 통하여 판매·제공되는 닭고기	가. 닭고기 또는 돼지고기를 조리 후 배달을 통하여 판매·제공하는 경우 그 조리한 음식에 사용된 닭고기 또는 돼지고기의 원산지를 포장재에 표시한다. 다만, 포장재에 표시하기 어려운 경우에는 전단지, 스티커 또는 영수증 등에 표시할 수 있다. 나. 가에 따른 세부 원산지 표시는 나목의 기준에 따른다. 〈예시〉 찜닭(국내산), 양념치킨(브라질산)
넙치, 조피볼락, 참돔, 미꾸라지, 뱀장어, 낙지, 명태, 고등어 및 갈치	원산지는 국내산, 원양산 및 수입산으로 구분하고, 다음 각 목의 구분에 따라 표시 가. 국내산의 경우 "국내산" 또는 "연근해산"으로 표시한다. 〈예시〉 넙치회(국내산), 참돔회(연근해산) 나. 원양산의 경우 "원양산" 또는 "원양산, 해역명"으로 한다. 〈예시〉 참돔구이(원양산), 넙치매운탕(원양산, 태평양산) 다. 수입산의 경우 수입국가명을 표시한다. 〈예시〉 참돔회(일본산), 뱀장어구이(영국산)

(계속)

품목	표기방법
그 밖의 공통사항	1. 원산지는 음식명 또는 원산지 표시대상 바로 옆이나 밑에 표시한다. 다만, 원산지가 같은 경우에는 다음 예시와 같이 일괄하여 표시할 수 있다. 〈예시〉 우리 업소에서는 "국내산 쌀"만 사용합니다. 우리 업소에서는 "국내산 배추와 고춧가루로 만든 배추김치"만 사용합니다. 우리 업소에서는 "국내산 한우 쇠고기"만 사용합니다. 우리 업소에서는 "국내산 넙치"만을 사용합니다. 2. 원산지의 글자 크기는 메뉴판이나 게시판 등에 적힌 음식명 글자 크기와 같거나 그보다 커야 한다. 3. 원산지가 다른 2개 이상의 동일 품목을 섞은 경우에는 섞음 비율이 높은 순서대로 표시한다. 〈예시 1〉 국내산의 섞음 비율이 수입산보다 높은 경우 　－ 쇠고기 　　불고기(국내산 한우와 호주산을 섞음), 설렁탕(육수 국내산 한우, 쇠고기 호주산), 국내산 한우 갈비뼈에 호주산 쇠고기를 접착(接着)한 경우 : 소갈비(갈비뼈 국내산 한우와 쇠고기 호주산을 섞음) 또는 소갈비(호주산) 　－ 돼지고기, 닭고기 등 : 고추장불고기(국내산과 미국산 돼지고기를 섞음), 닭갈비(국내산과 중국산을 섞음) 　－ 쌀, 배추김치 : 쌀(국내산과 미국산을 섞음), 배추김치(배추 국내산과 중국산을 섞음, 고춧가루 국내산과 중국산을 섞음) 　－ 넙치, 조피볼락 등 : 조피볼락회(국내산과 일본산을 섞음) 〈예시 2〉 국내산의 섞음 비율이 수입산 보다 낮은 경우 　－ 불고기(호주산과 국내산 한우를 섞음), 쌀(미국산과 국내산을 섞음), 낙지볶음(일본산과 국내산을 섞음) 4. 쇠고기, 돼지고기, 닭고기 및 오리고기 등을 섞거나 넙치, 조피볼락 및 참돔 등을 섞은 경우 각각의 원산지를 표시한다. 〈예시〉 햄버그스테이크(쇠고기 : 국내산 한우, 돼지고기 : 덴마크산), 모둠회(넙치 : 국내산, 조피볼락 : 중국산, 참돔 : 일본산) 5. 원산지가 국내산인 경우에는 "국내산" 또는 "국산"으로 표시하거나 해당 농수산물이 생산된 특별시·광역시·특별자치시·도·특별자치도명이나 시·군·자치구명으로 표시할 수 있다. 6. 농수산물 가공품을 사용한 경우에는 그 가공품에 사용된 원료의 원산지를 표시한다. 다만, 농수산물 가공품 완제품을 구입하여 사용한 경우 그 포장재에 적힌 원산지를 표시할 수 있다. 〈예시〉 햄버거(쇠고기 : 국내산), 양념불고기(쇠고기 : 호주산) 7. 농수산물과 그 가공품을 조리하여 판매 또는 제공할 목적으로 냉장고 등에 보관·진열하는 경우에는 제품 포장재에 표시하거나 냉장고 앞면 등에 일괄하여 표시한다.

자료 : 원산지종합관리시스템(2013. 6. 28). www.origin.go.kr

이러한 원산지 등 표시에 관하여 위반한 경우에는 다음과 같이 처벌될 수 있다.

가. 위반행위의 횟수에 따른 과태료의 기준은 최근 1년간 같은 유형의 위반행위로 과태료 부과처분을 받은 경우에 적용한다. 이 경우 위반행위에 대하여 과태료 부과처분을 한 날과 다시 같은 유형의 위반행위를 적발한 날을 각각 기준으로 하여 위반 횟수를 계산한다.

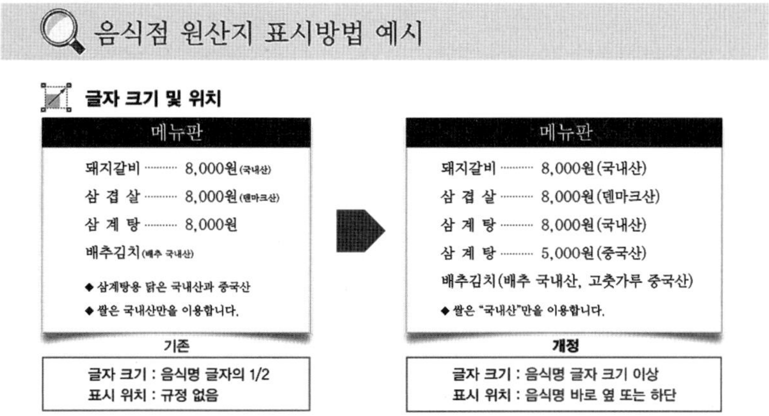

그림 14-3 **음식점의 원산지 표시 사례**

자료 : 원산지종합관리시스템(www.origin.go.kr)

나. 부과권자는 다음의 어느 하나에 해당하는 경우에 제2호에 따른 과태료 금액을 100분의 50의 범위에서 감경할 수 있다. 다만 과태료를 체납하고 있는 위반행위자의 경우에는 그러하지 아니한다.

1) 위반행위자가 질서위반행위규제법 시행령 제2조의 제1항 각 호의 어느 하나에 해당하는 경우

표 14-16 **원산지 미표시**

위반행위	과태료 금액		
	1차 위반	2차 위반	3차 위반
쇠고기의 원산지를 표시하지 않은 경우	100만 원	200만 원	300만 원
쇠고기 식육의 종류만 표시하지 않은 경우	30만 원	60만 원	100만 원
돼지고기, 닭, 오리, 염소고기, 쌀, 배추 또는 고춧가루, 콩의 원산지를 표시하지 않은 경우	각30만 원	60만 원	100만 원
넙치, 조피볼락, 참돔, 미꾸라지, 뱀장어, 낙지, 명태, 고등어, 갈치, 오징어, 꽃게, 참조기, 다랑어, 아귀 및 주꾸미의 원산지를 표시하지 않은 경우	품목별 30만 원	품목별 60만 원	품목별 100만 원
영수증이나 거래명세서 등을 비치·보관하지 않은 경우	20만 원	40만 원	80만 원
살아있는 수산물의 원산지를 표시하지 않은 경우	50만 원 이상 1,000만 원 이하		

표 14-17 **원산지 표시방법 위반**

위반행위	과태료 금액		
	1차 위반	2차 위반	3차 위반
쇠고기의 원산지를 표시하지 않은 경우	25만 원	100만 원	150만 원
쇠고기 식육의 종류만 표시하지 않은 경우	15만 원	30만 원	50만 원
돼지고기, 닭, 오리, 염소고기, 쌀, 배추 또는 고춧가루, 콩의 원산지를 표시하지 않은 경우	각 15만 원	각 30만 원	각 50만 원
넙치, 조피볼락, 참돔, 미꾸라지, 뱀장어, 낙지, 명태, 고등어, 갈치, 오징어, 꽃게, 참조기, 다랑어, 아귀 및 주꾸미의 원산지를 표시하지 않은 경우	각 15만 원	각 30만 원	각 50만 원
살아있는 수산물의 원산지를 표시하지 않은 경우	기준에 따른 부과금액의 100분의 50		

2) 위반행위자가 자연재해·화재 등으로 재산에 현저한 손실이 발생했거나 사업여건의 악화로 중대한 위기에 처하는 등의 사정이 있는 경우

3) 그 밖에 위반행위의 정도, 위반행위의 동기와 그 결과 등을 고려하여 과태료를 감경할 필요가 있다고 인정되는 경우

○ 과징금은 최종판결 후 위반행위 종류와 해당 과징금의 금액을 서면으로 공지하고 과징금 부과 기준을 아래와 같이 설정
  - 판매금액 1천만 원 미만 : 판매금액 × 2배
  - 판매금액 1천만 원 이상~1억 원 미만 : 판매금액 × 3배
  - 판매금액 1억 원 이상~10억 원 미만 : 판매금액 × 4배
  - 판매금액 10억 원 이상 : 판매금액 × 5배

8 청소년보호법과 근로기준법

주류를 취급하는 음식점의 경우 무엇보다도 청소년에 대한 주류 판매 및 청소년 고용에 주의를 기울여야 한다. 만 19세 미만의 청소년에게 주류를 판매하거나 고용금지의 규

정을 어길 경우 영업정지 등의 재제를 받기 때문이다. 현행 청소년보호법은 소주방이나 호프 등 주로 주류를 판매하는 일반음식점의 청소년 출입을 금지하고 있다. 이를 어길 경우 업주는 1차 적발 시 영업정지 60일, 2차 적발 시 영업정지 180일, 3차 적발 시 영업 허가 취소를 받기 때문에 대부분 술집과 식당은 아예 10대로 추정되는 손님에 대해서는 일일이 주민등록증을 확인해야 한다. 또한 청소년보호법에 따라 주류 판매 업소는 계산대 근처에 '만 19세 미만 청소년에게 술 판매를 금지한다'는 내용의 홍보물을 부착해야 한다.

근로기준법상 만 18세 이상은 특별한 제약 없이 취업이 가능하지만, 청소년보호법상으로는 만 19세 미만의 경우 주류 판매 등이 이루어지는 업소에 대한 고용금지 조항이 있으므로 청소년 고용 시 유의해야 하며, 특히 밤 10시 이후 고용은 어떤 경우라도 피해야 한다. 좀 더 세부적인 내용은 알바에듀넷(www.albaedu.net)의 '청소년 노동권리'

연소자를 고용하는 사업주, 지켜야 할 수칙

연소근로자의 정의

연소근로자란 근로기준법상 만 18세 미만의 근로자를 의미한다.

근로기준법상 취직최저연령은 만 15세이므로 만 15세 미만인 자는 원칙적으로 근로자로 고용할 수 없다. 단, 예외적인 경우(노동부로부터 취직인허증을 발급받은 경우)에 한하여 만 13세 이상 만 15세 미만인 자를 고용할 수 있다.

따라서 만 13세 미만인 자는 어떠한 경우에도 근로자로 인정할 수 없다.

연소근로자 보호의 필요성

만 18세 미만인 연소근로자는 정신적·신체적으로 성장단계에 있고, 교육이 우선되어야 하는 시기이므로 성인근로자와는 달리 특별한 보호가 필요하다.

따라서 성인근로자에게 적용되는 근로기준법상의 기본적인 근로조건 기준이 당연히 적용됨은 물론, 그 외에도 몇 가지 별도의 보호장치가 마련되어 있다.

최근 연소자의 아르바이트가 꾸준히 증가하고 있어 성장단계에서의 근로경험은 향후 직업생활에 대한 가치관을 형성하고, 근로자로서의 자세와 권리 등을 학습할 수 있는 중요한 계기가 될 수 있다.

따라서 연소근로자 보호 및 건전한 근로의 기회 제공을 위해 근로기준법 등 관련 법규 준수가 필수이다.

만 15세 미만 연소근로자의 특별보호

1. 만 13세 이상 15세 미만 연소자는 취직인허증

을 받아야 취업할 수 있다(근로기준법 제62조).

○ 취직인허증이란 만 13세 이상 15세 미만자에 대하여 의무교육에 지장이 없는 범위에서 노동부장관이 예외적으로 취직을 허용하는 증명서이다.

① 취직인허증 교부 절차(지방노동사무소에 위임)

– 신청 : 연소자가 사용자와 연명으로 신청

– 신청기관 : 지방노동사무소 민원실

– 교부 : 취직인허 요건을 충족하면 연소자와 사용자에게 교부

② 연소자 취직인허 기준

– 도덕상 또는 보건상 유해·위험한 직종이 아닌 경미한 작업일 것

– 근로자의 생명·건강 또는 복지에 위험이 초래되거나 유해하다고 인정되는 업무가 아닐 것

– 근로시간이 수업에 지장을 주지 않을 것

– 친권자 또는 후견인의 동의와 학교장의 의견이 명기되어 있을 것

③ 취직인허증의 반환

연소근로자가 사직을 했거나 취직최저연령이 지나 취직인허증이 필요없게 된 경우에는 즉시 취직인허증을 교부받은 지방노동사무소에 반환해야 한다.

④ 취직인허증 재교부

만약 취직인허증을 분실했거나 못쓰게 된 경우에는 사유서와 재교부 신청서를 지방노동관서에 제출하여 재교부한다.

⑤ 재신청

취직인허증은 15세 미만자의 종사업무, 임금, 근로시간, 사용기간, 근로조건 등이 기재되어 있는데, 동일 연소근로자를 고용하고 있는 도중에 이러한 내용에 변경이 생길 경우, 취직인허증을 새로이 신청하여 발급 받아야 한다.

⑥ 취직인허증의 취소

허위 또는 부정한 방법으로 취직인허증을 교부 받은 경우나 인허 받은 직종 외의 업무 또는 유해·위험한 업무에 취업시킨 경우에는 취직인허가 취소된다.

⑦ 벌칙

만 13세 이상 15세 미만자를 취직인허증 없이 고용한 경우에는 2년 이하의 징역 또는 1천만 원 이하의 벌금(근로기준법 제113조)에 처한다.

2. 연소근로자의 연령을 증명하는 호적증명서와 친권자 또는 후견인의 동의서를 사업장에 비치(근로기준법 제64조)한다.

○ 만 18세 미만자를 고용하는 사업주는 해당 연소근로자의 연령을 증명하는 호적증명서(호적등·초본, 주민등록등·초본 중 한 가지)와 친권자 또는 후견인의 동의서를 사업장에 비치해야 한다.

○ 15세 미만 연소자를 고용한 경우에는 취직인허증을 사업장에 비치하면 호적증명서 및 친권자 또는 후견인의 동의서를 비치한 것으로 인정한다.

※ 벌칙

사업주가 호적증명서와 동의서를 비치하지 않은 경우 500만 원 이하의 벌금(근로기준법 제115조)에 처한다.

3. 연소근로자 고용 금지직종에 유의한다.

○ 연소근로자는 도덕상 또는 보건상 유해·위험한 사업에 사용하지 못하며, 갱내에서 근로시킬 수 없다(근로기준법 제63조, 제70조).

○ 근로기준법과 청소년 보호법에서는 연소자를 고용할 수 없는 직종 및 업소를 규정하고 있다(뒷부분 취직(업)금지직종 참조).

※ 벌칙

고용이 불가능한 업종이나 갱내작업에 연소근로자

를 고용한 경우, 3년 이하의 징역 또는 2천만 원 이하의 벌금(근로기준법 제112조)에 처한다.

4. 연소자에게 불리한 근로계약은 친권자 또는 노동부장관이 즉시 해지가능하다.
  ○ 만 20세 미만인 미성년자의 근로계약을 친권자 또는 후견인이 대리할 수 없으며, 미성년자는 임금도 독자적으로 청구할 수 있다(근로기준법 제65조, 제66조).
  ○ 친권자, 후견인 또는 근로감독관은 근로계약이 미성년자에게 불리하다고 인정되는 경우에는 이를 해지할 수 있다.

※ 벌칙
부당한 근로계약의 경우 500만 원 이하의 벌금(근로기준법 제115조)에 처한다.

5. 연소근로자는 성인근로자와 달리 근로시간의 제한이 있다.
  ○ 연소자의 근로시간은 원칙적으로 1일 7시간, 1주일 42시간을 초과할 수 없다(근로기준법 제67조). 다만, 사업주와 연소근로자간 합의하는 경우에는 1일 1시간, 1주일 6시간을 초과하지 않는 범위 내에서 연장근로가 가능하다.

※ 벌칙
연소자 근로시간을 위반한 사업주는 2년 이하의 징역 또는 1천만 원 이하의 벌금(근로기준법 제113조)에 처한다.

6. 연소근로자는 야간 및 휴일에 근로시킬 수 없다.
  ○ 사업주는 하오 10시부터 상오 6시까지의 야간 또는 휴일에 연소근로자를 근로시킬 수 없다. 여기서 휴일이라 함은 주휴일, 근로자의 날 등 법정휴일을 의미(근로기준법 제68조)한다.
    다만, 회사사정상 꼭 필요해서 연소근로자 본인이 동의하고, 노동부장관이 인가한 경우는 가능하다.

【 야간·휴일근로 인가 신청】
사업주가 연소근로자 본인의 동의서를 받아, 야간·휴일근로 인가신청서를 지방노동관서 민원실에 제출하면, 업무의 종류, 인가기간, 근로형태 등이 기재된 인가서를 교부한다.

▶ 연소자 야간·휴일근로 인가요건
① 시설이 한정되어 있는 상태로 최대한의 생산을 하지 아니할 경우 국가안위 또는 국민경제 발전에 막대한 지장이 있다고 인정된 업무
② 3교대제(법정근로시간에서의 2교대제를 포함) 실시로 야간작업이 불가피한 업무
③ 운송·방송 등 일상생활에 필수적인 공익사업에 종사하는 경우의 업무
④ 기타 위 각호의 1에 준하는 사유가 발생하였을 경우

※ 벌칙
연소근로자 동의 또는 노동부장관 인가 없이 연소자를 야간 또는 휴일에 근로시킨 사업주는 2년 이하의 징역 또는 1천만 원 이하의 벌금(근로기준법 제113조)에 처한다.

7. 연소근로자도 최저임금의 적용을 받는다.
    최저임금은 노동부장관이 매년 정하여 고시하며, 모든 사업 또는 사업장의 모든 근로자에게 적용(임시직·일용직·시간제 근로자 포함)한다.

※ 벌칙
− 사업주가 최저임금액 미만의 임금을 지급할 경우 3년 이하의 징역 또는 1천만 원 이하의 벌금(최저임금법 제28조)에 처한다.
− 사업주가 근로계약대로 임금을 지불하지 아니한 경우에는 3년 이하의 징역 또는 2천만 원 이하의 벌금(근로기준법 제112조)에 처한다.

1. 연소근로자를 시간제로 고용할 경우에도 근로계약서를 작성해야 한다.

   근로자를 고용하고자 할 때에는 임금, 근로시간, 기타의 근로조건을 명시한 근로계약서를 작성(근로기준법 제24조, 제25조)한다.

2. 휴게시간, 휴일, 휴가를 제공한다.

   1일 근로시간이 4시간인 경우에는 30분 이상, 8시간인 경우에는 1시간 이상의 휴게시간을 근로시간 중에 주어야 한다(근로기준법 제53조).

   1주간의 소정근로일수를 개근한 근로자에 대해서는 1주에 1일의 유급휴일을 주어야 한다(근로기준법 제54조).

   1월간의 소정근로일수를 개근한 근로자에 대해서는 월차유급휴가를 주어야 한다(근로기준법 제57조).

   여성근로자에 대해서는 1월에 1일의 유급생리휴가를 주어야 한다(근로기준법 제71조).

   ※ 단, 1주간의 소정근로시간이 15시간 미만인 근로자에 대해서는 주휴일·월차휴가에 관한 규정이 적용되지 않는다(근로기준법 제25조).

3. 정당한 이유 없이 해고할 수 없다.

   정당한 이유 없이 근로자를 해고한 경우에는 5년 이하의 징역 또는 500만 원 이하의 벌금에 처해진다(근로기준법 제110조).

4. 근로자가 일을 하다가 부상 또는 질병에 걸린 경우에는 필요한 치료 및 요양을 해주거나 그 비용을 부담해야 한다(근로기준법 제8장).

자료: 노동부

메뉴를 참고하면 많은 도움이 될 것이다.

이외에도 근로기준법에 따라 소규모 음식점의 경영주라도 중소기업이나 대기업과 다름없이 급여, 퇴직금, 복리후생비는 물론이고 4대 보험의 가입의무까지도 부담해야 하는 엄연한 사업가임을 명심해야 할 것이다. 경제가 발전하고 노동자의 보호정책이 확대됨에 따라 최저임금제 및 다양한 복리후생 제도가 증가하면서, 사업자의 부담이 가중됨을 인지하고 사전에 관계 법률에 대한 충분한 조사를 통해 창업에 따른 준비를 철저히 하여야 할 것이다.

4인 이하 사업장 근로자도 퇴직금 받는다

앞으로 4인 이하의 소규모 사업장에서 근무하는 근로자도 퇴직금을 받을 수 있게 된다.

노동부는 21일 오는 12월 1일부터 4인 이하로 운영되는 사업장의 근로자에게도 퇴직급여제도를 적용하는 내용을 골자로 하는 '근로자퇴직급여보장법' 시행령 개정안을 마련해 23일 입법예고할 계획이라고 밝혔다.

이 개정안에 따르면, 4인 이하 사업장에서도 2010년 12월 1일 이후 1년 이상 같은 곳에서 계속 근무하다가 퇴직한 근로자는 퇴직금을 받을 수 있게 된다. 노동부는 91만 467개의 4인 이하 사업장의 상용직 근로자 100만 941명, 임시 및 일용직 종사자 525만 77명이 이 제도의 혜택을 받을 것으로 추정하고 있다.

전문가는 4인 이하 사업장의 경우, 규모가 영세하고 수익성이 낮은 곳이 많아 민간 퇴직연금사업자들이 연금 서비스 제공을 꺼릴 것을 우려하고 있다. 또한 이런 소규모 사업장은 갑자기 도산하는 일이 잦아 퇴직금 체불도 자주 일어날 수 있다.

이에 따라 노동부는 퇴직급여제도 확대적용에 따른 체불 방지와 노후소득 강화를 위해 4인 이하 소규모 사업장에서 퇴직금 제도가 안착할 수 있는 방안을 함께 추진할 계획이다.

노동부 관계자는 "소규모 사업장의 퇴직급여 및 부담금 수준을 단계적으로 상향 조정해서 사업주의 충격을 완화할 것이며, 체불사건은 별도의 체불 종합대책을 마련해 적극적으로 대응할 계획"이라고 밝혔다.

자료: 조선닷컴(2010.6.21)

9 여신전문금융업법

음식점의 개업을 위해서는 개업일 전에 신용카드 가맹점으로 등록하여 신용카드 결재를 받을 수 있도록 준비를 갖출 필요가 있다. 신용카드 가맹점 등록이 되지 않은 경우 현금결재만을 받아야 하므로, 자칫 신용카드 수수료를 거부한 결과를 초래할 수 있기 때문이다.

여신전문금융업법 19조 1항은 '신용카드 가맹점은 신용카드에 의한 거래를 이유로 물품의 판매 또는 용역의 제공 등을 거절하거나 신용카드 회원을 불리하게 대우하지 못한다'고 규정돼 있다. 아울러 70조 3항에는 '19조 제1항의 규정에 위반해 신용카드에 의한 거래를 이유로 물품의 판매 또는 용역의 제공 등을 거절하거나 신용카드회원을 불리하게 대우한 자는 1년 이하의 징역 또는 1000만 원 이하의 벌금에 처한다'고 규정돼 있다. 종합해 보면, 카드 결제를 거부하는 등의 행위를 하게 되면 형사 처분을 받게 되는 셈이다.

신용카드 가맹점은 주로 VAN사의 영업을 대행하는 업체가 신청을 처리해 주며 카드 대금의 결제를 위한 은행계좌를 필요로 한다. 신용카드 가맹점 등록 시에는 신용카드 단말기, 전용회선비, 수수료, POS 장비 지원 등 다양한 조건을 비교 후 선택하는 것이 필요하다.

신용카드 가맹점 신청 시 필요한 서류는 사업자등록증 사본, 영업허가증, 신용카드 조회기 설치확인서 원본, 법인 인감증명서 및 법인 등기부등본(법인인 경우), 자동결제 계좌 통장사본 및 통장도장 등이 필요하므로 사업자등록은 개업 이전에 충분한 시간을 가지고 발급을 받는 것이 유리하다.

① 외식업 창업을 위해 점포를 임대할 경우 창업자는 임대할 점포의 건축물 용도가 창업하려고 하는 업종에 적합한 건축물 용도인지를 확인하여야 한다. 또한 선택한 입지가 학교보건법상의 학교 환경위생 정화구역과 같이 법적으로 규제 대상인지에 대한 정확한 정보를 가지고 있어야 한다.

② 임대차 계약 시에는 목적물의 표시, 대금의 액수와 지불 시기 및 방법에 관한 내용, 임대인과 임차인의 성명, 주민등록번호, 주소, 연락처, 임대차 기간과 상가 건물의 인도시기, 계약일시, 특약사항으로 위약 시의 책임, 해약조건, 충분한 임차기간의 보장 명시, 임차권등기 협조, 하자 및 보수 문제 등에 대한 기재를 하여 두어야 한다. 또한 잔금을 지불하였다면 관할 세무서에 가서 사업자등록신청과 함께 임대차 계약서에 확정일자를 받아 임대차의 대항력을 통한 우선 배당권을 확보하는 것이 좋다.

③ 영업시설 설치 시에는 식품위생법 제21조, 식품위생법 시행규칙 제20조 및 별표 9에서 정하는 식품 접객업의 시설 기준에 준수하여 설치하여야 하며, 다중 이용업소의 안전 관리에 관한 특별법 제2조 제1호 및 시행령 제2조 제1호에 따라 안전시설 등 완비 증명서를 발급받아야 한다.

④ 음식점은 발생하는 하수나 분뇨를 적절하게 처리할 수 있는 개인 하수처리 시설인 하수 처리시설이나 정화조를 갖추어야 한다. 만약 정화조의 용량이 부족한 경우에 건물이 오수처리 시설이 되어 있는 경우라면 영업허가가 가능하지만, 오수처리에 대한 환경 분담금이 발생하게 되며 단독정화조인 건물이라면 초과된 용량이 20% 이내일 경우 정화조의 용량을 늘리거나 정화조의 청소횟수를 늘리는 방법으로 영업허가가 가능하다.

⑤ 음식점을 알리기 위한 옥외광고 등은 가로형 간판, 돌출간판, 옥상 간판, 지주 이용 간판, 애드벌룬, 공공시설물 이용 광고물, 교통시설 이용 광고물, 선전탑, 아취광고물, 전기를 이용하는 광고물이 있으면 이는 옥외광고물 등 관리법 제3조 제1항 및 옥외광고물 등 관리법 시행령 제4조 제1항에 따라 특별자치도지사·시장·군수·구청장의 허가를 통해야 표시 또는 설치할 수 있으며, 건물의 3층 이하의 정면에 판류형 또는 입체형으로 표시하는 가로형 간판, 유소 또는 가스충전소의 상호 또는 정유사 등의 명칭을 표시하는 차양면의 측면에 연결하여 표시하는 가로형 간판, 주유소 또는 가스충전소의 상호를 차양면에 현수식으로 표시하는 1면의 면적이 3.5제곱미터 이하이고 두께가 30센티미터 이하인 가로형 간판, 4층 이상 건물에 해당 건물명이나 해당 건물을 사용하고 있는 사람의 성명·상호 또는 이를 상징하는 도형을 입체형으로 표시하는 가로형 간판, 세로형간판 및 공연간판, 돌출간판 중 의료기관 또는 약국의 표지 등, 이·미용업소의 표지 등 및 상단의 높이가 지면으로부터 5미터 미만이거나 1면의 면적이 1제곱미터 미만인 간판, 광고물 상단의 높이가 지면으로부터 4미터 미만인 지주이용간판, 현수막, 교통수단이용광고물, 벽보 등은 옥외광고물 등 관리법 제3조 제1항 및 옥외광고물 등 관리법 시행령 제5조 제1항에 따라 특별자치도지사·시장·군수·구청장의 허가를 통해야 표시 또는 설치할 수 있다.

⑥ 음식점 창업자는 영업 기일로부터 20일 이내에 영업장 관할 세무서장에게 사업자등록을 하여야 하

며, 식품위생법 제44조 제1항에 식품접객 영업자는 영업의 위생적 관리 및 질서 유지와 국민 보건 위생의 증진을 위하여 식품위생법 시행규칙 별표17의 식품접객업자의 준수사항을 준수하여야 한다.

⑦ 식품접객업 영업자는 농산물품질관리법에 따라 공정한 거래질서 확립과 생산자 및 소비자 보호를 위해 조리하여 판매·제공하는 쇠고기·돼지고기·닭고기 및 밥으로 제공되는 쌀·배추김치에 대해서 원산지를 표시하도록 하여야 한다.

⑧ 음식점 예비창업자는 근로기준법에 의한 급여, 퇴직금, 최소임금, 4대 보험 가입 등의 의무를 숙지하고 창업에 임해야 하며, 창업 후에는 청소년 보호법에 저촉되지 않도록 청소년 고용 및 주류 판매에 주의를 기울여야 한다. 또한 신용카드 수취 거절이나 신용카드 수수료가 수익성에 미치는 영향 등에 대해서도 유의할 필요가 있다.

1 다음 중 등기부등본에 대한 설명으로 잘못된 것은?

① 수수료만 납부하면 누구든 열람 및 교부를 받을 수 있다.

② 토지, 건물과 같은 부동산의 권리관계가 기재된 공적 장부이다.

③ 표제부, 갑구, 을구로 구성되어 있다.

④ 대법원의 인터넷 등기소에서만 열람 및 교부가 가능하다.

⑤ 등기부등본은 부동산의 소유자뿐만 아니라 금융기관 등에서 부동산을 담보로 대출 받은 사항에 대해서도 확인할 수 있다.

> **해설** 등기부등본은 인터넷(대법원 인터넷 등기소)을 통해서뿐만 아니라 오프라인(법원등기소)에서도 열람 및 교부를 받을 수 있다.

2 다음 중 음식점을 창업하기 위해 반드시 받아야 하는 위생교육에 대한 설명으로 틀린 것은?

① 일반음식점의 경우 외식업중앙회에서 실시하는 위생교육을 받으면 된다.

② 법으로 정해진 교육시간은 5시간 이상이다.

③ 음식점 영업신고를 위해 필수적으로 이수해야하는 법정교육이다.

④ 외식업중앙회는 경기도의 경우 수원, 부천, 의정부에 각각 교육장이 있다.

⑤ 위생교육은 창업 이후에도 정기적으로 받아야 한다.

> **해설** 위생교육은 식품위생법 제27조, 동법 시행규칙 제37조에 의거 6시간을 받아야만 영업신고를 할 수 있다.

3 다음 중 음식점 창업을 위해 필요한 '소방시설완비증명'에 대한 설명 중 잘못된 것은?

① 1층에 위치한 음식점은 소방시설완비증명이 필요하지 않다.

② 지하에 위치한 영업장은 면적이 66제곱미터 이상인 경우만 해당된다.

③ 소방시설완비증명이 필요한 업체는 '방염필증'도 함께 받아야 한다.

④ 스프링클러가 설치된 경우 별도의 소화기는 필요하지 않다.

⑤ 2층 이상에 위치한 영업장은 영업장 면적이 100제곱미터 이상인 경우만 해당된다.

> **해설** 스프링클러시설과 소화기 모두 필요한 소방시설에 포함된다.

4 다음 중 부가가치세법에 대한 설명 중 잘못된 것은?

① 부가가치세는 간접세이므로 납세자와 담세자가 다르다.

② 부가가치세의 담세자는 소비자이고 납세자는 음식점 사업자가 된다.

③ 간이과세자와 일반과세자의 구분기준은 연간 매출액 6천만 원이다.

> **해설** 간이과세자는 개인사업자로서 사업개시 전에는 연간 공급대가가 4,800만 원 미만으로 예상되거나, 사업개시 후에는 전년도 매출액이 4,800만 원 미만인 경우만 가능하다.

④ 우리나라 부가가치세는 전단계세액공제 방식을 채택하고 있어서 납부
    세액은 매출세액에서 매입세액을 차감한 금액이다.
⑤ 음식점의 경우 면세인 농수축산물 구입액에 대한 의제매입세액 공제
    제도가 적용된다.

5 **기존에 운영하던 음식점을 타인으로부터 인수하여 인테리어를 새롭게 하**
    여 계속 영업을 하는 경우 올바른 내용은?

① 기존의 영업신고는 인수인계가 가능하므로 별도의 영업신고는 필요치
    않고 사업자명의변경 신고로 가능하다.
② 음식점은 인수인계가 가능하더라도 기존 사업자가 폐업을 하고 신규
    사업을 개시하는 것이므로 새롭게 영업신고를 하여야 한다.
③ 기존 음식점의 부가가치세도 그대도 인수인계된다.
④ 인수인계가 된 경우 '소방시설완비증명'도 기존의 것이 유효하다.
⑤ 폐업신고를 하더라도 인수인계로 처리가 가능하다.

해설 기존 사업자가 폐업신고를 하지 않았다면 신규사업자는 구청 등에서 사업자명의 변경 절차만으로 영업신고를 완료할 수 있다. 명의 변경은 신규 영업신고에 비하여 절차가 간편하고 비용도 절감되므로, 권리금을 지불하고 기존 업체를 인수하는 경우 기존 사업자가 폐업을 하기 전에 명의변경을 하도록 한다.

6 **다음 중 식품접객업소의 영업이 가능한 건축물 용도가 아닌 것은?**

① 휴게음식점 : 1종 근린생활 시설
② 일반음식점 : 2종 근린생활 시설
③ 유흥주점 : 위락시설
④ 커피전문점 : 판매시설
⑤ 제과점 : 1종 근린생활 시설

해설 건축법에 따라 식품접객업소는 근린생활시설과 위락시설에서만 영업이 가능하므로, 판매시설의 경우 근린생활시설로 용도변경을 하여야 가능하다.

7 **다음 중 옥외광고물에 대한 설명 중 잘못된 것은?**

① 한 변의 길이가 10미터 이상인 가로형 간판은 관할관청의 허가를 받
    아야 한다.
② 애드벌룬은 신고만으로 이용이 가능하다.
③ 선전탑과 아취광고물은 관할관청의 허가를 받아야 한다.
④ 현수막은 신고만으로 이용이 가능하다.
⑤ 옥외광고물은 설치 전에 반드시 시군구청의 관련 부서에 허가기준을
    확인하는 것이 좋다.

해설 옥외광고물 중 애드벌룬은 허가 사항이다.

| 정답 | 1 ④   2 ②   3 ④   4 ③   5 ①
                6 ④   7 ②

1 음식점의 원산지 표시제도가 잘 지켜지고 있다고 생각하십니까? 음식점 원산지 표시제도를 사업자의 입장에서 장단점을 논의하여 봅시다.

2 세무서를 방문하여 사업자등록 신청서 작성 방법에 따라 관련 서류를 작성하여 봅시다.

3 음식점 창업 시 직원을 고용하는 경우 지급해야 하는 급여, 복리후생비, 기타 인건비적 항목이 어떤 것이 있는지 조사하고 최근 국내 음식점의 수익성과 인건비와의 관계를 조사하여 봅시다.

4 음식점 경영주의 종업원에 대한 4대 보험 가입 의무와 가입방법 그리고 가입 시 장점 및 단점 등을 조사하여 봅시다.

5 국내에서는 음식점에서 소비자가 신용카드로 지불하는 것을 거절할 수 없습니다. 어떤 법률에 근거한 결과인가요? 관련 법률조항을 상세히 살펴보고 음식점의 카드결제에 따른 수수료와 기타 카드 결제로 인하여 음식점 사업자가 받게 되는 불이익은 어떤 것이 있는지 논의하여 봅시다.

6 원산지종합관리시스템(www.origin.go.kr)을 방문하여 본 교재에서 학습한 내용이 변동된 사항이 있는지 확인하고 정리하여 봅시다.

상권·입지조사분석 보고서(사례)

1. 상권 조사 · 분석

1) 후보상권 선정 및 비교

(1) 후보상권 명세

후보상권	주소(가상의 입지)

주) 입지의 주소는 상권 내 중심점을 기준으로 선정한 것임.

(2) 후보상권의 비교

구분	(A) 상권	(B) 상권	(C) 상권	출처
유동인구				중소기업청 상권정보시스템, 나이스비즈맵, 메디컬타운 지하철승하차 정보
임차비용				중소기업청 상권정보시스템
평균매출				나이스비즈맵
추천업종				나이스비즈맵
총점				
평가				

주) 점수는 3점 척도(좋음–3점, 보통–2점, 나쁨–1점)로 평가함

2) 상권 조사·분석

(1) 상권규모(상가권), 상권범위(상세권) 설정

(2) 교통 및 주요시설 현황

(3) 인구동향

(4) 상권 내 경쟁점 및 유사 업종분석

(5) 상권변화예측

3) 상권종합분석

구분	내 용
수익성 및 경제성	
접근성 (교통 및 시설 분석)	
성장성 및 확장성 (상권변화예측)	

(계속)

구분	내용
인구현황	
포괄적 경쟁점 분석	
상권력	

2. 입지조사·분석

1) 후보입지 선정

후보입지	주소
입지1	
입지2	
입지3	
의견	

2) 후보입지 비교

구분	내용			비고
	후보입지 1	후보입지 2	후보입지 3	
점포 면적				
점포의 층수				
점포 형태				
외관상 건물노후도				
출입구 위치				
출입구 높이				
간판 위치				
간판 길이				
돌출 간판				

(계속)

구분		내용		비고
		후보입지 1	후보입지 2	후보입지 3	
건물면 돌출정도					
창문 유무					
외관 길이					
건물의 업종구성	3층				
	2층				
	1층				
	지층				
엘리베이터					
계단을 이용한 출입					
계단넓이/경사도					
화장실 위치					
창고					
환기시설					
주차대수					
의견					

3) 점포 권리분석

(1) 임차조건

구분	내용			비고
	후보입지 1	후보입지 2	후보입지 3	
권리금				
보증금				
임차료				
기본관리비				
의견				

(2) 소유권 현황

구분	내용			비고
	후보입지 1	후보입지 2	후보입지 3	
소유권자				등기부등본(갑구)
근저당 설정				등기부등본(을구)
전세권 설정				등기부등본(을구)
가압류 설정				등기부등본(을구)
의견				

(3) 직전 업종 운영현황

구분	내용			비고
	후보입지 1	후보입지 2	후보입지 3	
건물 연수				등기부등본
직전 업종				건축물대장
현재 업종				부동산중개업소
현업 객단가				주위 탐문조사
현업 종업원 수				
현업 영업시간				
의견				

4) 입지의 지리적 특성

구분	내용			비고
	후보입지 1	후보입지 2	후보입지 3	
가시성				
주차편의성				
인지성				
접근성				
시너지				
호환성				
합계				
의견				

5) 입지의 기능적 특성

(1) 집객시설과 단절요인

구분		시설물	비고
후보입지1	집객시설		
	단절요인		
후보입지2	집객시설		
	단절요인		
후보입지3	집객시설		
	단절요인		
의견			
의견			

(2) 후보입지 전면에서의 유동인구조사

(3) 경쟁점포조사

① 경쟁점포 현황

번호	업체명	주소
1		
2		
3		
4		
5		
6		

② 경쟁점포의 분석표

구분	분석항목	경쟁점포			
		A	B	C	D
점포개요	상호				
	면적				
	좌석수				
	주차장 규모				
	시설 노후화 정도				
	영업시간				
	영업활성화 정도				
업종업태	주메뉴				
	객단가				
	서비스				
점포디자인	간판*				
	파사드*				
	어프로치*				
	인테리어*				
조직 및 서비스	종업원 수(명)				
	근로조건*				
	경영자의 능력*				
	종업원 친절성*				
	서빙 숙련도*				
	청결도*				
	맛*				
입지	상권 범위				
	가시성*				
	접근성*				
	홍보성*				
경영관리	고객 성향				
	추정 일매출				
	추정 일 방문객수				
	추정 월매출				
	주요 판촉 수단				

주) 조사대상 6개 경쟁점 중 상위 4개 업체만 조사함. 모든 항목은 가상의 평가임(실제 자료와는 전혀 관련 없음)

* : 3(상), 2(중), 1(하)

③ 경쟁점 비교분석

6) 입지의 선택

구분	내용
입지후보개요	
후보입지현황	
권리분석	
입지 지리적 특성분석	
입지 기능적 특성분석	
경쟁점 분석	
입지종합분석	
입지최종선택	

3. 점포 조사·분석 및 타당성 분석

1) 점포 조사·분석 개요

구분	내용		
점포 A			
중개 부동산		담당자/연락처	
매물 의뢰일		매물 확인일	
매물사항			

2) 점포 권리 및 비용 분석

(1) 공부서류 분석
① 소유권리 현황

항목	내용	출처
소유권자 동일 여부		등기부등본(갑구)
근저당 설정		등기부등본(을구)
전세권 설정		등기부등본(을구)
가압류 설정		등기부등본(을구)
의견		

② 인허가 현황

항목	내용	비고
건물용도		건축물관리대장
사업자허가형태		구청
소방시설		소방서 확인
정화조 용량		구청 확인
가스		영수증
냉난방기		현장 확인
상수도 및 하수도		영수증
전기 용량		영수증
불법 시설		현장조사
건물규모		건축물관리대장
무허가 사용분 유무		건축물관리대장
용도의 적합성		건축물관리대장
도로정비. 주차문제		도시계획확인원
미관. 간판 설치 문제		구청 도시관리과 광고물팀
재개발, 재건축 진행		도시계획확인원
지방자치단체의 규제사항		지방자치단체 조례

(2) 임차비용 분석

① 임차비용 내역 및 비교

항목	내용	비고
권리금		
보증금		
임차료		
관리비		
의견		

주) 주변 유사 점포의 임차 비용을 조사하여 비교함

② 주변 점포 임차비용 조사 내역

구분	A점포	B점포	C점포	D점포
권리금				
보증금				
임차료				
기본관리비				

③ 환산보증금을 기준으로 한 임차비용 분석

구분	내용	의견
환산보증금		
평당 환산보증금		
의견		

④ 상가임대차보호법 적용여부

구분	내용	법적용
상가임대차보호법 적용여부		

3) 점포시설 분석

(1) 외부시설 분석

외부 간판	간판길이 × 높이		외벽기둥 개수	
	돌출 간판		기타 간판	
	창문 유무		간판위치	
통로	계단		어닝	
의견				

(2) 내부시설 분석 [기본시설, 집기, 기물, 부가시설]

항목	내용	항목	내용
건물면적		층수	
점포모양		내부높이	
출입구넓이		출입구위치	
가스		전기용량	
냉난방기		수도	
주차대수		창고	
화장실		계단	
복도		환기시설	
점포길이 7M 이상 유무		점포높이 5M/출구 3M	
직원 휴게실		창고	
의견			

4) 투자비, 자금조달 및 매출액 추정

(1) 시설비용 추정

구분	내용		소계
외부공사 (파사드 간판 등)	베이스		
	사인		
	외부조명		
	야장		
	외부 문		
	어닝		
인테리어	평수 대비 변동		
	천장/벽체		
	칸막이		
	주방		
	바닥		
	전기조명		
	공조		
	예상 전기 승압		
	수장 공사		
	디스플레이		
	탁자		
	의자		
홀비품 홀기물 주방기물	집기		
	그릇류		
옵션	철거		
	화장실		
	인허가		
	용도변경		
	민원공사		
	건물하자		
	냉난방기		
	순간온수기		
	닥트입상		
	팅커벨		
	포스, 카드단말기		
	영상		
	음향		
	방범		
	전기 승압, 수도 승수		
	가스		
합계			

※ 비품 및 기물류 참조용

① 홀 비품류

② 홀 기물류

③ 주방 기물류

(2) 총 투자비 추정

구분	항목		내용	
예상투자자금	점포비 %	보증금		
		권리금		
		임차료		
		관리비		
	시설비 %	설계비		
		인테리어		
		외부간판		
		옵션		
		공조		
		주방기물		
		홀 기물	탁자, 의자	
			메뉴판, 유니폼	
			빌지, 인쇄물	
	초기 운영비 %	초도비	식재료비	
			초도물품비	
			초도홍보비	
		운영비	인건비	
			제 경비	
			금융비용	
			기타비용	
	예비비 %	6개월		
합계				

(3) 자금조달계획

구분	항목	항목금액	소계
자본금	본인		
자본금	가족		
자본금	친구		
자본금	그 밖의 사람		
부채(대출금)			
부채(리스, 렌탈)			
그 밖의 사업자로부터 제공받는 물건	냉장고 등		
합계			

(4) 매출액 추정

① 최종 입지의 추정 매출액

항목	내용		
테이블수			
객단가			
예상회전수		이용 동기	
일매출액	최저		
	최고		
월매출액	최저		
	최고		

주) 최종입지의 매출액은 다양한 방법을 통하여 최소 매출액과 최대 매출액을 추정하며, 평일과 휴일의 매출액이 차이가 나는 경우 별도로 추정하여 월 매출액을 추정함

② 나이스비즈맵 추정치

구분		금액
상권 내 유사업종 평균 월매출	최고	
	최저	
해당 업종의 추정 매출	최저	
	최고	

③ 경쟁업체 매출 추정치

최저	
최고	

④ 총평균법에 의한 매출액 추정치

최저	
최고	
평균	

5) 수익성 분석

(1) 손익 추정

항목	내용		
	최저	평균	최고
월매출액 ①			
매출원가 ② (식재료비 35%)			
매출이익 ③ (① − ②)			
판매비와 일반관리비 ④			
영업이익⑤ (③ − ④)			
영업외 비용			
경상이익			
비고	개점 초기 매출 예상액	개점 후 1년 내외 매출 예상액	개점 후 2년 내외 매출 예상액

주) 판매비와 일반관리비 항목 : 소규모 업체의 계산 편의를 감안하여 인건비(20%), 임차료(10%), 관리비, 광고선전비, 기타 제비용(10%), 카드수수료, 부가가치세 예수금(5%) 포함하고 감가상각비는 제외 함

(2) 손익분기점 추정

항목	내용		
단위당가격(객단가)			
손익분기 매출수량	고정비		
	공헌이익		
	고정비/단위당 공헌이익		
손익분기매출액			

(3) 투자대비 수익률 추정

구분	내용	
	개점 후 1년 내외	개점 후 2년 내외
월 경상이익		
총투자금액		
월 투자수익률		
결론		

6) 점포 조사·분석 결론

구분	내용
권리분석	
점포시설 분석	
투자비 분석	
수익성 분석	
결론	

4. 상권, 입지, 점포의 문제점 극복 방안

문제점	극복 방법
여름에만 전면 유동인구 있음	
가시성이 뛰어나지만 접근성은 열악함	
업종구성의 시너지효과 낮음	
권리금은 없으나 임차료와 관리비가 경쟁업체 대비 과다함	

인테리어 체크리스트

실내 마감재 CHECK LIST

관리 일자		담당부서		담당자	
확인점검 사항					

구분	내용	점검사항	평가
디자인요소 (재료)	재료의 조화	질서감을 주는가?	
		대비되는 요소가 있는가?	
		디자인 요소 간의 통일감은 있는가?	
		변화를 줄 수 있는가?	
	재료의 물리적 특성	공간의 용도와 성격에는 맞는가?	
		주동선과의 배치는 적절한가?	
		취급이 간단한가?	
		사용빈도는 고려하였는가?	
		소방법과 건축법규는 유의하였는가?	
	재료의 유지·관리	변색과 더러움에 유의하고 있는가?	
		파손에 유의하고 있는가?	
		수리는 할 수 있는가?	
		청소는 용이한가?	
	재료의 색·질감·광택·패턴	광원의 종류와 조도는 적절한가?	
		공간의 크기와 형태는 적당한가?	
		채광상태 충분한가?	
	재료의 경제성	규격은 적합한가?	
		가격은 적절한가?	
		시공이 편리한가?	
		운반이 간단한가?	
	사용자와 실내 재료	사용자의 기호와 특성에 어울리는가?	
		생활양식은 고려하였는가?	
		신의 탈착 유무는 고려하였는가?	
매장 미비 점검사항			
담당자소견			
종합의견			

자료 : 산업자원부–사단법인 한국 프랜차이즈협회(2005). 프랜차이즈 경영가이드 총서 5. 프랜차이즈 인테리어, 디자인 디스플레이 사례연구

색채 CHECK LIST

관리 일자		담당부서		담당자	
확인점검 사항					

구분	내용	점검사항	평가
색채 계획	색과 색 면적 배분	부위의 중요성은 인식되었는가?	
		형태, 면적, 명암은 고려되었는가?	
	색의 유지관리	변색, 탈색방지에 유의하고 있는가?	
		더러움을 방지할 수 있는가?	
		마감 재료는 고려하였는가?	
	색과 기타요소의 관계	광택은 있는가?	
		텍스처는 독창적이며 참신한가?	
		패턴은 매장이미지와 어울리는가?	
		실내 디자인 스타일과 조화로운가?	
	실내 배색의 조화	질서감을 주는가?	
		친밀감은 있는가?	
		주조색과 악센트색은 조화로운가?	
		변화를 줄 수 있는가?	
		통일감은 있는가?	
	색채효과의 적절성	색의 면적효과는 적절한가?	
		색의 대비효과(색상, 명도, 채도, 보색대비)는 있는가?	
		색의 감정효과는 있는가? (온도, 거리, 크기, 무게감, 연상)	
	조명과 색의 관계	광원의 종류는 적절한가?	
		연색성은 있는가?	
		눈부심이 있는가?	
		주간에 실의 밝기는 적당한가?	
		실의 방위는 적절한가?	
	외부의 색채	실내외부의 구별은 뚜렷한가?	
		자연환경과는 조화로운가?	
		주변환경과는 어울리는가?	
매장 미비 점검사항			
담당자소견			
종합의견			

자료 : 산업자원부–사단법인 한국 프랜차이즈협회(2005). 프랜차이즈 경영가이드 총서 5. 프랜차이즈 인테리어, 디자인 디스플레이 사례연구

조명 CHECK LIST

관리 일자		담당부서		담당자	
확인점검 사항					

구분	내용	점검사항	평가
조명 설계	조명의 기본	목적에 맞는 좋은 불빛인가?	
		제대로 사용할 수 있는가?	
		경제적인가?	
	적절한 광원	밝기는 충분한가?	
		효율이 높은가?	
		원하는 광색인가?	
		수명은 충분한가?	
	조명기구의 선택	기능은 적합한가?	
		기구효율은 충분한가?	
		분위기에 맞는 디자인인가?	
		환경에 견딜 수 있는가?	
	적재적소에 등불 포착	필요한 시간 내의 점멸제어는 가능한가?	
		구획별 점멸제어는 가능한가?	
	종합적인 시각환경	내장재의 선택이 잘되었는가?	
		실내색과 광색이 조화를 이루고 있는가?	
		월 워셔는 적절한가?	
		주광채택을 배려하고 있는가?	
	보수유지	기구는 착실하게 청소할 수 있는가?	
		램프교환은 조기에 할 수 있는가?	

매장 미비 점검사항	
담당자소견	
종합의견	

자료 : 산업자원부–사단법인 한국 프랜차이즈협회(2005). 프랜차이즈 경영가이드 총서 5. 프랜차이즈 인테리어, 디자인 디스플레이 사례연구

디스플레이 CHECK LIST

관리 일자		담당부서		담당자	
확인점검 사항					

구분	내용	점검사항	평가
디스플레이	AIDMA (attention, interest, desire, memory, action)	상품을 주목시킬 수 있는가?	
		주력상품에 특징과 개성을 살렸는가?	
		상품의 품질이 우수하고 다양한가?	
		고객의 흥미와 관심을 유발하였는가?	
		특성에 맞는 감각과 분위기를 갖추었는가?	
		구매 행동으로 발전할 수 있는가?	
		특정 포인트가 있는가?	
		어떤 시간대에 가장 어필되는가?	
	쇼윈도우	쉽게 주목할 수 있는가?	
		상품이 적정하게 확보되어 있는가?	
		강한 호소력과 설득력이 있는가?	
		독창성이 있는가?	
		상품의 특징을 표현하고 있는가?	
		진열 기술이 우수한가?	
		조명의 효과는 발휘되고 있는가?	
		색채가 조화롭고 색채조절이 제대로 되어 있는가?	
		주력상품을 강조하고 있는가?	
	숍 인테리어	주력상품·계절상품을 엄선했는가?	
		상품의 가치가 잘 나타나 있는가?	
		다양한 인테리어 방법을 사용했는가?	
		동선 계획 시 고객이 심리적인 저항을 받지 않는가?	
		상점의 이미지와 일치하는가?	
	기타	기획자의 이미지에 일치하는가?	
		혼자만 만족하는 디스플레이인가?	
		비용에 따른 효과는 적당한가?	

매장 미비 점검사항	
담당자소견	
종합의견	

자료 : 산업자원부-사단법인 한국 프랜차이즈협회(2005). 프랜차이즈 경영가이드 총서 5. 프랜차이즈 인테리어, 디자인 디스플레이 사례연구

옥외 광고물 CHECK LIST

관리 일자		담당부서		담당자	
확인점검 사항					

구분	내용	점검사항	평가
옥외 간판	공중에 대한 위해 방지	건물과의 규격은 유지했는가?	
		색상은 조화로운가?	
		도시 공간 전체와 조화와 균형을 유지하는가?	
		광고물이 안전하지 못하여 불특정 다수에게 피해를 줄 우려가 있는가?	
		광고의 내용이 건전한가?	
	안전도 검사	상단높이 5m 이상, 1면의 면적이 1m² 이상인 돌출간판인 경우	
		4층 이상 벽면에 판류를 이용하여 표시한 가로형 간판인 경우	
		지면으로부터 높이가 4m 이상인 지주 간판	
		옥상 또는 지면높이가 4m 이상인 게시시설을 설치하여 표시하는 애드벌룬인 경우	
		안전도 검사를 받아야하는 게시시설인 경우	
	허가 및 신고	건물측면 또는 후면의 4층 이상 벽면에 판류를 이용하여 표시하는 가로형 간판 및 최초로 표시하는 공연 간판인가?	
		돌출 간판, 옥상 간판, 지주이용 간판, 애드벌룬을 사용했는가?	
		공공시설물이용 광고물, 교통시설이용 광고물인가?	
		전기를 이용하는 광고물(백열등, 형광등)인가?	
	광고효과	광고목표가 확실한가?	
		예상 주목율, 도달효과 등을 점검했는가?	
	광고물 현황	주변 기존 옥외광고물 현황(업종, 형태 별)과 차별성이 있는가?	
		경쟁사 활동 현황(수량, 종류, 형태, 위치 등)을 파악하고 있는가?	
	행정 규제	관련 행정기관 규제사항을 파악하고 있는가? – 규격, 형태, 색상, 설치 조건 등	
		건물주 규제사항을 파악하고 있는가? – 설치조건, 전력수급, 관리조건 등	
매장 미비 점검사항			
담당자소견			
종합의견			

자료 : 산업자원부–사단법인 한국 프랜차이즈협회(2005). 프랜차이즈 경영가이드 총서 5. 프랜차이즈 인테리어, 디자인 디스플레이 사례연구

P.O.P CHECK LIST

관리 일자		담당부서		담당자	
확인점검 사항					

구분	내용	점검사항	평가
간판·도안 장치	P.O.P의 적절한 선정	이전가지의 P.O.P에 대한 평가는 이뤄졌는가?	
		P.O.P의 목표는 무엇인가?	
		형태와 크기는 적절한가?	
		시각적으로 전달력이 충분한가?	
		상품에 대한 신뢰성을 주는가?	
	조화 (Text, Image)	질서감을 주는가?	
		대비되는 요소가 있는가?	
		글자체와 색깔은 통일되어 있는가?	
		악센트적인 요소는 있는가?	
		상품과 점포의 이미지와는 어울리는가?	
		예상 고객의 특성과 어울리는가?	
		설치 장소는 어떤 곳인가?	
		다른 매체와의 연관성은 어떻게 만들 것인가?	
	로고·상호	내용전달이 구체적이고 쉬운가?	
		다양하게 이용할 수 있는가?	
		대중에게 신뢰를 줄 수 있는가?	
	유지관리· 경제성	파손·탈색방지를 예방할 수 있는가?	
		취급이 간단한가?	
		관리가 편리한가?	
		유지비가 저렴한가?	
		광원의 교환은 쉬운가?	
		P.O.P에 할당된 예상과 수량은 얼마인가?	
		이용기간은 얼마나 되는가?	
	기타성	경쟁브랜드의 상황은 어떠한가?	
		마케팅 전략(가격, 시장, 유통, 촉진)의 내용과 목표는 무엇인가?	

매장 미비 점검사항	
담당자소견	
종합의견	

자료 : 산업자원부–사단법인 한국 프랜차이즈협회(2005). 프랜차이즈 경영가이드 총서 5. 프랜차이즈 인테리어, 디자인 디스플레이 사례연구

참 고 문 헌

권금택(2007). **21세기 외식경영학**. 대명.

김기영 외(2009). **외식산업관리론**. 현학사.

김기홍 외(2008). **외식사업창업론**. 대왕사.

김동훈·안광호·유창조(2003). **촉진관리**. 학현사.

김상문 외(2012). **프랜차이즈세금과 노무 길잡이**. (주)영화조세통람.

김양수 저(1993). **브랜드 네이밍 전략 매뉴얼**. 나남.

김영갑 외(2009). **외식마케팅**. 교문사.

김영갑 외(2009). **외식산업론**. 현학사.

김영갑 외(2011). **외식창업론**. 교문사.

김영갑 외(2012). **성공창업을 위한 상권분석론**. 교문사.

김영갑 외 4인 공저(2008). **외식산업론**. 현학사.

김영갑 외 5인 공저(2009). **외식마케팅**. 교문사.

김영혁 외(2005). **우리 카페나 할까**. 디자인하우스.

김원경(2002). **인적자원관리론**. 형설출판사.

김의근 외(2004). **외식사업창업론**. 현학사.

김인화(2012). 레스토랑 디자인 구성요소가 디자인 수행도에 미치는 영향에 관한 연구.

김정현. 브랜드 자산의 구성요소 및 측정에 관한 소고. Marketing Communication.

김지회 외 (2010). **외식경영론**. 대왕사.

마이클 E. 거버(2008) 지음. 김원호 옮김. **내 회사 차리는 법**. (주)웅진씽크빅.

바운드 저(2010). 김정환 역. **도쿄, 그 카페가 좋더라**. 멘토르.

박경환(2007). **실전! 상권분석과 점포개발**. 상상예찬.

박기용(2009). **외식산업경영학**. 백산출판사.

박한수(2009). **소자본 창업과 경영**. 민영사.

백종원(2008). **돈 버는 식당, 비법은 있다**. 청림출판.

사하 & 보비 하세미 지음(2006). 안기순 옮김(2006). **나의 첫 사업계획서**. 황금가지.

신병철(2007). **개인브랜드 성공 전략**. 살림.

신현암·강원·김은환(2000). **브랜드가 모든 것을 결정한다**. 삼성경제연구소.

안광호·한상만·전성률(1999). **전략적 브랜드 관리**. 학현사.

야마모토 나오토(2006). **마케팅의 99%는 기획이다**. 토네이도.

여철환(2010). **절대 실패하지 않는 초보불패 창업전략**. 상상예찬.

오진권(2009). **오진권의 맛있는 성공**. 비전과 리더십.

우이 요시유키(2006). 이성현 역. 이상원 감수. **성공하는 음식점 창업 및 경영하기**. 크라운출판사.

유광민(2013). 서비스스케이프 개념의 확장.

유왕진 외(2006). **서비스 경영-전략, 시스템, 사례**. 법문사.

육외수(2004). 사업계획서 작성요령.

윤천성(2009). **고객중심 서비스 경영**. 무역경영사.

이경미·심경환(1999). 브랜드 퍼스낼리티에 관한 실증적 연구. Hanyang Business Review. 11. 197-208.

이순철(1998). **서비스 기업의 경영전략**. 삼성경제연구소.

이유재(2009). **서비스 마케팅**. 학현사.

이인호(2004). **대박 나는 장사 쪽박 차는 장사**. 더난출판.

이재욱(2005). **대박 나는 가게자리 망하는 가게자리**. 21세기북스.

이정실(2007). **외식기업경영론**. 기문사.

이항수 외(2013). **핵심쏙쏙 인건비 & 4대보험실무 비법전수**. (주)영화조세통람.

이혜숙·우인애·조현숙(2008). **식음료경영론**. 교문사

장수용(2004). **프랜차이즈의 인적자원관리**. 프랜차이즈협회.

장정빈(2009). **리마커블 서비스**. 올림.

전병길·고동우(2002). 레스토랑 디자인 요소로서 물리적 환경의 기능.

정재훈(2006). **인적자원관리**. 학현사.

조문수·윤혁수(2010). **외식사업경영론(개정판)**. 기문사.

진익준(2008). **창업성공의 인테리어**. 크라운출판사.

최경석(2008). **음식점창업 무작정 따라 하기**. 길벗.

최상철(2006). **외식산업개론**. 대왕사.

최재희(2008). **소자본창업 어떻게 할까요**. 중앙경제평론사.

최학수 외(2009). **외식사업경영론**. 한올출판사.

하진영 외(2005). **외식서비스실무**. 백산출판사

홍기운(1997). 외식사업 신규창업을 위한 사업계획서 작성방법 사례와 투자경제성 분석에 관한 연구. 한국조리학회지 3권.

홍석천(2008). **나만의 레스토랑을 디자인하라**. 엠북스.

Bitner, M. J. (1992). Servciescapes: The impact of physical surroundings on customers and employees. *Journal of Marketing. 56,* April, 60.

HG Parsa, JT Self, D Njite, T King(2005). *why restaurants fail.*

HR인스티튜트(2005). **좋은 콘셉트는 어떻게 만들어 지는가?**. 거름.

J. E. Fitzsimmons & M. J. Fitzsimmons(2009). 서비스경영연구회 역. *Service Management.* McGraw-Hill Korea.

James A. F. & Mona J. F.(2009). **글로벌 시대의 서비스 경영, 5/E**. 한국맥그로힐.

Review / 금강기획 마케팅전략연구소 / 2002.

Walker, John R. (2007). The Restaurant(From Concept to Operation), John Wiley & Sons Inc

참고 사이트

국세법령정보시스템(http://taxinfo.nts.go.kr/)

국세청(http://www.nts.go.kr)

미국레스토랑협회 NRA(http://www.restaurant.org)

법제처 '찾기 쉬운 생활 법령정보' (http://oneclick.law.go.kr/CSP/common/Main.laf)

신운철세무회계사무소 블로그(http://blog.naver.com/swc0507)

원산지종합관리시스템(http://www.origin.go.kr/portal/biz/origin_sub1.do?page_flag=01)

일본 식품 안전·안심재단부설 외식산업총합조사연구센터(http://www.anan-zaidan.or.jp)

일본 外食.biz(http://www.gaisyoku.biz)

재택창업시스템(http://www.starbiz.go.kr)

통계청 국가통계포탈(http://kosis.kr/nsportal)

참고 법령

가맹사업거래의 공정화에 관한 법률

근로기준법, 시행령, 시행규칙

농산물품질관리법, 시행령, 시행규칙

농수산물의 원산지 표시에 관한 법률, 시행령, 시행규칙

식품위생법, 시행령, 시행규칙

여신전문금융업법, 시행령, 시행규칙

옥외광고물 등 관리법, 시행령, 시행규칙

청소년보호법, 시행령, 시행규칙

2판
음식점 성공창업을 위한
외식사업창업론

2015년 8월 12일 초판 발행
2019년 8월 16일 4쇄 발행
2021년 1월 25일 2판 발행
2023년 1월 27일 2판 2쇄 발행

등록번호 1968.10.28. 제406-2006-000035호
ISBN 978-89-363-2122-2(93320)
값 28,000원

지은이
김영갑
펴낸이
류원식
편집팀장
김경수
책임진행
김선형
디자인
김재은 · 신나리
본문편집
우은영

펴낸곳
교문사
10881, 경기도 파주시 문발로 116
문의
Tel. 031-955-6111
Fax. 031-955-0955
www.gyomoon.com
e-mail. genie@gyomoon.com

저자 소개

김영갑

한양사이버대학교 호텔외식경영학과 교수
사단법인 일자리창출진흥원 원장
외식사업 기획 마케팅 최고위 과정 지도교수
상권분석 마케팅 전문가 과정 지도교수
온라인마케팅 전문가 과정 지도교수
한국직업능력개발원 민간자격 공인 조사연구 위원
고용노동부 직업능력개발훈련 사업 심사평가 위원
외식 관련 신문 및 매거진 칼럼리스트(월간 호텔&레스토랑, 창업&프랜차이즈, 식품저널)

저서 및 논문

『빅데이터 시대의 성공을 위한 상권분석4.0(2020)』, 『외식사업창업론(2015)』, 『외식서비스경영론(2014)』, 『창업성공을 위한 상권분석론(2014)』, 『외식메뉴관리론(2011)』, 『미스터리 쇼핑(2011)』, 『외식마케팅(2009)』 외 다수

빅데이터 분석을 활용한 평양냉면의 소비자 인식 조사 −의미연결망 분석을 중심으로−, 국내 주요 상권정보시스템의 개요 및 비교, 외식프랜차이즈 기업의 경영이념에 관한 연구 −한국, 미국, 일본간의 비교를 중심으로−, 외식업체의 미스터리 쇼핑을 위한 평가척도 개발, 레스토랑에서 소비자가 지각하는 가격인지차원의 타당성 검증, Q방법론에 의한 패밀리레스토랑 소비자의 세분화외 다수

블로그 및 기타 SNS(문의, 관련정보, 보고서 양식 등)
블로그 http://blog.naver.com/webkim
유튜브 https://www.youtube.com/c/김영갑교수TV
페이스북 https://www.facebook.com/webkim2
인스타그램 https://www.instagram.com/kimyounggab